Putzen wie die Profis

Jeff Bredenberg (Hrsg.)

Putzen wie die Profis

Alles glänzt im Handumdrehen

Mit Fleck-weg-Garantie

Bechtermünz Verlag

Zuerst veröffentlicht 1998 in U.S.A. von
Rodale Press, Emmaus
Originaltitel: Clean it fast, clean it right

Deutsche Erstausgabe

Bearbeitung und Koordination der deutschen Ausgabe:
akapit Verlagsservice, Berlin-Saarbrücken
Übersetzung: Andreas Göbel (akapit Verlagsservice)
Layout und Satz: akapit Verlagsservice, Berlin-Saarbrücken
Umschlaggestaltung: Georg Lehmacher, Friedberg (Bay.)
Gesamtherstellung: Offizin Andersen Nexö – ein Betrieb der
INTERDRUCK Graphischer Großbetrieb GmbH
Printed in Germany
ISBN 3-8289-2323-2

Inhalt

Einleitung

Amüsiert überreichte mir neulich ein Kollege ein Buch von 1952 als Geschenk. Es hatte den Titel „Hausarbeit leicht gemacht“, aus der Reihe „Die Enzyklopädie der Hausfrau“. Wenn man es durchblättert, begegnen einem Frauen mit Perlenketten und in hochhackigen Schuhen beim Staubsaugen oder Wäsche waschen. „Die Hausdame von heute“, so erfahren wir, „ist ein pfiffiges Mädchen, das es versteht mit wissenschaftlichem Verstand Zeit und Bewegung bei der Hausarbeit zu sparen.“ Und was die Männer angeht, so heißt es darin: „Der Mann der Hauses sollte wenigstens seine eigene Kleidung aufhängen und aufhören, immer eine Spur von Zigarettenasche hinter sich her zu ziehen.“

Nun gut, die Hausfrau der fünfziger Jahre mag passé sein – Putzfrauen wohl kaum. Wir wollen immer noch so leicht und zeitsparend wie möglich unsere Wohnungen und Sachen sauber machen. Deshalb freue ich mich, Ihnen hiermit eine umfassende Anleitung zum Putzen aller Dinge aus Ihrer Umgebung bieten zu können. Für den Hausgebrauch ist das Buch so handlich wie ein Telefonbuch und so wendig wie ein Schweizer Taschenmesser. Welche Kleidung Sie beim Putzen tragen, bleibt völlig Ihnen überlassen (ich persönlich bevorzuge Jeans und Turnschuhe). Selbstverständlich richtet sich das Buch an beide Geschlechter. Es wird seinen Sinn sowohl für Frauen als auch für Männer erfüllen.

Ein vollständigeres und maßgebenderes Buch über das Thema werden Sie nicht finden. Ein hochkarätiges Team von Verfassern diverser Ratgeber hat Hunderte von Wissenschaftlern, Experten aus der Wirtschaft und andere Fachleute befragt, um Ihnen geschliffene Informationen über alle Aspekte des Putzens zusammenstellen zu können.

Sie sind im Begriff, den ungeheuren Lohn all diesen Wissens zu ernten. Sie werden u. a. lernen, alle Ihre Sachen zum Strahlen und Glänzen zu bringen. Wenn Sie die Ratschläge in diesem Buch zum ersten Mal befolgen, werden Sie auch beträchtliche Mengen an Zeit und Geld sparen. Unzählige raffinierte Handgriffe werden Ihnen vorgestellt. Keime, von deren Gefahr Sie bisher nichts wussten, können Sie fortan von Ihrer Familie fernhalten. Die Geheimnisse des Putzens, in die Sie eingeweiht werden, werden Ihre Fertigkeiten auch auf anderen Gebieten erhöhen – etwa beim Golf oder Bowling, bei der Gartenarbeit, beim Kochen, Angeln, Nähen oder sogar beim Skifahren.

Wir sagen Ihnen außerdem, was Sie nicht zu putzen brauchen. Ein Fußball z. B. sollte immer ein bisschen ausgetreten und abgenutzt aussehen. Sehen Sie ihn als Ehrenabzeichen. Niemanden in der Welt stört es, wenn Ihre Kaminwände geschwärzt sind. Manche Gegenstände, wie z. B. seltene Münzen, verlieren durch das Putzen sogar an Wert.

Das Buch ist äußerst verständlich geschrieben und problemlos zu benutzen. Der erste Teil, „Sauber leben", ist randvoll mit allgemeinen Ratschlägen über das Putzen – wie man Lust darauf bekommt, wie man sich von Zimmer zu Zimmer vorarbeitet, wie man Herr über die Unordnung wird und seine Gesundheit schützt. Im zweiten Teil, „Die Übeltäter von A-Z", ist eine vollständige Liste aller Dinge in Ihrem und um Ihr Haus enthalten. Sie erfahren von den besten Reinigungstechniken und lernen jeden Gegenstand und Bereich im Schnelldurchgang zu putzen. Zusätzlich werden Sie vor allen Gefahren gewarnt, die Ihnen und Ihrer Einrichtung beim Putzen und Pflegen drohen. Wenn möglich, weisen wir Sie auf die ungiftigsten Arten der Reinigung hin. Der dritte Teil, „Geräte und Materialien", gibt Ihnen eine Übersicht über die Ausrüstung, die Sie zur schnellen und effektiven Erledigung Ihrer Arbeit benötigen. Ich empfehle Ihnen, das Buch immer griffbereit zu halten. Wenn ein Gast mal Rotwein auf Ihren Wohnzimmerteppich verschüttet, werden Sie schnellen Zugang zu den Notfallhinweisen benötigen. Bevor Sie weiter wie gewohnt Fenster putzen, wird Ihnen ein Blick auf die Rezepturen für selbst gemachte Putzmittel hilfreich sein – oft stellen sie die handelsüblichen Produkte in den Schatten und kosten dabei nur Pfennigbeträge. Und dankbar werden Sie die Ratschläge zur Kenntnis nehmen, die Ihnen zeigen, wie Sie mühelos die Bakterienkolonien abtöten können, die sich in Ihrem feuchten Küchenschwamm angesiedelt haben.

Nicht zuletzt wird Ihnen das Buch eine überraschend vergnügliche Lektüre sein. Für unsere Tipps zum Reinigen von ausgestopften Tieren z. B. sind wir in ein großes Naturkundemuseum gegangen, wo das berühmte Pferd „Trigger“ und 200 andere Kreaturen verewigt sind. Um uns über Grills schlau zu machen, haben wir einen preisgekrönten Rippchenhersteller konsultiert. Über das korrekte 'Besenschwingen' haben wir uns von einem jungen Mann belehren lassen, dessen Lebensunterhalt darin besteht, mit dem Kehrbesen hinter Zirkuselefanten herzulaufen. Und schließlich haben wir mit einem Schusswaffenexperten von der Polizei über die Verwendung von Scheuerpulver gesprochen – er hat schon manch lupenreine Toilette genauer in Augenschein genommen.

Sollte es Ihnen schwerfallen, im Putzen etwas anderes als bloße Plackerei zu sehen, wird dieses Buch Ihr Leben ändern. Mit Verstand ausgeführt wird das Saubermachen zu einer leichten Gewohnheit, die Sie problemlos in Ihren Lebensrhythmus eingliedern können. Und es wird sich kolossal auszahlen – nicht nur, was die sichtbaren Ergebnisse angeht, sondern auch in puncto Zeit- und Geldersparnis, Gesundheit und Selbstvertrauen. Es erfüllt mich mit Stolz, dass ich Ihnen ein Werkzeug in die Hände geben kann, das Ihr Leben besser und leichter machen wird. Auf Ihre glänzende Zukunft!

Jeff Bredenberg
Herausgeber

Teil 1
Sauber leben

Der erste Schritt: Sauberkeit im Kopf

Ein Blick auf die angenehme Seite: Zeit und Geld sparen – und sich besser fühlen

Für Schneewittchen war das Putzen nie ein großes Problem. Nicht nur halfen ihr Scharen von pfiffigen Waldbewohnern dabei, das Haus der sieben Zwerge sauber zu halten, sie wusste auch, wie man mit einem Lächeln auf dem Gesicht und im Hüpfschritt putzt. Ihr Geheimnis? Sie pfiff bei der Arbeit.

So viel über Märchen. Wenn wir bloß mal das Stirnerunzeln lassen würden und die Sorgen vergessen könnten, würden wir alle pfeifen wie die Weltmeister. In Wirklichkeit sieht es aber leider nicht so aus, dass Putzen die Art von Beschäftigung wäre, die uns vor Freude Saltos schlagen lässt.

Trotzdem bleibt das Sauberhalten von Haus und Garten eine der wichtigsten Tätigkeiten in unserem Leben – und eine lohnende dazu, verschönern wir doch durch sie unsere Umgebung und verbessern unsere Gesundheit. Wer wollte nicht in einem Haus leben, das sauber und ordentlich ist und ohne große Anstrengung auch so bleibt? Kein Problem. Aber zuvor müssen Sie Ihre grundsätzliche Einstellung ändern und sich ein paar Grundkenntnisse aneignen, damit Ihnen und Ihrer Familie die Umstellung Spaß macht. Die Ratschläge in diesem Kapitel werden Sie auf den richtigen Weg bringen. Sie werden sehen, ein sauberes Zuhause ist ganz und gar keine beängstigend schwierige Aufgabe. Na – wer würde da nicht pfeifen?

Wieso sich überhaupt Gedanken über das Putzen machen?

Stellen wir doch einmal die Behauptung, Putzen sei absolut notwendig, auf die Probe. Könnte es nicht sein, dass wir unser Leben sinnlos verscheuern, verwischen und verstaubsaugen? Korsetts und Pfennigabsätze wurden uns schließlich auch von der Mode aufgedrückt. Lassen Sie uns also, bevor wir in unseren Köpfen aufräumen, mal einen Blick auf die Vorteile sauberen Lebens werfen. Wenn Sie mir bei den folgenden Argumente zustimmen, sind Sie schon auf dem besten Weg, das Putzen von der positiven Seite anzugehen.

Sauberkeit spart Geld

Bekanntlich erspart Ihnen regelmäßiges Zähneputzen ein Vermögen an Zahnarztrechnungen. Nun, das trifft auch auf alle anderen Dinge um Sie herum zu. Schmutzige Sachen nutzen sich schneller ab als saubere. Einfache Vorbeugemaßnahmen, wie eben Reinigen, verlängern das Leben von allem, von der Aktentasche bis zum Zelt, und schont damit auch Ihre Geldbörse.
Darüber hinaus sorgt regelmäßiges Putzen für eine einfachere und gefahrlosere Reinigung. Außerdem schont es die Oberflächen in Ihrem Haushalt. Es macht Scheuern, was schließlich zur Abnutzung von Wand, Boden und Einrichtung beiträgt, immer seltener notwendig.

Sauberkeit spart Zeit

Was könnte zeitsparender sein, als sich die Plackerei des Putzens zu ersparen?
Indem Sie sich nicht von Schmutz und Unordnung erdrücken lassen, sparen Sie Zeit und Mühe. Wischen Sie vor dem Essen einfach übergelaufene Flüssigkeit von Ihrem Herd – eine Sache von Sekunden. Verschieben Sie es auf später und Sie haben eine angetrock-

nete Kruste, die nur mit mehr Zeit, Anstrengung und Scheuermittel zu entfernen ist.

Sauberkeit schützt Ihre Gesundheit

Ein schmutziges Haus kann krank machen. Ob Sie allergisch gegen die Milbenpopulation in Ihrer Matratze sind oder sich eine Lebensmittelvergiftung zuziehen – die Gefahr sich durch Keime im Haus anzustecken ist immer akut. Mikrobiologen geben zu bedenken, dass 50-80 % aller Ernährungskrankheiten im Haushalt entstehen. „Die Leute nehmen die Bazillen auf die leichte Schulter, wie einen ständigen, aber ungefährlichen Begleiter. In Wirklichkeit werden Keime plötzlich und unvorhersehbar durch Lebensmittel oder Wasser übertragen."

Einige Stellen im Haushalt sind besonders gefährlich und müssen regelmäßig desinfiziert werden. Dazu gehören z. B. Ausgüsse, Wasserhähne, Türklinken, Schneidebretter, der Kühlschrankgriff und die Toiletten.

Sauberkeit schafft Gemütlichkeit

Saubere Dinge sehen schön aus und erhöhen unser Wohlbefinden. Besuch als Hauptgrund fürs Putzen können Sie getrost vergessen. Eine Studie einer Seifen- und Waschmittelfirma aus dem Jahr 1996 hat ergeben, dass die Menschen hauptsächlich putzen, um sich wohl zu fühlen.

„Ich nenne es häuslichen Stolz", sagt ein Reinigungsfachmann einer großen Universität. „Das Haus gehört zu dir, und wenn es gut aussieht, spiegelt es dich positiv wider."

Gewöhnen Sie sich an einen Rhythmus beim Putzen

Sind Sie bereit zum Putzlappen zu greifen? Fangen Sie nicht überstürzt an – das führt nicht zu dauerndem Erfolg. Fachleute sind sich einig: Am Wichtigsten ist die gewohnheitsmäßige Routine. Gehen Sie die Sache systematisch an und fügen Sie die wichtigsten Reinigungsarbeiten in einen Tages-, Wochen-, Monats- oder Jahreszeitenplan ein – das wird Sie von allem häuslichen Chaos befreien. Ein Putzplan erspart Ihnen unnötiges Vergeuden von Zeit, Mühe und Frust.

Sehen Sie es einmal so: Sicher würden Sie nicht in Urlaub fahren ohne zu wissen, wohin Sie eigentlich wollen und wie Sie dorthin kommen. Was also die Haushaltsplanung angeht, stellen Sie sich am besten Sauberkeit als Ihr Ziel vor und den Putzplan als Ihre Route.

Es gibt Haushaltsberaterinnen, die es wie folgt formulieren: „Bei der Hausarbeit ist der kürzeste Weg zwischen 2 Punkten – dem Anfangen und dem Fertigsein – der Haushaltsplan."

Fordert Sie Ihr Zuhause in hohem Maße, werden Ihre Aufgaben durch einen Plan eine saubere und geordnete Form bekommen und Schmutz und Unordnung können Sie nicht mehr erdrücken. Falls Sie einen Hang zum Perfektionismus haben, wird Ihr Plan Sie davon abhalten, manche Sachen öfter als nötig zu machen.

„Haushaltspläne sind deshalb so wichtig, weil man niemals fertig mit der Hausarbeit ist. Aber Pläne geben uns eben das Gefühl, dass man es geschafft hat. Dieses Gefühl etwas erreicht zu haben, eine Sache zu Ende gemacht zu haben, ist ganz wesentlich für die Hausarbeit", sagen die Haushaltsberaterinnen. Sie werden natürlich nicht für den Rest Ihres Lebens an Ihren Haushaltsplan gefesselt sein. Ganz automatisch stellen sich gute Gewohnheiten ein, die schließlich zur Routine werden.

Vier Schritte vom Chaos zur Ordnung

Es gibt kein Geheimrezept für alle und jeden. Stellen Sie sich Ihren ganz persönlichen Plan zusammen, indem Sie die folgenden Ratschläge beherzigen.

1. Entscheiden Sie, wie viel von Ihrer Zeit Sie auf die Hausarbeit verwenden wollen. An wie vielen Tagen in der Wochen wollen Sie Putzen einplanen? Wie viele Stunden pro Tag? Die Stundenzahl, die Sie für häusliche Sauberkeit und Pflege ansetzen, gibt Ihnen ein grobes Raster für Ihren Plan.
2. Machen Sie eine Liste, welche Arbeiten in welchen Zimmern

Putzen wie ein Profi

Gehen Sie nach einer Liste vor – und setzen Sie Prioritäten.
Ein Profi weiß genau, was gemacht werden muss. Machen Sie sich eine Liste, was Sie beim Hausputz alles schaffen wollen. Vermerken Sie darauf auch Extra-Arbeiten, die sie machen, falls Sie noch Zeit haben. Und halten Sie sich an die Liste. Wenn Sie etwas übersehen haben, schreiben Sie es auf und setzen es beim nächsten Mal auf die Liste. „Ablenkung ist der Feind Nr. 1 beim Hausputz", warnt sie.

Schicken Sie die Kinder für ein paar Stunden nach draußen.
Ein Profi muss sich nicht auch noch mit anderen beschäftigen, die während der Arbeit um ihn herumwirbeln. Putzen Sie möglichst, wenn niemand anderes im Haus ist.
Nehmen Sie das Telefon nicht ab. „Jede Unterbrechung Ihrer Routine nimmt Ihnen Zeit weg. Unterbrechungen sind immer zeitaufwendiger, als es scheint. Legen Sie den Hörer daneben oder schalten Sie den Anrufbeantworter ein.

Räumen Sie vor dem Putzen auf.
Wenn ein Profi in ein Haus kommt, ist alles aufgeräumt. Heben Sie am Tag vor dem Hausputz herumliegenden Kram auf.

Setzen Sie sich einen Zeitrahmen.
Profis werden normalerweise nach Zeit bezahlt und müssen sich einen festen Zeitrahmen setzen. Planen Sie feste Zeiten ein, das bringt Sie auf Trab.

Gönnen Sie sich für eine erledigte Arbeit eine Belohnung.
Profis werden für ihre Arbeit bezahlt. Da Sie von niemandem für Ihren Hausputz bezahlt werden, bewahrt es Sie vor „Durchhängern", wenn Sie ab und zu etwas Nettes für sich tun – etwas Leckeres zu essen, ein tolles Buch oder ein schaumiges Bad.

oder Teilen Ihres Hauses gemacht werden müssen. Berücksichtigen Sie alle kleinen, täglichen Handgriffe, wie das Aufräumen, Staubwischen oder Staubsaugen ebenso wie jährliche Aktionen wie das Saubermachen unter Möbelstücken oder Haushaltsgeräten.

3. Vermerken Sie bei jeder Aufgabe, wie oft sie gemacht werden muss – täglich, wöchentlich, monatlich oder vielleicht 4-mal im Jahr. Das hängt im Einzelnen von den Bedingungen ab, die bei Ihnen vorliegen. Ein Badezimmer, das von mehreren Leuten genutzt wird, muss täglich gereinigt werden, während für eine Einzelperson in einem Haus mit 2 Badezimmern eine wöchentliche Reinigung ausreicht. Einige mögen das tägliche Staubsaugen für notwendig, andere für überflüssig halten.
4. Legen Sie fest, welche Person für welche Arbeiten verantwortlich ist. Gestalten Sie den Plan so, wie es Ihnen am besten liegt – als Poster z. B., oder auf Karteikarten. Bis sich Ihnen alles eingeprägt hat, werden Sie Ihren Plan häufig brauchen.

ZEITPLANUNG IST ALLES

So könnte Ihr Plan z. B. aussehen.

TÄGLICH: Aufräumen, Geschirr spülen, Herd und andere Oberflächen abwischen, Betten machen, Kleidung aufhängen, Post erledigen, Flecken aufwischen.

WÖCHENTLICH: Staubsaugen, Böden wischen, Möbel abstauben, Bettzeug wechseln, Bad sauber machen, Fingerabdrücke abwischen, Papierkörbe und Mülleimer leeren.

MONATLICH: Gründliches Staubwischen aller Holzgegenstände, Polster staubsaugen, Fensterbretter wischen, Küchenschränke und Kühlschrank auswischen, Garage fegen.

ZWEIMAL IM JAHR: Fenster putzen, Schornstein und Ofen reinigen, Gefrierschrank abtauen, Kaffeemaschine entkalken, Vorhänge waschen.

Motivation: Sammeln Sie sich – und Ihre Truppen

Um Ihre Motivation zu verstehen, müssen Sie sich zuerst einmal überlegen, was Sie überhaupt zum Putzen motiviert. Ist es der Schmutz, der ihnen einen Ruck gibt? Finden Sie z. B. immer dann wenn das Spülbecken voll ist, es müsse mal wieder gespült werden? Sagt Ihnen erst der volle Wäschekorb, dass jetzt gewaschen werden muss? Werden Sie von einer Unordnung in die nächste getrieben, ohne einmal generell klar Schiff machen zu können?
Das Problem bei einer Putzgewohnheit, die erst bei Unordnung und Schmutz eintritt, ist, dass Sie keine Motivation verspüren, solange keine Unordnung zu sehen ist. Sie lassen sich von der Hausarbeit beherrschen, aber es sollte umgekehrt sein.
Sie müssen Ihre Einstellung ändern, Ihre Einstellung und Ihre Motivation. Statt erst auf eine negative Situation – Chaos und Durcheinander – zu reagieren, sollten Sie das Putzen als etwas Positives sehen – als Weg zu einer angenehmen, geordneten Umgebung.
„Ein Haus zu putzen und sauber zu halten erfordert eine starke Motivation. Die entsteht nur, wenn man nach vorne blickt: auf die Schönheit eines geordneten, harmonischen Haushaltes. Fangen Sie am Ende an und arbeiten Sie sich zurück“, empfehlen Experten. In der Tat hätten die meisten Menschen gern ein sauberes Zuhause statt eines unordentlichen Durcheinanders, nur wissen sie nicht, wie man anfängt. Sie werden es jetzt erfahren.

Klein anfangen

Bevor sie eine Haushaltsberaterin wurde, bekennt eine Frau, habe sie vor lauter Hausarbeit und Mutterpflichten kein Land mehr gesehen. „Meine 3 Kinder waren noch keine 4 Jahre alt. Das Haus stand Kopf. Ich wusste nicht, wo ich anfangen sollte, also machte ich gar nichts“, erzählt sie. „Eines Tages habe ich mich hingesetzt und eine Liste von allen Dingen gemacht, die mich wahnsinnig gemacht haben.“

Die Liste vernachlässigter Haushaltsaufgaben füllte ein ganzes Blatt. „Ich habe mir gesagt: ‚Ich kann nicht alles machen, aber ich werde mich für eine Sache entscheiden.‘ Das war der Anfang meiner Freiheit.“

Sie fing an, sich einen Waschplan zu machen. Waschen nahm sie sich für montags, mittwochs und freitags vor. Das hieß, dass sie sich 4 Tage keine Gedanken über das Waschen zu machen brauchte. Bald half ihr der Plan das Gefühl der Machtlosigkeit zu überwinden und machte ihr Lust noch mehr zu erreichen.

Die folgenden Tipps werden Ihnen den Weg zu einer organisierten Routine beim Putzen leichter machen – einen Weg, der Ihnen Spaß machen wird.

Machen Sie sich eine Wunschliste.

Wenn Sie sich von der endlosen Aufgabe des Putzens eingeschüchtert und entmutigt fühlen, schreiben Sie einfach alles auf, was Sie ändern möchten. Das macht doppelt Sinn: Zum einen bekommen Sie einen klaren Kopf. Was aufgeschrieben ist, braucht Sie nicht mehr zu quälen. Zum anderen ist es die Liste selbst, in der schwarz auf weiß steht, was es zu tun gibt, so dass Sie entscheiden können, was gerade am wichtigsten ist.

Gehen Sie Schritt für Schritt vor.

Fangen Sie mit der Aufgabe auf Ihrer Liste an, für die Sie die größte Motivation verspüren. Machen Sie sich diese Aufgabe zur Gewohnheit und leben einfach ein paar Wochen damit, bevor Sie etwas anderes angehen. Überfordern Sie sich nicht, indem Sie zu viel auf einmal erreichen wollen.

Fangen Sie mit etwas Inspirierendem an.

Wenn Sie gleich zu Anfang eine Sache erledigen, bei der man sofort die Wirkung sieht, wird Ihre Motivation steigen. Wenn Sie z. B. das Schlafzimmer sauber machen, fangen Sie an, indem Sie die Betten machen, so haben Sie sofort eine kleine Belohnung.

Kinder brauchen fest umrissene Aufgaben.

Kinder werden kaum von dem Bedürfnis nach einem ordentlichen Zuhause dazu angetrieben werden, ihre schmutzigen Socken aufzuheben. Trotzdem kann man einen Sinn für Verantwortung im Haus bei ihnen wecken und ihnen gute Angewohnheiten beibringen, indem man ihnen grundlegende Handgriffe beim Aufräumen zeigt und ihre Fortschritte belohnt. Kinder können genauso lernen, ihre Betten zu machen, Geschirr abzuspülen und den Boden zu fegen, wie sie gehen, sprechen und Fahrrad fahren lernen. So bringen Sie Ihrem Kind bei, eine Aufgabe zu erledigen:

Entscheiden Sie, was genau getan werden muss. Was meinen Sie, wenn Sie sagen: „Bring den Müll raus“? Bedeutet das einfach den Müllbeutel zuzuschnüren und in den Mülleimer vor dem Haus zu werfen? Soll das Kind alle Papierkörbe im Haus leeren? Soll ein neuer Müllbeutel in den Mülleimer? Sorgen Sie dafür, dass das Kind alles hat, was es zur Erfüllung seines Auftrages braucht.

Erklären Sie die Aufgabe.

Je nach Auffassungsgabe des Kindes können Sie ihm entweder zeigen oder erklären, was es tun soll, oder es mit ihm zusammen machen.

Bestimmen Sie einen Zeitrahmen.

Ohne festen Zeitrahmen pflegen Kinder ihre Aufgaben so lange vor sich her zu schieben, bis einer von den Eltern ärgerlich wird. Weisen Sie jeder Aufgabe eine feste Zeit zu. Das kann z. B. heißen, dass der Tisch um 5 Uhr nachmittags gedeckt werden soll, das Zimmer vor dem Telefonieren aufgeräumt sein muss oder vor dem Fernsehen der Müll nach draußen gebracht werden soll.

STELLEN SIE KLARE ERWARTUNGEN AN DAS KIND.
Erklären Sie genau, wie das Kind seine Aufgabe erfüllen soll. Bedeutet ein gemachtes Bett für Sie einfach, dass die Decke glatt liegt, oder ist es für Sie wichtig, wie das Bettzeug gefaltet sein soll?

ALLE HEINZELMÄNNCHEN FREUEN SICH ÜBER GEDÄCHTNISSTÜTZEN UND BELOHNUNGEN

Wenn Sie den gleichen Ablauf einhalten wollen, seien Sie sich im Klaren darüber, wie Sie diejenigen, die Ihnen helfen, erinnern und belohnen können – am besten so:

HÄNGEN SIE IHRE PLÄNE AUF. Tragen Sie die Aufgabenverteilung in eine Tabelle, auf Karteikarten oder einen großen Bogen ein, den Sie im Haus aufhängen. Das hilft den Familienmitgliedern, sich Ihrer Aufgaben immer bewusst zu sein, und Sie müssen nicht ständig mahnen und nörgeln. Noch wirksamer ist eine solche Tabelle, wenn es Belohnungen für bestimmte Aufgaben gibt. Es kommt auch gut an, wenn der Plan wie ein Spielbrett aussieht und man ein Feld vorziehen kann, sobald man eine Sache erledigt hat.

HALTEN SIE IHREN KINDERN IMMER BELOHNUNGEN VOR AUGEN. Man kann Kinder für Hilfe bei der Hausarbeit belohnen, indem man ihnen z. B. etwas Besonderes erlaubt, ihnen Unternehmungen in Aussicht stellt oder ihnen Zeit und Aufmerksamkeit schenkt – und sie natürlich lobt. Um das familiäre Gemeinschaftsgefühl bei der Hausarbeit zu stärken, unternehmen Sie nach einer Woche, wenn alle ihre Aufgaben erledigt haben, etwas zusammen.

VARIIEREN SIE BEI DER AUFGABENVERTEILUNG. Wenn Sie Monat für Monat strikt nach der Tabelle vorgehen und auch die Belohnungen sich nicht ändern, werden Ihre Kinder gelangweilt sein. Lässt ihr Interesse nach, ist es Zeit für eine Veränderung im Ablauf.

WÄHLEN SIE ALTERSGERECHTE AUFGABEN AUS. 3 Stufen von Mitarbeit im Haushalt lassen sich bei Kindern unterscheiden: Sie können eine Aufgabe entweder mit Ihrer Hilfe erledigen, unter Ihrer Aufsicht oder ganz allein und je nach Bedarf. Im Allgemeinen können Kinder im Alter von 4-7 Jahren mit Ihrer Hilfe ihr Zimmer aufräumen, ihre Kleidung aufhängen, Staub saugen, die Betten machen oder den Müll nach draußen bringen; Kinder zwischen 7 und 11 müssen dabei lediglich beaufsichtigt werden und ab etwa 12 Jahren können Kinder diese Dinge alleine erledigen.

Es soll allen Spass machen. Es ist klar, dass Kinder lernen müssen Verantwortung zu tragen. Aber wenn Sie ein wenig Humor in die Sache bringen, vermeiden Sie eine Menge Quengeleien. Drehen Sie die Stereoanlage auf – Kinder mögen Musik bei der Arbeit. Oder machen Sie ein Spiel aus dem Aufsammeln von Sachen. Je einfacher und alberner, desto besser. Sie können z. B. mit roten Gegenständen anfangen und dann den ganzen Regenbogen durchgehen.

Putzen mit Köpfchen

Gar nicht schwer: mehr Glanz, weniger Zeit, weniger Arbeit

Zum Glück sind die Zeiten vorbei, als Sauberkeit bedeutete, dass man den Fußboden ablecken kann. Seit dem Ideal der schick gekleideten Hausfrau mit Perlenkette und Stöckelschuhen, die mit dem Feudel über ihre makellosen Küchenschränke wischt, hat sich eine Menge geändert. Zwar wohnen auch heute noch viele gerne in einem gepflegten Zuhause; 1997 gab fast die Hälfte der Befragten an, kaum genügend Zeit und Energie aufbringen zu können, um ihr Haus sauber zu halten.

Egal, ob Sie nun eher der pingelige oder der nachsichtige Typ sind – eines steht fest: Ordnung und Sauberkeit bei minimalem Zeit- und Arbeitsaufwand wünscht sich jeder. Lesen Sie im Folgenden, wie man gründlich und trotzdem schnell arbeiten kann, und für welche Arbeiten man besser auf professionelle Hilfe – etwa einen Reinigungsservice – zurückgreift.

DIE VON-ZIMMER-ZU-ZIMMER-METHODE

Sind Sie bereit wirklich etwas zu erledigen – sagen wir, eine Vase zu entstauben oder den Fußboden zu wischen –, so helfen Ihnen die folgenden Ratschläge so effizient wie möglich zu arbeiten.

- Lassen Sie sich nicht ablenken. Das Skateboard Ihres Sohnes oder herumliegende Socken können einmal bleiben, wo sie sind.
- Arbeiten Sie sich methodisch durch den Raum. Von einem Zimmer zum anderen zu springen vergeudet viel Zeit.
- Haben Sie die Utensilien, die Sie zum Putzen brauchen, bei sich. Es hält Sie unnötig auf, wenn Sie ständig in den Keller oder in die Küche rennen müssen, weil Sie etwas vergessen haben. Außerdem überlegt man es sich 2mal, ob man eine Sache wirklich hinter sich bringt, wenn einem ein Hilfsmittel dazu fehlt.

Lassen Sie sich nun erläutern, wie man diese Grundsätze anwendet, und zwar beim Putzen sowohl der Wohn- und Schlafräume als auch in den beiden berüchtigten „Problemzonen" Küche und Bad.

MACHEN SIE ES WIE EIN ZIMMERMÄDCHEN

Ein Weg zum effektiven und schnellen Reinigen eines Zimmers ist es, darin zu bleiben, bis alles sauber ist. Ein kleiner Handwagen kann dabei hilfreich sein. Oben drauf legen Sie Putzmittel und Lappen, an einer Seite befestigen Sie einen Müllbeutel, an der anderen einen zweiten Beutel oder Sack für herumliegende Gegenstände.

Sie gehen am besten so vor: Schieben Sie den Handwagen ins Zimmer. Nehmen Sie die Putzutensilien herunter und legen die schmutzige Wäsche aus dem Zimmer darauf. Abfall werfen Sie in Ihren Müllbeutel, herumliegende Gegenstände, die nicht in das

Zimmer gehören, in den zweiten Beutel. Jetzt putzen Sie das Zimmer, indem Sie sich Stück für Stück vorwärts arbeiten, am besten in einem großen Kreis. Fangen Sie immer oben an und bewegen Sie sich nach unten. Der Fußboden sollte den Schluss bilden.
Wenn Sie davor zurückschrecken einen Handwagen zu kaufen, probieren Sie es vorher mit einem Müllsack und einem Wäschekorb aus. Ihre Putzsachen können Sie auf ein Tablett stellen. Die Wäsche werfen Sie in den Wäschekorb, Müll in den Müllsack. Herumliegende Gegenstände legen Sie einfach vor die Zimmertür. Nachdem Sie den Wäschekorb geleert haben, transportieren Sie darin die Gegenstände, die Sie später wegräumen.

Was der Profi für die Küche empfiehlt

Die Küche macht, neben dem Bad, am meisten Arbeit beim Putzen. Hier einige Empfehlungen von einem Reinigungsservice.

- Besitzen Sie einen Elektroherd mit Abtropfblech, nehmen Sie es heraus und weichen es in konzentriertem Spülwasser ein.
- Tragen Sie Universalreiniger auf alle hartnäckigen Flecken auf, die Sie am Boden, auf Oberflächen und an Schränken entdekken.
- Scheuern Sie den Herd, die Bleche und den Grill; anschließend scheuern Sie das eingeweichte Abtropfblech mit einem Topfreiniger oder einer Plastikbürste. Trock-

Womit soll ich denn anfangen?

Diese Strategie erspart Ihnen viel Ärger, wenn Sie ein Zimmer putzen: Fangen Sie mit den „trockenen“ Sachen an. Vor dem Wischen sollten Sie so viel wie möglich staubsaugen, fegen, staubwischen oder abkratzen, wie Sie können – ebenso wie Sie vor dem Spülen Essensreste vom Geschirr abkratzen.
Beim Wischen, Einsprühen und Scheuern gibt es noch andere Dinge zu beachten. Zum einen natürlich, dass man für alle Dinge die richtige Reinigungslösung nehmen sollte. Dann ist es wichtig, Geduld zu haben – lassen Sie die Putzmittel ihre Arbeit machen. Schonen Sie Ihren Bizeps und geben Sie den Mitteln Zeit, den Schmutz zu lösen. Wildes Scheuern kostet nicht nur Energie, sondern kann auch manche Oberflächen beschädigen. Nach einer kleinen Wartezeit ist es einfacher, die Verschmutzungen mit einem Schwamm, Lappen, Gummischrubber oder Papiertuch abzuwischen.

nen Sie es ab und legen es zurück in den Backofen.
- Gehen Sie in einer sinnvollen Reihenfolge im Raum vor. Nehmen Sie alle Utensilien mit, damit Sie nicht mehrmals hin- und herlaufen müssen.
- Polieren Sie die Armaturen mit Glasreiniger und Geschirrhandtüchern. Wischen Sie die Türen von beiden Seiten.
- Wischen und polieren Sie alle Oberflächen auf Ihrem Weg durch die Küche. Ziehen Sie die Geräte vor, wischen Sie dahinter und stellen Sie sie zurück. Beseitigen Sie Fingerabdrücke auf Schränken mit einem Universalreiniger.
- Wischen Sie das Fensterbrett ab.
- Scheuern Sie die Spüle. Für das Abflusssieb eignet sich eine alte Zahnbürste.
- Polieren Sie die Spülbeckenarmaturen. Auch hier gelangen Sie mit einer Zahnbürste an schwer zugängliche Stellen.
- Leeren Sie den Müll aus.
- Fegen oder saugen Sie den Boden und wischen Sie ihn danach.

Und jetzt ab ins Badezimmer

Auch hier empfiehlt sich diese Vorgehensweise.
- Nehmen Sie Fußmatten und Vorleger und legen Sie sie vor die Tür.
- Wischen oder saugen Sie Haare von Becken, Schrank und Boden. Papierhandtücher sind dazu besser geeignet als ein feuchter Schwamm, da sie von einem Schwamm anschließend mühsam alle Haare entfernen müssen.
- Wischen Sie die Badewanne, Dusche und die Kacheln mit einem Allzweckreiniger ab.
- Säubern Sie den Seifenhalter und alle Chromarmaturen in der Dusche.
- Sprühen Sie Glasreiniger auf den Spiegel. Wischen Sie ihn ab, bis der Spiegel trocken ist, damit keine Streifen bleiben.
- Tragen Sie auf das Becken und die übrigen Flächen Allzweckreiniger auf, putzen Sie den Toilettentisch und stellen

Sie alles wieder an seinen ursprünglichen Ort.

- Putzen Sie jetzt die Toilette, die Schüssel zuerst. Legen Sie dafür den Sitz nach oben und wischen ihn mit Toilettenreiniger aus. Dann reinigen Sie die anderen Stellen.
- Wischen Sie den Toilettenpapierhalter.
- Gehen Sie einmal um den ganzen Raum. Wischen Sie die Handtuchhalter, hängen Sie die Handtücher ordentlich hin und stauben Sie Bilder und Ablageflächen ab. Achten Sie auf Fingerabdrücke an Türen und Lichtschaltern und verwenden Sie zur Reinigung einen Allzweckreiniger. Sie können auch Sprühreiniger nehmen. Sprühen Sie dann aber nicht direkt die Lichtschalter ein, sondern den Lappen, und wischen dann die Schalter ab.
- Zuletzt wischen Sie den Boden und legen Matten und Teppiche wieder hin.

Vergessen Sie ein für alle Mal alte, schlampige Gewohnheiten

Auch kleine Änderungen Ihrer täglichen Routine können Zeitersparnis bringen, da Ihr Haus dann nicht so schnell schmutzig wird. Ein Haushaltsberater meint: „Beim Putzen sind Zeit und Energie begrenzt. Deshalb richten Sie Ihre Alltagsgewohnheiten so ein, dass Sie weniger Schmutz verursachen."
Ein paar Sekunden oder Minuten vorsorglicher Pflege können Ihnen ganze Stunden beim Putzen ersparen.

11 Tipps zur Vorbeuge

Reinigungsexperten empfehlen, die folgenden 11 Vorbeugemaßnahmen in Ihren Tagesablauf zu integrieren. Sie machen das Putzen wesentlich einfacher und halten Bakterien in Schach.

1. Halten Sie Ihr Badezimmer ausreichend durchlüftet. Die Feuchtigkeit, die nach dem Baden oder Duschen in der Badezimmerluft verbleibt, verursacht das Entstehen von Schimmelpilzen sowie Fäulnis. Dazu verwenden Sie einen Ventilator. Sonst öffnen Sie das Fenster für einige Minuten. Ist auch kein Fenster bei Ihnen im Bad vorhanden, öffnen Sie ein Fenster im Nachbarzimmer.

DAS A UND O DES RATIONELLEN PUTZENS

Die folgenden Richtlinien helfen Ihnen, bei Verstand zu bleiben und Ihre Zeit beim Putzen optimal zu nutzen.

1. Halten Sie Ihre Putzutensilien zusammen. Bevor Sie anfangen, legen Sie alle Sachen, die Sie benötigen, in einen Eimer, eine Werkzeugkiste oder Ähnliches. Dann verschwenden Sie keine Zeit damit, ständig von Zimmer zu Zimmer zu laufen und Sachen zu holen.

2. Was nicht schmutzig ist, muss nicht geputzt werden. Ein unbenutztes Bad zu reinigen, nur weil Putztag ist, ist Zeit- und Energieverschwendung.

3. Beschränken Sie sich, wann immer möglich, auf die verschmutzten Stellen. Es muss nicht gleich der ganze Ofen geputzt werden, wenn auf der Glastür ein Spritzer ist.

4. Scheuern Sie so wenig wie möglich. Lassen Sie die Putzmittel eine Zeit lang einwirken, nachdem Sie sie aufgesprüht haben; in der Zeit können Sie etwas anderes putzen. Dann machen Sie doppelte Arbeit und sparen dabei noch Kraft.

5. Weniger ist mehr. Nehmen Sie nur so viel Putzmittel wie nötig. Zu viel ist Geldverschwendung; und je mehr Sie benutzen, desto mehr müssen Sie auch aufwischen.

2. Schließen Sie den Toilettendeckel nach dem Spülen. Mikrobiologische Studien haben gezeigt, dass bei der Toilettenspülung ein Dunst von der Toilette aufsteigt. Die mikroskopisch kleinen Tröpfchen, in denen sich Millionen von Bakterien befinden, verunreinigen die Badezimmeroberflächen und ermöglichen Infektionen.
3. Schrubben Sie die Duschwände nach dem Gebrauch. „Das kostet Sie anderthalb Minuten und macht aus Ihrer wöchentlichen Badreinigung eine Sache von 15 Minuten“, sagt eine erfahrene Haushaltsberaterin. Die 3 Hauptprobleme bei Bade-

wannen und Duschen – Seifenreste, Fäulnis und Mineralienzuwachs – werden durch stehendes Wasser verursacht. Alle 3 Probleme lassen sich also durch unmittelbares Abtrocknen verhindern. „Mit einem Schrubber haben viele ihre Probleme", weiß unsere Haushaltsberaterin. „Sie fragen sich: ‚Geht das nicht auch mit einem Handtuch?' Selbstverständlich geht das, aber dann haben Sie ein tropfnasses Handtuch in den Händen." Sie empfiehlt, beim Baden flüssige statt feste Seifenprodukte zu nehmen – darin ist weniger Fett enthalten, das zum Aufschäumen der festen Substanz nötig ist.

4. Moderne Kunst gehört nicht auf den Herd. Verwenden Sie größere Pfannen und Töpfe. Ein Frauenmagazin fand in einer Umfrage von 1000 Frauen heraus, dass die meistgehasste Arbeit in der Küche die Herdreinigung ist. Dabei wird das Verschütten und Überkochen zumeist von zu kleinen Pfannen verursacht. Wer keine großen Töpfe spülen will, muss dafür endloses Schrubben des Herdes in Kauf nehmen.

5. Fett und Gerüche müssen verschwinden. Eine Abzugshaube über dem Herd schützt vor Fett in der Luft, das sich auf den Küchenoberflächen

Schnelle Jobs für freie Momente

Nutzen Sie freie Minuten. Wenn Sie immer in den Momenten, in denen Sie ein paar Minuten Zeit haben, etwas Kleines erledigen, sparen Sie am Ende einen ganzen Putznachmittag. Hier haben Sie ein paar Beispiele – wenn Sie sich daran gewöhnen, werden Ihnen sicher noch viele weitere einfallen.

Wenn der Kaffee durchläuft:
Wischen Sie die Kühlschranktür oder leeren Sie die Krümelschale des Toasters.

Wenn im Fernsehen Werbung kommt:
Wischen Sie die Fernsteuerung, stauben Sie den Fernsehtisch ab und holen Sie Chips und Flips aus den Sofakissen.

Wenn die Wäsche im Trockner ist:
Räumen Sie die Wäschekörbe auf und ordnen Sie das Reinigungszubehör.

Wenn die Kekse im Ofen sind:
Putzen Sie die Herdknöpfe ab.

Wenn die Spülmaschine läuft:
Erledigen Sie die Post oder ordnen Sie den Kram in den Schubladen.

Wenn Ihr Haar trocknet:
Waschen Sie Handwäsche.

Wenn Sie warten, bis das Wasser kocht:
Wischen Sie Flecken vom Fußboden auf.

ablagert. Auch wird dadurch verhindert, dass Küchengerüche in Teppiche und Polster einziehen.

6. Machen Sie Keimen das Leben schwer. Wischen Sie immer mit einem sauberen Schwamm oder Spültuch Flecken auf. Ein Schwamm voller Keime überzieht im Null Komma Nichts ganze Flächen mit einer Bakterienschicht. Am wohlsten fühlen sich die Mikroben in Zelluloseschwämmen, wo sie sich genau so rasch vermehren wie in Geschirrhandtüchern aus Baumwolle – sie finden dort eine haftende Oberfläche, Feuchtigkeit und ständige Nahrungszufuhr. Mikrobiologen sind der Meinung, dass die saubersten Menschen die schmutzigste Küche haben – eben weil sie ständig alles abwischen.
7. Räumen Sie die Spülmaschine immer sofort aus. Sauberes Geschirr blockiert schmutziges – Letzteres endet dann meistens in der Spüle, und im Handumdrehen haben Sie ein Chaos, was Sie vor statt nach der nächsten Mahlzeit in Ordnung bringen müssen.
8. Vor jedem Hauseingang sollte eine Fußmatte liegen. Etwa 80 % des Schmutzes im Haus kommt durch die Tür herein. Treten Sie immer Ihre Füße ab, oder ziehen Sie besser gleich die Schuhe aus, wenn Sie hereinkommen – sauberere Böden und Teppiche werden das Ergebnis sein. Dekorative Fußmatten sollten Sie ebenso vermeiden wie Teppichfliesen oder Gummimatten. Kommerzielle Produkte, beispielsweise für den Gastronomiebedarf, sind geeigneter. Wirkungsvolle Fußmatten können Ihnen pro Jahr bis zu 200 Stunden Putzen ersparen.
9. Schmutz sollte ausgeschlossen werden. Schubladen, Kommoden, Schränke und andere Einrichtungsgegenstände sollten Sie deshalb nach Möglichkeit immer verschlossen halten. Krümeln wird es nicht gelingen in ein verschlossenes Besteckfach zu kommen. Staub dringt fast überall durch, aber trotzdem bleiben Ihre Sachen in verschlossenen Schränken länger sauber.
10. Legen Sie Ihre Sachen dorthin zurück, wo sie hingehören. Unordnung ist das Sauberkeitsproblem Nr.1 in den meisten

Haushalten – herumfliegender Kram ist für fast die Hälfte der gesamten Hausarbeit verantwortlich. Ein mit sorglos dahingeworfenen Sachen vollgestopfter Raum ist nicht einfach zu putzen. Ständig etwas aufheben und wegräumen zu müssen verbraucht Zeit und Energie. Unordnung ist meistens ziemlich tief verwurzelt, deshalb wird die Umstellung Ihrer jeweiligen Gewohnheiten keine leichte Angelegenheit sein.

11. Haben Sie möglichst viele Abfallbehälter in Reichweite, oder sorgen Sie dafür, dass man das Wegwerfen von Sachen mit ein paar Schritten erledigen kann.

Holen Sie sich Verstärkung

Die Schicht aus Seifenresten in der Dusche ist so dick, dass Sie Ihren Namen hineinritzen können und der Besuch der Schwiegereltern steht kurz bevor. Oh-oh...

Wenn Sie sich entscheiden, Putzhilfe in irgendeiner Form hinzuzuziehen, stehen Sie nicht alleine da: Millionen andere handeln genau so wie Sie. Zwar haben Haushalte mit Kindern unter 18 am ehesten Hilfe nötig, doch sind es zumeist Alleinstehende von 45 aufwärts, die auf solche Unterstützung zurückgreifen. Hier ein paar Ratschläge, wie man sich am besten einen Putzservice engagiert.

Wählen Sie die richtigen Helfer aus

Benötigen Sie Hilfe beim Sauberhalten Ihres Hauses, gibt es 2 Wege: einen professionellen Hausreinigungsservice zu engagieren oder eine Haushaltshilfe anzustellen. Verschiedene Faktoren spielen bei einer solchen Entscheidung eine Rolle – wie teuer oder wie zuverlässig die eine oder andere der jeweiligen Lösungen ist und wie oft man Hilfe braucht; was bequemer ist und um welche Art von Arbeiten es dabei geht.

Eine Haushaltshilfe kann sehr günstig sein, wenn Sie mit einem Laien zufrieden sind; ein „Profi“ ist um einiges teurer. Haushalts-

hilfen können auch Aufgaben erledigen, die nicht in den Bereich eines Reinigungsservices gehören, wie z. B. Babysitting, Wäsche oder Aufräumen. Wenn Sie so etwas gebrauchen können, ist eine Haushaltshilfe sicher die beste Lösung für Sie.
Ein professioneller Reinigungsservice rückt meist mit mehreren Personen an und sorgt ruck, zuck für Ordnung. Sie haben ihre festen Methoden und werden Ihr Haus in Kürze wieder verlassen. Natürlich ist das eine kostspielige Angelegenheit.
Bei solchen Firmen ist es unerlässlich, dass Sie vorher aufräumen. Sie sind am besten für einmalige Gelegenheiten wie eine große Party oder den Frühjahrsputz geeignet.
Achten Sie darauf immer genau zu vereinbaren, was gereinigt werden soll, wie lange es dauern wird, wie teuer es ist und wie oft es gemacht werden soll.

TESTEN SIE CHEMISCHE REINIGUNGEN

In der chemischen Reinigung wird Ihre Kleidung „trocken“ gewaschen, d. h. in Lösungsmitteln statt Wasser. Wasserempfindliche Stoffe wie Seide oder Wolle werden in einer Mischung aus Lösungsmitteln, Seife und ein wenig Wasser in großen Frontlade-Waschautomaten gewaschen. Denken Sie daran: Der chemische Reinigungsprozess verschleißt die Fasern und häufiges Reinigen kann einen Glanz auf manchen Geweben wie etwa Wolle erzeugen. Man muss Kleidung nicht nach jedem Tragen reinigen lassen. Bürsten Sie sie ab oder schütteln Sie sie aus, um Verschmutzungen und Staub zu entfernen, und lassen Sie sie dann auslüften. Prüfen Sie, ob Flecken vorhanden sind. Bei sichtbaren Verschmutzungen müssen Sie sich an eine Reinigung wenden. Informieren Sie die Reinigung über die Ursache der Verschmutzung, dann können sie sie spezifisch behandeln.
Nach der Reinigung sollte Ihre Kleidung wie neu aussehen. Leider ist das nicht immer der Fall. Wenn Sie eine neue Reinigung ausprobieren, gehen Sie so vor: Suchen Sie 2 Kleidungsstücke heraus,

die Sie nicht mehr brauchen, eins bunt, das andere weiß. Stellen Sie sich die folgenden Fragen:

- Sehen die Farben genau so aus wie vorher? Sieht das Weiß sauber aus oder trüb? Manche Reinigungen probieren ein Lösungsmittel an einer Ecke aus, aber so stark verdünnt, dass Flecken dabei nicht entfernt werden. Oder sie wechseln die Filter in ihren Maschinen nicht häufig genug aus, so dass Schmutzpartikel, die Ihre Wäsche beschädigen, im Reinigungsmittel bleiben.
- Wo sind die Reinigungszettel befestigt? Kleidungsstücke müssen eine Nummer zur Identifizierung bekommen. Die Zettelchen sollten aber nicht am Kleidungsstück selbst, sondern am Etikett befestigt sein. Bessere Reinigungen entfernen den Zettel von den Kleidungsstücken und heften sie an die Rechnung.
- Sind die Sachen wirklich gebügelt oder nur kurz von einer Maschine flachgedrückt worden? Manche Sachen mit besonderen Abnähern oder Bügelfalten, beispielsweise eine taillierte Bluse oder ein Faltenrock, sind von Hand nachzubügeln, um Knitterfalten von der Maschine zu korrigieren. Manche Reinigungen sparen Geld, indem sie auf das Nachbügeln verzichten.
- Sind alle Flecken entfernt worden? Das sollte per Hand geschehen. Je geschickter die jeweilige Person der Reinigung, desto besser das Ergebnis.
- Sind alle Knöpfe noch dran? Sind welche beschädigt? Es gibt Knöpfe, die durch das Lösungsmittel angegriffen werden. Eine gute Reinigung sollte darauf achten, die Knöpfe zu schützen oder empfehlen sie vorher abzunehmen.

Und denken Sie daran: Erwarten Sie keine Spitzenleistungen für Spottpreise. Beides lässt sich schlecht miteinander vereinbaren. Billigpreise lassen in der Regel auf eine dürftige Reinigung schließen.

Vorhänge, Teppiche und Polster brauchen Wärme

Die sogenannte Dampfreinigung hat, genau gesagt, mit Dampf nichts zu tun. Durch einen Wasserentnahmeprozess werden Verschmutzungen von Vorhängen, Teppichen und Polstern gelöst. Eine Maschine trägt eine Reinigungslösung auf und saugt anschließend das verschmutzte Wasser aus den Fasern. Man kann zwar eine solche Maschine auch ausleihen, erreicht aber gewöhnlich ein schlechteres Ergebnis als ein professioneller Reinigungsbetrieb.

Wenn es Ihnen nicht gelingt, das Wasser vollständig herauszusaugen, kann es passieren, dass Sie plötzlich selber dumm aus der Wäsche gucken. Bleibt die Feuchtigkeit nämlich zu lange in den Fasern, beginnen die Farben auszubluten und es kommt zu Geruchsbildung und Moder – und das durchaus schon nach 24 Stunden.

Bei normalem Gebrauch sollten Teppiche etwa einmal jährlich gereinigt werden und Vorhänge und Polster einmal alle 2 Jahre. Haben Sie Raucher, Kleinkinder oder Haustiere zu Hause, müssen Sie eventuell öfter reinigen; das kann auch der Fall sein, wenn Sie in einer besonders feuchten, extrem kalten oder staubigen Gegend wohnen.

Eine Dampfreinigung gehen Sie folgendermaßen an.

Ist die Reinigung wirklich professionell?

Informieren Sie sich bei der Verbraucherberatung über Reinigungen.

Schauen Sie dem Gaul ruhig ins Maul.

Lassen Sie sich durch die Reinigung führen, dann wissen Sie, was Sie erwartet, und können eventuelle Probleme einschätzen.

Achten Sie auf gründliche Vorbereitung.

Die Reinigungsunternehmer sollten sich nicht auf Ihren Teppich oder Ihre Polster stürzen, ohne vorher genau das Gewebe zu prüfen, um kostspielige Fehler zu vermeiden.

Wenn Ihre Rohre senkrecht verlaufen

Das Rohrleitungssystem für Heizung und Ventilation in Ihrem Haus ist mit Filtern ausgestattet, die Schmutz- und Staubpartikel aus den Leitungen heraushalten sollen. Durch regelmäßiges Erneuern oder Reinigen der Filter bleiben die Leitungen sauber.

In Fällen starker Verschmutzung – etwa bei Renovierungen, Umbauten, einem Defekt im Schornstein oder einem Wasserrohrbruch – müssen Sie Handwerker für die Reinigung holen. Sammelt sich Feuchtigkeit in den Rohren, bilden sich leicht Moder, Schimmel und Bakterien.

In solch einem Falle müssen die Rohre mit einem Vakuumsauger geleert werden; der Preis richtet sich gewöhnlich nach der Anzahl von Lüftungslöchern in Ihrem Haus.

Eine kompetente Rohrreinigungsfirma zu finden erfordert gewisse Vorsicht.

Fragen Sie nach einem Zertifikat.

Hierfür können Sie bei der Handwerkerinnung Informationen einholen.

Werden die Bedingungen sorgfältig geprüft?

Das erste, was der Handwerker tun sollte, ist sich die Lage genau anzusehen und seine voraussichtliche Arbeit einzuschätzen.

Versiegeln nur in harten Fällen.

Im besten Fall wollen Sie den Schmutz aus Ihren Rohren entfernen. Möglicherweise empfiehlt man Ihnen, die Innenfläche der Rohre mit einer Versiegelungsschicht zu überziehen. Die Versiegelung wird in die Rohre auf den vorhandenen Schmutz gesprüht und trocknet zu einem lackartigen Firnis aus, der den Schmutz fixiert. Das kann an schwer erreichbaren Stellen durchaus erforderlich sein, doch sollte vorher so viel Schmutz wie möglich entfernt werden.

Gehen Sie auf Nummer Sicher.

Lassen Sie Ihr Entlüftungssystem einmal im Jahr überprüfen. In Bereichen mit geringer Luftbewegung sammelt sich leicht Schmutz an. Klimaanlagen haben ganz unten eine Abtropfschale, die zur

Richten Sie sich so ein, dass der Schmutz vor der Tür bleibt

Schmutz ist nun einmal da – und man kann ihn nicht aus dem Leben verbannen. Aber wenn Sie Ihre Wohnung einrichten, können Sie durch die Wahl der Materialien die Zeit, die Sie zum Sauberhalten benötigen, reduzieren.
Denken Sie z. B. an einen hellen Fußboden, der pro Woche ein halbe Stunde Wischen erfordert. Das macht 26 Stunden im Jahr. Wenn der Fußboden 10 Jahre hält, verbringen Sie 10 Tage mehr mit dem Reinigen als bei einem dunklen Fußboden.
Mit den folgenden Tipps können Sie bei der Einrichtung die Zeit für Putzen und Pflege noch weiter einschränken.

Bevorzugen Sie schlichte Sachen.
Je komplizierter und je stärker verziert etwas ist, desto schwieriger ist es zu putzen. Warum sollten Sie Stunden damit zubringen, Schmutz aus Ritzen und Fugen zu kratzen, wenn es auch Dinge in einfacherem Stil tun?

Je weniger Oberfläche, desto besser.
Auf jeder Oberfläche sammeln sich Staub und Schmutz. Verzierungen, Schlitze usw. vergrößern die Gesamtoberfläche, die Sie putzen müssen.

Tarnen Sie Schmutz.
Sie sollen nicht in versteckten Dreckhaufen herumstapfen, sondern Farben und Muster nehmen, die zu Ihrem Lebensstil passen. Wenn jedes Haar Ihres Hundes sofort auf dem Teppich zu sehen ist, müssen Sie ihn jeden Tag saugen. Also ist es besser, einen Teppich in einer dem Hundehaar ähnlichen Farbe zu kaufen, oder einen mit Mustern, die Haare verbergen. Einfarbige Flächen können sehr wenig verstecken. Denken Sie bei der Auswahl der Farben an Ihre Kinder, Ihre Haustiere oder die Farbe des Untergrundes in Ihrer Gegend.

Vermeidung von Moder und Schimmel regelmäßig gereinigt werden muss. Gießen Sie erst das Wasser ab und wischen Sie sie dann mit Seife, Schwamm und Lappen ab.

Schlagen Sie die Unordnung in die Flucht

Räumen Sie auf mit den Bergen von herumliegendem Zeug, und das Putzen macht sich fast von selbst

Ich gebe Ihnen mein Wort darauf. Ganz egal, wie groß Ihr Zuhause ist, wie unermesslich es Ihnen beim ersten Anblick zu sein schien – am Ende ist auch die letzte Ecke mit irgendwelchen Sachen vollgestopft, wenn man nicht aufpasst.

Das häusliche Durcheinander ist ein Nebenprodukt unserer Konsumgesellschaft. Wir sammeln nutzloses Zeug an, weil wir denken, irgendwann werden wir es schon brauchen – unwiderstehliche Sonderangebote, gut gemeinte Geschenke, ausgesonderte Kleidung oder dekorative Gegenstände.

Irgendwann ähnelt Ihr Haus, das einmal genau die richtige Größe hatte, einer Rumpelkammer. In Kommoden und Schränken stapelt sich alles, Tische und Ablagen sind mit Kleinkram bedeckt. Ist der Tag des Großreinemachens da, müssen Sie sich einen Weg durch das Chaos bahnen, was in mehrerer Hinsicht zeitraubend ist.

- Sie brauchen mehr Zeit, um Sachen zu finden.
- Sie müssen das Putzen immer unterbrechen, um Sachen weg- oder zumindest aus dem Weg zu räumen.
- Das herumliegende Zeug muss selber geputzt werden – und das bedeutet abermals Stunden des Reinigens, Polierens, Abstaubens und Pflegens.

Die Frau vom Reinigungsservice betont: „Wenn Sie jemals das Ungetüm namens Hausarbeit in den Griff kriegen wollen, dann sorgen Sie dafür, dass jeglicher Kram verschwindet."

Sehen Sie es als ein organisatorisches Problem: Zu Anfang sortieren Sie Ihre Sachen nach Notwendigem und Unnötigem und finden Aufbewahrungsorte für die Sachen, die Sie behalten wollen. Die schwierige Aufgabe besteht dann darin, sich ein System zu schaffen, mit dessen Hilfe Sie dauerhaft Schluss mit dem Problem machen.

Sehen Sie sich Ihr Zuhause einmal genauer an – aber bleiben Sie hart

Wenn Sie auf Ihrer Abfallbeseitigungsmission durch Ihr Haus streifen, ist Sentimentalität fehl am Platze. Sie müssen bereit sein, sich von vielen Dingen zu trennen. Betrachten Sie Ihre Sachen ohne Skrupel. Im Zweifelsfall immer weg damit.

Brauchen Sie wirklich den Hahn aus Porzellan, den Ihnen Tante Luise vor 12 Jahren geschenkt hat? Und wie steht es um die Jeans Größe 36, die Sie 10 Jahre nicht getragen haben, die Ihnen aber später einmal passen könnte? Ist die Wahrscheinlichkeit groß, dass bei Ihrer nächsten Party der Fondue-Topf von 1976 auf dem Tisch stehen wird?

Ein Blick in den Kleiderschrank wird Sie sicher in Schwung bringen für das weitere Aussortieren – und Sie werden gleich Erfolgserlebnisse haben.

Ich schlage Ihnen eine hilfreiche Methode zum Aussortieren vor, und zwar eine mit 4 verschiedenen Behältnissen, 3 Kisten und einem großen Mülleimer. In

Dehnen Sie Ihren Lagerplatz aus

Was tun Sie, wenn Sie sorgfältig jede Ecke Ihres Hauses aufgeräumt haben und immer noch zu wenig Platz haben? Sie brauchen nicht zu verzweifeln. Es gibt viele Wege, mehr aus dem Platz zu machen, der Ihnen zur Verfügung steht. Suchen Sie Orte, in denen, auf denen oder unter denen Sie noch Sachen unterbringen können.

- **Bewahren Sie Decken unter der Matratze auf.**
- **Benutzen Sie Gepäckstücke, um darin Bettwäsche, Geschenke oder Sachen für die andere Jahreszeit unterzubringen**
- **Hängen Sie kleine Regalbretter an Türen auf, wo sie nicht auffallen.**
- **Bringen Sie Haken auf der Innenseite der Türen Ihrer Küchenschränke an.**
- **Befestigen Sie einen Zwischenboden unter dem Dach Ihrer Garage.**

eine Kiste gehört alles, was in einen anderen Raum oder Schrank verfrachtet werden soll. Eine zweite Kiste ist für Sachen, die Sie weggeben möchten. Überflüssige Dinge, von denen Sie sich trotzdem nicht trennen können, kommen in die dritte Kiste. (Wenn die Kiste voll ist, kleben Sie sie zu und stellen Sie sie in die Garage. Wenn Sie die Sachen nach 6 Monaten immer noch nicht vermisst haben, werfen Sie sie weg.) Der große Mülleimer soll Sie ermuntern, so viel wie möglich wegzuschmeißen.

Geben Sie Ihren Sachen Sternchen

Haushaltsexperten empfehlen, sich beim Aussortieren an die folgenden Kriterien zu halten.

1. Brauche ich das wirklich? „Angst und Sentimentalität schaffen starke Bindungen an Gegenstände“, meinen die Experten. „Sie sind unsicher, ob Sie sie nicht doch irgendwann gebrauchen können.“ Um diese Furcht zu überwinden, fragen Sie sich: „Was wäre das Schlimmste, was passieren könnte, wenn ich dies oder jenes nicht hätte?“ Fällt Ihnen keine mögliche Katastrophe ein – weg damit.
2. Wie lange ist es her, seit ich dieses Teil das letzte Mal benutzt habe? Die Sachen werden mit der Zeit auch nicht besser – insbesondere Kleidung. Haben Sie ein Kleidungsstück schon ein paar Monate nicht getragen, oder die ganze letzte entsprechende Jahreszeit, lässt sich bezweifeln, ob Sie es nächste Mal anziehen werden. Nach 6-12 Monaten kann man im Allgemeinen sagen, ob man ohne ein bestimmtes Kleidungsstück leben kann.
3. Brauche ich so viele davon? Oft hat man eine Sache mehrmals, besonders in der Küche. Aber fragen Sie sich: Sind wirklich 4 Dosenöffner erforderlich? Könnte ich eventuell auf einige der 20 Fläschchen Nagellack verzichten? „Je weniger man hat, desto weniger Gedanken macht man sich darüber“, so die Fachfrau.

Haben Sie einen Schrank oder einen ganzen Abschnitt Ihres Hauses beendet, gehen Sie zum nächsten über. Halten Sie durch bis zur letzten Schachtel, auch wenn es einige Wochen dauert.

Alle Wege führen nach Rom – hier sind 2 weitere

Probieren Sie auch die folgenden Methoden aus.

Die guten ins Töpfchen, die schlechten ins Kröpfchen.

Verstauen Sie alles, was Ihre Schränke oder Schubladen verstopft, in Kartons. Kleben Sie ein Datum drauf, aber nehmen Sie ruhig Dinge, die Sie vorher brauchen, heraus und räumen Sie sie weg. Was nach 6 Monaten noch im Karton ist, gehört aussortiert und weggegeben oder verkauft. Auch der Profi ist überzeugt: „Eine durchaus interessante Methode, die besonders in der Küche gute Dienste tut. Ich kenne eine Familie, die sie regelmäßig durchführt – sie schwört darauf."

Alles zu seiner Zeit.

Haben Sie mit Unordnung größeren Ausmaßes zu kämpfen, teilen Sie sich die Entrümpelungsarbeit in Phasen ein. Es besteht kein Grund, sich auf Teufel komm' raus durch den ganzen Haufen auf einmal zu arbeiten. Unrealistische Ziele werden Sie eher entmutigen. Geben Sie sich eine halbe Stunde pro Tag. Vermerken Sie die größeren Abschnitte auf dem Kalender, das wird Sie langsam aber stetig zum Erfolg führen. Eine kleine Arbeitseinheit pro Tag oder wenigstens 2 in der Woche reichen, wenn Sie sich daran halten.

Gebieten Sie der Papierflut Einhalt

Papier schleicht sich unversehens in alle Ecken Ihres Hauses ein – es wird gesammelt, verlegt, gelesen und manchmal auch abgeheftet. Plötzlich werden riesige Stapel daraus. Zuerst ist es „bloß ein Blatt Papier". Letztlich aber ist Papier der größte Verursacher von Unrat. Unsere Gesellschaft ist ein gigantischer Papierfresser. „Ex und hopp" – das bleibt ein Traum.

Achten Sie täglich darauf, dann halten Sie die Papiermassen in Grenzen. Wie das gehen kann, dazu hier einige Vorschläge.

- Sortieren Sie die Post täglich. Was Sie nicht mehr brauchen: sofort in den Papierkorb. Heften Sie Ihre Rechnungen ab, und legen Sie Sachen, die Sie lesen wollen, in einem speziellen Ordner ab.
- Zeitungen kommen am besten gleich abends ins Altpapier, und Zeitschriften sortieren Sie alle 2 Monate.
- Benutzen Sie einen Terminkalender. Dort tragen Sie alle Erledigungen ein, dann werden eine Menge Unterlagen überflüssig.
- Ordnen Sie systematisch wichtige Dokumente und Unterlagen. Bunte Ordner und entsprechen markierte Schubladen sind dazu hilfreich und vermeiden unnötige Sucharbeit.
- Jedes Kind sollte für seine Schulhefte einen Ordner oder eine Schublade bekommen. Räumen Sie sie 1- bis 2- mal im Jahr auf und behalten Sie Sachen, die Sie in längstenfalls 10 Jahren noch zu brauchen gedenken.

Zweiunddreissig-heb-auf: Die Familie darf mitspielen!

Das Gerümpel in Schach zu halten ist kein Einmannjob. Jedes Familienmitglied kann seinen Teil dazu beitragen.

„Ordnung im Haus machen ohne Hilfe von der Familie ist wie mit einem Arm tapezieren“, meinen Sachverständige. „Möglich ist alles – aber wer hat Lust zu so etwas?“

Sie haben einige Strategien entwickelt, die Familie einzubinden.

- Führen Sie als Hausregel Nr. 1 ein: „Nicht irgendwohin legen, sondern wegräumen.“
- Vor dem Abendessen sollten alle ihre Sachen aufgeräumt haben – und sie sollten wissen, was mit „aufräumen“ gemeint ist!
- Jeden Abend sollte einer Aufräumdienst haben. Er oder sie soll die eigenen Sachen wegräumen und die der anderen vor deren Zimmertüren legen.
- Herumliegende Sachen legen Sie in eine speziell markierte

„Samstagskiste“. Am Samstag kann jeder seine Sachen zurückbekommen, der dafür eine Aufgabe erledigt hat.

Ablegen – aber wie?

Haben Sie Ihr Haus einmal entrümpelt, werden Sie erstaunt sein, wie viel Platz plötzlich in den Schränken, Kommoden und Schubladen frei geworden ist. Sachen ablegen heißt aber nicht nur einen Platz zum Verstauen zu finden. Es bedeutet auch, wenn Sie eine Schere suchen, sie sofort zu finden. Es bedeutet, eine Dose Schuhcreme wegräumen zu können, ohne dazu Haufen von anderen Dosen und Flaschen beiseite räumen zu müssen. Es muss „benutzerfreundlich“ sein.

Alles muss leicht erreichbar und ebenso leicht wieder hervorzuholen sein. Durchsichtige Plastikschachteln sind ein möglicher Weg. Sind Sie Ihnen zu unhandlich, können Sie auch beschriftete Körbe nehmen. Suchen Sie sich eine Methode, die Ihnen am besten liegt und Ihren Bedingungen entspricht.

Schätzungsweise 80 % des Gerümpels im Haus wird durch schlechte Organisation der Ablage verursacht, weit mehr als durch Platzmangel. Es gibt immer mehr Platz, als Sie denken.

Alles gehört dahin, wo man es wieder findet

Die folgenden Tipps helfen Ihnen, den Platz zu Hause zu vergrößern.

Zusammen, was zusammen gehört.

Ein nicht nur einleuchtender, sondern auch noch ungemein arbeitssparender Tipp. Im Schuhschrank z. B. könnten Sie auch gleich Schuhcreme, Lappen, Bürste usw. unterbringen. Brauchen Sie neue Schnürsenkel, müssen Sie nicht gleich ein ganzes Regal auf den Kopf stellen, um sie zu finden. Sie müssen eben nur im Schuhschrank nachsehen.

Richtiges Ordnen verkürzt die Hausarbeit um Stunden. Ist alles wahllos verstreut, weiß niemand in der Familie, wo was hingehört.

Alles wird an willkürliche Orte gelegt und ist umso schwerer wieder zu finden.

Alles an den Ort, an dem es gebraucht wird.
Wenn Sie eine Sache ablegen, fragen Sie nicht: „Wo könnte ich es hinlegen?“, sondern „Wo würde ich es suchen?“. Der natürliche Ort für eine Schere z. B. wäre ein Büroschrank, ein Nähkasten oder ein Haushaltsschrank. Das Sockenfach wäre wohl kaum ein sinnvoller Aufbewahrungsort.

Alltagsgegenstände nach vorne.
Je öfter Sie eine Sache gebrauchen, desto leichter sollte sie zu finden sein. Die Pfanne, mit der Sie am liebsten braten, sollte nicht ganz hinten im Regal stehen, damit Sie nicht immer zwanzig andere Töpfe und Pfannen beiseite räumen müssen. Wenn Sie täglich Handfeger und Besen brauchen, ist die Garage sicherlich nicht der beste Aufbewahrungsort dafür.

Jedem Behälter sein Schild.
Was worin ist, sollte durch ein Etikett ersichtlich sein, damit Sie nicht die falsche Kiste durchstöbern, wenn Sie die Einkommensteuererklärung vom letzten Jahr suchen.

Jedem Ding seinen Behälter.
Alles sollte möglichst einen so eindeutigen Aufbewahrungsort haben, dass Sie es im Schlaf finden. Teilen Sie deshalb Ihre Schubladen in getrennte Bereiche ein.
Wenn Ihre Kinder keine Kleiderbügel benutzen, befestigen Sie Haken für Jacken, Schultaschen etc. an der Wand. Man räumt seine Sachen meist automatisch weg, wenn man weiß, wo sie hingehören.

Legen Sie wertvolle Gegenstände an einen geschützten Ort

Für Erbstücke, wichtige Dokumente oder Wertgegenstände ist nicht jeder Ort gleich gut. Sie sollen zwar erreichbar sein, aber nicht für jeden. Auch dafür einige Vorschläge.

FOTOS:

Schachteln in entsprechender Größe sind wohl der beste Ort; es gibt auch Kastensysteme, in denen Sie die Fotos nach Datum einordnen können. Für Plastikalben empfehle ich ein Material ohne haftendes oder magnetisches Papier, da dadurch Ihre Fotos dauerhaft beschädigt werden können. Der Kunststoff in manchen Alben sondert Gase aus, die sich negativ auf die Qualität der Fotos auswirken können.

KLEIDUNG:

Ist Ihr Platz beschränkt, können Sie im Sommer die Winterkleidung an einem anderen Ort verstauen, und umgekehrt – natürlich frisch gewaschen, sonst bleiben am Ende dauerhafte Spuren von Flecken. Achten Sie auch auf Motten und andere Insekten.

Kleidung muss, bevor Sie für längere Zeit weggeräumt wird, sorgfältig durchgespült werden, am besten in weichem Wasser, da Waschmittelreste den Stoff chemisch verändern können. Stärke sollten Sie vor der Lagerung nicht verwenden. Verpacken Sie die Kleidung gut und bewahren Sie sie an einem trockenen Ort auf, damit sich kein Schimmel bildet. Leder und Wildleder gehört jedoch nicht in Plastikfolie. Ist keine Luftzirkulation vorhanden, trocknet das Material aus.

Kleidung verschleißt wie andere Sachen auch. Vor dem Verstauen überlegen Sie, wie viel Zeit Sie dem jeweiligen Kleidungsstück noch geben. Lohnt es sich noch? Hemden, leichte Anzüge und Kleider halten im Durchschnitt 2 Jahre. Wollmischgewebe, Abendkleider und Mäntel sehen etwa 3 Jahre lang gut aus, während sich Ledermäntel und Pullover nach 4 Jahren abnutzen.

Erbstücke, Hochzeits- oder Taufkleider usw. halten am besten und knittern am wenigsten, wenn man sie in säurefreien Stoff einwickelt.

DOKUMENTE:

Von Diebstahl, Feuer oder anderen Missgeschicken sollten Sie wichtige Dokumente durch die Einrichtung eines Safes, eines feuerbeständigen Behälters und einer Dokumentenmappe schützen.

Was mache ich nur mit all dem Kram?

Sie haben Wochen mit dem Aufräumen der Wohnung und dem Aussortieren alter Sachen verbracht, und jetzt stehen Sie vor einem Berg Kisten, Schachteln und Säcke mit dem ganzen Kram, den Sie nicht mehr brauchen. Der kleine Hamster in Ihrem Hinterkopf will Sie überreden, es doch lieber wieder in irgendwelche freien Ecken zu stopfen. Aber so sind die Probleme ja erst entstanden. Diese Sachen müssen aus Ihrem Leben verschwinden. Aber wie?

Am einfachsten ist es, Sie verkaufen es in einem Second-Hand-Geschäft. Bei manchen kann man seine Sachen auch auf Kommission verkaufen. Wenn es viele Sachen sind, mieten Sie einen Stand auf einem Flohmarkt oder organisieren Sie einen kleinen Garagenverkauf.

Es besteht auch die Möglichkeit, die Sachen an wohltätige Organisationen zu spenden. (Die meisten stellen Ihnen auch Spendenquittungen aus.)

Erkundigen Sie sich, welche Geschäfte bzw. Organisationen Ihre Sachen selber abholen, dann sparen Sie sich den Transport

In den Safe gehören Geburts-, Tauf-, Heirats- und andere Urkunden; Dokumente über Verträge, Festgelder usw.; rechtliche Unterlagen wie Hypotheken; eine Abschrift Ihres Testamentes; Unterlagen vom Militär; Pässe; und eine Liste aller Dinge, die Ihnen gehören. In den feuerbeständigen Behälter legen Sie Ihre Bank- und Versicherungsdokumente. Die Dokumentenmappe sollte weitere Bankunterlagen, Steuerpapiere, Garantiescheine und Kopien von Führerschein, Kreditkarten, Versicherungsausweisen und anderen Personaldokumenten enthalten.

MACHEN SIE DER GESUNDHEIT DEN WEG IM HAUS FREI

Mit ein wenig hygienischem Geschick machen Sie Ihr Zuhause und die Umwelt sauberer

Keine Lust mehr auf Putzen? Stellen Sie sich einmal vor, wie krank Sie ohne Sauberkeit wären. Jahr für Jahr entstehen bei Millionen Menschen gesundheitliche Probleme durch ungenügende Hygiene im Haus. Sehen wir uns nur mal die Fakten an.

- Etwa 20 % der jährlich 6,5 Millionen Fälle ernährungsbedingter Krankheiten entstehen im Haus, wenn Bakterien über Hände, Gegenstände und Oberflächen herfallen.
- Einer von 6 Bürgern eines Industrielandes bekommt irgendwann im Leben eine allergieähnliche Krankheit.
- Zwischen 1982 und 1994 ist die Asthma-Rate z. B. in den USA um 61,2 % gestiegen. Bei Kindern unter 18 Jahren lag sogar ein Anstieg um 72,3 % vor.

Unser gemütliches Zuhause mit seinen teppichbedeckten Böden und wetterfesten Isolationen ist der ideale Ort zur Vermehrung von Allergenen, wie z.B. Staubmilben. Wenn Sie an Allergien leiden, hat man Ihnen ganz sicher schon einmal den Rat gegeben, Ihr Haus so sauber wie möglich zu halten.

Auch wenn ein sauberes Zuhause gesünder als ein vernachlässigtes ist, können gerade die Reinigungsmittel, die wir verwenden, unsere Gesundheit gefährden. Beim Putzen setzen wir uns scharfen Chemikalien aus, die ebenso gefährlich für den Menschen wie für die Umwelt sind. Längerer Kontakt mit manchen Mitteln wie etwa Flüssigbleiche kann Augen- und Hautreizungen hervorrufen, die Luftröhre angreifen oder Übelkeit und Schwindel verursachen. Die meisten Mittel werden als umweltfreundliche, nützliche Produkte angepriesen, die unser Leben einfacher machen sollen. Dabei wird leicht vergessen, dass Sicherheitsrisiken auch in schönen, handlichen Verpackungen versteckt sein können.

Wie man Mikroben zu Leibe rückt

Auf einem weißen Handschuh mögen Sie jeden Fleck sehen, aber in Küche und Bad haben Sie, auch wenn frisch geputzt ist, keine Chance. Unsichtbare Verschmutzungen in Gestalt von Keimen und Bakterien können Sie krank machen, indem sie Lebensmittel, Oberflächen und Gebrauchsgegenstände verunreinigen.

In der Küche sammeln sich die meisten Bakterien. Milliarden und Abermilliarden von Mikroben hausen in rohem Fleisch, alte Geschirrhandtüchern und Schwämmen, vor sich hin faulendem Abfall, verdorbenen Speisen, schmutzigem Geschirr und ungewaschenen Händen. Vom Standpunkt der Gesundheit aus kann eine frisch gewischte Ablage gut und gerne der schmutzigste Ort in Ihrem Haus sein.

„Die reinlichsten Menschen sind gewöhnlich die schmutzigsten, da sie die Keime überallhin verbreiten. Was Keime angeht, ist der Junggeselle, der nie putzt, der reinlichste Mensch", meinen Mikrobiologen.

Bewaffnen Sie sich mit Desinfektionsmittel

Es ist unmöglich Ihre Umgebung von allen Mikroben zu befreien. Eine sterile Umwelt zu erzeugen sollte nicht Ihr Ziel sein, sondern Reinlichkeitsgewohnheiten zu schaffen, die das Wachstum von Keimen und Bakterien behindern.

Für das tägliche Sauberhalten der Küche eignet sich ein desinfizierendes Reinigungsmittel. Die meisten gebräuchlichen umweltfreundlichen Mittel oder solche auf Basis von Essig oder Natron haben überhaupt keine desinfizierende Wirkung – sie tragen die Keime nur in der Gegend herum. Wenn Sie sicher gehen wollen,

dass ein Produkt Keime wie Salmonellen abtötet, informieren Sie sich bei Ihrem Händler und lesen Sie sorgfältig die Hinweise auf der Verpackung. Manchmal ist es erforderlich, das Mittel für eine gewisse Zeit einwirken zu lassen.
Das Badezimmer ist zwar berüchtigt, was Keime betrifft, doch sind wahrscheinlich weniger Krankheitserreger dort als in der Küche. Das hängt vielleicht damit zusammen, dass man im Bad häufiger desinfizierende Mittel benutzt. Regelmäßiges Händewaschen mit Seife ist die beste Vorsorge gegen Krankheit und Infektion.

Sechs Gewohnheiten gegen Keime

Die folgenden Ratschläge helfen Ihnen, Mikroben in Schach zu halten.
1. Waschen Sie häufig Ihre Hände. Über Hände und Finger werden viele Keime und Bakterien übertragen. Vor und nach dem Essen sowie nach dem Niesen, Husten, Rauchen, und Trinken sollten Sie warmes Seifenwasser für mindestens 20 Sekunden einwirken lassen und dann gründlich die Hände abspülen; gehen Sie dafür ins Bad. Besonders unter den Fingernägeln und in den Fingerzwischenräumen sollten Sie gründlich sein.
2. Wechseln Sie häufig Ihre Geschirrhandtücher. Eine Studie belegt, dass benutzte Geschirrhandtücher deutlich mehr fäkalische Kolibakterien enthalten (ein Anzeichen für unhygienische Bedingungen) als Schwämme.
3. Desinfizieren Sie Ihren Schwamm. Werfen Sie ihn mit dem Geschirr ins Spülwasser. Nimmt er einen unangenehmen Geruch an, werfen Sie ihn weg – Geruchsbildung weist auf Keime hin. Länger als einen Monat sollten Sie keinen Schwamm benutzen.
4. In der Küche ist Papierkrieg erlaubt. Wischen Sie Flecken von Saft oder Ähnlichem mit Papierhandtüchern auf. Werfen Sie sie dann weg und wischen Sie die Fläche mit desinfizierenden Reinigungsmittel ab.
5. Nach dem Essen an die Arbeit! Kümmern Sie sich um das Geschirr. Eine Spülmaschine reinigt zwar Geschirr und Besteck,

doch müssen Sie sich vor dem Wegräumen die Hände waschen, um das saubere Geschirr nicht gleich wieder zu verunreinigen.
6. Lassen Sie den Müll nicht lange im Haus stehen. Feuchtigkeit in faulendem Abfall ist ein Paradies für Keime, also machen Sie aus dem abendlichen Müllrausbringen ein Ritual. Wenn Sie Fleisch für das Essen vorbereiten, wickeln Sie die Verpackung möglichst sofort in Plastikfolie und werfen Sie sie weg. Liegt sie in der Küche herum, verbreitet sie schnell Keime.

Ein sicheres Zuhause

Wieso sollten Sie das Etikett Ihres Universalreinigers lesen – schließlich benutzen Sie ihn seit Jahren! Deshalb nämlich, weil es nicht das Mittel sein könnte, für das Sie es halten – die Formeln von Produkten werden häufig geändert. Für die Hersteller ist es ein altbekanntes Mittel, durch neue Formeln zur besseren Reinigung wieder einen kleinen Wettbewerbsvorteil über die Konkurrenz zu erlangen. Neue Zusatzstoffe erfordern möglicherweise neue Vorsichtsmaßnahmen im Umgang mit dem Produkt. Also lesen Sie immer die Etikette, auch von Ihren „Stammputzmitteln".
Obwohl Haushaltsreiniger problemlos im Umgang sind, bleiben sie chemische Mischungen, die ihre Risiken haben. Unsachgemäß verwendet können Sie Ihre Gesundheit und die Umwelt gefährden. Gefährlich wird ein Putzmittel, wenn es eine der vier folgenden Merkmale aufweist:
Brennbar, d. h. leicht entzündlich;
Giftig, d. h. giftige Substanzen werden durch Verzehr, durch die Haut oder durch Einatmen vom Körper aufgenommen;
Ätzend, d. h. lebendes Gewebe oder Material kann im Kontakt mit dem Mittel aufgelöst oder zerstört werden;
Empfindlich; d. h. es reagiert leicht mit anderen Substanzen, eventuell sogar explosiv.

Brennbar, d. h. leicht entzündlich;
Giftig, d. h. giftige Substanzen werden durch Verzehr, durch die Haut oder durch Einatmen vom Körper aufgenommen;
Ätzend, d. h. lebendes Gewebe oder Material kann im Kontakt mit dem Mittel aufgelöst oder zerstört werden;
Empfindlich; d. h. es reagiert leicht mit anderen Substanzen, eventuell sogar explosiv.

Der Gesetzgeber verlangt, dass gefährliche Produkte als solche kenntlich gemacht und die möglichen Folgen auf dem Produkt vermerkt werden. In solchen Fällen stoßen Sie auf Hinweise wie Achtung, Warnung oder Vorsicht, je nach Grad der Gefährlichkeit.
Giftig: lebensgefährlich
Achtung bzw. *Gefährlich:* leicht entzündlich, ätzend oder hoch giftig
Warnung: mäßig oder leicht giftig
Vorsicht: mäßig oder leicht giftig

Das Produkt muss auch Hinweise enthalten, wie Sie die Risiken vermeiden und das Mittel unbedenklich gebrauchen können.

GEHEN SIE UNFÄLLEN AUS DEM WEG

So sind Sie sicher im Umgang mit Putzmitteln.

Bewahren Sie die Originalverpackung auf.

Lagern Sie Haushaltsreiniger immer in ihren ursprünglichen Behältern, um versehentlich falschen Gebrauch oder Vergiftungen auszuschließen. Auf den Packungen sind Gebrauchs- und Sicherheitshinweise und Informationen über das Vorgehen im Notfall. Wenn Putzmittel in Bechern, Trinkflaschen oder ähnlichen Dingen, die Kinder mit Lebensmitteln assoziieren, aufbewahrt werden, ist die Gefahr des Verschluckens größer. Hat das Putzmittel dann noch eine bunte, limonadenartige Farbe, ist die Verlockung besonders groß.

Verstecken Sie die Flaschen.

Reinigungsutensilien und alle potenziell gefährlichen Haushaltschemikalien sollten außer Reichweite von Kindern und Haustieren aufbewahrt werden. Im Jahr 1995 beispielsweise kamen über 5 Millionen Kinder zu Hause in Kontakt mit potenziell gefährlichen Substanzen. Schlösser oder kindersichere Klinken sind nützlich, um solche Gefahren zu vermeiden. Kindersichere Verschlüsse sollten auch immer entsprechend verschlossen sein.

Niemals Putzmittel mischen.

Putzmittel zu kombinieren kann gefährliche Dämpfe erzeugen. Das klassische Beispiel ist Chlorbleiche und Ammoniak: Vermischt erzeugen sie ein giftiges Gas, das Stimmverlust, Husten, Erstickungsgefühl und Verbrennungen bewirken und letzten Endes auch tödlich sein kann. Manche Produkte – wie z. B. Spülmaschinenpulver und Flüssigreiniger – enthalten Bleiche und sollten nicht mit Mitteln auf Ammoniakbasis – wie etwa Fensterreiniger – vermischt werden. Auch Toilettenreiniger erfordern Vorsicht. Einige von ihnen enthalten Säuren, die in Verbindung mit anderen Chemikalien gefährliche Reaktionen auslösen können.

Der Vorteil von Pumpsprays.

Der Kontakt mit Reinigungslösungen, Duftsprays, Ofenreinigern und Teppich- und Polsterreinigern kann Schwindel, Übelkeit, und Atmungsreizungen erzeugen. Die Gefahr der Reizung durch Reinigungsmittel lässt sich verringern, wenn Sie Pumpsprays verwenden. Die fein zerstäubten Tröpfchen von normalen Sprühdosen gelangt leichter in die Atmung.

Immer mit der Ruhe.

Hast und Unachtsamkeit sind oftmals die Ursachen von Unfällen zu Hause. Nach Stürzen sind es sogar die zweithäufigsten Ursachen. Nehmen Sie sich Zeit, Dinge gründlich zu erledigen.

Halten Sie sich bedeckt.

Schutzkleidung wie Gummihandschuhe sollten Sie tragen, wann immer es der Hersteller empfiehlt.

Lassen Sie Luft herein.

Benutzen Sie Putzmittel in gut durchlüfteten Räumlichkeiten. Öffnen Sie die Fenster und bringen Sie die Ventilation in Gang, damit die Luft zirkuliert. Machen Sie möglichst viele Pausen an der frischen Luft.

Arbeiten Sie nicht „von der Hand in den Mund“.

Spuren von Chemikalien können von Ihren Händen in den Mund gelangen. Beim Umgang mit gefährlichen Mitteln sollten Sie also nicht essen, trinken oder rauchen.

Keine Kontaktlinsen.

Tragen Sie keine weichen Kontaktlinsen, wenn Sie Lösungsmittel oder Pestizide verwenden. Sie können die Chemikalien aufnehmen, so dass sie in unmittelbarer Nähe Ihrer Augen bleiben.

Immer Deckel drauf.

Behälter sollten immer verschlossen sein, wenn Sie sie gerade nicht benutzen, um Verschütten zu vermeiden und Kindern den Zugriff zu erschweren.

Bleiben Sie auf der Hut.

Lassen Sie die Mittel nicht unbeaufsichtigt, selbst während der Benutzung, falls ein Kind in der Nähe ist.

LÖSUNGSMITTEL ERFORDERN IHR GESCHICK

Einige Haushaltsreiniger enthalten organische Lösungsmittel – gewöhnlich ein Petroleumprodukt, das dem Mittel beigemischt wird, damit es flüssig oder cremig bleibt oder Schmutz und Fett besser ablöst. Solche Mittel verdunsten schnell und erzeugen Dämpfe im Raum. Diese können Betäubung, Schläfrigkeit, Verwirrung und Kopfschmerzen bewirken. Lesen Sie genau das Etikett – allein schon Ihrer Gesundheit zuliebe.

Langzeitiger Kontakt mit manchen organischen Lösungsmitteln wie etwa Methylchlorid, die z. B. in Farbablösern, Fettlösern oder Wachssorten enthalten sind, können das Nervensystem angreifen und sind krebserregend. Schon winzige Mengen von Substanzen

wie Trichlorethan, das in Rohrreinigern, Fleckenentfernern und Schuhcreme enthalten ist, können dem Nervensystem schaden.
Hohe Dosen von Reinigungsmitteln, die Petroleumdestillate oder organische Lösungsmittel enthalten – Möbelpolitur, Fleckentferner und viele andere – können zu Lungenproblemen, Herzrhythmusstörungen und Hautausschlägen führen.
Sie können die Risiken einschränken, wenn Sie gewisse Regeln beachten.

- Benutzen Sie Lösungsmittel wenn möglich draußen. Müssen Sie im Haus arbeiten, halten Sie Tür und Fenster offen und schalten Sie die Ventilation an. Tragen Sie gegebenenfalls eine Atemschutzmaske mit einem entsprechenden Filter und eine Schutzbrille. Vor dem Tragen der Maske sollten Sie sich mit Ihrem Arzt absprechen, da sie eine gute Lungenfunktion erfordert. Der Filter muss dem Mittel, das Sie benutzen, entsprechen, und die Maske muss gut sitzen.
- Gehen Sie nicht mit mehreren Lösungsmitteln gleichzeitig um und benutzen Sie auch nicht eines unmittelbar nach dem anderen.
- Die Dämpfe aus Lösungsmitteln senken sich in der Regel ab, so dass Sie mehr einatmen, wenn Sie in gebückter Haltung arbeiten.
- Durch alkoholische Getränke kann sich die giftige Wirkung der Dämpfe erhöhen. Also kein Alkohol an dem Tag, an dem Sie mit Lösungsmitteln arbeiten.
- Viele Lösungsmittel sind brennbar, deshalb ist auf genügend Abstand zu Wärme- und Feuerquellen zu achten.

Sauber werden – mit der Umwelt

In den meisten Haushalten befinden sich Dutzende von chemischen Produkten, die Erde, Wasser und Luft vergiften können, wenn man sie unsachgemäß handhabt oder unüberlegt entsorgt.

Der durchschnittlicher Haushalt eines Industrielandes produziert etwa 8 Kilo gefährlichen Abfall pro Jahr und hat mehr als 50 Kilo vorrätig.
Reinigungsmittel sind nicht die schlimmsten Umweltsünder im Haus. Sie nehmen den vierten Platz ein hinter Farbe, Batterien und Kosmetikartikeln so wie Haarspray und Deo. Aber durch Reinigungsmittel entstehen etwa 10 % allen gefährlichen Mülls.
Viele Mittel lassen sich in kleinen Mengen gefahrlos in den Ausguss kippen, so etwa Spül- und Waschmittel, Bleiche, Toiletten- und Allzweckreiniger. Größere Mengen können jedoch das Abwassersystem überfordern, so dass trotz Verarbeitung im Klärwerk nicht mehr die notwendige Wasserqualität erreicht werden kann, wenn das Wasser in Flüsse oder Seen geleitet wird.

Entsorgung von Lösungsmitteln: Nehmen Sie die Angebote wahr

Die meisten Lösungsmittel werden als umweltschädlich eingestuft; dazu gehören Fleckentferner, Farbverdünner, Metall- und Holzreiniger, Rohrreiniger und Fettlöser. Leider finden sich viele trotzdem in Klärwerken oder Müllverbrennungsanlagen wieder, weil sie einfach in den Ausguss geschüttet oder in den Abfall geworfen werden. Nicht nur die Umwelt wird dadurch geschädigt, sondern auch die Mitarbeiter des Entsorgungssystems.
Ist ein Lösungsmittel weder recyclebar noch wieder verwendbar, verwahren Sie es so lange, bis Sie eine geeignete professionelle Entsorgungslösung gefunden haben. Erkundigen Sie sich bei der Stadtreinigung nach entsprechenden Angeboten.
Oft fahren Altlastencontainer in der Stadt herum, die zu feststehenden Zeiten an bestimmten Orten zur Verfügung stehen. Dabei ist ordnungsgemäße Entsorgung gesichert.
Wollen Sie Putzmittel auf Lösungsmittelbasis loswerden, bewahren Sie sie fest verschlossen in den Originalbehältern auf. Sie sollten an gut belüfteten Orten gelagert werden. Auch dürfen sich keine Feu-

Formeln für ein sauberes Zuhause und einen sauberen Planeten

Was nützt ein sauberes Zuhause, wenn dadurch die Umwelt verschmutzt wird? Hier sind Vorschläge, wie Sie umweltfreundliche Putzutensilien herstellen können, die keine schädlichen oder giftigen Bestandteile enthalten: Natron, Essig, Zitronensaft, Olivenöl, Salz und Borax

Aus diesen gewöhnlichen Haushaltsmitteln können Sie Reiniger herstellen, die oft genauso effektiv wie gekaufte sind – nur sicherer und billiger. Einige Formeln für selbst gemachte, „grüne“ Putzmittel sollen hier vorgestellt werden.

Weichspüler:

Geben Sie während des Spülganges Ihrer Waschmaschine 1/4 Tasse Essig hinein. Die Sachen werden sich dann weicher anfühlen und frischer duften.

Möbelpolitur:

Mischen Sie 2 EL Olivenöl und 1 EL Essig in 1 l warmem Wasser und gießen Sie die Mischung in eine Sprühflasche. (Zur Beachtung: Diese Lösung wirkt warm am besten. Stellen Sie die Flasche beim Gebrauch in einen Eimer warmes Wasser.) Tragen Sie sie mit einem Polierlappen auf, dann bekommen Sie eine saubere, glänzende Oberfläche.

Glasreiniger:

Mischen Sie 1/2 Tasse Essig und 4 l warmes Wasser in einer Pumpsprühflasche.

Toilettenreiniger:

Gießen Sie 1 Tasse Borax und 1/4 Tasse Essig oder Zitronensaft in die Schüssel, lassen Sie das Ganze zwei Stunden einwirken und scheuern Sie gründlich mit einer Bürste.

Rohrreinigungsmittel:

Gießen Sie 1/2 Tasse Natron in den Abfluss. Geben Sie dann 1/4 Tasse Essig und 1/2 Tasse Salz hinzu. Lassen Sie die Mischung 15 Minuten einwirken (während sie geräuschvoll blubbert und gurgelt) und schütten Sie dann einen Kessel kochendes Wasser in den Abfluss. Bedecken Sie dabei Gesicht und Hände.

erquellen in der Nähe befinden. Achten Sie auf Abstand zu ätzenden Substanzen.

Reduzieren Sie die Chemie im Haus

Sie können die Menge an Chemikalien in Ihrem Haus ohne große Probleme verringern.

Kaufen Sie vielseitig verwendbare Putzmittel.

Obwohl die Slogans der Putzmittelindustrie Sie das Gegenteil glauben machen wollen, ist es absolut unnötig, für jeden Gegenstand oder jedes Material ein eigenes Putzmittel zu haben. Allzweckreiniger können die Menge an gefährlichen Mitteln in Ihrem Haushalt erheblich verringern und Ihnen unnötige Kosten ersparen.

Nehmen Sie es leicht.

Wählen Sie das am wenigsten schädliche Mittel. Gewöhnen Sie sich an, nach den Informationen auf den Etiketten zu entscheiden – erinnern Sie sich, was über den Unterschied zwischen „Vorsicht" und „Gefährlich" gesagt wurde.

Mit Produkten, die lediglich den Hinweis „Vorsicht" tragen, schaden Sie Ihrem Haushalt und der Umwelt am wenigsten. Und lassen Sie sich durch den Vermerk „ungiftig" nicht in die Irre führen. Für eine solche Eigenschaft existieren keine gesetzlichen Richtwerte.

Kaufen Sie nur, was Sie brauchen.

Sowohl das Lagern als auch das Entsorgen lässt sich einschränken, wenn man nur die geringstmögliche Menge an Putzmitteln vorrätig hat.

FÜNF WEGE, DIE UMWELT SAUBER ZU HALTEN

Sie können unsere Umwelt schonen, indem Sie möglichst wenig Ressourcen beim Putzen verbrauchen. Hier sind einige Anregungen.

1. Verwenden Sie konzentrierte Reiniger. Sie verbrauchen weniger Verpackung und sind preiswerter.
2. Putzen Sie mit wieder verwendbaren Artikeln. Waschbare Putzlappen sind besser geeignet als Papierhandtücher. (Vorsicht beim Entsorgen von Textilien, die mit gefährlichen Putzmitteln benutzt wurden – lesen Sic die Gebrauchsanweisung.)
3. Verschieben Sie das Putzen nicht auf einen späteren Zeitpunkt. Mehr Schmutz bedeutet auch mehr Energie, Putzmittel und Wasser beim Putzen.

4. Gehen Sie sparsam mit Energie um. Wenn möglich, benutzen Sie kaltes Wasser, z. B. beim Fußbodenwischen. Wasch- und Spülmaschinen sowie Trockner sollten nur mit der maximalen Einfüllmenge laufen. Heben Sie allen herumliegenden Kram auf, bevor Sie den Staubsauger einschalten.
5. Benutzen Sie nicht mehr als nötig. Reinigungsmittel (wie Waschpulver oder Fußbodenreiniger) erzielen die besten Ergebnisse, wenn Sie in einer ganz bestimmten Wassermenge

Faulbehälter können Chemikalien nichts anhaben

Faulsysteme sind nicht dafür gemacht Produkte zu zersetzen, die Schwermetalle, ätherische organische Bestandteile oder Lösungsmittel auf Petroleumbasis enthalten. Während die meisten Chemikalien aus dem Haushalt sich leicht zersetzen, können ätherische organische Stoffe die Mikroorganismen im Faulsystem zerstören. Sowohl diese als auch Lösungsmittel kommen unverdünnt wieder heraus und verschmutzen die umliegende Erde und das Grundwasser.

Die folgenden Arten von Produkten sollten nicht in den Ausguss oder die Toilette geschüttet werden, wenn Sie ein Fäulnissystem installiert haben: große Mengen flüssigen Bleichmittels, Desinfektionsmittel oder Schimmelvernichter, und selbst geringe Mengen Farbe, Lösungsmittel, Pestizide oder Produkte mit der Aufschrift „giftig", „brennbar" oder „ätzend". Es gibt andere Methoden, diese Substanzen loszuwerden:

Lesen Sie das Kleingedruckte.

Auf einigen Produkten sind Entsorgungshinweise vermerkt.

Brauchen Sie es auf.

Wenn Sie das Produkt aufbrauchen, haben Sie nicht das Problem, große Mengen entsorgen zu müssen.

Wiederholen Sie sich ruhig.

Recyclen Sie Ihre Mittel

Farbverdünner z. B. lässt sich problemlos wieder verwenden. Lassen Sie ihn für ein paar Tage stehen, gießen Sie die Flüssigkeit ab und verwenden Sie sie nochmal.

Begehen Sie eine gute Tat.

Geben Sie übrige Farbe usw. an Wohltätigkeitsorganisationen, Freunde und Nachbarn weiter.

Greifen Sie zum Hörer.

Rufen Sie einen Recyclinghof an. Sie können Ihnen vielleicht ein paar gefährliche Mittel nennen oder Ihnen sagen, wie Sie Reste entsorgen können.

aufgelöst sind. Folgen Sie genau den Vorschriften auf den Verpackungen.

DER KAMPF GEGEN ALLERGIEN

Wenn Sie wie unglaublich viele andere Menschen an einer Allergie leiden, dann haben Sie nicht nur Schnupf- oder Juckprobleme, sondern brauchen auch noch beim Putzen eine Extrabehandlung. Aber die Mühe lohnt sich, denn bestimmte Vorgehensweisen verringern die Reizstoffe oder verbannen sie gar ganz aus Ihrer Wohnung.

Hausstaub ist der häufigste Erreger von Allergien; darin befinden sich Hautpartikel, Tierhaare und Fäulnis. Staubmilben und Küchenschaben rufen ebenfalls allergische Reaktionen hervor. Als Symptome können z. B. eine verstopfte oder laufende Nase mit Niesreiz (besonders morgens), tränende Augen, juckende Ausschläge, Husten und Schnaufen auftreten. Viele Leute merken gar nicht, dass Sie an einer Allergie erkrankt sind, und zeigen vielleicht nur gelegentlich Symptome.

WAS KRATZT SIE EIGENTLICH?

Ein Arzt kann herausfinden, wogegen Sie allergisch sind, indem er eine Reihe von Hauttests durchführt. Hier haben Sie eine Liste der häufigsten Allergene im Haushalt.

STAUBMILBEN.

Auf einem Quadratmeter Teppich können fast 100.000 dieser Lilliputaner aus der Spinnenfamilie leben. Die mikroskopisch kleinen Milben selbst sind nicht die Ursache der Allergien, sondern ihre Exkremente. Sie leben von den Hautzellen, die sich täglich von Ihnen lösen. Deshalb vermehren sie sich da so stark, wo Sie sich am meisten aufhalten – in Betten, Kopfkissen oder auf Ihrem Lieblingssessel. Sie sondern etwa 20 winzige Kügelchen täglich ab, die ein Protein enthalten, gegen das viele Menschen allergisch sind. In

Der Anti-Bakterien-Plan

Wenn Sie Allergien gegen Milben, Schimmelpilze oder Ähnliches haben, hat man Ihnen wahrscheinlich gesagt, dass Sie Ihr Haus so sauber wie möglich halten sollen. Ein Immunologe gibt Ihnen einige Tipps, wie Sie beim Saubermachen den Kampf gegen die Allergieerreger noch unterstützen können.

Täglich

- Lüften Sie das Badezimmer (indem Sie das Fenster öffnen oder den Ventilator einschalten), um die Wände trocken zu halten.

Wöchentlich

- Waschen Sie Ihr ganzes Bettzeug in heißem Wasser.
- Baden Sie Haustiere in Seifenwasser.
- Wischen Sie vor dem Staubsaugen Möbel, Fensterbretter und Fugen mit einem leicht angefeuchteten Tuch.

Alle 2 Wochen

- Saugen Sie Matratzen und Kopfkissenbezüge aus Kunststoff und wischen Sie mit einem leicht angefeuchteten Tuch nach.

Monatlich

- Waschen Sie ausgestopfte Spielzeuge in heißem Wasser oder oder legen Sie sie für über Nacht ins Gefrierfach, um Staubmilben abzutöten.
- Putzen Sie die Badewanne und die Türen bzw. Vorhänge der Dusche mit einer 10%igen Lösung aus Desinfektionsmittel oder flüssigem Bleichmittel und Wasser, um Schimmelpilze zu vernichten. Scheuern Sie mit einer starken Bürste und spülen Sie mit klarem Wasser nach. Tragen Sie Gummihandschuhe.

feuchten Bedingungen fühlen sich Milben besonders wohl, besonders Teppich auf einem Betonuntergrund.

Tierhaare.

Es ist ein verbreitetes Missverständnis, dass Leute gegen Tierhaare allergisch sind. Die wirkliche Ursache des Problems ist das Protein in den winzigen Flocken von Tierhaut und Speichel, das in der Luft im Haus schwebt und Ihre Augen, Nase und Atmung reizt. Katzenallergien sind am häufigsten, doch können auch andere Tiere Allergien verursachen.

Tierhaar ist leicht und bleibt lange in der Luft, bevor es sich am Boden absetzt. Staubsaugen verschlimmert das Problem eher, da dadurch die Allergene noch in der Luft herumgewirbelt werden. Es kann eine Stunde vergehen, bis sie wieder am Boden sind.

FÄULNIS.

Sie entsteht in feuchten Bereichen des Hauses, vor allem Badezimmern und Kellern. Nicht das schwarze, rußige Zeug auf dem Putz verursacht die Allergie, sondern die sich vermehrenden Sporen, die in der Luft transportiert werden.

KÜCHENSCHABEN.

Die Hälfte aller Menschen, die an Allergien leiden, sind gegen Küchenschaben und ihre Absonderungen allergisch. Sie halten sich zumeist in der Küche auf.

POLLEN.

Pollenallergien sind ein nur in bestimmten Jahreszeiten auftretendes Problem – normalerweise im Frühling und im Herbst, wenn Pollen durch offenen Türen und Fenster in Ihr Haus gelangen.

VERTREIBEN SIE DEN FEIND AUS IHREM BETT.

Es scheint etwas gewagt, Billiarden mikroskopischer Partikel aus Ihrem Haushalt entfernen zu wollen, aber ein paar einfache Schritte werden Ihnen schon helfen. Wo fängt man am besten an, wenn das ganze Haus von den reizenden Allergieerzeugern wimmelt?

Im Schlafzimmer verbringen Sie die meiste Zeit, also möchten Sie dort am besten gegen Verschmutzungen geschützt sein. Experten geben folgende Ratschläge, Ihr Schlafzimmer allergiesicher zu halten.

- Halten Sie das Schlafzimmer von Kleinkram frei; es soll leicht zu putzen sein. Staubfänger so wie Bücher, Schnickschnack, Stofftiere und der Fernseher gehören dort nicht hinein.
- Legen Sie Plastikhüllen über Matratze und Kopfkissen. Um Staubmilben in Matratzen unter Kontrolle zu halten, muss man sie entweder regelmäßig saugen oder in staubfreien Kästen aufbewahren. Etwas darüber zu legen ist die einfachste

und effektivste Lösung.

- Waschen Sie alles Bettzeug regelmäßig in heißem Wasser (mindestens 50°C), um Staubmilben abzutöten. Decken und Kissen sollten aus synthetischem Material sein, so dass man sie waschen kann. Kopfkissen sollten regelmäßig gewaschen und alle 2-3 Jahre erneuert werden.

Die folgenden Ratschläge sind nicht auf das Schlafzimmer beschränkt, sondern lassen sich im ganzen Haus anwenden.

- Entfernen Sie Teppiche, wo es nur geht. Alle Arten von Allergenen halten sich gerne in Teppichen auf. Harte Bodenbeläge wie Holz oder Vinyl sind vorteilhafter.

- Halten Sie die Feuchtigkeit gering. Eine relative Luftfeuchtigkeit zwischen 30 und 50 % ist der Vermehrung von Staubmilben und Fäulnis am hinderlichsten. Eine Klimaanlage ist die effektivste Methode; dadurch wird die Innenluft gereinigt und gekühlt und Außenluft nicht hereingelassen. In Kellern sind Luftentfeuchter sinnvoll.
- Haustiere gehören nicht ins Bett und auf Möbelstücke. Lässt sich Ihr Haustier nicht von seinem Lieblingssofa vertreiben, legen Sie eine gut waschbare Unterlage auf.
- Nehmen Sie den richtigen Staubsauger. Allergiker sollten auf Staubsauger verzichten. Sie saugen zwar Staub auf, wirbeln ihn aber auch in der Luft herum. Wenn Sie staubsaugen müssen, tragen Sie eine Staubmaske oder verwenden Sie einen Staubsauger mit einem entsprechenden Filter. Solche Geräte sind in Sanitärgeschäften erhältlich. Vermeiden Sie Staubsauger, die mit Wasser arbeiten, d. h. den Staub in einem Wasserkanister filtern. Sie können einen feinen Staubnebel versprühen.

Teil 2
Die Übeltäter von A–Z

Abfall

Im Mittelalter konnte man seinen Tischabfall einfach irgendwelchen dahergelaufenen Kötern vor die Füße kippen. Tierärzte sehen das heute kritisch. Glücklicherweise hat sich heutzutage in jedem Haushalt ein Mülleimer etabliert, oft werden auch schon verschiedene Müllsorten getrennt. Auch die Mülleimer bedürfen einer regelmäßigen Reinigung, sonst werden die Behältnisse, die unseren Mülle nur zwischenlagern sollen, selbst zu Müllkippen und können unsere Gesundheit beeinträchtigen.

So wird's gemacht:

Normalerweise tun Sie zuerst eine Mülltüte aus Plastik in den Mülleimer. Bringen Sie, wie im ersten Teil bereits angesprochen, den Müll regelmäßig in die Mülltonne. Dabei sollten Sie auch gleich kontrollieren, ob sich im Eimer, evtl. durch eine undichte Mülltüte, Flüssigkeit oder Reste gesammelt haben. Spülen Sie den Eimer mit einer Mischung aus Allzweckreiniger und heißem Wasser kurz aus. Bei hartnäckiger Verschmutzung weichen Sie den Eimer über Nacht in heißer Seifenlauge ein und wischen ihn später mit einem Schwamm aus. Mit Scheuermittel sollten Sie hier sparsam umgehen, je nachdem, aus welchem Material Ihr Mülleimer ist.

Putzaktionen für's Giunnessbuch

Ronald bleibt auf Trab
Die Müllmenge, die ein durchschnittliches Hamburger-Restaurant täglich produziert: 238 Pfund.

Achtung: Bei herkömmlichen Plastikeimern sollte auf kratzendes Scheuermittel ganz verzichtet werden, denn dabei wird die Oberfläche aufgeraut und der Schmutz kann sich in Zukunft noch besser festsetzen. Leisten Sie sich lieber ab und an mal einen neuen Eimer.

Abflussrohre

Abflussrohre sollen wie schnelle Einbahnstraßen sein. Gut gepflegte Rohre ermöglichen nicht nur eine bequeme Nutzung von Spüle, Badewanne usw., sondern das Abwasser wird auch daran gehindert, wieder in den Ausguss zurückgespült zu werden – ein potenzielles Gesundheitsrisiko, da Bakterien und andere Erreger in solchen dunklen, feuchten Ecken hausen.

So wird's gemacht:

Abflussrohre werden oft durch Schmutz, der sich langsam angesammelt hat, verstopft; und plötzlich, wenn Sie einen Kamm einweichen wollen, wird das Problem akut. Holen Sie immer Haare und Flusen aus dem Ausguss, wenn Sie das Badezimmer putzen. Es gibt auch wasseraktive, biologische Reiniger (gegenüber chemischen), die man alle 1-2 Monate vorbeugend benutzen sollte.

Fangen Sie mit einem Ausgussreiniger an, den Sie auf den Ausguss halten, während der Boden des Beckens gut mit Wasser bedeckt ist. Halten Sie die obere Ablauföffnung mit einem Lappen zu. Der Ausgussreiniger muss genau aufsitzen, d. h. die Ränder müssen verschlossen sein. Dann bewegen Sie ihn etwas hoch und runter, um Druck aufzubauen, bis Sie ihn plötzlich wegziehen. Falls nötig, wiederholen Sie den Vorgang ein paar Mal, bis der Schmutz auftaucht oder Sie merken, dass es nicht funktioniert.

Haben Sie in der Schule auch mal einen Vulkan gebaut? Um den Ausbruch hervorzurufen, haben Sie vermutlich Essig auf Natron gegeben, das im Krater versteckt war. Probieren Sie einmal diese Mischung aus, als ungiftige Alternative zu Abflussreinigungsmitteln. Schöpfen Sie so viel Wasser wie möglich aus dem verstopften Abfluss und schütten Sie 1/4 bis 1/2 Packung Natron hinein. Geben Sie 1/2 Tasse klaren Essig hinein, halten Sie den Abfluss für ein paar Minuten zu und spülen Sie mit kaltem Wasser nach. Der saure Essig reagiert so stark mit dem basischen Natrium, dass ein hoher Druck erzeugt und der Dreck aus dem Ausguss weggeschwemmt wird.

ZUR NOT GEHT'S AUCH SO:

Gießen Sie ab und zu kochendes Wasser in Ihren Ausguss, um die Ansammlung von Schmutz zu verhindern.

Achtung: Wenn Sie auf chemisches Reinigungsmittel absolut nicht verzichten wollen, beachten Sie genau die Hinweise auf der Verpackung. Wenn der Abfluss nach dem Gebrauch immer noch verstopft ist, holen Sie umgehend einen Klempner: Das aufgestaute Wasser im Abfluss ist jetzt auch noch mit gefährlichen Chemikalien vergiftet. Was Sie auch tun, benutzen Sie keinesfalls einen Ausgussreiniger, nachdem Sie ein chemisches Mittel angewendet haben. Sie fordern dadurch eine Giftspritze ins Gesicht geradezu heraus.

ACRYLFASER

Acryl ist einfach zu reinigen, weshalb es auch so vielseitig verwendet wird, von Pullovern über Sportsocken bis zu Gartenmöbeln.

SO WIRD'S GEMACHT:

Kleidung lässt sich ziemlich warm in der Maschine waschen, wobei ich Ihnen jedoch zu einem Weichspüler rate. Trocknen im Wäschetrockner ist auch möglich, wenn die Temperatur nicht zu hoch ist und die Wäsche schnell aus dem Trockner herausgeholt wird. Handwäsche kann man in warmem Wasser waschen und anschließend flach zum Trocknen hinlegen.

Feste Verschmutzungen auf Polstern sollte man zuerst mit einem Löffel oder Spachtel zu entfernen versuchen; wenn Sie es mit Wasser machen, feuchten Sie einen möglichst großen Bereich an. Dazu ist Waschpulver ohne optische Aufheller geeignet. Mit einem in die Waschschüssel getauchten Schwamm arbeiten Sie sich von außen zum Inneren des Flecks hin. Fettige oder zuckerhaltige Flecken sollten anschließend mit einer Lösung aus zur Hälfte Wasser und zur Hälfte Essig ausgespült werden. Decken Sie den Bereich mit Handtüchern ab und beschweren Sie sie für einige Stunden mit einem flachen, schweren Gegenstand.

FÜR EILIGE:
Wollen Sie nur mal schnell über alle Acrylpolster gehen – einfach mit einem feuchten Schwamm abwischen oder mit einem Fleckentferner die Flecken behandeln. So wenig Reinigungsflüssigkeit wie möglich verwenden, dafür reichlich Flüssigkeit mit Handtüchern aufnehmen. Nehmen Sie immer die Gebrauchs- und Sicherheitshinweise des Herstellers zur Kenntnis.
Achtung: Wenn das Gewebe eine Schwachstelle hat, ist es Hitze. Beim Bügeln also die Hitze gering halten, da das Material sonst zu schmelzen beginnt. Auch hier gilt: Genau die Hinweise auf der Verpackung bzw. dem Etikett lesen!

AKTENTASCHEN

Um eine Aktentasche bei jedem Wetter verwenden zu können, sollte man sie, wie ein gutes Paar Schuhe, regelmäßig behandeln.

SO WIRD'S GEMACHT:
Im Gegensatz zu Wildleder oder Nubuk reinigt man eine Aktentasche aus Glattleder am einfachsten mit einem feuchten Schwamm und einem milden, flüssigen Spülmittel. Spritzen Sie dazu einfach etwas Spülmittel auf den Schwamm und reiben die Oberfläche damit ein. Mit einem lediglich mit klarem Wasser befeuchteten Schwamm wischen Sie dann die Seifenreste ab. Sollten Sie mit dieser Methode keinen Erfolg haben, nehmen Sie speziellen Lederreiniger, den Sie in den meisten Lederwarengeschäften bekommen.
Alle 3-6 Monate – je nachdem, wie oft und bei welchem Wetter Sie die Aktentasche benutzen – sollten Sie sie mit einem Lederpflegemittel behandeln; jedes hochwertige Mittel ist hierzu geeignet. Gehen Sie nach den Pflegehinweisen auf dem Produkt vor. Der Manager einer bekannten Lederfirma hält sogar Schuhcreme für ausreichend. „Wenn man das Leder nicht behandelt", warnt er, „trocknen die im Leder enthaltenen Fette aus".
Aktentaschen aus Vinyl oder anderen Kunstlederarten werden mit Spülmittel gereinigt. Verwenden Sie jedoch kein Lederpflegemittel,

sondern ein Vinylschutzmittel, das Sie mit einem Stück Gummi auftragen.
Für die weichere Oberfläche von Wildleder oder Nubuk ist Spülmittel nicht geeignet. Hierzu sollte man spezielle Pflegemittel verwenden.
Feste Teile einer Aktentasche, wie den Griff, reinigen Sie bitte je nach Material (Anleitungen für Messing und Chrom z. B. finden Sie auf den Seiten 308 bzw. 135).

FÜR EILIGE:

Tintenflecken von Kugelschreibern auf Glattlederoberflächen können problemlos durch Reiben mit einem Tuch oder einem Schwamm, die vorher mit etwas Haarspray eingesprüht werden, entfernt werden. Die Chemikalien in dem Haarspray lösen die Tinte auf. Tinte auf Wildleder oder Nubuk jedoch ist in manchen Fällen nicht zu entfernen.

WIE SIE DEN INHALT IHRER AKTENTASCHE IN DEN GRIFF BEKOMMEN

Stellen Sie sich Ihre Aktentasche eher als einen Mini-Schreibtisch vor statt einen Aufbewahrungsort für Kleinkram.
Öffnen Sie Ihre Aktentasche nach Möglichkeit immer in der Nähe des Papierkorbs und fragen Sie sich: „Was ist das Schlimmste, was passieren könnte, wenn ich dieses oder jenes nicht hätte?“ Wenn Sie ohne etwas leben können, werfen Sie es weg.

- Haben Sie einen Ordner mit der Aufschrift „Ablage“ für Sachen, die Sie im Büro ablegen wollen, dabei. Darin sollte sich eine Übersicht über Ihre Unterlagen befinden, so dass sich schnell entscheiden lässt, was wohin gehört.
- Nützlich sind auch Ordner mit Aufschriften wie „Anrufen“, „Besprechen mit ...“, „Lesen“ oder „Schreiben“.
- Halten Sie in der Aktentasche einen Grundstock an Büromaterialien bereit, z. B. einen Heftklammerautomaten, selbstklebende Notizzettel, Textmarker, Umschläge und Briefmarken.

Zur Not geht's auch so:
Kleine Kratzer auf feinem Leder kann man einfach mit einem Filzstift in der entsprechenden Farbe übermalen. Feine Kratzer, die nicht durch die Oberfläche gehen, kann man mit den Fingerspitzen abreiben. Die natürlichen Hautfette in Ihrer Hand sorgen dafür, dass sie verschwinden. Abgestoßene Stellen versuchen Sie am besten mit Schuhcreme zu behandeln.
Achtung: Verwenden Sie keine scharfen Reiniger oder kratzenden Reinigungskörper, da die Oberfläche dadurch beschädigt werden kann.

Alabaster

Alabaster ist ein weicher Stein, der leicht durch Wasser beschädigt werden kann, deshalb muss man hier mit Vorsicht vorgehen.

So wird's gemacht:
Meistens sollte Staubwischen ausreichen. Stärkerer Schmutz kann mit einem leicht angefeuchteten Tuch abgerieben werden; eventuell in das Wasser einen Spritzer mildes Waschmittel geben. Ein Baumwolllappen mit etwas Speichel tut's auch. Das ist kein Scherz – es ist die Ansicht eines Steinspezialisten. Die im Speichel enthaltenen Enzyme, so belehrt er uns, geben eine sichere und wirksame Reinigungssubstanz ab. Stärkere Flecken reiben Sie mit einem Baumwolltuch ab, das Sie mit etwas Acetonreiniger betupft haben – also etwa Nagellackentferner oder Mineralspiritus. Sparsam verwenden.
Achtung: Verschütten Sie niemals Wasser auf Alabaster.

Angelaufenes Metall

Wenn eine Bronzestatue anläuft, nennt man das Anlaufen Patina und sieht es als Verschönerung und Wertsteigerung an. Aber bei den meisten Metallen sollte man solche Trübungen beseitigen, damit sie sich nicht im Material festsetzen.

Das Metall läuft an, wenn es mit Salzen, Säuren und sogar Sauerstoff in der Luft reagiert. Mit der Zeit wird die Oberfläche matt, und Messing, Silber, Kupfer und Gold trüben stark ein. Auf Aluminium, das mit Salz aus der Luft reagiert, zeigt sich das Anlaufen als weiße Kruste.

So wird's gemacht:

Damit das Metall weiter glänzt, putzen und polieren Sie es regelmäßig. Nehmen Sie speziell für das entsprechende Metall geeignete Politur, oder mischen Sie Ihre eigene. (Sehen Sie auch nach unter den Stichworten für die jeweiligen Metalle.)
Man kann 4 Reinigungsmethoden unterscheiden, die dem Metall seinen natürlichen Glanz zurückgeben.

- Abreibung (durch körniges Reinigungsmittel und Ihren Bizeps)
- Einweichen in einer sauren Lösung
- Auftragen einer alkalischen Paste, mit der die Oberfläche eingerieben wird und die dann trocknet und abgewischt wird
- Eintauchen in eine saure Lösung

Die Grundlage verschiedener selbst gemachter Metallpolituren sind Lebensmittel wie Zitronensaft, Essig, Salz, Weinsteincreme, Natron, Olivenöl und auch Zahnpasta. Tragen Sie Polituren oder Pasten mit einem Schwamm, Lappen oder einer weichen Bürste auf.
Messing und Kupfer brauchen eine stärkere Reibung als Silber; mischen Sie dafür 2 TL Salz, 1 EL Mehl und genug Essig, um damit eine Paste herzustellen. Reiben Sie kräftig mit einem Schwamm und lassen Sie die Mischung antrocknen. Anschließend spülen Sie sie mit heißem Wasser ab und polieren sie mit einem trockenen Handtuch bis sie glänzt.
Obwohl verschiedene Metalle verschiedene Grade von Reibung benötigen, kann man auch einen wirksamen Allzweckreiniger für Metall benutzen. Reiben Sie ein wenig Tafelkreide in einen feuch-

ten, groben Lappen und polieren Sie damit die Oberfläche. Dabei verkratzt das Metall nicht, aber Schmutz und Fett werden entfernt.

FÜR EILIGE:

Wenn Sie Zeit und Kraft sparen wollen, weichen Sie das Metall ein. Flecken auf Aluminium beispielsweise können beseitigt werden, wenn man den Gegenstand eine Stunde bei niedriger Hitze in einem Wasserbad „schmort", das saure Bestandteile enthält – etwa 2 halbe Tomaten, 2-3 halbierte Zitronen oder 1 geviertelte Pampelmuse, dazu 1 -2 Tassen frisch geschnittenen Rhabarber.

ZUR NOT GEHT'S AUCH SO:

Wenn man die saure Eigenschaft von Zitronensaft voll ausnutzt, werden angelaufenes Messing, Bronze und Kupfer wieder sauber. Die weiße Innenhaut ist geeignet zum Polieren von Chrom.

Achtung: Natron oder Bleichsoda sind für die Reinigung von Aluminium ungeeignet.

ANGELZUBEHÖR

Mit sauberem Angelzubehör angelt es sich einfach besser. Wenn Sie in Salzwasser angeln, ist es wichtig, das Salz nachher zu entfernen. Aber sogar in Süßwasser dringt Schmutz ins Boot und findet seinen Weg in die Angelrolle. Reinigen bedeutet glatter laufende Spinnrollen und andere Vorteile beim Angeln, plus längere Lebensdauer.

SO WIRD'S GEMACHT:

Nach jedem Gebrauch waschen Sie die Angelrute und die Rolle in lauwarmem, schaumigem Spülwasser, am besten in einem Eimer und mit einem Schwamm. Das Reinigungsmittel löst das Salz. Wenn Sie nur mit Wasser spülen, bleiben Rückstände. Lassen Sie das Angelzeug lufttrocknen oder trocknen Sie es mit einem weichen Tuch ab. Dann sprühen Sie ein Mittel zum Entfernen der Feuchtigkeit auf einen Lappen und wischen damit die Metallteile ein. Nicht direkt auf die Rolle sprühen; wenn sich zu viel von dem

Mittel an einer Stelle ansammelt, kann es klebrig werden und Schmutz anziehen.

Die meisten Angelruten haben heute Schaumgummigriffe; wenn Sie einen Korkgriff haben, können Sie Schmutz und Verfärbungen mit Stahlwolle entfernen.

Um Salz und andere Verunreinigungen an den Ködern zu entfernen, können Sie sie in demselben Eimer mit Spülwasser einweichen, den Sie für Rute und Rolle benutzt haben; spülen Sie sie

SO MACHE ICH ES

FERTIG ZUM DREHTERMIN

Einige Tipps von einem passionierten Sportfischer, der auch Bücher oder Artikel zu seinem Lieblingsthema schreibt. „Ich bin von meiner Ausrüstung abhängig", erklärt er. „wenn etwas nicht funktioniert, wird es ein sehr teurer Fehler.

Um Schmutz und Salz von dem Angelzeug abzubekommen, nehme ich diese Halbhandschuhe, die eigentlich für das Autowaschen gedacht sind. Ich tauche meine Hand in Spülwasser und gehe damit über alle Teile des Angelzubehörs. Dann spüle ich es mit frischem Wasser ab. Es geht schnell, und wenn ich über scharfe Kanten greife, sind die Hände geschützt."

anschließend ab und trocknen Sie sie. Obwohl die meisten aus Plastik sind, hilft das, Rost auf den Metallteilen zu verhindern.

Sprühen Sie die Metallteile des Kastens für Ihr Gerät regelmäßig mit Entfeuchtermittel ein, und wenigstens ein paar Mal im Jahr – oder öfter, wenn Sie häufig angeln – sollten Sie das Innere der Spinnrolle mit Schmierspray oder einem leichten Öl behandeln.

ZUR NOT GEHT'S AUCH SO:

„Wenn ich auf Reisen bin und kein entprechendes Zeug zur Reinigung meines Angelgerätes dabei habe", erzählt uns ein passionierter Freizeitangler, „nehme ich Sie einfach mit in die Dusche und wischen Sie mit einem Handtuch ab."

Angestrichene Flächen

Wände und andere gestrichene Oberflächen ziehen Schmutz wie Magneten an. Hunde reiben ihren Körper an Wänden und Kinder wischen mit fettigen Fingern auf ihnen herum. Wie man die Flächen reinigt, hängt von der Art der Farbe ab.

So wird's gemacht:

Als erstes beseitigen Sie lose Verschmutzungen durch Abstauben oder Staubsaugen.

Egal welche Farbe Sie dort haben – probieren Sie ein Mittel immer erst in einer unauffälligen Ecke aus. Wischen Sie die Stelle ab und lassen Sie sie trocknen. Wenn die Farbe glänzend oder halb glänzend ist, nehmen Sie warmes Spülwasser. Fangen Sie unten an und arbeiten Sie nach oben, so dass das Spülwasser nicht die schmutzige Wand herunter läuft und schwer zu entfernende Flecken verursacht. Reiben Sie vorsichtig mit einem Schwamm oder einem weichen Lappen. Spülen Sie mit einem feuchten Schwamm oder Tuch nach und trocknen Sie die Stelle mit trockenen Handtüchern.

Vermeiden Sie, einzelne Stellen mit Farbe zu betupfen. Sogar wenn Sie dieselbe Farbe haben, sehen betupfte Stellen, die schon älter als ein Jahr sind, fleckig aus.

Wenn die Farbe matt ist, versuchen Sie kleine Verunreinigungen mit einem weißen Vinylradierer zu beseitigen, den Sie in Geschäften für Zeichen- und Bürobedarf bekommen. Wasser kann die matte Farbe entfernen und Flecken auf ihr hinterlassen.

Antiquitäten

Zu allererst sollten Sie darauf achten, antike Gegenstände so zu platzieren, dass sie nicht im Wege stehen und keiner besonderen Verschmutzung ausgesetzt sind. Das Putzen selber muss sparsam und vorsichtig ausgeführt werden. „Do-It-Yourself“ mag seine Vorteile haben – bei Antiquitäten sollte man so wenig wie möglich tun.

Aggressive Reinigung entfernt leider nicht nur Schmutz, sondern häufig auch den historischen Wert eines Stückes. Polieren Sie eine antike Münze oder Bronzestatue glänzend – und Sie können sicher sein, den Wert um einiges gesenkt zu haben. Behandeln Sie ein altes Gemälde mit einem Tuch und etwas Sprühreiniger, und ehe Sie sich's versehen, haben Sie das Stück zerstört.

Ist mehr als ein bloßes Abwischen erforderlich, sind Sie gut beraten, einen professionellen Restaurator hinzuzuziehen, falls Sie nicht über entsprechendes Know-How verfügen. Sind Sie nicht sicher, lassen Sie besser die Finger davon und gehen zu einem Fachmann. Schließlich würden Sie auch niemandem raten, sich selber die Zähne zu behandeln.

Nicht jeder Konservator ist Gold wert

Es ist keine gute Idee, einfach den erstbesten Namen aus dem Branchenverzeichnis anzurufen und zum Restaurieren Ihrer wertvollen Stücke zu bestellen.

Fragen Sie am besten das nächste Museum nach Empfehlungen. Wenn es mehr als ein Museum in Ihrem Ort gibt, fragen Sie sie alle. Wenn derselbe Konservator Ihnen von zwei verschiedenen Museen empfohlen wird, ist das ein gutes Zeichen.

Erfahrene Museumsleiter empfehlen folgende Strategien zum Ausfindigmachen eines guten Konservators.

- Fragen Sie Ihre potenziellen Konservatoren nach ihrer Ausbildung, Erfahrung und ob sie es haupt- oder nebenberuflich machen.
- Fragen Sie nach ihrer Erfahrung mit den speziellen Dingen, für die Sie sie brauchen, und erkundigen Sie sich, ob sie einem Verband angehören.
- Fragen Sie nach Referenzen, unter anderem eine Liste früherer Kunden. Rufen Sie einige davon an.
- Erwarten Sie einen schriftlichen Vorbericht über den Zustand des Objektes, der vorgeschlagenen Behandlung sowie Kosten und Dauer. Gute Konservatoren setzen Sie von unerwarteten Änderungen der Vorgehensweise in Kenntnis und händigen Ihnen eine schriftliche und manchmal auch mit Fotos versehene Dokumentation der Arbeit aus.
- Konservatoren sind sich, wie Physiker, nicht immer einig. Sie brauchen nicht davor zurückzuscheuen, sich eine zweite Meinung einzuholen.

SO WIRD'S GEMACHT:

Die Bedeutung der Umgebung für das Wohlergehen Ihrer Antiquitäten ist nicht zu überschätzen. Also sollten Sie Ihr Haus antiquitätenfreundlich einrichten. Gründliches Putzen hält Staub und Schmutz davon ab, sich auf Antiquitäten zu sammeln. Schmutzpartikel in der Luft haben keine Gelegenheit, sich Ihren Weg zu Ihren besten Stücken zu bahnen, wenn Sie Ihre Teppiche und Vorleger oft staubsaugen und generell häufig Staub wischen. Auch Luftfilter sind sinnvoll.

Wenn möglich, halten Sie wertvolle Gegenstände von der Küche fern. Kochen in ihrer Nähe vermehrt Lebensmittelpartikel in der Luft. „Ich habe mal ein Gemälde in einem italienischen Restaurant restauriert", erzählte uns ein Restaurator. „Es war geradezu durchdrungen von Oregano und Tomatensoße. Und man kann es nicht reinigen wie eine Wand." Aus demselben Grund ist es ratsam, das Rauchen so weit wie möglich einzuschränken.

Außer dem Beschädigen eines antiken Stückes durch Unachtsamkeit oder mutwillige Zertsörung sind Licht und Feuchtigkeit am gefährlichsten. Eine saubere, trockene Umgebung mit stabiler Luftfeuchtigkeit ist die günstigste Atmosphäre.

Dinge aus organischen Materialien sind besonders empfindlich gegenüber Licht und Feuchtigkeit. Dazu gehören Holz, Textilien, Gemälde und Bücher. Weniger empfindlich sind Stein, Metall oder Glas – doch auch sie mögen weder Licht noch Feuchtigkeitsschwankungen.

Das gefährlichste Licht ist das natürliche Sonnenlicht, und zwar wegen der intensiven UV-Strahlung. Wertvolle Gegenstände sollten, wann immer möglich, nicht an Orten mit starker Sonneneinstrahlung stehen. Es bewirkt das Ausbleichen von Farben, trübt den Lack auf Gemälden gelblich ein, bleicht Papier und macht schwache Textilgewebe mürbe. Sogar indirektes Sonnenlicht kann mit der Zeit Schäden erzeugen, und leichter Schaden, wie eine Bleivergiftung, wächst unmerklich zu größerem an. Machen Sie großzügig Gebrauch von Vorhängen und Gardinen.

Sie vermeiden das Ärgste, wenn Sie wertvolle und empfindliche Gegenstände zusammen in einem wenig genutzten Raum aufstellen und die Vorhänge dort zuziehen.
Von großer Bedeutung ist auch eine stabile Luftfeuchtigkeit. Zu große Feuchtigkeit führt zu Moder und zieht Insekten an. Aber das andere Extrem kann ebenso schaden; durch sehr trockene Luft können Risse in Holz, Elfenbein, Farbe und anderen Materialien entstehen. Genauso abträglich wie übergroße Feuchtigkeit oder Trockenheit sind große Schwankungen. Papier z. B. zieht sich wechselnd feuchter und trockener Atmosphärezusammen und dehnt sich wieder aus in . Zu starke Fluktuationen bewirken schließlich Papierzerfall.
Luftbefeuchter und -entfeuchter schaffen durch das Jahr eine ausgeglichene Atmosphäre zwischen 30 und 70 % Luftfeuchtigkeit. Über diese Grenzen hinaus droht Ihren guten Stücken Gefahr. Ein Hygrometer ist nicht teuer und zeigt Ihnen die jeweilige Luftfeuchtigkeit an.
Nun noch einige allgemeine Hinweise für das Reinigen der jeweiligen Antiquitäten.

Möbel

Die Oberflächen wischen Sie am besten mit einem sauberen, trockenen und fusselfreien Staubtuch ab, das sich häufig waschen lässt. Für empfindliche Stellen nehmen Sie einen Blaspinsel, d. h. einen Feinhaarpinsel mit einem kleinen aufgesetzten Luftbalg, womit Sie Staub entfernen können. Sie sind in Fotogeschäften erhältlich.
Weitergehende Reinigungen lassen sich mit einer Lösung aus 50 Teilen Wasser auf 1 Teil spezieller Ölseife durchführen. Tauchen Sie ein weiches, sauberes Tuch in die Flüssigkeit und wringen Sie es aus, so dass es zwar noch feucht, aber nicht mehr nass ist. Vorsichtig die Oberfläche damit abwischen, mit einem feuchten Tuch (ohne Seife) nachwischen und mit einem weichen, trockenen Tuch abtrocknen.

Achtung: Probieren Sie die Lösung immer an einer unauffälligen Ecke aus. Verwenden Sie keine anderen Mittel und lassen Sie auch keine feuchten Tücher auf der Oberfläche liegen. Vergessen Sie nicht, die Hinweise auf der Verpackung genau zu lesen.

Wie man es früher machte: Pfeifenton und Hammelfett

Haben Sie sich einmal Gedanken darüber gemacht, wie die Leute Ihre Antiquitäten sauber gemacht haben, als sie noch keine Antiquitäten waren? Eine historisch interessierte Haushaltslehrerin hat einige Haushaltspflege-Handbücher aus dem 19. Jahrhundert untersucht und die folgenden Juwelen zu Tage gefördert:

Gold:
„Lösen Sie ein wenig Salmiaksalz in Urin auf, kochen Sie darin das verschmutzte Gold, und Sie werden sehen – es wird sauber sein und glänzen."
Thomas Tegg, Das Buch der Nützlichkeit, London 1928.

Leder:
„Mischen Sie 1 Pfund Badezimmerkacheln, 2 Pfund Pfeifenton, 4 Unzen Bimssteinpulver und 6 Unzen Ochsengalle und färben Sie die Mischung je nach Wunsch mit gelbem Ocker. Reiben Sie es mit ein wenig Wasser über das Leder, und wenn es getrocknet ist, reiben Sie das lose Pulver mit einer starken Kleiderbürste ab."
G. W. Francis, Das Wörterbuch der praktischen Rezepte, London 1847.

Briefe:
„Die beste Methode, Briefe und andere Dinge aus pestverseuchten Gegenden zu desinfizieren, ist sie den Flammen brennenden Schwefels, gemischt mit Salpeter, auszusetzen."
G. W. Francis, Das Wörterbuch der praktischen Rezepte, London 1847.

Rost:
„Die Methode besteht darin, eine Portion gebrannten Kalk mit Hammelfett zu Kugeln zu formen, mit denen man die jeweiligen Gegenstände einreibt, bis der Rost verschwunden ist. Nachdem die Mischung ein paar Tage auf der Fläche geblieben ist, wird sie mit Flanell oder anderem Stoff abgenommen. Dann wird die Fläche mit einer zweiten Mischung eingerieben, die zu gleichen Teilen aus Holzkohle, Vitriol und Öl besteht, bis der ursprüngliche Glanz wieder da ist."
Die Hausenzyklopädie, Philadelphia 1828.

Seifenkraut:
„Mit einem Sud dieser Pflanze reinigt man Wolle; ärmere Leute nehmen es statt Seife zum Waschen."
Die Hausenzyklopädie, Philadelphia 1828.

Metallgegenstände

Staub und andere Oberflächenverschmutzungen lassen sich von Objekten aus Metall mit einer sauberen, weichen Bürste entfernen. Bei Fingerabdrücken, öligen oder fettigen Ablagerungen auf Gold, Bronze, Kupfer oder Messing tauchen Sie die Bürste vorher in ein wenig Ethylalkohol und entfernen die Flecken vorsichtig.
Achtung: Den Ethylalkohol immer mit einem Baumwolllappen in einer unauffälligen Ecke ausprobieren, damit Sie das Objekt nicht ungewollt beschädigen. Antike Metallgegenstände zu polieren sollten Sie sich aus dem Kopf schlagen. Das kann nicht nur zu Wertverlust führen, sondern das Material selber kann dadurch abgerieben werden. Bei jedem Polieren entsteht ein unwiederbringlicher Substanzverlust und das Metall wird dünner.

Gemälde

Die einzige Reinigungsmethode, die Sie unter Umständen bei Gemälden – falls absolut notwendig – anwenden sollten, ist leichtes Abstauben mit dem Blaspinsel (s.o.). Sogar das erfordert extreme Vorsicht. Kontrollieren Sie vorher, ob sich Teile des Rahmens gelockert oder Stellen der Farbe mürbe geworden sind. Überlassen Sie alle anderen Reinigungsvorgänge einem professionellen Gemälderestaurator.
Achtung: Keinesfalls dürfen Reinigungslösungen oder Schwämme auf alten Gemälden benutzt werden. Sogar ein Staubwedel, Tuch, Bürstenaufsatz eines Staubsaugers oder einen Handstaubsauger sollten Sie niemals benutzen. Die Gefahr besteht darin, lose Farbe von der Leinwand zu nehmen. Bevor Sie irgendein Produkt anwenden, lesen Sie genauestens die Gebrauchsvorschriften.
Berühren Sie weder die Vorder- noch die Rückseite des Gemäldes. Farbe und Lack können durch die Hautfette Schaden nehmen, während auch schon der geringste Druck auf der Rückseite Risse in der Farbe hervorrufen kann. Nehmen Sie nie ein Gemälde oder einen anderen antiken Gegenstand von der Wand, bevor Sie sich nicht überlegt haben, wo Sie ihn hinstellen.

Glauben Sie alte Hausrezepten zur Reinigung nicht. Ein berüchtigtes Mittel besteht im Einreiben des Gemäldes mit einer rohen Tomate. Das Ergebnis ist ein feiner Schaum, an dem sich Küchenschaben ergötzen.

Textilien

Ob offen liegend oder im Schrank – Stoffe sollten regelmäßig von Ihnen inspiziert und staubgesaugt werden. Nicht nur soll der Staub entfernt, sondern auch gegen Insekten vorgesorgt werden. Arbeiten Sie immer auf einer gepolsterten Oberfläche. Sie können beispielsweise eine Matratze auf Ihren Wohnzimmertisch legen und mit einem weißen Laken bedecken. Ein schwacher Handstaubsauger ist dazu am besten geeignet. Als zusätzlichen Schutz können Sie eine saubere Fiberglasscheibe über den Stoff legen und durch sie hindurch saugen.

Achtung: Beim Reinigen der Textilien sollten Sie das Essen, Trinken und Rauchen vermeiden. Sie erhöhen damit die Chancen für Flecken oder Krümel, die Insekten anlocken, oder gar fürAscheflecken.

Aquarien

Ein Aquarium ist eine gewissermaßen von Natur aus unnatürliche Umgebung für Fische. Um deren Stress einzuschränken, sollte Sie auf Zufuhr möglichst natürlicher Substanzen achten – dazu gehören auch Reinigungsmittel.

So wird's gemacht:

Ein für längere Zeit unbenutztes Aquarium können Sie mit einer Lösung aus 1 TL Aquariumsalz (nicht jodiert) auf 2 l Wasser auswaschen. Wischen Sie das Aquarium mit der Lösung und mit einem weichen, sauberen Lappen aus und spülen Sie anschließend mit Wasser nach. Auch ein neues Aquarium kann mit dieser Methode vor dem ersten Gebrauch gereinigt werden.

Ältere Aquarien haben oft einen weißlichen Film an den Seiten, verursacht durch hartes Wasser oder Kalziumablagerungen. Ist der

Film stark oder die Verschmutzung hartnäckig, sollten Sie eine speziell für Aquarien geeignete Reinigungslösung verwenden. Solche Mittel sind in Aquariumshandlungen erhältlich; sie sind stärker als selbst gemachte Salzlösungen, aber immer noch unbedenklich für Fische.

Ist Ihr Aquarium in Gebrauch, halten Sie das Wasser mit verschiedenen Filtern und durch regelmäßigen Wasseraustausch sauber. Es gibt 3 grundsätzliche Typen von Filtern, die alle gleichzeitig gegen verschiedene Verschmutzungen eingesetzt werden können. Ein biologischer Filter, der auf dem Boden des Aquariums unter einer Schicht Kies liegt, sammelt das Ammoniak, das von Fischen und anderen Wasserlebewesen abgesondert wird. Ein mechanischer Filter entsorgt Unrat wie unverzehrte Nahrung und feste Exkremente. Chemische Verunreinigungen werden von einem chemischen Kohlefilter gebunden.

Viele Filter sind auf dem Markt erhältlich. Welche Sie benutzen und wie oft Sie sie wechseln, hängt von der Art und Anzahl Ihrer Fische ab, von der Größe Ihres Aquariums und anderen Faktoren. Rat bekommen Sie bei Ihrem Aquariumshändler.

Etwa alle 2 Wochen (oder öfter, falls der Tank voll ist), sollten Sie 5-10 % des Wassers wechseln. Es ist gesünder und angenehmer für Fische, wenn das Wasser in kleinen Schüben und häufiger gewechselt wird. In Ihrer natürlichen Umgebung haben sie ständig frisches Wasser.

Am Boden sammelt sich das schmutzige Wasser, deshalb sollten Sie Wasser immer unten entnehmen, und zwar mit einem Siphon. Die Sorten und Methoden variieren erheblich, von ausgeklügelten Wasserwechselsystemen bis zu einem einfachen Schlauch. Auf alle Fälle sollten Sie darauf achten, dass Ihr Siphon ein Netz haben sollte, damit kein Kies mit herausläuft.

Vor dem Wechseln des Wassers und währenddessen sollten Sie die Wassertemperatur immer mit einem Aquarium-Thermometer messen. Dazu können Sie den Schlauch an Ihrem Hahn oder einen sauberen Eimer nehmen, in dem vorher keine Reinigungsmittel

waren. Die Temperaturregler an dem Schlauch stellen Sie entsprechend ein, damit sich die Temperatur im Aquarium beim Wechselvorgang nicht ändert.
Wasserpflanzen wandeln das Kohlendioxid im Wasser in Sauerstoff um und tragen damit nicht nur zur Reinigung bei, sondern schaffen auch eine natürliche Umgebung für Fische.
Achtung: Eine Regel sollten Sie sich einprägen: Fische hassen Seife, ob milde Handseife oder raues Waschmittel. Sogar Spuren, die unmerklich zurückbleiben – auch wenn Sie der Meinung sind, alles gründlich abgespült zu haben – , versetzen Fische in Stresssituationen oder machen sie krank. Ein für alle Mal: Beim Reinigen von Aquarien keine Seife verwenden. Sogar Eimer oder Lappen, die vorher Kontakt mit Putzmittel hatten, sind nicht erlaubt. Alles, was mit Ihrem Aquarium zu tun hat, sollte absolut seifenfrei sein. Außerdem darf das Wasser 48 Stunden nach einem stärkeren Regen oder einer Schneeschmelze in Ihrer Gegend nicht gewechselt werden. Bei solchen Ereignissen wird dem Leitungswasser mehr Chlor beigemischt, was schädlich für Fische sein kann.

Arbeitsflächen in der Küche

Sie wollen Ihre Arbeitsfläche aus 2 wichtigen Gründen sauber haben: Es ist ein gut sichtbares Element der Küche und Sie bereiten Ihr Essen darauf vor. Deshalb sollten Ihre Reinigungsmethoden aggressiv genug sein, um potenziell gefährlich Bakterien loszuwerden, gleichzeitig jedoch vorsichtig genug, um die Oberfläche nicht zu beschädigen.

So wird's gemacht:

Nach jedem Gebrauch wischen Sie die Arbeitsfläche mit heißem Seifenwasser und einem sauberen Lappen oder Schwamm ab. Flüssiges Spülmittel ist gut geeignet; besonders das Schäumen ist wichtig zum Entfernen von Verunreinigungen. Anschließend wischen Sie gut mit klarem Wasser nach und trocknen die Oberfläche mit Papierhandtüchern ab.

Jedes Mal, wenn Sie mit rohem Fleisch, Geflügel oder Fisch hantieren, müssen Sie die Platte anschließend keimfrei machen. Zunächst wischen Sie sie ab. Schütten Sie eine Lösung aus 1 TL flüssiger Chlorbleiche in 1 l Wasser darauf und lassen Sie sie eine Minute einwirken. Wischen Sie gut ab und trocknen Sie die Fläche. Oder verwenden Sie eines der handelsüblichen Antibakterienmittel; lesen Sie die Gebrauchshinweise genau.

Eine Platte sieht am besten aus, wenn Spritzer sofort weggewischt werden. Wie Sie mit Spritzern umgehen, hängt von ihrer jeweiligen Art ab. Bei polierten oder beschichteten Flächen sollten Sie scharfe Reiniger oder kratzende Reinigungskörper vermeiden, da Sie die Oberfläche matt erscheinen lassen.

Manche Flächen sind nicht porös und haben einen matten Firnis. Dort können Sie Flecken wegscheuern und Pulverreiniger mit einem Topfreinigungsschwamm benutzen. Damit die Arbeitsfläche einheitlich aussieht, empfiehlt es sich, immer die ganze Fläche zu scheuern. Man kann einen nassen Topfreiniger dazu nehmen und anschließend gründlich mit Seifenwasser wischen und trocknen lassen.

Sehen Sie für Eigenheiten bestimmter Materialien unter den entsprechenden Stichworten nach, z. B. Schneidebretter (S. 380), Plastikfurnier (S. 274), Stein (S. 416) oder Keramikfliesen (S. 253).

ZUR NOT GEHT'S AUCH SO:

Brandstellen auf furnierten oder polierten Oberflächen bleiben meistens für immer. Sind sie besonders auffällig, überlegen Sie, ob Sie den entsprechenden Bereich wollen durch eine Holz- oder Glasplatte nicht ersetzen.

Achtung: Niemals heiße Töpfe oder Pfannen direkt auf die Arbeitsfläche stellen. Scharfe, säurehaltige Mittel wie Backofen-, Toiletten- oder Rohrreinigungsmittel sollten von der Fläche fern gehalten werden. Wenn doch einmal etwas verschüttet wird, muss es sofort weggewischt werden. Wenn Sie eine Bleichmittel-Lösung herstellen, machen Sie nicht mehr als für einen einzigen Gebrauch ausreicht. Bewahren Sie sie nicht auf. Das Chlor verdunstet und die Lösung wird schwächer.

Armaturen in Bad und Küche

Seifenrückstände und Fett trüben gerne den Glanz eines Wasserhahns. Und wenn man sie auf der Oberfläche belässt, wachsen in ihnen Bakterien wie in einer Petrischale. Bevor sie die Front gegen weitere Putzangriffe verstärkt, sollten Sie die Schmutzschicht loswerden.

So wird's gemacht:

Alle Armaturen müssen regelmäßig mit einem Allzweckreiniger und einem Schwamm oder einem weichen Lappen geputzt werden. Im Badezimmer keine kratzenden Reinigungskörper verwenden. Sprühen Sie den Reiniger auf, lassen Sie ihn ein paar Sekunden einwirken und wischen Sie ihn ab. Der Reiniger sollte eigentlich alles entfernen. Ritzen und Spalten putzen Sie mit einer weichen Bürste. Mit Wasser und einem Schwamm spülen Sie alles ab.

Wenn Sie nur eines statt mehreren Produkten verwenden, machen Sie sich die Arbeit leichter. Ein gutes Sprühmittel entfernt sowohl Fett, Seife und Mineralrückstände als auch Schimmel. Sorgen Sie für ausreichende Belüftung, wenn Sie ein Putzmittel benutzen, und stellen Sie den Ventilator an.

Für Eilige:

Nach dem Duschen sollten Sie die Armaturen in der Dusche mit einem feuchten Handtuch abwischen. Wenn Sie es oft genug machen, hat der Schaum keine Chance, Rückstände zu bilden.

Achtung: Es ist besonders wichtig, keine Putzmittel zusammenzubringen, da Sie miteinander reagieren und – im Falle von Ammoniak und Bleichmittel – giftige Gase bilden können. Riechen Sie nie an einer Flasche, um den Inhalt zu prüfen, und lesen Sie die Gebrauchs- und Sicherheitshinweise genau.

Armbanduhren

Wenn Sie tagaus, tagein eine Armbanduhr tragen, sammeln sich daran Hautcreme, Parfüm, Hautfett und Schweiß. Wenn man sie nicht reinigt, können solche Rückstände das Kristallglas trüben und die Metallbeschichtung korrodieren. Je mehr Cremes etc. sie benutzen, desto öfter muss Ihre Armbanduhr gereinigt werden.

So wird's gemacht:

Wischen Sie das Glas und das Gehäuse mit einem ganz leicht angefeuchteten Tuch ab. Man muss extrem vorsichtig sein, damit keine Feuchtigkeit ins Innere der Uhr gelangt.

Um das Armband gut zu reinigen, nehmen Sie es ab; wenn es aus feinem Metall ist, weichen Sie es über Nacht in Seifenwasser ein oder waschen es mit einem Tuch, das Sie mit Ammoniak angefeuchtet haben. Lederarmbänder kann man mit Sattelseife wieder frisch machen; trotzdem müssen sie dann und wann ausgewechselt werden. Sie sind Tag und Nacht Schmutz und Schweiß ausgesetzt – irgendwann kann man sie putzen, wie man will, es hilft nicht mehr.

Eine wasserdichte Armbanduhr zu kaufen ist die Zeit wert

Wenn Sie ein Sporttaucher sind, bitten Sie Ihren Uhrmacher, die Batterie Ihrer wasserdichten Uhr vom Hersteller wechseln zu lassen. Beim Wechseln wird das originale Siegel zerbrochen. Nach dem Neuversiegeln ist die Abdichtung nicht mehr so gut wie vorher. Und wenn Wasser hineinkommt, ist die Uhr kaputt.

Kritisch wird die Sache, wenn Sie anhand der Uhr wissen, wie viel Sauerstoff noch im Tank ist. Wenn die Fabrik die Batterie wechselt, ist garantiert, dass nichts passieren kann. Es dauert natürlich länger und kostet mehr.

Überlassen Sie die Pflege des Inneren der Uhr Ihrem Uhrmacher. Heutige Quartzuhren haben sehr wenig bewegliche Teile und benötigen nicht viel Pflege über den Batteriewechsel hinaus. Aufziehbare Armbanduhren sollten jedoch ab und zu von einem Uhrmacher inspiziert und gereinigt werden, sonst ist auf ihre Zeitangaben kein Verlass mehr.

FÜR EILIGE:

Für glänzende Ergebnisse ohne viel Aufwand legen Sie ein Metallarmband in eine Nylonhülle und stecken es in die Waschmaschine. Waschen Sie es mit möglichst vielen Handtüchern zusammen und Sie werden erstaunt sein, wie es danach aussieht. Uhrmacher benutzen Ultraschall-Reinigungsgeräte; sie funktionieren, ähnlich wie die Bewegung in der Waschmaschine, durch Vibration.

ZUR NOT GEHT'S AUCH SO:

Wenn es Ihnen nicht gelingt, das Armband zum Reinigen aus den Befestigungsklammern zu nehmen, können Sie Schmutzansammlungen vermeiden, indem Sie paar Mal die Woche die Uhr mit einem trockenen Tuch abwischen – z. B. wenn Sie sie vor dem Schlafengehen oder vor dem Duschen ablegen.

Achtung: Feuchtigkeit ruiniert den Mechanismus der Uhr, also machen Sie sie mit so wenig Wasser wie möglich sauber. Sogar wasserfeste Uhren sind empfindlich; der Dichtungsring, der die Feuchtigkeit abhält, kann mit der Zeit porös werden.

ASCHE

Asche zu entfernen sollte kein Problem sein – zumindest, wenn keine glühenden Anteile mehr in ihr schwelten.

SO WIRD'S GEMACHT:

Asche ist nicht löslich und hinterlässt daher keine Flecken auf Stoff. Meistens kann man sie einfach wegwischen oder aufsaugen. (Sollte doch einmal ein glühender Rest dabei gewesen und der Stoff angesengt sein, lesen Sie den Abschnitt über Zigarettenasche S.502. Siehe auch den Abschnitt über Ruß S. 367.)

Aschenbecher

Gehen Sie kein Risiko mit Zigaretten, Zigarren, Streichhölzern und anderem, was in den Aschenbecher gehört, ein. Löschen Sie alles mit Wasser ab, sonst besteht Feuergefahr.
Eine Vertreterin eines Feuerschutzverbandes empfiehlt eine Methode, einen Aschenbecher sicher zu leeren. „Bevor Sie die Stummel in den Müll werfen, tauchen Sie sie kurz in Wasser ein. Gehen Sie sicher, dass alle nass sind."
Je schwerer und massiver der Aschenbecher, desto unbedenklicher. Hauptsache, er wird häufig geleert – schließlich wollen Sie keine Zigarettenstummelberge darin anhäufen.

So wird's gemacht:

Die meisten Aschenbecher sind spülmaschinenfest; sonst können Sie sie auch mit einem in Reinigungsalkohol getränkten Lappen abwischen. Bei Porzellan- und Kristallaschenbechern folgen Sie den entsprechenden Hinweisen für die beiden Materialien in diesem Buch.

Asphalt

Asphalt ist zäh und hält viel aus, aber das Entfernen von Flecken ist nicht immer so einfach. Manchmal müssen Sie sich entscheiden, ob Sie mit dem Fleck leben oder die Asphaltschicht erneuern lassen wollen.

So wird's gemacht:

Um z. B. ein Basketballfeld oder eine Auffahrt von normalem Schmutz zu reinigen, sollte ein Schlauch mit einer guten Düse ausreichen das meiste zu entfernen.
Bei stärkeren Verschmutzungen schütten Sie einfach gewöhnlichen Haushaltsreiniger in einen Eimer warmes Wasser und schrubben Sie damit den Asphaltboden. Die Mengen richten sich nach den Angaben des Herstellers.

So wird's gemacht:
Wenn Farbe auf den Asphalt getropft ist, muss sie schnell entfernt werden, oder sie bleibt für immer haften. Latexfarbe kann, bevor sie eingezogen ist, mit viel Wasser noch entfernt werden – schrubben Sie wie oben angegeben. Farbe auf Ölbasis ist meistens hoffnungslos.
Achtung: Putzmittel auf Asphalt bitte sparsam verwenden, da es leicht in den Hof oder auf das Nachbargrundstück läuft. Produkte auf Petroleumbasis sind ungeeignet. Asphalt ist ölhaltig, und solche Mittel lösen ebenso den Asphalt wie die Verschmutzung auf.

Asphaltflecken

Asphalt ist eine Substanz auf Petroleumbasis, also sind Sie mit einem Petroleumreiniger gut beraten.
So wird's gemacht:
Wenn Sie z. B. mit Ihrem Schuh in frischen Asphalt getreten sind – einfach mit einem Tuch mit Petroleumreiniger einreiben.
Achtung: Immer erst an einer versteckten Stelle ausprobieren. Und beachten Sie die Gebrauchs- und Sicherheitshinweise.

Auffahrten

Wie das Äußere Ihres Hauses ist auch die Auffahrt wichtig; beides zusammen macht den ersten Eindruck aus. Ein Beton- oder Asphaltuntergrund ist außerdem eine kostspielige Sache, deshalb soll die Auffahrt lange halten und gut aussehen.
So wird's gemacht:
Die Grundreinigung ist ziemlich einfach. Mit einem Besen und einem Gartenschlauch bekommen Sie die meisten Verschmutzungen weg – mit dem Besen die groben, mit dem Schlauch kleinere Schmutzpartikel. Das gilt für Asphalt, Beton oder Ziegelstein.
Mit der Zeit bilden sich Flecken, und Algen und Moos wachsen in den Ritzen. Ab und zu sollten Sie die Auffahrt mit Seifenwasser

schrubben. Bei hartnäckigen Verschmutzungen geben Sie etwas Ammoniak in das Seifenwasser. Hilft das nicht, probieren Sie es mit Wasser und ein wenig Trinatriumphosphat. Die Menge entnehmen Sie den Angaben auf dem Behälter.
Schrubben Sie mit einem festen Nylon- oder Naturhaarschrubber. Verwenden Sie keinen mit Metallborsten, da sich einzelne Borsten lösen und Rostflecken erzeugen können. Nach der Reinigung müssen Sie die Auffahrt immer abspritzen.
Ölflecken nehmen Sie mit einem geeigneten, absorbierenden Material auf; es gibt spezielle Kügelchen, die Öl und Fett von Beton aufsaugen. Sie sehen wie Katzenstreu aus. Letztere können Sie übrigens auch nehmen, wenn keine Kügelchen zur Hand sind. Danach schrubben Sie sie Stelle mit der oben beschriebenen Lösung. Ist das Öl schon in den Untergrund eingedrungen, ist es in den allermeisten Fällen nicht mehr zu entfernen.

Um tiefer sitzenden Schmutz zu entfernen, leihen Sie sich einen Hochdruckwasserreiniger; solche Geräte sind einfach zu benutzen und eine sichere Alternative zu giftigen Betonreinigungsmitteln.
Achtung: Tragen Sie eine Schutzbrille, wenn Sie mit dem Wasserstrahler hantieren, und zusätzlich auch Gummihandschuhe und andere Schutzkleidung, wenn Sie mit Trinatriumphosphat arbeiten. Lesen Sie immer genau die Gebrauchs- und Sicherheitshinweise.

Zur Not geht's auch so:

Hochdruckreiniger haben einen viel höheren Druck als ein Gartenschlauch; Letzterer leistet jedoch auch gute Dienste, wenn Sie eine flache, fächerförmige Düse benutzen und das Wasser voll aufdrehen. Es ist kraftsparender als Schrubben.

Aufkleber

Einen alten Aufkleber vom Auto zu entfernen kann wie Strafarbeit sein. Das gilt auch für Abziehbilder oder Aufkleber auf Wänden, Fenstern und anderen Oberflächen. Sie wollen natürlich alles entfernen, auch die Staub anziehenden Kleberreste, ohne die Fläche zu beschädigen.

SO WIRD'S GEMACHT:

Wärmen Sie 1/2-1 Tasse Essig an. Falten Sie ein Stück Stoff so, dass es auf den Aufkleber passt. Tränken Sie es mit dem warmen Essig und halten Sie es für ein paar Minuten auf den Aufkleber. Sobald sich der Kleber vollgesaugt hat, müsste er sich leicht lösen lassen.
Aceton ist der Hauptbestandteil von Nagellackentferner und ist ebenfalls gut, um Kleberreste zu entfernen. Tauchen Sie ein zusammengeballtes Baumwolltuch in Aceton und wischen Sie es über den Kleber – allerdings nicht auf bemalten oder angestrichenen Oberflächen. Das Aceton löst auch die Farbe.

FÜR EILIGE:

Damit der Essig besser aufgesaugt wird, machen Sie vorher in die Kleberreste kleine Schnitte – natürlich nur, wenn dadurch der Untergrund nicht beschädigt wird.
Sie können den Essigbausch auch mit Kreppklebeband an der Oberfläche befestigen und nach ein paar Minuten wiederkommen.

ZUR NOT GEHT'S AUCH SO:

Um Kleber von Glas, Metall oder anderen hitzebeständigen Flächen zu lösen, lassen Sie ihn sich erst mit Essig vollsaugen und halten Sie dann den Fön auf mittlerer Einstellung darauf. Dann lassen sich die Rückstände leicht lösen.
Achtung: Damit Ihre Methoden die Oberfläche nicht beschädigen, testen Sie sie erst an einer unauffälligen Stelle.

AUSGESTOPFTE TIERE

Halten Sie Schmutz und Staub von Ihrer Trophäe fern, indem Sie ein paar Regeln zur Vorbeuge beachten. Stellen Sie ein ausgestopftes Tier nicht ins Sonnenlicht, sonst sieht der Schwarzbär hinterher wie ein Eisbär aus. Saubere Luft ohne Rauch jeglicher Art, ohne Kochdämpfe und Feuchtigkeit von Bad und Wäsche – das sind die richtigen Bedingungen.

EINE SAUBERE GESCHICHTE

Reinigung von der Mähne bis zum Schwanz

Das Pferd Trigger ist schon ein Star. Es ist schon in unzähligen Filmen und Fernsehserien aufgetaucht. Obwohl es 1965 gestorben ist, ist die goldene Palomino-Legende nicht nur eine Erinnerung auf Zelluloid. Alle Körperteile vonTrigger lassen sich besichtigen, und zwar in einem kalifornischen Museum.

Nach seinem Tod wurde Triggers Haut über eine Fiberglasform gespannt, auf der seine physische Struktur bis zur letzten Vene sichtbar ist.

Über 100.000 Menschen marschieren jedes Jahr in die Wüste, um ihn zu besichtigen, also muss er auch nach etwas aussehen.

„Das Tier ist in den letzten Jahren einfacher zu reinigen", sagt der Museumsbesitzer. Etwa einmal im Jahr wischt er Triggers Fell zweimal mit Alkohol ab. „Dadurch werden schädliche Partikel aus der Luft entfernt, die das Fell verfärben und einen Glanz erzeugen können."

Die Mähne und der Schwanz werden leicht ausgeschüttelt; der Staub wird dann mit einem normalen Staubsauger aus etwa 10 cm Entfernung aufgesaugt. Um das Fell vor Hautfetten zu schützen, trägt der Museumsbesitzer immer Gummihandschuhe, wenn er Trigger reinigt.

Er muss sich auch um 200 andere ausgestopfte Tiere sowie zahllose Erinnerungsstücke kümmern. „Ich mache von allem ein bisschen. Wenn die Toilette überfließt, werde ich auch gerufen. Und auch dabei trage ich Gummihandschuhe."

So wird's gemacht:

Wenigstens einmal im Monat sollten Sie mit einem kleinen Pinsel das Fell abstauben. Gehen Sie dabei nicht gegen den Strich.

Augen, Zähne, Nasen, Hörner und andere harte Oberflächen kann man mit einem leicht angefeuchteten Lappen oder mit einem antistatischen Tuch (wie es für Fotos verwendet wird) abwischen. Zu viel Wasser und Feuchtigkeit können das Fell beschädigen.

Obwohl Staub die Hauptsache bei der Reinigung ist, können auch Schädlinge zum Problem werden, da man heute kein Arsen mehr zur Konservierung benutzt. In Museen werden ausgestopfte Tiere regelmäßig eingefroren, um Larven und Wanzen abzutöten. Auch Ihr Gefrierfach (falls es groß genug ist) ist dazu geeignet. Halten Sie nach Spuren von Schädlingsbefall Ausschau (Flügelstückchen, Larvenhüllen etc.). Das Tier muss natürlich in eine fest verschlossene und versiegelte Plastiktüte eingepackt und das Gefrierfach vorher geleert werden. Lassen Sie das Tier bei etwa -20°C mindestens eine Woche im Gefrierfach. Wenn Ihr Gefrierfach sich nicht auf eine so kalte Temperatur einstellen lässt, lassen Sie das präparierte Tier noch länger darin – bei einer Temperatur von -10°C sogar 30 Tage.

Für Eilige:

Sie können ein ausgestopftes Tier auch mit dem Fön (niedrigste Stufe) abstauben.

Zur Not geht's auch so:

Wenn Sie keinen kleinen Pinsel zur Hand haben, nehmen Sie einen Staubwedel. Nochmals: Gehen Sie nicht gegen den Strich!

Achtung: Tragen Sie Gummihandschuhe, damit kein Fett von Ihrer Haut auf das Fell kommt und dort Staub anzieht. Wenn Sie ein Tier von vor 1970 haben, das mit Arsen behandelt wurde, putzen Sie es nicht mit der Hand, sondern nur mit einem Staubsauger mit Hochleistungsfilter (damit keine Partikel wieder an die Luft abgegeben werden). Wenden Sie sich am besten an einen professionellen Konservator. Fragen Sie am besten in Naturkundemuseen nach.

Vögel dürfen nicht gebürstet werden, da die Struktur der Federn darunter leidet.

Autos

Für das Autowaschen gibt es keine Zeitregel. Alles hängt davon ab, wo und wie Sie fahren, ob Sie eine Garage haben – und natürlich, wie wichtig es Ihnen ist. Sind Sie eher für Polieren oder für Ignorieren? Liebhaber können Stunden über Stunden mit ihrem Gefährt, einem Eimer und einem Lappen verbringen. Für Pragmatiker reicht auch ein ordentlicher Regenschauer. Auf alle Fälle verlängert gute Pflege das Leben Ihres Fahrzeuges, hilft Reparaturen zu verhindern und steigert den Wiederverkaufswert.

Das Angebot an Spezialreinigungsmitteln ist schwindelerregend. Für Otto Normalverbraucher sind jedoch ein paar grundsätzliche Schritte ausreichend.

SO MACHE ICH ES

MEIN HÄSSLICHES ALTES SCHMUCKSTÜCK

Ein Automobilhistoriker, der noch heute sein gutes Stück aus den 60er Jahren fährt, gibt einige Tipps zur Autopflege:
„Ich wasche mein Auto nicht öfter als 1- oder 2-mal im Jahr, da ich es überhaupt nicht schmutzig werden lasse. Nachts steht es in der Garage und tagsüber ist es überdacht. Jeden Morgen staube ich die Karosserie mit speziell imprägnierten Staubtüchern ab.
Etwa einmal im Jahr reinige ich die Vinylpolster mit einem Schwamm und einer Lösung aus Ammoniak und Wasser. Der Rest der Innenausstattung – ebenfalls aus Vinyl – wird mit Reifenpflegemittel abgewischt, damit das Vinyl nicht austrocknet.
Manche Modelle aus den 60er Jahren haben das Problem, dass sich unter der Chromleiste unter der Heckscheibe Wasser sammelt. Meistens wird der Streifen abgeklebt. Ich entferne das Wasser, indem ich mit einer Spritze unter das Chrom gehe.
Ich hebe gerne Sachen auf. Ich habe immer noch den originalen Ersatzreifen und die originale Scheibenwischerflüssigkeit, obwohl beides zu alt ist."

KAROSSERIE

Waschen und wachsen bzw. polieren Sie die Karosserie wenigstens 2-mal im Jahr oder früher, wenn das Wasser auf der Oberfläche nicht mehr abperlt. Reinigen Sie es auf jeden Fall so oft, dass Sie aufwendige Putznachmittage vermeiden können.

SO WIRD'S GEMACHT:

Für die Karosserie gibt es spezielle Reinigungsmittel, bei denen Sie auf jeden Fall sicher sein können, dass Sie keinen Schaden anrichten. Sonst reicht auch Spülmittel; nehmen Sie so viel, bis das Wasser schäumt. Spritzen Sie vorher das Auto mit einem Gartenschlauch ab. Das macht das Waschen leichter und entfernt Schmutzpartikel, die beim Waschen Kratzer hinterlassen können.
Ein sauberes Tuch oder Handtuch, das so oft wie möglich in den Eimer getaucht werden soll, ist am besten für die Karosserie, die Sie von oben nach unten waschen. Gehen Sie in alle Ecken, z. B. auch die Seiten der Türen. Das schützt vor Korrosion und verhindert,

dass Ihre Kleidung beim Einsteigen schmutzig wird. Heben Sie die Scheibenwischer an und waschen Sie sie von allen Seiten ab.
Sehr wichtig ist auch das Entfernen von Blättern und anderem gröberem Unrat, der in die Ritzen dringt. Öffnen Sie den Kofferraum und waschen Sie auch die Rinne, die innen herum läuft. Dort sammelt sich Feuchtigkeit, die in Ihr Gepäck eindringen kann. Ähnlich müssen Sie auch das Sonnendach reinigen (falls Sie eins haben), damit kein Wasser hineintropfen kann.
Trocknen Sie anschließend das Auto mit Handtüchern oder Fensterleder ab. Lufttrocknen hinterlässt meist Flecken. Zum Waschen sollten Sie in den Schatten gehen, damit die Sonne Ihnen beim Abtrocknen nicht zuvorkommt.
Polieren Sie das Auto anschließend mit Autowachs oder Politur – ob flüssig oder als Paste, ist egal; flüssiges Mittel ist jedoch leichter zu handhaben. Halten Sie sich auf jeden Fall an die Gebrauchsanweisung auf dem Behälter. Wachs schafft mehr als bloßen Glanz – es bildet einen Schutzfilm, an dem Schmutz nicht haftet.

Für Eilige:
Am schnellsten geht es natürlich an der Tankstelle. Aber es gibt auch andere zeitsparende Methoden. Für das Wachsen z. B. gibt es extra Maschinen. Manche rotieren kugelförmig und ähneln damit

Wie man eine gute Autowäscherei ausfindig macht

Es ist natürlich ein gutes Gefühl, etwas selber gemacht zu haben, und dazu gehört auch die Genugtuung, ein blitzblankes Auto vor sich zu haben, mit dem man gerade Stunden verbracht hat. Manchmal ist eine Autowäscherei jedoch besser, d. h. spart Zeit und Mühe.
In der Autowäscherei wird manches, wie z. B. der Unterboden, gründlicher sauber als wenn man es selber macht. Auch gelangt das Abwasser dort nicht auf die Straße oder ins Gras.
Wie finden Sie also eine gute Autowäscherei? Lassen Sie sich die Vorgehensweise gut erklären. Kann Ihnen niemand genaue Auskunft geben, suchen Sie eine andere.
Prüfen Sie auch den allgemeinen Eindruck, den Sie von dem Unternehmen haben, d. h. ob es schmutzig ist, ob die Leute unfreundlich sind etc. Beschweren Sie sich ruhig, wenn Sie nicht zufrieden sind.

dem Auftragen per Hand am ehesten, andere bewegen sich einfach im Kreis und sind schwieriger zu benutzen. In beiden Fällen müssen Sie vorsichtig vorgehen.

Zur Beachtung: Überschüssiges Wachs am Nummernschild, in Ritzen und anderen, schwer zugänglichen Stellen kann man mit einer Zahnbürste entfernen.

Achtung: Vogeldreck und Baumharz sollten sich leicht entfernen lassen. Wenn Sie sie nicht baldmöglichst entfernen, fressen sie sich in die Farbe. Scharfe Reiniger sollten Sie bei Ihrem Auto nicht anwenden, da sie den Lack verkratzen und die Farbe trüben können. Waschen Sie Ihr Auto nie ohne genügend Wasser, und stellen Sie den Wagen aus der Sonne. Warten Sie nach dem Waschen 2-4 Wochen mit dem Wachsen.

Matten

Klopfen Sie die Matten gut aus und saugen Sie dann den gelösten Schmutz ab.

Motor

Die Motoren sind heute komplizierter gebaut als früher, mit komplexen Elektriksystemen und Bordcomputern, die das Auto ständig überwachen. Das Schrauben im Hinterhof wird dadurch wesentlich erschwert; ein Kabel an der falschen Stelle verlötet und das ganze System funktioniert nicht mehr. Für die Motorwäsche gilt dasselbe: Wenn Sie kein Fachmann sind, müssen Sie achtsam sein, sobald Sie die Motorhaube öffnen.

So wird's gemacht:

Sie können auf jeden Fall groben Schmutz, Blätter usw. entfernen. Blätter sammeln sich unter der Haube und unter den Scheibenwischern, wo frische Luft angesaugt wird. Die Ablaufmulden an den Seiten des Motors können genauso von Schmutz und Blättern befreit werden. Den Kühler können Sie mit einem Schlauch abspritzen, ebenso die Abtrennungswand zwischen Motor- und Innenraum.

Achtung: Niemals einen Hochdruckschlauch direkt auf den Motor richten. Das Wasser kann an den Verschlusskappen eindringen und die Elektrik beschädigen. Nehmen Sie keine Motorelemente zur Reinigung heraus. Schwierigere Sachen überlassen Sie besser Ihrer Werkstatt.

Reifen

Sie können die Reifen genauso waschen wie die Karosserie, außer dass Sie eine kräftige Nylonbürste verwenden sollten. Es gibt auch Spezialreiniger, die noch wirksamer sind, Sie können auch einen stärkeren Haushaltsreiniger nehmen. Hier können Sie keinen Schaden anrichten.

Fensterscheiben

Glasreiniger zum Aufsprühen ist auch für das Auto gut. Stellen Sie doch mal Ihre eigene Sprühlösung her, indem Sie eine Sprühflasche mit 1 TL Ammoniak auf knapp 4 l Wasser füllen. Wischen Sie die Fenster von beiden Seiten mit sauberen Papierüchern ab oder nehmen Sie das bewährte Zeitungspapier, es hinterlässt zwar keine Fusseln – aber Sie haben nachher schwarze Hände!

An heißen Sommertagen sollten Sie einen Sonnenschutz aus Pappe vor Ihre Windschutzscheibe klemmen – es macht nicht nur das Fahren angenehmer, sondern hält auch die Windschutzscheibe von Ausdünstungen der Plastikteile frei, die einen Schleier auf der Windschutzscheibe bewirken. Bildet er sich doch einmal, tröpfeln Sie etwas Isopropylalkohol auf ein Tuch und wischen Sie ihn ab.

Backöfen

Es gibt kaum etwas Mühseligeres, als verspritzte Essensreste abzukratzen, die gründlich an der Innenseite des Backofens „fest gebacken“ sind. Das Geheimnis – wenigstens bei den meisten Öfen – liegt darin, die Verschmutzung sofort anzugehen. Und generell gilt: Je öfter man den Ofen reinigt, desto leichter wird es, Essensreste und Fett zu beseitigen.

Natürlich ersparen Sie sich am meisten Mühe, wenn Sie schon die Entstehung solcher Spritzer und Verkrustungen verhindern. Wenn Sie sehen, dass ein Gericht überzulaufen droht, legen Sie ein Stück Folie darunter. (Legen Sie die Folie nicht direkt auf den ganzen Boden des Ofens, bzw. bedecken Sie nicht eine ganzes Fach damit, sonst verteilt sich die Hitze unregelmäßig.) Alles tropft dann auf die Folie, so dass Ihnen eine Menge Reinigungsarbeit erspart bleibt.

Für das Putzen sind 3 Typen von Öfen zu unterscheiden: konventionelle, selbstreinigende und reinigungsaktive. Alle haben ihre eigenen Erfordernisse.

Konventionelle Öfen

Eine einfache und schnelle Methode normale, leicht verschmutzte Backöfen zu putzen besteht darin, eine kleine Glasschüssel mit 1/4 Ammoniak zu füllen, sie in den Ofen zu stellen und die Tür zu schließen. Der Ofen wird dabei nicht eingeschaltet. Der Dampf hilft Verkrustungen zu lösen; lassen Sie das Wasser über Nacht stehen. Seien Sie vorsichtig, wenn Sie die Ofentür öffnen. Ammoniakdämpfe können die Augen reizen. Stehen Sie ein wenig zurück und lassen Sie die Luft ein paar Minuten an den Ofen, bevor Sie den gelösten Schmutz aus dem Ofen mit Papierhandtüchern oder Zeitungen entfernen.

Zur Beachtung: Wenn Sie einen Gasofen mit einer ständig aktivierten Zündflamme haben, löschen Sie die Flamme, bevor Sie das Ammoniak in den Ofen stellen.

Wenn der Ofen mäßig bis stark verschmutzt ist, bekommen Sie mit dieser Methode wahrscheinlich nicht alles weg. Härtere Maßnahmen sind geboten. Schrubben Sie den Ofen mit einem Nylonschwamm, der mit warmem Seifenwasser getränkt ist. Reiben Sie die Oberfläche vorsichtig ein und wischen Sie dann mit einem Schwamm oder Lappen nach. Vermeiden Sie den Gebrauch von Stahlwolle, da sie die Oberfläche verkratzen kann. Und das wiederum hilft Verschmutzungen an der Oberfläche haften zu bleiben und dann sind sie noch schwieriger zu beseitigen.

Normale Backofenreiniger funktionieren bei Standardöfen gut. Sie sind jedoch meist extrem wirksam und sollten mit Vorsicht angewendet werden. Je nach Grad der Verschmutzung kann es fast unmöglich sein, alles mit Ammoniak und Seifenwasser zu entfernen.

Backofenreiniger können andere Oberflächen angreifen, die in Kontakt mit dem Mittel kommen. Schützen Sie die umgebenden Flächen mit Zeitungspapier oder anderem Material und tragen Sie Schutzhandschuhe. Beachten Sie genau die Hinweise des Herstellers.

Herausnehmbare Bleche und dergleichen spülen Sie mit der Hand, indem Sie sie erst in Spülwasser einweichen lassen und sie dann mit einer Plastikbürste schrubben.

Glastüren kann man mit Ammoniak reinigen. Warten Sie nach dem Auftragen ein paar Minuten und wischen Sie es dann mit einem feuchten Schwamm ab. Wenn die Verschmutzungen hartnäckig sind, kratzen Sie sie mit einem Eiskratzer für das Auto oder einer Rasierklinge ab. Scheuern Sie das Glas jedoch keinesfalls mit Stahlwolle.

Achtung: Sprühen Sie Backofenreiniger niemals auf einen heißen Ofen. Er kann noch schärfer werden und Oberflächen verätzen. Desgleichen darf man keinen Ofenreiniger auf Ofenleuchten, elektrische Elemente oder Zündflammen sprühen. (Die Zündflamme sollte gelöscht werden, bevor Sie Backofenreiniger in den Ofen sprühen.)

Selbstreinigende Öfen

Selbstreinigende Öfen haben einen Zyklus, bei dem der Ofen heiß genug wird, um Essensspritzer und andere Verschmutzungen zu lösen. Das Wichtigste ist, dass Sie den Hinweisen in der Bedienungsanleitung genau folgen.

Damit Essensreste nicht verkrusten, reinigen Sie die Bereiche vorher, die während der Selbstreinigung nicht der Hitze ausgesetzt sind; den Rahmen um die Öffnung und den Rand der Tür um den Dichtungsring herum. (Reinigen Sie niemals den Dichtungsring selbst. Sogar Wasser kann ihn angreifen und die Versiegelung brechen.) In schwer zu reinigenden Bereichen nehmen Sie heißes Wasser mit Spülmittel oder eine Paste aus Natron und heißem Wasser. Spülen Sie gut mit Wasser nach, in das Sie ein wenig Essig gegeben haben, um den Rest zu beseitigen. Nach dem Selbstreinigungszyklus putzen Sie diese Bereiche nochmals.

Damit die Ofenoberfläche nicht verätzt oder verfärbt wird, wischen Sie sehr säurehaltige Spritzer (wie Tomatensauce, Obst oder Milchprodukte) immer sofort ab. Die Emaille im Innern des Ofens ist zwar relativ säurebeständig, aber nicht vollkommen säureresistent.

Die Bleche usw. nehmen Sie vor dem Reinigungszyklus heraus. Spülen Sie sie mit der Hand; bevor Sie sie mit einer Plastikbürste abschrubben, weichen Sie sie in Spülwasser ein. Dabei können Sie ein wenig Ammoniak ins Spülwasser geben, damit sich beim Scheuern die Verkrustungen besser lösen.

Nach der Reinigung wischen Sie die feine Asche, die sich im Innern gebildet hat, mit einem feuchten Tuch heraus.

Achtung: Verwenden Sie niemals chemischen Ofenreiniger in selbstreinigenden Öfen. Wenn Rückstände bleiben, können sie durch die große Hitze in chemische Verbindungen umgewandelt werden, die die Emaille verätzen.

Reinigungsaktive Öfen

Sie haben eine raue, poröse Oberfläche im Innern, die resistent gegen Verschmutzungen sein soll und Fett teilweise absorbiert. Spritzer werden im Ofen verteilt, so dass sie leichter oxidieren, wenn der Ofen heiß ist. Denken Sie jedoch daran, dass solche Öfen normalerweise nie tipp-topp aussehen.

Damit der Ofen besser mit Ansammlungen von Fett und Essensresten fertig wird, sollte das Innere ab und zu mit einem Nylonschwamm und klarem Wasser gewischt werden.

Die Bleche usw. spülen Sie mit der Hand; bevor Sie sie mit einer Plastikbürste abschrubben, weichen Sie sie in Spülwasser ein. Dabei können Sie ein wenig Ammoniak ins Spülwasser geben, damit sich beim Scheuern die Verkrustungen besser lösen.

Zuckerhaltige Flecken stellen die größte Schwierigkeit für den Ofen dar, also verhindern Sie das Überlaufen von Obstgerichten und andere derartige Spritzer.

Wenn größere Mengen verschüttet werden, können sie die Oberfläche versiegeln und somit den kontinuierlichen Oxidationsprozess im Ofen behindern. Während der Ofen noch ein bisschen warm und die Verschmutzung noch flüssig ist, nehmen Sie mit Papierhandtüchern oder einem Schwamm die Flüssigkeit tupfend auf. Reiben Sie nicht, da die Partikel die Poren des Ofens verstopfen können.

Sobald der Ofen abgekühlt ist, sprühen Sie die Verschmutzung mit einem universalen Sprühreiniger ein. Reiben Sie ihn leicht mit einer Nylonbürste oder einem Nylonschwamm in die poröse Oberfläche. Lassen Sie ihn 15-30 Minuten einwirken und scheuern Sie die aufgeweichten Verschmutzungen vorsichtig mit der Nylonbürste bzw. dem -schwamm ab. Spülen Sie sorgfältig mit kaltem Wasser und einem Schwamm nach; lassen Sie dabei (bei Gasöfen) kein Wasser in den Zündmechanismus laufen.

FÜR EILIGE:

Sind die Bleche wirklich schmutzig? Stecken Sie sie in einen Müllsack, geben Sie 1/2 Tasse Ammoniak für den Haushalt hinein und schnüren Sie den Sack fest zu. Wenn Sie ihn am nächsten Tag öffnen, stehen Sie erst ein bisschen zurück und lassen die Tüte ein wenig auslüften, bevor Sie die Bleche herausnehmen. Dann spritzen Sie sie mit dem Schlauch ab oder spülen sie.

Zur Beachtung: Ammoniak kann Bleche mit hohem Nickelgehalt verfärben. Fragen Sie beim Hersteller nach, ob Ihre Bleche Nickel enthalten. Sind Sie nicht sicher, testen Sie das Ammoniak an einer unauffälligen Stelle.

Achtung: Benutzen Sie keinen Allzweckreiniger in einem heißen Ofen. Putzmittelrückstände müssen immer gründlich abgewaschen werden. Wenn sie erhitzt werden, können sie kalkige, schwer zu beseitigende Flecken erzeugen.

In reinigungsaktiven Öfen sind keine Ofenreiniger oder Pulverreinigungsmittel erlaubt. Sie verstopfen die Poren. Ebenso dürfen keine Reinigungskörper aus Metall verwendet werden, da sie die Oberflächenbeschichtung beschädigen können.

Badewannen

Regelmäßiges Putzen ist besser, als ab und zu mühsam fest getrocknete Seifenreste abzukratzen.

So wird's gemacht:

Nach jedem Gebrauch wischen Sie die Wanne mit einem Schwamm aus und spülen mit Wasser nach, dann bleibt keine Seife zurück. Einmal die Woche sollten Sie die Wanne gründlicher putzen.

Bevor Sie gleich spezielle Mittel für das Badezimmer kaufen, versuchen Sie es mit denen, die Sie ohnehin zu Hause haben. Flüssigwaschmittel entfernt hervorragend hartnäckige Verschmutzungen und Eintrübungen durch hartes Wasser. Anti-Rutsch-Matten schrubben Sie einfach mit normalem Putzmittel und einer weichen Nylonbürste ab. Etwas Natron auf einem Schwamm hat eine noch stärkere Reibkraft. Es ist natürlich, wirksam und verkratzt keine Oberflächen.

Zur Not geht's auch so:

Ist Ihnen ein Schwamm zu weich? Ein Nylonschwamm oder ein Nylonpad (beides erhalten Sie im Supermarkt) – oder ein alter Nylonstrumpf, zu einem Ball gerollt – helfen ebenso gut.

Achtung: Ätzende Mittel oder Reinigungskörper können die Oberfläche der Badewanne verkratzen. Fiberglas-Badewannen dürfen weder mit aceton- oder ethylalkoholhaltigen Mitteln gereinigt werden, da auch hier die Oberfläche beschädigt werden kann. Raue, rutschfeste Flächen nicht mit Stahlwolle putzen, da rückständige Partikel Rostflecken erzeugen.

Badvorleger

Frotteevorleger sind wie feste Handtücher und können zusammen mit diesen in der Waschmaschine gewaschen werden.

So wird's gemacht:

Wenden Sie einfach die Hinweise auf dem Schild an. Im Allgemeinen lassen sich Vorleger ohne Latexunterseite mit Handtüchern in ähnlichen Farben bei warmer Temperatur in der Maschine waschen und anschließend schleudern und im Trockner trocknen. Matten mit einer Unterseite aus Latex sollten separat gewaschen werden und schwach im Trockner getrocknet oder aufgehängt werden.

Achtung: Ein neuer Vorleger in einer kräftigen Farbe sollte immer vor dem ersten Gebrauch gewaschen werden, um zu vermeiden, dass er auf Ihre Füße abfärbt. Beim ersten Mal sollte man ihn separat waschen.

Balken (frei hängend)

Sie sind so urtümlich, rau und schön ... sie sind die perfekten Staubfänger.

So wird's gemacht:

Staubsaugen Sie sie ab und zu mit einem Bürstenaufsatz. Ist das Holz behandelt oder bemalt, verwenden Sie Wasser mit etwas Allzweckreiniger und nehmen Sie zum Abwischen ein feuchtes Handtuch. Über die Menge geben Ihnen die Angaben auf der Flasche Aufschluss. Unbehandeltes Holz kann ordentlich abgebürstet werden. Putzen können Sie es genauso wie behandeltes Holz, doch muss das Handtuch kräftig ausgewrungen werden, damit nicht zu viel Feuchtigkeit in das Holz eindringt.

Achtung: Bei Balken auf dem Boden sollten Sie ein Tuch aus Naturfasern nehmen, kein synthetisches, da der Boden sonst rutschig wird.

Bälle aus Leder, Plastik und Gummi

Sportbälle möchten Sie sicher nicht zu sauber haben. Leichte Verschmutzungen durch Grasflecken usw. zeigen den Gebrauch und sind wie eine kleine Trophäe.

So wird's gemacht:

Die meisten Fuß- und Volleybälle werden heutzutage aus Synthetikmaterialien wie Polyvinylchlorid hergestellt statt aus Leder und sind einfacher zu reinigen. Mildes Seifenwasser reinigt die Oberfläche und für das Abtrocknen nehmen Sie ein trockenes Handtuch. Das gilt auch für Gummi- und Kunststoffbälle wie z. B. Basketbälle. Lederbälle lassen sich einfach abbürsten, am besten mit einer kräftigen Pferdehaarbürste, die Sie in Ledergeschäften erhalten. Schlamm sollte allerdings vorher trocknen.

Zur Not geht's auch so:

Wenn Schmutz oder Erde den Ball nicht wirklich schlechter spielbar machen, sollten Sie Ihre Zeit auf andere Dinge verwenden. Bälle werden für dauerhaften und starken Gebrauch hergestellt und sind nicht schmutzempfindlich.

Achtung: Lederbälle sollte man weder waschen noch mit Lederpflegemitteln behandeln. Sie sind von Natur aus belastbar.

Baumwolle

Sie ist angenehm. Sie ist kühl. Und strapazierfähig. „Baumwolle“, sagt uns ein Fachmann in der Baumwollindustrie, „ist eine starke, raue Faser. Sie ist resistent gegen Salze – das bedeutet, dass ihr Waschmittel nichts anhaben kann.“ Optische Aufheller in heutigen Waschmitteln lassen die Farben klarer erscheinen. Da so gut wie jedes Waschmittel geeignet ist, sind Einlaufen und Verfärben die einzigen Probleme.

So wird's gemacht:

Folgen Sie immer den Hinweisen auf der Waschmittelpackung. Die alte Regel, Weißes separat zu waschen, hat sich bewährt, sogar wenn die bunte Wäsche schon oft gewaschen worden ist. „Es gibt immer Teile, die abfärben", erklärt uns der Fachmann. Ein weißes Teil, das immer mit farbigen zusammen gewaschen wird, wird mit der Zeit dunkler. „Man sieht es nicht, bis man eines Tages ein Neues kauft und daneben hält."

Einlaufen

Viele glauben, die Baumwollfaser selber laufe durch die beim Waschen entstehende Hitze ein. In Wirklichkeit findet nur ein Bruchteil des Einlaufprozesses in den Fasern statt. Etwa 95 % geschieht beim Zusammendrücken und Durcheinanderwühlen in der Waschmaschine und im Trockner. Verfallen Sie also nicht auf den Gedanken, geringe Hitze oder Lufttrocknen könne Ihre neuen Baumwollhosen vor dem Einlaufen schützen. Zum Glück läuft ein Kleidungsstück nur einmal ein.

Sie können dem Problem aus dem Wege gehen, wenn Sie Kleidung kaufen, die der Hersteller schon vorher absichtlich einlaufen ließ. Aber auch bei normalen Kleidungsstücken können Sie das Einlaufen verhindern. Das ist allerdings eine mühsame Sache, die bei jedem Waschen wiederholt werden muss. Geben Sie zunächst 1/4 Tasse Waschmittel in eine Wanne Wasser. Dann warten Sie, bis das Kleidungsstück sich vollgesogen hat; zwischendurch schwenken Sie es ein wenig hin und her. Füllen Sie die Badewanne neu, diesmal mit reinem Wasser und spülen Sie damit Ihr Kleidungsstück sauber. Nehmen Sie es tropfnass heraus und legen Sie es auf ein Handtuch; legen Sie ein zweites Handtuch darüber. Ziehen Sie jetzt das Stück in seine ursprüngliche Form. Lassen Sie es in einem gut belüfteten Raum trocknen.

Bügeln

Baumwolle hält ein heißes Bügeleisen gut aus. Bügeln Sie die Wäsche, wenn sie noch feucht ist, oder sprühen Sie sie etwas mit

Wasser ein. Das macht die Fasern gefügig und das Bügeln geht leichter von der Hand.

Flecken

Sehen Sie unter den Stichworten für die entsprechenden Verursacher der jeweiligen Flecken nach. In der Regel gilt aber, dass Sie die größten Chancen haben, einen Fleck zu beseitigen, wenn Sie ihn sofort behandeln. Ein trockener oder gar im Trockner getrockneter Fleck ist unter Umständen nicht mehr zu entfernen. Haben Sie gerade keine Möglichkeit, etwas zu unternehmen, halten Sie den Stoff so lange wie möglich nass. Methoden, den Fleck zu entfernen, sollten grundsätzlich erst in einer unauffälligen Ecke ausprobiert werden, sonst kann es zu unangenehmen Überraschungen kommen.

Achtung: Lassen Sie ein heißes Bügeleisen nie länger als ein paar Sekunden auf dem Stoff. Sogar die hitzeresistentesten Stoffe können ansengen. Baumwolle ist säureempfindlich. Passen Sie auf, dass Baumwolle nicht in Kontakt mit scharfen Säuren wie Batteriesäure oder Schwefelsäure kommt. Sogar mildere Säuren wie Essig und Fruchtsäure sollten nicht länger auf dem Stoff verbleiben.

Beleuchtungskörper

Natürlich können Sie einfach Birnen mit höheren Wattzahlen nehmen. Aber wieso mehr Geld ausgeben, wenn durch ein wenig Putzen Ihrer Beleuchtungskörper alles in neuem Licht erscheinen lassen? Außer dem täglichen Staub sind noch die Insekten zu entfernen, die von dem Licht angezogen werden und das oft mit dem Leben bezahlen.

So wird's gemacht:

Zuerst ziehen Sie den Stecker heraus. Stauben Sie die Lampen so oft wie möglich ab. Danach wischen Sie sie mit einem feuchten Tuch oder Schwamm und entweder Allzweckreiniger, Glasreiniger oder Spülmittel in einem Eimer lauwarmem Wasser ab. Meistens handelt es sich bei den Insekten um Motten, auf deren Flügeln sich ein leichter Staub befindet. Der sollte entfernt werden, bevor man mit dem feuchten Tuch darüber geht. Wenn er nass wird, fängt er an zu stinken, schmiert und ist immer schwerer zu entfernen. Wischen Sie mit einem sauberen Lappen oder Schwamm nach. Da die meisten Beleuchtungskörper aus Glas, Plastik, Messing oder anderem leicht verkratzendem Material sind, sollte man keine kratzenden Reinigungskörper nehmen.

Für Eilige:

Staub und Insekten kann man auch mit einem Staubsauger mit Bürstenaufsatz entfernen.

Belüftungsschlitze (in Türen und Fenstern)

Türen und Fenster mit Belüftungsschlitzen können pfiffig aussehen und die Luftzirkulation im Haus verbessern. Aber ihre Form kann beim Putzen zum Alptraum werden – lauter schwer erreichbare Winkel, Ecken und Spalten. Und alle müssen einzeln geputzt werden.

So wird's gemacht:

Vor dem Reinigen der Schlitze in Holztüren muss erst festgestellt werden, womit das Holz behandelt ist. Bei lackierten Türen lässt sich der Schmutz einfacher entfernen. Die Beschichtung schützt das Holz vor Feuchtigkeit und hindert den Staub daran, durch die Poren zu dringen. Wischen Sie also solches Holz mit einem leicht angefeuchteten Tuch ab. Auf keinen Fall Mineralspiritus oder Kerosin auf hart beschichtetem Holz nehmen.

Anschließend polieren Sie das Holz mit einer normalen Politur. Damit sich kein Wachs in Ritzen und Spalten ansammelt, sprühen sie das Mittel auf das Tuch, nicht direkt auf das Holz.

Wenn das Holz keinen Oberflächenfirnis hat, sondern mit eindringender Substanz wie Öl geschützt ist, stauben Sie es einfach mit einem leicht angefeuchteten Tuch ab. In solches Holz kann der Staub tief eindringen. Stauben Sie es so oft wie möglich ab, um ihn daran zu hindern.

Um an geölten Türen die Belüftungsschlitze zu reinigen, nehmen Sie einen mit Leinöl oder mit einem Lösemittel wie Mineralspiritus oder Kerosin getränkten Lappen und lesen genau die Hinweise auf den Behältern. Sorgen Sie für ausreichende Belüftung. Testen Sie das Mittel an einer unauffälligen Stelle. Dann reiben Sie mit dem Lappen über die Oberfläche und wenden ihn ab und zu. Sobald sie die ganze Oberfläche abgewischt haben, können Sie den Glanz mit Wachs wieder herstellen. Nehmen Sie ein für Holz geeignetes Produkt und polieren Sie es ein.

Unabhängig von der Art der Oberflächenbehandlung bleiben immer schwer erreichbare Ecken in Belüftungsschlitzen. Wickeln Sie den Lappen um ein Messer und arbeiten Sie sich damit vorsichtig durch die Schlitze.

Mit manchen Fenstern hat man genau dasselbe Problem. Statt einer großen, glatten Fläche ist die Oberfläche in Lamellen aufgespalten. Auch diese müssen alle einzeln geputzt werden. Öffnen Sie sie dazu so weit wie möglich und reinigen Sie sie mit einem Glasreiniger oder 1 Tasse Essig auf 4 l Wasser. Streifen kann man vermeiden, wenn man mit Zeitungspapier oder einem Gummischrubber trocken wischt.

FÜR EILIGE:

Von außen kann man Jalousiefenster mit einem Allzweckreiniger und einem Gartenschlauch reinigen. Sprühen Sie das Mittel auf und entfernen Sie gröbere Verschmutzungen mit einer kleinen Nylonbürste. Dann schließen Sie das Fenster und sprühen es mit dem Gartenschlauch ab.

ZUR NOT GEHT'S AUCH SO:

Die Belüftungsschlitze kann man auch mit einer Bürste mit langen Borsten oder einer Kleisterbürste abstauben.

Achtung: Lesen Sie immer genau die Gebrauchs- und Sicherheitshinweise auf den Produkten, die Sie verwenden. Probieren Sie ein

Mittel immer erst in einer unauffälligen Ecke aus, bevor Sie es richtig anwenden.

Besteck

Wenn Ihre Gäste Ihr Besteck überhaupt bemerken, dann soll ihnen auffallen, wie es glänzt. Trübe Gabeln, Messer und Löffel machen keinen guten Eindruck. Lassen Sie sich also ein paar Ratschläge auftischen.

So wird's gemacht:

Spülen Sie Besteck immer nach Gebrauch. Wenn Sie mit der Hand spülen, nehmen Sie sie zuerst, mit den Gläsern. Oder wenn Sie es zuletzt machen, wechseln Sie das Spülwasser. Lassen Sie die Sachen einweichen, um angetrocknete Reste zu lösen. Spülen Sie sie in heißem Spülwasser mit einem Schwamm oder Lappen – nichts, was kratzen könnte, auch nicht auf Edelstahl, sonst wird das Besteck matt. Spülen Sie sie mit heißem Wasser ab. Stellen Sie sie zum Trocknen richtig herum in den Besteckbehälter und lassen Sie Luft zwischen den einzelnen Teilen.

Auch wenn Sie die Spülmaschine beladen, muss das Besteck mit den Griffen nach unten stehen, damit das ablaufende Wasser keine Flecken auf dem Ende lässt, das man zum Mund führt. Vermeiden Sie direkten Kontakt von Besteck mit Spülmaschinenreiniger, dadurch kann die Oberfläche beschädigt werden.

Beim Spülen in der Maschine darf man versilbertes nicht neben Edelstahlbesteck stellen, da das Silber das Edelstahl trübt. Aus demselben Grunde muss man darauf achten, dass alle Silbermesser mit der Schneide nach oben stehen. Sogar wenn die Schneide aus Silber ist, ist der Griff oft aus Edelstahl.

Den besonderen Glanz – vor einer Dinnerparty etwa – erreichen Sie, wenn Sie das trockene Besteck mit einem weichen Baumwolltuch polieren.

Beton

Staub und andere in der Luft enthaltene Verunreinigungen können eine Betonoberfläche stark verschmutzen. Die meisten Leute sind überzeugt, Beton brauche man nie zu reinigen. Putzen verbessert aber nicht nur das Aussehen von Beton, sondern verlängert auch sein Leben.

So wird's gemacht:

Mit einem starken Besen können Sie das Gröbste entfernen. Schon einmal im Jahr den Beton kräftig auszufegen kann das Ansammeln von Schmutz auf die Dauer verhindern.

Hartnäckige Flecken gehen Sie mit einem Eimer warmem Wasser an, in das Sie – je nach Mengenangabe auf dem Behälter – etwas Trinatriumphosphat geben. Schrubben Sie die Oberfläche damit ordentlich ab.

Alte und brüchige Oberflächen fegen Sie zunächst mit einem etwas weicheren Besen, danach wischen Sie sie mit warmem Seifenwasser ab. Mit der Zugabe von etwas Essig können Sie hartnäckige Verschmutzungen entfernen.

So mache ich es

Auch den Giganten der Strasse läuft mal Benzin aus

Ingenieure die sich mit Transportern beschäftigen, haben im Laufe der Zeit schon so einige eklige Benzinflecken vom Asphalt entfernt.

„Das dringlichste Problem ist immer die Feuergefahr. Aber ausgelaufenes Benzin kann auch Straßen beschädigen, die Umwelt schädigen und die Sicherheit der Autofahrer gefährden, also muss der Fleck schnell beseitigt werden.

Als erstes streuen wir Sand oder anderes saugfähiges Material über den ganzen Bereich; anschließend wird dieses Material von einer Maschine abgesaugt. Schließlich wird der Fleck beseitigt. Früher haben wir dazu Sandstrahler benutzt, aber heute nehmen wir Wasserstrahler, da sie nicht so viel Staub aufwirbeln.

Auf Asphalt ist es sogar noch schwieriger. Da Asphalt ein Material auf Ölbasis ist, wirkt Diesel mit der Zeit wie ein Lösungmittel und verschlechtert die Straße. Manchmal muss sie einfach neu asphaltiert werden."

Flecken sollten Sie so bald wie möglich, nachdem etwas verschüttet wurde, behandeln. Unbehandelte Flecken können einziehen und sich hoffnungslos mit dem Beton verbinden.
Achtung: Verwenden Sie keine Besen mit Metallborsten. Sie hinterlassen Metallpartikel im Beton, die Rost erzeugen können. Immer eine Methode vorher in einer unauffälligen Ecke testen, dann können Sie sicher gehen, dass keine auffälligen Fehler zu sehen sind. Lesen Sie immer vorher die Hinweise zum Gebrauch und zur Sicherheit, wenn Sie ein Mittel verwenden.

Bettwäsche

Bettwäsche ist keine geringe Investition. Sie soll jeden Tag frisch sein und noch lange so bleiben.

So wird's gemacht:

Sehen Sie zuerst auf dem Etikett nach, welche Reinigungsmethode vorgeschrieben ist. Meistens ist Bettwäsche aus Baumwolle oder einer Mischung aus Baumwolle und Polyester und kann in der Maschine gewaschen werden.
Waschen Sie sie oft 1-bis 2-mal die Woche. In Hotel erwartet man täglich frische Bettwäsche. Das ist natürlich übertrieben, aber wenn man es alle 4-5 Tage macht, bleibt sie frisch und sauber.
Behandeln Sie Spritzer immer sofort. Nehmen Sie einen normalen Fleckentferner oder einfache Seife. Die Seife ist sparsam und reicht für die meisten Flecken aus, sogar für hartnäckige. Halten Sie immer Seife im Waschkeller bereit. Feuchten Sie den Fleck mit kaltem Wasser an – heißes Wasser kann die Flecken fixieren – und reiben Sie mit der Seife direkt auf der verschmutzten Stelle. Danach sollte das Teil direkt in die Waschmaschine.
Wenn Ihre Bettwäsche sich wie Seide anfühlt, kann es sein, dass sie aus waschbarer Seide oder Satin ist. Satin sieht wie Seide aus, ist aber synthetisch hergestellt. Beide Fasern können jedenfalls vorsichtig und bei niedriger Temperatur in der Waschmaschine gewa-

schen und im Trockner getrocknet werden. Lesen Sie jedoch immer die Pflegehinweise auf dem Schild.

Tagesdecken sollte man 2-mal im Jahr chemisch reinigen lassen. Viele können in der Maschine gewaschen werden – je nach Waschvorschrift auf dem Etikett. Für große Überdecken sind die meisten Waschmaschinen einfach zu klein. Vergewissern Sie sich, dass der ganze Stoff in der Waschmaschine unter Wasser ist und sich gut bewegen lässt. Zu große Decken kann man in Maschinen für Übermengen in Waschsalons waschen. Oder geben Sie sie in die Reinigung 1-2-mal im Jahr ist das durchaus sinnvoll.

Wenn jemand in der Familie krank war, waschen Sie die gesamte Bettwäsche der betreffenden Person um die Verbreitung von Keimen zu vermeiden.

Zur Not geht's auch so:

Um eine Tagesdecke aufzufrischen ohne sie gleich zu waschen, „lüften" Sie sie 5-10 Minuten im Trockner. Das löst den Staub und andere Partikel, die dann im Filter des Trockners landen. Die Tagesdecke hängt man danach am besten in der Sonne auf. Die UV-Strahlen töten die Bakterien ab, und wenn eine leichte Brise weht, löst sich auch noch der restliche Staub.

Bilder und Rahmen

Bei Gegenständen wie gerahmten Bildern geht es in erster Linie darum, dass sie gut aussehen. Also sorgen Sie dafür, dass bei der Reinigung nicht die Beschichtung des Rahmens oder das Objekt unter dem Glas beschädigt wird.

So wird's gemacht:

Stauben Sie Bilder und Rahmen regelmäßig ab, um die Ansammlung von Verschmutzungen zu vermeiden. Nehmen Sie dazu einen Staubwedel oder eine sehr weiche Bürste.

Stärkere Verschmutzungen wischen Sie mit einem leicht angefeuchteten Tuch ab. Man kann auch etwas Spülwasser nehmen,

sollte aber vor dem Kontakt mit dem Gegenstand das Tuch immer gut auswringen.
Mit Schellack und anderen Lacken muss man sehr vorsichtig sein. Manche Mittel können eine unechte Metallbeschichtung lösen. Antike, besonders empfindliche oder verzierte Rahmungen dürfen nicht nass werden. Stauben Sie sie einfach ab.
Sprühen Sie niemals Glasreiniger direkt auf das Glas. Das kann den Rahmen beschädigen oder zwischen das Glas und den Rahmen gelangen. Stattdessen wird das Glas vorsichtig mit einem Tuch abgewischt, das mit etwas Spülwasser angefeuchtet ist. Früher hat man Essig und Wasser und zum Abwischen Zeitungspapier genommen. Das ist für Glas immer noch gut geeignet, solange es mit Bedacht gemacht wird und keine Druckerschwärze auf das Objekt gelangt.

Für Eilige:

Über schwer zu erreichende Ecken und Winkel blasen Sie einfach etwas Luft, indem Sie eine leere Plastikflasche mit einer kleinen Öffnung – etwa eine alte Shampooflasche – zerdrücken.

Bleistiftspuren

Heutzutage ist bleifrei angesagt. Bleistifte bestehen hauptsächlich aus Grafit, und das wiederum besteht aus verschiedenen Schichten. Da der Fleck auf der Oberfläche ist, müssen mechanische, also oberflächenaktive Mittel angewendet werden. Mit anderen Worten: Für Bleistiftspuren gibt es keine Chemikalien.

So wird's gemacht:

Bleistiftspuren auf Stoff entfernen Sie durch tupfen mit einem weichen Handtuch und ein wenig konzentriertem, warmem Spülwasser. Reiben Sie nicht auf dem Fleck; dadurch verschmieren Sie ihn nur noch mehr. Waschen Sie das Stück dann wie immer.
Wenn Bleistiftspuren an der Wand sind, nehmen Sie dieselbe, schaumige Lösung, schrubben aber vorsichtig mit einem Schwamm.

Wie funktioniert das?

Gib' mir mal den Basketball, ich hab' mich verschrieben

Stellen Sie sich Radiergummis als eine Art Trockenreinigung vor.

Durch Haftkraft ziehen Radiergummis Substanzen wie Grafit von Bleistiften von Oberflächen ab. Eigentlich lässt sich jeder Gummiball – etwa ein Basketball – auch als Radiergummi benutzen. Radiergummis enthalten seit jeher Gummi und Bimsstein. Je mehr Bimsstein sie enthalten, desto mehr Papier wird beim Radieren mit abgerieben. Deshalb werden viele Radiergummis heute aus Kunststoff oder Vinyl gemacht – ohne Bimsstein. Sie graben sich nicht so tief in die Oberfläche. Alles, was darauf ist, wird entfernt, ohne dass das Material beschädigt wird. Es gibt sogar Radiergummis, die Bleistiftstriche von Stoff entfernen.

Auf nicht abwaschbaren Oberflächen radieren Sie Bleistiftstriche vorsichtig mit einem Vinylradierer aus, den man im Zeichen- und Bürofachhandel bekommt.

Normale Radiergummis sind ungeeignet, da sie die Oberfläche abreiben können. Ein weißer Vinylradierer funktioniert auch auf gestrichenen Flächen, Tapeten und sogar Gewebe.

Blumen (künstliche – getrocknete – seidene)

Sie möchten, dass Ihre künstlichen oder getrockneten Blumen so schön wie frisch aus dem Garten gepflückte aussehen. Da sie aber nicht verwelken, sondern lange halten, sammeln sich auch Staub und Spinnweben auf ihnen.

So wird's gemacht:

Mit einer Dose Druckluft oder einem Fön auf niedrigster Stufe entstauben Sie die Blumen von Zeit zu Zeit. Seien Sie mit getrockneten Blumen besonders vorsichtig, da sie oft brüchig sind und Blätter abwerfen. Wenn das der Fall ist, sollten Sie sie draußen abstauben.

Auf den ersten Platz geleckt

Eine Blumenschau ist zwar in den seltensten Fällen ein spannender Krimi; trotzdem können sich harte Wettbewerbe ergeben. Und in den Bewertungskriterien nimmt Sauberkeit nicht den letzten Platz ein. In einer Floristikfachzeitschrift wird folgende Methode empfohlen, die Blumen für den Wettbewerb vorzubereiten.
Entfernen Sie gründlich allen Schmutz von der Blüte. Feuchten Sie dazu ein Stück Baumwolle mit Speichel an. Speichel nimmt Staubpartikel besser auf als Wasser.
Sehen Sie unten an der Knospe nach, ob die Blütenscheide nass geworden ist und auf die Rückseite der Blütenblätter abgefärbt hat. Solche Flecken kann man allenfalls ablecken. Wenn Sie sich davor ekeln – es ist doch nur Pflanzensaft, nichts anderes als wenn Sie Ihren Spargel essen.

Zur Not geht's auch so:
Seidenblumen kann man auch einfach schütteln, damit der Staub sich löst. Sind sie empfindlich, blasen Sie den Staub vorsichtig ab.

Blutflecken

Wie bei allen Flecken, so gilt auch für Blutflecken: Je schneller Sie die Reinigung angehen, desto größer ist Ihre Chance, sie zu entfernen. Gehen Sie jedoch mit Bedacht vor und beachten Sie die folgenden Schritte. Blut zu entfernen ist allemal keine leichte Angelegenheit.

So wird's gemacht:
Zuerst behandeln Sie den Fleck mit kaltem Wasser. Dann tragen Sie ein mildes in Wasser gelöstes Spülmittel auf und spülen gründlich mit Wasser nach. Ist der Fleck immer noch nicht weg, geben Sie ein paar Tropfen Ammoniak in das Spülwasser und spülen wieder mit Wasser nach. Ist Ihre Mühe immer noch erfolglos, versuchen Sie es – falls das Material farbecht ist – mit einem enzymhaltigen Mittel (erst an einer unauffälligen Stelle ausprobieren). Mit Wasser ausspülen.
Wenn alle Stricke reißen, nehmen Sie ein Bleichmittel, das Wasserstoffperoxid enthält – natürlich nur, wenn der Stoff und die Farbe

das Bleichmittel aushalten. Oder lassen Sie den Stoff für einige Stunden oder über Nacht in nicht chlorhaltigem, farbechtem Bleichmittel einweichen.

Hilft das nichts, können Sie es mit einem Rostlöser probieren; beachten Sie jedoch die Gebrauchsvorschrift auf der Verpackung. Wichtig ist, dass Sie nach jedem Schritt den Stoff mit Wasser ausspülen, so dass sich die einzelnen Reinigungsmittel nicht vermischen. Handelt es sich um ein Kleidungsstück, befolgen Sie die Reinigungshinweise auf dem Etikett.

Wenn Sie versuchen, einen Blutfleck von einem vorher gegen Flecken imprägnierten Kleidungsstück zu entfernen, beachten Sie bitte genau die Anweisungen des Herstellers, damit die Garantie erhalten bleibt. Bei Möbeln lesen Sie ebenfalls das Etikett und folgen den Hinweisen – gegebenenfalls müssen Sie sich nach der Bedeutung der Symbole erkundigen, Ihre Reinigung kann Ihnen da weiterhelfen. Teppiche, die in der Fabrik schon gegen Flecken vorbehandelt wurden, können mit der folgenden Methode von Flecken auf Wasserbasis wie Blutflecken entfernt werden. Zuerst nehmen Sie so viel mit einem Papiertuch auf, wie Sie können. Dann geben Sie 1/4 TL Spülmittel in 1 Tasse lauwarmes Wasser.

Waschmittel ist ungeeignet, da es Bleichmittel und andere Zusatzstoffe enthält. Reiben Sie von der Außenseite des Flecks nach innen. Nehmen Sie ein Papier- oder Frotteehandtuch, beides aber nur so lange, bis es kein Blut mehr aufnimmt. Spülen Sie mit Wasser nach. Wenn der Fleck verschwunden ist, legen Sie weiße Papierhandtücher und ein Gewicht darauf. Wechseln Sie die Handtücher ab und zu, bis die Stelle trocken ist. Das Papiertuch nimmt nach unten gesickerte Reste des Flecks auf. Ist der Fleck zu hartnäckig, nehmen Sie 2 TL Ammoniak in 1 Tasse lauwarmem Wasser und gehen Sie wie oben beschrieben vor. Sofort mit einer Mischung aus 1 Tasse Essig und 2 Tassen Wasser nachspülen, um das Ammoniak zu neutralisieren. Trocknen Sie die Stelle wieder mit dem Papiertuch und einem Gewicht.

Zur Not geht's auch so:
Wenn gerade keine Reinigungsmittel zur Verfügung stehen, muss man es schnell und gründlich mit Wasser probieren – das ist Ihre einzige Chance, und oft reicht es schon aus.

Achtung: Versuchen Sie nie, einen Fleck herauszubürsten oder stark auf ihm zu reiben, da das den Fleck verteilen und dem Stoff schaden kann. Vergessen Sie nicht, nach jedem Schritt mit Wasser nachzuspülen. Besonders Bleichmittel muss vollständig herausgespült werden, da es im Nachhinein das Gewebe mürbe machen kann. Sogar wenn Sie eine der Methoden schon früher einmal angewendet haben, probieren Sie sie immer zuerst an einer unauffälligen Stelle aus, um die Strapazierfähigkeit des Materials und der Farben zu prüfen. Auf Kleidungsstücken bleiben immer die Angaben auf dem Etikett maßgebend. Beachten Sie immer die Vorschriften, die auf den Produkten, die Sie verwenden, vermerkt sind.

Boote

Bei der Reinigung eines Bootes sollten Sie immer mit der vorsichtigsten Methode beginnen. Härtere Maßnahmen zur Reinigung sollten Sie sparsam anwenden und immer testen.

So wird's gemacht:
Aus welchem Material Ihr Boot auch ist: Fangen Sie mit einem Eimer Wasser voll mildem Reinigungsmittel an. Wischen Sie das Boot gut damit aus, am besten nehmen Sie dazu einen Schwamm. Spülen Sie anschließend das Boot mit Wasser aus.

Holzboote

Holzboote sind immer angestrichen, also reinigen Sie genau genommen nicht das Holz, sondern die Farbschicht. Seifenwasser ist immer noch das Sicherste. Verkrusteten Schmutz, der sich mit dem Schwamm nicht lösen lässt, kann man probeweise mit einem Topfreiniger entfernen. Gröbere Reinigungskörper sollten Sie nicht verwenden.

Fiberglasboote

Fangen Sie mit Seifenwasser an. Wenn das nicht ausreicht, behandeln Sie ölige Flecken oder hartnäckige Verschmutzungen mit ein bisschen Mineralspiritus (Farbverdünner) auf einem weichen Lappen. Anschließend wischen Sie gut mit Wasser nach. Verwenden Sie keinen Lackverdünner oder Aceton, da solche starken Lösungsmittel Fiberglas angreifen können.

Vinylbeschichtete Boote

Viele kleinere Boote werden heutzutage aus einem zusammengesetzten Vinylmaterial namens Royalex hergestellt. Die Außenseite ist aus Vinyl; darunter befindet sich eine Hartplastikschicht und ein Schaumstoffkern. Nach der Reinigung mit Seifenwasser gehen Sie stärkere Verschmutzungen mit denaturiertem Alkohol auf einem Lappen an. In solchen Booten bilden sich leicht Mehltaupilze, insbesondere wenn sie für längere Zeit in einem Schuppen untergebracht sind. Der Alkohol entfernt den Schimmel ohne das Material zu beschädigen. Bei ganz verkrusteten Flecken nehmen Sie ein klein wenig Aceton. Zu viel davon (oder von anderen Lösungsmitteln) kann den Schaumstoffkern beschädigen und die Vinylhaut lösen.

> **Die andere Seekrankheit**
>
> **Die Zahl der Toiletten, die jeden Tag an Bord eines riesigen Ozeandampfers, geputzt werden müssen: über 3000.**

Polyäthylenboote

Manche Kanus, Kajaks und kleinen Boote sind aus diesem unebenen, aber biegsamen Kunststoff, der dem Kunststoff von Flüssigwaschmittelbehältern ähnelt. Wenn Seifenwasser für die Reinigung nicht ausreichen sollte, versuchen Sie es mit etwas Farbverdünner oder Aceton auf einem Lappen. Als letzter Ausweg bleibt eine kleine Menge Lackverdünner.

Aluminiumboote

Wenn das Boot angestrichen ist, gelten dieselben Hinweise wie für Holzboote. Nicht gestrichene Aluminiumboote sind zäh; bei

Von Ratten und Menschen

Ah – auf einem alten Dreimaster in See stechen. Was für ein Abenteuer! Was für Ungeziefer! Sie können sich vorstellen, dass es nicht nur Spaß und Abenteuer war. Zu den weniger glorreichen Taten gehörte das Reinigen des Schiffes von Ratten und Kakerlaken nach einer langen Reise.
Ein Kapitän aus dem frühen 19. Jahrhundert beschreibt die folgende Methode, mit der man gleichzeitig auch das Schiff nach Lecks absuchen konnte. Die Beschreibung wurde sogar zum allgemeinen Nutzen veröffentlicht. Zuerst wird ein mit glühend heißer Kohle gefüllter Eimer in den Frachtraum über dem Ballast abgelassen und mit verschiedenem Unrat wie alten Seilstücken, Segeltuch etc. bedeckt, der vorher angefeuchtet und in Teer getaucht wurde.
„Ausserdem habe ich auf den Ballast einen kleinen Kessel mit brennendem Schwefel gestellt und sofort die Luke zugemacht und mit Ton abgedichtet. Ein paar Minuten später kam der Rauch aus allen Teilen des Schiffes, die der Zimmermann dann nur noch mit Kreide markieren musste – Rauch an einer Stelle bedeutete, dass dort ein Leck war.
Nach 40 Stunden wurden die Luken geöffnet und die Ratten in einem versteinerten Zustand gefunden. Die Kakerlaken waren jedoch lebendig wie eh und je.“

ihnen kann es vorkommen, dass keine der oben beschriebenen Methoden anschlägt.

So wird's gemacht:

Wenn Sie Ihr Boot in Salzwasser benutzen, spritzen Sie es regelmäßig mit einem Wasserschlauch ab und so bald wie möglich nach jedem Gebrauch. Das verhindert die Bildung eines Salzwasserfilms und schützt vor Korrosion.

Achtung: Keine Verdünnungs- und andere Lösungsmittel bei gestrichenen Booten verwenden. Auch bei anderen Booten sollten Sie sparsam damit umgehen. Behandeln Sie das Material nicht aggressiver als notwendig – und spülen Sie nach der Verwendung eines jedweden Reinigungsmittels immer gründlich mit Wasser nach.

Bowlingkugeln

Schmutz und Mineralöl (mit dem die Bahnen behandelt werden) verunreinigen die Oberfläche der Kugel und beeinträchtigen ihre Qualität.

So wird's gemacht:

Das Abwischen von Öl auf den Kugeln ist wie Geschirrspülen. Legen Sie die Kugel in die Spüle und waschen Sie sie mit heißem Wasser und Spülmittel ab. Es gibt sogar Bowlingspieler, die Ihre Kugel im unteren Fach der Spülmaschine waschen.

Zur Not geht's auch so:

Sprühen Sie Glasreiniger auf und reiben Sie die Kugel mit einem weichen Tuch ab.

Achtung: Verwenden Sie keine Acetonreiniger (wie Nagellackentferner), da sie die Kugel aufweichen können.

Brennscheren

Machen Sie sich beim Benutzen der Lockenbrennschere ruhig verrückt – das ist Ihre Sache. Wenn es jedoch zur Reinigung kommt, ist die einfachste Methode auch die beste.

So wird's gemacht:

Ziehen Sie den Stecker heraus und lassen Sie die Brennschere gut abkühlen. Dann wischen Sie sie mit einem weichen, feuchten Tuch ab. Haarpflegeprodukte sind wasserlöslich, deshalb sollten sich sogar verkrustetes Haarspray bzw. Haarschaum auf diese Art lösen.

Achtung: Verwenden Sie keine scharfen Reiniger, die die Oberfläche verkratzen oder beschädigen könnten. Niemals reinigen, während der Stecker steckt, und niemals in Wasser tauchen.

Briefmarken

Briefmarkensammler verstehen unter „Reinigen“ die Beseitigung eines Poststempels zum betrügerischen Weiterverkauf. Reinigen kann aber auch heißen, Reste des Briefumschlags von der Rückseite zu entfernen.

So wird's gemacht:

Um abgestempelte Marken abzunehmen, schneiden Sie ein Stück des Umschlags um die Briefmarke heraus und legen es in lauwarmes Wasser. Machen Sie den Babytest: Wenn es am Handgelenk zu heiß ist, ist es auch zu heiß für die Briefmarke. Sobald die Verbindung zwischen Marke und Umschlag gelöst ist, ziehen Sie die Marke vorsichtig mit den Fingerspitzen ab. (Saubere Hände sind ein Muss.) Trocknen Sie sie mit der Vorderseite nach unten auf weißen Papierhandtüchern. (Bedruckte können auf die Briefmarke abfärben.) Wenn sich die Ränder zu rollen beginnen, legen Sie die Briefmarke zwischen 2 Papiertücher und legen ein Buch oben drauf.

Auf Briefmarken bildet sich wegen der sucrosehaltigen Gummierung manchmal Schimmel, also lassen Sie sie gründlich über Nacht trocknen. Lose Briefmarken können danach in einem kleinen Behälter wie Zigarrenschachteln aufbewahrt werden, bis Sie sie ins Album einsortieren. Halten Sie den Behälter mit einem austrocknenden Mittel wie Kieselerde frei von Feuchtigkeit. Fassen Sie die Briefmarken nicht mit den Fingern an, sondern mit einer Briefmarkenzange, damit kein Fett auf die wertvollen Stücke kommt. Pinzetten haben eine kratzende innere Oberfläche und sind deshalb ungeeignet.

Für Eilige:

Warten Sie, bis Sie einige Umschläge zusammen haben, dann können Sie sie zusammen einlegen.

Zur Not geht's auch so:

Um angeschimmelte Briefmarken zu retten, lassen Sie sie für 30 Minuten in einer Lösung aus 7 l lauwarmem Wasser, einem kleinen TL Bleichmittel und ein paar Tropfen Spülmittel einweichen. Bewegen Sie das Wasser, damit die Verunreinigungen sich lösen. Spülen Sie sie in einem zweiten Behälter mit klarem, lauwarmem Wasser ab – jedoch nicht unter fließendem Wasser, da das die Brief-

marke noch mehr beschädigen kann. Trocknen Sie sie nach der oben beschriebenen Methode ab.
Achtung: Das Entfernen des Stempels ist strafbar. Weichen Sie Briefmarken nicht zu diesem Zweck ein.
Weichen Sie sie auch nicht ein, wenn Sie auf bunten, leuchtenden Briefumschlägen sind, da diese auf die Briefmarke abfärben können. Ebenso verhält es sich mit dem rotblau gestreiften Rand von Luftpostbriefen. Besorgen Sie sich bei einem Briefmarkenhändler ein Mittel zum Lösen von Briefmarken. Wenn sie doch eingeweicht werden müssen, machen Sie es separat.

Brillen

Wird Ihre Sicht verschwommen? Die Antwort liegt möglicherweise direkt auf Ihrer Nase. Körperfette und Schmutz sammeln sich ständig auf Brillengläsern. Regelmäßige Reinigung macht Ihren Blick klarer und verlängert das Leben Ihrer Brillengläser.

So wird's gemacht:

Waschen Sie die Gläser von beiden Seiten einmal täglich mit einem weichen Tuch in warmem Seifenwasser ab. Vor dem Einreiben mit dem Tuch spülen Sie sie mit Wasser ab, um größere Partikel zu entfernen. Ein mildes Spülmittel ist am besten; auch normale Seife ist geeignet. Trocknen Sie sie mit einem trockenen Tuch ab. Benutzen Sie niemals kratzende Materialien oder Tücher. Und wischen Sie die Gläser nicht trocken ab. Kleine, unsichtbare Partikel befinden sich auf der Oberfläche und verkratzen beim Wischen die Gläser.
Einmal im Monat sollten Sie das Gestell in warmem Seifenwasser waschen. Wenn es richtig schmutzig ist, reiben Sie es mit einer alten Zahnbürste ab. Es soll schließlich genau so lange halten wie die Gläser.

Zur Not geht's auch so:

Natürlich können Sie, wenn Ihnen mal nichts anderes zur Verfügung steht, die Brillengläser auch mit einem Taschentuch reinigen. Seien Sie jedoch vorsichtig und hauchen Sie sie zuerst an.

Brokat

Mit Brokat meint man Gewebestoffe mit plastischem Webmuster wie etwa verschlungenen Blumenmotiven. Brokatstoffe reichen von Seide bis zu synthetischen Materialien und können für Kleidung, Vorhangs- und Bezugsstoffe verwendet werden. Wegen der komplizierten Webarbeit fährt man oft am besten, wenn man die Reinigung brokatverzierter Stoffe Fachleuten überlässt. Auch Spezialisten halten das Selberreinigen von Brokatstoffen für eine verzwickte Sache.

So wird's gemacht:

Zur leichten Reinigung von Vorhängen oder Bezügen mit Brokat kann man den Staubsauger mit Bürstenaufsatz nehmen. Stärkerer Schmutz sollte von einer vertrauenswürdigen chemischen Reinigung entfernt werden – das gilt besonders für alte oder wertvolle Stoffe.

Achtung: Handelt es sich um ein Familienerbstück, sollten Sie die Reinigung unbedingt davon informieren.

Bronze

Bronze, eine Legierung aus Kupfer und Messing, ist mit Messing verwandt und wird von alters her für Skulpturen und andere Gegenstände verwendet. Unpoliert und unlackiert nimmt Bronze durch Oxidieren schnell eine grünliche Patina an. Das muss nicht immer schlimm sein. Bei älteren Stücken kann die Patina das Objekt sogar verschönern.

So wird's gemacht:

Im Allgemeinen ist die Reinigung von Bronze nicht schwierig und sollte mit Vorsicht unternommen werden. Sie wollen ja hauptsächlich Kratzer auf der Oberfläche vermeiden. Für die regelmäßige Pflege ist das Abstauben mit einem weichen, trockenen Tuch, etwa einem alten T-Shirt, ausreichend. Hat sich Schmutz aus der Luft auf dem Gegenstand abgelagert, feuchten Sie das Tuch vorher an. Um Wasserflecken zu vermeiden, empfiehlt sich sofortiges Abtrocknen.

Zum Schutz vor Oxidation sind einige Bronzegegenstände lackiert. Poliert werden müssen diese nicht, bis der Lack sich abnutzt. Beginnt die Oberfläche trüb zu werden, muss der Lack vor dem Polieren oder Neulackieren völlig entfernt werden. Verwenden Sie handelsüblichen Lackverdünner, den Sie in Baumärkten erhalten. Versichern Sie sich, dass Sie den Vorschriften auf dem Produkt entsprechend vorgehen. Hartnäckiger Lack, der sich festgefressen hat, muss gegebenenfalls von einem Fachmann entfernt werden; auch das Neulackieren sollten Sie ihm überlassen. Metallbearbeitungsbetriebe, Antiquitätenhändler oder auch Beleuchtungsfachgeschäfte, die Ihnen helfen können, finden Sie im Telefonbuch.

Vorsorge für eine Statue

Statuen stehen oft an sehr exponieren Plätzen, z. B. an Verkehrskreuzungen und es ist schon erstaunlich wie lange einige von ihnen das durchhalten, angesichts der Belastungen, denen sie Tag und Nacht ausgesetzt sind.
Um die Statue gegen diese Strapazen zu schützen, kann man sie mit einer Schicht geschmolzenem Bienenwachs, gemischt mit Gummiterpentin, überziehen. Darin wird ein wenig gebrannte Umber- und Sienaerde eingemischt, die der Farbe der dunklen Patina entspricht. Die Mischung wird mit Pinseln aufgetragen und überschüssige Flüssigkeit mit einem Lappen aufgenommen.

Unlackierte Bronze muss poliert werden, damit ihr Glanz erhalten bleibt. Im Handel erhältliche Messingpolituren sind auch für Bronze gut. Normale Haushaltspolituren bewirken zwar neuen Glanz, doch um die Oberfläche wieder wie neu aussehen zu lassen, muss wohl ein Fachmann mit einem Spezialgerät und Polierrot an die Arbeit.

So wird's gemacht:

Alter Glanz auf kleinen Bronzeflächen kann kurzerhand wiederhergestellt werden, indem Sie sie einfach mit ein wenig Ketchup einreiben. „Versuchen Sie es mal mit einem Pfennigstück“, riet mir der Präsident eines großen Metallbetriebes. Überschüssigen Ketchup können Sie einfach mit einem feuchten Tuch abwischen.

ZUR NOT GEHT'S AUCH SO:

Sie können auch Ihre eigene Politur herstellen, indem Sie einfach 1 TL Salz mit 1 TL Mehl mischen. Rühren Sie dann 1 TL klaren Essig ein. Die Paste mit einem weichen, feuchten Tuch auftragen, leicht reiben, mit Wasser nachwischen und mit einem trockenen, weichen Tuch abtrocknen.

Achtung: Niemals grobe Reiniger oder ätzende Reinigungskörper zum Reinigen von Bronze benutzen. Sie können die Oberfläche verkratzen. Nehmen Sie die Gegenstände so selten wie möglich in die Hand. Fett von Ihren Fingern kann dauernde Verunreinigungen hinterlassen. Wertvolle oder historisch bedeutsame Stücke nicht polieren, ohne vorher den Rat eines Fachmannes eingeholt zu haben. Wenn Sie feucht reinigen, vergessen Sie nicht, Ihren Gegenstand sorgfältig abzutrocknen, um Flecken zu vermeiden. Auf keinen Fall Sprühwachs oder Möbelpolitur verwenden – das trübt nur den Glanz.

BRÜCKEN

Viele denken, dass Brücken nur zur Dekoration dienen. Sie wirken jedoch wie Filter, indem sie Staub und Schmutz fest halten und so nicht in die Atemluft gelangen lassen. Ihre regelmäßige Reinigung ist deshalb mehr als eine kosmetische Angelegenheit.

„Eine Brücke ist wie eine Spüle, in der sich das Geschirr stapelt", erklärt uns eine Reinigungsspezialistin. „Wenn kein Platz mehr da ist, läuft es über."

SO WIRD'S GEMACHT:

Trockener Schmutz wie Erde macht 90 % der Verschmutzungen von Brücken aus und ist somit eine der Hauptursachen für Beschädigungen im Gewebe. (In der Tat kann eine stark verschmutzte Brücke bis zu einem Pfund Schmutz pro Quadratmeter enthalten.) Die im Schmutz enthaltenen Körnchen schneiden in die Fasern und dünnen sie schließlich aus. Der beste Weg dagegen ist regelmäßiges und gründliches Staubsaugen – täglich in stark beanspruchten Bereichen und wenigstens einmal in der Woche in anderen. Nehmen Sie einen hochwertigen Staubsauger mit einem guten Filtersystem und einem Drehklopferbügel zum Aufwirbeln der Partikel. Bezeichnungen wie „Drehbürste" oder „Hochleistungskopf" weisen auf einen Bügel mit Drehklopfer hin. Wöchentlich zu reinigende Brücken sollten Sie einmal im Monat umdrehen und die Unterseite saugen. In stark begangenen Bereichen sollten die Unterseiten der Brücken wöchentlich gesaugt werden. Um tief sitzenden Schmutz zu entfernen, saugen Sie gegen den Flor. Gehen Sie ruhig 6--8-mal über die schmutzigsten Stellen.

Beim Beseitigen von Flecken muss man ein paar Regeln beachten. Zuerst ist wichtig, nicht zu reiben, sondern nur zu tupfen. Wenn die Fasern nass sind, lassen sie sich am leichtesten verziehen – etwa so wie nasse Haare, die in einer komischen Form trocknen. Dasselbe gilt für eine Brücke – am Ende sieht sie strubbelig aus. Und wenn Sie einen größeren Fleck entfernen, gehen Sie von außen nach innen. Es liegt nahe, direkt im Herzen des Flecks zu beginnen; dadurch verteilt man die verschmutzende Substanz aber nur noch. Flecken haben eine Tendenz, sich nach außen zu verbreitern. Halten Sie sie in Grenzen, indem Sie sie vom äußeren Rand her angehen. Wenn Flecken ganz durch die Brücke dringen und diese

Gewohnheiten, die Sie vergessen sollten

Mythen der Brückenreinigung

Ein bekannter Haushaltsjournalist empfahl einmal Kohl als Reinigungsmittel für Brücken. Zerkleinert und in einen Teppich oder eine Brücke eingearbeitet, sprach er dem Kohl die Eigenschaft einer sauren Packung zu, die jedoch mild genug sein sollte, um den Stoff nicht ausfärben zu lassen. Heute sieht man ab von Methoden, die Futter für Bakterien und Schimmelpilze hinterlassen.

Ein anderer Mythos warnte vor der Reinigung von Teppichen oder Brücken überhaupt. Viele Leute waren der Meinung, dass ein Teppich durch die Reinigung wieder schneller schmutzig wird. Das stimmt natürlich keineswegs – außer man reinigt ihn mit Kohl.

nicht am Boden fest genagelt ist, legen Sie ein weißes Tuch darunter und arbeiten den Fleck von einer Seite zur anderen heraus. Haben Sie Geduld. Wenn sich nur ein kleiner Teil des Flecks abtupfen lässt, gehen Sie nach den folgenden Hinweisen in der angegebenen Reihenfolge vor; sie stammen von anerkannten Reinigungsspezialisten. Jede Lösung wird nur auf die Verschmutzung getupft, nicht gerieben.

- Zuerst versuchen Sie es mit einer kleinen Menge Fleckentferner. Befolgen Sie genau die Gebrauchsvorschriften.
- Hilft das nichts, nehmen Sie normales Spülmittel und spülen Sie anschließend mit klarem Wasser und einem sauberen, weißen Tuch nach. Geben Sie nicht zu viel Flüssigkeit auf die Brücke.
- Ist immer noch etwas zu sehen? Bereiten Sie eine Reinigungslösung aus 1 EL Haushaltsammoniak und 1/2 Tasse Wasser. Anschließend wieder nachspülen.
- Danach behandeln Sie die Stelle mit 1/3 Tasse klarem Essig und 2/3 Tassen Wasser; dadurch wird das Ammoniak neutralisiert. Wieder nachspülen.
- Als letzte Möglichkeit mischen Sie enzymhaltiges Waschpulver (ohne optische Aufheller) und Wasser nach den Angaben auf der Waschpulverpackung. Darauf müsste auch angegeben sein, wie lange man die Flüssigkeit einwirken lassen muss. Spülen Sie gut nach und entfernen Sie alle Rückstände vom Waschmittel.

Von Wand zu Wand reichende Fußbodenbeläge dürfen nicht zu nass werden, sonst können sie schrumpfen und manchmal sogar einreißen.
Bei vielen nicht fetthaltigen Flecken auf wasserbeständigen Baumwoll- und Wollbrücken kann man mit warmem Spülwasser anfangen. Probieren Sie es erst an einer unauffälligen Stelle aus, bevor Sie es richtig anwenden, und zwar auf verschiedenen Farben. Wenn

eine der Farben abzufärben beginnt, hören Sie auf und wenden sich an eine professionelle Teppichreinigung. Wenn die Farbe hält, tupfen Sie die Stelle mit einem weißen Baumwolltuch ab, das mit Spülwasser getränkt ist. Wenn der Fleck verschwunden ist, tupfen Sie mit einem sauberen Tuch die Rückstände ab, damit nicht wieder Schmutz von ihnen angezogen wird.

Längs gewebte Baumwoll- oder Wollbrücken schrumpfen oft ein oder riffeln sich auf, wenn sie mit Wasser in Kontakt kommen. Wenn Sie Flecken mit Wasser behandeln, sollten Sie die Flüssigkeit nie direkt auf die Brücke schütten, sondern nur mit einem feuchten Tuch an den Fleck gehen. Wasser kann auch die untere Schicht der Brücke beschädigen. Feuchtigkeit, die in der Brücke sitzt, kann sich später wieder ausbreiten – und Verschmutzungen wieder an die Oberfläche tragen, von deren Existenz unten im Gewebe Sie nichts wussten.

Schmutz ist weitaus leichter zu entfernen als Schlamm. Wenn Ihre Kinder mit verdreckten Schuhen über die Brücken im Flur laufen, lassen Sie sie erst trocknen. Dann holen Sie so viel wie möglich mit einem stumpfen Messer oder dem Griff eines Löffels heraus und staubsaugen den Rest. Wenn immer noch etwas zu sehen ist, etwa eine schattenartige Verdunklung an der Stelle, wo der Dreck war, nehmen Sie die oben beschriebene Reinigungslösung.

Lassen Sie Ihre Brücken etwa alle 12-18 Monate gründlich reinigen, entweder durch eine Teppichreinigung, oder Sie machen es selbst. Wenn Sie es nass machen, etwa mit Shampoo, müssen vorher die Möbel aus dem Zimmer geräumt werden. Oder, um das Eindringen von Rost- und anderen Flecken in die Brücke zu vermeiden, verkleiden Sie die Stuhl- und Tischbeine mit Plastikfolie. Folgen Sie genau den Vorschriften, die auf dem Produkt angegeben sind. Nehmen Sie niemals mehr als angegeben.

Wenn Sie fertig sind, entfernen Sie alle Shampoos, Reinigungsmittel und Feuchtigkeit, die den Schmutz an der Brücke haften lassen. Lesen Sie immer genau die Gebrauchs- und Sicherheitshinweise auf den Produkten, die Sie verwenden. Hochwertige Brücken (z. B. orientalische) sollten von Fachleuten gereinigt werden.

FÜR EILIGE:
Gute Staubsaugerausrüstung macht das Saugen effizienter und beschleunigt den Reinigungsprozess. Warten Sie nicht,-die Staubsaugerbeutel schon fast platzen; wechseln Sie sie aus, wenn sie zur Hälfte bis zu 2 Dritteln gefüllt sind. Nach jedem dritten Wechsel sollte das Innere des Staubsaugers gut von Schmutz und Fusseln befreit werden. Vor jedem Gebrauch sollten Sie sich vergewissern, dass im Staubsaugerfilter kein Schmutz und Staub mehr ist.

ZUR NOT GEHT'S AUCH SO:
Wenn Ihre Zeit begrenzt ist, saugen Sie nur die stark verschmutzten Stellen.

Achtung: Seien Sie vorsichtig mit herkömmlichen Fleckentfernern; viele enthalten optische Aufheller, d. h. fluoreszierende oder ultraviolette Farben, die das Ausbleichen verhindern, das manchmal durch alte Flecken oder Abnutzung entsteht. Die Brücke sieht dann tatsächlich sauber aus, aber zu viel davon kann die Farben ausbleichen. Bei wiederholtem Gebrauch können die Farben sogar vergilben.

BÜCHER

Für die Reinigung von Büchern gilt das Gleiche wie für die Zubereitung eines Omeletts: je leichter und einfacher, desto besser.

SO WIRD'S GEMACHT:
Wenn es keinen besonderen Grund zur Reinigung gibt, reicht einfaches Abstauben mit einem Staubtuch. Fettflecken oder Fingerabdrücke auf dem Einband eines gebundenen Buches oder eines kartonierten Taschenbuches kann man mit einem leicht feuchten Tuch oder Schwamm entfernen. Für normale Taschenbücher nehmen Sie einfach ein sehr weiches Radiergummi und reiben die Verschmutzung leicht ein. Farbiges Papier erfordert besondere Vorsicht, da sonst die Farbe abgerieben wird. In Leder gebundene Bücher wischen Sie mit einem trockenen, sauberen Tuch ab, oder saugen Sie vorsichtig den Staub ab.

SO MACHE ICH ES

Das Drama um den Dramatiker

Im Jahre 1623, sieben Jahre nach dem Tod von William Shakespeare sammelten und veröffentlichten 2 seiner Schauspielerfreunde 36 Stücke in einer Ausgabe, die man das First Folio nennt. Dank der Bemühungen der beiden konnten so viele seiner Stücke in einer Zeit, in der Dramen zwar gespielt, aber nicht als Literatur veröffentlicht wurden, vor dem Vergessen bewahrt werden. Heute sind weniger als 300 Exemplare dieser ersten Ausgabe erhalten.

„Jedes dieser First Folios ist eine dreiviertel Million Dollar wert – wir „putzen" sie also nicht bloß", sagt der zuständige Chefkonservator.

„Wie alle unsere Raritäten werden sie in einem speziellen Gewölbe aufbewahrt, wo eine konstante Temperatur von 20°C und 50 % Luftfeuchtigkeit herrschen. Wichtig ist, dass keine Schwankungen vorkommen, sonst dehnt sich das Paper aus und zieht sich wieder zusammen, je nach Feuchtigkeit. Schließlich bricht es auseinander. 50 % Luftfeuchtigkeit ist feucht genug, damit das Papier nicht brüchig wird, aber zu trocken für Silberfische und andere schädliche Insekten, die aus ihrer Nahrung ihr Wasser beziehen.

Wir haben komplexe, atmosphärische Kontrollsysteme, die das Gewölbe nahezu staubfrei halten, aber einmal im Jahr werden die Bücher mit einem fusselfreien Tuch, das mit Sprühreiniger und Politur behandelt ist, oder mit einem speziellen, Staub magnetisch anziehenden Tuch abgewischt.

Wissenschaftler dürfen mit den Büchern umgehen, aber sie müssen vorher und nachher gründlich ihre Hände waschen und trocknen. Handschuhe sind nicht erlaubt. Sogar bei superfeinen Handschuhen geht immer etwas Gefühl verloren, so dass die Gefahr, ein Buch einzureißen oder fallen zu lassen, steigt.

Sie haben wahrscheinlich keine Möglichkeit, komplizierte Apparaturen wie unsere Klimaanlage einzurichten, aber mit Luftbefeuchtern bzw. -entfeuchtern – je nach den jeweiligen Bedingungen – können Sie schon viel für Ihre Bücher tun."

Für den modrigen Geruch alter Bücher gibt es leider kein Geheimrezept. Ein amerikanisches Institut für Erhaltung schutzwürdiger Dokumente schlägt die folgende raffinierte (wenn auch nicht unkomplizierte) Methode vor. Sie brauchen dazu 2 saubere Behälter (etwa Papierkörbe), wovon einer in den anderen passen muss und dabei noch Platz bleibt. Legen Sie das Buch in den kleineren und diesen in den größeren Behälter. In den größeren füllen Sie dann, um den kleineren herum, eine geruchsabsorbierende Substanz wie Natron, Kohlebriketts oder Katzenstreu. Bedecken Sie den größeren Behälter und warten Sie ein paar Tage ab (zwischendurch immer mal nachsehen). Achten Sie darauf, dass Ihre Kostbarkeit nicht im Hausmüll landet.

SO WIRD'S GEMACHT:

Mit einem Staubsauger mit Bürstenaufsatz können Sie ein ganzes Bücherregal entlang den Buchrücken entstauben. Dann gehen Sie leicht über die Oberseiten und Kanten. Dabei dürfen Sie nicht drücken, da Sie die Bücher beschädigen können.

Achtung: Archivare empfehlen für Ledereinbände schon längst keine Lederpflegemittel wie Klauenfett oder Lanolin mehr, da man heute der Ansicht ist, dass dadurch Flecken oder Verfärbungen entstehen können, die Bücher klebrig werden oder das Mittel sich auf andere Bücher ausbreiten könnte. Außerdem erhöht sich dadurch die Chance von Moder.

BÜGELEISEN

Wenn die Oberfläche des Bügeleisens verschmutzt ist, riskieren Sie, Ihre Kleidung dauerhaft zu verschmutzen, da die Verunreinigungen noch durch die Hitze fixiert werden.

SO WIRD'S GEMACHT:

Halten Sie das Bügeleisen immer trocken, wenn Sie es nicht benutzen. Das hilft Rost zu vermeiden, der Stoffe ruinieren kann. Ein Dampfbügeleisen sollte ausgeleert werden, während es noch heiß ist, dann trocknet der Wasserbehälter durch die Hitze vollständig. Vor dem Wegräumen muss das Gerät abgekühlt sein.

Um angeschmolzenes Plastik oder Gewebe zu entfernen, wird das Bügeleisen leicht erhitzt, bis das Material weich wird. Ziehen Sie den Stecker heraus und kratzen Sie die Rückstände mit einem Stück Holz, etwa einem Holzspachtel oder einer Hälfte einer Wäscheklammer, ab. Metall kann die Fläche verkratzen. Noch verbleibende Reste können durch Reiben mit einer Paste aus Natron und Wasser entfernt werden – natürlich muss das Bügeleisen vorher abkühlen. Mit einem feuchten Tuch kann die Paste abgewischt werden.

Wenn das Bügeleisen antihaftbeschichtet ist, reiben Sie es vorsichtig mit einem schaumigen Nylonpad ein.

Angeschmolzenes Polyester kann man mit einem zusammengerollten Baumwolltuch entfernen, das mit Aceton oder Nagellackentferner getränkt ist.

Ist ein Dampfbügeleisen durch Mineralrückstände vom Wasser verstopft, stechen Sie mit einer Nadel in die Sprühdüse. Um Rückstände von den Dampfventilen an der Unterseite des Bügeleisens zu entfernen, füllen Sie das Gerät mit einer Lösung aus 1 Teil Essig und 3 Teilen kühlem Wasser. Schalten Sie die höchste Dampfstufe ein und stellen Sie es auf ein Drahtgitter (vom Backofen) über einer hitze- und feuchtigkeitsbeständigen Fläche. Bleiben Sie da, solange das Bügeleisen heiß ist. Lassen Sie es dampfen, bis es leer ist. Manche Modelle schalten sich nach 30 Sekunden ab, wenn sie unbeweglich mit der heißen Fläche nach unten stehen bleiben. In dem Fall müssen Sie es ab und zu bewegen, bis es leer ist. Um weitere Mineralablagerungen zu vermeiden, sollte man in Zukunft destilliertes Wasser benutzen.

Wenn die Dampfventile durch Fusseln verstopft sind, versuchen Sie sie „frei zu dampfen“. Füllen Sie das Bügeleisen mit Wasser und lassen Sie es abdampfen, wie oben beschrieben. Lassen Sie nie ein eingeschaltetes Bügeleisen unbeaufsichtigt.

Für Eilige:

Um angeschmolzenes Plastik oder andere Materialien schnell zu entfernen, stellen Sie das Bügeleisen auf die niedrigste Stufe und warten, bis das Material weich ist. Dann bügeln Sie über ein altes Stück Stoff, das Sie nicht mehr brauchen. Die Rückstände werden vom Bügeleisen auf den Stoff übertragen.

Achtung: Wenn Sie zur Entfernung von angeschmolzenem Polyester Nagellackentferner oder Aceton verwenden, lassen Sie es nicht in Kontakt mit den Plastikteilen des Gerätes kommen; es kann die Oberfläche verätzen.

CAMCORDER

Zwar sind solche Geräte für den Innen- und Außengebrauch gedacht, doch sind es empfindliche Maschinen, die man sowohl gegen Schmutz und Feuchtigkeit als auch gegen extreme Hitze und Kälte schützen muss.

SO WIRD'S GEMACHT:

Das Gehäuse des Camcorders kann mit einem weichen, trockenen Tuch abgewischt werden, wobei man Haushaltsreiniger, insbesondere flüssige, vermeiden sollte. Wischen Sie ab und zu die Linse ab, vor allem, wenn Sie viel draußen filmen. Dafür gibt es speziellen Linsenreiniger. Die Ton- und Bildköpfe lassen sich mit einer speziellen Reinigungskassette sauber machen.

FÜR EILIGE:

Haben Sie immer eine – am besten durchsichtige und dünne – Plastiktüte dabei, in der Sie das Gerät bei Regen oder großer Feuchtigkeit verpacken können. Lassen Sie den verpackten Camcorder jedoch nicht längere Zeit liegen – sonst kann die Feuchtigkeit nicht entweichen.

Achtung: Linsen darf man nicht mit Glasreiniger besprühen. Auch sollten Sie keinesfalls versuchen, den Staub aus dem Gerät herauszupusten – Ihr Atem enthält Feuchtigkeit, die Rost erzeugen kann.

CHROM

Chrom findet sich an Badezimmerarmaturen, Autoteilen und vielen anderen Gegenständen; es ist kein massives Metall wie Aluminium oder Stahl. Es entsteht aus einem Schichtungsprozess; deshalb muss die Reinigung sehr vorsichtig erfolgen, da „angefressenes“ oder sonstwie beschädigtes Chrom schwierig oder unmöglich zu reparieren ist und ersetzt werden muss.

So wird's gemacht:

Die routinemäßige Reinigung führt man am besten mit einem Glasreinigungsspray und einem weichen, sauberen Tuch durch. Kratzende Reinigungskörper oder ätzende Mittel können die Oberfläche abreiben. Mit speziellem Wachs lässt sich Chrom schützen und auf Hochglanz bringen. Vor dem Auftragen muss das Chrom allerdings mit einem Lappen mit Spülwasser abgewischt und anschließend mit einem Tuch getrocknet werden. Dann gemäß den Hinweisen des Herstellers das Wachs auftragen.

Zur Not geht's auch so:

Statt Glasreiniger kann man auch Natron in Wasser auflösen. Wenn auch nicht ganz so effektiv wie Glasreiniger, so ist es für die normale Reinigung völlig ausreichend. Feste Verunreinigungen wie Farb- oder Teerspritzer kann man mit Farb- oder Lackverdünner wegbekommen, den man sparsam auf einen Lappen aufträgt. Durch Einreiben mit ein bisschen Zahnpasta können Sie das Chrom zum Glänzen bringen.

Achtung: Niemals scharfe Reiniger verwenden! Mit der Zeit reiben Sie sonst die Oberfläche ab. Ist das einmal passiert, hat das Chrom seine beste Zeit ein für allemal hinter sich.

Compact Discs (CDs)

Staub, Fingerabdrücke, Fett und Öl können eine CD springen lassen, fast wie die gute alte Vinylschallplatte.

So wird's gemacht:

Halten Sie die CD in der Mitte und am Rand fest und wischen Sie die Oberfläche mit einem sauberen, weichen, fusselfreien Tuch ab. Anstatt kreisförmig zu wischen – was Staubrückstände hinterlassen könnte – , wischen Sie gerade von der Mitte zum Rand oder umgekehrt („radiale Reinigung“). Reicht Ihnen das nicht, können Sie auch spezielle Reinigungs-Sets in Musikgeschäften kaufen. Dort gibt es auch einen CD-Linsenreiniger, der einfach aus einer Reinigungs-CD besteht; sie wird in den CD-Player eingelegt und entfernt den Staub auf dem Laser-Tonabnehmer.

Achtung: Niemals ein Mittel auf Alkoholbasis, einen Haushaltsreiniger oder ein Lösungsmittel auf einer CD verwenden. Sie können die Oberfläche beschädigen oder die CD ganz ruinieren.

COMPUTER

Staub ist der größte Feind von Computern. Wenn Sie die Luft zu Hause sauber halten und in dem Raum, in dem Ihr Computer steht, den Staub reduzieren, sparen Sie sich am Ende kostspielige Reparaturen. Unter den Stichworten „Luft" und „Staub" in diesem Buch finden Sie dazu die entsprechenden Hinweise.

SO WIRD'S GEMACHT:

Die Tastatur sollte regelmäßig mit einem antistatischem Tuch mit Reinigungsflüssigkeit (speziell für Computer) abgewischt werden. Beides kann man in Computergeschäften bekommen. Die Flüssigkeit darf jedoch nur auf das Tuch, nicht direkt auf die Tastatur aufgetragen werden. Auch schon vorher mit Reinigungsflüssigkeit behandelte Tücher kann man in Computergeschäften kaufen. Fusseln und Staub zwischen den Tasten kann man mit speziellen Handstaubsaugern für Computer entfernen. Preiswerter ist ein Baumwolltuch, das man leicht in Reinigungsflüssigkeit taucht. Mit derselben Methode können Sie auch den Bildschirm Ihres Monitors reinigen. Nehmen Sie dafür kein Glasreinigungsspray; er kann einen Film auf dem Schirm hinterlassen, der noch mehr Staub anzieht. In Verbindung mit Zigarettenrauch kann die Scheibe auf Dauer eine gelbliche Färbung annehmen.

FÜR EILIGE:

Staubhüllen machen häufiges Staubwischen überflüssig. Für alle Teile des Computers gibt es entsprechende Schutzhüllen zu kaufen.

Achtung: Nehmen Sie keine Haushaltsreiniger, Ammoniak, Scheuerpulver oder andere scharfe Mittel für das Äußere Ihrer Computerteile. Das Plastik kann dadurch verkratzt oder anderweitig beschädigt werden. Auch für Tastaturen sind Haushaltsreiniger nicht geeignet. Man weiss nie, ob eine Substanz darin enthalten ist, die den Stromkreislauf durch Korrosion zerstört. Pusten Sie auch nie den Staub von Ihrer Tastatur, da die in Ihrem Atem enthaltene Feuchtigkeit Rost im Innern der Tastatur verursachen kann.

Dachböden

Auf dem Dachboden muss nicht alles auf Hochglanz poliert sein – schließlich geben Sie dort keine Dinner-Parties. Es soll sauber und ordentlich sein, so dass Sie problemlos Ihre Sachen dort unterbringen und evtl. auch über längere Zeit lagern können. 2 Schritte sind dazu erforderlich: Putzen und Aufräumen. Denken Sie an die Gefahren, die auf Dachböden lauern – Vorsicht ist also immer angezeigt.

So wird's gemacht:

Der erste Schritt ist das Entfernen von Staub und Spinnweben. Eine weiche Bürste oder ein Besen sind gut geeignet, um Spinnweben von Wänden, Dachbalken und Decken zu entfernen. Für den Rest nehmen Sie einen Staubsauger mit einem Bürstenaufsatz. Zu große Feuchtigkeit schadet dem unbehandelten Holz, aus dem große Teile des Dachbodens bestehen. Vermeiden Sie also den Gebrauch von zu viel Wasser beim Putzen. Ein feuchtes Tuch reicht aus, um Flecken abzuwischen. Isolierschichten sind, außer dem Staubsaugen, schwierig zu reinigen. Möglicherweise sollten Sie die Beschichtung regelmässig wiederholen – fragen Sie im Fachhandel nach.

Auf Dachböden kann es, wie Sie wissen, ziemlich stickig werden, besonders im Sommer. Ventilatoren schaffen Abhilfe, da sie für Luftzirkulation sorgen. Sorgen Sie für eine gute Abdeckung der Ventilatorblätter, damit keine Schädlinge eindringen können.

SO MACHE ICH ES

Alles an seinem Platz

„Neulich bin ich ein Haus umgezogen, das einen riesigen Dachboden hat. Darin sind Ferienutensilien, Möbel für meine Kinder (für später) und sogar eine antike Nähmaschine.

Der Dachboden ist in der Mitte durch eine Treppe geteilt. Links liegen Sachen, die ich von Zeit zu Zeit brauche. z. B. habe ich eine Kaffeekanne für 30 Tassen, die ich etwa 6-mal im Jahr brauche. Sie ist wunderbar für den Dachboden, aber nicht wenn ich erst Grabungen durchführen muss, um daran zu kommen. Auf der rechten Seite habe ich Erinnerungsstücke, die ich zwar nicht brauche, die aber zu wertvoll oder zu wichtig für mich sind zum Wegwerfen.

Breite Regale sind eine Grundvoraussetzung für einen gut organisierten Dachboden. Sie können billige Regale in Baumärkten kaufen oder Bretter auf Ziegelsteine legen. In den Regalen habe ich beschriftete Kisten. Für alle Ferien habe ich separate Kisten, die ich schnell erkenne.

Wenn möglich versuche ich Gegenstände, die sich zum Aufbewahren von Sachen eignen, zu nutzen. In alte Bücherregale kommen Kisten, eine alte Kommode wird zum Schrank für alte Steuererklärungen. Wenn ich etwas brauche, ist es schnell zu finden.

Ich bin ganz und gar nicht dafür, alles wegzuwerfen. Aber es ist wichtig, sich zu überlegen, welches die Dinge sind, ohne die man durchaus leben kann, und sich dann von ihnen zu trennen. Wenn etwas noch brauchbar ist, geben Sie es an Freunde oder Bekannte oder an eine Wohltätigkeitsorganisation weiter. Man fühlt sich besser, wenn man etwas weggibt, wenn jemand anders es dann benutzt.

Wenn ich dann meinen Dachboden organisiere (oder ähnliche Aufgaben angehe), setze ich mir ein bestimmtes Ziel und eine zeitliche Grenze. Es ist erstaunlich, wie viel man schafft, wenn man weiß, wann Schluss ist. Ich mache Musik bei der Arbeit an und gönne mir eine kleine Belohnung, wenn ich fertig bin."

ZUR NOT GEHT'S AUCH SO:

Ist Ihr Dachboden zu düster, hilft vielleicht ein helles Farbspray. Leihen Sie sich eine luftfreie Spritzpistole und sprühen Sie den Dachboden mit Latexfarbe ein. Das wird den Raum aufhellen.

Achtung: Gefahren warten in jeder Ecke auf Sie. Laufen Sie nicht einfach herum, ohne die Tragkraft des Bodens geprüft zu haben. Halten Sie nach Balken, Rohren und anderen Hindernissen Ausschau, damit Sie nicht stolpern oder sich den Kopf stoßen. Passen

Sie auf Nägel auf. Manchmal werden beim Dachdecken Nägel von außen ins Dach geschlagen, deren spitzes Ende dann unter Umständen innen herausragt. Sichern Sie sich mit einer festen Kopfbedeckung ab, z. B. einem Helm – keine Angst, niemand wird Sie dort oben sehen.

Beim Putzen des Dachbodens sollten Sie immer eine Staubmaske tragen; sie ist in Baumärkten erhältlich. Eine Taschenlampe gibt Ihnen zusätzliche Sicherheit, falls das Licht ausfällt. Halten Sie immer eine neue Glühbirne bereit, damit Sie nicht extra dafür in den Keller laufen müssen. Wände oder Isolationen dürfen auf keinen Fall mit Plastikfolie oder anderem luft- oder wasserdichtem Material abgedeckt werden, da sonst Luft und Feuchtigkeit nicht mehr abziehen können. Ein Haus „atmet" durch den Dachboden – und Sie würden ja auch nicht einfach Ihren Mund und Ihre Nase mit Zellophanfolie überziehen.

Auf Dachböden wird es heiß, also schalten Sie bei der Arbeit einen Gang zurück und nehmen Sie etwas zum Trinken mit nach oben und vielleicht einen kleinen Ventilator.

Fledermäuse sollten von einem Kammerjäger vertrieben werden. Kontakt mit ihren Ausscheidungen kann ernsthafte Gesundheitsprobleme verursachen, darunter auch 2 tödliche Krankheiten namens Histoplasmose und Coccidiose – bei beiden durch Einatmen.

Auch hier sind unbedingt bei allen Mitteln die Gebrauchsvorschriften zu beachten.

Dachfenster

Wenn wirklich die Sonne bei Ihnen im Haus scheinen soll, müssen Dachfenster etwa einmal in Jahr gereinigt werden. Sonst können sie – besonders solche aus Plexiglas – dauerhaft beschädigt werden durch Baumharz, Schimmelpilze, Moos oder sogar normalen Regen und Luftverschmutzung, die sich an das Glas heften, wenn

es für ein paar Stunden in der Sonne gebraten hat. Wenn Sie lange genug warten, muss das Fenster ausgewechselt werden.
Obwohl Fingerabdrücke normalerweise kein Problem auf Dachfenstern darstellen, muss die Innenseite trotzdem gereinigt werden, da sich auf ihr ein Film von Kochdämpfen, Kaminrauch und Hausstaub bildet.

So wird's gemacht:

Räumen Sie die Möbel darunter weg und legen Sie Plastikfolie auf den Boden, um ihn vor Tropfen zu schützen. Da sie meist in einem Winkel in gewölbten Decken angebracht sind, können Dachfenster schwierig zu erreichen sein. Nehmen Sie ordentliches Putzgerät mit Verlängerungsstangen, unter anderem einen Gummischrubber. Eine Leiter werden Sie auch brauchen. Steigen Sie auf die Leiter und nehmen Sie das Fenster, falls möglich, heraus. Machen Sie es mit einer Bürste oder einem Staubsauger sauber. Wischen Sie es dann mit einer Lösung aus 1/4 Tasse schaumigem Ammoniak und einem Spritzer Spülmittel in knapp 4 l Wasser; wringen Sie den Lappen immer gut aus. Wischen Sie mit dem Gummischrubber nach und gehen Sie mit einem saugfähigen Tuch, das sie über den Verlängerungsstab gezogen haben, über die Kanten, um Tropfen zu entfernen.
Draußen lehnen Sie die Leiter an den niedrigsten Punkt des Daches und steigen hinauf. Mit einem Gummischrubber wenden Sie dieselbe Lösung und Technik an. Hartnäckige Verschmutzungen lassen sich mit einem Nylonschrubber entfernen. Nehmen Sie alle Tropfen mit einem weichen Tuch auf.
Gewölbte Plexiglasdachfenster sollten nur mit weichen Baumwolltüchern geputzt werden, damit sie nicht verkratzt werden.

Für Eilige:

Neue Fenster haben einen Schutzfilm und erfordern eventuell – zumindest bei der ersten Reinigung – eine stärkere Ammoniaklösung. Sonst bekommt man Streifen und muss gleich noch mal putzen. Geben Sie so viel Tropfen Ammoniak zusätzlich in die Lösung, bis keine Streifen mehr bleiben.

Falls Sie die Außenseite des Dachfensters mit einem Gartenschlauch erreichen können, dann spritzen Sie sie einfach ab, wenn Sie sowieso gerade mit dem Gartenschlauch hantieren.

Zur Not geht's auch so:

Wenn Sie keinen speziellen Fensterreiniger haben, können Sie auch einen Schwamm oder einen Mopp nehmen. Er muss allerdings sauber und frei von Seifenrückständen sein.

Ein alter Besenstiel lässt sich meistens auch am Gummischrubber befestigen.

Achtung: Seien Sie vorsichtig, wenn Sie auf eine Leiter steigen und Fenster auf dem Dach putzen. Tragen Sie enge Kleidung und Schuhe mit rutschfesten Sohlen. Eine Schutzbrille ist eine gute Idee, um die Augen vor heruntertropfender Reinigungslösung zu schützen.

Dachrinnen und Fallrohre

Wenn Sie sehen wollen, ob Ihre Dachrinne gereinigt werden muss, prüfen Sie, ob der Rand sich verfärbt hat. Wenn ja, ist sie verstopft und das Wasser fließt an der Seite über. Leider bedeutet das, dass jetzt eine schwierige Säuberungsaktion ansteht. Natürlich ist es besser durch regelmäßige Reinigung solchen Situationen vorzubeugen. Also widmen Sie sich dann und wann mal Ihrer Dachrinne.

So wird's gemacht:

Wenigstens 2-mal im Jahr muss die Dachrinne sauber gemacht werden – im Frühling und im Herbst. Im Frühling fallen Blüten und Pollen von den Bäumen und im Herbst das Laub. Besonders im Herbst kann es vorkommen, wenn Sie einen sehr grünen Hof haben, dass man die Dachrinne öfter reinigen muss.

Steigen Sie auf eine Leiter und prüfen Sie die Dachrinne. Wenn alles verstopft ist, sollte man zuerst allen Unrat mit der Hand herausholen. Schützen Sie sich mit Arbeitshandschuhen vor spitzen Zweigen. Anschließend spritzen Sie die Dachrinne ab.

Spritzen Sie auch in das Fallrohr, um Zweige und Blätter herauszuspülen. Ist es verstopft, versuchen Sie es mit einer Schlauchblase. Sie muss auf den Schlauch aufgesetzt und so weit wie möglich in das Rohr geführt werden. Wenn es sich mit Wasser füllt, dehnt sich die Blase leicht aus. Dann öffnet sie sich und lässt einen Wasserschwall frei, der den Unrat mit Druck hinausspült. Wenn das immer noch nicht hilft, muss das Fallrohr eventuell abmontiert werden und Stück für Stück am Boden gereinigt werden. Oder Sie lassen einen Klempner kommen. Er kann die Verstopfungen mit einer Rohrreinigungsspirale lösen.

FÜR EILIGE:

Man kann die Dachrinne mit einer Schutzhaube bedecken, damit kein Unrat hinein gerät. Es muss allerdings eine hochwertige Haube sein, sonst kann die Verstopfung unter Umständen noch beschleunigt werden. Im Nu kann das Netz der Haube von Blättern zugedeckt sein.

Achtung: Seien Sie vorsichtig, wenn Sie an die Dachrinnen gehen; Sie müssen sicher mit der Leiter umgehen können. Die Leiter sollte sehr sicher auf dem Boden stehen. Wenn Ihr Dach geteert ist, versuchen Sie nach Möglichkeit die Dachrinne von oben, also vom Dach aus, zu reinigen.

DÄMMPLATTEN

Sie laufen niemals darauf herum. Und die Gesetze der Schwerkraft sind immer noch gültig – alle Dinge pflegen immer noch nach unten zu fallenen. Was also könnte Ihre Dämmplatten beeinträchtigen? Die Bösewichte heißen: Zigarren- und Zigarettenrauch, Dampf vom Kochen und andere in der Luft schwebende Verunreinigungen, die durch warme Strömung transportiert werden – all das färbt mit der Zeit die hellen Dämmplatten ein. Um die Heizung und an der Klimaanlage bilden sich dunkle, hässliche Flecken, eben da, wo sich Schmutz- und Fettablagerungen sammeln. Das Reinigen muss vorsichtig erfolgen, besonders wenn Ihre Dämmplatten auf einem Gitter befestigt sind, da Sie leicht verrutschen.

So wird's gemacht:

Die meisten Dämmplatten im Haus sind aus hoch porösen, absorbierenden Fasern, also kommt eine Reinigung mit viel Wasser nicht in Frage. Reiben Sie verschmutzte Stellen mit einem Tapetenreiniger oder einem Schaumgummischwamm zur Reinigung von Wänden ein. Vergewissern Sie sich, dass er chemisch behandelt und zur Rußentfernung geeignet ist. Erkundigen Sie sich im Baumarkt danach. Es wirkt wie eine Art Radiergummi und trägt die oberste Schicht ab. Gewöhnliche Spülschwämme sind weniger geeignet, da sie den Schmutz mehr verwischen, als dass sie ihn entfernen.

Verbleibender Schmutz kann mit einem Spezialreiniger für Dämmplatten behandelt werden, der Bleiche enthält. Folgen Sie den Hinweisen des Herstellers.

Zur Beachtung: Das Anstreichen von Dämmplatten an der Decke birgt 2 Probleme, wie uns ein Hersteller erklärte. Zum Einen könnte die schallisolierende Eigenschaft des Materials verloren gehen. Zum anderen könnte sich das Verhalten bei Feuer verändern. Erkundigen Sie sich vorher beim Fachhändler. Mineralfaserdecken kann man mit Farbe einsprühen oder einfach anstreichen; mit Vinyl oder Mylar beschichtete Decken sollten jedoch nicht mit Farbe behandelt werden. Verwenden Sie auf alle Fälle Farbe hoher Qualität und lassen Sie die Perforationen frei.

Mit einem Bürstenaufsatz lassen sich die Platten staubsaugen und somit in Ihre Putzroutine integrieren, besonders die hinter Heizungen und Ventilatoren. „Am Besten", rät unser Hersteller, „halten Sie Ihr Heizsystem sauber und gepflegt und wechseln alle Filter regelmäßig."

Daunen in Steppdecken, Jacken und Kissen

Daunen sind ein empfindliches – und teures – Geschenk der Natur. Sie sind eines der besten Isoliermaterialien. Die Pflege ist nicht schwer, aber sehr wichtig.

So wird's gemacht:

Zweimal im Jahr, während der Nutzungszeit und vor dem Einlagern, sollten Daunensachen gewaschen werden. Die meisten Steppdecken und Jacken mit Daunen- oder Federfüllung sind waschmaschinengeeignet. Folgen Sie auf jeden Fall den Vorschriften des Herstellers.

Liegen Ihnen keine Angaben vor, waschen Sie die Sachen bei niedriger Temperatur und schleudern sie bei niedriger Drehzahl.

Damit sie wieder flauschig werden, müssen Daunensachen im Trockner getrocknet oder sehr häufig während des Trockenvorgangs aufgeschüttelt werden. Und zur Vermeidung von Schimmelpilzen müssen Sie vor allem gründlich getrocknet werden. Das kann einige Stunden dauern.

Weil Daunen einen speziellen Geruch annehmen, wenn sie nass sind, waschen Sie Daunensachen getrennt von anderer Wäsche. Sie sind empfindlich und sollten mit mildem Waschmittel gewaschen werden; auf keinen Fall sollte es Enzyme enthalten. Auch ein Haushaltsbleichmittel darf nicht verwendet werden, da es das organische Material, welches Daunen aufplustert und ihnen ihre isolierende Eigenschaft verleiht, zer-

Daunen – was dahinter steckt

Daunen sind das weiche Unterkleid von Wasservögeln. Es besteht aus leichten, flaumigen Fäden, die aus einem Federkiel hervorwachsen, aber – anders als eine Feder – keine Spule haben. 15 g Daunen haben etwa eine Million dieser Fäden, die zusammen eine Schutzschicht bewegungsloser, undurchlässiger Luft bilden. Trotz ihrer empfindlichen Natur halten Daunen gut die Wäsche aus. Schließlich verbringen die Gänse und Enten, auf denen sie wachsen, einen guten Teil ihres Lebens im Wasser.

stört. Um die Daunen und Federn beim Trocknen gleichmäßig zu verteilen, trocknen Sie die Daunen im Trockner zusammen mit ein paar sauberen Tennisbällen. 1- oder 2-mal im Jahr sollten Sie die Sachen draußen lüften, um sie frisch zu halten.
Daunenkissen sollten mit einem mildem Waschmittel in der Maschine gewaschen werden. Führen Sie einen zweiten Spülgang ohne Waschmittel durch. Trocknen Sie sie vorsichtig und haben Sie Geduld; Daunenkissen trocknen sehr langsam. Wenn sie nicht gründlich trocknen, verfilzen sie und werden modrig.
Daunenkissen dürfen nicht in die chemische Reinigung. Die Lösungsmittel sind äußerst giftig und lösen das natürliche Fett von den Federn. Wenn auf einem Etikett ausdrücklich chemische Reinigung vorgeschrieben ist, sollten Sie die Kissen nacher mindestens eine Woche auslüften, bevor Sie sie wieder benutzen.

Zur Not geht's auch so:

Um Kissen, Steppdecken oder Jacken mit Daunenfüllung aufzufrischen und Feuchtigkeit zu entfernen, stecken Sie sie einfach für 10 Minuten bei geringer Hitze in den Trockner.

Decken

Die meisten Decken, auch Wolldecken, lassen sich mit der Maschine waschen. Auf jeden Fall müssen Sie die Angaben auf dem Schild beachten. Und seien Sie besonders beim Trocknen vorsichtig, sonst verliert die Decke ihre Form.

So wird's gemacht:

Wolldecken gibt man am besten zur Reinigung. Wenn Sie jedoch Zeit und Lust haben, können Sie sie vorsichtig selber waschen. Sie können jeweils eine einzige Decke in kaltem Wasser in der Maschine waschen. Durch Reibung und Hitze läuft der Stoff ein. Mit der Hand lassen sich Wolldecken waschen, indem man sie leicht in einer Badewanne mit kaltem Wasser und mildem Spülmittel schwenkt. Zum Trocknen gibt es verschiedene Methoden. Sie können sie in den kalten Trockner geben; ansonsten legen Sie die

Decke flach über einen Klapptisch oder hängen sie an einer starken Leine auf. Wenn Sie sie draußen trocknen, vermeiden Sie direkte Sonneneinstrahlung. Nach dem Trocknen können Sie sie im Trockner (ohne Hitze) wieder flauschig machen.

Velurdecken bestehen aus samtartigem, synthetischen Material mit 2 Schichten Polyurethanschaum und einer Oberfläche aus flockigem Nylon, welches den samtartigen Eindruck bewirkt. Sie lassen sich warm in der Maschine mit normalem Waschmittel waschen und bei mittlerer Hitze auch im Trockner trocknen; nehmen Sie sie jedoch am Ende sofort heraus. 2-mal jährlich Waschen hält die Decken schön flauschig und erhält ihre thermischen Eigenschaften. Nehmen Sie von der Verwendung von Fleckentferner Abstand und geben Sie die Decken auch nicht in die chemische Reinigung.

Baumwolle hält Waschmittel gut aus. Baumwolldecken lassen sich sogar mit der übrigen Wäsche zusammen waschen. Lockere Stoffe sollten, damit sie nicht ausfasern, bei niedrigen Einstellungen gewaschen werden. Zum Trocknen hängen Sie sie auf einer starken Leine auf.

Achtung: Wenn man Decken (vor allem Wolldecken) auf einer zu lockeren Wäscheleine aufhängt, passt sich ihre Form der Leine an. Halten Sie die Leine also straff oder legen Sie die Decke flach hin. Wolle braucht Schatten, sonst läuft sie ein.

DEKORATIONSGEGENSTÄNDE

Dekorativer Kleinkram soll herumstehen und angeschaut werden, nicht wahr? Also soll er staubfrei sein und hübsch aussehen.

SO WIRD'S GEMACHT:

Es gibt viele verschiedene Arten, Formen, Größen und Materialien von Dekorationsgegenständen. Die meisten braucht man bloß regelmäßig abzustauben.

Ein feuchtes Tuch ist meistens völlig ausreichend. Heutzutage sind viele Oberflächen mit Plastik, Vinyl oder Farbe beschichtet. Holz ist fast immer lackiert.
Sachen, die nicht nass werden dürfen, wischt man mit einem trockenen Tuch ab – ungebrannter Ton, handbemalte Dinge oder Ähnliches.
Weiche Oberflächen wie kleine Kissen oder Puppen stauben auch ein. Sie müssen nicht unbedingt gewaschen werden; Wasser kann viele Dinge sogar ruinieren. Stattdessen stecken Sie sie für 5-10 Minuten in den kalten Trockner. Das löst den Schmutz, der dann in den Filter des Trockners kommt. An den Gegenständen dürfen natürlich keine harten, zerbrechlichen Teile sein.

Für Eilige:

Glasierte Töpferware, Glas oder ähnliche Dinge können in die Spülmaschine und werden mit einem speziellen Spülgang für Porzellan gewaschen – er ist nicht so stark und kürzer als andere Spülgänge.

Deodorantflecken

Als Sie Ihr Deo benutzten, hatten Sie die besten Absichten – Sie wollten empfindliche Nasen schützen. Und was ist der Lohn? Ein häßlicher Fleck auf Ihrer Kleidung. Je nach Deosorte können solche Flecken ziemlich auffällig sein. Sie werden mit der Zeit gelb und lassen sich, wenn man nichts dagegen tut, nicht mehr entfernen.

So wird's gemacht:

Waschbare Stoffe kann man mit einem Flüssigwaschmittel behandeln (oder mit einer Creme, die man aus Waschperlen und Wasser herstellt). Legen Sie das Kleidungsstück auf eine harte Oberfläche, tragen Sie das Waschmittel auf und tupfen Sie den Fleck leicht mit der Rückseite eines Löffels ab – so gelangen Sie leichter in und zwischen die Fasern. Reiben Sie den Stoff nicht gegeneinander, da das die Fasern abnutzt. Als Nächstes waschen Sie Ihr Kleidungsstück direkt in der Maschine oder mit der Hand, und zwar bei der höchstmöglichen Temperatur, die der Stoff verträgt. Ist das Stück resistent gegen Bleichmittel, versuchen Sie es zuerst mit einer farbechten Bleiche, dann mit einer Chlorbleiche – beide sind für Deoflecken geeignet.

Eine chemische Reinigung entfernt ebenfalls erfolgreich diese Art von Flecken; auch Wäsche, die Sie sonst nicht zur Reinigung bringen, sollten Sie in diesem Falle dafür in Betracht ziehen. Sie werden erstaunt sein! Handwäsche aus Seide bekommt oft solche Flecken; es wirkt Wunder, wenn Sie sie einmal im Jahr zur Reinigung bringen.

Zur Beachtung: Testen Sie Reinigungsmittel immer erst an einer unauffälligen Stelle.

ZUR NOT GEHT'S AUCH SO:

Tupfen Sie die Stelle im Notfall einfach mit einem Baumwollbausch und einem Fleckentferner ab. Drücken Sie von der Innenseite, um den Fleck herauszupressen. Tragen Sie Schutzhandschuhe und verwenden Sie solche Produkte in einem gut belüfteten Raum.

Achtung: Bevor Sie eine Lösung nach einer anderen auftragen, immer erst gut mit Wasser ausspülen. Das Mischen von Chemikalien, insbesondere Ammoniak und Chlorbleichmittel, kann ungesunde Dämpfe erzeugen. Lesen Sie immer die Gebrauchs- und Sicherheitshinweise.

DOSENÖFFNER (ELEKTRISCHE)

Papier von Preisschildern, Metallspäne und Lebensmittel können in das Schneidewerk gelangen.

SO WIRD'S GEMACHT:

Ist das Schneidewerk Ihres elektrischen Dosenöffners abnehmbar, lässt es sich in der Spülmaschine reinigen. Ansonsten hilft eine Zahnbürste oder ein leichter Scheuerschwamm mit etwas Spülmittel. Papierfetzen können gut mit einem Zahnstocher entfernt wer-

den. Das Gehäuse kann innerhalb Ihres normalen Hausputzes wie andere Küchengeräte abgewischt werden.
Achtung: Ziehen Sie vor der Reinigung unbedingt den Stecker.

DRECK

IM NOTFALL

Wenn es sich um trockenen Dreck handelt, klopfen Sie so viel wie möglich vor dem Waschen heraus. Wenn er schlammig ist, lassen Sie ihn vor der Reinigung trocknen, sonst treiben Sie ihn noch tiefer in die Fasern. In trockenem Zustand lässt sich der meiste Dreck absaugen oder abbürsten.
Man kann 5 Haupttypen von Dreck unterscheiden: Sand, Kalkstein, Lehm, Schlamm und Torf. Die unmittelbarsten Verschmutzungen werden von den feineren Substanzen wie Lehm und Schlamm erzeugt, da sie tiefer in die Fasern dringen als gröbere Substanzen wie Kalkstein. Unabhängig von der Art des Drecks bleibt die Reinigungsmethode jedoch dieselbe.

SO WIRD'S GEMACHT:

Bürsten Sie nicht eingedrungenen Dreck von der Oberfläche. Weichen Sie das entsprechende Teil für ein paar Minuten in kaltem Wasser ein, um lockere Partikel zu lösen. Dann sollte eine Vorbehandlung mit einer Paste aus Waschperlen und Wasser erfolgen. Waschperlen entfernen Dreck und Schlamm viel besser als Flüssigwaschmittel. Waschen Sie bei der heißesten Temperatur, die der Stoff aushält. Universelles Bleichmittel kann die Reinigungswirkung noch befördern. Prüfen Sie, ob die Flecken verschwunden sind, bevor das Kleidungsstück trocken ist.

FÜR EILIGE:

Es hat im Falle von Dreck keinen Sinn, Kleidungsstücke für Stunden einzuweichen. Der Reinigungsvorgang spielt sich in der ersten halben Stunde ab. Um Zeit und Mühe zu sparen, nehmen Sie den Vorwaschgang Ihrer Waschmaschine. Er dauert 20-30 Minuten – eine ausreichende Einweichzeit.

ZUR NOT GEHT'S AUCH SO:

Wenn der Fleck noch nicht verschwunden ist, machen Sie die Paste statt mit Wasser mit Waschperlen und Ammoniak. Waschen Sie die Kleidung dann wie oben angegeben. (Wenn das Waschmittel Chlorbleiche enthält, mischen Sie es nicht mit Ammoniak. Dabei können giftige Dämpfe entstehen.)

Achtung: Wenn Sie eine Paste aus bleichmittelhaltigen Waschperlen zur Vorbehandlung herstellen, seien Sie besonders vorsichtig. Das Bleichmittel kann die Farben schwächen; lassen Sie deshalb solche Pasten nur 5-10 Minuten auf dem Stoff. Lesen Sie immer genau die Gebrauchs- und Sicherheitshinweise auf den Produkten, die Sie verwenden.

DUSCHKABINEN

Wenn Sie sich an eine wöchentliche Reinigung gewöhnen und ein paar täglich einzuhaltende Regeln beachten, halten Sie die 3 größten Verunreiniger des Badezimmers – Seifenschaum, Schimmelpilze und Wasserrückstände – für immer fern.

SO WIRD'S GEMACHT:

Entfernen Sie Seife und Shampoo von der Dusche. Besprühen Sie die Duschwände, Armaturen, den Boden und die Tür gründlich mit Allzweckreiniger. Lassen Sie ruhig das Putzmittel die Arbeit für Sie machen. Gehen Sie von oben nach unten vor; wischen Sie die Dusche mit einem Nylonschrubber. Mit einer alten Zahnbürste beseitigen Sie hartnäckige Verschmutzungen. Spülen Sie mit warmem Wasser nach und trocknen Sie die Dusche mit einem trockenen Tuch. Chromarmaturen bringen Sie mit Reinigungsalkohol und einem trockenen Tuch wieder auf Hochglanz. (Hinweise für die Entfernung von Rückständen von hartem Wasser finden Sie auf S. 153, für Rost auf S. 365 und Seifenschaum auf S. 394.)

Um die Bildung von verkrustetem Seifenschaum und Mineralrückständen von hartem Wasser zu verzögern, behandeln Sie den gesamten Duschbereich zum Schluss mit zitronenölhaltiger

Spartricks

Die Geheimwaffe gegen Mehltaupilze

Man braucht keine teuren Spezialreiniger, um den schwärzlichen Schimmel loszuwerden, der sich in der Duschkabine bildet. Haushaltsbleichmittel funktioniert ausgezeichnet und tötet Tausende von Pilzen im Nu. Die folgenden Fehler beim Umgang mit Bleichmittel sollten Sie jedoch vermeiden.

- Benutzen Sie Bleichmittel niemals unverdünnt auf den Kacheln in der Dusche, da es den Mörtel erodiert. Es wird empfohlen, 1 Tasse Bleichmittel mit 4 l Wasser zu verdünnen.
- Nach der Behandlung mit Bleichmittel muss unbedingt mit Wasser nachgespült werden. Rückstände des Bleichmittels greifen den Mörtel an.
- Tragen Sie alte Kleider und passen Sie auf, dass das Bleichmittel nicht auf Teppiche oder Handtücher kommt.

Möbelpolitur. Feuchten Sie einen Lappen mit der Politur an und verteilen Sie sie gleichmäßig auf die Duschwände.

Für Eilige:

Mit einem Mopp, den Sie speziell für die Dusche reservieren, ersparen Sie sich häufiges Bücken und Hinknien.

Nach jedem Gebrauch sollte die Dusche einmal ausgespült werden. Bevor Sie sich abtrocknen, duschen Sie die Dusche, die Tür und die Armaturen bei gleichzeitigem Einsatz eines Gummischrubbers oder Fensterleders ab. Diese eine Minute ersetzt eine Masse Zeit und Mühe beim Beseitigen von Schimmelpilzen, Seifenschaum und Wasserrückständen. Sie haben einen doppelten Nutzen davon. Nicht nur wird die Dusche sauberer aussehen, sondern auch sauber sein, da Sauberkeit auch die Vermehrung von Keimen verhindert. Die Keime sterben nach 2 Stunden auf einer trockenen Oberfläche ab, während sich Bakterienkolonien in einer feuchten Umgebung ungehindert vermehren können.

Wenn Sie sich nicht dazu überwinden können, im Adams- bzw. Evaskostüm die Dusche mit dem Gummischrubber zu traktieren, lassen Sie einfach die Duschtür oder die Duschvorhänge offen, damit die Luftzirkulation der Schimmelbildung entgegenwirkt. Der

Duschvorhang sollte ausgebreitet sein, damit die Feuchtigkeit nicht in den Falten bleibt.

ZUR NOT GEHT'S AUCH SO:

Wenn Sie keine zitronenölhaltige Möbelpolitur zur Hand haben, geht es auch mit einer anderen Möbelpolitur oder gar Autowachs. Achtung: Rutschen Sie beim Putzen der Dusche nicht aus. Tragen Sie das Wachs oder die Möbelpolitur nicht auf den Boden der Dusche auf.

EDELSTAHL

Edelstahl ist eine Legierung aus Eisen, Chrom und gelegentlich noch anderen Metallen; es ist praktisch immun gegen Rost und Korrosion. Es können sich trotzdem Flecken bilden – besonders bei großer Hitze; deshalb muss Edelstahl gepflegt werden.

So wird's gemacht: Obwohl Edelstahl Korrosion widersteht, ist es empfindlich gegen Kratzer. Verwenden Sie darauf weder scharfe Mittel noch kratzende Reinigungskörper, da die Oberfläche dadurch verkratzt und der Glanz getrübt wird.

Waschen Sie Sachen aus Edelstahl in heißem, schaumigem Spülwasser oder in der Spülmaschine. Wischen Sie es mit einem schaumigen Schwamm ab und hellen Sie seinen Glanz mit einem mit Essig getränkten Tuch auf. Spülen und polieren Sie Edelstahlgeschirr anschließend, um Flecken durch hartes Wasser, d. h. Wasser mit einem hohen Mineraliengehalt, zu entfernen.

Wenn Wasser mehr als 60 mg Kalzium und Magnesium pro Liter hat, gilt es als hart. Wenn Ihr Wasser hart ist und immer Flecken auf dem Geschirr zurückbleiben, geben Sie pro 20 mg Wasserhärte über 60 mg einen TL Spülmittel mehr hinzu. Erkundigen Sie sich beim Wasserwerk nach den Werten für Ihr Wohngebiet.

Angetrocknete Essensreste können Sie mit Natron oder einer Paste aus Ammoniak, Wasser und einem milden, nicht chlorhaltigen Scheuerpulver abreiben.

Wie Edelstahl edel bleibt

Bei Edelstahl ist Rost kein Problem, und Flecken meist auch nicht. Die Beschichtung wird in verschiedenen Graden hergestellt und kann gebürstet oder glänzend sein. Die folgenden Hinweise helfen Ihnen, Edelstahl in gutem Zustand zu halten.

Trocknen Sie Flecken ab.

Spülen hält Kochgeschirr sauber. Aber trocknen Sie es gleich danach ab, damit keine Wasserflecken zurückbleiben.

Mit dem Blausein muss Schluss sein.

Einen Teil der bläulichen Verfärbung, der bei Überhitzung entsteht, kann man mit mildem Scheuermittel entfernen und indem man glänzende Oberflächen mit Silberpolitur behandelt.

Glänzt wieder!

Oberflächen, die nicht in Kontakt mit Lebensmitteln kommen können, kann man mit Zitronenöl wieder auf Hochglanz bringen und vor Fingerabdrücken schützen.

Verfärbungen durch Überhitzung sind kaum mehr zu beseitigen. Versuchen Sie es vorsichtig mit Stahlwolle und einem milden Scheuerpulver. Ansonsten sollten Sie auf Edelstahlbesteck keine Stahlwolle anwenden.

Achtung: Ammoniak und Chlorbleiche können schädliche Dämpfe erzeugen, wenn Sie in Verbindung geraten.

Edelsteine

„Sobald sie gewonnen, bearbeitet und getragen werden, sind Edelsteine Strapazen und Chemikalien ausgesetzt, die ihnen unter der Erde niemals begegnet sind“, sagte uns ein Edelsteinexperte, der auch ein Buch über ihre Pflege verfasst hat. Körperfett, Schmutzpartikel in der Luft, Seifenschaum und andere Substanzen trüben den Glanz von Schmuckstücken und können bleibende Schäden auf den Stücken hinterlassen, die für manche die wertvollsten sind, die sie besitzen.

So wird's gemacht:

Säubern Sie sie nicht zu viel. Die meisten Steine brauchen nicht nach jedem Gebrauch gereinigt zu werden. Eine Ausnahme bilden weichere Steine, z.B. Türkis, Bernstein und besonders Perlen, die nach jedem Gebrauch mit einem Fensterleder abgewischt werden sollten. Da sie porös sind, können Substanzen wie Schweiß, Parfüm, Kosmetika oder Haarspray Flecken auf ihnen hinterlassen. Tragen Sie also Make-up, Haarspray und Parfüm immer vor dem Anlegen des Schmucks auf, und tragen Sie ihn möglichst auf Kleidung, nicht direkt auf der Haut. Durch die Berührung mit den Poren kann auch Flüssigkeit eindringen. Ab und zu sollten Perlen und weichere Steine deshalb in lauwarmem Seifenwasser mit etwas Schaum und einem weichen Tuch abgewaschen werden. Harte Reinigungskörper wie etwa eine Zahnbürste können sie verkratzen. Lassen Sie Edelsteine nicht einweichen. Spülen Sie sie mit sauberem Wasser ab und trocknen Sie sie mit einem Fensterleder.

Edelsteinkristalle wie Diamant, Rubin, Granat und Smaragd nehmen keine Feuchtigkeit auf und sollten ab und zu sauber gemacht werden, um ihren Glanz zu erneuern. Nehmen Sie etwas zum Reinigen, das weicher ist als die Steine, damit sie nicht verkratzen. Je nach Gebrauch sollte man sie ein paar Mal im Jahr reinigen. Für alle Edelsteinkristalle außer Diamanten ist die sicherste Methode warmes Seifenwasser und eine weiche Zahnbürste. Spülen Sie die Seifenreste gut ab und lassen Sie sie dann lufttrocknen. Diamanten sind Magneten für Staub und Fett und werden dementsprechend matt. Man kann sie in einer 50%igen Mischung aus Wasser und Spülmittel mit einer weichen Zahnbürste waschen. Oder legen Sie sie für eine halbe Stunde in ein Schnapsglas mit Wodka, bürsten Sie sie mit einer weichen Bürste ab und halten Sie sie unter fließendes Wasser. Vergewissern Sie sich, dass sich an dem jeweiligen Schmuckstück keine weichen Steine befinden. Ist das der Fall, reinigen Sie sie einfach mit warmem Wasser.

Es gibt auch Ultraschallreiniger, die durch Vibration in einer Häufigkeit von Tausenden von Schwingungen pro Sekunde Schmutz lösen; sie sind bei Diamanten und einigen anderen Steinen durchaus sicher. Weiche Steine wie Bernstein oder Perlen jedoch können in Ultraschallreinigern zerbrechen. Erkundigen Sie sich dazu bei Ihrem Juwelier.

Zur Not geht's auch so:

Man kann Edelsteine auch einfach mit einem feuchten, weichen Tuch abwischen, um Körperfett, Make-up und Staub zu entfernen. Achtung: Ultraschallgeräte eignen sich nicht für Smaragde. Obwohl es harte Edelsteinkristalle sind, können sie unter Ultraschallbestrahlung brechen.

Eierflecken

Im Notfall

Waschen oder spülen Sie Ei mit kaltem Wasser ab.

Ein Kellner hat Ihnen aus Versehen Rührei auf den Schoß gekippt? Kein Grund zur Sorge. Es ist ein Protein-Fleck und nicht so schwierig zu entfernen. Wie alle Flecken sollten Sie ihn jedoch so schnell wie möglich behandeln, damit er wieder völlig verschwindet.

So wird's gemacht:

Kratzen Sie Eierreste ab. Waschbare Sachen weichen Sie erst in kaltem Wasser ein, um so viel wie möglich von dem Fleck zu entfernen. Je älter der Fleck, desto länger sollten Sie das Stück einweichen.

Dann kommt die Vorbehandlung – das ist das Entscheidende bei allen Lebensmittelflecken. Geben Sie 1/4 TL Spülmittel und ein paar Tropfen Ammoniak in 1/2 Tasse warmes Wasser. Tragen Sie die Lösung direkt auf das Gewebe auf; dann legen Sie das Kleidungsstück auf eine harte Oberfläche und tupfen den Fleck leicht mit der Rückseite eines Löffels ein. Das treibt die Lösung zwischen die Fasern, wo sich die Flecken verbergen. Reiben Sie nicht den Stoff aneinander, das nutzt die Fasern ab. Danach waschen Sie das Stück entweder in der Maschine oder mit der Hand, bei der höchstmöglichen Temperatur. Wenn der Fleck nicht völlig verschwunden ist, wiederholen Sie die Prozedur, diesmal aber mit einem enzymhaltigen Flüssigwaschmittel (oder einer aus Waschkügelchen und Wasser hergestellten Paste). Auf den Fleck auftragen, mit dem Löffel abklopfen, waschen.

Nicht waschbare Stoffe müssen entweder in die chemische Reinigung, oder Sie behandeln sie mit einem weißen, sauberen Tuch und einem Fleckentferner. Reiben Sie von innen, um die Verschmutzung herauszudrücken. Lesen Sie vorher die Hinweise auf dem Produkt; sorgen Sie für ausreichende Belüftung und tragen Sie Gummihandschuhe.

Teppiche und Brücken reiben Sie mit der oben beschriebenen Ammoniaklösung und einem sauberen, weißen Tuch ein. Waschen Sie die Lösung mit einem nassen, sauberen Handtuch aus. Nehmen Sie kein Waschmittel, da darin oft optische Aufheller enthalten sind, die den Teppich ausbleichen können. Wenn die erste Lösung nicht hilft, versuchen Sie es mit einer Lösung aus 1 Tasse klarem Essig und 2 Tassen Wasser.

Zur Beachtung: Testen Sie Reinigungslösungen immer erst an einer unauffälligen Stelle.

ZUR NOT GEHT'S AUCH SO:

Sie können bei waschbaren Stoffen den zweiten Schritt auslassen und direkt mit dem Enzymreiniger anfangen – dann waschen.

Achtung: Immer eine Lösung auswaschen, bevor Sie die nächste anwenden. Das Mischen von Chemikalien, besonders Ammoniak und Chlorbleiche, kann ungesunde Dämpfe erzeugen.

EISMASCHINE

Das Reinigen einer Eismaschine ist buchstäblich Geschmackssache. Viele Eismaschinen brauchen nicht gereinigt zu werden. Bei frei stehenden Geräten ist es jedoch anders. Es ist wichtig, genau die Vorschriften des Herstellers zu befolgen – egal, welche Maschine Sie haben. Die Schale, in der das Eis landet, muss auf jeden Fall gereinigt werden. Sogar wenn Ihr Gefrierfach leer ist, kann Eis, wenn es lange dort drin bleibt, den Geschmack von Lebensmitteln in Ihrem Kühlschrank – etwa Zwiebeln oder Knoblauch – annehmen, da die kalte Luft durch beide Bereiche zirkuliert. Frisches Eis schmeckt einfach besser.

SO WIRD'S GEMACHT:

Wenn das Eis seltsame Formen annimmt, war es zu lange im Gefrierfach und sollte weggeworfen werden.

Etwa 2-mal im Jahr sollte der Eiswürfelbehälter gespült werden. Trocknen Sie ihn gut ab und legen Sie ihn dann zurück ins Gefrierfach. Auch normale Eiswürfelbehälter sollte man auf diese Weise sauber machen.

Tipp: Wenn Sie für ein Picknick oder eine Party eine große Menge Eis brauchen, bewahren Sie es in einer verschließbaren Plastiktüte auf, damit keine Gerüche eindringen.

ERBROCHENES

IM NOTFALL

HANDELN SIE SCHNELL.

Wie Chlorbleiche können auch die in Erbrochenem enthaltenen Magensäuren bleibende Verfärbungen in Stoff erzeugen. Kratzen und tupfen Sie so viel ab, wie es geht, und verdünnen Sie die Säuren dann mit Wasser. Auf Kleidung und waschbarem Gewebe spülen Sie den Fleck mit kühlem oder lauwarmem Wasser aus. Auf Teppichen und Polstern behandeln Sie die Stelle mit einem nassen Schwamm und tupfen sie dann trocken.

In der Medizin hält man das Erbrechen für eine wichtige Anpassungsfähigkeit des Menschen. Sie bewahrt uns vor Krankheiten oder sogar vor dem Tod durch unverträgliche Nahrung – zugegeben, ein kleiner Trost für die, die den faulig stinkenden Brei aus Magensäuren, Enzymen und halb verdauter Nahrung aufwischen müssen.

SO WIRD'S GEMACHT:

Nachdem Sie den Fleck angekratzt und mit Wasser behandelt haben, lassen Sie waschbare Sachen 30 Minuten in einer Lösung aus 1 l warmem Wasser, 1 TL Waschmittel und 2 EL Ammoniak einweichen und spülen sie anschließend aus. Wenn noch etwas zu sehen ist, lassen Sie das Teil in enzymhaltigem Einweichmittel einweichen und waschen es dann in warmem Wasser. Wenn der Fleck sich verfärbt hat, ist die Ursache wahrscheinlich etwas im Essen gewesen. Wenn das Gewebe sich aufgehellt hat, haben die Magensäuren zu einer Verfärbung geführt.

Auf Teppichen und Polstern spülen Sie den Fleck mit einer Lösung aus Wasser und einem verdauungsfördernden Mittel auf Enzym- bzw. Bakterienbasis aus (erhältlich in Tierhandlungen), bevor Sie ein anderes Mittel anwenden. Die natürliche Enzymformel beseitigt die Quelle des Geruchs, indem sie sie chemisch modifiziert. Wenn man davor noch Waschmittel oder Ähnliches anwendet, könnte der Gestank dauerhaft fixiert werden.

FÜR EILIGE:

Es gibt ein beißend riechendes Mittel gegen Erbrochenes, das wie Sägemehl aussieht.

Die braune, pulvrige Substanz ist in Haushaltswarengeschäften erhältlich und absorbiert den Unrat auf harten Flächen wie einem Fußboden. Auch mit Katzenstreu funktioniert es auf diese Weise.

ZUR NOT GEHT'S AUCH SO:

Borax, ein natürliches Mineral, was man auch benutzt, um die Wäsche effektiver zu machen, neutralisiert einige Gerüche auf Tep-

EINE SAUBERE GESCHICHTE

Was passiert, wenn Sie Ihr Mittagessen im All verlieren?

In den ersten Tagen einer Raumfahrt leiden 40 – 50 % aller Astronauten an der Raumschiffkrankheit. Sie wird von Übelkeit und Erbrechen begleitet. Sie kann jedoch plötzlich und ohne weitere Symptome auftreten. Das Problem dabei ist nicht, wie man es aufwischt, sondern es so zusammenzuhalten, dass es nicht durch das ganze Raumschiff segelt. Natürlich haben Astronauten auch Tüten für solche Situationenn dabei. Falls die jedoch nicht helfen, gibt es auch einen Staubsauger an Bord.

pichen und Polstern. Nachdem Sie die Stelle mit einem nassen Schwamm behandelt und abgetupft haben, streuen Sie trockenes Borax über die betroffene Fläche. Lassen Sie sie trocknen und saugen Sie es dann auf. Testen Sie die Farbechtheit des Stoffes an einer unauffälligen Stelle mit einer Paste aus Borax und Wasser.
Achtung: Um Erbrochenes von Seide oder Wolle zu entfernen, darf kein Ammoniak benutzt werden.

Fahrräder

Ein Fahrrad putzt man ähnlich wie ein Auto. Ab und zu ein ordentlicher Abwasch mit anschließendem Wachsen, und Ihr Zweirad sieht nicht nur flotter aus, sondern fährt auch besser.
2 Haupttypen trifft man auf den Straßen an: Straßenfahrräder und Mountainbikes. Beide werden ähnlich gereinigt, aber Mountainbikes mit ihren breiten Reifen werden meistens dreckiger.

So wird's gemacht:

Das Wachsen kommt in der Regel zum Schluss. Aber Ihr fabrikneues Rad sollten Sie auch schon wachsen, damit Schmutz erst garnicht haften bleibt. Schließlich wollen Sie es auf ein hartes Leben vorbereiten. Gründliche Vorbehandlung macht das Putzen nach einer matschigen Querfeldeinfahrt erheblich leichter. Bei leichteren Verschmutzungen hilft auch ein sauberes Tuch und anschließendes Wachsen.
Geeignetes Wachs bekommen Sie in Fahrradläden, aber mit Autowachs geht es auch. Hauptsache, das Mittel ist einfach zu gebrauchen, da Sie alle verwinkelten Ecken und Zwischenräume erreichen müssen. Flüssiges Wachs ist daher besser geeignet als festes. Tragen Sie es mit einem sauberen, weichen Tuch auf und befolgen Sie die Hinweise des Herstellers.
Das Putzen umfasst 2 Bereiche: den Rahmen und die technischen Teile. Stellen Sie das Fahrrad auf den Kopf oder hängen Sie es an der offenen Garagentür oder einem Baum auf. Wenn Sie mögen,

können Sie sich beim Fahrradhändler extra einen Ständer für die Reinigung kaufen.

TECHNISCHE TEILE

Kette, Umwerfer, Naben usw. sind weitaus aufwendiger sauber zu machen als der Rahmen und sollten zuerst gemacht werden. Bei häufigem Gebrauch empfiehlt sich ein monatliche Reinigung, falls vorher kein Dreck zu sehen ist. Sprühen Sie die Kette mit Fettlöser ein und wischen Sie mit einem Tuch nach, immer ein paar Glieder auf einmal. Nehmen Sie sie anschließend vom Zahnkranz und entfernen Sie grobe Verschmutzungen mit einem Schraubenzieher. Zwischen den Gliedern ziehen Sie ein Tuch wie Zahnseide hin und her.

Auf die Umwerfer, Pedale, Zahnkränze, Naben usw. sprühen Sie ebenfalls Fettlöser und wischen mit einem Lappen nach. Immer von oben sprühen, damit der Fettlöser nicht in die Teile gerät und notwendige Schmiere auflöst. Sie wollen hauptsächlich festen Schmutz entfernen, also muss das Fahrrad nicht fleckenfrei sein, sondern gut geölt bleiben. Fetten Sie anschließend die entsprechenden Teile mit Schmiermittel ein.

RAHMEN

Spritzen Sie ihn zuerst mit einem Gartenschlauch ohne Sprühvorsatz ab. In einen Eimer Wasser geben Sie 1/4 Tasse mildes Spülmittel; damit wischen Sie den Rahmen inklusive Lenker, Sattel und Handbremsen mit einem Schwamm. Prüfen Sie, ob sich Rost gebildet hat. Leichter Rost kann mit feiner Stahlwolle entfernt werden, stärkeren sollten Sie einem Fachmann zeigen, da er den Rahmens auf die Dauer beschädigen kann.

Mit einer Nylonbürste lassen sich harte Verschmutzungen abreiben. In die Ecken, die Sie mit einem Schwamm nicht erreichen, gehen Sie am besten mit einer ganz kleinen Nylonbürste. Spülen Sie die Seife anschließend mit Wasser ab. Nach der Reinigung mit weichen, trockenen Lappen abtrocknen und wachsen.

Räder und Reifen können mit derselben Lösung gewaschen werden. Die Reifen sollten langsam und methodisch geputzt werden –

halten Sie nach Beschädigungen Ausschau, wie z. B. Schnitte, Verschmutzungen im Profil oder Kerben. Prüfen Sie das Gewebe an der Seite der Reifen auf Abnutzungserscheinungen. Beschädigte Reifen müssen ausgewechselt werden.

So wird's gemacht:

Statt Auto- oder Fahrradwachs kann man auch Möbelpolitur benutzen – einfach aufsprühen und glänzend polieren. Es geht schneller als Wachsen, hält aber dafür nicht so lange; man muss es alle paar Tage machen.

Achtung: Vergewissern Sie sich, dass das Fahrrad sicher steht – Umfallen ist der häufigste Grund für Schäden.

Spritzen Sie Ihr Fahrrad ohne Sprühaufsatz ab, und nehmen Sie auch nicht die Hochdruckstrahler, die man an Tankstellen benutzen kann. Das Wasser dringt in Ritzen, wo es die Schmiere löst, was wiederum die jeweiligen Teile schneller verschleißen lässt. Aus demselben Grund sollten Sie das Fahrrad immer auf den Kopf stellen und auch niemals Fettlöser direkt auf die technischen Teile sprühen. Vermeiden Sie Reifenschutzmittel – die Reifen werden dadurch rutschig und gefährden die Kontrolle über die Lenkung.

Farbe

Im Notfall

Wenn es sich um Latexfarbe handelt, tränken oder betupfen Sie den Fleck mit Wasser. Bei Ölfarben versuchen Sie, so viel wie möglich mit einem Papiertuch aufzunehmen, wobei Sie aufpassen müssen, die Farbe nicht noch zu verteilen. Tupfen Sie den Fleck mit Fleckentferner oder Aceton ab. Verwenden Sie kein Aceton auf Azetat; dabei kann sich das Gewebe auflösen.

Wozu für ein paar kleine Ausbesserungsarbeiten die Kleidung wechseln, haben Sie sich gedacht. Und dann haben Sie Ihr Lieblingshemd mit Farbe befleckt. Erst gerade hatten Sie mit Farbflecken zu tun – sie sind nur schwer zu entfernen. Die Chancen die

Farbe zu beseitigen sind größer, wenn Sie sie gleich, also vor dem Antrocknen, angehen.

SO WIRD'S GEMACHT:

Wenn möglich, legen Sie den Fleck mit der Vorderseite nach unten auf Papiertüchern auf ein harte Oberfläche. Tupfen Sie mit einem Papiertuch, das mit ein wenig Fleckentferner getränkt ist, den Fleck ab. Achten Sie dabei auf gute Durchlüftung. Wenn Sie nichts mehr abbekommen, legen Sie die Stelle auf frische Handtücher und geben ein paar Tropfen von der Flüssigkeit mit einer Pipette darauf. Dabei sollten sich Partikel lösen und auf die Papierhandtücher übertragen werden. Jetzt haben Sie die Plastikkomponente wahrscheinlich schon entfernt. Wenn nicht, wiederholen Sie den Vorgang mit Aceton, den Hauptbestandteil von Nagellackentferner. Achten Sie aber darauf, aus welchem Stoff das bekleckste Teil ist, Aceton löst Azetatgewebe auf.

Um die restlichen Spuren zu entfernen, tragen Sie kaltes Spülwasser mit einem sauberen, weißen Handtuch auf. Dann waschen Sie das Teil wie vorgeschrieben. Wenn immer noch etwas zu sehen ist, wiederholen Sie den Vorgang, diesmal jedoch mit einem TL Ammoniak auf 1/2 Tasse kaltes Wasser. Anschließend wieder wie vorgeschrieben waschen.

Bei Teppichen ist zu beachten, dass die Reinigungslösung niemals direkt auf den Teppich gegeben werden darf, sondern nur auf das Tuch. Sonst kann sie in die Teppichunterseite dringen und dort noch mehr Schmutz anziehen.

Zur Beachtung: Probieren Sie ein Mittel immer erst an einer unauffälligen Stelle aus, bevor Sie es richtig anwenden.

Achtung: Greifen Sie nicht nach Farbverdünner. Das sind keine farblosen Flüssigkeiten. Vielleicht geht damit der Farbfleck raus – dafür haben Sie aber einen neuen Fleck.

Spülen Sie immer erst eine Lösung aus, bevor Sie eine andere anwenden. Manche Chemikalien, besonders Ammoniak und Chlorbleiche, können schädliche Dämpfe erzeugen, wenn Sie in

Verbindung geraten. Lesen Sie immer genau die Gebrauchs- und Sicherheitshinweise auf den Produkten, die Sie verwenden.

FASSADEN

Wollen Sie Ihr Haus ein wenig aufpäppeln und sich das Anstreichen ersparen? Reinigen Sie die Fassaden. Luftverschmutzung, Staub, Pollen, Bäume und sogar Regen hinterlassen Spuren an den Außenwänden, besonders unten. Wenn ein wenig Kalk auf den Metallflächen Ihre einzige Sorge ist, kann ein wenig Schrubben den Anruf beim Anstreicher ersparen.

Bei leichten Verschmutzungen kann sogar ein starker Regen Abhilfe schaffen. Aber in den meisten Fällen muss das Haus jedes Jahr gereinigt werden, besonders wenn Sie in einer bewaldeten Gegend oder in der Stadt wohnen.

SO WIRD'S GEMACHT:

Fangen Sie oben an und arbeiten Sie sich langsam nach unten. Leichter Schmutz an der Oberfläche wird mit dem Gartenschlauch abgespritzt und dann mit einem Schrubber abgebürstet. Besonders unten müssen Sie gründlich vorgehen, da sich dort der meiste

DIE DUNKLE SEITE: DER KAMPF GEGEN SCHIMMEL UND MOOS

Schimmel und Moos bilden sich an den Hauswänden, besonders bei hoher Luftfeuchtigkeit und wenig Sonne – am meisten auf der Nordseite. Schimmelpilze erscheinen als schwarze Punkte auf der Oberfläche, während Moos sich als grüne Flecken zeigt.

Auf Aluminium und Holz scheuert man die betreffenden Stellen am besten mit einer Lösung aus 1/3 Tasse Waschmittel, 2/3 Tassen Trinatriumphosphat, 1 l flüssigem Bleichmittel für den Haushalt und 3 l Wasser. Reiben Sie nicht zu schwach und nicht zu stark und nehmen Sie ein weiche Bürste; spülen Sie gut mit klarem Wasser nach. Halten Sie sich genau an die entsprechenden Verhältnisse – eine stärkere Konzentration der einzelnen Bestandteile kann die Farbe am Haus angreifen.

Bleichmittelhaltige oder organische Lösungsmittel sind für Hauswände aus Vinyl nicht geeignet, da sie die Oberfläche beschädigen können. Stattdessen nehmen Sie für Vinyl eine Lösung aus 30 % Essig und 70 % Wasser, oder einen nicht kratzenden Allzweckreiniger.

Schmutz sammelt. Den gelösten Schmutz beseitigen Sie, wenn Sie die Wand ein zweites Mal abspritzen. Nehmen Sie sich immer einen kleinen Bereich vor, den Sie ohne größeren Kraftaufwand bearbeiten können.
Wenn in Ihrer Gegend eine hohe industrielle Luftverschmutzung herrscht und die Wände verschmutzt, schrubben Sie sie mit Spülwasser und spritzen sie anschließend mit dem Gartenschlauch ab.

FÜR EILIGE:

Wenn Sie den Putzvorgang auf Minuten verkürzen wollen, lassen Sie das Schrubben aus und arbeiten mit einem Hochdruckreiniger. Es gibt Modelle, die sich an einen Gartenschlauch anschließen lassen. Sie beseitigen den meisten Schmutz; das Ausleihen ist in der Regel erschwinglich.

ZUR NOT GEHT'S AUCH SO:

Wenn Sie zum Schrubben des ganzen Hauses nicht genügend Zeit haben, reinigen Sie nur die schmutzigsten Stellen. Suchen Sie auch schattige Stellen und besonders den Bereich am Fundament entlang nach Schmutz ab und prüfen Sie, ob um den Schornstein herum Ruß zu sehen ist.
Achtung: Wenn Sie eine Leiter benötigen, achten Sie auf Schuhe mit einer rutschfesten Sohle.
Reinigungsmittel, die organische Lösungsmittel enthalten – wie Chlorbleiche, flüssiger Fettlöser, Nagellackentferner oder Möbelpolitur – können Vinyloberflächen beschädigen.

FENSTER

Die Schwierigkeit beim Fensterputzen liegt im Abtrocknen, nicht im Putzen. Der Gummischrubber hilft hier immer noch am besten. Die meisten Fenster können mit schaumigem Seifenwasser geputzt werden. Es kostet fast nichts und hinterlässt keine Streifen – zumindest an warmen Tagen.
Mit einem Gummischrubber abgetrocknete Fenster bleiben länger sauber als solche, die mit Papiertüchern abgewischt wurden. Letz-

Gewohnheiten, die Sie vergessen sollten

Schlechte Neuigkeiten über Zeitungen

Viele ältere Leute schwören darauf, aber Zeitungspapier kann problematisch sein, wenn Sie damit Fenster putzen. Zeitungspapier ist nicht besonders saugfähig. Man muss viel wischen und reiben, bis das Fenster sauber ist. Und das Fenster wird mit der Zeit schlechter, wenn Sie immer Zeitungspapier benutzen.

Außerdem macht die Druckerschwärze an Ihren Fingern die Fensterrahmen schmutzig.

teres lädt die Fensterscheibe statisch auf, und dadurch wird Staub angezogen. Es zahlt sich aus, einen Gummischrubber guter Qualität zu kaufen. Außerdem sollten Sie beim Fensterputzen ein paar alte Handtücher neben sich haben, um Tropfen aufzufangen; Lappen, um ab und zu den Gummischrubber abzuwischen; einen weichen Schwamm zum Auftragen des Putzwassers und einen großen Plastikeimer.

So wird's gemacht:

Wenn Sie Fensterbretter und Rahmen putzen wollen, machen Sie es vor den Scheiben. Staubsaugen Sie sie erst und wischen Sie sie mit warmem Spülwasser und trocknen sie anschließend ab. Wenn Aluminiumrahmen abgenutzt und grau aussehen, polieren Sie sie mit einer Silberpolitur. Fensterrahmen aus Holz können mit Wachs statt mit Seifenwasser geputzt werden.

Als Nächstes kommen die Scheiben. Mischen Sie sich eine entsprechende Reinigungslösung an – alkalische Lösungen für Schmutz, Essig gegen Wasserflecken, schaumiges Wasser gegen Streifen an warmen Tagen und ein bisschen Alkohol bei einem fettigen Film. Mischen Sie nicht alkalische und saure Substanzen wie Essig und Ammoniak. Sie können sich gegenseitig neutralisieren.

Feuchten Sie den weichen Schwamm mit der jeweiligen Lösung an und gehen Sie damit über die Scheibe. Es muss genug Feuchtigkeit sein, um den Schmutz zu entfernen, aber nicht so viel, dass hinterher alles voll Wasser ist. Gehen Sie dann mit dem Gummischrubber in Bahnen von oben nach unten und halten Sie immer ein Stück vor dem unteren Rand an. Dann ziehen Sie quer und trocknen nach jeder Bahn den Gummischrubber ab. Zum Schluß ziehen Sie ihn am unteren Rand entlang. Mit einem Lappen wischen Sie dann überschüssige Flüssigkeit ab.

SPARTRICKS

Drei Formeln fürs Fensterputzen
Stellen Sie wie die Profis Ihren eigenen Glasreiniger her. Die handelsüblichen sind teuer und machen oft Streifen. Hier haben Sie einige Alternativen.
Mit klarem, lauwarmem Wasser geht es meistens am besten. Und es hat 2 Vorteile: Es gibt keine Streifen, wenn Sie an einem sonnigen Tag putzen. Und es ist praktisch umsonst.
Geben Sie 1/4 Tasse klaren Essig in 1 l Wasser.
Mischen Sie 1/4 Tasse schaumiges Ammoniak, 1/4 l Reinigungsalkohol und 1 TL Spülmittel (nicht mehr, sonst bleiben Streifen) und füllen Sie mit Wasser auf knapp 4 l auf.

Wenn Sie die Fenster von außen putzen, fangen Sie mit den obersten an. Schmutziges Wasser kann sonst vom Fenstersims auf die frisch geputzten Scheiben darunter tropfen. Putzen Sie Fenster aus demselben Grund immer von oben nach unten.

ZUR NOT GEHT'S AUCH SO:
Bei kleinen Fenstern, die zu klein für einen Gummischrubber sind, nehmen Sie ein Fensterleder.

Achtung: Ammoniakhaltige Mittel sind rau für die Hände und für den Gummischrubber. Aluminiumfensterrahmen sollten nicht bei weniger als 10°C geputzt werden, oder wenn das Aluminium zu heiß zum Anfassen ist. Scharfe Reiniger können die Oberfläche verkratzen.

Lassen Sie alkalische oder alkoholische Lösungen nicht auf gestrichenes oder lackiertes Holz tropfen; die Beschichtung wird dadurch beschädigt.

FENSTERLÄDEN

Wenn Fensterläden einmal richtig schmutzig sind, haben Sie keine leichte Aufgabe vor sich. Jede einzelne der kleinen Lamellen, die so hübsch an Ihren Fenstern aussehen, müssen geputzt werden.

So wird's gemacht:

Eine Menge Wasser und Scheuern ist notwendig, bis alle Ecken und Spalten sauber sind, deshalb ist es das Beste, wenn Sie die Läden abnehmen – sie dürften sich leicht aus den Scharnieren heben lassen – und auf einem Tisch oder einer ähnlichen Unterlage, auf der ein Handtuch liegt, arbeiten. Sprühen Sie Allzweckreiniger auf die gesamte Oberfläche auch in die Spalten. Lassen Sie die Lösung für eine paar Minuten einweichen, bevor Sie alle Schlitze sauber machen. Gehen Sie von oben nach unten vor und scheuern Sie jede Lamelle mit einem Frotteehandtuch. Besser noch ist eine grobe Bürste, da der Schmutz, sobald Sie die Läden besprühen, in die Ritzen fließt.

Spritzen Sie losen Schmutz und Putzmittel mit klarem Wasser weg und wischen Sie mit einem trockenen Tuch nach. In schwer erreichbare Ecken gelangen Sie mit einem Holzlöffelstiel, um den Sie ein saugfähiges Tuch gewickelt haben.

Für Eilige:

Stauben Sie Fensterläden regelmäßig ab, dann ersparen Sie sich das Scheuern. Je länger Staub und Schmutz auf der Oberfläche bleiben, desto schwieriger wird es, sie einfach mit dem Staubsauger zu beseitigen. Einmal im Monat sollten die Läden von beiden Seiten staubgesaugt werden. Mit dem Bürstenaufsatz gehen Sie an den Läden sowohl hoch und runter als auch von rechts nach links und umgekehrt, damit Sie in alle Ecken kommen. Wohnen Sie mitten in der Stadt, müssen Sie sie eventuell etwas häufiger staubsaugen.

Zur Not geht's auch so:

Statt einer Bürste können Sie auch eine alte Zahnbürste nehmen. Wenn Sie keinen Holzlöffel haben, nehmen Sie stattdessen ein Plastik- oder Holzlineal.

Fernseher

Geben Sie es zu: Wenigstens die Nachrichten sehen Sie sich täglich im Fernsehen an, und zum Krimi bleibt man dann meist auch

COUCH-POPCORN UND EINE FETTIGE FERNSTEUERUNG

Gerüstet für eine Nacht Entspannung auf der Couch hat man die Fernsteuerung in der einen Hand und eine Schüssel Popcorn in der anderen. Infogedessen haben alle Popcorn auf der Couch und Fett auf der Fernsteuerung.
Fernsteuerungen fallen in dieselbe Kategorie der vernachlässigten Reinigung wie Türklinken und Telefone – oft angefasst und kaum geputzt. Das nächste Mal, wenn Sie sich vor die Röhre setzen, stellen Sie eine Flasche Reinigungsalkohol, ein paar Papiertücher und ein paar Baumwolltücher neben die Fernsteuerung.
Alkohol verdunstet schnell, deshalb ist er das ideale Reinigungsmittel für elektronische Teile. Es gibt kaum Gefahr, dass sie dabei nass werden. Tauchen Sie ein zu einem Bausch zusammengefaltetes Baumwolltuch in den Alkohol und gehen Sie damit zwischen die Knöpfe. Feuchten Sie die Papiertücher an und putzen Sie damit das Plastikgehäuse. Schütten Sie den Alkohol niemals direkt auf die Fernsteuerung, oder Sie müssen zum „Zappen" immer aufstehen.

noch sitzen. Und je länger der Fernseher an ist, desto schmutziger wird er, da seine Wärme und die statische Ladung ihn zu einem Staubmagneten machen.

SO WIRD'S GEMACHT:

Staub sammelt sich auf dem ganzen Fernseher, nicht nur auf der Scheibe – sogar auf der Rückseite, inmitten der Kabel. Einmal die Woche sollte der Fernseher mit einem antistatischen Staubtuch abgewischt werden. Polieren Sie die Scheibe mit einem feuchten Lappen und etwas Glasreiniger. Besonders in kleinen Ecken um die Tasten sammelt sich viel Staub an.

FÜR EILIGE:

Wenn keine Fingerabdrücke auf dem Fernseher sind, reicht ein Staubsauger mit Bürstenaufsatz.

ZUR NOT GEHT'S AUCH SO:

Wenn Sie kein antistatisches Tuch haben, geht es auch mit jedem anderen Tuch und etwas Glasreiniger. Es muss aber feucht sein, da es sonst den Schmutz nur verteilt.

Achtung: Stochern Sie nicht zum Reinigen in die Belüftungsschlitze Ihres Fernsehers. Sprühen Sie Reinigungsmittel nie direkt auf das Gerät, da die Feuchtigkeit ins Innere gelangen und dort elektronische Teile beschädigen kann. Schalten Sie den Fernseher zum Putzen immer aus.

Feuermelder

Wenn Sie daran denken, dass das durchdringende Kreischen eines Feuermelders Ihr Leben retten kann, ist es nur recht und billig, ihn ab und zu sauber zu machen und ihn so Schuss zu halten.

So wird's gemacht:

Einmal im Monat sollten Sie den Staub auf der Oberfläche mit dem Bürstenaufsatz Ihres Staubsaugers entfernen. Vergewissern Sie sich, dass der perforierte Sensor nicht durch Fusseln verstopft ist. Führen Sie nach dem Staubsaugen einen Test nach Anweisung des Herstellers durch.

Achtung: Verwenden Sie weder Wasser noch Putz- oder Lösemittel, da Sie damit den Apparat beschädigen können.

Fiberglas

Nicht alles, was glitzert, ist auch hart wie Kristall. Seien Sie vorsichtig mit Fiberglas, das Sie in Armaturen, Fensterscheiben, einteiligen Duschen, Badewannen und Abflüssen finden. Es verkratzt leicht, und sobald der Glanz verschwunden ist, bilden sich leicht Flecken.

So wird's gemacht:

Fleckiges Fiberglas reinigt man mit einem weichen Schwamm oder Tuch und einem Universalreiniger. Scheuerpulver oder andere kratzende Materialien trüben, verkratzen und verfärben die Oberfläche – und machen sie damit anfälliger für Verschmutzungen. Spülen und trocknen Sie das Fiberglas nach dem Nasswischen gut ab.

Das Trockenwischen ist deshalb so wichtig, weil es die Neubildung von Mineralablagerungen und Seifenrückständen erschwert. Sollte dennoch etwas zu sehen sein, nehmen Sie Natron. Tragen Sie eine Paste aus Natron und kühlem Wasser auf, lassen Sie sie für eine Stunde einwirken, wischen Sie mit einem Allzweckreiniger nach und warten Sie wieder eine Stunde, bis Sie mit einem sauberen Schwamm nachwischen.

FIRNISSE

Anders als bei lackierten Oberflächen bilden sich bei Firnissen auf Ölbasis keine weißen Feuchtigkeitsringe. Deshalb sind sie so geeignet für Oberflächen in der Küche oder für Esstische, wo häufig etwas verspritzt oder verschüttet wird.

SO WIRD'S GEMACHT:

Um den Firnis zu schützen, sollte man ihn 2-mal im Jahr mit hochwertigem Bienenwachs behandeln. Tragen Sie das Wachs in kreisförmigen Bewegungen mit einem weichen Lappen auf und warten Sie ein paar Minuten. Dann polieren Sie es mit einem trockenen Tuch. Wenn Sie so vorgehen, sollten sich eigentlich keine Wachsansammlungen bilden. Nach dem Polieren bleibt nur eine kleine Schicht übrig, die die Oberfläche schützt.

Um Fingerabdrücke und leichte Verschmutzungen zu entfernen, können Sie die Fläche mit einem Lappen abwischen, der leicht mit Spülwasser angefeuchtet

UM WAS FÜR EIN FIRNIS HANDELT ES SICH?

Viele Oberflächen, die gefirnisst aussehen, enthalten Lack oder Schellack. Mit dem folgenden Test finden Sie heraus, ob es sich um Ölfirnis oder Lack handelt. Das kann durchaus wichtig sein, wenn Sie mit einem wertvollen oder antiken Möbelstück arbeiten.

Tupfen Sie an einer unauffälligen Stelle etwas denaturierten Alkohol auf das Holz. Wenn die Oberfläche klebrig wird, enthält sie Schellack. Auf eine andere unauffällige Stelle geben Sie einen Tropfen Aceton (oder Nagellackenferner). Wenn die Oberfläche wieder klebrig wird, enthält sie Lack. Wenn an beiden Stellen keine Reaktion sichtbar wird, handelt es sich um einen Ölfirnis.

Gewohnheiten, die Sie vergessen sollten

Schein, der vergeht
Holzexperten empfehlen, die folgenden Dinge zu vermeiden, wenn Sie gefirnisste Flächen reinigen.

- **Ölseifen, die klebrige Rückstände auf dem Firnis hinterlassen können.**
- **Sprühpolituren, die oft Silikon enthalten – dabei entsteht zwar ein Glanz, aber auch Ablagerungen, die Streifen erzeugen und das Holz trüben.**

ist. Danach muss unbedingt mit einem trockenen Tuch nachgewischt werden.

Wenn der Holzfirnis nach der Reinigung immer noch matt erscheint, wischen Sie die Fläche mit einem Lappen ab, den sie ganz leicht mit Mineralspiritus getränkt haben. Manchmal ist die Maserung nach Jahren des Ölens und Wachsens nicht mehr so gut zu sehen. Der Spiritus entfernt behutsam das Öl und Wachs.

Für Eilige:

Feucht sollten Sie Firnisse nur ab und zu wischen; wichtiger ist, zwischendurch immer mal wieder staubzuwischen.

Gehen Sie regelmäßig mit einem Staubwedel oder mit dem Staubsauger mit einem entsprechenden Aufsatz über die Fläche; geben Sie jedoch gut darauf acht, dass Sie sie nicht verkratzen. Eine Poliermaschine spart größere Kraftanstengungen.

Zur Not geht's auch so:

Wenn sich ein weißer Ring bildet, liegt dies wohl nicht an der Holzoberfläche, sondern am Wachs. Entfernen Sie das Wachs in dem Fall mit Spiritus.

In Spalten und Ecken können Sie das Wachs mit sehr feiner Stahlwolle entfernen; reiben Sie immer in Richtung der Maserung.

Achtung: Papiertücher können gefirnisste Oberflächen verkratzen.

FISCHTEICHE

Ihr Ziel ist es, organischen Abfall, der sich im Teich ansammelt, zu vermindern, damit das natürliche Gleichgewicht des Teichs erhalten bleibt. Zu viel Unrat verursacht Verschmutzung, d. h. färbt das Wasser tief grün und bildet Gerüche. Organischer Abfall produziert außerdem Stickstoff, und der ist giftig für Fische.

SO WIRD'S GEMACHT:

Holen Sie Blätter, Zweige und anderen Unrat ab und zu heraus, besonders im Herbst. Das macht die jährliche Reinigung leichter. Einmal im Jahr, im Frühling oder Herbst, wenn die Wassertemperatur kühler ist, sollten Sie den Teich reinigen. An einem kühlen, wolkigen Tag reinigt es sich am besten, so dass Ihre Teichpflanzen nicht austrocknen.

Füllen Sie einen Tank für die Fische – einen 20-Liter-Eimer, ein Aquarium oder ein Planschbecken – halb voll mit Wasser. Nehmen Sie ein Mittel zum Entchloren des Wassers. Den Rest des Tanks füllen Sie mit Wasser aus dem Teich. Mit einem Siphon oder einer Pumpe geht es leichter. Diese Mischung erleichtert den Fischen den Umzug von schmutzigen in sauberes Wasser.

Mit einem Netz holen Sie die Fische heraus und legen sie in den Wassertank. Er sollte im Schatten stehen. Legen Sie eine Scheibe über den Behälter, damit die Fische nicht herausspringen.

Jetzt leeren Sie den Teich, indem sie das nährstoffreiche Was-

EIN ORGANISCHER TIPP FÜR FISCHTEICHE

Manchmal ist es einfach nicht angebracht, blitzblank zu putzen – z. B. bei Fischteichen. Sie sollen schließlich nicht fleckenlos sein. Die natürlichen Bakterien, die an der Seite des Teichs gewachsen sind, sollen ja erhalten bleiben. Organischer Abfall setzt sich am Boden ab. Die nützlichen Bakterien verbrauchen den Stickstoff, der von dem Abfall abgesondert wird, und verhindern damit das Wachstum von Algen, die den Stickstoff zum Leben brauchen. Das Wasser wird so nicht grün und schützt die Fische, da Stickstoff giftig für sie sein kann. Es ist eine gute Methode die Wasserqualität zu kontrollieren ohne auf chemische Mittel zurückgreifen zu müssen.

ser um die Pflanzen in Ihrem Garten gießen. Ziehen Sie die Pflanzen vorsichtig heraus und setzen Sie sie in den Schatten. Bedecken Sie die im Wasser liegenden Pflanzen, wie z. B. Wasserlilien, mit einer Zeitung und Plastik, damit Sie feucht bleiben.
Zur Beachtung: Wenn Sie nur Plastik nehmen, überhitzen sich die Pflanzen schnell.

Wenn der Wasserspiegel sich absenkt, schrubben Sie die Seiten des Teichs mit einer Nylonbürste. Spülen Sie nach, indem Sie Wasser über die gereinigten Stellen gießen. Sobald der Teich leer ist, setzen sich Sedimente am Boden ab.
Schließlich kratzen Sie den Schlamm ab, der sich am Boden gesammelt hat. Entfernen Sie ihn mit einer Schaufel und verteilen Sie ihn als Mulch in Ihren Blumenbeeten.
Nach der Reinigung gießen Sie die Hälfte des Tanks in den Teich; das „impft" den sauberen Teich mit nützlichen Bakterien.

Als Nächstes füllen Sie den Teich mit Leitungswasser und entchloren ihn. Um den Fischen die Anpassung an die Wassertemperatur zu erleichter, füllen Sie den Tank mit Leitungswasser auf und warten 20-30 Minuten. Wieder geben Sie die Hälfte des Wassers in den Teich und füllen den Tank mit Leitungswasser auf. Wiederholen Sie den Vorgang, bis die Wassertemperatur in dem Tank die gleiche wie im Teich ist.

Bodenbewohner: Sie befreien den Teich von Unrat

Durch eine Kombination von Schnecken, Muscheln und Kaulquappen entsteht ein biologisches Gleichgewicht im Teich. Sie ernähren sich von dem organischen Abfall der Fische und Pflanzen, verringern das Algenwachstum und halten das Wasser sauber.
Japanische Schnecken grasen den Unrat am Boden und an den Seiten des Teichs ab und gehören zu den besten Aasfressern im Teich, da sie das Wasser weder überbevölkern noch sich davon machen. Kaulquappen und Muscheln filtern schwebende Algen aus dem Wasser.
Eine Faustregel besagt, dass man 3 Aasfresser pro Quadratmeter Wasseroberfläche im Teich haben soll.

Wenn Ihr Teich einen Filter hat, reinigen Sie das Filterzubehör nach den Anweisungen des Herstellers. Normalerweise muss man einfach das Filterelement mit einem Gartenschlauch abspritzen. Wenn Wasser und Seife erforderlich sind, spülen Sie den Filter gut aus, bevor Sie ihn wieder ins Wasser geben.

FÜR EILIGE:

Aasfresser wie Schnecken oder Muscheln sollten im Teich bleiben. Sie helfen dabei, ihn sauber zu halten, und machen die Jahresreinigung leichter. Nehmen Sie sie mit in den Wassertank und geben Sie sie mit den Fischen wieder ins Wasser zurück.

ZUR NOT GEHT'S AUCH SO:

Mit einer Plastikharke können Sie vorsichtig organischen Abfall vom Boden Ihres Teichs aufnehmen. Wenn Sie Muscheln oder Schnecken als Aasfresser haben, nehmen Sie sie aus dem Abfall wieder heraus und geben sie zurück ins Wasser.

Achtung: Reinigen Sie Ihren Teich nicht öfter als einmal im Jahr. Die nützlichen Bakterien brauchen Zeit, um zu wachsen.
Versuchen Sie nicht die Fische herauszuholen, wenn der Wasserspiegel noch hoch ist. Sie können sich zu leicht verletzen, wenn Sie sie jagen. Statt dessen lassen Sie ihn so weit absinken, dass Ihre Fische dem Netz kaum noch entkommen können.

FLECKEN

Mit Flecken umzugehen, bedeutet für viele ein verwirrendes Hin und Her von „So“ und „So nicht“. Es gibt Dutzende von Methoden, von denen aber keine für alle Flecken zutrifft. Ein Mittel mag bei einem Fleck wirken – bei einem anderen macht es den Fleck nur noch schlimmer. Normale Seife ist ein gutes Beispiel. Flecken von Weichmachern entfernt sie wunderbar, während sie Fruchtsaftflecken nur noch stärker im Gewebe fixiert.
Es geht dabei nicht nur um den Fleck, sondern auch darum, worauf der Fleck ist und wie lange er schon da ist. Mit Ausnahme von manchen Flecken z.B. von Schlamm, müssen die meisten sofort

DIE SIEBEN TODFLECKEN

Geben Sie Acht! Diese Flecken dringen nicht nur in die Fasern ein, sondern verschlechtern und verfärben mit der Zeit Möbel, Teppiche, Fußböden, Polster und Kleidung.

1. Säuren (Kachelreiniger, Toilettenreiniger, Urin, Erbrochenes)
2. Benzoylperoxid (Akne-Medikament, Altersflecken-Entferner)
3. Bleichmittel (Spülmaschinenpulver, Chlor)
4. Haarfärbemittel
5. Kräutertees
6. Flüssige, pflanzliche Nahrung
7. Stark alkalische Mittel (Rohrreinigungsmittel, Lauge, Backofenreiniger)

behandelt werden, sonst trocknen Sie und ziehen regelrecht in den Stoff ein. Das ist das erste Gebot zur Beseitigung von Flecken – handeln Sie schnell.

Auf der anderen Seite ist „schnell" bei der Entfernung von Flecken ein relativer Begriff. Je nach Verschmutzung kann es Minuten, Stunden oder sogar Tage dauern, bis sie sich richtig gesetzt hat. Getränke wie Hawaii-Punch gehören zu den schlimmsten Verursachern von Flecken – wenn man sie jedoch in den ersten Minuten behandelt, kann man sie eventuell vollständig beseitigen. Hersteller des Getränks empfehlen, den Fleck zuerst mit kaltem Wasser auszuspülen und dann in einem enzymhaltigen Vorwaschmittel einzuweichen. Anschließend muss der Stoff bei der heißesten Temperatur gewaschen werden, die er aushält. Bevor Sie ihn in den Trockner geben, prüfen Sie, ob der Fleck verschwunden ist. Auf Teppichen wird so ein Fleck mit Soda ausgespült und mit sauberen, weißen Handtüchern abgetupft. Auch bei Salatsoße muss man schnell sein, aber es dauert ein paar Tage, bis die Öle oxidieren und bleibende Flecken hinterlassen.

SO WIRD'S GEMACHT:

Die besten Ergebnisse erhalten Sie, wenn Sie die folgenden allgemeinen Regeln einhalten.

Als erstes identifizieren Sie den Fleck.

Wenn Sie wissen, worum es sich handelt, sind Sie einen Schritt weiter. Sehen Sie sich genau die Farbe des Flecks an. Prüfen Sie die Fläche: Ist der Fleck verkrustet oder eingedrungen? Verkrustete Verschmutzungen, die weiß werden, wenn man an ihnen kratzt, sind oft zuckerhaltig. Wenn Sie nicht in Erfahrung bringen können, von welcher Sustanz der Fleck verursacht wurde, versuchen Sie herauszufinden, ob er fettig, wasserlöslich, wachshaltig, chemisch oder zusammengesetzt ist. Manche Flecken kann man durch falsche Behandlung noch verschlimmern oder gar fixieren. Wenn

DAS WERKZEUG GEGEN FLECKEN

Seien Sie vorbereitet.
Halten Sie diese Reinigungsmittel bereit.
Absorbierende Mittel:
Stärkemehl oder Talkumpuder; wird auf fettige Verschmutzungen gestreut, saugt sie nach einiger Zeit auf und wird weggesaugt.
Ammoniak:
Nehmen Sie gewöhnliches Ammoniak, wenn Sie eine milde alkalische Lösung brauchen. Darf nicht mit Chlorbleiche gemischt werden, da dabei gefährliche Dämpfe entstehen können.
Seife:
Entfernt Weichspüler-Flecken, wenn man sie auf Stoff reibt.
Chlorbleiche:
Ein kraftvoller Fleckentferner, wenn das Material ihn aushält.
Denaturierten oder Isopropylalkohol:
Entfernt Flecken auf wasserempfindlichen Materialien. Erst prüfen, ob der Stoff farbecht ist.
Enzymhaltiges Mittel:
Die Enzyme zersetzen Eiweißflecken, Lebensmittel, Erbrochenes und Blut. Nehmen Sie warmes Wasser und mischen Sie es nicht mit anderern Mitteln. Enzyme sind empfindlich. Muss eventuell einige Male angewendet werden.
Vorbehandlungsmittel:
Als Spray, Flüssigkeit, Gel oder Stift erhältlich. Die Form, die Sie brauchen, hängt vom Material ab.
Neutralreiniger:
Spülmittel reicht aus. Nehmen Sie ein klares mit dem pH-Wert 7. Geben Sie 2-3 Tropfen in 1 Tasse Wasser.
Fleckentferner:
Beseitigt ölige Flecken auf nicht waschbaren Sachen. Lässt sich auf den meisten Geweben verwenden; die Flecken werden nicht fixiert
3%iges Wasserstoffperoxid:
Bleicht auf milde Weise stoffe, die Chlorbleiche nicht aushalten. Seien Sie geduldig.
Wasser:
Eine Sprühflasche mit Wasser in Raumtemperatur ist das beste Werkzeug. Die meisten Flecken sind wasserlöslich. In 9 von 10 Fällen reicht Wasser aus.

Sie einen Fleck einordnen können, fahren Sie mit einer entsprechenden Behandlung fort.

Warten Sie mit Wasser.

Vor dem Nassmachen sollte so viel wie möglich entfernt werden. Auch Fleckentferner löst den Fleck sofort auf und kann ihn dadurch noch im Stoff verteilen. Also tupfen Sie flüssige Verschmutzungen erst ab und kratzen oder schaben Sie feste Rückstände so gut wie möglich weg.

Seien Sie vorsichtig mit Hitze.

Die Hitze des Trockners oder sogar von heißem Wasser kann Flecken im Stoff fixieren, also versuchen Sie es eher mit kaltem oder handwarmem Wasser, wenn nicht klar ist, woraus der Fleck besteht. Nach dem Waschen sollten die Sachen lufttrocknen, bis Sie sicher sind, dass der Fleck vollständig entfernt wurde.

Wenn ein Fleck gewaschen, nicht bemerkt und getrocknet wurde, ist er schwierig zu entfernen, da der Trockner ihn noch gefestigt hat. Die Hitze im Trockner fixiert Zucker-, Eiweiß- und eine Men-

WIE FUNKTIONIERT DAS?

Die Chemie von Vorbehandlungsmitteln

Vorbehandlungsmittel schwächen den Feind schon, bevor die Schlacht anfängt. Sie sind in Spraydosen oder Pumpsprayflaschen erhältich sowie als Flüssigkeit, Gel oder Stift. Sie halten die Verschmutzung gewissermaßen fest, so dass sie sich nicht „setzen" und wieder ausgewaschen werden kann.

Aber die unterschiedlichen Produktarten wirken verschieden, je nach Material.

Flüssigkeit oder Spray wird aus Petroleumdestillaten gewonnen und wirken am besten bei öligen und fettigen Flecken.

Fett entfernt Fett besser.

Die Flüssigkeit bzw. das Spray sollten ein paar Minuten vor der Wäsche angewendet werden. Sie dürfen nicht trocknen, sonst verlieren sie ihre Wirkung.

Gels und Stifte werden auf Enzymbasis hergestellt und funktionieren am besten auf eiweißhaltigen Flecken wie Blut, Gras, Milchprodukten, Eiern und Schokolade. Stifte können bis zu einer Woche vor der Wäsche aufgetragen werden.

Nehmen Sie Vorbehandlungsmittel nicht zur Fleckentfernung auf nicht waschbaren Materialien wie Polstern, Teppichen oder Sachen, die in die chemische Reinigung müssen.

ge anderer Flecken. Einmal gebügelt sind Schweißflecken kaum mehr zu entfernen. Das sind jedoch Ausnahmen. Fettflecken sollten in heißem Wasser ausgewaschen werden.

Heben Sie den Fleck ab.

Reiben Sie niemals auf einem Fleck herum. Dadurch verschleißen die Fasern und Flecken werden noch weiter in das Gewebe eingerieben. Mit den folgenden Methoden können Sie wirksam Flecken aus manchen Stoffen und Oberflächen herausholen.

- Tupfen Sie frische Flecken mit sauberen, weißen Tüchern ab.
- Spülen Sie mit kühlem oder warmem Wasser oder mit einer entsprechenden Reinigungslösung.
- Weichen Sie die betroffenen Teile in kühlem Wasser ein.
- Frieren Sie den Fleck ein und schälen oder kratzen Sie ihn ab.
- Klopfen Sie mit einer flachen Bürste darauf, so dass Schmutzpartikel aufgebrochen und mit Reinigungsmittel entfernt werden können. Klopfen ist eine vertikale Bewegung; reiben Sie nicht vor und zurück.

PRÜFEN SIE VOR DER BEHANDLUNG, OB DER STOFF FARBECHT IST.

Probieren Sie mit Reinigungs- oder Vorbehandlungsmittel an einer unauffälligen Stelle aus, ob die Farben stabil bleiben. Lassen Sie die Lösung für ein paar Minuten einweichen und tupfen Sie die Stelle dann mit einem sauberen, weißen Tuch ab. Sehen Sie nach, ob der Stoff abgefärbt hat. Seide ist besonders anfällig für Ausfärbungen. Gebräuchliche Fleckentferner oder Vorbehandlungsmittel können Neonfarben verblassen lassen.

FLECKEN MÜSSEN VORBEHANDELT WERDEN.

Dafür gibt es spezielle Fleckentferner. Sie können auch Ihren eigenen herstellen, z. B. aus Flüssigwaschmittel, einer Paste aus Wasser und Waschperlen, Seife oder einem Waschmittelzusatz.

SEIEN SIE HARTNÄCKIG.
Manchmal braucht es einige Versuche, bis der Fleck heraus ist. Wenn Sie sehen, dass er sich beim ersten Versuch aufhellt – nur nicht nachlassen.

UND DANN AB IN DIE WASCHMASCHINE.
Nach der Vorbehandlung muss der Stoff sofort in die Waschmaschine, damit Rückstände sowohl vom Fleck als auch vom Fleckentferner herausgewaschen werden.

FÜR EILIGE:
Die Faustregel Nr. 1 erspart Ihnen viel Mühe und Zeitaufwand: Gehen Sie den Fleck sofort an. Es hilft auch,

- zu wissen, wo Sie nach Flecken suchen müssen – an Kragen, Unterärmeln, Ellbogen, Knien, Ärmelaufschlägen, Säumen.
- den Fleck zu markieren. Wenn Sie vor dem Waschen keine Zeit haben, den Fleck zu behandeln, heften Sie ein Stück Papier dran oder machen sich eine Notiz, bevor das Teil im Wäschekorb verschwindet.
- den Vorwaschgang Ihrer Waschmaschine zu benutzen. Das Einweichen braucht nicht Stunden zu dauern um effektiv zu sein. Die 20- bis 30-minütige Vorwäsche reicht völlig aus.

ZUR NOT GEHT'S AUCH SO:
Wenn Sie einfach nicht herausfinden, um was für eine Art Fleck es sich handelt, lösen Sie ihn, indem Sie das Teil 30 Minuten in kaltem Wasser einweichen und dann ein Mittel wie eine Paste aus Waschperlen und Wasser anwenden. Dann waschen Sie es in warmem Wasser.

Achtung: Um der Gesundheit der Familie und Ihrer Kleidung willen:

- Mischen Sie keine Chemikalien. Manche von ihnen, besonders Ammoniak und Chlorbleiche, können schädliche Dämpfe erzeugen, wenn Sie in Verbindung geraten.

- Sorgen Sie für ausreichende Belüftung und rauchen Sie möglichst nicht bei der Arbeit mit chemischen Fleckentfernern. Sie sind entzündlich.
- Sie können versehentliche Vergiftungen vermeiden, indem Sie Reinigungschemikalien in den Originalverpackungen lassen und außerhalb der Reichweite von Kindern aufbewahren.
- Tragen Sie Gummihandschuhe, wenn Sie mit Reinigungslösungen hantieren. Chemikalien können durch die Haut aufgenommen werden.
- Wenn Sie Bleichmittel (ob auf Sauerstoff- oder Chlorbasis) verwenden, behandeln Sie immer das ganze Kleidungsstück. Sollte die Farbe sich verändern, ist die Wirkung wenigstens gleichmäßig.

FLEISCHERKLÖTZE

Wie rissige Hände sind auch Fleischerklötze in der Küche wechselnden Feuchtigkeitsverhältnissen unterworfen. Außer der regelmäßigen Reinigung müssen sie deshalb immer durch Einölen geschmeidig gehalten werden.

SO WIRD'S GEMACHT:

Haben Sie Ihr Essen auf dem Brett fertig vorbereitet, kratzen Sie die Lebensmittelreste mit einem Stahlschaber oder einem Spachtel ab. Was dann noch übrig ist, lässt sich mit einem Lappen entfernen. Tauchen Sie dann ein Geschirrtuch in heißes Seifen- oder Spülwasser und reiben damit das Holz ein. Spülen Sie das Tuch gründlich in Wasser aus und reiben Sie das Holz nochmal ab. Anschließend trocknen Sie das Brett mit einem Tuch.

Fleischerklötze sollten direkt nach Gebrauch sauber gemacht werden, damit sich keine Flecken bilden – auf keinen Fall Lebensmittelreste für längere Zeit auf dem Brett lassen! Bleiben doch einmal stärkere Flecken zurück, reiben Sie sie mit feinkörnigem Sandpapier oder feiner Stahlwolle ab. Anschließend ölen Sie die Oberfläche wie unten beschrieben. Bei regelmäßiger Reinigung und

Pflege verschwinden Flecken mit der Zeit in der Struktur des Holzes. Dunkle Streifen im Holz brauchen Ihnen keine Sorgen zu machen. Sie sind natürlich und werden durch im Holz eingelagerte Mineralien hervorgerufen; der individuelle Charakter Ihres Stückes wird dadurch nur noch verstärkt.
Zu große Trockenheit ist nicht nur schlecht für Hackklötze, sondern kann auch Risse im Holz bewirken. Vor dem ersten Gebrauch und danach alle paar Wochen (je nachdem, wie intensiv Sie Ihr Brett benutzen) sollten Sie eine Schicht Mineralöl auf die Oberfläche auftragen. Es erhält die natürliche Feuchtigkeit im Holz und verhindert das Eindringen von Bakterien aus rohem Fleisch und anderen Lebensmitteln. Pflanzliches Öl ist hierfür nicht geeignet.
Ist die Maserung auf der Oberfläche des Brettes sichtbar, ist Mineralöl ausreichend. Hirnholzoberflächen hingegen haben eine höhere Saugkraft und erfordern mit geschmolzenem Paraffin gemischtes Mineralöl. Das Hirnholzende bezeichnet die Ober- oder Unterseite eines Holzbrettes, das längs aus dem Baum herausgeschnitten wurde. (Auch die Oberseite eines Baumstumpfes z. B. ist also Hirnholz.) „Maserung“ bezieht sich immer auf die Längsseiten eines Brettes. Auf einem Fleischerklotz kann man die beiden Strukturen dadurch auseinanderhalten, dass gemaserte Oberflächen aus geleimten, länglichen Stücken bestehen, während Hirnholzoberflächen ein schachbrettartiges Muster besitzen.
Bevor Sie Mineralöl auf gemaserte Oberflächen auftragen, erhitzen Sie es für höchstens 20-30 Sekunden in der Mikrowelle oder legen den Mineralölbehälter in ein heißes Wasserbad. Für eine Holzfläche von 50 mal 50 cm brauchen Sie mindestens 300 g Öl, bei sehr trockenem Material sogar mehr. Gießen Sie das warme Öl über das Brett und verteilen Sie es über die gesamte Oberfläche mit einem Pferdehaarpinsel oder einem dicken Lappen. Lassen Sie es 5 Minuten einziehen. „Wenn das Öl sehr schnell einzieht“, rät ein Schneidebretthersteller, „ können Sie eine zweite Schicht auftragen. Es gibt keine Regel dafür, man muss nach Gefühl entscheiden.“

Für Hirnholzoberflächen schmelzen Sie Wachs aus der Dose oder Paraffin (erhältlich in manchen Lebensmittelgeschäften, eventuell in einer Drogerie) im Mineralöl, im Verhältnis von etwa 4 Teilen Öl auf 1 Teil Wachs. Es gibt auch Fertigmischungen für Fleischerklötze, die einfacher zu gebrauchen sind und die man im Baumarkt, in einem Küchengeschäft oder bei einem Küchenversand bekommen kann. Gießen Sie das Öl und Wachs über das Brett und verteilen Sie es mit einem Pinsel. Wenn es schnell einzieht, geben Sie mehr darauf. Wenn die Flüssigkeit getrocknet ist, bleiben Wachsreste auf der Oberfläche, die sich leicht mit einem Schaber oder Metallspachtel abkratzen lassen. Den Pinsel können Sie säubern, indem Sie ihn fü 5 Minuten unter heißes Wasser halten, bis das Öl und Wachs verschwunden sind.

FÜR EILIGE:
Ein Luftbefeuchter hilft Ihnen während der trockenen Wintermonate, Ihren Fleischerklotz jung zu halten, und macht nicht so häufiges Ölen erforderlich.

Achtung: Achten Sie darauf, Ihren Fleischerklotz immer sofort nach Gebrauch zu reinigen. Zusätzlich ist es sinnvoll gegen Bakterien, die Schneideflächen auf Gemüse sowie Fisch und Fleisch aufzuteilen. Auf keinen Fall scharfe Reinigungsmittel verwenden. Falls Sie das Brett in der Nähe eines Ofens oder einer anderen Wärmequelle aufbewahren, sollten Sie für eine entsprechende Wärmeisolation sorgen. Vermeiden Sie ständiges Schneiden auf derselben Stelle; verteilen Sie stattdessen die Abnutzung gleichmäßig auf das ganze Brett. Müssen Sie das Brett erst zurechtsägen, behandeln Sie die Schneidekanten unmittelbar danach mit Öl, damit keine Feuchtigkeit aufgesogen wird und Risse entstehen.

FLEISCHWÖLFE

Die am schwierigsten zu putzenden Teile eines Fleischwolfs sind die Gussformen, die auswechselbaren Stücke, die die Konsistenz des Fleisches bestimmen. Es ist nicht einfach, das Fleisch aus den kleinen Löchern zu entfernen; es sollte aber alles restlos herausgeholt werden, damit Bakterien keine Chance haben.

SO WIRD'S GEMACHT:

Nehmen Sie das Gerät auseinander und spülen Sie die Teile mit sehr heißem Wasser ab. Damit lösen Sie die meisten Reste.

Eine verbreitete Art, die Löcher in der Eisenform zu putzen, ist, das Fleisch oder andere Stücke mit einem Zahnstocher herauszudrücken – eine ziemlich zeitaufwändige Methode. Man kann auch einfach einen Spülschwamm in 2 Hälften falten, mit Wasser tränken und die Gussform fest darauf pressen. Das drückt die Partikel aus den Zwischenräumen. Besonders bei feinen Gussformen funktioniert es gut.

Danach spülen Sie alle Teile in warmem Spülwasser mit einer Bürste und lassen sie trocknen.

SO MACHE ICH ES

GARTENREINIGUNG AM FENSTER

Eine Haushaltsspezialistin beschreibt, wie sie die Fliegenfenster in ihren Aluminiumtüren putzt.

„Ich nehme einen Gartensprüher – er sieht wie ein Krug aus und ist auch als Aufsatz für den Gartenschlauch zu benutzen – mit ein paar Tropfen Spülmittel. Das wirkt Wunder. Das Mittel hat spezielle oberflächenaktive Mittel, die den im Netz haftenden Schmutz lösen – besonders wenn er an Öl oder Fettpartikel aus der Luft gebunden ist. Die Kombination von Wasserdruck und Spülmittel macht das Putzen der Fliegenfenster einfach."

FÜR EILIGE:

Die Reinigung wird noch einfacher, wenn Sie ein Stück Brot nach dem Fleisch durch den Wolf drehen. Sobald das Brot herauskommt, hören Sie auf. So wird das Fleisch herausgedrückt; das Brot entfernt man am besten mit sehr heißem Wasser.

FLIEGENFENSTER

Stellen Sie sich Fliegenfenster wie Luftfilter zwischen Ihrer Wohnung und der Außenwelt vor. Eigentlich klingt es seltsam, sie zu reinigen. Da sie jedoch Insekten, Vögel und in der Luft transportierte Teilchen vom Einzug in Ihr Haus abhalten, sind sie ständig

Wind und Wetter ausgesetzt, und es sammelt sich mit der Zeit eine Menge Staub und Schmutz auf ihnen an.

SO WIRD'S GEMACHT:

Fliegenfenster sollten mindestens einmal im Jahr sauber gemacht werden. „Plastikfliegenfenster", also solche mit einem Netz aus Fiberglas, das mit Vinyl überzogen ist, sogar noch öfter. Wegen ihrer statischen Aufladung ziehen sie den Schmutz besonders an.

Nehmen Sie das Fliegenfenster aus dem Fensterrahmen und stauben Sie das Netz und den Rahmen mit einer weichen Bürste oder einem Tuch ab. Lehnen Sie dann das Fenster draußen an eine Wand, spritzen Sie es mit dem Gartenschlauch ab und scheuern Sie den Schmutz mit einer weichen Nylonbürste und einem Eimer heißem, schaumigen Spülwasser ab. Dann spritzen Sie ihn noch mal ab, um den Schaum zu entfernen, wischen das überschüssige Wasser mit einem sauberen Lappen ab und stellen das Fenster zum Trocknen auf.

Bevor Sie es wieder einsetzen, wischen Sie die Rillen sauber, die es im Fensterrahmen festhalten, eventuell mit einer kleinen Zahnbürste und dem Rest Spülwasser. Wischen Sie den Schaum mit einem Schwamm ab und trocknen Sie die Rillen mit einem Lappen. Bei der Gelegenheit können Sie übrigens auch gleich die Fenster putzen.

Um zu wissen, welches Fliegenfenster in welchem Fensterrahmen steckte, ist es sinnvoll, beide jeweils zu nummerieren. Die dazugehörigen Schrauben und Muttern kommen in eine jeweils mit derselben Nummer beschriftete Tüte.

ZUR NOT GEHT'S AUCH SO:

Bei verschlossenen Fenstern können die Fliegenfenster auch einfach mit dem Schlauch abgespritzt werden. Die meisten Verschmutzungen aus der Luft sind an der Außenseite.

FÖNE

Bringen Sie sich frischen Wind in die Haare, indem Sie Ihren Fön von Staub und Fusseln frei halten.

So wird's gemacht:

Ziehen Sie den Stecker. Wenn nötig, wischen Sie das Gehäuse mit einem feuchten Lappen ab. Hartnäckigen Schmutz entfernen Sie mit einem schaumigen Schwamm; wischen Sie mit einem Lappen mit klarem Wasser nach. Reinigen Sie niemals das Innere eines Föns.

Entfernen Sie Fusseln und Haare von den Gittern mit einer weichen Bürste; auch mit einer alten Zahnbürste geht es gut. Nehmen Sie dazu kein Wasser oder Putzmittel – es sei denn, die Gitter sind abnehmbar.

Machen Sie alle Zubehörteile in warmem Seifenwasser sauber, so wie Sie einen Kamm oder eine Bürste sauber machen würden. Wenn Sie durch die Haare matt geworden sind, lassen Sie sie für eine Weile im Seifenwasser liegen und wischen Sie sie im Wasser ab. Vor dem nächsten Gebrauch müssen sie gründlich abgetrocknet werden.

Achtung: Damit Sie keinen Schlag bekommen, versichern Sie sich, dass der Stecker herausgezogen ist. Tauchen Sie einen Fön niemals in Wasser.

FOTOAPPARATE

Es gibt eine Menge teurer Utensilien zur Reinigung von Kameras, aber am sichersten und preiswertesten fahren Sie mit den einfachsten Methoden. Mit 4 Werkzeugen bekommen Sie jede Kamera sauber:

- einem spitzen Aquarellpinsel (Nr. 2, 3 oder 4)
- einen Blaspinsel mit einem kleinen Luftbalg aus Gummi
- Mikrofasertücher
- Linsenflüssigkeit

SO WIRD'S GEMACHT:

Fangen Sie mit dem Gehäuse an. Prüfen Sie sorgfältig, wo Schmutz sitzt. Arbeiten Sie immer unter hellem Licht, sonst verstecken sich kleine Verschmutzungen im Schatten von Ritzen. Sehen Sie nach, ob sich auf dem Sucher oder auf der Linse Schmutz, Fett oder Fingerabdrücke angesammelt haben. Handelt es sich um eine einfache Sucherkamera mit fest installierter Linse, können Sie das gesamte

SO MACHE ICH ES

KAMERAPFLEGE UNTERWEGS

Ein Fotograph, den seine Aufträge schon durch die ganze Welt geführt haben, gibt Ihnen einige Tipps, wie man seine Kamera unterwegs pflegen kann.

Entgehen Sie dem Sand.

Die 2 größten Feinde von Kameras sind zu große Feuchtigkeit und feiner Sand. Wenn Sie am Strand oder an Orten mit großer Feuchtigkeit oder mit Staub fotografieren wollen, lassen Sie Ihre gute Kamera zu Hause und nehmen Sie einen kleinen Reisefotoapparat mit, eventuell mit wasserdichtem Gehäuse. Die kleinen Automatikkameras machen auch gute Bilder, und wenn einmal etwas passieren sollte, müssen Sie nicht gleich Ihr Konto überziehen.

Retten Sie versalzene Kameras.

Sollte eine teure Kamera einmal ins Wasser fallen, können Sie sie noch retten. Wenn es Salzwasser ist, holen Sie sie Kamera sofort heraus und tauchen Sie sie sofort in frisches (Süß-)Wasser. Lassen Sie sie im Wasser und bringen Sie sie so zu einem Fotogeschäft. Das Salzwasser kann auf diese Weise nicht trocknen und korrodierende Rückstände auf empfindlichen Teilen hinterlassen. Wenn die Kamera in Süßwasser fällt, holen Sie sie heraus, trocknen sie ab, öffnen sie und lassen sie trocknen. Wenn sie trocken ist, bringen Sie sie zu einem Fotogeschäft, wo sie überprüft und wieder geschmiert werden kann.

Kühl halten.

Kameras hassen Hitze fast genauso wie Feuchtigkeit und Sand. Legen Sie sie nicht ins Handschuhfach Ihres Autos, wo im Sommer die Hitze ins Unermessliche steigt. Kameras, die in der Sonne liegen, werden oft zu heiß zum Anfassen. Bewahren Sie sie, wenn möglich, im Schatten auf.

Weg mit den Designer-Fototaschen.

Nehmen Sie für die Kamera und das Zubehör lieber eine alte, abgestossen aussehende Fototasche, besonders auf Reisen. „Eine Tasche, die sagt: „Klau' mich!" ist ein großer Fehler", meint unser Fotograf. Diese auf Hochglanz polierten Aluminiumtaschen fordern geradezu zum Mitnehmen auf.

Äußere mit dem Mikrofasertuch reinigen. Bei einer Spiegelreflexkamera nehmen Sie die Linse ab und reinigen dann das Gehäuse. Das Tuch sollte alle Verunreinigungen entfernen; bei stärkerem Schmutz feuchten Sie das Tuch leicht an.

Passen Sie bei der Linse auf, dass Sie sie nicht durch ein Sand- oder Schmutzkörnchen verkratzen. Fangen Sie mit dem Blaspinsel an. Anschließend wischen Sie mit dem Mikrofasertuch nach. Eventuell müssen Sie vorher leicht auf die Linse hauchen und nochmals mit dem Tuch wischen. Als letzte Möglichkeit probieren Sie es mit der Linsenflüssigkeit.

Ist der Fotoapparat außen sauber, vergewissern Sie sich, dass Sie keinen Film eingelegt haben, und öffnen die Kamera. Ab jetzt können Sie nicht vorsichtig genug sein.

Mit dem Blaspinsel entfernen Sie Staub von der Kammer und der Spule. Die Rückseite der Linse lässt sich wie die Vorderseite reinigen. Auch die Andruckplatte muss abgewischt werden, also die Platte, die den Film von der Innenseite der Verschlussklappe in seiner Position hält. Vergessen Sie auch den Verschluss nicht.

Für Eilige:

Eine wasserdichte Schutzhülle (oder einfach eine Plastiktüte) macht eine komplizierte Reinigung überflüssig.

Zur Not geht's auch so:

Statt des nicht ganz preiswerten Mikrofasertuchs können Sie auch einen Fetzen von einem altem T-Shirt nehmen. Je älter ein T-Shirt, desto weicher ist es. Leider lassen auch die ältesten Stoffstücke Fussel zurück, deshalb sind Mikrofasertücher besser geeignet. Wenn Sie ein T-Shirt benutzen, saugen Sie die Fusseln mit dem Blaspinsel ab.

Achtung: Keine Reinigungsmittel verwenden! Auch Brillenflüssigkeit ist nicht gut geeignet. Sie hinterlässt eine Schicht, die zwar für Brillen gut ist, eine Kameralinse jedoch verschmutzt. Es gibt in Fotogeschäften auch Druckluftreiniger; sie sind in der Regel aber zu stark. Der einfache Blaspinsel reicht aus.

Fotos

Meistens ist es falscher Gebrauch, der zu beschädigten Fotos führt. Deshalb sollte man Fotos auch nicht an den Rändern halten. An den Händen sind natürlich Fette, und wenn man damit über das Gesicht oder durch die Haare geht, nehmen Sie noch mehr Fett auf. Fett und Salz reagieren mit den Chemikalien auf dem Foto und verursachen Verfärbungen und Eintrübung.

So wird's gemacht:

Farbfotos sind sehr empfindlich. Mit Wasser oder einem Lösemittel sind sie nicht ohne Gefahr sauber zu machen. Stattdessen tupfen Sie Fingerabdrücke und andere Verunreinigungen mit einem sauberen Baumwolltuch ab. Nehmen Sie kein Radiergummi, da dadurch die glänzende Oberfläche abgerieben werden kann.

Die meisten heutigen Schwarzweißabzüge sind aus Bromsilberpapier, das sich vorsichtig mit einem Lösemittel reinigen lässt. Fragen Sie nach einem Lösemittel für die Reinigung von Filmen, das kein Schmiermittel enthält. Feuchten Sie einen Baumwollbausch an und gehen Sie vorsichtig über die Fingerabdrücke. Obwohl der Fingerabdruck nicht abgehen wird, lösen sich die schädlichen Fettrück-

So mache ich es

Vorbeuge im Visier

Da Fotos so empfindlich und zerbrechlich sind, ist die Vorbeuge genauso wichtig wie die Reinigung, sagte uns ein Fotograf. Mit den folgenden Strategien hält er seine Kamera immer sauber.

„Ich stecke niemals Fotos in Album mit selbstklebendem Papier. Der Kleber dringt ins Fotopapier ein. Es ist das Schlechteste, was Sie mit Ihren alten Familienerinnerungen tun können.

Ich habe diese alten Dinger, bei denen man das Foto in 4 kleine Papierecken stecken muss, die dann auf schwarzes, säurefreies Papier geklebt werden. Das ist das Beste für Fotos.

Außerdem sorge ich dafür, dass die Fotos in einer günstigen Umgebung aufbewahrt werden. Durch Feuchtigkeit kann die Emulsion eines Fotos an einer anderen fest kleben. Wenn Sie die Fotos dann auseinander reißen, beschädigen Sie sie. Und ich rede nicht von den wirklich künstlerisch wertvollen Fotos. Schon bei alltäglichen Aufnahmen, die großen Erinnerungswert haben können, ist Vorsorge wichtig."

Hände aufs Metall!

Ein erfahrener Foto-Restaurator, der unter anderem in einem bedeutenden Fotografiemuseum tätig war, erzählt folgende Geschichte: „Man erzählte sich im Museum, dass man, wenn man sich bei Kodak um eine Stelle bewarb, die Hände zum Schluss auf ein Stück Metall legen musste. Wenn es nicht rostete, waren die Chancen größer. Manche haben nämlich eine stärkere Absonderung von Körperfetten und –salzen als andere, wodurch das Metall rostet und fotografische Materialien beschädigt werden können."

stände. Das gilt auch für Schwarzweißabzüge aus Gelatine, die man in den 20er Jahren hergestellt hat; ältere Fotos müssen jedoch noch vorsichtiger behandelt werden. Sind Ihre Fotos noch aus der Zeit um die Jahrhundertwende, müssen Sie sich an einen Spezialisten wenden.

Wenn die Fotos nass werden, ist der beste Weg sie zu trocknen einfach, sie mit Wäscheklammern auf einer Leine aufzuhängen. Beugen Sie gegen Feuchtigkeit, Staub und andere atmosphärische Substanzen vor, indem Sie die Fotos in Alben mit säurefreiem Papier und die Alben wiederum in Kartons aufbewahren. Die Kartons sollten nicht in feuchten Kellern oder in der Nähe von Wärmequellen liegen. Stopfen Sie Fotos nicht in Schuhkartons zusammen.

Furnier

Manchmal wird, um Holzprodukte preiswerter zu machen, einfach eine dünne Holzschicht auf eine minderwertigere Unterlage geklebt. Die Schicht wird mit riesigen Schneideblättern geschnitten und kann bis zu einem halben Millimeter dünn sein, während handgeschnittenes, antikes Furnier in der Dicke variiert. Egal wie dünn es ist, sollte Furnier entsprechend der Oberflächenbehandlung des Holzes geputzt werden – ob Schellack, Firnis, Lack oder Polyurethan.

So wird's gemacht:

Wachsen Sie die Fläche 1- bis 2-mal im Jahr mit Bienenwachs. Fingerabdrücke und Staub können mit einem feuchten Tuch abgewischt und mit einem anderen trockengetupft werden. Furnier ist empfindlicher gegen Temperatur- und Luftfeuchtigkeitsschwankungen als andere Möbeloberflächen. Durch Ausdehen und Zusammenziehen können Blasen und Risse entstehen. Furnier sollte nicht neben Wärmequellen und anderen luftverändernden Geräten wie Luftbefeuchtern oder Ähnlichem stehen. Für feuchte Keller usw. ist Furnier ungeeignet.

Zur Not geht's auch so:

Kleine Stücke von losem Furnier oder Blasen können wieder geklebt werden. Legen Sie dazu das Furnier auf eine flache Oberfläche und kratzen Sie den alten Kleber ab. Tragen Sie auf beide Seiten Kleber auf, drücken Sie das Furnier auf die untere Fläche und legen Sie ein Stück Papier darauf. Legen Sie Gewichte obendrauf und vergewissern Sie sich, dass der Druck gleichmäßig auf die ganze Fläche verteilt ist. Mit einem scharfen Messer oder einer Spritze können Sie noch Kleber auf die Stellen auftragen, an denen das Furnier noch nicht fest ist. Danach müssen Sie so lange durch Gewichte den Druck halten, bis der Kleber trocken ist.

Fussabtreter

Fußabtreter haben eine wichtige Funktion: Sie sollen Schmutz und Sand von den Schuhen lösen und ihn damit „abfangen", bevor er ins Haus getragen wird und dort den Fußboden verkratzt und Teppichfasern beschädigt. Dazu kommt noch: Wer will seine Gäste mit einem schmutzigen Fußabtreter empfangen?

So wird's gemacht:

Machen Sie die Fußabtreter so oft wie möglich sauber, sonst geben sie den Dreck irgendwann an die Schuhe ab, es sollte jedoch umgekehrt sein.

Es gibt viele Arten von Fußabtretern. Die für draußen kann man meistens einfach mit dem Gartenschlauch abspritzen, da sie ohnehin allen Wetterverhältnissen ausgesetzt sind.
Nicht „schlauchfeste“ Matten kann man staubsaugen; der Staubsauger sollte einen starken Klopfer haben, damit sich tief sitzende Dreckpartikel besser lösen.

FUSSBÖDEN (FLIESEN – BETON – HOLZ – TERRAZZO – VINYL)

Fußböden leiden. Sie tragen unsere monströsen Kleiderschränke, Klaviere und Sofas. Sie ertragen ständiges Schlurfen, Rennen und Stampfen und sie nehmen alles auf, was verschüttet wird. Trotzdem erwarten Sie von ihnen, dass sie bei all der Misshandlung Haltung bewahren und sogar noch gepflegt aussehen.
Gute Pflege macht Ihre Fußböden nicht nur sauber, sie verhindert auch übermässigen Abrieb. Putzen Sie sie gut, dann halten sie auch länger.

SO WIRD'S GEMACHT:

Alle Fußböden müssen regelmäßig staubgesaugt und gewischt werden – in stark beanspruchten Bereichen täglich. Nehmen Sie keine scharfen Reiniger, die Ihrem Boden schaden können.

FLIESEN

Versiegelte Fliesen sind leichter zu putzen als unversiegelte. Unabhängig von der Oberfläche müssen Sie sie aber regelmäßig staubsaugen oder fegen und ab und zu feucht wischen. Stärkere Verschmutzungen wischen Sie mit einer mäßig starken alkalischen Lösung ab, also einem Mittel, das Trinatriumphosphat enthält. Wischen Sie gründlich mit Wasser nach.

BETON

Armer Beton! So verbreitet er in Garagen oder Kellern auch sein mag – er wird oft vergessen, wenn es ums Putzen geht. Aber er muss regelmäßig gereinigt werden, so wie andere Fußböden auch.

Wenn Sie ihn dann und wann ordentlich schrubben, wird sich sein Aussehen erheblich verbessern.

Fegen Sie Ihren Betonfußboden regelmäßig und schrubben oder wischen Sie ihn ab und zu mit Seifenwasser. Stärkere Verschmutzungen entfernen Sie mit Trinatriumphosphat; die Menge entnehmen Sie den Hinweisen auf der Verpackung. Nehmen Sie einen festen Nylon- oder Naturhaarschrubber, keinen mit Metallborsten, da kleine abgesprungene Metallpartikel Rostflecken verursachen können. Waschen Sie den Boden gut mit Wasser ab.

Achtung: Tragen Sie Schutzkleidung und -brille sowie Gummihandschuhe, wenn Sie mit Trinatriumphosphat arbeiten. Lesen Sie immer genau die Gebrauchs- und Sicherheitshinweise auf den Produkten, die Sie verwenden.

FUSSBODENREINIGUNG IM ALTEN STIL

Wie gefällt Ihnen das als Putz-Tipp? Leeren Sie einfach Ihr Gewürzregal auf den Fußboden aus! In einer Anleitung für Hausdiener von 1760 wird empfohlen, zuerst den Fußboden zu wischen, dann Minze und Balsam darauf zu streuen und sie mit einer langen, harten Bürste über die Dielen zu reiben, bis sie sauber sind. „Wenn sie trocken sind, werden die Kräuter weggewischt und der Fußboden abgetrocknet. Er sieht danach wie Mahagoni aus, ein zartes Braun, und wird nie eine andere Methode der Reinigung benötigen und das Zimmer mit einem süßen Duft erfüllen."

HARTHOLZ

Die meisten Holzfußböden sind versiegelt und haben eine Schutzschicht aus Polyurethan, Schellack oder anderem Lack. Andere sind gewachst. Wie alle Fußböden müssen auch diese vor tief eindringendem Staub durch regelmäßiges Saugen und Fegen geschützt werden. Verschüttetes muss sofort mit einem feuchten Tuch aufgewischt werden. Sogar gut versiegelte Böden sollten nicht zu viel Wasser abbekommen.

Ein Urethanfirnis darf nicht gewachst werden. Das Wachs lässt keine Erneuerung des Firnisses mehr zu. Wählen Sie Putzmittel gut aus. Wenn irgendwo einfach „Fußbodenreiniger" drauf steht, handelt es sich meist um eine verdünnte Lösung aus Mineralspiritus und Wachs. Es mag gut aussehen auf dem Fußboden, aber damit verbauen Sie sich eventuell die Möglichkeit den Boden neu zu lackieren, und die Garantie des Herstellers ist nicht mehr gültig.

Statt dessen lassen Sie sich von Ihrem Fußbodenverleger beraten, welches Mittel zu der Oberfläche passt.

Wenn Sie nicht herausbekommen, um was für eine Versiegelung es sich handelt, nehmen Sie einen einfachen Universalreiniger.

Das gilt auch für gewachste Böden. Verwenden Sie das Wachs, was der Verleger Ihnen empfiehlt. Man darf keinen Reiniger auf Wasserbasis verwenden, da er weiße Flecken auf dem Holz hinterlassen kann.

Um solche weißen Flecken zu entfernen, reiben Sie vorsichtig und kreisförmig mit superfeiner Stahlwolle und einer kleinen Menge Mineralspiritus. Sorgen Sie für ausreichende Belüftung. Dann tragen Sie zusätzlich Wachs auf und polieren es ein.

Achtung: Lesen Sie immer genau die Gebrauchs- und Sicherheitshinweise auf den Produkten, die Sie verwenden.

Terrazzo

Terrazzo oder Zementmosaik ist eine Mischung aus Zement und kleinen Stückchen Marmor und Granit. Da der Zement porös ist, absorbiert er Flecken und wird daher meist mit durchdringender Versiegelung behandelt. Einige neuere Arten enthalten synthetische Harze wie Urethan und verschmutzen nicht so leicht.

Wischen und saugen Sie den Boden regelmäßig. Wenn Sie feucht wischen, nehmen Sie einen Neutralreiniger, also weder sauer noch alkalisch. Allzweckreiniger, Wachslöser oder Waschmittel sind zu vermeiden. Lassen Sie die Lösung etwas einwirken und nehmen Sie sie dann mit einem Mopp auf; wechseln Sie dabei das Wasser häufig. So wird der gesamte Dreck entfernt, und es bilden sich keine unerwünschten Streifen vom Wischen.

Hat sich hartnäckiger Schmutz gebildet, können Sie einen Elektroschrubber leihen und den Neutralreiniger etwas konzentrierter anrühren.

Achtung: Niemals Reiniger auf Petroleumbasis verwenden, sonst kann das Öl durch die Oberfläche dringen und bleibende Flecken hinterlassen.

VINYL

Die meisten Vinylfußböden in Wohnhäusern werden nicht gewachst, sondern – egal ob in Blatt- oder in Fliesenform – mit einer Glanzschicht aus einer Art Polyurethan versiegelt. Um den Glanz zu bewahren, muss der Boden regelmäßig geputzt werden.

Ein leicht verschmutzter Vinylfußboden wird einfach gesaugt oder gefegt und anschließend mit einem Fußbodenreiniger gewischt. Wischen Sie immer nur einen kleinen Bereich auf einmal und spülen Sie den Mopp aus, bevor Sie ihn wieder in den Putzeimer tauchen, damit die Reinigungslösung sauberer bleibt. Wringen Sie den Mopp jedes Mal gut aus. Nach einfachem Wischen ist normalerweise kein Nachwischen mit Wasser nötig. Beachten Sie auf jeden Fall die Anweisungen des Herstellers.

Wenn Ihr Boden eine gründlichere Reinigung nötig hat, fegen oder saugen Sie zuerst losen Schmutz weg. Dann wenden Sie einen Reinigungsmittel für starke Verschmutzungen an, einen Politurlöser, nach dem Sie sich am besten bei Ihrem Fußbodenverleger erkundigen. Wischen Sie den ganzen Boden damit und wringen Sie den Mopp zwischendurch aus. Mit klarem Wasser wischen Sie dann den Boden nach, um Reste des Mittels zu entfernen. Vermeiden Sie schnelle „Wisch-und-Glanz"-Mittel, Spülmittel und Reiniger auf Ölbasis. Sie hinterlassen Rückstände, die Schmutz anziehen und den Boden matt machen.

Letztlich verlieren alle Schutzschichten einmal ihren Glanz. Durch Abnutzung wird der Boden matter. Mit einer Acrylpolitur, nach der Sie sich bei Ihrem Fußbodenverleger erkundigen, können Sie den Glanz erneuern und damit den Boden auch eine neue Schutzschicht verpassen. Je dünner Sie die Politur auftragen, desto besser die Ergebnisse – richten Sie sich nach den Angaben auf dem Behälter.

Wenn jemand etwas verschüttet hat, reinigen Sie es am besten sofort, damit keine bleibenden Verschmutzungen entstehen. Gehen Sie mit einem feuchten Tuch oder Papiertuch darüber, eventuell mit etwas Fußbodenreiniger. Aufhellerflüssigkeit ist für hartnäckige Verschmutzungen geeignet; Vorsicht, da die Flüssigkeit ein brennbares Lösungsmittel ist – beachten Sie genau die Gebrauchs- und Sicherheitshinweise auf dem Produkt.

Fusseln

Fusseln gehören zu den vielen kleinen Dingen, die uns Tag für Tag den Nerv rauben – ähnlich wie Schlaglöcher oder Steuern. Die Fasern in locker gestricktem Gewebe, z. B. bei flauschigen Sweatshirts, können brechen und werden zu Fusseln. Der Prozess ist unaufhaltsam, genau wie bei den Staubmäusen unter dem Bett. Aber man kann die Bildung von Fusseln eindämmen – und sie entfernen, wenn sie schon einmal da sind.

So wird's gemacht:

Um Fusseln von Stoff zu entfernen, tupfen Sie ihn mit Klebeband ab oder benutzen eine Kleiderbürste.

Wichtiger ist jedoch die Vorbeuge gegen Fusseln. Wie das geht, sagen Ihnen die folgenden Tipps:

- Vergewissern Sie sich, dass alles Papier usw. vor der Wäsche aus den Taschen geholt wurde.
- Wenn Ihre Waschmaschine einen Fusselfilter hat, reinigen Sie ihn vor jeder Wäsche.
- Verwenden Sie Weichspüler.
- Waschen Sie Sachen, die viele Fusseln bilden (Decken, Sweatshirts, Handtücher usw.), getrennt von anderen.
- Überladen Sie die Waschmaschine und den Trockner nicht.
- Waschen Sie dunkle und helle Wäsche getrennt.
- Säubern Sie den Filter des Trockners vor jedem Gebrauch.

FÜR EILIGE:
Ein Weichspüler in der Waschmaschine ist die schnellste und einfachste Methode, Fusseln zu vermeiden.

FUSSLEISTEN

Fußleisten sind gewöhnlich mit strapazierfähiger, glänzender Farbe auf Ölbasis beschichtet, deshalb halten sie auch aggressive Reinigungsmethoden aus.
SO WIRD'S GEMACHT:
Sie können ein Nylonschrubbtuch oder feine Stahlwolle mit flüssigem Spülmittel oder Haushaltsreiniger verwenden. Das Mischungsverhältnis ist den Angaben des Herstellers zu entnehmen.
Achtung: Gelegentlich finden Sie Fußleisten, die mit matter Farbe gestrichen sind. Damit müssen Sie vorsichtiger umgehen. Ein Frottiertuch oder Schwamm mit stark verdünntem Spülwasser ist hierfür das am besten geeignete Mittel.

GARDINEN

Stellen Sie sich Ihre Gardinen einfach wie Fensterschmuck vor. Sie sind ein Teil des Luftzirkulationssystems in Ihrem Haus, da sie Staub auf dem Weg ins oder aus dem Haus filtern. Gute Pflege erhöht die Lebensdauer, die normalerweise etwa 5 Jahre für doppelt gearbeitete Gardinen beträgt, 4 für einfache und 3 für Stores.
So wird's gemacht: Reinigen Sie die passenden Vorhänge immer gleich mit. Den Staub können Sie mit dem Staubsauger entfernen. Einmal monatlich sollten Sie sie, ohne sie abzuhängen, mit dem Staubsauger und einer Bürsten- oder Polsterdüse absaugen. Gehen Sie dabei von oben nach unten vor und vergessen Sie die Stellen unter den Schabracken und den Saum nicht. Ziehen Sie die Gardinen von unten straff und stellen Sie die schwächste Saugleistung ein, damit das Gewebe nicht mit eingesaugt wird. In manchen Fäl-

len braucht man eine Verlängerungsdüse, um bis nach oben zu kommen.

Mindestens einmal jährlich sollten Sie Ihre Gardinen waschen – entweder in der Waschmaschine oder in einer Reinigung, je nach Material. Beachten Sie die Waschvorschriften der Gardinen, die gewöhnlich auf einem Etikett im Saum zu finden sind. Wenn Sie sie mit der Maschine waschen, schleudern Sie sie und hängen sie danach auf, damit sie nicht übermässig knittern und nicht so intensiv gebügelt werden müssen.

Für Eilige: Wenn die Gardinen nicht stark verschmutzt sind, reicht es manchmal aus, sie im Trockner ohne Hitze „durchzulüften".

Zur Not geht's auch so: Wenn Sie keine Zeit haben, über die ganzen Gardinen mit dem Staubsauger zu gehen, schlagen Sie sie leicht aus oder nehmen Sie einen Staubwedel.

Gartengeräte

Lassen Sie Dreck und Erde im Boden, nicht auf Ihren Eisenwerkzeugen. Erde enthält Feuchtigkeit die Rost verursacht und die Lebensdauer Ihrer Geräte verkürzt. Außerdem frisst Rost kleine Narben in das Material – dann haftet der Dreck noch besser und das Gerät funktioniert noch schlechter.

So wird's gemacht:

Nach Gebrauch wischen Sie den Dreck mit einem Tuch ab, bevor Sie das Gerät wegräumen. Sprühen Sie es leicht mit einem Rostschutz- und Schmiermittel ein. Das ist besonders wichtig bei Schneidewerkzeugen wie Gartenscheren oder Baumsägen oder bei Geräten, die lange nicht benutzt werden. Wenn Sie eine feuchte Garage oder einen feuchten Schuppen haben oder sich auf den Oberflächen sogar Kondenswasser bildet, ist dieser Schritt besonders wichtig. Vor dem Gebrauch von Geräten zum Graben oder Schaufeln sollte man, wenn die Erde relativ trocken ist, das Werkzeug ein paar Male in die Erde stoßen, damit der leichte Rostfilm verschwindet und das Material gefügig bleibt.

Holzgriffe müssen sauber und trocken gehalten werden. Mit Seifenwasser können Sie sie reinigen. Wenn Holz ständig nass und wieder trocken wird, wird es rau. Wenn sich Risse zeigen oder die Maserung hervortritt – ein Zeichen für bevorstehendes Splittern – muss das Holz mit feinem Sandpapier abgerieben werden. Die Fett Ihrer Hände reicht normalerweise aus, um das Holz geschmeidig zu halten. Man kann auch Öl verwenden, sollte aber Produkte vermeiden, die klebrige Rückstände hinterlassen; sie ziehen Schmutz an. Mit erhitztem Leinöl (im Baumarkt erhältlich) geht es relativ gut. Wischen Sie den Griff damit ab, lassen Sie es einziehen und dann trocknen.

Wenn Sie Sprühmittel in Ihrem Garten verwenden, entsorgen Sie überschüssige Lösung. Spülen Sie die Behälter mit Wasser aus und lassen Sie Spülwasser durchlaufen, um die restliche Lösung herauszuspülen. (Wenn Sie unbedingt giftige Chemikalien benutzen wollen, dann erkundigen Sie sich wenigstens bei Ihrem Wasserwerk, wie Sie das verschmutzte Wasser entsorgen können. Auch wenn Sie die Lösung noch einmal verdünnt haben – seien Sie vorsichtig, wo Sie sie entsorgen.) Spülen Sie noch ein zweites Mal. Reinigen Sie die Außenseite mit Spülwasser und einem Schwamm, einem Lappen oder einer Bürste. Egal, wie sorgfältig Sie eine Sprühflasche, in der Unkrautvernichter war, reinigen: Es gibt immer die Gefahr chemischer Rückstände. Deshalb beschriften Sie Ihre Flaschen gut und

SO MACHE ICH ES

WENN ES ZEIT IST DEN SPATEN HINZUWERFEN ...

Ein Landschaftsgärtner beschreibt, wie er seine Gartengeräte sauber macht:
„Ich wische den Dreck mit einem Stück Sackleinwand von den Geräten. Sie müssen nicht blitzblank poliert sein, nur frei von Feuchtigkeit. Was das Behandeln des Metalls angeht – wer hat die Zeit dazu? Viel benutzte Geräte brauchen normalerweise keine Beschichtung. Aber wenn ich ein Gerät für eine Woche weglege, sprühe ich es mit Rostschutz ein.“

nehmen Sie für jedes Mittel eine andere Flasche. Unkrautvernichter und Insektizide dürfen niemals in dieselbe Flasche – Rückstände von Unkrautvernichtern können auch Pflanzen töten.

Für Eilige:

Das meiste Gerät kann man einfach mit dem Gartenschlauch abspritzen und lufttrocknen lassen.

Zur Not geht's auch so:

Wenn Sie sich einmal eine Pause gönnen wollen, tun Sie es im Juni, Juli und August. Dann ist Hochsommer, die Sonne scheint und es ist trocken. Ihre Geräte rosten nicht, und das Reinigen nach dem Gebrauch ist nicht so immens wichtig. Außerdem benutzen Sie die Geräte ja meistens nicht nur einmal, so dass Sie den Rost immer wieder „abarbeiten".

Für das meiste Unkraut und die meisten Schädlinge gibt es ungiftige Mittel. Wenn Sie auf chemische Mittel nicht verzichten wollen, seien Sie auch vorsichtig, wenn es um Sie selbst geht. Vermeiden Sie Hautkontakt beim Auswaschen der entsprechenden Sprühflaschen und tragen Sie Gummihandschuhe, eine Schutzbrille und eine Maske vor Nase und Mund.

Auch beim Arbeiten mit Leinsamenöl brauchen Sie Gummihandschuhe; außerdem sollten Sie in einem gut durchlüfteten Bereich arbeiten. Lesen Sie immer genau die Gebrauchs- und Sicherheitshinweise auf den Produkten, die Sie verwenden.

Gartenmöbel

Gartenmöbel sollen unbeständige Witterung jeder Art aushalten, d. h. sie können mit dem Gartenschlauch abgespritzt und ordentlich geschrubbt werden. Wenn Sie es regelmäßig machen, wird sich kein übermäßiger Schmutz, Fett, Harz und anderes ansammeln. Sie ersparen sich eine größere Reinigung und haben mehr Zeit zum Lesen und Entspannen.

SO WIRD'S GEMACHT:

Wenigstens zweimal im Jahr sollten Sie Gartenmöbel reinigen. Spritzen Sie sie mit dem Gartenschlauch ab und scheuern Sie sie anschließend mit einer Nylonbürste und einem Eimer warmem Spülwasser.

Verwenden Sie keine Stahlwolle oder andere kratzende Reinigungskörper für Gartenmöbel. Meistens verkratzen die Oberflächen leicht. Manche Plastik- oder Vinylgegenstände sind sogar mit einer speziellen Beschichtung gegen Sonnenstrahlen versehen. Die soll natürlich nicht entfernt werden. Schrubben Sie Spalten und Ecken mit einer alten Zahnbürste. Spritzen Sie die Möbel am Ende nochmals mit dem Gartenschlauch sauber und trocknen Sie mit sauberen Handtüchern ab – oder lassen Sie sie in der Sonne trocknen.

Oberflächen aus lackiertem Metall, eloxiertem Aluminium, Plastik oder Vinyl – keinesfalls jedoch Holzoberflächen – können mit Autowachs oder -politur behandelt werden; das schützt sie vor Wind und Wetter und verleiht ihnen einen bleibenden Glanz. Es ist wie beim Auto – wenn Sie sie nicht wachsen, oxidiert die Oberfläche und wird matt. Lesen Sie immer genau die Gebrauchs- und Sicherheitshinweise auf den Produkten, die Sie verwenden, um sicher zu gehen, dass sie für Ihr jeweiliges Material geeignet sind.

Hier sind einige Tipps für die häufigsten Materialien von Gartenmöbeln.

ALUMINIUM

Obwohl Aluminium nicht rostet, kann es sich verfärben und leicht korrodieren, wenn es Verschmutzungen durch Luft und Regen ausgesetzt ist. Dieser Prozess (als Oxidation bekannt) kann Körnung des Materials verursachen; das bedeutet, dass eine Art feiner Sand an der Oberfläche klebt, der sich nicht mehr leicht entfernen lässt. Verwenden Sie niemals alkalische Reinigungsmittel – wie Ammoniak, Trinatriumphosphat oder Natron – auf Aluminium. Sie verfärben es. Wenn die Aluminiumoberfläche verfärbt ist, waschen Sie sie mit einer 50%igen Lösung aus Essig und Wasser ab.

(Zur Beachtung: Probieren Sie die Lösung immer erst an einer unauffälligen Stelle aus.)

Durch die Säure im Essig wird der alte Glanz wieder auftauchen. Verwenden Sie weder scharfe Mittel (wie Scheuerpulver) noch kratzende Reinigungskörper (wie Stahlwolle), da die Oberfläche dadurch verkratzt oder getrübt werden könnte.

Behandeln Sie Ihre Gartenmöbel mit Autowachs oder einem Silikonspray, um sie vor Korrosion und Körnung zu schützen.

POLSTER

Die meisten Polster von Gartenmöbeln heutzutage sind mit wasser- und sonnenbeständigen Materialien überzogen. In der Regel sollte man diese genauso wie die Möbel selber reinigen und trocknen lassen. Richten Sie sich jedoch immer nach den Hinweisen des Herstellers.

Sollten die Polster Schimmelpilzbefall zeigen, müssen sie gründlicher gereinigt werden. Füllen Sie einen sauberen Mülleimer (oder einen anderen großen Behälter) mit einer Lösung aus 1 Tasse flüssiger Chlorbleiche und 1 Tasse Waschpulver auf 10 l Wasser. (Wenn nötig, kann man die Lösung verdoppeln.) Lassen Sie die Polster für wenigstens 2 Stunden einweichen und scheuern Sie sie anschließend mit einer Nylonbürste. Verwenden Sie keine Bleiche für Polster, die farbige Bezüge haben, da die Farben eintrüben und ausbleichen können.

Sehr wichtig ist, die Polster zum Schluss gründlich mit kaltem Wasser auszuspülen, da sonst der Schimmel wieder auftreten kann. Sie können sie auch an der Tankstelle mit dem Hochdruckreiniger abspritzen. Lassen Sie die Polster vollständig trocknen, indem Sie sie für ein paar Tage in der Sonne liegen lassen. (Zur Beachtung: Solche Tiefenreinigung sollte nur angewendet werden, wenn der Hersteller sie ausdrücklich empfiehlt.)

Um die Polster – besonders solche mit hellen Mustern, die sich nicht bleichen lassen – vor Schimmelpilzen zu schützen, reinigen Sie sie öfter als normal. Mehltaupilze wachsen auf organischen Materialien wie Baumwolle, Leder und Papier. Da die meisten Polster für Gartenmöbel aus synthetischen Materialien sind, nährt sich der Pilz von fremden Substanzen wie Pollen, Staubpartikeln oder Saft, den Ihr Kind aus Versehen verschüttet.

Für Eilige:

Mit einem Gebläse für Blätter kann man den Trocknungsvorgang beschleunigen.

Gartenschläuche

Im Allgemeinen sind Sie sicher auch der Ansicht, dass Gartenschläuche nicht gepflegt werden müssen. Je sorgfältiger Sie jedoch damit umgehen, desto länger halten sie.

So wird's gemacht:

Wenn der Schlauch dreckig wird, legt man ihn einfach auf eine saubere Oberfläche, z.B. eine Auffahrt oder einen Innenhof, und spritzt ihn ab. Er ist also gewissermaßen selbstreinigend. Dann wischt man ihn mit einem Tuch ab. Im Winter muss das restliche Wasser aus dem Schlauch geholt werden, damit es nicht gefriert – dadurch kann die innere Beschichtung beschädigt werden. Man nimmt einfach ein Ende des Schlauchs, hebt es über den Kopf und lässt das Wasser herauslaufen. Der Schlauch sollte möglichst im Schatten aufbewahrt werden. Die UV-Strahlen können bei Einwirkung über längere Zeit das Kunstharz beschädigen und Risse verursachen.

Zur Not geht's auch so:

Im Winter legen Sie den Schlauch einfach in den Keller.

Gemälde

Wenn Sie keine Ausbildung als Restaurator haben, können Sie nicht viel tun, um Gemälde zu reinigen. Da es große Unterschiede bei den Materialien gibt, kann, was bei dem einen Gemälde gut funktioniert, einem anderen irreparable Schäden zufügen. Das Hauptziel sollte sein, die Ansammlung von Staub zu verhindern.

SO WIRD'S GEMACHT:

Stauben Sie Ölgemälde im Rahmen Ihres Hausputzes ab – jedoch nur solche, denen das Staubwischen nicht schaden kann. „Sogar durch Abstauben können sich lose Stückchen von der brüchigen Oberfläche eines alten Gemäldes lösen“, warnt eine Konservatorin. Nehmen Sie eine sehr weiche Bürste, die speziell für Gemälde geeignet ist und die man in Geschäften für Künstlerbedarf bekommen kann.

Manche Gemälde sind mit einem Lack beschichtet, der mit der Zeit ausbleichen kann. Versuchen sie nicht, den Lack zu säubern oder zu entfernen; Sie können dem Gemälde Schäden zufügen. Flecken oder Verfärbungen, bei denen Sie sich nicht sicher sind, lassen Sie immer besser von einem Konservator begutachten.

GERÄTESCHUPPEN

Schuppen gehören heute zur Standardausstattung eines Gartens. Was das Putzen angeht, müssen Schuppen weder absolut hygienisch sein noch aus allen Ecken funkeln; sie müssen aufgeräumt und frei von herumliegendem Kram sein. Ein durchschnittlicher Gartenschuppen misst etwa 2,5 m mal 3 m, also 7, 5 m^2 Grundfläche und fast 30 m^2 Lagerfläche an der Wand. Die Schwierigkeit liegt darin, für alles einen festen Ort zu finden und gleichzeitig noch Bewegungsfreiheit zu haben.

SO WIRD'S GEMACHT:

Das Äußere des Schuppens muss dem Material entsprechend gepflegt werden. Wenn er Fenster hat, sollten sie einmal im Jahr geputzt werden. Die Außenseiten sollten jeden Frühling mit dem Gartenschlauch abgespritzt werden. Ist der Boden aus Holz, muss er regelmäßig gefegt werden; am besten streicht man ihn zum Schutz vor Schmutz, Öl und Chemikalien mit Farbe.

Vorgefertigte Metallschuppen braucht man im Allgemeinen nicht zu pflegen. Hölzerne Schuppen dagegen müssen normalerweise alle paar Jahre gestrichen werden und beherbergen oft eine Menge

ungebetener Gäste. Prüfen Sie im Frühling und im Herbst, ob sich Löcher um das Dach und am Boden gebildet haben, wo die kleinen Geschöpfe hineinschlüpfen und Pflanzensamen naschen bzw. in Ihrem Torf ein Nest bauen können.
Wichtig ist, für alles einen festen und geeigneten Platz zu finden. Um den Platz am Besten zu nutzen, machen Sie sich eine Lagerskizze; dafür schlagen wir Ihnen hier einige Ideen vor.

- Gras-, Pflanzen- und Vogelsamen sollten in luftdicht verschlossenen Behältern aufbewahrt werden, in die keine Tiere mit ihren Zähnen gelangen können.
- Bringen Sie Haken und Regalbretter an der Wand an, um den vertikalen Raum für Werkzeuge usw. zu nutzen. Sie dürfen allerdings nicht so nah an der Tür sein, dass Sie gleich alles umwerfen, wenn Sie hineinkommen.
- Lassen Sie genügend Platz am Boden, um noch kleinere Arbeiten dort erledigen zu können, so wie das Wechseln des Bandes einer Motorsäge etc.
- Erd-, Torf- und andere Mischungen sollten in fest verschlossenen Plastikbehältern aufbewahrt werden, um die Erde feucht und gefügig zu halten. Achten Sie auf Behälter, die sich gut stapeln lassen.

EINE SAUBERE GESCHICHTE

Die wechselvollen Schicksale von Geräteschuppen
Die Anfänge heutiger Geräteschuppen gehen bis ins Mittelalter zurück, als die europäischen Klöster einen Ort brauchten, an dem sie die Werkzeuge für ihre riesigen Grünanlagen unterbringen konnten.
Im frühen 20. Jahrhundert war aus dem romantischen Schlupfwinkel ein bloßer Geräteschuppen geworden, und man kehrte ab von den komplexen englischen Gartenanlagen. Heute hat der Schuppen wieder größere Bedeutung, da die Gärtner mehr darin sehen als bloße Lagerplätze für ihr Werkzeug. „Es ist nicht mehr nur der Platz, wo man seinen Rasenmäher abstellt", sagt die Autorin eines Buches über die Geschichte des Gartens. „Es ist ein Ort, an dem Gärtner einfach Zeit verbringen."

Für Eilige:

Um alles schnell zu finden, ändern Sie die Anordnung der Geräte mit den Jahreszeiten. Große Dinge wie Rasenmäher oder Schneeräumer sollten in der Jahreszeit, in der sie gebraucht werden, möglichst gut erreichbar sein.

Zur Not geht's auch so:

Brauchen Sie noch mehr Lagerplatz? Der Raum über und zwischen den Gerüstbalken kann noch für leichte und selten gebrauchte Sachen benutzt werden.

Achtung: Geräteschuppen sind verlockende Spielplätze für Kinder. Bringen Sie scharfe und spitze Gegenstände außerhalb ihrer Reichweite unter. Gartenchemikalien müssen eingeschlossen werden, um die Vergiftungsgefahr von Kindern oder Haustieren auszuschließen.

Wenn Sie einen Swimmingpool haben, sollten Sie die dazugehörige Chemikalien nicht zusammen mit Gartenzubehör, sondern an einem separaten Ort bzw. in einer speziell bezeichneten Kiste lagern. Granulat für Swimmingpools ist besonders leicht endzündlich, deshalb reinigen und spülen Sie die Behälter immer gründlich, bevor Sie sie entsorgen.

Gerüche

Schnüffel-schnüffel ... iiihh! Was ist das für ein Gestank? Die meisten Gerüche, die unsere Nase belästigen, stammen von verschütteten Flüssigkeiten – entweder von der Flüssigkeit selbst oder von den Bakterien, die sich darauf gebildet haben. Andere häufig auftretende Gerüche kommen von den „Geschäftchen" unserer Haustiere, vom Kochen oder von Milben. Je mehr verspritzt wurde und je länger der Fleck unbehandelt stehen bleibt, desto schwieriger sind die Gerüche zu entfernen.

So wird's gemacht:

Es gibt hauptsächlich 2 Methoden zur Beseitigung von Gerüchen. Der leichtere besteht darin, den Geruch mit Parfüm oder Ähnlichem zu „übertünchen“. Der beste Weg ist jedoch, die Quelle des Geruchs zu entfernen.

URIN VON HAUSTIEREN

Dies ist eine der häufigsten Ursachen von Gestank. Wenn es in Teppiche dringt, kann Urin lange Zeit schlechten Geruch verbreiten und die Tiere zum selben Zweck wieder an dieselbe Stelle locken. Außerdem ist es eine Brutstätte für Bakterien, die ihre eigenen Gerüche dort verbreiten.

Zuerst sollte man so viel wie möglich mit weißen Lappen oder Papierhandtüchern aufnehmen. Dann wird die Stelle mit einem

GERÜCHE AUF TRADITIONELLE ART BEKÄMPFEN

Ist Frische in Dosen ein Widerspruch in sich? Viele Duftsprays bedecken Ihre Nasengänge entweder mit einem Ölfilm oder beeinträchtigen den Geruchssinn mit einem nervenbetäubenden Stoff. Es gibt jedoch bewährte Alternativen zur Geruchsbeseitigung.

Belüftung:
Damit ist nichts anderes gemeint als so oft wie möglich Fenster und Türen zu öffnen, damit die Quelle des Geruchs trocknet. (Das gilt natürlich nicht, wenn es draußen sehr feucht ist.)

Essig:
Kochen Sie eine Lösung aus 1 EL klarem Essig und 1 Tasse Wasser, um unangenehme Küchengerüche zu beseitigen. Wenn Sie Zwiebeln schneiden, reiben Sie vor- und nachher Ihre Hände mit Essig ein, um den Geruch zu vermindern.

Sellerie:
Dies ist eine andere Methode gegen Zwiebelgeruch an den Händen. Schneiden Sie einen Selleriestrunk und reiben Sie die Enden auf Ihre Hände, ebenfalls vor- und nach dem Zwiebelschneiden.

Zimt und Nelken:
Mischen Sie diese Gewürze in einer Mullbindenhülle zusammen und kochen Sie das Bündel. Durch die Hülle geht das Spülen schnell und einfach.

Vanille:
Feuchten Sie einen Baumwollbausch mit reiner Vanille an und legen Sie ihn auf eine kleine Untertasse. Stellen Sie sie dann ins Auto (nicht beim Fahren), in den Kühlschrank oder an irgendwelche Stellen im Haus, um Gerüche zu beseitigen (außer Reichweite von Kindern, da Vanille einen hohen Alkoholgehalt hat.)

Borax:
Um das Wachstum von geruchserzeugenden Bakterien und Schimmelpilzen zu verhindern, sprühen Sie 1/2 Tasse Borax auf den Boden eines Mülleimers.

Wie funktioniert das?

Die Wissenschaft vom Geruch

Gerüche bilden sich, wenn (zumeist organische) Substanzen Moleküle an die Luft abgeben, so dass sie auch in die Nase gelangen. Bei höheren Temperaturen verflüchtigen sich solche Substanzen leichter und verstärken somit die Geruchsbildung. Auch hohe Luftfeuchtigkeit verstärkt Gerüche, da die Geruchsmoleküle langsamer verdunsten. Es gibt 6 Hauptqualitäten von Gerüchen: fruchtig, blumig, harzig, würzig, faul und verbrannt.

Man ist überzeugt, dass der Geruchssinn 10.000 mal empfindlicher als der Geschmackssinn ist. Wissenschaftler haben z. B. entdeckt, dass der Mensch Ethylmercaptan, eine geruchserzeugende Substanz in verdorbenem Fleisch, sogar in einer Menge von 1/400 mg pro Liter Luft riechen kann.

Hunger verstärkt den Geruchssinn noch. Auch Schmerz macht den Körper wahrscheinlich empfindlicher gegen gefährliche Stimulanzien in der Umwelt. Und da auch die Nervenenden in der Nase schmerzempfindlich sind, können manche Gerüche, z. B. Ammoniak, physisches Unbehagen hervorrufen.

weißen Handtuch abgetupft, das mit konzentriertem, lauwarmem Spülwasser getränkt ist. Saugen Sie mit einem frischen Handtuch noch mal so viel wie möglich auf. Als Nächstes tupfen Sie den Fleck mit einer Lösung aus 1 Teil Essig und 2 Teilen Wasser ab. Wieder versuchen Sie, mit einem Handtuch den Rest aufzunehmen. Bedecken Sie die Stelle mit weißen Frotteehandtüchern, legen Sie etwas Schweres darauf und lassen Sie sie für mindestens 6 Stunden trocknen.

Kochgerüche

Wenn Sie ein 2-Kilo-Hähnchen lange im offenen Topf schmoren, haben Sie am Ende 2 Kilo Fleischgeruch, Fett und Dunst an den Wänden, in den Teppichen und an der Decke.

Dasselbe geschieht, wenn auch nicht in denselben Ausmaßen, wenn man mit stark riechenden Sachen wie Fisch, Zwiebeln oder Knoblauch kocht. Um die Quelle der Küchengerüche zu beseitigen, müssen alle Oberflächen in der Küche gereinigt und desinfiziert werden.

Die Hitze steigt auf und wird, ihrer Tendenz zu gleichmäßigen Verhältnissen zufolge, zu kalten Bereichen hingezogen. Legen Sie beim Putzen deshalb besonderen Wert auf hoch liegende Stellen,

Metallflächen (Armaturen, Türgriffe, Scharniere usw.) und die Bereiche um Tür und Fenster.

Rauch

Gehen Sie dabei genau so vor wie bei Kochgerüchen. Versuchen Sie die Rückstände vom Rauchen auf den Oberflächen wegzuwischen. Waschen Sie Teppiche, Vorhänge und andere Stoffe (oder lassen Sie sie reinigen). Wenn Sie nach Rauchbildung größeren Ausmaßes, so wie einem Feuer, putzen, müssen Sie sich vermutlich an Fachleute wenden. Um hartnäckigen Rauch zu beseitigen, werden bei professioneller Reinigung eine ganze Reihe von Techniken angewendet, darunter auch Ozongas. Es lässt die Geruchsmoleküle oxidieren, so dass normalerweise keine Spur von dem Geruch bleibt.

Kühlschrankgerüche

Um Kühlschrankgerüche unter Kontrolle zu halten, sollten Sie Ihren Kühlschrank regelmäßig einer gründlichen Reinigung unterziehen. Halten Sie alle Lebensmittel verschlossen oder verpackt,

Was die Raumfahrt mit Ihrem Wohnzimmer zu tun hat

Durch Rauch beschädigte Gemälde sind schwierig zu reinigen, da die meisten Lösungsmittel, mit denen sich Rückstände von Rauch beseitigen lassen, auch viele Arten von Farbe auflösen. Aber Raumfahrtwissenschaftler, die als Berater für eine Gemäldegalerie gearbeitet haben, haben eine Methode zur Beseitigung solcher Rückstände entwickelt.
Die Technik arbeitet mit einatomigem („atomischem“) Sauerstoff. Er ist reichlich in den oberen Schichten der Atmosphäre vorhanden, wo UV-Strahlen normalen Sauerstoff (O_2) in 2 einzelne Atome spalten. Diese einzelnen Sauerstoffatome suchen etwas, woran sie sich binden können. Das stellt für Satelliten ein großes Problem dar, da bei der Bindungsreaktion mit der Zeit viele Teile am Äußeren des Satelliten erodiert werden.
In ihrem Experiment mit durch Rauch beschädigten Kunstwerken haben die Wissenschaftler Sauerstoffmoleküle in einem Vakuumgefäß gespalten und dann die betroffenen Gemälde dem atomischen Sauerstoff ausgesetzt. Die Atome haben sich an die Rückstände (die hauptsächlich aus Kohlenstoff bestanden) gebunden, woraus dann Kohlendioxid, Kohlenmonoxid und Wasser entstanden sind. Eine Leinwand, die durch ein Ölfeuer beschädigt war, war in einer Stunde sauber, eine andere, bei der ein Möbelbrand die Ursache war, brauchte 23 Stunden – ohne dass die Gemälde irgendeinen Schaden dabei genommen hätten.

damit keine Gerüche von einem auf andere übergehen. Und werfen Sie alte, ungenießbare Dinge weg, bevor sie zu stinken anfangen. Als Vorbeuge kann man eine kleine, geöffnete Schachtel Natron in den Kühlschrank und eine zweite in den Gefrierschrank stellen, um Gerüche zu absorbieren. Wechseln Sie sie alle paar Monate aus.

Bei besonders schlechten Gerüchen verteilen Sie eine mittelgroße Packung Natron oder Aktivkohle auf organischer Basis in eine flache Pfanne und lassen Sie sie für ein paar Tage im Kühlschrank stehen. Dasselbe kann man auch mit frisch gemahlenem Kaffee in einer Schale machen.

Zur Beachtung: Frisch gemahlener Kaffee überträgt seinen Geruch manchmal auf Eis und Eiskrem. Nehmen Sie deshalb solche Sachen heraus oder stecken Sie sie in eine fest verschlossene Plastiktüte.

Wenn Sie schon kurz davor sind, Ihren Kühlschrank wegen unerträglicher Gerüche – etwa durch verdorbene Lebensmittel oder faules Fleisch – zu verschrotten, probieren Sie erst das Folgende. Leeren Sie den Kühlschrank und reinigen Sie ihn, wie es der Hersteller vorschreibt. Legen Sie in jedes Fach zerknülltes Zeitungspapier. Stellen Sie in das oberste Fach eine Tasse Wasser oder besprühen Sie das Papier leicht mit Wasser und lassen Sie den Kühlschrank 5-6 Tage laufen. Wechseln Sie das Zeitungspapier alle 2 Tage aus. Das Kühlsystem wird feuchte Luft über die Papieroberfläche ziehen, die die Geruchsmoleküle aufnimmt. Es ist umständlich, aber es funktioniert. Kümmern Sie sich um einen Ersatzkühlschrank für die Zeit.

MEHLTAU

Wenn Sie Mehltaupilze entdecken, bürsten Sie zuerst die Oberfläche draußen ab, damit Sie die Keime nicht im Haus verbreiten. Gehen Sie nach den Pflegehinweisen des betroffenen Gegenstandes vor. Nicht waschbare Sachen bringen Sie zur Reinigung, waschbare werden so schnell und so heiß wie möglich gewaschen. Um Mehltau von Golftaschen, Zeltplanen und anderen nicht

waschbaren Dingen zu entfernen, wischen Sie sie mit heißem Spülwasser und einem weißen Baumwolltuch ab. Wenn möglich, geben Sie Chlorbleiche in die Flüssigkeit. Bleiche tötet die restlichen Bakterien ab.
Um Schimmelpilze zu vermeiden, sorgen Sie für ausreichende Belüftung im Haus und kontrollieren Sie die Feuchtigkeit. Wenn Sie die Ursache nicht finden, sehen Sie in der Verdunsterschale unter dem Kühlschrank nach, wenn er eine hat. Es ist warm, dunkel und feucht dort unten – die perfekten Bedingungen für das Wachstum von Schimmelpilzen.

FÜR EILIGE:

Wenn Sie einen extra starken Staubsauger haben (einen, der auch Flüssigkeit aufnimmt), entfernen Sie damit so bald wie möglich Urin und andere geruchsbildende Flüssigkeiten von Teppichen. Verdünnen Sie den Fleck erst mit Wasser und saugen Sie dann so viel wie möglich ab. Wiederholen Sie den Vorgang so oft wie nötig.

GESCHIRR

Sie wollen Ihr Geschirr sauber und keimfrei haben, und Sie wollen, dass es das Spülen unbeschadet übersteht. Und außerdem möchten Sie mit dem Spülen der Tellerberge so wenig Zeit wie möglich verbringen.

SO WIRD'S GEMACHT:

Vom Standpunkt der Reinlichkeit hat die Spülmaschine deutliche Vorteile gegenüber dem Spülen mit der Hand. Aber es nicht immer möglich oder praktisch. Wie Sie mit beiden Möglichkeiten exzellente Erfolge erzielen können, sagen Ihnen die folgenden Hinweise.

SPÜLEN MIT DER HAND

Füllen Sie die Spüle mit Wasser, und zwar so heiß, wie Ihre Hände es aushalten. Je heißer, desto gründlicher werden Bakterien abgetötet und Fett abgelöst. Geben Sie das Spülmittel bei laufendem Wasser hinzu, damit sich Schaum bildet. Sie können auch Gummi-

handschuhe tragen, um Ihre Hände vor dem heißen Wasser zu schützen, Veränderungen an den Fingernägeln möglichst gering zu halten und Ihren Griff fester zu machen. Fangen Sie mit den am wenigsten verschmutzten Gegenständen an – normalerweise Gläser und Besteck – , dann folgen die Teller und Schüsseln, zum Schluss Töpfe und Pfannen. Sie können das Geschirr sowohl im Wasser als auch darüber spülen, mit allen möglichen Utensilien – Plastik- oder Naturhaarbürsten, Stahlschwämme, raue oder weiche Schwämme, und, und, und. Sie müssen nur sicher gehen, dass Sie Ihr Geschirr nicht verkratzen. Wechseln Sie das Spülwasser, wenn es zu fettig wird, zu stark abkühlt oder kein Schaum mehr übrig ist.
Als Nächstes füllen Sie ein sauberes Becken mit heißem Wasser und tauchen das schaumige Geschirr hinein oder stellen Sie es in einen Abtropfständer und spritzen es mit Wasser ab. Spülen Sie auch das Innere von Kannen, Gläsern usw. gut aus. Lufttrocknen ist am einfachsten, aber wenn Sie das Geschirr per Hand abtrocknen, ersparen Sie sich Wasserflecken.

Spülen in der Spülmaschine

Wichtig ist, dass Sie die Spülmaschine richtig beladen. Bei den meisten neueren Geräten ist kein Vorspülen erforderlich. Wenn Sie Geschirr in die Spülmaschine stellen, sie aber erst später laufen lassen wollen, nehmen Sie einen entsprechenden, dafür vorgesehenen Spülgang. Sie wollen erreichen, dass die Sprüharme die starken Verschmutzungen erreichen. In der Tat kann es vorkommen, dass die Maschine die Oberseiten der Teller verfehlt. Obwohl die optimale Verteilung des Geschirrs in der Maschine auch von Ihrem speziellen Gerät abhängt und Sie am besten die Gebrauchsanweisung lesen sollten, so kann man doch einige allgemeine Tipps geben.

- Die verschmutzte Seite eines Tellers usw. sollte immer zur Mitte der Spülmaschine zeigen.
- Verdecken Sie kleinere Gegenstände nicht durch größere.
- Stellen Sie Gläser, Tassen, Schüsseln immer auf den Kopf.
- Empfindliche Gläser müssen sicher stehen, so dass sie nicht umfallen oder angestoßen werden können.

- Überladen Sie die Maschine nicht, sonst kann das Wasser nicht mehr richtig zirkulieren.

Die Wassertemperatur sollte wenigstens 50°C betragen. Um dies zu prüfen, legen Sie ein Wasserthermometer in ein Glas in der Spüle und lassen das heiße Wasser so lange laufen, bis die Temperatur nicht mehr steigt. (Tipp: Vor dem Anschalten der Spülmaschine lassen Sie das restliche kalte Wasser aus der Leitung, indem Sie das warme etwa eine Minute laufen lassen.)
Nehmen Sie nur Spülmaschinenpulver. Sie werden es für selbstverständlich halten, aber es ist wichtig. Es mag aussehen wie Waschpulver, erzeugt aber ein Minimum an Schaum. Andere Mittel können den Spülvorgang behindern oder zum Überfließen führen, wobei die Maschine und der Boden beschädigt werden. Halten Sie das Fach für das Spülmaschinenpulver sauber und trocken, bevor Sie neues einfüllen. Sonst können einige Körnchen in dem Behälter „festbacken". Vermeiden Sie direkten Kontakt des Mittels mit Besteck oder anderem Metall – es kann Flecken verursachen.
Hartes Wasser enthält Mineralien, die Flecken oder einen Film auf Geschirr hinterlassen können. Die durchschnittliche Wasserhärte liegt zwischen 60 und 120 mg Kalzium und Magnesium pro Liter. Erkundigen Sie sich bei Ihrem Wasserwerk. Wenn Ihr Wasser hart ist (d. h. über dem Durchschnitt liegt), erhöhen Sie entweder die Pulvermenge oder geben Sie ein spezielles Mittel zum Abspülen hinzu, so dass das Wasser schneller abfließen und verdampfen kann.
Um die Leistungsfähigkeit Ihrer Spülmaschine noch zu verbessern, verbrauchen Sie kein Wasser an anderen Stellen des Hauses (z. B. beim Baden), während sie läuft. Das vermindert den Wasserdruck, und das Geschirr wird weniger gründlich gereinigt.

Für Eilige:

Vor dem Waschen mit der Hand sollten Sie unbedingt das Geschirr vorspülen. Sonst landen die Essensreste in der Spüle und erschweren das Spülen. Sie können das Spülmittel noch intensiver

machen, wenn Sie eine Kappe voll Essig hinzugeben. Das Trocknen geht umso besser, je heißer das Wasser ist, da es dann schneller verdampft. Es gibt auch ein spezielles Mittel für die Spülmaschine, das das Wasser besser vom Geschirr abperlen lässt, so dass das Trocknen schneller geht und dabei keine Flecken entstehen.
Achtung: Edelstahl- und Silberbesteck gehören nicht in denselben Korb in der Spülmaschine. Direkter Kontakt zwischen diesen beiden Metallen kann bleibende Schäden auf dem Silber verursachen. Und da die Schneideflächen der meisten versilberten Messer aus Edelstahl sind, sollten alle in dieselbe Richtung zeigen.

Geschirrkorb

Vergessen Sie nicht: Ein Geschirrkorb soll sauberes, trocknendes Geschirr halten. Ein schmutziger Geschirrkorb wirkt in die gegenteilige Richtung. Und da er ständig einer feuchten Umgebung ausgesetzt ist, ist so ein Korb ein idealer Ort zur Vermehrung von Bakterien.

So wird's gemacht:

Alle paar Wochen lassen Sie den Geschirrkorb in Spülwasser einweichen, in das Sie auch 1 TL flüssige Haushaltsbleiche geben. Mit einem Schwamm reiben Sie angetrocknete Verschmutzungen ab. Die Bleiche hat die Eigenschaft, Keime abzutöten – Bakterien, Moder, Schimmel – und macht Ihren Korb wunderbar sauber.

Zur Not geht's auch so:

Legen Sie den Ständer in die Spüle und spritzen Sie ihn mit heißem Wasser ab. Trocknen Sie ihn gut mit einem trockenen Lappen ab.

Achtung: Wenn Sie mit Bleichmittel arbeiten, tragen Sie Gummihandschuhe und gehen Sie nach der Gebrauchsvorschrift auf dem Behälter vor.

Glas

Fensterputzen ist nicht schwer, da die Scheiben nicht porös sind. Allerdings sollte man sie regelmäßig reinigen, da sie – ob Sie es glauben oder nicht – fleckig werden können. Saurer Regen und andere Chemikalien reagieren mit Fensterglas und können Verfärbungen verursachen – manchmal sogar die Oberfläche verätzen. Außenglas, das jahrelang nicht geputzt wird, wird vermutlich nicht mehr so klar, wie es früher war.

So wird's gemacht:

Nehmen Sie zum Putzen der Fenster Spülwasser oder 1 Tasse Essig auf 4 l Wasser. Glasreinigungsmittel auf Ammoniakbasis tendieren dazu, Streifen zu hinterlassen, die man bekanntlich besonders bei hellem Sonnenlicht sieht. Um Fusseln zu vermeiden, nehmen Sie statt eines Lappens einen Gummischrubber oder Zeitungspapier. (Kommt Druckerschwärze an Ihre Hände, seien Sie vorsichtig, dass sie nicht auf die Fensterrahmen abfärbt.)

Vertikale Flächen (so wie Fenster) putzt man am besten von oben nach unten. Tragen Sie die Lösung mit einem Tuch oder einem Lappen auf und kratzen Sie feste Verschmutzungen mit einer Bür-

So mache ich es

Keine Streifen auf dem Campus

Die ehemalige Hausmeisterin eines Universitätsgeländes erzählt uns, wie sie Ihre Fenster putzt:

„Ich benutze keinen Glasreiniger, da ich das Ammoniak darin nicht mag – es hinterlässt Streifen. Auf manchen Glasreinigern wird empfohlen, sie nicht bei direktem Sonnenlicht zu benutzen. Ich nehme eine milde Lösung mit Spülmittel. Es ist nun mal dafür gemacht, feinstes Porzellan zu spülen und macht keine Streifen, kratzt nicht an der Oberfläche und schadet den Händen nicht. Es hat gute schmutzlösende Bestandteile.

Ein Spritzer in einem Eimer warmem Wasser reicht völlig aus. Ein bisschen ist besser als eine scharf konzentrierte Lösung. Mit einem Gummischrubber wische ich das Spülwasser ohne Fusseln ab. 9 von 10 professionellen Fensterputzern nehmen flüssiges Spülmittel. Es ist wunderbar ökonomisch.“

ste ab. Wenn Sie innen arbeiten, legen Sie am besten ein Handtuch auf das Fensterbrett, um Tropfen aufzufangen.
Für Glasplatten auf Esstischen nimmt man Zeitungspapier, keinen Gummischrubber. Vergessen Sie die untere Seite nicht; sie wird auch schmutzig.
Schaben Sie vorsichtig Farbspritzer und andere angetrocknete Verunreinigungen mit einer Rasierklinge ab. Farbe haftet durch ein Vakuum, und die Rasierklinge dringt unter den Rand des Farbkleckses und lässt ihn aufspringen. Ein Spachtelmesser ist ungeeignet, da sein stumpferes Blatt das Glas beschädigen kann.

Für Eilige:

Wenn Sie das Glas mit einem Gummischrubber reinigen, halten Sie immer mindestens 2 Tücher bereit. Mit einem muss der Schrubber abgewischt werden, mit dem anderen die Ecken der Glasfläche.

Grills

Fettige und klebrige Verunreinigungen können Ihnen das Vergnügen an einer Gartenparty trüben.

So wird's gemacht:

Bei einem Gasgrill sollte die Flamme im Schatten blau und in der Sonne unsichtbar sein. Eine gelbe oder orange Flamme lässt auf Verschmutzung des Brenners oder der Röhren schließen. Den Brenner sollten Sie einmal jährlich mit einer Drahtbürste reinigen und dabei mit einem Nagel oder Bohrer klebrige Schmutzstücke entfernen. Natürlich lässt sich das am besten machen, wenn der Grill abgekühlt ist. In Röhren verirren sich manchmal Spinnen oder bauen sogar Nester darin, was den Gasstrom erheblich behindern kann. Sie können auch spezielle Bürsten für die Gasleitungen kaufen, aber Pfeifenreiniger oder Plastikstrohhälme reichen durchaus, wenn man sie ordentlich hin- und herdreht.
Die Innenseite und den Rost kann man säubern, indem man den Grill nach Gebrauch einige Minuten voll aufdreht. Bei einem

SO MACHE ICH ES

UNVERBESSERLICH

Ein preisgekrönter Rippchengriller erzählte:
„Ich nehme nicht gerne scharfe Reiniger auf Kochflächen. Jeden Abend nehmen wir die Grills auseinander und weichen sie in heißem Spülwasser ein; am nächsten Morgen spülen und trocknen wir sie gut ab. An den Seiten kratzen wir verkohltes Fleisch und Soße ab und wischen dann alles mit einem Lappen ab. Einmal die Woche werden die Oberflächen besonders gründlich gereinigt, mit allen Ritzen und Fugen. Perfekt wird es nie, das ist klar. Ich bin aber der festen Überzeugung, dass Grills mit der Zeit besser werden.
Wenn wir unterwegs kochen, z.B. bei Wettbewerben, nehmen wir einen riesigen, tragbaren Apparat zum Grillen mit. Den sprühen wir innen und außen mit einem organischen Fettlöser ein und lassen ihn über Nacht einwirken. Morgens spritzen wir ihn dann an einer Tankstelle ab."

Kohlegrill lassen Sie den Rost einfach ein paar Minuten über den glühenden Kohlen liegen. Eine andere Methode besteht darin, den Rost nach dem Abkühlen auf ein paar Zeitungen zu legen. Sprühen Sie Grill- oder Backofenreiniger darauf und bedecken Sie ihn mit noch mehr Zeitungspapier. Das Zeitungspapier sollte angefeuchtet sein, damit der Rost an ihm haftet, und oben legen Sie Gewichte auf. Lassen Sie den Reiniger für einige Stunden oder über Nacht einwirken, bürsten Sie dann den Rost mit einer Grillbürste ab und spülen Sie mit Wasser nach. An der Innenseite des Grills kann man den Schmutz einfach abkratzen, z. B. mit einem Spachtelmesser.

SO WIRD'S GEMACHT:

Wenn Sie einen Gasgrill mit der Hitzemethode, also bei eingeschaltetem Grill, reinigen, legen Sie eine doppelte Schicht Aluminiumfolie über den Rost, so, dass noch ein Stück an der Seite überhängt. Zünden Sie den Grill an und schließen Sie den Deckel. Die überhängende Folie wird sich krümmen und die Schlitze versiegeln. Nach maximal 30 Minuten (oder früher, wenn der Rauch aufhört) schalten Sie aus. Die Folie verstärkt die Hitze. Wenn Sie die Zeit überschreiten, kann sich das Grillgehäuse verziehen.

Zur Not geht's auch so:

Lavasteine – wenn Ihr Grill welche hat – bekommen mit der Zeit eine fettige Oberfläche. Wenden Sie sie ab und zu, um das Fett ausbrennen zu lassen.

Achtung: Ist die Innenseite Ihres Grills aus Porzellan, dürfen Sie keinesfalls einen Schaber oder ein Spachtelmesser verwenden. Dadurch können irreparable Kratzer entstehen.

Haarbürsten

Wenn Sie Ihre Haarbürste ab und zu reinigen, brauchen Sie keine Angst zu haben, dass sie zu einem Vogelnest voll von alten Haaren und Haarschaumresten wird.

So wird's gemacht:

Egal, ob Ihre Bürste Natur- oder Kunstborsten hat – das Beste für sie ist ein Bad in warmem Seifenwasser. Natürlich sollten Sie zu allererst einmal das Gröbste an Haaren entfernen. Am besten gehen Sie dazu mit einem Kamm durch die Bürste. Von unten lassen sich die Haare langsam nach oben, bis zu den Borstenspitzen, ziehen.

Anschließend weichen Sie die Bürste 10-20 Minuten im Waschbecken ein, in einer schaumigen Mischung aus warmem Wasser und mildem flüssigem Spülmittel, auf jeden Fall aber so lange, bis Haarfett und Reste von diversen Styling-Produkten entfernt sind.

In den meisten Fällen, besonders wenn nur Sie die Bürste benutzen, sollte diese Methode ausreichen. Wenn Sie wirklich pingelig sind oder wenn mehrere Personen die Bürste benutzen, ziehen Sie es vielleicht vor, sie in einer antibakteriellen Lösung oder einem Pilzvernichtungsmittel einzuweichen. In Kosmetikfachgeschäften können Sie solche Produkte bekommen; beachten Sie jedoch die Hinweise auf den Verpackungen.

FÜR EILIGE:
Da sowohl Bürsten als auch Kämme und Lockenwickler sich gut in einem warmem Seifenbad reinigen lassen, empfiehlt es sich, alle zusammen einzuweichen.

ZUR NOT GEHT'S AUCH SO:
Wenn Sie eine schon tief verschmutzte Bürste noch retten wollen, können Sie sie in einer 10%igen Lösung aus Haushaltsbleichmittel und Wasser desinfizieren. Anschließend gründlich mit Wasser nachspülen.

Achtung: Die meisten Griffe vertragen Seifenwasser gut, da sie aus Kunststoff, Hartgummi oder beschichtetem Metall sind. Sind Sie nicht sicher, oder handelt es sich um einen wertvollen Gegenstand mit einem Griff aus Silber oder anderem hochwertigen Material, tauchen Sie lediglich die Borsten in eine Schüssel mit warmem Seifenwasser.

HANDTASCHEN

Wie mit Koffern kann man auch mit Handtaschen eine Menge Unsinn anstellen. Anders als Koffer sind sie jedoch meistens aus Leder, das schwerer ohne Beschädigungen zu reinigen ist.

SO WIRD'S GEMACHT:
Wenn Ihre Handtasche nicht aus Leder ist, ist sie wahrscheinlich aus Stoff oder synthetischem Material wie Vinyl oder Nylon, das man gewöhnlich mit ein wenig Wasser sauber bekommt. Lassen Sie Ihre Handtasche nie zu nass werden. Hartnäckige Flecken können Sie mit einem schaumigen Tuch entfernen und anschließend abspülen.

Die meisten sind jedoch aus irgendeiner Art von Leder – ob Natur oder Lackleder, Wildleder oder eine exotische Tierhaut. Leider gibt es nicht viele Möglichkeiten Leder zu reinigen. Tragen Sie normalen Lederreiniger auf und wischen Sie mit einem feuchtem Lappen und eventuell mit einem Lederpflegemittel nach. Wenn das Leder hellbraun ist, probieren Sie das Mittel erst an einer unauffälligen Stelle aus.

Für Lackleder gibt es spezielle Mittel; wenn Sie ein solches haben, sprühen Sie es auf und wischen Sie mit einem sauberen, weißen Tuch nach.

Krokodilledertaschen kann man mit einer Wachspaste für Autos behandeln. Tragen Sie es mit Ihren Fingern auf und tupfen Sie mit einem sauberen, weißen Tuch die Tasche ab.

Wie man das Innere reinigt, hängt vom Material ab. Die meisten Handtaschen lassen sich innen mit einem leicht angefeuchteten Schwamm auswischen. Öffnen Sie die Tasche entweder so weit, wie es geht, oder stülpen Sie das Innenfutter heraus. Ist es aus Seide, darf kein Wasser benutzt werden. Schütteln Sie einfach den Staub heraus und wischen die Tasche mit einem trockenen Tuch aus.

Wenn Flüssigkeit auf Ihre Tasche verspritzt wird, muss sie zuerst mit einem sauberen, weißen Handtuch abgetupft werden.

Wenn der Fleck fettig ist, legen Sie die Tasche flach hin, schütten Stärkemehl darauf und lassen sie eine Nacht liegen. Das Mehl nimmt das Fett auf. Eine andere Methode ist, ein Stück weißes Küchenpapier auf den Fettfleck zu legen und mit einem warmen Bügeleisen darüber zu gehen. Nehmen Sie die niedrigste Stufe. Wechseln Sie das Papier einige Male aus, bis keine Spuren von dem Fleck mehr zu sehen sind. Leder hat allerdings Poren; und das heißt, dass man zwar einiges, aber nicht alles entfernen kann. Und außerdem bleibt eine runzlige Stelle zurück.

Flecken auf Wildleder werden abgetupft; dann lässt man sie ein paar Tage trocknen. Stellen Sie die Struktur des Leders durch leichtes Reiben mit einer Spezialbürste für Wildleder oder feinem Sandpapier wieder her. So kann der Fleck eventuell verschwinden.

Verfärbungen lassen sich am besten mit Lederspray behandeln. Es funktioniert wie normales Farbspray und ist in vielen Farben erhältlich. Wählen Sie die passende aus und folgen Sie den Gebrauchsvorschriften. Flecken und andere Verfärbungen auf

Wildleder kann man mit einem Kreidestift in der entsprechenden Farbe ausgleichen.
Bei stärkeren Verschmutzungen sollten Sie zum Lederhändler gehen. Suchen Sie sich Ihren Händler gut aus. Meistens holt die Lederreinigung die Sachen von der chemischen Reinigung ab. Wenn Sie zu einer solchen gehen, vergewissern Sie sich, dass das Leder von Spezialisten gereinigt wird. Manche Reinigungen versuchen es selber – um die Gebühren für eine Fachreinigung zu sparen – und beschädigen möglicherweise Ihre Sachen.
Achtung: Probieren Sie ein Mittel immer erst an einer unauffälligen Stelle Ihrer Handtasche aus, bevor Sie es richtig anwenden.

HÄNGEMATTEN

Hängematten ziehen Staub und Schimmelpilze an, wenn Sie feucht sind – vor allem, wenn sie draußen aufgehängt werden. Regelmäßige Reinigung verlängert das Leben von Hängematten und verhindert, dass Sie sich schmutzig machen, wenn Sie mal ein Nickerchen halten.

SO WIRD'S GEMACHT:

Legen Sie Ihre Hängematte auf eine glatte Oberfläche, z. B. eine Plane. Spritzen Sie sie mit dem Gartenschlauch ab und schrubben Sie sie mit einer weichen Bürste oder einem Lappen und einem Eimer warmem Seifenwasser. Am besten funktioniert ein mildes Spülmittel. Spritzen Sie das Mittel ab, drehen Sie die Matte um und wiederholen Sie den Vorgang. Verwenden Sie keine Bleiche, da sie die Fasern einer Hängematte beschädigen kann.
Dann wird die Hängematte zum Trocknen in die Sonne gehängt. Wenn sie nass bleibt, bildet sich Moder. Eine weiße Hängematte, die draußen aufgehängt war, wird nie wieder völlig weiß. Aber die Sonne bleicht sie ein wenig auf natürliche Weise.

FÜR EILIGE:
Vor dem ersten Gebrauch sprühen Sie Ihre Hängematte mit 2 leichten Schichten Imprägnierspray ein. Das schützt die Fasern und macht die Reinigung einfacher.

HARZ

Wenn Sie jemals ein Kind hatten, das auf Bäumen herumgeklettert ist, dann kennen Sie Harz sehr gut. Es ist der klebrige Saft, den manche Bäume – z. B. Kiefern – produzieren, um dem Wetter und der Fäulnis widerstehen zu können. Harz ist nicht wasserlöslich, deshalb ist das Auswaschen harziger Sachen fast unmöglich. Ein stärkeres Lösemittel ist vonnöten.

SO WIRD'S GEMACHT:
Zuerst müssen größere Harzrückstände abgekratzt werden. Dann wird, falls das Gewebe farbecht ist, die Stelle mit Reinigungsalkohol eingerieben. Legen Sie den Stoff mit dem Fleck nach unten auf eine harte Unterlage mit einem sauberen, weichen Tuch dazwischen, befeuchten Sie ein zweites Tuch mit dem Alkohol und tupfen Sie den Fleck von innen nach außen aus dem Stoff heraus. Während der Alkohol den Harz auflöst, nimmt ihn das darunterliegende Tuch auf. Handelt es sich um kleinere Flecken, tränken Sie einen Baumwollbausch mit Alkohol und tupfen den Fleck damit ab. Bei Teppichen ist zu beachten, dass der Alkohol niemals direkt auf den Teppich gegeben werden darf, sondern nur auf das Tuch. Sonst kann er in die Teppichunterseite dringen und noch mehr Schmutz anziehen.

EINE SAUBERE GESCHICHTE

Ein Weihnachtswunder
Eine Textilexpertin erzählt, wie sie einmal die überraschende Entdeckung eines Lösungsmittel für Harz machte: „Ich trug gerade meinen Weihnachtsbaum aus dem Haus, als ein dicker Klumpen Harz auf meinen Kopf tropfte. 'Oh nein', dachte ich, 'das geht bestimmt nicht mit Shampoo raus.' Dann entsann ich mich meiner Zeit als Chemikerin und holte Reinigungsalkohol. Gleiches löst Gleiches, und Harz hat eine ähnliche Zusammensetzung wie Alkohol. Der Alkohol holte das Harz problemlos aus meinen Haaren."

Zur Beachtung: Probieren Sie ein Mittel immer erst an einer unauffälligen Stelle aus, bevor Sie es auf den Fleck anwenden. Lesen Sie immer genau die Gebrauchs- und Sicherheitshinweise auf den Produkten, die Sie verwenden.

HAUSTIERFÄKALIEN

Was muss, das muss – und das gilt sogar für dressierte Hunde und die meisten domestizierten Katzen. Das Wichtigste bei der nachträglichen Reinigung ist, es so schnell wie möglich zu machen, um Flecken, Verfärbungen und Gerüche zu vermeiden.

SO WIRD'S GEMACHT:

Urin ist problematisch, besonders auf Teppichen und Stoff, da er Farben eintrüben und Fasern beschädigen kann. Zuerst nehmen Sie so viel wie möglich von dem Urin mit weißen Lappen oder Papierhandtüchern auf. Dann tupfen Sie den Bereich mit einem weißen Handtuch ab, das mit konzentriertem, warmem Spülwasser getränkt ist. Saugen Sie mit einem sauberen Handtuch so viel wie möglich auf. Dann wird die Stelle mit einer Lösung aus 1 Teil Essig und 2 Teilen Wasser abgetupft. Wieder müssen Sie mit einem Handtuch soviel wie möglich aufnehmen. Bedecken Sie die Stelle mit einigen weißen Handtüchern, legen Sie etwas Schweres darauf und lassen Sie sie wenigstens 6 Stunden trocknen.

Eine Alternative besteht darin, den Urin oder die wässrigen Exkremente mit Papierhandtüchern aufzusaugen und dann die Stelle mit enzymhaltigen

SO MACHE ICH ES

WEGGEBÜRSTET

Eine Tierschützerin arbeitet täglich mit Hunden und Katzen. Und wenn sie abends nach Hause kommt, warten weitere Freunde auf sie: 2 italienische Windhunde und 3 Katzen. So hält sie ihre Möbel von Haustierhaaren fern:

„Es gibt diese kleinen Gummibürsten, die man zum Striegeln des Katzenfells benutzt. Dasselbe, was sie auf dem Fell macht, macht sie auch auf Polstermöbeln: sie ballt die Haare zu Klümpchen zusammen. Sie kosten nur ein paar Mark; man bekommt sie in Tierhandlungen. Man geht ein paar Mal mit ihr über die Oberfläche, auch wenn sie unregelmäßig und voller Winkel sind, und die Haare sind alle gelöst."

Putzaktionen für's Guinnessbuch

Die Flusspferdfeger
Die Zeit, die die Tierwärter im Zoo brauchen, um den 400 m² großen Schlafbereich von zwei Nilpferden sauber zu machen: zwei-drei Stunden. Das ist 5-mal so lang wie bei jedem anderen Tier.

Geruchsneutralisierer zu tränken; er ist in Tierhandlungen erhältlich. Das Mittel enthält lebende Bakterien, die den Exkrementen die Proteinbasis entziehen. Normalerweise muss man die Stelle für etwa 8 Stunden feucht halten; folgen Sie jedoch im Einzelnen den Hinweisen auf dem Produkt. Danach tupft man die Stelle mit einem nassen Handtuch ab und trocknet sie mit einem weiteren Handtuch ab.

Feste Fäkalien müssen erst mit einer Plastiktüte oder Küchenpapier aufgenommen und weggeworfen werden. Der Bereich wird mit derselben Lösung wie für Urin sauber gemacht und trocken getupft. Spülen Sie nochmals mit Wasser nach und trocknen Sie die Stelle. Anschließend nehmen Sie ein Desinfektionsmittel oder eines der vielen Geruchsentfernungsmittel, die man in Tierhandlungen bekommen kann. Bei etwas flüssigeren Exkrementen gehen Sie vor wie bei Urin und behandeln die Stelle danach mit einem Desinfektionsmittel.

Zur Beachtung: Probieren Sie ein Mittel immer erst an einer unauffälligen Stelle aus, bevor Sie es richtig anwenden.

Achtung: Reinigungsmittel müssen außer Reichweite der Haustiere aufbewahrt werden. Lesen Sie immer genau die Gebrauchs- und Sicherheitshinweise auf den Produkten, die Sie verwenden.

Haustierhaare

Außer dass sie nicht schön aussehen, sind Tierhaare auf Sofas und Teppichen auch noch eine Brutstätte für Staubmilben, mikroskopisch kleine Insekten, die sich von den Haaren ernähren und allergische Reaktionen hervorrufen können.

SO WIRD'S GEMACHT:

Ein Staubsauger ist, wenn es um die Entfernung von Haaren aus Teppichen geht, immer noch unschlagbar. „Leute mit vielen Haustieren – besonders mit Zuchttieren – bevorzugen im Allgemeinen Elektrolux-Staubsauger, da sie die robustesten sind“, sagen Mitarbeiter des Vereins ‘Zur Verhinderung von Grausamkeiten gegen Tiere’.

FÜR EILIGE:

Mit einer Kleiderbürste können Sie Haare von Kleidung und feinen Stoffen entfernen. Oder versuchen Sie es mit einem Handstaubsauger. Das ist nicht nur einfacher, als ein großes Gerät durch ein Zimmerchen zu ziehen (schon der Gedanke reicht manchmal aus, jegliche Motivation im Keim zu ersticken), sondern er eignet sich auch besonders für Polster und schwer erreichbare Ecken.

HEIZKESSEL

Die Reinigung von Heizsystemen hat mit schmuckem Aussehen wenig zu tun. Es geht dabei nur um praktische Aspekte, allerdings sehr nützliche. Regelmäßige Reinigung und Wartung reduzieren Heiz- und Reparaturkosten und erhöhen die Lebensdauer Ihres Heizsystems. Darüber hinaus wird der Ausstoß an Kohlenmonoxid, Rauch und anderen Verschmutzungen verringert.

SO WIRD'S GEMACHT:

Der Benutzer selbst kann eigentlich wenig für die Reinigung des Kessels tun. Bei Zwangsumlaufsystemen muss hauptsächlich der Filter ausgewechselt werden. Für eine effiziente Heizung ist ein ungehinderter Luftstrom essenziell. Wenn sich Staub auf Filtern und Luftreglern ansammelt, müssen die Gebläse härter arbeiten – und das bedeutet nicht nur höhere Energiekosten, sondern die Gefahr eines Gebläseausfalls ist auch größer. Filter sind nicht teuer und leicht zu installieren. Entnehmen Sie den Gebrauchshinweisen Ihrer Heizung, welchen Filter Sie benötigen.

Eigentlich sollte man Filter einmal im Monat wechseln. Realistischer ist 2-mal im Jahr, im Herbst und im Frühling. Wenn Haustiere oder Raucher im Haus sind, wechseln Sie ihn öfter. Alles, was sich in der Luft bewegt und sie verschmutzt, gelangt irgendwann in den Filter.

Aus denselben Gründen sollte man auch regelmäßig die Heizregler im ganzen Haus und das Umluftgitter reinigen. Staubsaugen Sie die Außenseite des Gitters beim normalen Hausputz. 2-mal im Jahr müssen die Deckel entfernt und beide Seiten sowie die Innenseite des Rohrs staubgesaugt werden. Dadurch kann die Luft freier fließen.

Außer dem Filterwechsel ist eine regelmäßige Inspektion durch einen Installateur erforderlich. In einer vollständigen Wartung sollten ein Leistungstest, eine gründliche Reinigung und noch andere Maßnahmen enthalten sein. Sie kann Ihre Heizkosten um 5-10 % senken. Durch eine gute Wartung sparen Sie nicht nur Energie, sondern verlängern auch die Lebensdauer der Anlage. Und es garantiert Ihnen Sicherheit im Haus, wenn geprüft wird, ob die Verbrennung ordentlich funktioniert und keine Rohre verstopft sind oder ob kein Kohlenmonoxid austreten kann.

Die Bedienungsanleitung der Heizung bzw. Ihr Installateur können Sie darüber informieren, wie häufig eine Wartung durchgeführt werden sollte. Im Allgemeinen sollten die Brennelemente und Heizungspumpen einmal im Jahr und gasbefeuerte Elemente so wie elektrische Kessel alle 2 Jahre überprüft werden. Ihr Öl- oder

FILTER ODER LEBEN

Dieser Gedanke sollte wohl ein Anreiz sein die Filter Ihres Heizkessels sauber zu halten: Wenn nämlich kein neuer Filter da ist, der den Schmutz aus der Luft zieht, müssen Ihre Lungen diese Arbeit übernehmen.

Die menschlichen Lungen sind exzellente Filter. Wenn man die Filter nicht 2-mal im Jahr auswechselt, schwebt all der Dreck in der Luft. Früher oder später landet er in Ihrer Lunge. Soll Ihre Lunge wirklich all das verarbeiten, was Sie auch einem Wegwerffilter überlassen können, der nur ein paar Mark kostet?

Gaslieferant kann vermutlich auch zuverlässige Handwerker für eine solche Wartung vermitteln.
Zur Beachtung: Vergewissern Sie sich, dass bei der Wartung der Filter gewechselt wird, sonst machen Sie es selbst. Oft sehen die Ingenieure das als eine Haushaltsarbeit an und machen es gar nicht.

Bei Boilern, die durch Dampf- oder Wasserzirkulation Hitze produzieren, gibt es keine Filter zum Reinigen. Säubern Sie Heizkörper regelmäßig und lassen Sie ab und zu das Wasser heraus; auch diese sollten von einem Installateur gewartet werden – einmal im Jahr bei Ölbetrieb, alle 2 Jahre bei Gasbetrieb.

Für Eilige:

Kaufen Sie ein 10er-Pack Kesselfilter auf Vorrat, dann sparen Sie Geld und Sie werden sie eher wechseln, wenn sie in Reichweite sind.

Heizkörper (mobile)

Wenn sie nicht sehr lange an einem Ort mit starker Luftverschmutzung stehen, werden mobile Heizkörper nicht so schnell schmutzig. Sie sollten trotzdem möglichst frei von Staub gehalten werden, dann arbeiten sie effektiver.

So wird's gemacht:

Nehmen Sie sie zum Reinigen nicht auseinander. Das kann sehr gefährlich werden; in vielen Fällen wird dadurch auch die Garantie ungültig.

Statt dessen sollten Sie von außen Druckluft auf den Heizkörper blasen – von beiden Seiten, wenn möglich. Dadurch werden Staubpartikel, die sich angesammelt haben, entfernt und gleichzeitig der Bildung von Staubmäusen vorgebeugt, die ein Ventil oder Filter verstopfen können. Machen Sie es mindestens 2-mal im Jahr – vor und nach der Heizsaison.

Das Gitter des Heizkörpers können Sie ab und zu auch mit einem Staubsauger mit Bürstenaufsatz reinigen; zusätzlich wischen Sie mit einem feuchten Tuch das Äußere. Wenn das Gerät einen auswechselbaren Filter hat (wie der Schaumstofffilter in Klimaanlagen), waschen Sie ihn 1- bis 2-mal in jeder Jahreszeit mit warmem Spülwasser. Bevor Sie ihn wieder einsetzen, muss er unbedingt völlig trocken sein.

Zur Not geht's auch so:

Haben Sie keine Druckluft zur Verfügung? Ein Fön tut es auch.
Achtung: Vor der Reinigung muss unbedingt darauf geachtet werden, dass der Stecker gezogen ist.

Herd

Ein Frauenmagazin fand in einer Umfrage unter 1000 Frauen heraus, dass die meistgehasste Arbeit in der Küche die Herdreinigung ist. Verzagen Sie also nicht, wenn für Sie das Scheuern verkrusteter Knöpfe eine ungeliebte Plackerei ist – Sie stehen nicht alleine damit. Da es Hunderte verschiedener Herdtypen gibt, lesen Sie am besten die Bedienungsanleitung Ihres speziellen Gerätes. Das Wesentliche bleibt allerdings immer gleich: mobile Teile abnehmen, sauber machen, wieder einsetzen.

So wird's gemacht:

Prüfen Sie, ob alle Teile abgekühlt sind. Nehmen Sie die Regelknöpfe und Gitter ab und weichen Sie sie in heißem Spülwasser ein. Reinigen Sie sie mit einem Nylonpad oder einer Zahnbürste und spülen Sie sie gut ab. Abtropfschalen legen Sie in eine konzentrierte Lösung aus Wasser und Spülmaschinenpulver. Die Herdoberfläche wischen Sie mit einem Fettlöser und einem Nylonschrubber ab. Wenn es sich nicht um eine versiegelte Fläche handelt, putzen Sie auch die Bereiche unter den Brennern, wo alle Tropfen hinfließen. Die Unterseite reinigen Sie so wie die Oberseite. Wischen Sie bei beidem gut mit klarem Wasser nach. Wenn alles sauber ist, polieren Sie die Flächen mit Glasreiniger und setzen die Knöpfe, Gitter usw. wieder ein.

Für Eilige:

Geben Sie Lebensmittelresten keine Chance, zu Fossilien auf Ihrem Herd zu werden. Wischen Sie Flecken und Spritzer immer sofort ab. Oder sprühen Sie täglich nach dem Abwasch kurz ein wenig Universalreiniger auf die Herdoberfläche und wischen kurz drüber.

Abtropfschalen kann man auch in der Spülmaschine spülen. Vor dem Kochen nehmen Sie sie heraus und sprühen Sie sie mit einem pflanzlichen, nicht klebenden Spray ein, dann wird das Putzen einfacher.

Zur Not geht's auch so:

Wenn Sie keinen Fettlöser zur Hand haben, machen Sie Ihr eigenes Fettlösungsspray aus den folgenden, umweltfreundlichen Bestandteilen: 1/2 TL Natron, 1 TL Borax, 1/4-1/2 TL Spülmittel, 3 EL Essig oder 2 EL Zitronensaft und 2 Tassen heißes Wasser. Sprühen Sie den Herd damit ein, lassen Sie die Mischung kurz einwirken und wischen Sie sie ab.

Achtung: Verwenden Sie weder scharfe Mittel noch raue Reinigungskörper wie Stahlwolle, da die Oberfläche dadurch verkratzt wird.

Hochstühle

Auf Sachen, die – wie Hochstühle – in Kontakt mit Lebensmitteln kommen, sollten Flecken und Spritzer so schnell wie möglich entfernt werden, damit sie nicht fest kleben. Das Sauberhalten von Hochstühlen verhindert das Wachstum von Bakterien, die der Gesundheit Ihres Kindes schaden können.

So wird's gemacht:

Wischen Sie den Hochstuhl direkt nach Gebrauch mit einem schaumigen Schwamm oder Tuch ab. Dafür ist ein mildes Spülmittel geeignet, insbesondere wenn es antibakterielle Stoffe enthält.

Auf fest getrocknete Essensreste legen Sie für ein paar Minuten einen nassen Lappen; wischen Sie die Stelle ab, wenn die Verschmutzung sich gelöst hat. Wischen Sie mit einem Schwamm und klarem Wasser nach.

Ab und zu sollte das Tischchen an dem Hochstuhl desinfiziert werden, ebenso andere Bereiche, mit denen das Kind oder das Essen in Kontakt kommen. Wischen Sie sie ab mit einer 10:1-Lösung aus Wasser und Chlorbleiche. Lassen Sie diese für 1-2 Minuten einwirken und wischen Sie sie mit einem Schwamm mit klarem Wasser ab.

Auch sollten das Sitzpolster bzw. die Sitzauflage dann und wann gereinigt werden. Ein Vinylpolster braucht nur abgewischt zu werden; Textilien waschen Sie je nach Waschvorschrift auf dem Schild. Den Hochstuhl sollte man 1-bis 2-mal im Jahr draußen mit einem Gartenschlauch abspritzen und gut scheuern, einfach mit einem Eimer Seifenwasser und einem Schwamm. Lassen Sie ihn in der Sonne trocknen. Das Ganze kann man auch in der Dusche machen – und anschließend lufttrocknen lassen.

Für Eilige:

Wenn es draußen feucht ist, kann man den Stuhl in den Schatten stellen und ein paar Stunden stehen lassen. Die Feuchtigkeit wird fest angetrocknete Essensreste lösen und das Abwischen einfacher machen.

Holzöfen

Damit ein Holzofen effizient und sicher die ganze Heizperiode hindurch arbeitet, sollte die regelmäßige Reinigung auch die Entfernung von Asche aus dem Feuerungsraum und von Kreosotablagerungen im Ofenrohr beinhalten. Im Allgemeinen erfordern Holzöfen sehr wenig Pflege.

Neuere Öfen verbrennen Holz effizienter und es bleibt weniger Asche und Kreosot zurück. Öfen, die Tag für Tag heizen, sollten einmal im Monat überprüft und gereinigt werden. Vor der Heizpe-

Kohleöfen: Asche zu Säure, Ofenrohr zu Staub

Ach, Chemie! Die Asche von Kohle enthält Schwefel und am Ende des Winters ist das Ofenrohr voll davon. Dann kommt der Sommer und mit ihm eine hohe Luftfeuchtigkeit. Und Schwefel, in Verbindung mit Wasser, wird zu Schwefelsäure und diese kann binnen eines Jahres das Ofenrohr wegfressen.
Die Reinigung eines Kohleofens entspricht im Wesentlichen der eines Holzofens, außer ein paar Schritten zur Vorbeuge gegen Rost am Ende der Heizsaison.
Nehmen Sie das Ofenrohr ab und bürsten Sie es wie das eines Holzofens. Dann waschen Sie es mit Spülwasser ab; eventuell neutralisieren Sie die Säure mit Natron. Trocknen Sie das Rohr ab und behandeln Sie die Innenseite mit Öl, um es in den Monaten, in denen der Ofen nicht benutzt wird, vor Feuchtigkeit zu schützen. Feuchtigkeit ist kein Problem, wenn der Ofen in Betrieb ist.
Oder lagern Sie das Ofenrohr im Sommer an einem trockenen Ort, z.B. dem Dachboden.

riode ist eine Generalüberprüfung angesagt – der Zustand der Außenflächen, Türen, Verbindungsstellen und des Katalysators geben Aufschluss darüber, ob weitere Pflege notwendig ist.

So wird's gemacht:

Wenn sich eine Auffangschale für Asche im Ofen befindet, sollten Sie sie nicht leeren, bevor sie voll ist. Eine Ascheschicht wirkt isolierend und hält so die Hitze im Feuer. Ansonsten können Sie den Boden mit Ziegelsteinen, Asche oder Sand isolieren.
Asche entfernt man am besten mit einer Metallschaufel. Ein Besen ist ungeeignet, da er die Asche in die Luft wirbelt. Schütten Sie die Asche in einen feuerfesten Behälter – am besten aus Metall – und tragen Sie sie umgehend nach draußen. Heiße Kohle kann noch Tage in der Asche glühen. In den Sommermonaten können Sie zusätzliche Rückstände an den inneren Wänden des Feuerungsraumes abbürsten.
Auf der Ablenkplatte bildet sich leicht eine Ascheschicht, die den Luftfluß behindern kann. Wenn der Ofen zu rauchen anfängt, kontrollieren Sie die Ablenkplatte – sie sitzt über dem Feuerungsraum – nach Ascheablagerungen. Eventuell muss dazu das Ofen-

Fünf Schritte zur Pflege von Holz

Grünes Holz kann bis zu 50 % Wasser enthalten – ein großer Teil davon verbindet sich mit Rauch, so dass sich Kreosot im Rauchfang und um Schornstein bildet. Außerdem erzeugt es nicht viel Hitze – wer will es also?
Ihr Holzofen bleibt länger sauber, wenn Sie gut gepflegtes Holz mit einem Feuchtigkeitsgehalt von etwa 20 % verbrennen. Zu trockenes Holz hat Risse, die nach außen abstrahlen und eine Graufärbung erzeugen. So trocknet Ihr Holz gut:

- **Sägen Sie es in kleine Stücke.**
- **Stapeln Sie es. Feuchtigkeit tritt am Ende aus, nicht an der Seite.**
- **Bedecken Sie es; lassen Sie dabei die Seiten frei.**
- **Lassen Sie es mindestens 6 Monate trocknen, besser noch für 9 – 12 Monate.**

rohr abgenommen werden. Wenn gerade kein Feuer im Ofen brennt, können Sie die Platte mit dem Staubsauger oder einer Bürste reinigen.

Trotz moderner Technik bildet sich immer noch Kreosot in Ofenrohren und im Schornstein – und zwar durch Wasser, Rauch und niedrige Temperaturen. Wenn sich unverbrannter Kohlenwasserstoff mit Wasser verbindet, bildet sich Kreosot. Das ist eine sehr leicht entzündliche Substanz und muss unbedingt entfernt werden. Sie kann wie schwarzes Wasser oder wie glasierte Porzellanemaille aussehen. Nehmen Sie das Rohr ab und reinigen Sie es draußen. Halten Sie es über die Mülltonne und bürsten Sie das Kreosot heraus. Eine Stahlbürste dazu ist nicht geeignet, da sie winzige Kerben in das Metall schneidet und es somit wieder anfällig für Ruß- oder Kreosotablagerungen macht.
Das Äußere des Ofens können Sie mit dem Staubsauger reinigen. Wasser kann aufgrund der Eigenschaften der Farbe, die auf Öfen verwendet wird, Rost erzeugen. Einmal im Jahr sollte man den Ofen mit hitzebeständiger Farbe (bis 650°C) oder Ofenpolitur streichen. Rost kann mit einer Drahtbürste oder Stahlwolle beseitigt werden. Beschichtungen aus Porzellanemaille können mit einem feuchten Schwamm abgewischt werden.

Überprüfen Sie auch die Dichtungsringe an den Türen; sie halten etwa 2-3 Jahre.
Gusseiserne Öfen sind aus vernieteten und zementierten Nut-und-Feder-Platten hergestellt. Nach 5-15 Jahren kann der Zement brüchig werden. Eventuelle Risse müssen unbedingt ausgebessert werden, sonst wird der Ofen zu heiß und ist nicht mehr zu kontrollieren.
Um die Versiegelungen auf einem gusseisernen Ofen zu überprüfen, halten Sie eine 100-Watt-Leuchte in den Ofen und schließen Sie die Tür. Wenn der Raum dunkel ist, zeigt nach außen dringendes Licht die Stellen, an denen Risse im Zement sind. Sind welche da, muss der Ofen auseinandergenommen und mit neuem Zement wieder zusammengebaut werden.

PUTZAKTIONEN FÜR'S GUINESSBUCH

Ein Gebiet wird begraben
Die Menge Asche, die ein Vulkan in Kalifornien bei seinem Ausbruch 1980 abgab: 540 Millionen Tonnen – genug, um ein Fußballfeld unter einer Schicht von über 200 m zu begraben.

Ist ein Katalysator vorhanden, untersuchen Sie ihn jährlich, um sicher zu gehen, dass alle Löcher seiner wabenartigen Konstruktion offen und nicht verstopft sind. Ablagerungen werden mit einer weichen Bürste oder einem Staubsauger entfernt.

FÜR EILIGE:

Um Kreosotablagerungen vorzubeugen, nehmen sie zum Brennen gutes, sauberes Holz. Wenn die Temperatur unter 150°C sinkt, bildet sich Kreosot im Ofenrohr.
Wenn Ihr gusseiserner Ofen Risse hat, sie ihn aber nicht auseinandernehmen wollen, können Sie eine beschädigte Stelle provisorisch mit Ofenzement flicken.

ZUR NOT GEHT'S AUCH SO:

Asche enthaltenen eine Menge Pottasche und Spurenelemente und geben einen guten Dünger für Ihre Erde ab. Allerdings muss vorher der pH-Wert der Erde geprüft werden, da Asche hoch alkalisch ist.

Achtung: Vor der Reinigung muss das Feuer vollständig gelöscht sein. Die Asche kommt in einen feuerfesten Behälter, den Sie aus Sicherheitsgründen nach draußen bringen sollten. Kreosot ist hoch entzündlich und sollte möglichst schnell aus dem Ofenrohr und dem Kamin entfernt werden.

Hüte (aus Fell, Leder und Stroh)

Staub ist der größte Feind Ihrer Hüte. Wenn dann noch Wasser darauf tropft, wird der Staub schlammig. Bei Feuchtigkeit bekommt man immer Probleme mit Hüten.

So wird's gemacht:

Stauben Sie Hüte regelmäßig mit einer Kleider- oder Hutbürste ab. Sie muss weiche Borsten haben, sonst kann sie die Oberfläche verkratzen. Fell- oder Wildlederhüte dürfen nicht gegen den Strich gebürstet werden.

Wenn Ihr Hut Flecken bekommen hat, tupfen Sie so viel wie möglich mit einem trockenen Tuch ab. Feine Fell-, Leder- oder Strohhüte dürfen nicht mit Wasser sauber gemacht werden. Es gibt spezielle Fleckentferner, entweder in Form von Schaumspray oder Puder. Beide saugen Verschmutzungen auf. Erkundigen Sie sich im Hutgeschäft.

Stärkere Verschmutzungen müssen von einem Fachmann entfernt werden. Wenn Sie niemanden finden, fragen Sie im Schuhgeschäft; manchmal führen Schuster solche Reinigungen durch.

Zur Not geht's auch so:

Flecken auf einem Fellhut müssen sofort mit einem sauberen, trockenen Handtuch abgetupft werden. Lassen Sie den Fleck eintrocknen. Wenn er trocken ist, können Sie versuchen ihn zu überdecken, z. B. mit einem Kreidestift in der entsprechenden Farbe.

Wenn das zu wenig ist, verstärken Sie die Kreide mit einem Grafitstift. Sie müssen eine Farbe nehmen, die sich mit dem Fleck in die Farbe des Hutes mischt.

JACUZZIS

Ein Jacuzzi muss vor allen Dingen desinfiziert werden, sonst wachsen Bakterien darin. Besonders solche, die Hautallergien hervorrufen, sammeln sich dort bei unzureichender Reinigung.

SO WIRD'S GEMACHT:

Das Wasser muss auf jeden Fall mit Chemikalien wie Chlor und Brom versetzt werden. Die Menge und die Häufigkeit der Behandlung können Sie der Bedienungsanleitung entnehmen.

Der Filter muss regelmäßig gereinigt werden. Haare, Fasern, Körperfette und andere Verunreinigungen gelangen dort hinein und behindern den Wasserfluss – und das wiederum kann die Pumpen austrocknen und zu Bakterienbefall führen. Die meisten Geräte haben Filterpatronen aus nicht gewebtem Polyester, behandeltem Papier oder ähnlichem Material. Einmal die Woche sollten sie mit einem Gartenschlauch abgespritzt und ebenfalls einmal im Jahr gewechselt werden.

Für Filter aus Sand oder Diatomeenerde, die meist in größeren, dauerhafteren Geräten zu finden sind, sollten Sie die Wasserpumpe auf dem Jacuzzi alle 1-2 Wochen rückwärts laufen lassen, um das Filterbett zu aktivieren und Unrat zu entfernen. Genauere Informationen dazu finden Sie in der Bedienungsanleitung.

Lassen Sie die Pumpe mindestens 3- oder 4-mal im Jahr ablaufen – bei starkem Gebrauch einmal im Monat. Die meisten Geräte sind aus gegossenem Acryl und ziemlich pflegeleicht. Das Gehäuse wischt man einfach mit einem weichen Lappen oder Schwamm und Spülwasser ab. Scharfe Reiniger oder kratzende Reinigungskörper sind ungeeignet. Bevor Sie die Pumpe wieder voll laufen lassen, wischen Sie gut mit klarem Wasser nach.

Jalousien

Durch die Fenster wird mehr Wärme und Kälte weitergegeben als durch die Wände. Und weil Staub- und andere Schmutzpartikel in der Luft immer zu den Orten gezogen werden, wo der Energieaustausch am größten ist, werden Jalousien buchstäblich zu Staubmagneten.

So wird's gemacht:

Ganz egal, aus welchem Material Ihre Jalousien sind: Zuallererst kommt das Staubwischen. Ein Staubtuch aus Lammwolle ist dafür ebenso gut wie eine weiche Bürste. Sie können auch mit dem Staubsauger und einem Bürstenaufsatz über die Jalousien gehen. Ziehen Sie sie ganz zu und reinigen Sie erst eine Seite. Dann drehen Sie sie, so dass die Lamellen genau andersherum stehen, und putzen dann die andere Seite.

Die Jalousien in der Küche werden besonders schnell schmutzig, und Nikotin von Zigarettenrauch kann einen gelblichen Film auf den Jalousien erzeugen. Jalousien aus Synthetikmaterial wie Vinyl oder aus beschichtetem Metall kann man mit Putzmittel reinigen. Sie können sich auch Ihr eigenes Mittel herstellen, indem sie 100-200 g Trinatriumphosphat in einem Eimer Wasser auflösen. Schützen Sie Ihre Augen, tragen Sie Gummihandschuhe und lange Ärmel und beachten Sie genau die Vorschriften auf dem Produkt. Wischen Sie die Jalousien mit einem weichen Tuch ab und wischen Sie mit klarem Wasser nach. Mit einem Pinsel oder einem umwickeltem Stückchen Holz gelangen Sie in die Zwischenräume der Lamellen.

Wenn Holzjalousien stärkere Verschmutzungen zeigen als mit dem bloßen Staubtuch entfernt werden können, lassen sie sich ebenfalls mit einem in Trinatriumphosphat getauchten Lappen entfernen. Seien Sie allerdings sparsam mit dem Wasser – Holz darf nicht damit übersättigt werden.

Intensivere Reinigungen von stoffbedeckten Jalousien können mit 100 g mildem Spülmittel in einem Eimer Wasser ausgeführt werden. Schlagen Sie die Flüssigkeit schaumig. Mit einem Schwamm heben Sie ein wenig Schaum ab und reiben damit den Stoff ein. Wischen Sie mit einem Frotteetuch nach. Das reinigt die Oberfläche und zieht den Schmutz heraus.

Kleine Vinyl- oder beschichtete Metalljalousien kann man in der Badewanne waschen. Ziehen Sie die Jalousie herunter und nehmen Sie sie aus der Aufhängung. Legen Sie sie vorsichtig in die Badewanne, in der Wasser mit etwas Spülmittel ist – und zwar so, dass die ganze Jalousie untergetaucht ist. Heben und senken Sie die Jalousie ein wenig, damit sich der Schmutz löst. Mit einem Schwamm waschen Sie die einzelnen Lamellen. Vergessen Sie nicht, Gummihandschuhe zu tragen, um Hautreizungen zu vermeiden.

Ist die Jalousie sauber, lassen Sie das Wasser ab und füllen die Wanne wieder zur Hälfte mit klarem Wasser. Heben und senken Sie die Jalousie wieder, bis kein Spülmittel mehr dran ist. Lassen Sie das Wasser ab und wiederholen Sie die Prozedur, falls nötig. Stellen Sie die Jalousie zum Trocknen aufrecht für einige Stunden in die Badewanne. Auch wenn Sie sie wieder aufhängen, können Sie die restliche Feuchtigkeit noch mit einem trockenen Tuch abwischen.

Zur Not geht's auch so:

Wenn Ihre Zeit knapp ist oder die Jalousien richtig dreckig sind, können Sie sich auch an einen Jalousienreiniger wenden. Dann wird die Reinigung mit Ultraschall, d. h. Schallwellen, die durch das Wasser laufen und den Schmutz lösen, durchgeführt. Es ist preiswerter, wenn Sie Ihre Jalousien selber hinbringen und wieder abholen.

Achtung: Probieren Sie jedes Mittel vorher an einer unauffälligen Stelle aus. Das ist besonders bei stoffbedeckten oder angestrichenen Holzjalousien angeraten. Da sie oft importiert sind, lässt sich nicht immer sagen, welche Farben oder Lacke benutzt worden sind.

Jod

Jod war lange Zeit ein fester Bestandteil des häuslichen Verbandskastens. Viele haben noch unangenehme Erinnerungen daran, wie die Mutter einen bei Halsschmerzen irgendeine eklige, jodhaltige Flüssigkeit schlucken ließ. Heute findet man Jod z. B. in Wasserreinigungstabletten für den Campingbedarf. Obwohl es nicht mehr so häufig ist – immer noch bleibt ein tiefer, dunkler Fleck, wenn ein Spritzer davon auf Stoff gelangt.

So wird's gemacht:

Waschbare Stoffe behandelt man am besten mit einem enzymhaltigen Waschmittel, das direkt auf den Spritzer aufgetragen wird. Man legt den Stoff auf eine harte Unterlage und klopft das Mittel mit der Rückseite eines Löffels in die Fasern. Man darf den Stoff nicht aneinander reiben, da so die Fasern verschleißen. Dann wird das Stück bei der heißesten Temperatur, die der Stoff aushält, gewaschen. Wenn das nichts hilft, spülen Sie es aus und klopfen diesmal eine Lösung aus 1 Tasse Wasser und 2 TL Ammoniak ein. Ist der Fleck immer noch zu sehen, spülen Sie die Lösung aus und versuchen es mit verdünntem Essig (1 Tasse klarer Essig auf 2 Tassen Wasser).

Stoffe, die nicht gewaschen werden dürfen, gibt man entweder in die Reinigung oder tupft sie mit einem weißen Handtuch und Fleckentferner ab. Tupfen Sie von innen nach außen, um die Verschmutzung herauszudrücken. Tragen Sie dabei Gummihandschuhe und sorgen Sie für ausreichende Belüftung.

Bei Jodflecken auf Teppichen sollte man es zuerst mit einem Fleckentferner versuchen; er darf allerdings nicht direkt auf den Teppich, sondern nur auf ein weißes Handtuch gegeben und dann auf die verschmutzte Stelle aufgetragen werden. Tupfen Sie die Farbe heraus. Wenn das nichts hilft, versuchen Sie es mit lauwarmem Spülwasser. Waschen Sie das Spülmittel mit einem feuchten, weißen Handtuch heraus und trocknen Sie die Stelle mit einem frischen Handtuch.

Zur Beachtung: Probieren Sie ein Mittel immer erst an einer unauffälligen Stelle aus, bevor Sie es richtig anwenden.

Achtung: Spülen Sie immer erst das eine Mittel aus, bevor Sie ein anderes anwenden. Manche Chemikalien, besonders Ammoniak und Chlorbleiche, können schädliche Dämpfe erzeugen, wenn Sie in Verbindung geraten. Lesen Sie immer genau die Gebrauchs- und Sicherheitshinweise auf den Produkten, die Sie verwenden.

KAFFEEFLECKEN

IM NOTFALL

Wenn Sie bei der Arbeit oder an anderen Orten, wo keine Reinigungsmittel zur Verfügung stehen, Kaffee auf Ihre Kleidung verschütten, waschen Sie die Stelle sofort mit kaltem Wasser aus. Das ist ohnehin der erste Schritt beim Entfernen von Kaffeeflecken und reicht oft schon aus.

Alles hängt von Ihrer Reaktion ab. Kaffee mit Sahne oder Milch enthält Tierprodukte und muss somit, als „Fleck auf Eiweißbasis", anders behandelt werden als schwarzer Kaffee.

SO WIRD'S GEMACHT:

Flecken von schwarzem Kaffee auf Stoff werden erst mit kaltem Wasser ausgewaschen. Ist immer noch etwas zu sehen, geben Sie etwas Waschmittel ins Wasser und waschen danach die Stelle mit reinem Wasser aus. Jetzt können Sie noch ein paar Tropfen klaren Essig in das Seifenwasser geben. Wenn Sie wieder mit Wasser nachgespült haben und der Fleck immer noch nicht verschwunden ist, nehmen Sie als letzten Ausweg Wasserstoffperoxid. Sie müssen die Stelle immer nach einem Schritt mit Wasser auswaschen, damit Sie nicht 2 Mittel vermischen, die sich nicht verbinden lassen.
Die ersten beiden Schritte gelten auch für Kaffee mit Milch oder Sahne. Danach geben Sie ein paar Tropfen Ammoniak in die Lösung; die letzte Möglichkeit ist dann ein Reinigungsmittel auf Enzymbasis.

Für Eilige:

Fehlt Ihnen die Zeit oder Geduld für eine gründliche Reinigung, bringen Sie das Kleidungsstück zu einer zuverlässigen chemischen Reinigung, besonders wenn es sich um ein altes oder wertvolles Stück handelt.

Achtung: Erst in den Trockner geben, wenn der Fleck vollständig verschwunden ist, sonst ist er unter Umständen nicht mehr zu entfernen. Testen Sie jede Methode immer vorher an einer unauffälligen Stelle, sogar wenn Sie sie schon vorher einmal angewendet haben, um sicher zu gehen, dass der Stoff widerstandsfähig genug ist.

Kaffeemaschinen

Die Mineralien im Wasser können zur Verkalkung Ihrer Kaffemaschine führen. Den inneren Mechanismus sollte man einmal im Monat reinigen – oder öfter, wenn Ihr Leitungswasser sehr hart ist. Je härter das Wasser, desto mehr Rückstände bleiben zurück.

So wird's gemacht:

Nach jedem Gebrauch den Trichter, den Deckel und die Kanne in heißem Spülwasser reinigen oder ins oberste Fach in der Spülmaschine legen. Kommen die Teile trüb aus der Spülmaschine, werden sie mit einem weichen, trockenen Tuch wieder klar. Das Gehäuse der Maschine und die Warmhalteplatte wischen Sie mit einem feuchten Tuch ab.

Für die Reinigung der Innenteile gießen Sie einen Liter klaren Essig in die Kanne und füllen bis zur 10-Tassen-Markierung mit Wasser auf. Schütten Sie die Mischung in den Wasserbehälter, als ob Sie Kaffee machen würden. Legen Sie einen frischen Filter ein und schalten Sie die Maschine an. Wenn die Hälfte durch ist, schalten Sie die Maschine aus und lassen die Lösung für 15 Minuten einwirken. Gießen Sie sie zurück in den Wasserbehälter und lassen Sie sie jetzt ganz durchlaufen. Bevor Sie das nächste Mal Kaffee

machen, lassen Sie ein Mal eine ganze Maschine Wasser durchlaufen.
Achtung: Schauen Sie vor dem Wischen nach, ob die Kaffemaschine ausgeschaltet und der Stecker herausgezogen ist und ob sie sich abgekühlt hat. Verwenden Sie keine kratzenden Lappen oder Schwämme; Kratzer beschädigen das Glas und andere Teile.

KAFFEEMÜHLEN

Wenn Sie annehmen, dass Kaffee nicht verderben kann, sollten Sie einmal ein Auge auf Ihre Kaffeemühle haben. Sie liegen falsch. Kaffee kann abgestanden oder muffig werden; alte Kaffeebohnen sollten in der Kaffeemühle nicht mit frischen vermischt werden.

SO WIRD'S GEMACHT:

Das Äußere können Sie mit einem weichen, feuchten Tuch reinigen. Bei stärkerem Schmutz nehmen Sie warmes Seifenwasser statt Spülwasser; anschließend gehen Sie noch einmal mit einem nassen Tuch über das Gerät.
Nach jedem Gebrauch reinigen Sie die inneren Teile mit einem sauberen, feuchten Tuch, um Rückstände von Kaffeebohnen aufzunehmen. Für Ritzen und Spalten empfehlen sich Pfeifenreiniger.

FÜR EILIGE:

Lässt sich das Mahlwerk herausnehmen, können Sie es in normalem Spülwasser abwaschen und mit Wasser abspülen – oder Sie spülen es in der Spülmaschine.
Achtung: Niemals die ganze Kaffeemühle in Wasser tauchen. Lassen Sie auch keine Rückstände von Spülmittel im Inneren – Sie wollen Sie ja auch nicht im Mund haben. Im besten Fall beeinträchtigen Sie die Qualität Ihres Kaffees. Im schlechtesten schaden sie Ihrer Gesundheit. Vermeiden Sie scharfe Reiniger auf der Außenseite des Gerätes; die Oberfläche könnte dabei beschädigt werden.

Kameen

Echte Kameen sind aus gekrümmter Muschel. Manchmal wird als Ersatz Koralle, Achat oder synthetisches Material genommen. Auf jeden Fall sollten Kameen, besonders antike, leicht und vorsichtig gereinigt werden.

So wird's gemacht:

Staub und leichten Schmutz entfernen Sie mit einem feuchten Tuch. Bei stärkeren Verschmutzungen, und wenn es sich um ein wertvolles Stück handelt, fragen Sie Ihren Juwelier.

Achtung: Nehmen Sie kein Putzmittel. Verwechseln Sie Kameen nicht mit bemaltem Elfenbein, das meistens ebenfalls ein Frauenportrait darstellt; im Gegensatz zu Elfenbeinstücken sind Kameen gekrümmt. Wenn Sie aus Versehen mit Wasserfarbe bemaltes Elfenbein mit einem feuchten Tuch abwischen, können Sie es ruinieren.

Kamine

Wenn Sie daran denken, was im Innern eines Kamins alles passiert, und wie porös Ziegelstein ist, dann sollten Sie realistisch sein, was die Reinigungsmöglichkeiten betrifft. Ihr Kamin wird nie mehr brandneu aussehen – Hauptsache, er funktioniert ordnungsgemäß. Und zu diesem Zweck muss die Asche regelmäßig entfernt werden.

So wird's gemacht:

Wenn der Ascheberg schon an das Gitter heranreicht, sollten Sie ihn entfernen. Der Kamin wird jedoch noch effektiver, wenn man eine dünne Schicht Asche liegen lässt. Sie isoliert den Boden des Kamins, so dass die Hitze innen bleibt und die Kohle länger brennt. Zum Entfernen der Asche warten Sie am besten 2 Tage nach dem letzten Gebrauch, dann können Sie sicher sein, dass alles kalt ist. Nehmen Sie die Scheibe, das Gitter und den Kaminbock ab. Mit einer Kaminbürste und einer Schippe fegen Sie die Asche in einen Metalleimer – er sollte einen Deckel haben, damit die Asche nicht umherfliegt. Wenn eine Aschegrube vorhanden ist, können Sie die Asche auch dort hinein schütten; leeren Sie sie anschließend (die Klappe ist normalerweise im Keller oder draußen). Saugen Sie die Asche nicht mit dem Staubsauger ein; die meisten Staubsauger sind für die feinen Aschepartikel nicht geeignet. Sie saugen sie auf und blasen sie gleich wieder in die Luft.

Einmal im Jahr sollte der Kamin gründlich gereinigt werden, vielleicht im Zuge Ihres Frühjahrsputzes, nachdem die Kaminsaison vorüber ist. Machen Sie den Kamin zuerst, damit sich die Asche nicht auf geputzte Oberflächen legt. Fegen Sie zu Anfang die Asche weg. Schaben Sie das Kreosot mit einer starken Metallbürste von den Kaminwänden. Wischen Sie anschließend den Ziegelstein mit lauwarmem Seifenwasser und einem Lappen oder Schwamm und schrubben Sie ihn mit einer starken Bürste; tragen Sie dabei eine Schutzbrille. Waschen Sie mit klarem Wasser nach.

Die Glastür kann man mit einfachem Glasreinigungsspray sauber machen oder mit Spülwasser bzw. einem kleinen Eimer Wasser mit 1 Tasse Essig. Das Glas muss abgekühlt sein. Wischen Sie das Mittel mit Zeitungspapier ab, dann bleiben keine Fusseln. Feste Rückstände bekommen Sie mit einer Rasierklinge ab. Einem alten Schornsteinfeger-Trick zufolge kann man auch einfach einen feuchten Lappen nehmen und leicht in die Asche tauchen. Reiben Sie die Glastür in einer Kreisbewegung mit der Asche ein – sie poliert das Glas wie das Polierrot eines Juweliers. Wischen Sie mit einem Papiertuch nach.

Mit demselben Spülwasser und derselben Bürste können Sie auch die anderen Kaminutensilien, wie den Bock, die Schippe oder den Schürhaken, putzen. Wischen Sie mit Wasser nach und trocknen Sie die Sachen ab. Rost oder Ruß können Sie von Eisenteilen mit feiner Stahlwolle entfernen; mit sehr feiner Stahlwolle können Sie das Metall dann polieren. Mit Messingreiniger und einem fusselfreien Lappen putzen Sie Messingteile.

Wenigstens einmal im Jahr sollte man einen Fachmann holen, der Ihren Schornstein überprüft. Je nach Grad der Ablagerungen kann er entscheiden, ob eine Reinigung nötig ist. Das ist notwendig als

Vorsorge gegen Kreosot – klebrige Harzrückstände, die gefährliche Kaminbrände erzeugen können.

Zur Not geht's auch so:

Alle schwarzen Reste können Sie sicherlich nicht aus Ihrem Kamin entfernen. Manchmal ist es einfacher, zunächst die Oberfläche von allen Rückständen zu entfernen, die Sie abbekommen, und dann schwarz zu streichen. Dann ist sie wenigstens einheitlich. Verwenden Sie Farbe für hohe Temperaturen (mindestens 650°C) und lassen Sie die Rauchklappe für ausreichende Belüftung beim Anstreichen offen.

Achtung: Tragen Sie beim Entfernen der Asche eine Staubschutzmaske. Die Kohle muss unbedingt vollständig abgekühlt sein. Warten Sie wenigstens 2 Tage nach dem letzten Kaminfeuer, bevor Sie sie entfernen. Schütten Sie sie nur in Behälter aus Metall.

Kaminscheiben

Da der Kamin der Mittelpunkt vieler Räume ist, ist es angebracht, die Scheibe sauber zu halten.

So wird's gemacht:

Putzen Sie die Scheibe im Rahmen Ihres normalem Hausputzes. Um Staub zu entfernen, gehen Sie mit dem Staubsauger (mit Bürstenaufsatz) über beide Seiten der Scheibe.

Während der Kaminsaison (oder wenn nötig) sollten Sie festgebackenen Schmutz 1- bis 2-mal mit Spülwasser abwischen. Reiben Sie die Scheiben leicht mit einer weichen Bürste ein und wischen Sie sie mit einem nassen, fusselfreien Tuch ab. Trocknen Sie sie gründlich mit einem ebenfalls fusselfreien Tuch ab, um Rostbildung zu vermeiden. Messingteile polieren Sie mit einem Messingreiniger und einem fusselfreien Tuch.

Für Eilige:

Um zusätzlichen Dreck zu verhindern, legen Sie die Scheibe auf die Seite auf ein Handtuch – in der Garage oder auf der Terrasse, nicht im Wohnzimmer.

ZUR NOT GEHT'S AUCH SO:

Nach dem Abstauben des Drahtgitters, sprühen Sie es mit schwarz glänzendem Farbspray (für hohe Temperaturen, also mindesten 650°C) ein. Diese Arbeit führen Sie am besten draußen auf einem Handtuch oder Ähnlichem durch. Sprühen Sie eine Seite gründlich ein, lassen Sie sie trocknen und wiederholen Sie dann den Vorgang auf der anderen Seite.

KÄMME

Die meisten Kämme sind aus Plastik, Nylon oder anderem widerstandsfähigen Material hergestellt.

SO WIRD'S GEMACHT:

Vor dem Waschen des Kamms ziehen Sie zunächst alle Haare heraus. Dann legen Sie ihn für 10-20 Minuten in Spülwasser, bis Fettrückstände und Reste von Gel, Haarschaum usw. gelöst sind.

Eine saubere Geschichte

Auch Kämme müssen sauber werden: Die Geschichte von Barbicide Friseurstangen, das alte Zeichen der Innung, gehen langsam denselben Weg wie das Handwerk des Barbiers. Mittlerweile ist jedoch ein zukunftsträchtigeres Symbol der Haarschneidekunst entstanden: Barbicide, das blaue Desinfektionsmittel für Kämme und Scheren in dem großen Glaskrug.

Es wurde vor mehr als 50 Jahren von einem Chemiker erfunden und wird seither in alle Welt verkauft.

Schon früher war der Erfinder skeptisch gegenüber den Praktiken der Friseure. Als Teenager plagten ihn Kopfhautschmerzen, mit denen er ein ums andere Mal einen schmutzigen Kamm ertragen musste. Später, bestürzt darüber, dass Friseure Kämme und Bürsten nur unter fließend Wasser reinigten, begann er, sein keimvernichtendes Elixier zu entwickeln. Der Schlüssel dazu war eine neue Art Desinfektionsmittel, eine Ammoniakzusammensetzung, die stark genug war, um Keime zu vernichten, aber mild genug für den täglichen Gebrauch.

Er beschloss die Lösung blau zu färben – wegen der Frische und Reinheit der Farbe.

Und dann der Name.

Wörtlich bedeutet Barbicide „Friseurtod" – aber damit meinte er nicht die Vernichtung von Keimen. Er machte sich einen privaten Spaß aus seiner Aversion gegen Friseure.

Dann spülen Sie den Kamm mit Wasser ab und legen ihn zum Trocknen auf ein Handtuch.
Wenn Sie Schuppen oder andere Kopfhautprobleme haben, wird die Reinigung schwieriger. Die weißen Flocken bleiben an den Zähnen hängen. Deshalb müssen Sie beim Einweichen eine alte Zahnbürste über den Kamm ziehen.
In den meisten Fällen, besonders wenn nur Sie alleine den Kamm benutzen, sollten die oben beschriebenen Methoden ausreichen. Wenn Sie noch gründlicher vorgehen wollen, reiben Sie die Zähne des Kamms mit ein wenig Reinigungsalkohol ab.

Für Eilige:

Da Kämme, Bürsten und Lockenwickler sich alle gut in Spülwasser reinigen lassen, können Sie Zeit sparen, indem sie alle zusammen waschen.

Zur Not geht's auch so:

Manchmal möchten Sie den Kamm vielleicht besonders desinfizieren – wenn Sie z. B. bei jemandem Läuse damit entfernt haben und den Kamm nicht wegwerfen wollen. Dann lassen Sie ihn für etwa 15 Minuten in einer 10%igen Lösung aus Haushaltsbleiche und Wasser und spülen ihn anschließend gut ab.
Achtung: Ein Metallkamm muss nach dem Abspülen gründlich getrocknet werden, damit sich kein Rost bildet.

Kassetten

Manche Folgen der *Verbotenen Liebe* kann man sich nicht oft genug ansehen. Deshalb ist die Reinigung Ihrer Videokassetten – und natürlich Ihrer Tonkassetten – so wichtig. Saubere Kassetten halten länger, und die Geräte ebenfalls. Zum Glück ist die Reinigung etwa so schwierig, wie mit dem Finger zu schnipsen.

So wird's gemacht:

Die Außenseite der Kassette lässt sich mit einem trockenen, weichen, antistatischen Tuch reinigen; das Band zu reinigen ist fast unmöglich. Um das Verunreinigen des Bandes zu verhindern, soll-

ÜBERSCHÜSSIGER MAGNETISMUS: UNSICHTBARER SCHMUTZ

Eine unsichtbare Art der Verunreinigung kann sich in Kassettenrekordern bilden – überschüssiger Magnetismus. Da die Tonköpfe gegen das magnetische Band der Kassette gerieben werden, können sie selber magnetisiert werden. Außer dass dadurch ein zischender Klang entsteht, kann auch Musik von der Kassette gelöscht werden. Entmagnetisieren Sie mindestens einmal im Jahr die Tonköpfe.
Es gibt zwei Arten von Entmagnetisierern: stabförmige, die ihr eigenes magnetisches Feld aufbauen und das in dem Gerät neutralisieren, und solche in Kassettenform, die mit einer Fadenbürste und einem Entladungs-Chip die Tonköpfe entmagnetisieren.

te man die Kassetten immer in der Hülle aufbewaren. Der regelmäßige Gebrauch von Reinigungskassetten ist zu empfehlen, besonders wenn Sie häufig Kassetten ausleihen und damit Schmutz auf Ihr Gerät übertragen.

Achtung: Lassen Sie Videokassetten nicht im Rekorder. Da das Gerät immer an ist – schon damit die Uhr weiter läuft – , schadet die andauernde Hitze Ihrer Kassette.

KASSETTENREKORDER

Gibt Ihr Kassettenrekorder ein Zischeln von sich, wenn er läuft? Ist der Klang etwas dumpf? Das sind sichere Zeichen, dass das Kassettendeck gereinigt werden muss. Staub, Schmutz und Oxyde, die sich im Inneren ansammeln, verursachen diese Probleme. Wenn die Kassetten abgespielt werden, können sich Stücke aus der Oxydschicht lösen und an den Tonköpfen oder an der Bandführung hängen bleiben. Normaler Staub kann Tonköpfe, Kassetten und andere Elemente beschädigen. Auch in Auto-Radiokassettenrekordern oder tragbaren Rekordern kann sich Staub ansammeln, sogar mehr als im häuslichen Kassettendeck. Verunreinigte Tonwellen sind im Auto das größte Problem.

Wenn Sie nichts dagegen tun, fängt der Kassettenrekorder an, die Kassetten zu „fressen“. Mit ein paar Minuten Reinigung und ein paar Mark jedoch bleibt der Klang Ihres Kassettenspielers brillant.

So wird's gemacht:

Isopropylalkohol ist für die meisten Audiogeräte das geeignete Mittel. Kaufen Sie ihn nicht in der verdünnten Form in Drogerien, sondern konzentriert, im Elektrogeschäft oder in der Apotheke.

Mit einem Baumwollbausch, der mit dem Alkohol getränkt ist, wischen Sie vorsichtig die Tonköpfe, die Tonwelle, die Führungsrollen und andere frei liegende Elemente ab. Beseitigen Sie alle Staub- und Schmutzansammlungen, aber passen Sie auf, dass nichts ins Innere des Gerätes tropft. Nach 15-20 Stunden Spielzeit sollte der Kassettenspieler immer gereinigt werden.

Staubsaugen Sie das Rack, das Gehäuse und das Belüftungsgitter möglichst oft. Sowohl Plastik- als auch Metallgehäuse kann man mit einem feuchten Tuch abwischen. Nehmen Sie keine Papierhandtücher; sie können das Plastik verkratzen.

Für Eilige:

Reinigungskassetten können natürlich viel Zeit sparen. Sie reinigen das Gerät jedoch nicht sehr gründlich. Einige verfehlen die Führungsrolle oder die Tonwelle völlig, also benutzen Sie sie höchstens ab und zu. Nehmen Sie keine, die den Schmutz abreibt, sondern eine, die mit Reinigungsflüssigkeit funktioniert. Durch das Abreiben können Schäden verursacht werden.

Saubere Kassetten, sauberer Kassettenrekorder

Wenn Sie auf Ihre Kassetten achten, dann bleibt der Kassettenrekorder auch sauberer.

Bewahren Sie Kassetten in ihrer Hülle auf.

- **Holen Sie sie heraus, wenn sie zu Ende gelaufen sind.**
- **Bewahren Sie sie nicht in der Nähe einer Wärmequelle auf.**
- **Legen Sie Kassetten nicht auf den Fernseher, die Lautsprecher oder andere Orte, wo ein magnetisches Feld die hohen Frequenzen auf dem Band beschädigen kann.**

Zur Not geht's auch so:
Normaler Isopropylalkohol kann auch verwendet werden. Da er jedoch verdünnt ist, wirkt er nicht so effektiv.
Achtung: Alkohol ist extrem leicht entzündlich. Rauchen Sie nicht, während Sie mit alkoholhaltigen Reinigungsmitteln arbeiten, und hantieren Sie nicht mit ihnen in der Nähe einer Feuerquelle.

Katzentoiletten

Das gründliche Putzen der Katzentoilette ist nicht nur für die Gesundheit und das Wohlbefinden Ihrer Katze wichtig, sondern auch für die Verringerung eines der übelsten Gerüche im Haushalt.
So wird's gemacht:
Wenn Sie traditionelle Tonstreu verwenden, holen Sie täglich feste Fäkalien heraus und wechseln Sie sie alle 5-7 Tage. Mit einem milden Spülmittel oder einem natürlichen Haushaltsreiniger (wie pflanzlicher Seife) spülen Sie die Kiste in warmem Wasser aus. Das Plastik bewahrt Gerüche, also nehmen Sie nichts Parfümiertes, da die Katze sonst nicht mehr hineingeht. Wenn Sie stattdessen jedoch die sandige Substanz verwenden, die bei Nässe gerinnt, dann sollten Sie täglich die Klumpen entfernen und die Kiste wenigstens alle 2 Tage wieder mit neuer Streu auffüllen, damit derUrin sich nicht am Boden sammelt. Wenn die Katzentoilette beginnt schlecht zu riechen oder auszusehen, wechseln Sie die Streu und reinigen die Box.
Wir empfehlen keine Katzentoiletten-Einlagen, da die Katze Rillen in sie hinein kratzt, so dass der Urin dahinter fließt und sich unten ansammelt.
Für Eilige:
Wenn Sie in einer Wohnung leben und keine Möglichkeit haben, die Katzentoilette draußen zu reinigen, machen Sie es einfach in der Badewanne, nachdem Sie allen Unrat entfernt haben. Reinigen und spülen Sie die Badewanne hinterher.

Achtung: Schädliche Putzmittel sollten so aufbewahrt werden, dass Haustiere nicht in Kontakt mit ihnen kommen können.

Kaugummi

Kaugummis machen keine Probleme, solange sie im Mund bleiben; so bald man sie jedoch ausspuckt, neigen sie dazu, alles vollzukleben. Auf folgende Weise bekommen Sie sie aus Stoff und Teppichen heraus.

So wird's gemacht:

Erhitzen Sie den Kaugummi etwa 30-90 Sekunden mit dem Fön auf höchster Stufe aus einem Abstand von mindestens 15 cm. (Das gilt nur bei synthetischen Materialien, deren Fasern bei hohen Temperaturen schmelzen können.) Entfernen Sie so viel wie möglich von dem aufgewärmten Kaugummi mit Plastikfolie, da er sonst an Ihren Fingern hängen bleibt. Wiederholen Sie den ganzen Vorgang mit neuer Plastikfolie. Dann reiben Sie etwa 1/2 Tasse extra starke Muskelcreme ein – und zwar eine mit aufheizender Wirkung.

Das hat den Effekt, die Verbindungen zwischen dem Gummi und den Fasern aufzubrechen.

Erhitzen Sie es nochmals für 30-90 Sekunden und gehen Sie wieder mit Plastikfolie heran. Als Nächstes tragen Sie relativ konzentriertes Spülwasser auf, spülen mit warmem Wasser nach und lassen die Stelle trocknen. Wenn sie ein wenig klebrig bleibt, erhitzen Sie noch einmal und entfernen den Rest mit Plastikfolie.

Zur Not geht's auch so:

Wenn Sie den Kaugummi schnell (jedoch nicht so gründlich) entfernen wollen, kühlen Sie ihn so lange mit einem Eiswürfel, bis er brüchig wird.

Achtung: Probieren Sie ein Mittel immer erst an einer unauffälligen Stelle aus, bevor Sie es richtig anwenden.

KELLER

Wie Sie Ihren Keller putzen, hängt natürlich von den speziellen Gegebenheiten ab, d. h. ob er voll ausgebaut ist, mit Teppichen ausgelegt ist oder wofür Sie ihn brauchen. Das häufigste Problem in Kellern ist jedoch Feuchtigkeit. Den Keller so trocken wie möglich zu halten und nach Wasserrohrbrüchen oder Ähnlichem schnell alles zu trocknen, ist daher entscheidend für das Entstehen von Schäden, Schimmel und gefährlichen Bakterien.

SO WIRD'S GEMACHT:

Der erste Schritt ist immer das Entfernen von Spinnweben. Arbeiten Sie immer von oben nach unten. Eine weiche Bürste oder ein Besen entfernen Spinnweben am besten von Wänden, Balken und Röhren. Bei Betonböden ist ein Schrubber vorzuziehen. Staub können Sie in Grenzen halten, wenn Sie den Boden mit Wasser besprenkeln oder mit Sägemehl oder Ähnlichen bestreuen. Ist der Boden wirklich schmutzig, wischen Sie ihn mit Wasser und ein bisschen Spülmittel oder Allzweckreiniger. Sie können auch einen Schuss Trinatriumphosphat oder Natriummetasilikat ins Wasser geben – beides ist im Baumarkt erhältlich; halten Sie sich für die Mengen genau an die Gebrauchsvorschriften.

Gummihandschuhe, lange Ärmel und Augenschutz sind bei diesen Mitteln angezeigt.

Um die Luft im Keller einigermaßen frisch zu halten, versichern Sie sich, dass Gasapparaturen (z. B. Herd, Heizung, Trockner) gut nach außen hin ventiliert sind. Das wird das Ansammeln von Nitrogendioxid verhindern, das den Atmungstrakt angreifen kann, oder Kohlenmonoxid, das ebenfalls schädlich ist und sogar zum Tode führen kann. Lassen Sie die Geräte regelmäßig überprüfen. Besonders der Gehalt von Radon, einem geruch- und farblosen radioaktiven Gas, das von uran- oder radiumhaltiger Erde oder Gestein in der Umgebung abgesondert wird und in Ihren Keller eindringen kann, muss dann und wann kontrolliert werden.

Feuchtigkeit und Überflutung

Nutzen Sie trockene, sonnige Tage zum Lüften des Kellers, um die Feuchtigkeit zu verringern. Auch mechanische Luftentfeuchter können Abhilfe schaffen.

Steht Ihr Keller mal unter Wasser, muss sofort die Ursache abgeklärt werden. 4 Typen von Überflutungswasser sind zu unterscheiden: klares, graues, schwarzes und Flußwasser.

Sauberes Wasser aus Rohrbrüchen, einer übergelaufenen Badewanne etc. richtet, wie Sie sich denken können, den geringsten Schaden an. Graues Wasser enthält Waschmittel oder Lebensmittel – vielleicht ist Ihr Ausguss, Ihre Spül- oder die Waschmaschine undicht. Schwarzes Wasser ist verschmutztes Wasser – z. B. Abwasser. Flußwasser kommt von Überschwemmungen und enthält normalerweise Erde, Dünger, Dreck und anderen Unrat.

Sogar wenn es sich um sauberes Wasser handelt, muss schnell reagiert werden. Haben Sie dort Teppiche oder anderer Fußbodenbeläge, müssen sofort alle Möbel heraus, sonst können sie auf den Teppich abfärben. Gehen Sie so wenig wie möglich auf dem Teppich. Der Latexkleber in Fußbodenbelägen weicht durch das Wasser auf und die Unterseite könnte sich durch die Beanspruchung lösen.

Das Wasser muss, wenn möglich, abgesaugt werden. Ein entsprechendes Gerät kann man in manchen Bau- oder Küchengeschäften ausleihen. Auch ein paar Luftentfeuchter sollten Sie ausleihen und im Keller aufstellen. Mit Ventilatoren muss man jedoch vorsichtig sein. Wenn es zu viele sind, wandeln sie die Flüssigkeit in Wasserdampf um, der Möbel, Bilder, Bücher und andere von stehendem Wasser nicht betroffene Gegenstände beschädigt. Halten Sie nach Kondensation auf Fensterscheiben und Metallflächen Ausschau.

Ist das Wasser verschmutzt, muss der Fußbodenbelag eventuell ersetzt werden. Auch in Mitleidenschaft gezogene Trockenmauern müssen herausgerissen werden, da sie andernfalls das Abwasser aufsaugen und zu einem Gesundheitsrisiko werden können. Um einen durch Abwasser verschmutzten Betonboden zu säubern und zu desinfizieren, schrubben Sie ihn mit einem vierbindigen Ammoniumpräparat. Handschuhe und strenge Beachtung der Gebrauchshinweise sind hier wichtig. Die Lösung kann auch mit einem Druckwasserstrahler angewendet werden, den man auch ausleihen kann.

Ist das Wasser von außen eingedrungen, müssen Sie warten, bis sich der Wasserspiegel draußen abgesenkt hat, sonst kann der Wasserdruck von außen zu Rissen in den Wänden führen. Markieren Sie den Wasserstand mit Kreide oder Filzstift, dann können Sie beobachten, ob er nach dem Absaugen von etwas Wasser wieder zu Ihrer Markierung ansteigt. In dem Falle müssen Sie noch etwas abwarten.

ZUR NOT GEHT'S AUCH SO:

Kalziumchlorid ist eine gute Möglichkeit, statt oder zusätzlich zu mechanischen Entfeuchtern die Luftfeuchtigkeit zu verringern. Man benutzt es eigentlich zum Eisschmelzen, aber es hat auch die Eigenschaft, Wasser aus der Luft zu ziehen. Ziehen Sie Gummihandschuhe an, füllen Sie die Kalziumchloridkügelchen in einen alten Kissenbezug und hängen Sie ihn im Keller auf. Darunter stellen Sie eine Schale oder einen Eimer auf, um das abtropfende Wasser aufzufangen, was Sie anschließend in die Toilette schütten. Ist der Bezug leer, werfen Sie ihn weg.

Achtung: Bei überflutetem Keller sollten Sie immer Gummistiefel und -handschuhe tragen, und passen Sie auf elektrische Geräte im Wasser auf. Niemals einen Stecker mit bloßen Händen herausziehen. Nehmen Sie dazu immer einen Holzstock und natürlich Gummihandschuhe.

KERAMIKFLIESEN

Keramikfliesen sind extrem dauerhaft und pflegeleicht. Man benutzt Sie hauptsächlich auf Fußböden, Arbeitsflächen und an Wänden; sie sind zumeist mit einer glasigen Schicht überzogen, die den gebrannten Ton vor Verschmutzungen und Feuchtigkeit schützt. Unglasierte Ziegel – etwa Bruchziegel – müssen häufiger geputzt und manchmal versiegelt werden. Aber meistens erübrigt sich die Pflege von Keramikfliesen. Die meisten Probleme beim Putzen haben mit dem Mörtel zu tun, mit dem die Ziegel befestigt sind.

SO WIRD'S GEMACHT:

Beseitigen Sie lose Verschmutzungen mit einer Bürste oder einem Staubsauger und wischen Sie die Oberfläche ab und zu mit Spülwasser. Wechseln Sie dabei das Wasser, sooft es geht, sonst bekommen Sie Streifen. Und vergessen Sie nicht, mit klarem Wasser nachzuwischen. In der Küche sollten Sie regelmäßig Arbeitsflächen aus Keramikfliesen mit antibakteriellem Reiniger desinfizieren. (Für das Bad sehen Sie bitte unter den Stichworten „Mehltaupilze" auf S. 202 und „Seifenschaum" auf S. 394 nach.)

Hartnäckige Verschmutzungen von Spritzern können mit einer Bürste oder einem Nylonschrubber entfernt werden.

FÜR EILIGE:

Auf manchen Fußböden aus Keramikfliesen bleiben immer Streifen, egal wie gründlich man nachwischt. Gehen Sie einfach mit einem großen Badehandtuch darüber und das Problem erübrigt sich. Schieben Sie das Handtuch an besten mit den Füßen über den Boden.

Sind die Fliesen im Badezimmer anfällig für Schimmelpilze, ist der wichtigste Schritt dagegen eine gute Durchlüftung. Öffnen Sie nach dem Duschen das Fenster oder installieren Sie einen Ventilator.

WO STEHEN IHRE FLIESEN AUF DER SKALA?

Wenn Sie hochwertige Fliesen kaufen, müssen Sie sie nicht so oft reinigen. Die meisten Hersteller bedienen sich einer Skala von 1 bis 4 für ihre Fußbodenkacheln; der höchste Wert weist auf die dauerhaftesten Fliesen hin.

Bei niedrigen Werten können Sie ein paar Mark sparen; auf lange Sicht bedeuten sie jedoch mehr Stunden zum Wischen. Die Kacheln mit einer niedrigen Zahl verkratzen und brechen leichter, da sie oft bei niedrigeren Temperaturen gebrannt sind. Sogar ein bisschen Granulat, das an Schuhen im Winter ins Haus getragen wird, kann Kacheln mäßiger Qualität verkratzen und schließlich zu Bruchstellen führen.

ZUR NOT GEHT'S AUCH SO:

Wenn ein Ziegel zerbricht und Sie keinen Ersatzziegel haben, nehmen Sie einfach einen an einer unauffälligen Stelle heraus.
Achtung: Verwenden Sie weder scharfe Mittel noch kratzende Reinigungskörper, da die Oberfläche dadurch verkratzt oder getrübt werden könnte.

KETCHUPFLECKEN

Ketchup ist eines der populärsten Würzmittel. Leider gehören die Flecken, die er hinterlässt, auch zu den Kniffligsten.

SO WIRD'S GEMACHT:

Kratzen Sie überschüssigen Ketchup ab. Waschbare Stoffe lassen Sie zunächst in kaltem Wasser einweichen, um so viel wie möglich von dem Ketchup zu entfernen. Je älter der Fleck, desto länger muss er einweichen; dass kann bis zu einigen Stunden dauern.
Vor dem Waschen muss der Fleck vorbehandelt werden. Man gibt 1/4 TL Spülmittel in 1/2 Tasse warmes Wasser, trägt die Mischung auf den Fleck auf, legt den Stoff auf eine harte Fläche und treibt das Mittel durch Klopfen mit der Rückseite eines Löffels zwischen die Fasern. Reiben Sie den Stoff nicht aneinander, da dadurch die Fasern verschleißen. Danach gehen Sie je nach Waschvorschrift vor; nehmen Sie die höchstmögliche Temperatur.
Wenn der Fleck nicht völlig verschwunden ist, wiederholen Sie den Vorgang, diesmal jedoch mit einer Lösung aus 1 TL Essig und 1/2 Tasse warmem Wasser; danach wird der Stoff wieder gewaschen. Hilft auch das nichts, nehmen Sie enzymhaltiges Waschmittel (oder eine Paste aus Waschperlen und Wasser), das direkt auf den Fleck aufgetragen wird. Dann einklopfen und waschen.
Nicht waschbare Gewebe gibt man entweder in die Reinigung oder tupft sie mit einem sauberen, weißen Handtuch und einem Fleckentferner ab. Reiben Sie von innen nach außen, um den Fleck herauszutreiben. Fleckentferner sollten nur in gut belüfteten Räumen

benutzt werden; außerdem sollten Sie dabei Gummihandschuhe tragen.

Flecken auf Teppichen müssen sofort angegangen werden. Ist der Fleck noch frisch, kann man ihn eventuell mit Wasser und Papiertüchern entfernen. Funktioniert das nicht, tupfen Sie ihn mit einem sauberen weißen Handtuch und Spülmittel und Wasser im Verhältnis 1:2 ab. Noch stärker ist eine Lösung aus 2 TL Ammoniak auf 1 Tasse lauwarmes Wasser. Reiben Sie nicht mit Waschmittel auf einem Teppich.

Die letzte Möglichkeit ist Wasserstoffperoxid. Seien Sie jedoch vorsichtig damit, da es die Farben ausbleichen kann.

Achtung: Spülen Sie immer erst eine Lösung aus, bevor Sie eine andere anwenden. Lesen Sie immer genau die Gebrauchs- und Sicherheitshinweise auf den Produkten, die Sie verwenden. Mischen Sie die Lösungen nicht stärker als angegeben, und verwenden Sie sie so sparsam wie möglich.

Kinderwagen

Die Mühe, die Sie auf das Putzen Ihres Kinderwagens verwenden, hängt wahrscheinlich davon ab, ob es ein preiswertes Modell aus Leichtmetall oder ein hochwertiges Stück aus schwerem Holz mit Luftreifen und perfekt gerader Lenkung ist. Ein guter Wagen kann Generationen halten.

So wird's gemacht:

Waschen Sie Holzkinderwagen mit einem weichen Lappen und mildem Seifenwasser. Trocknen Sie ihn gründlich ab, damit die Beschichtung intakt bleibt.

Metallwagen kann man mit einer Lösung zum Autowaschen reinigen. Trocknen Sie gut ab und behandeln Sie das Metall mit einer Politur, um Rost vorzubeugen.

Auf Modellen aus Plastik, besonders wenn man sie im Hof stehen lässt, kann sich eine tief sitzende Schmutzschicht bilden. Hart-

näckige Verschmutzungen entfernen Sie mit einer harten Bürste und einem Eimer Spülwasser.
Vergessen Sie nicht den Griff und die Reifen. Schützen und reinigen Sie Metallgriffe und Gummireifen mit Silikonspray; dann ziehen sie nicht gleich wieder Staub und Schmutz an.

FÜR EILIGE:

Natürlich kann man auch schnell mal mit dem Gartenschlauch über den Kinderwagen gehen. Metall- und Holzteile müssen dann aber gründlich abgetrocknet werden. Wenn Sie den Wagen an einem trockenen Ort stehen lassen, sparen Sie sich viel Mühe beim Putzen.

ZUR NOT GEHT'S AUCH SO:

Wenn Sie im Haus einfach keinen Platz mehr für den Kinderwagen haben, stellen Sie ihn draußen wenigstens auf den Kopf, damit kein Regenwasser und Schmutz auf die Sitzfläche kommt.

KISSEN

Auf der Couch wollen Sie sich wohl fühlen – und nicht alle Nase lang niesen müssen. Man sollte Kissen regelmäßig entstauben, so dass sich bei Feuchtigkeit keine Flecken bilden. In Staub entstehen auch Mikroorganismen wie Staubmilben, die Allergien verursachen können.

SO WIRD'S GEMACHT:

Einmal im Monat sollten Sie Kissen mit einem entsprechenden Aufsatz staubsaugen – für Polster und für Ritzen gibt es spezielle Düsen. Wenn Sie so etwas nicht besitzen, bürsten Sie die Kissen mit einer weichen Bürste ab.
Müssen Ihre Kissen einmal gewaschen werden, folgen Sie den Waschvorschriften, die auf dem Etikett stehen. Ist keines vorhanden, gehen Sie je nach Material vor. Manche Stoffe sollten nicht nass werden, während andere, wie etwa Baumwolle, mit Seifenwasser gewaschen werden können. Flecken auf Gewebe, das chemisch

gereinigt werden muss, können Sie mit einem Fleckentferner beseitigen. Beachten Sie jedoch genau die Hinweise auf der Verpackung.
Vorbeuge-Tipp:
Benutzen Sie Schutzauflagen für Armlehnen und Kopfstützen, damit sich dort keine fettigen Ablagerungen von Haut oder Haar bilden.
Hier sind einige allgemeine Reinigungsvorschläge, die uns von Fachleuten empfohlen wurden:

- Verunreinigungen und Verschmutzungen immer sofort mit einem sauberen, weißen Tuch entfernen.
- Nicht den Bezug vom Kissen abnehmen, da er schwierig wieder anzupassen sein könnte.
- Immer ein Reinigungsmittel an einer unauffälligen Stelle ausprobieren.
- Das Kissen weder in Wasser noch in Lösungsmittel einweichen, da innere Feuchtigkeit Schmutz anzieht.
- Seifenwasser wird hergestellt, indem Sie in 1 Tasse lauwarmes Wasser 1/4 TL mildes Spülmittel auflösen. Rühren Sie die Flüssigkeit schaumig und arbeiten Sie den Schaum mit einem sauberen, weißen Tuch in die verschmutzte Stelle ein. Mit einem feuchten Tuch abwaschen und in der Luft oder Sonne trocknen lassen.

Achtung: Staubsaugen Sie keine Daunenkissen, wenn Sie keinen staubsaugerfesten Bezug haben. Dann müssen Sie sie bürsten, damit keine Federn entweichen können.

Kletterpflanzengerüste

Man findet sie meistens im Garten, wo sie Wind und Wetter ausgesetzt sind. Der Trick besteht darin, sie so zu putzen, dass die Pflanzen, die sich um sie ranken, nicht beschädigt werden.

SO WIRD'S GEMACHT:
Machen Sie sie im Winter sauber, wenn die Pflanzen Ihnen am meisten Platz lassen – am besten nach dem Beschneiden.
Um Dreck und Unrat von dem Gitter zu entfernen, sprüht man es mit dem Gartenschlauch ab. Dafür eignet sich eine Düse, die den Wasserstrahl fest bündelt. Wenn das Holz gescheuert werden muss, nehmen Sie eine Nylonbürste und eine milde pflanzliche Seife, die den Pflanzen nicht schadet. Alle Seifenreste müssen gründlich abgewaschen werden, da sie das Wachstum von Schimmelpilzen fördern.
FÜR EILIGE:
Sie können auch einen Wasserstrahler mit niedrigem Druck ausleihen, dann geht es schneller. Aber seien sie vorsichtig: Verwenden Sie keine Seife oder Chemikalien, sondern nur Wasser; und richten Sie die Düse nicht zu lange auf eine Stelle des Gitters.

KLIMAANLAGEN

Klimaanlagen tauschen Innen- und Außenluft aus. Das dient der Entfernung von Staub und anderen Schmutzpartikeln.
SO WIRD'S GEMACHT:
Bei Modellen, die am Fenster angebracht werden, sollte man die Filter vor der ersten Benutzung reinigen, und dann einmal pro Monat, solange die Klimaanlage in Betrieb ist. Waschen Sie sie häufiger, wenn Sie ein Haustier oder einen Mehrpersonenhaushalt haben. Ziehen Sie die Filter einfach heraus und waschen Sie sie mit der Hand in warmem Wasser (ohne Zugabe von Seife). Lassen Sie sie unbedingt gründlich trocknen, bevor Sie sie wieder einsetzen. Sind die Ventilatorblätter gut erreichbar, wischen Sie sie ab und zu mit einem feuchten Tuch ab. Bei manchen Modellen fügt sich das Gehäuse in einen Metallkasten ein, der das Fenster offenhält. In solch einem Fall müssen Sie alle paar Monate das Gehäuse herausholen und von Zweigen, Blättern oder anderem Unrat befreien. Wischen Sie den Staub von den Außenflächen und vom Gitter der

Anlage immer, wenn Sie ohnehin Staub wischen. So wird sich kein Staub in den Filtern ansammeln.
Bei einer zentralen Klimaanlage wird angeraten, die Filter monatlich zu reinigen, zumindest in den Zeiten, in denen die Anlage viel genutzt wird. Es gibt leichte und eher zerbrechliche Einwegfilter und waschbare. Da es viele unterschiedliche Bauweisen gibt, ist es am besten, den Reinigungshinweisen des Herstellers zu folgen. Rohrausgänge und Einstellregler sollten zum routinemäßigen Putzen gehören. Bleiben die 1- und Ausgänge der Rohre sowie die Filter sauber, sollten die Rohre auch sauber sein. Auch hier müssen regelmäßig Zweige usw. vom Außenteil entfernt werden.

So wird's gemacht:

Klimaanlagen können staubgesaugt statt ausgewaschen werden. Handstaubsauger sind dafür am besten geeignet, da zu starkes Saugen den Filter verziehen könnte.

Knochen

Objekte aus Knochen sind porös und oft zerbrechlich. Übertreiben Sie es nicht mit der Reinigung, sonst brechen Sie Ihrem Gegenstand noch die Knochen.

So wird's gemacht:

Glatter Knochen, so wie Griffe von Messern oder Brieföffnern, lässt sich mit einem feuchten Tuch oder Scheuerlappen abwischen. Gravuren staubt man mit einem Pinsel ab; Tücher oder Scheuerlappen sind nicht zu empfehlen, da mürbe Stellen abbrechen und einzelne Fasern in den Ritzen hängen bleiben können.

So wird's gemacht:

Statt dem Staubtuch können Sie auch einen Staubsauger nehmen. Ein kleines batteriebetriebenes Gerät ist allerdings einem großen vorzuziehen.

Achtung: Niemals Knochen in Wasser eintauchen. Sogar Nassmachen ist eine schlechte Idee – es bildet sich leicht Schimmel. Auch Seife oder Wachs ist hierfür nicht zu gebrauchen, da eventuell verbleibende Reste das Material gelb einfärben können. Wenn Sie Ihren Gegenstand nicht selber reinigen wollen oder wenn Feuerschäden auftreten, sollten Sie einen Restaurator um Rat fragen.

Koffer und Reisetaschen

Koffer sind in gewissem Sinne dazu gedacht, schmutzig zu werden. Sie sollen ja das, was darin ist, schützen – Kleidung, Kamerazubehör oder Tennisschläger. Aber bei guter Pflege halten Koffer und Reisetaschen länger und sehen besser aus – was an Orten wie Flughäfen oder Hotels durchaus nicht unwichtig sein kann.

So wird's gemacht:

Bei den meisten Taschen müssen Verschmutzungen direkt an der entsprechenden Stelle angegangen werden. Mit einem feuchten Tuch und Spülwasser können Sie ohne Weiteres Stoff-, Einkaufs- und Düffeltaschen sowie harte Koffer aus synthetischen Materialien und Segeltuch reinigen. Tränken Sie das Material nicht mit der Flüssigkeit, sondern tupfen und reiben Sie die verschmutzten Stellen ab.

Schwarze Stellen, wie sie oft Förderbänder auf Flughäfen verursachen, kann man behandeln, indem man einfach etwas Allzweckreiniger auf ein weiches Tuch oder einen Schwamm gibt und die Oberfläche damit abreibt. Wenn man schwarzes Gepäck nimmt, sieht man solche Stellen ohnehin kaum.

Aluminiumkoffer

Nehmen Sie ein Tuch und warmes Spülwasser – keine alkalischen Mittel wie Ammoniak, Trinatriumphosphat oder Natron. Sie verfärben Aluminium. Wenn sich einmal Verfärbungen ergeben, mischen Sie etwas Essig oder Zitronensaft in das Spülwasser (erst an einer unauffälligen Stelle testen). Die Säure in diesen Substanzen stellt den Glanz wieder her.

Verwenden Sie weder scharfe Mittel noch kratzende Reinigungskörper, da die Oberfläche dadurch verkratzt oder getrübt werden könnte.

Ledergepäck

Leder ist empfindlich gegen Wasser und Chemikalien, deshalb muss man mit verschmutzten Ledertaschen vorsichtig sein. Gehen Sie nach den Empfehlungen des Herstellers vor. Versuchen Sie es mit einem speziellen Lederreinigungsmittel. Probieren Sie es jedoch erst an einer unauffälligen Stelle aus, um zu prüfen, ob die Farben oder die Struktur sich nicht verändern.

Feines oder stark verschmutztes Leder bringen Sie am besten zur Lederreinigung. Suchen Sie sich Ihre Reinigung gut aus. Meistens holt die Lederreinigung die Sachen von der chemischen Reinigung ab. Wenn Sie zu einer solchen gehen, vergewissern Sie sich, dass das Leder von Spezialisten gereinigt wird, nicht von der chemischen Reinigung.

Golftaschen

Die meisten heutigen Golftaschen sind einfach zu reinigen, da sie aus synthetischem Material sind – schließlich sind sie jedem Wetter ausgesetzt und werden immer im Gras abgelegt. Mit einem Frotteehandtuch und etwas warmem Spülwasser bekommt man die meisten Flecken weg. In die Ecken und Ritzen kommt man mit einer alten Zahnbürste.

„Die Wenigsten benutzen Ledertaschen – auch Profis haben synthetische. Leder ist so teuer“, sagt ein Hersteller von Golftaschen. Wenn Sie eine Ledertasche haben, sind Sie mit einem normalen Lederreinigungsmittel gut beraten.

Für Eilige:

Mit einer Fugendüse lassen sich Schmutz und Gras aus den Außentaschen der Golftasche mit einem Staubsauger entfernen. Vor dem Spiel sollten Sie außerdem immer ein feuchtes Handtuch in die Golftasche legen. Dann können Sie immer schnell Verschmutzungen und Dreck abwischen.

KOPFKISSEN

Bei diesem Gedanken werden Sie nachts hellwach bleiben: „Die meisten Leute ahnen nicht, wie viel tote Haut sich von unseren Körpern löst" – so erfuhren wir von einer Beraterin eines renommierten Haushaltsmagazins. Diese Hautreste müssen entfernt werden, wenn unsere Kopfkissen frisch und duftig bleiben sollen.

SO WIRD'S GEMACHT:

Kopfkissen sollten wenigstens 2-mal im Jahr gereinigt werden. Die meisten lassen sich in der Maschine waschen. Nehmen Sie kaltes Wasser, das ist für synthetische Füllungen besser. Trocknen Sie sie bei niedriger Temperatur, in der Sonne oder auf einem Stuhl auf der Terrasse.

Daunenkissen sollten nicht zu Hause gereinigt werden. Ihre Bezüge haben oft natürliche Stärke, die die Füllung stabil hält. Beim normalen Waschen zerbricht die Stärke, und die Daunen werden aus dem Kissen herausgedrückt. Mit einer chemischen Reinigung sind Sie immer noch am besten beraten.

1- bis 2-mal im Jahr sollten Sie Daunendecken draußen lüften.

ZUR NOT GEHT'S AUCH SO:

Um die Kissen aufzufrischen und Feuchtigkeit zu entfernen, legen sie die Kissen für 10 Minuten bei niedriger Temperatur in den Trockner. Ein großer Teil des Schmutzes und der Hautfetzen gelangt dabei in den Filter des Trockners.

KORBMÖBEL

Korb ist ein Sammelbegriff für Möbel aus diversen Fasern natürlichen Ursprungs – zumeist Rattan, aber auch Rohr, Schilf, Weide und synthetische Materialien werden verwendet.

Ebenso vielfältig sind auch die Reinigungsmethoden. Das Spektrum geht vom Gartenschlauch zum Wasserverbot. Kunstfasern lassen sich problemlos mit dem Gartenschlauch abspritzen, während echter Korb brechen, platzen, verrotten oder sich verfärben kann, wenn man ihn Wasser oder Sonnenlicht aussetzt.

Oft verweist die Herkunft auf das Material. Echter Korb wird z. B. oft aus China und den Philippinen importiert, während künstlicher etwa in den USA produziert wird.

So wird's gemacht:

Als erstes sollten Korbmöbel staubgesaugt werden. Generell gilt: Verwenden Sie bei der Reinigung möglichst wenig Wasser. Wenn welches nötig ist, stellen Sie schaumiges Seifenwasser her und benutzen nur den Schaum zum Putzen. Mit einer kleinen Bürste kommen Sie in die kleinen Zwischenräume. Wischen Sie den Schaum mit einem feuchten Lappen ab. Holzpartien sollten nicht nass gemacht werden.

Gartenmöbel aus Holz erfordern gewöhnlich eine gründlichere Reinigung. Schrubben Sie synthetischen und rauen, echten Korb mit warmem Wasser und einer Bürste und spritzen Sie ihn mit dem Schlauch ab. Trocknen Sie die Möbel so schnell wie möglich, damit die Naturfasern nicht aufplatzen oder verrotten. Stellen Sie sie dazu in unmittelbare Nähe eines Ventilators oder in die heiße Sonne.

Vermeiden Sie bei angestrichenem Korb zu viel Wasser. Mit einem feuchten Schwamm und einer Drahtbürste können Sie eventuell abgeplatzte Farbe entfernen. Lassen Sie das Stück gut trocknen und überstreichen Sie die beschädigten Stellen.

Sehen Sie nach dem Trocknen nach, ob an der Oberfläche raue oder aufgesprungene Stellen sind. Reiben Sie sie mit feinem Sandpapier ab. Anschließend überziehen Sie das Ganze mit Sprühwachs für Autos.

Für Eilige:

Vermeiden Sie die Ansammlung von Staub, indem Sie Korbmöbel regelmäßig mit dem Staubsauger und einem Bürstenaufsatz absaugen. Tischflächen sollten mit einer Glasplatte bedeckt werden, damit der Staub nicht in die vielen Ritzen gelangt. Dann brauchen

Sie zum Putzen der Oberfläche auch nur ein wenig Glasreiniger aufzusprühen.

Um den Trocknungsvorgang zu beschleunigen, sollten Sie Korbmöbel an windigen Tagen putzen.

Zur Not geht's auch so:

Wenn Sie keinen Staubsauger haben, tut es auch eine Kleisterbürste.

Wenn ein Korbstuhl knackt, wenn Sie sich setzen, könnte er wahrscheinlich ein wenig Feuchtigkeit gebrauchen. Wischen Sie ihn gelegentlich mit einem feuchten Tuch ab, um den Fasern wieder etwas Feuchtigkeit zu geben.

Achtung: Korb braucht eine gewisse Luftfeuchtigkeit, um nicht zu brechen, aber zu viel schadet den Fasern und lässt sie modrig werden. Stellen Sie echten Korb nicht zu viel in die Sonne und setzen Sie ihn nicht Tau oder Regen aus.

Körbe

Die meisten Körbe werden aus Schilfrohr hergestellt. Dann und wann sollten Sie sie abspülen; es macht sie sauber und verlängert ihr Leben. Außerdem hält es das Material flexibel und geschmeidig, wie uns eine Korbherstellerin versicherte. Andere Körbe, etwa aus Eiche oder Esche, dürfen nur mit wenig Wasser gewaschen werden.

So wird's gemacht:

Einen Korb aus Schilfrohr können Sie in der Spüle mit einem Sprühaufsatz oder gleich mit dem Gartenschlauch abspritzen. Flecken oder Schmutz entfernen Sie mit ein wenig Spülmittel und einer weichen Bürste; spülen Sie gut mit Wasser nach.

Trocknen lassen Sie den Korb am besten in der Sonne oder an einem Fenster bei Sonnenschein. Das Wasser ist zwar gut für das Material; bei längerer Einwirkung wird das Rohr jedoch morsch. In ein paar Stunden sollte der Korb getrocknet sein.

Bemalte Körbe können genau so wie oben beschrieben gereinigt werden, jedoch ohne Bürste, da die Farbe davon Schaden nehmen könnte.
Körbe aus Holz werden durch zuviel Wasser beschädigt. Statt Sie abzuspritzen oder einzutauchen, wischen Sie sie lediglich mit einem feuchten Tuch (ohne Spülmittel) ab.

Zur Not geht's auch so:

Ein weißer Korb, der fleckig oder abgestoßen ist, sieht nach einem neuen Anstrich (mit Farbspray) wieder wie neu aus.
Achtung: Sowohl scharfe Reiniger als auch eine Bürste mit Metallborsten können die Oberfläche angreifen. Achten Sie darauf, den Korb erst wegzuräumen, wenn er trocken ist.

Kork

Bis zum 16. Jahrhundert wussten die Menschen mit Kork nicht viel anzufangen; dann merkten sie, dass man damit gut Flaschen verschließen kann. Heutzutage findet man es an diversen Stellen im Haushalt. Wichtig für die Reinigung ist, ob der Kork versiegelt ist.

So wird's gemacht:

Korkböden sind meistens versiegelt, deshalb haben Sie mehr mit der Versiegelung zu tun als mit dem Kork selber. Sie können einfach mit dem Mopp darüber gehen. Unbehandelter Kork, wie er an vielen Wänden zu finden ist, ist porös und sollte nicht viel Wasser ausgesetzt werden. Reiben Sie ihn mit einem trockenen Schaumgummischwamm ein; er ist gut geeignet, um Schmutzpartikel von Wänden und Decken zu lösen. Gewöhnliche Küchenschwämme sollten nicht benutzt werden, da sie den Schmutz nur verteilen, statt ihn zu entfernen. Wandbeläge aus Kork können ganz leicht abgeschmirgelt werden, aber diese Methode muss unbedingt in einer unauffälligen Ecke ausprobiert werden, damit Sie später nicht von unbeabsichtigten Verfärbungen überrascht werden.

ZUR NOT GEHT'S AUCH SO:
Wenn Sie im Baumarkt nicht den entsprechenden Schwamm bekommen, können Sie Kork auch mit einem Stück hartem, krümeligem Brot einreiben, das ohne Schaden anzurichten Verschmutzungen entfernt; oder tupfen Sie Flecken mit Klebeband ab.
Achtung: Sogar wenn Sie versiegelte Korkböden putzen, gehen Sie sparsam mit Wasser um. Beim Umgang mit dem Wischmopp z. B. schütten Sie das Wasser aus dem Eimer nicht auf den Boden. Verwenden Sie kein Bleichmittel auf unbehandeltem Kork, da es Flecken hinterlässt.

KRAWATTEN

Wenn Sie Krawatten tragen, wissen Sie wahrscheinlich, wie leicht darauf Flecken entstehen. Eine Krawatte ist in der perfekten Position, sich ihren Weg durch alle möglichen Dinge zu schlängeln, zu tunken und zu ziehen. Leider sind Flecken nicht so einfach zu entfernen, sogar in der chemischen Reinigung. 75 % der Krawatten sind aus Seide – ein Material, das leicht verschmutzt, sich leicht abreibt und leicht abfärbt. Andere Schwierigkeiten hängen mit der Konstruktion von Krawatten zusammen. Sie sind diagonal geschnitten, so dass sie ihre Form wiederbekommen, wenn sie zer-

SPARTRICKS

Halten Sie Ihre Krawatten in Form
Da Krawatten und Halstücher immer teurer werden, zahlt sich gute Pflege aus. Die Pflege fängt beim Ablegen der Krawatte an.

- Lösen Sie immer den Knoten aus der Krawatte.
- Legen Sie die Krawatte ab, indem Sie den Knotvorgang zurückgehen. Obgleich es viel bequemer ist, das schmale Ende einfach durch den Knoten zu ziehen, verliert die Krawatte dadurch ihre Form; ihre Lebensdauer leidet ebenfalls darunter.
- Hängen Sie Krawatten auf, um die Knitterfalten zu glätten.
- Knoten Sie die Krawatte nicht so fest zu, da das Futter sich verdreht.
- Schneiden Sie lose Fäden ab. Herausziehen kann der Krawatte schaden.

Drei Fragen an Ihre chemische Reinigung

Krawatten, so wird empfohlen, sollte man nicht in die Reinigung geben. Obwohl sie es aushalten, gibt es beim Plätten Probleme.
Die Rundung wird flach gedrückt, der Stoff glänzt plötzlich und die Krawatte sieht nicht mehr so aus wie vorher.
Die Form und Erscheinung von Krawatten lassen sich nur mit der Hand wiederherstellen. Ein Experte empfiehlt, der chemischen Reinigung folgende Fragen zu stellen, bevor man ihr eine Krawatte gibt.

1. Wie glätten Sie Krawatten? Oder, wie sollten Krawatten geglättet werden? „Sie müssen sich vergewissern, dass der Reinigungsfachmann weiß, dass eine Krawatte nicht platt sein darf. Sie sollten etwas von vorsichtig gerollten Rändern und einem symmetrischen Dreieck am unteren Ende der Krawatte hören."
2. Reinigen Sie viel Seide? Oder, reinigen Sie viele Krawatten? Wenn die Reinigung nicht an Seide gewöhnt ist, werden sie vermutlich keine ungewohnten Dinge versuchen, um Flecken zu entfernen. Das Problem ist, dass die meisten Flecken auf Krawatten eine Kombination von Lebensmitteln sind, die Erfahrung und Risikobereitschaft erfordern. Wenn Sie nicht sicher sind, fühlen Sie der Reinigung auf den Zahn: Dies ist eine sehr teure Krawatte – sind Sie sicher, dass Sie sie reinigen wollen?
3. Öffnen Sie Krawatten, um Ihnen den letzten Schliff zu geben? Nach der Reinigung bauscht sich manchmal das Futter auf. Dann muss man die Krawatte öffnen und das Futter glätten. Wenn der Reinigungsmitarbeiter fragt: „Wieso sollten wir das tun?", spricht das nicht dafür, dass sie viel Erfahrung mit dem Reinigen von Krawatten haben.

Fragen Sie genau, damit Sie Erklärungen bekommen, nicht bloß ein Ja oder Nein. „Wenn die Reinigung mit einer dieser Fragen nichts anzufangen weiß, haben Sie es möglicherweise mit jemandem zu tun, der sich mit dem Reinigen von Krawatten nicht besonders gut auskennt."

knittert waren. Außer Schnürsenkeln sind Krawatten die einzigen Dinge, die wir den ganzen Tag verknotet tragen – nur dürfen sie, im Gegensatz zu Schnürsenkeln, ihre Form nicht verlieren. Diagonal geschnittene Stoffe verziehen sich jedoch leichter.
Was also machen Sie, wenn Sie das nächste Mal Salatsoße auf Ihre Krawatte verspritzt haben? Es gibt 3 Möglichkeiten: Fleckentferner, chemische Reinigung oder Altkleidersammlung.

SO WIRD'S GEMACHT:

Krawatten aus Wolle, Baumwolle oder Polyester vertragen Fleckentferner gut. Probieren Sie ein Mittel jedoch immer erst an einer unauffälligen Stelle aus (z. B. auf der Rückseite), bevor Sie es richtig anwenden. Versuchen Sie nicht, Flecken wegzureiben – Sie nutzen das Gewebe nur ab und machen die Farben matter. Tupfen Sie die verschmutzte Stelle mit einer entsprechenden Reinigungslösung ein (siehe das Stichwort „Flecken" auf S. 175). Arbeiten Sie von außen nach innen, damit Sie den Fleck nicht noch verbreitern. Seidenkrawatten geben Sie am besten in die Reinigung.

Um Knitterfalten zu glätten, dämpfen Sie die Krawatte – Bügeln plättet den vormals plastischen Stoff und kann den natürlichen Glanz beeinträchtigen.

ZUR NOT GEHT'S AUCH SO:

Wasserflecken auf Seidenkrawatten gehen am besten raus, wenn Sie die befleckte Stelle gegen eine andere Stelle der Krawatte reiben. Sie reiben also Seide gegen Seide, so dass das Gewebe nicht verschlissen wird.

Achtung: Das Alkohol in Parfüm und diversen Kosmetika kann Seide verfärben, also tragen Sie sie auf, bevor Sie die Krawatte anziehen.

KREIDEFLECKEN

Mögen Sie Künstler, die in der Fußgängerzone imposante Kreidegemälde auf den Boden zaubern, noch so sehr bewundern – Ihre Möbel, Wände oder Teppiche jedoch sind, was Kreide angeht, kunstfreie Zone.

SO WIRD'S GEMACHT:

Ein Kreidehersteller fand heraus, dass man Kreideflecken mit Autoschmiere von vielen Oberflächen entfernen kann. Behandeln Sie Kreideflecken auf Beton oder Ziegelstein also ruhig mit einem entsprechenden Spray und einer kräftigen Bürste. Dann sprühen Sie nochmals und wischen mit einem weichen Tuch nach. Auf glatten Oberflächen wie Glas, Porzellan, ungewachstem Vinylfußboden, angestrichenen Wänden bzw. angestrichenem Holz, Metall, Keramikfliesen oder Marmor müssen Sie direkt mit einem weichen Tuch nachwischen. Wenn der Fleck noch da ist, nehmen Sie einen Schwamm mit Spülwasser, reiben in Kreisbewegungen und wischen die Stelle mit Wasser ab. In allen Fällen muss der Fleck so schnell wie möglich behandelt werden.

Seien Sie jedoch vorsichtig mit Schmierspray auf Stoff. Man bekommt es nicht so leicht wieder heraus, und es hinterlässt einen bleibenden Geruch. Verwenden Sie stattdessen ein Spray zur Vorwäsche und spülen Sie mit heißem Wasser nach – so heiß, wie es der Stoff erlaubt. Wenn der Fleck dadurch nicht verschwindet, nehmen Sie einen gewöhnlichen Fleckentferner.

Achtung: Probieren Sie die Lösung immer erst an einer unauffälligen Stelle aus, dann sind Sie sicher, dass bei der Reinigung keine Schäden entstehen. Mischen Sie niemals Fleckentferner mit Wasser, da die beiden sich nicht verbinden. Lassen Sie Kinder die Kreideflecken machen, aber entfernen Sie sie selber. Die Versuchung ist groß zu sagen: „Wenn Du einen Fleck machst, dann mach' ihn auch selber wieder weg!" Trotzdem ist es keine gute Idee, Kindern Reinigungsmittel – zumal, wenn es sich um chemische handelt – in die Hände zu geben.

Kristallglas

Das in Kristallglas enthaltene Blei lässt es funkeln und hell und klar leuchten. Es macht das Glas auch weich. Es sollte immer mit der Hand gewaschen werden, da in der Spülmaschine winzige Kratzer verursacht werden, die mit der Zeit das Glas trüben.

So wird's gemacht:

In die Spüle sollten Sie vor dem Abwaschen eine Gummischutzmatte legen, damit keine Ecken abspringen; auch ein Schutzüberzug auf dem Wasserhahn ist zu empfehlen. Bei geteilten Spülbecken sollte auch die Mitte durch eine Gummimatte geschützt sein. Nehmen Sie normales Spülmittel und einen nicht kratzenden Schwamm. Fassen Sie die Gläser am Kelch an, nicht am Stiel, damit sie Ihnen nicht aus der Hand rutschen.

Zur Not geht's auch so:

Um fest angetrocknete Flecken zu entfernen, reiben Sie sie mit ein wenig Natron ein.

Achtung: Nehmen Sie keinesfalls scharfe Reiniger, auch nicht auf verkrusteten Stellen. Machen Sie die Spüle nicht zu voll, so dass die Teile sich gegenseitig abstoßen können.

Kronleuchter

Bei Ihrem Hausputz sollten Sie auch mal nach oben schauen. Kronleuchter ziehen eine Menge Schmutz an und glänzen mehr, wenn sie gut gepflegt sind.

So wird's gemacht:

Ein Staubwedel ist für normales Abstauben ausreichend; wenn Sie wollen, können Sie auch einen Fön nehmen. Gründlichere Reinigungsschritte richten sich nach dem Material – dafür sehen Sie unter dem entsprechenden Stichwort in diesem Buch nach. Glas- und Kristallprismen müssen eventuell entfernt werden, bevor man sie sauber macht; verdrehen Sie dabei nicht die Aufhängung. Mit Glasreinigungsspray und einem weichen Tuch bekommen Sie sie sauber. Mit 90 % destilliertem Wasser und 10 % Reinigungsalkohol können Sie auch Ihre eigene Lösung herstellen. Destilliertes Wasser ist Leitungswasser vorzuziehen, da es weniger Mineralien enthält, die Flecken verursachen können.

Für Eilige:

Anstatt die Prismen abzunehmen – eine zeitraubende Angelegenheit – , versuchen Sie es mit weißen Handschuhen. Ziehen Sie weiche, weiße Baumwollhandschuhe an, sprühen Sie die Prismen ein und reiben Sie das Mittel leicht mit Ihrer Hand ein. Damit belasten Sie die Aufhängung nicht – und effektiv ist es auch.

Achtung: Gehen Sie um den Leuchter herum, anstatt ihn von einer Seite immer zu verdrehen. Sogar wenn Sie auf einer Leiter arbeiten, stellen Sie sie ab und zu um. Sie strapazieren sonst die Aufhängung des Leuchters – und irgendwann kracht es. Für eventuell herunterfallende Prismen legen Sie am besten Decken auf den Boden.

KÜCHENMASCHINEN

Bei den meisten Küchenmaschinen erschweren die Sicherheitsvorschriften die Reinigung. Ob es Ihnen schmeckt oder nicht – der Schlüssel zur sauberen Küchenmaschine ist das Reinigen direkt nach dem Benutzen, bevor es antrocknet oder in schwer erreichbaren Ecken fest klebt.

SO WIRD'S GEMACHT:

Lesen Sie zunächst die Reinigungsempfehlungen des Herstellers. In der Regel muss man die Maschine auseinander nehmen und die abnehmbaren Teile in warmem Spülwasser reinigen. Spülen Sie die Messer, Schalen und die anderen Teile so bald nach dem Gebrauch wie möglich. Wischen Sie das Gehäuse mit einem schaumigen Schwamm oder Tuch ab und wischen Sie mit klarem Wasser nach. Nehmen Sie keine Stahlwolle oder andere kratzende Reinigungskörper, da sie das Äußere verkratzen oder trüben können.
Wenn die Lebensmittel in Ihrer Maschine angetrocknet sind, weichen Sie die nichtelektrischen Teile in warmem Spülwasser ein. Putzen Sie sie mit einer kleinen Bürste.

FÜR EILIGE:

Abnehmbare Teile kann man auch in der Spülmaschine reinigen. (Lesen Sie jedoch vorher die Gebrauchsanweisung.) Am sichersten ist es, die Teile ins obere Fach zu legen, falls Sie die hohe Temperatur des Heizelementes unten nicht aushalten.
Achtung: Ziehen Sie vor der Reinigung Ihrer Küchenmaschine immer den Stecker. Schleifen Sie die Reibmesser nicht, wenn es nicht ausdrücklich vom Hersteller empfohlen ist. Die meisten sind

auf Dauer vorgeschärft. Die Schneideflächen sind extrem scharf, also gehen Sie vorsichtig mit ihnen um.

KÜCHENREGALE

Meistens sind Holz- oder Funierküchenregale mit einem Schutzlack überzogen, der die Reinigung erleichtert. Mit beschichteten Oberflächen geht es sogar noch leichter.

SO WIRD'S GEMACHT:

Das normale Putzen auf Massiv- oder Furnierholz können Sie mit einem feuchten Tuch machen; anschließend müssen Sie mit einem sauberen, trockenen Tuch nachwischen. Mit einem bisschen Seife im Wasser bekommen Sie auch stärkere Verschmutzungen weg. Wenn Sie etwas verschütten, sollten Sie es sofort abwischen, damit keine dauerhaften Flecken entstehen – und immer direkt abtrocknen.

Holzregale sollten unmittelbar nach dem Einbau und dann alle 6 Monate gewachst werden. Dazu erst feucht und danach trocken wischen. Dann tragen Sie das Möbelwachs auf; es darf keine ätzenden Reinigungssubstanzen enthalten. Arbeiten Sie das Wachs schnell ein und behandeln Sie immer nur kleine Flächen auf einmal; reiben Sie in der Richtung der Maserung. Wenn Sie Wachsspray benutzen, sprühen Sie es nicht direkt auf das Holz, sondern auf den Lappen, dann wird der Feuchtigkeitsschutz besser und die Oberfläche kann nicht so leicht beschädigt werden.

Beschichtete Küchenregale sollten mit warmem Seifenwasser gewaschen und mit einem weichen Tuch abgetrocknet werden. Wachsen ist hier nicht erforderlich.

Achtung: Vermeiden Sie scharfe Reiniger, ätzende Seifen und Reinigungskörper, da die Oberfläche dadurch beschädigt werden kann. Wischen Sie das Küchenregal nicht mit dem Geschirrhandtuch, da in ihm Reste von Spülmittel oder Fett enthalten sein können. Zu große Feuchtigkeit ist der Hauptfeind von Holz. Verschüttete Flüssigkeit sollte sofort mit einem Lappen aufgenommen werden. Prüfen Sie ab und zu die Bereiche um Geräte und Armaturen. Kaffemaschinen, Toaster oder ähnliche Geräte sollten Sie nicht direkt unter Küchenregale stellen, damit keine Beschädigungen durch Hitze entstehen.

Küchenschränke

Wenn sie sauber und aufgeräumt sind, ist nicht nur das Kochen leichter und angenehmer, sondern Sie verringern auch die Zahl der Insekten und Parasiten. Schädlinge im Haushalt brauchen in der Hauptsache 3 Dinge: Nahrung, Wasser und ein gemütliches Plätzchen zum Wohnen. Ein schmutziger Küchenschrank mit Krümeln, Feuchtigkeit und dunklen Ecken verwirklicht alle 3 Träume auf das Komfortabelste.

So wird's gemacht:

Wenigstens 2-mal im Jahr sollten Sie Ihren Küchenschrank sauber machen, beim Frühjahrs- und beim Herbstputz. Je öfter Sie es machen, desto leichter sind fettige Verschmutzungen zu entfernen. Fangen Sie oben an und gehen Sie langsam nach unten, nachdem Sie vorher den Schrank ausgeräumt haben. Wischen Sie gründlich alle Oberflächen ab.

Benutzen Sie einen schaumigen Schwamm oder einen Schwamm mit Allzweckreiniger auf Plastik-, Plastikfurnier- und ähnlichen Oberflächen. Wischen Sie mit einem sauberen, feuchten Tuch oder Schwamm nach. Holzflächen wischen Sie mit einem leicht angefeuchteten Tuch ab, oder nehmen Sie Sprühreiniger und Politur. Wischen oder stauben Sie Dosen und Gläser ebenfalls ab.

Bevor Sie die Sachen wieder einräumen, sollte der Schrank richtig trocken sein, sonst bleibt Feuchtigkeit darin, die Bakterien und schlechte Gerüche entstehen lässt. Gläser stellen Sie am besten auf eine Unterlage, dann stehen sie sicher und etwas erhoben.

Für Eilige:

Halten Sie die Schranktür nach Möglichkeit verschlossen, damit nicht so viel Staub eindringt – und Sie nicht so viel Arbeit haben.

KÜHLBOXEN

Flecken und Schimmelpilze sind die großen Feinde von Kühlboxen. Aber da Lebensmittel in ihnen aufbewahrt werden, müssen Sie den Kampf mit Bedacht aufnehmen.

SO WIRD'S GEMACHT:

Die Außenseite einer Kühlbox aus Plastik oder kombinierten Materialien kann man mit bleichefreiem Allzweckreiniger sauber wischen. Stärkere Mittel oder gröbere Reinigungskörper als ein weiches Tuch oder ein Schwamm können bewirken, dass die Farbe der Box ausbleicht.

Im Innern müssen Sie anders vorgehen. Nehmen Sie dort nichts, was Sie nicht auch in den Mund nehmen würden.

Natron ist das geeignetste Mittel. Geben Sie es großzügig auf ein nasses Tuch oder einen Schwamm oder auch direkt auf die Oberfläche und lassen Sie Ihre Muskeln spielen. Spritzer entfernen Sie, indem Sie soviel Natron mit Wasser mischen, bis eine feste Paste entsteht. Tragen Sie sie auf die verschmutzte Stelle auf und lassen Sie sie für eine halbe Stunde einwirken. Dann reiben Sie den Fleck mit einem Tuch oder Schwamm ein. Je schneller Sie den Fleck behandeln, desto besser. Manche Spritzer verschwinden nach zu langer Wartezeit überhaupt nicht mehr, z. B. von Pampelmusensaft.

Bei unangenehmen Gerüchen geben Sie 1 TL Vanille-Extrakt in 4 Tassen Wasser und wischen damit die Kühlbox aus.

FÜR EILIGE:

Wenn Sie die Box gut pflegen und Flecken immer sofort angehen, können Sie eine Menge Zeit beim Putzen sparen. Nach Gebrauch sollten Sie sie nicht einfach mit verschlossenem Deckel ins Regal stellen sondern sie sofort auswaschen und gründlich mit einem Handtuch abtrocknen. Dann lassen Sie die Box 2 Tage bei geöffnetem Deckel stehen, bevor Sie sie wegräumen.

Achtung: Verwenden Sie keine scharfen Reinigungsmittel für die Außenseite. Innen sind chemische Mittel oder Bleichmittel Tabu. Auch einen chemischem Schimmelvernichter darf man nicht benutzen. Denken Sie daran: Was nicht in Ihren Mund gehört, gehört auch in keine Kühltasche.

Kühlschränke, Gefrierfächer und Gefrierschränke

Die Reinigung des Kühlschrankes und Gefrierfaches oder -schrankes ist aus vielerlei Gründen wichtig. Wenn man immer rechtzeitig verschüttete Flüssigkeit aufwischt und verdorbene Lebensmittel wegwirft, vermeidet man schlechte Gerüche. Und das Abstauben der Kühlschlange lässt das Gerät effektiver laufen, spart Geld und verringert die Chance eines Kompressorschadens, den zu reparieren einige Hundert Mark kostet.

So wird's gemacht:

Reinigen Sie Ihren Kühlschrank nach den Anweisungen des Herstellers etwa einmal im Monat. Ein guter Zeitpunkt ist vor einem Großeinkauf, wenn am wenigsten Lebensmittel im Kühlschrank sind. Werfen Sie verdorbene Sachen weg. Spülen Sie herausnehmbare Teile in der Spüle. Wischen Sie die Innenwände mit einer Lösung aus 1 l warmem Wasser und 2 EL Natron. Wischen Sie gut mit klarem Wasser nach und trocknen Sie alles ab. Wischen Sie Krüge, Flaschen und andere Behälter ab. Wenn Sie das Fleisch- und Wurstfach regelmäßig benutzen und Flüssigkeit aus den Verpackungen ausläuft, muss es öfter geputzt werden – einmal die Woche, oder bevor Sie Fleisch kaufen. Andere Fächer sollten ebenfalls wöchentlich sauber gemacht werden. Die Falte im Dichtungsring um die Tür muss ab und zu mit Spülwasser ausgewischt, nachgewischt und abgetrocknet werden. Wenn Ihr Kühlschrank abnehmbare Ablaufstöpsel hat, nehmen Sie sie heraus und spritzen Sie mit einem Fettgießer warmes Wasser hindurch.

Die Natriumlösung hilft Gerüche zu entfernen, doch können Plastikwände und schwer zu reinigende Ecken Gerüche aufnehmen und nur mit großer Mühe wieder davon zu reinigen sein. Es kann immer passieren, dass es z. B. einen Stromausfall gibt, während Sie gerade im Urlaub sind – dann stehen die Lebensmittel für eine Woche ungekühlt im Kühlschrank. Schütten Sie eine mittlere Packung Natron oder ein paar Zentimeter Aktivkohle in eine Schale und lassen Sie sie für ein paar Tage im Kühlschrank stehen. Dasselbe funktioniert auch mit frisch gemahlenem Kaffee.
Zur Beachtung: Eventuell kann sich der Geschmack von frisch gemahlenem Kaffee auf Eis oder Eiskrem übertragen. Nehmen Sie solche Sachen heraus oder stecken Sie sie in fest verschlossene Plastiktüten.

Wenn Sie schon kurz davor sind, Ihren Kühlschrank wegen unerträglicher Gerüche – etwa durch verdorbene Lebensmittel oder faules Fleisch – zu verschrotten, probieren Sie erst das Folgende. Leeren Sie den Kühlschrank und reinigen Sie ihn, wie es der Hersteller vorschreibt. (Kümmern Sie sich um einen Ersatzkühlschrank für die Zeit.) Legen Sie in jedes Fach zerknülltes Zeitungspapier. Stellen Sie in das oberste Fach eine Tasse Wasser oder besprühen Sie das Papier leicht mit Wasser und lassen Sie den Kühlschrank 5-6 Tage laufen. Wechseln Sie das Zeitungspapier alle 2 Tage aus. Das Kühlsystem wird feuchte Luft über die Papieroberfläche ziehen, die die Geruchsmoleküle aufnimmt. Es ist umständlich, aber es funktioniert.
Lassen Sie den Gefrierschrank (oder das Gefrierfach) abtauen, wenn das Eis etwa 1/2 cm dick ist, dann arbeitet der Motor effektiver. Nehmen Sie die gefrorenen Sachen heraus und wickeln Sie sie entweder in ein paar Schichten Zeitungspapier oder bewahren Sie sie so lange in einem Kühlbehälter auf. Schalten Sie den Gefrierschrank aus oder auf „Abtauen“. Dann lassen Sie ihn stehen, bis er abgetaut ist. Um den Prozess zu beschleunigen, können Sie Töpfe mit heißem Wasser hineinstellen. Kratzen Sie das Eis nicht mit einem scharfen Gegenstand ab, da Sie damit den Gefrier-

schrank beschädigen können. Dann wischen Sie das Wasser – also das geschmolzene Eis – auf, machen den Gefrierschrank mit der Natriumlösung sauber, wischen nach und trocknen alles ab. Nehmen Sie alle verbleibende Feuchtigkeit mit einem Lappen auf, bevor Sie die Lebensmittel wieder in den Gefrierschrank legen.

Das Putzen der Kühlschlange ist sogar noch wichtiger für das Wohlergehen Ihres Gerätes. Staub, der sich darauf sammelt, isoliert die Kühlung, so dass der Kompressor mehr arbeiten muss, um die Kühlflüssigkeit durch das System zu befördern. Wenigstens 2-mal im Jahr – 2-mal so oft, wenn Sie Haustiere haben – sollte die Kühlschlange mit der Düse für Spalten und Winkel staubgesaugt oder mit einer weichen Bürste mit langen Borsten abgestaubt werden. Ziehen Sie vor dem Staubwischen den Stecker heraus. Sie müssen wissen, welchen Kompressortyp Sie haben – einen statischen, der hinten sitzt, oder einen ventilatorgekühlten, der auf der Unterseite angebracht ist. Wenn er unten sitzt, nehmen Sie das Schutzgitter aus den Klammern und gehen mit dem Staubsauger darüber, bis der Staub verschwunden ist. Wenn er hinten sitzt, ziehen Sie den Kühlschrank so weit heraus, bis Sie vollen Zugang zu ihm haben, dann staubsaugen Sie ihn.

Wenn Sie den Kühlschrank wieder an seinen Platz stellen, lassen Sie zur Wand hin genügend Platz zum „Atmen“ – er braucht eine gute Luftzirkulation, um effizient arbeiten zu können. (In der Bedienungsanleitung finden sich Angaben über den empfohlenen Abstand zur Wand.)

Schließlich muss die Abtropfschale an der Unterseite – falls vorhanden – mit Spülwasser sauber gemacht werden. Dadurch werden die Bakterien abgetötet und andere mikroskopische Lebensformen davon abgehalten, sich dort heimisch zu fühlen.

Für Eilige:

Wenn Sie einen Spritzer sehen, wischen Sie ihn ab. Regelmäßiges Entfernen von Flecken erspart Ihnen viel Mühe bei der großen Reinigung.

ZUR NOT GEHT'S AUCH SO:
Wenn Sie keine Zeit haben, um einmal im Monat eine gründliche Reinigung durchzuführen, wischen Sie einfach einmal gut durch. Beseitigen Sie Verunreinigungen, halten Sie Lebensmittel verschlossen und werfen Sie Verdorbenes rechtzeitig weg, dann werden sich die Gerüche in Grenzen halten.
Achtung: Bevor Sie die Kühlschlange putzen, muss unbedingt der Stecker gezogen sein, damit Sie keinen Stromschlag bekommen können. Lesen Sie genau die Pflegehinweise in der Bedienungsanleitung.

KUNSTSEIDE

Kunstseide ist zwar, wie der Name schon sagt, künstlich – die Fasern sind jedoch organischer Herkunft. Sie werden aus Zellulose gesponnen, die man aus Bäumen gewinnt. Wegen der vielen verschiedenen Kunstseidemischungen und -behandlungsarten hängt die Reinigung von der speziellen Beschaffenheit des Stoffes ab.

SO WIRD'S GEMACHT:
In der Regel sollte Kunstseide nur chemisch gereinigt werden. Sogar bei Flecken ist es ratsam, das ganze Teil in die Reinigung zu geben. Da Kunstseide sehr saugfähig ist (noch mehr als Baumwolle), bilden sich leicht Ringe und Flecken an den Stellen, wo sie nass wird. Aus diesem Grund kann das Abtupfen von Spritzern mit einem feuchten Tuch die Situation noch verschlimmern.
Manchmal ist Kunstseide schon im Vorhinein mit Harz behandelt, so dass die Fasern nicht mehr so stark Flüssigkeit absorbieren. Mit Harz behandelte Kunstseide ist eventuell sogar waschbar. Beachten Sie aber auf jeden Fall die Pflegevorschriften auf dem Schild. Wenn man das Stück waschen kann, bedeutet das normalerweise, dass es vorsichtig in der Maschine oder noch besser mit der Hand gewaschen werden soll. Wenn Sie es mit der Hand waschen, pressen Sie leicht milden, höchstens lauwarmen Schaum durch das Gewebe und spülen Sie es in lauwarmem Wasser aus. Auswringen und deh-

nen darf man Kunstseide nach dem Waschen nicht. Schütteln Sie das Teil zum Trocknen aus und hängen Sie es auf einen rostfreien Kleiderbügel. Oder legen Sie es einfach flach hin. Die Innenseite sollte gebügelt werden, während das Kleidungsstück noch feucht ist, und zwar auf niedriger Stufe. Muss auch das Äußere gebügelt werden, legen Sie ein Tuch auf.

ZUR NOT GEHT'S AUCH SO:

Aufgrund möglicher chemischer Rückstände ist es sinnvoll, Kunstseide von Fachleuten reinigen zu lassen. Für Notfälle sollten Sie trotzdem Fleckentferner im Haus haben. Sie können Flecken mit einem sauberen, weißen Tuch mit etwas Fleckentferner abtupfen. Testen Sie ihn jedoch erst an einer unauffälligen Stelle auf Farbechtheit. Wenn sich um die Stelle ein Ring bildet, gehen Sie zur Reinigung.

Achtung: Lesen Sie immer genau die Gebrauchs- und Sicherheitshinweise, bevor Sie Fleckentferner verwenden.

KUPFER

Für Kupfer gelten dieselben Methoden wie für Bronze, das eine Legierung aus Kupfer und Zinn ist. Unlackiert und unpoliert bleicht die Oberfläche leicht durch Oxidation aus.

SO WIRD'S GEMACHT:

Die normale Reinigung ist nicht schwierig und sollte vorsichtig unternommen werden. Sie wollen ja in der Hauptsache keine Kratzer erzeugen. Stauben Sie den Gegenstand einfach mit einem Staubtuch oder einem alten T-Shirt ab. Wenn sich Schmutz aus der Luft auf der Oberfläche angesammelt hat, feuchten Sie das Tuch vor dem Wischen leicht an. (Hinweise für die Reinigung von lackiertem und unlackiertem Kupfer finden Sie unter dem Stichwort „Bronze“ in diesem Buch, Tipps zum Putzen von Kupfertöpfen und -pfannen unter „Töpfe und Pfannen“.)

Für Eilige:
Alter Glanz auf kleinen Kupferflächen kann kurzerhand wiederhergestellt werden, indem Sie sie einfach mit ein wenig Ketchup einreiben.

Zur Not geht's auch so:
Sie können auch Ihre eigene Politur herstellen, indem Sie einfach 1 TL Salz mit 1 TL Mehl mischen. Rühren Sie dann 1 TL klaren Essig ein. Die Paste mit einem weichen, feuchten Tuch auftragen, leicht reiben, mit Wasser nachwischen und mit einem trockenen, weichen Tuch abtrocknen.
Achtung: Niemals grobe Reiniger oder ätzende Reinigungskörper zum Reinigen von Kupfer benutzen. Sie können die Oberfläche verkratzen. Nehmen Sie die Gegenstände so selten wie möglich in die Hand. Fett von Ihren Fingern kann dauernde Verunreinigungen hinterlassen. Wertvolle oder historisch bedeutsame Stücke nicht polieren, ohne vorher den Rat eines Fachmannes eingeholt zu haben. Wenn Sie feucht reinigen, vergessen Sie nicht, Ihren Gegenstand sorgfältig abzutrocknen, um Flecken zu vermeiden. Auf keinen Fall Sprühwachs oder Möbelpolitur verwenden – sie werden den Glanz nur trüben.

Lampen (elektrische und Sturmlaternen)

Auf Lampen sieht man Schmutz besonders gut, er wird durch die Beleuchtung in den Vordergrund geschoben. Wenn Sie Ihre Lampen sauber halten, sehen sie nicht nur besser aus, sondern sie leuchten auch heller.

So wird's gemacht:
Es gibt zahllose Arten von Lampen und dementsprechend auch viele Materialien, aus denen sie gemacht sind – geblasenes Glas, Porzellan, Holz. Also gibt es auch verschiedene Reinigungsmethoden. Sie müssen regelmäßig abgestaubt werden, entweder mit

einem Staubtuch, oder, bei sehr feinen Strukturen, mit einer weichen Bürste.
Bei stärkeren Verschmutzungen ziehen Sie zuerst den Stecker, nehmen den Schirm ab und schrauben die Birnen heraus. Füllen Sie die Spüle mit schaumigem Spülwasser und stellen Sie die Lampe daneben – am besten auf ein Handtuch, damit sie nicht rutscht. Wenn der Fuß waschbar ist, wischen Sie ihn mit einem Schwamm und etwas Schaum ohne dabei das Kabel nass zu machen. Spülen Sie das Tuch aus und wischen Sie den Schaum ab. Wenn die Lampe eine Reflektorschüssel hat, waschen und spülen Sie sie mit der Hand wie normales Geschirr.
Wenn man die Lampe nicht waschen kann, wischen Sie sie einfach mit einem feuchten Tuch und trocknen Sie sie ab.
Um das Kabel legen Sie einen ausgewrungenen Schwamm und ziehen ihn über die ganze Länge des Kabels.

Die Glühbirnen kann man mit einem schaumigen Schwamm abwischen; mit einem sauberen Schwamm wird nachgewischt. Trocknen Sie sie mit einem Lappen ab und lassen Sie das Metall nicht nass werden.
Bei Sturmlaternen und anderen Lampen mit Glasglocken oder Rauchabzügen muss die Haube abgenommen und in Seifenschaum abgewaschen werden. Mit einer Flaschenbürste gelangen Sie in den verrußten Kanal. Spülen Sie das Glas mit heißem Wasser ab und wischen Sie es trocken. Den Fuß kann man mit einem feuchten Schwamm abwischen. Wenn das Glas besonders funkeln soll, geben Sie ein paar Tropfen Ammoniak oder Essig ins Spülwasser.
Achtung: Sehen Sie sich vor, damit die Kabel oder die Fassung der Lampe nicht nass werden.

Lampenschirme

Lampenschirme können eine knifflige Sache sein. Zum einen sieht man den Schmutz so gut, weil sie von Innen erleuchtet sind. Zum anderen gibt es viele verschiedene Arten, die mitunter schwierig zu reinigen sind. Eines ist jedoch sicher: Wenn Sie sie regelmäßig abstauben, haben Verschmutzungen keine Chance, tiefer einzudringen, und die Lampenschirme müssen seltener geputzt werden.

So wird's gemacht:

Stauben Sie sie ab und zu mit einem sauberen, weichen Tuch oder mit dem Bürstenaufsatz Ihres Staubsaugers ab.

Beschichtete Lampenschirme oder solche aus Plastik, Pergamentpapier oder Fiberglas können mit „trockenem" Schaum geputzt werden. In einem Schraubglas mit 1/4 Tasse Spülmittel geben Sie nur ein wenig warmes Wasser. Schlagen Sie die Mischung schaumig, so dass sie wie Schlagsahne aussieht, oder verschließen Sie das Glas und schütteln Sie es kräftig. Mit einem Tuch oder Schwamm reiben Sie ein wenig von dem Schaum auf den Schirm. Gehen Sie nicht über angeklebte Verbindungen oder empfindliche Verzierungen. Wischen Sie den Schaum sofort mit einem sauberen, feuchten Tuch ab und trocknen Sie den Schirm.

Lampenschirme aus Seide, Kunstseide oder Nylon können ganz in Spülwasser getaucht werden. Wenn nötig, reiben Sie leicht mit einem Schwamm. Dann lässt man das Wasser ablaufen und füllt die Spüle wieder mit klarem, lauwarmem Wasser. Tauchen Sie den Schirm wieder ein, um den Schaum zu entfernen; der Vorgang kann wiederholt werden, falls nötig. Hängen Sie den Schirm an einer Kordel oder Ähnlichem über der Badewanne oder an der Wäscheleine auf. Lassen Sie ihn sofort trocknen, damit sich kein Rost bildet.

Achtung: Lampenschirme aus Baumwolle, Leinen, handbemalte Schirme oder solche mit gemalten Verzierungen dürfen nicht in Wasser gewaschen werden. Ein Textilschirm verträgt keinen Fleckentferner; die feuerbeständige Lösung hinterlässt Flecken, wenn sie nass wird.

Lebensmittel (Blattsalat – Wurzelgemüse – Spinat)

Wenn Sie sie sich schmecken lassen wollen, müssen sie auch wirklich sauber sein. Sie wollen also nicht nur die groben Verunreinigungen, sondern auch Pestizidrückstände oder Bakterien von der Oberfläche Ihres frischen Gemüses entfernen. Obwohl Gemüse selbst nicht - wie z. B. Fleisch - das Wachstum von Erregern begünstigt, sorgen die Verunreinigungen auf ihnen auch alleine dafür. Einige Gemüsesorten wollen wir nennen, die besondere Pflege erfordern.

So wird's gemacht:

Um Blattsalat, Spinat und anderes grünes Gemüse sauber zu machen, putzen Sie erst Ihre Spüle oder ein ähnliches Becken und füllen es mit kaltem Wasser. Trennen Sie die Blätter vom Strunk, legen Sie sie ins Becken und waschen Sie sie ab. Der Schmutz setzt sich am Boden ab und das kalte Wasser macht das Grün knackig. Trocknen Sie das Gemüse in einer Salatschleuder oder mit Papiertüchern bzw. einem sauberen Geschirrhandtuch.

Wenn das Gemüse richtig schmutzig ist, wiederholen Sie den Vorgang mit frischem Wasser.

Wurzelgemüse - Karotten, Rote Bete, Radieschen - putzt man unter fließendem Wasser mit einer Gemüsebürste.

Für Eilige:

Wurzelgemüse, die Sie ohnehin schälen, brauchen Sie nicht so gründlich zu abzuputzen. Sparen Sie Ihre Energie. Spülen Sie sie einfach unter kaltem Wasser ab und schälen Sie sie.

Lebensmittelbehälter

Was nehme ich mit für die Pause: Roggen oder Vollkorn? Salat oder Tomaten? Senf oder Majonäse? Für die Reinigung ist die Frage: Metall oder Plastik? eigentlich viel wichtiger. Die meisten

Lebensmittelbehälter aus diesen Materialien sind zum Glück einfach zu reinigen.

SO WIRD'S GEMACHT:

Wischen Sie die Plastikdose oder die innere Isolierung mit einem feuchten Tuch oder Schwamm aus. Metallboxen sollte man ab und zu mit Flüssigwachs für Autos und einem Baumwolltuch polieren. Mit einem Baumwollbausch kommt man auch in die Ecken.

„Was die Reinigung angeht, gibt es eigentlich keinen großen Unterschied zwischen einem Cadillac und einem Metallbehälter für Lebensmittel“, so die hilfreiche Aussage eines Experten. „Das Wachs zieht den Schmutz heraus – es putzt und poliert zugleich.“

Wenn sich viel Schmutz oder Rost angesammelt hat, nehmen Sie das mildeste Reinigungsmittel für Autos, das Sie bekommen können. Da es auf jeden Fall abreibende Eigenschaften hat, muss man vorsichtig und sparsam damit umgehen.

LEBENSMITTELREIBEN

Wie alle Utensilien zur Zubereitung von Lebensmitteln wollen Sie auch diese von Lebensmittelresten reinigen, um das Wachstum von Bakterien und die Mischung verschiedener Geschmacksnoten zu vermeiden.

SO WIRD'S GEMACHT:

Putzen Sie die Reibe mit einer Nylon- oder Naturhaarbürste und warmem Spülwasser. Reiben Sie innen und außen in der Richtung der Kerben, da Sie sonst die Borsten beschädigen. Borsten sind hier besser zu gebrauchen als ein Schwamm oder ein Lappen. Sie kommen in alle Ritzen und entfernen dort alle Reste. Trocknen Sie die Reibe gut ab, bevor Sie sie weglegen.

FÜR EILIGE:

Reiben, die Sie für Käse, Ingwer oder Zitronenscheiben verwenden – also die feinsten – sind oft am schwierigsten zu reinigen. Um sich die Arbeit zu erleichtern, wickeln Sie eine Plastiktüte um die Reibe und anschließend entfernen Sie die Tüte. So bleiben alle Stücke an der Plastiktüte und nicht in der Reibe. An den kleinen Spitzen der Reibe entstehen Löcher im Plastik; es reißt aber nicht auseinander oder kommt ins Essen.

Leder

Die meisten Ledersachen sind aus 3 Hautarten – Lamm, Kuh oder Schwein – und sind in verschiedenen Arten bearbeitet, von flaumigem Wildleder zu narbigem, starkem Leder. Die Reinigung variiert von Typ zu Typ. Der einzige Ratschlag für alle Lederarten ist der: Seien Sie vorsichtig, Leder kann empfindlich sein, und die Chance, etwas aus Versehen zu beschädigen, ist groß.

So wird's gemacht:

Der gewöhnliche Verbraucher kann nicht viel machen, um Lederjacken, -westen oder -hosen zu reinigen. Flecken sollten immer erst mit einem weißen, sauberen Handtuch abgetupft und anschließend zur Lederreinigung gebracht werden. Wenn Ihnen mal ein Kellner geraten hat, Selterswasser zu nehmen: Vergessen Sie es. Ihnen mag es bekommen – Ihrem Leder nicht. Alte Hausmittel sollten immer mit Vorsicht genossen werden.

Bei fettigen Flecken haben Sie eine Chance. Legen Sie das Teil flach hin, geben Sie etwas Stärkemehl darauf und lassen Sie es über Nacht liegen. Die Stärke könnte das Fett aufsaugen.

Ein Fleck auf Wildleder muss sorgfältig abgetupft und dann zum Trocknen für ein paar Tage liegen gelassen werden. Richten Sie den Flor anschließend mit einer weichen Bürste oder einem trockenen Küchenschwamm wieder auf – dadurch könnte der Fleck verschwinden.

Wenn Sie Ledersachen in die Reinigung geben, lassen Sie ähnliche Teile zusammen waschen, da bei dem Prozess ganz leichte Farbverschiebungen auftreten können.

Suchen Sie sich Ihre Reinigung gut aus. Meistens holt die Lederreinigung die Sachen von der chemischen Reinigung ab. Wenn Sie zu einer solchen gehen, vergewissern Sie sich, dass das Leder von

GEWOHNHEITEN, DIE SIE VERGESSEN SOLLTEN

Fünf wichtige Verbote bei der Lederpflege

1. Reiben Sie einen Fleck nicht ein bzw. kratzen Sie ihn nicht ab, ohne vorher die Methode an einer unauffälligen Stelle ausprobiert zu haben.
2. Aufkleber dürfen niemals auf Leder. Wenn Ihnen auf einer Party jemand einen Aufkleber auf die Lederjacke klebt, ist sie ruiniert. Leder enthält Öl, das verbindet sich mit dem Klebstoff – die beiden Materialien verschmelzen gleichsam.
3. Passen Sie auf, dass Parfüm oder Haarspray nicht auf Leder geraten. Sie enthalten Alkohol und andere Chemikalien, die die Farben angreifen.
4. Leder sollte nicht in einer Plastiktüte aufbewahrt werden. Die Tüte wirkt wie ein Treibhaus. Alle möglichen schädlichen Dinge entstehen darin – Feuchtigkeit, Schimmel oder Partikel aus der Heizungsluft.
5. Versuchen Sie nicht, mit Hitze ein nasses Lederteil zu trocknen. Dadurch wird es mürbe und läuft ein. Hängen Sie es auf einem breiten Kleiderbügel auf und lassen Sie es bei Raumtemperatur trocknen. Wenn Sie das Leder pressen, tun Sie es ohne Dampf.

Spezialisten gereinigt wird. Manche chemische Reinigungen versuchen es selber – um die Gebühren für eine Fachreinigung zu sparen – und beschädigen möglicherweise Ihre Sachen.

Wander- oder Arbeitsschuhe aus Leder sind nicht so empfindlich. Schrubben Sie sie nach Gebrauch in lauwarmem Wasser mit einer Bürste ab. Lassen Sie sie bei Raumtemperatur trocknen – auf keinen Fall in der Nähe einer Wärmequelle, da sie sonst mürbe werden oder einlaufen können. Behandeln Sie sie ab und zu mit einem Lederpflegemittel.

FÜR EILIGE:

Um Schweiß und Feuchtigkeit von Wanderschuhen zu entfernen, nehmen Sie die Einlegesohle – falls vorhanden – heraus und stopfen Sie etwas Zeitungspapier hinein. Wechseln Sie das Papier täglich, bis die Schuhe trocken sind.

Leinen

Ah, Leinen! Es ist so wunderbar saugfähig und stark, und es atmet. Aber dieser Flachsstoff hat auch seine Nachteile. Es knittert leicht und ist nicht so einfach zu pflegen wie Baumwolle.

So wird's gemacht:

Manche Leinenteile sind waschbar, andere lassen sich nur chemisch reinigen. Sehen Sie dazu auf dem Schild nach. Im Allgemeinen gibt man Vorhang-, Polster- und dekorative Leinenstoffe so wie Leinenstickereien in die Reinigung. Handtücher, Servietten und einige Sticksachen kann man warm mit der Hand oder in der Maschine waschen. Waschen Sie farbige Sachen bei möglichst geringer Temperatur. Nehmen Sie mildes Waschmittel und nur Bleichmittel auf Sauerstoffbasis. Durch Chlorbleiche kann der Stoff vergilben.

Leinen enthält natürliches Pektin, und wenn man es auswäscht, wird das Gewebe weicher. Es ist Geschmackssache, ob man Leinen lieber weich und geschmeidig oder steif und spröde mag.

Leinen macht viele Falten – auch ein Grund, es in die Reinigung zu geben; man spart die Bügelzeit. Leinenfasern sind nicht elastisch, anders als Wollfasern, die sich stark kräuseln. Es gibt Mischgewebe (65 % Leinen, 35 % Polyester), die sich leichter waschen lassen und nicht so stark knittern.

Wenn Sie Leinen selber waschen, trocknen Sie es im Trockner bei niedriger Temperatur oder rollen Sie es in Frotteehandtücher. Holen Sie es heraus, bevor es steinhart wird und sich feste Falten bilden. Außerdem gleitet ein heißes Bügeleisen besser über feuchten Stoff. Wringen Sie Leinen nicht aus.

Hier sind ein paar Tipps zum Bügeln:

- Dunkle Leinenstoffe bügelt man von der Rückseite, damit das Gewebe nicht glänzt.
- Halten Sie die Unterseite Ihres Bügeleisens sauber, damit das Eisen besser gleitet und den Stoff nicht verschmutzt.
- Bügeln Sie Leinen, bis die Falten weg sind, nicht bis der Stoff trocken ist; hängen Sie ihn anschließend auf.

- Falten in großen Tischtüchern lassen sich vermeiden, wenn man den Stoff über einen großen Tisch direkt vor dem Bügelbrett legt.
- Holen Sie das Leinen aus dem Trockner, bevor es ganz trocken ist, und bügeln Sie es direkt.
- Vor dem Bügeln können Sie Leinen in einer Plastiktüte für 6-24 Stunden in den Kühlschrank oder in den Gefrierschrank legen. Wenn man es dann herausholt und zu Bügeln anfängt, lässt der Kontakt zwischen dem heißen Eisen und dem kalten Stoff das Bügeleisen geschmeidiger gleiten.

LOCKENWICKLER

Ein Bad in warmem Seifenwasser lässt Ihre Lockenwickler wie neu aussehen – und Ihre Locken umso natürlicher.

SO WIRD'S GEMACHT:

Legen Sie die Lockenwickler, wenn Sie aus normalem Plastik sind, 10-20 Minuten in Spülwasser, bis alle Rückstände von Fett und Hairstyling-Produkten sich gelöst haben. Dann spülen Sie sie unter klarem Wasser ab.

Neuerdings hat man Lockenwickler, die sich von selber zusammenziehen und die keine Nadeln zur Befestigung brauchen. Allerdings sind sie auch schwieriger sauber zu machen, da die Haare leichter in ihnen hängen bleiben. Man muss fast jedes Haar einzeln entfernen. Versuchen Sie sie in dem Seifenwasser einzuweichen und gehen Sie dann mit dem Kamm durch die einzelnen Lockenwickler. Das sollte reichen – wenn nur Sie selber sie benutzen, sind es schließlich nur Ihre eigenen Haare.

FÜR EILIGE:

Das Bad in Seifenwasser ist sowohl für die Lockenwickler als auch für Kämme und Bürsten geeignet. Sie sparen also Zeit, wenn Sie alle zusammen reinigen.

Achtung: Bei normalen Lockenwicklern können Sie die Metallnadeln zusammen mit dem Plastik sauber machen. Um sie jedoch vor Rost zu schützen, müssen Sie sie gründlich abtrocknen.

Luft

Die Luftverschmutzung im Innenraum wird seit den 60er Jahren erforscht, doch erst jetzt beginnt man die Auswirkungen auf die Gesundheit zu verstehen. Die Ursachen dieser Verschmutzung sind ungeheuer vielfältig, deshalb gibt es kein Allheilmittel dagegen – ungeachtet der Anpreisungen der Hersteller. Die isolierende Bauweise, die sich in den letzten Jahren eingebürgert hat, ist zwar Energie sparend, behindert aber den Luftaustausch zwischen innen und außen, was natürlich der Verschmutzung noch förderlich ist. Luft-

Informationen über Radon

Es klingt wie etwas aus dem All – tatsächlich aber ist Radon ein sehr erdnahes Problem. Es ist ein geruchs- und farbloses radioaktives Gas, das als natürliche Folge aus dem Zerfall von Uran in Erde und Gestein entsteht. Radon dringt durch Risse im Fundament, im Fußboden und in Wänden und sogar durch die Wasserleitungen in Häuser ein. Dort konzentriert es sich und steigt zu einem bedrohlichen Grad an. Radon ist der zweitgrößte Verursacher von Lungenkrebs. Rauchen kommt zuerst und Rauchen in einem radongefährdeten Haus erhöht das Risiko von Lungenkrebs erheblich.

Zum Glück gibt es verlässliche Methoden zur Messung des Radonwertes und zur Beseitigung des Problems. Ab dem zweiten Stock abwärts wird eine Radonkontrolle empfohlen. Sie können selber ein Messgerät leihen oder einen Fachmann kommen lassen.

Am besten fangen Sie mit den einfacheren Instrumenten an; damit kann man in 2 Tagen die Radonwerte messen. Wenn sie hoch sind, machen Sie einen längerfristigen Test – der geht dann meist über 3 Monate oder mehr. Die Messeinheit heisst Picocurie pro Liter (pC/l). Höher als 4 pC/l liegende Werte sind bedenklich.

Das Haus so umzugestalten, dass das Radonproblem vollständig gelöst ist, ist natürlich nicht billig. Meistens ist es ausreichend, alle Risse abzudichten und ein Luftabzugssystem einzurichten, dass radonbelastete Luft unter dem Fundament absaugt und durch das Dach wieder abgibt. Suchen Sie sich dafür einen ausgewiesenen Fachbetrieb. Man kann auch beim Bauen eines neuen Hauses viel gegen das Eindringen von Radon tun. Treffen Sie mit dem Bauunternehmer entsprechende Vorkehrungen.

reiniger sind zwar eine große Hilfe, doch manchmal wirkt es Wunder, wenn Sie bloß die Fenster öffnen. Die Verschiedenen Methoden sollten sich ergänzen.

SO WIRD'S GEMACHT:

Drei Strategien zur Luftreinigung werden empfohlen, dennoch wird die Kontrolle des Verschmutzungsherdes von Umweltschützern als die effektivste angesehen. Danach kommen die Ventilation und zuletzt mechanische Luftreiniger, die mit Filtern und Ionisatoren ausgestattet sind.

PUTZAKTIONEN FÜR'S GUINESSBUCH

Nicht so himmlische Himmelskörper

Die Zahl der Objekte, die der Mensch ins All geschickt hat und die jetzt die Erde umkreisen: 7000. Alle von ihnen sind größer als ein Fußball, und ein paar Hundert der größten sind in Betrieb befindliche Satelliten. Der Rest ist unbrauchbares Zeug, z.B. verbrauchte Raketen, Schutzhüllen, Klammern, Befestigungen, Bruchstücke von Explosionen irgendwelcher Raumfahrzeuge und sogar der Silberhandschuh eines Astronauten.

KONTROLLE DES VERSCHMUTZUNGSHERDES

Die Möglichkeiten, Luftverschmutzung zu Hause zu bekämpfen, sind so unerschöpflich wie die Ursachen der Verschmutzung selber. Sie reichen von der Asbestversiegelung über Staubwischen und -saugen bis zum Einschränken des Rauchens und zur genauen Beachtung der Vorschriften, wenn Sie chemische Produkte verwenden. Die Behandlung von Asbest sollten Sie einem Fachmann überlassen, da diese Substanz stark krebserregend ist.

VENTILATION

Die beste Methode ist hier die einfachste – lüften Sie regelmäßig die Zimmer (natürlich nur, wenn Wetter und Sicherheitsbedenken es zulassen).

Das Kreuz mit dem Lüften ist, dass neue verschmutzte Luft von außen eindringen kann, während die verbrauchte von innen entweicht. In manchen Gegenden ist ein dicht isoliertes Haus besser; da muss man eben die Luftqualität durch mechanische Ventilation regulieren. In tropischen Gegenden z. B. kann durch heiße, feuchte Luft von außen Moder und Schimmel innen entstehen.

WIE GESUND IST IHR ZUHAUSE?

Es kann sehr schwierig sein, von gesundheitlichen Problemen auf Verschmutzungsherde zu schließen, besonders seit Symptome, die durch schlechte Luft im Haus hervorgerufen werden, fast identisch mit den Symptomen von Grippe, Erkältungen oder anderen verbreiteten Krankheiten sein können. Aber wenn Sie ein Abklingen der Symptome beobachten, sobald Sie das Haus verlassen, kann das auf die Luft im Haus als Ursache der Allergie hinweisen.

Asbest
Ursache: Asbest wird in Häusern als Isoliermaterial verwendet. Es stellt kein Problem dar, solange es nicht in Bewegung gebracht wird, z.B. bei einer Renovierung, oder solange es nicht zu sehr altert.
Wirkung: Asbestfasern können eingeatmet werden und Lungenschäden, Lungenkrebs oder andere Arten von Krebs erzeugen.
Lösungen: Frei liegendes Asbest sollte mit Plastik verkleidet werden. Ausflockendes oder beschädigtes Asbest muss von einem Fachmann kontrolliert werden.
Die Identifizierung von Asbest kann schwierig sein, wenn es nicht extra bezeichnet ist. Wenn sich das Material nicht auflöst, besteht im Allgemeinen kein Gesundheitsrisiko. Wenn Sie nicht sicher sind, konsultieren Sie einen Spezialisten.

Biologische Erreger
Ursache: Unter biologischen Erregern versteht man unter anderem Viren, Bakterien, Schimmel- und Mehltaupilze und Milben. Sie kommen von schmutzigen Klimaanlagen, Luftbefeuchtern bzw. –entfeuchtern und Luftfiltern. Sie können auch von Pflanzen, Haustieren und nicht gewaschenem Bettzeug herrühren.
Wirkung: Biologische Erreger können Fieber, Erkältungen und allergische Reaktionen hervorrufen.
Lösungen: Reinigen Sie alle Luftfilter regelmäßig. In Luftbefeuchtern sollten Sie destilliertes Wasser verwenden. Waschen Sie Bettzeug so oft wie möglich in heißem Wasser (mindestens 60°C) und halten Sie Ihr Haus gut belüftet.

Formaldehyd
Ursache: Die Ursachen von Formaldehyd sind U,A. Zigarettenrauch, Harze in Sperrholzplatten, Hartfaserplatten und Furniervertäfelung, manche Klebstoffe, die Beschichtung auf der Rückseite von Teppichen, Polster und Vorhangstoffe.

Auch in Bad und Küche sollten Sie die Ventilation ausnutzen; je mehr „luftbelastende“ Tätigkeiten im Innern des Hauses stattfinden – Kochen, Malen, Hantieren mit Chemikalien, Heizen mit

Auch in älteren Schaumisolierungen findet man Formaldehyd.
Wirkung: Formaldehyd kann Kopfschmerzen, Schwindel, Lethargie, Ausschläge, Übelkeit und Reizungen der Haut und Atmung hervorrufen. Höhere Dosen können bei Asthmatikern Asthmaanfälle hervorrufen.
Lösungen: Schränken Sie das Rauchen ein und verstärken Sie die Ventilation im Haus. Ersetzen Sie eventuell älteres Sperrholz, Hartfaserplatten oder Schaumisolierungen, wenn sie vor der Mitte der 80er Jahre eingesetzt wurden. Seitdem werden Produkte mit geringerer Formaldehydabsonderung hergestellt. Achten Sie auf entsprechende Materialien, wenn Sie ein Haus bauen.

Stickstoffdioxyd
Ursache: Stickstoffdioxyd ist oft das Ergebnis schlecht belüfteter Gasherde oder anderer Geräte oder Holz- bzw. Kohleöfen.
Wirkungen: Stickstoffdioxyd kann Reizungen auf der Haut, im Atmungstrakt und in ernsten Fällen Bronchitis hervorrufen.
Lösungen: Gasherde sollten mit einer Abzugshaube versehen werden, durch die Verschmutzungen nach draußen abziehen können. Oder öffnen Sie beim Kochen das Fenster und schalten Sie die Abzugshaube ein. Lassen Sie Ihren Ofen und alle anderen gasbetriebenen Geräte regelmäßig kontrollieren.

Mitrauchen
Ursache: Mitrauchen meint das Einatmen von Zigaretten-, Zigarren- oder Pfeifenrauch anderer Leute.
Wirkung: Mitrauchen ist nachgewiesenermaßen für viele Fälle von Lungenkrebs verantwortlich.
Lösungen: Rauchen Sie nicht und erlauben Sie auch anderen das Rauchen im Haus nicht. Oder beschränken Sie das Rauchen auf einen Raum ein, der gut belüftet bzw. ventiliert ist.

Giftige Chemikalien in Haushaltsprodukten
Ursache: Zu den giftigen Chemikalien gehören Pestizide, starke Reinigungslösungen, Hobbysachen und Lösungsmittel.
Wirkung: Die Wirkungen reichen von Schwindel und Übelkeit bis zu allergischen Reaktionen der Haut, Augen und des Atmungstraktes.
Lösungen: Lesen Sie immer genau die Gebrauchs- und Sicherheitsvorschriften auf den Produkten, die Sie benutzen. Verwenden Sie giftige Mittel nur in gut belüfteten Räumen. Statt Spraydosen sollten Sie Pumpsprühflaschen nehmen und statt giftiger Produkte, wenn möglich, ungiftige.

Kerosin oder Verlegen neuer Teppiche – , desto wichtiger wird die Ventilation.

Luftreiniger

Es gibt mechanische Luftreiniger für den Tisch und für den Boden, z.B. größere Filter, die in Verbindung mit der Zentralheizung oder der Klimaanlage arbeiten. 2 Typen sind zu unterscheiden: Filter und Ionisatoren. Mechanische Filter sind im Allgemeinen effektiver; sie ziehen die kleinen Partikel aus der Luft, die sonst eingeatmet würden. Die Luft wird durch eine Reihe von Filtern eingesogen und anschließend gereinigt wieder an den Raum abgegeben. Die Filter müssen je nach Verschmutzungsgrad in der Luft alle paar Monate ausgewechselt werden und bestehen aus sehr dichtem Glas. Pollen, modrige Partikel, Tierhaare, Schuppen, Staubmilben, Staub und andere Partikel verfangen sich darin. Manche sind auch mit einem Kohlefilter ausgestattet, um Gerüche zu reduzieren. Gase werden jedoch weitaus weniger gründlich aus der Luft entfernt als feste Partikel.

Die Modelle für Zimmer oder für den Tisch reinigen desto besser, je größer das Gerät ist. Denn wenn eine möglichst große Luftmenge pro Stunde aufgenommen wird, können auch mehr Schmutzpartikel entfernt werden.

Ionisatoren sind tragbare Geräte, die Partikel in der Luft laden, so dass sie sich an Wände, Boden, Vorhänge usw. heften, so dass man sie nicht mehr einatmen kann. Das Problem ist, dass man die Schmutzpartikel wieder in die Luft schleudert, sobald man einen Stuhl anstößt oder einen Vorhang zuzieht. Zudem werden kaum gasförmige Elemente aus der Luft entfernt. Dagegen sind Ventilation und Beseitigung der Ursachen optimal. Manche Ionisatoren sondern außerdem Ozon ab, was die Luftverschmutzungsprobleme in Ihrem Haushalt noch erschweren kann.

Pflanzen

Pflanzen sehen toll aus und geben Ihren Räumen eine Freiluftatmosphäre. Wie sie jedoch die Luftqualität positiv beeinflussen, darüber ist man sich noch nicht einig. Die große Feuchtigkeit in Pflanzenerde kann sogar zum Brutplatz für Mikroorganismen werden, die in die Luft dringen.

Achtung: Verwechseln Sie nicht Duftsprays mit guter Luft! Durch solche Produkte werden Gerüche nur „übertüncht" und außerdem neue, fremde Partikel in die Luft geblasen. Eine einfache und preiswerte Alternative ist aufgewärmter Essig, den Sie einfach in einer Schale verdunsten lassen und den Vorgang so oft wiederholen, bis die Gerüche verschwunden sind.

Luftabzugsöffnungen

Luft und Schmutzpartikel, die durch das Lüftungs-, Heiz- und Kühlsystem in Ihrem Haus schweben, sammeln sich schließlich in den Entlüfterklappen, die die Luft durch den Abzug lenken.

So wird's gemacht:

Entfernen sie losen Staub mit dem Bürstenaufsatz Ihres Staubsaugers. Dann wischen Sie mit einem feuchten Tuch. Stark verschmutzte oder verrußte Entlüfterklappen sollten abgesaugt und dann abgenommen werden. Anschließend scheuert man sie mit einer Nylonbürste und etwas Spülwasser. Trocknen Sie sie unbedingt gut ab. Die meisten sind aus gestrichenem Metall und können, wenn man sie lange Feuchtigkeit aussetzt, rosten.

Für Eilige:

Wenn Sie den Entlüfter regelmäßig staubsaugen, ist Scheuern nicht notwendig.

Zur Not geht's auch so:

Wenn Sie keine entsprechende Düse für den Staubsauger haben, kommen Sie auch mit dem Staubwedel in die Schlitze und Winkel.

Luftbefeuchter und Verdunster

Falls Sie vorhaben, Ihren Luftbefeuchter ohne Pflege alt werden zu lassen – Bakterien und Schimmelpilze werden es Ihnen danken. Sie wollen einfach in feuchten Umgebungen wie dieser in Frieden gelassen werden. Regelmäßige Reinigung verhindert ihr Wachstum und entfernt außerdem Rückstände von hartem Wasser, und das wiederum verlängert die Lebensdauer Ihres Gerätes.

So wird's gemacht:

Ein tragbarer Luftbefeuchter mit einem etwa 5 l fassenden Tank sollte täglich geleert und mit frischem Wasser wieder aufgefüllt werden. Größere leeren Sie je nach Empfehlung des Herstellers.

Wenigstens einmal die Woche sollten alle Flächen, die in Kontakt mit Wasser kommen, mit unverdünntem Essig geputzt werden – falls der Hersteller nichts anderes vorschreibt. Mit einer Bürste löst man Ablagerungen und mit einer Rohrbürste das Einlaufrohr. Warten Sie 20 Minuten und spülen Sie mit warmem Wasser nach. Beachten Sie jedoch immer die Hinweise in der Bedienungsanleitung.

Um das Gerät zu desinfizieren, mischen Sie 1 TL Chlorbleiche in 4 l Wasser, wischen Sie alle Oberflächen damit und lassen Sie die Lösung 20 Minuten einweichen. Dann spülen Sie alles mit Wasser ab, bis der Geruch des Bleichmittels verschwunden ist. Wie oft Sie das machen müssen, steht in der Bedienungsanleitung. Vor dem Wegräumen oder der Wiederinbetriebnahme muss das Gerät trocken sein.

In Verdunstern sollten Sie das Wasser mit einem antibakteriellen Mittel versetzen. Die meisten Mittel dieser Art müssen einfach hineingeschüttet werden; sie verhindern auch Geruchsbildung durch Schimmelpilze. Manchmal merkt man gar nichts, bis sich plötzlich ein übler Geruch in der Luft verbreitet.

Verdunster werden genau so wie normale Luftbefeuchter gereinigt. Auch sollte man ab und zu das Heizelement abnehmen und sauber wischen. Befinden sich Mineralrückstände auf dem Heizelement, legt man es für ein paar Stunden in unverdünnten, klaren Essig. Dabei dürfen die Drähte oder Kontakte nicht nass werden. Mit einer alten Zahnbürste lassen sich die Rückstände entfernen; anschließend wird das Gerät abgewaschen, getrocknet und wieder eingesetzt.

Wenn Sie einen zentralen Luftbefeuchter an der Heiz- oder Klimaanlage haben, müssen der Filter und die Abtropfplatte regelmäßig gereinigt werden.

Um den Filter sauber zu machen, wird erst der Strom und die Wasserversorgung der Anlage abgeschaltet. Heben Sie den Deckel ab und nehmen Sie die Filtertrommel heraus. Dann nehmen Sie das Filterkissen aus dem Rahmen und legen es für ein paar Stunden in eine Lösung aus 2 l klarem Essig und 4 l Wasser. Dadurch werden alle Mineralrückstände aus dem Wasser entfernt. Anschließend wird der Filter so lange ausgedrückt, bis er fast trocken ist.

Nehmen Sie die Verdunsterplatte heraus und legen Sie sie für ein paar Stunden in die Essiglösung. Verunreinigungen und Ablagerungen wischen Sie mit einem Tuch ab, das mit der Lösung getränkt ist. Spülen Sie die Platte sorgfältig ab, wischen Sie sie trocken und setzen Sie sie wieder ein. Wenn Sie das Gerät wieder in Betrieb nehmen, muss zuerst das Wasser und dann der Strom eingeschaltet werden.

FÜR EILIGE:

Einige kleinere Teile kann man in der Spülmaschine reinigen, wenn in der Gebrauchsanweisung nichts Gegenteiliges vermerkt ist. Ventilatormotoren oder andere elektrische Teile gehören natürlich nicht dazu. Um sicher zu gehen, dass das Plastikbecken oder andere Plastikteile nicht schmelzen, legen Sie sie ins obere Fach, so weit weg von dem Heizelement wie möglich.

Achtung: Um das Risiko eines Schocks auszuschließen, achten Sie darauf, dass der Stecker vor der Reinigung herausgezogen wurde. Tragen Sie Gummihandschuhe, wenn Sie die Bleichlösung verwenden.

MAKRAMÉ

Wenn Ihr Hund es nicht gerade quer über den Hof schleift, ist die Reinigung von Makramé nicht schwierig – normalerweise muss einfach der Staub entfernt werden.

So wird's gemacht:

Von verschlungenen Kunstgegenständen mag Staub schwer zu entfernen sein, aber von Makramé lassen sich die Schmutzpartikel einfach beseitigen, wenn Sie sie im Trockner mit einer entsprechenden Einstellung „Lüften" behandeln. Dabei wird der Staub gelöst und landet im Staubfilter Ihres Trockners. Meistens reichen 5 oder 10 Minuten aus.

Sind Flecken zu sehen, versuchen Sie sie mit einem feuchten Tuch und etwas Spülwasser zu entfernen. Die meisten Makramésachen sind aus starker Nylonkordel und einfach zu reinigen. Es wird jedoch nicht empfohlen sie in der Maschine zu waschen, wenn die Pflegehinweise es nicht ausdrücklich vorschreiben. Das Material könnte sich verziehen oder einlaufen.

Außerdem kann man manchmal bei importierten Teilen nicht genau das Material bestimmen – und dann wäscht man sie, ohne die Wirkung abschätzen zu können.

Zur Not geht's auch so:

Sie können das Material, statt es in den Trockner zu stecken, auch einfach staubsaugen; das reicht, vor allem bei größeren Stücken, meistens schon aus.

Make-up-Flecken

Lippenstift und andere Kosmetika sind ziemlich fettig. Man muss also zuerst das Fett lösen und dann die nicht fettigen Rückstände entfernen.

So wird's gemacht:

Für Fett eignet sich Fleckentferner sehr gut; oder Sie geben das Teil in die chemische Reinigung. Tragen Sie Gummihandschuhe, wenn Sie es selber machen, und sorgen Sie für ausreichende Belüftung. Legen Sie die verschmutzte Stelle flach auf ein weiches, saugfähiges Tuch. Tränken Sie ein anderes, sauberes Tuch mit Fleckentferner und reiben Sie von der Rückseite, um den Fleck herauszudrücken.

Die Substanz löst das Fett, und der Stoff, den Sie darunter gelegt haben, saugt es auf.
Die letzten Spuren lassen sich meistens mit einem sauberen, weißen Handtuch und Spülwasser entfernen. Danach wird das Teil ordnungsgemäß gewaschen. Ist immer noch etwas zu sehen, wiederholen Sie den Vorgang, diesmal mit 1 TL Ammoniak auf 1/2 Tasse kaltes Wasser. Danach wieder waschen.

SO MACHE ICH ES

EINE MAKE-UP-THERAPIE

Eine Hauswirtschaftsexpertin beschreibt, wie sie Make-up-Flecken auf waschbaren Stoffen entfernt: „Eine der besten Methoden zur Vorbehandlung ist Seife. Der Fleck muss dafür nicht nass gemacht werden. Reiben Sie ihn einfach mit einem Stück Seife ein, die schon ein bisschen im Wasser aufgeweicht ist, und waschen Sie das Teil anschließend wie immer. Das ist billiger als ein Fleckentferner und beseitigt auf verblüffende Weise Wimperntusche und Lippenstift."

Bei Teppichen darf die Reinigungslösung niemals direkt auf dem Teppich angewendet werden, sie muss zuerst auf ein Tuch gegeben werden, sonst saugt sich die Unterseite des Teppichs damit voll und zieht zusätzlich Schmutz an.
Zur Beachtung: Probieren Sie ein Mittel immer erst in einer unauffälligen Ecke aus, bevor Sie es richtig anwenden.

Achtung: Spülen Sie immer erst eine Lösung aus, bevor Sie eine andere anwenden. Manche Chemikalien, besonders Ammoniak und Chlorbleiche, können schädliche Dämpfe erzeugen, wenn sie in Verbindung geraten. Lesen Sie immer genau die Gebrauchs- und Sicherheitshinweise auf den Produkten, die Sie verwenden.

MALERZUBEHÖR

Das Wichtigste beim Aufräumen nach dem Anstreichen ist, es eher früher als später zu machen. Je mehr die Farbe antrocknen kann, desto schwerer wird sie zu entfernen sein. Lassen Sie die Arbeit länger ruhen, dann müssen Sie das nächste Mal neue Pinsel oder Rollen kaufen.

SO WIRD'S GEMACHT:

Der erste Gedanke, wenn es um das Reinigen Ihres Malerzubehörs – Eimer und Schalen, Pinsel und Rollen – geht, sollte der Art von Farbe gelten, die Sie verwendet haben.

Farbe auf Wasserbasis ist viel einfacher zu reinigen als Farbe auf Ölbasis. Von Rollen schaben Sie die überschüssige Farbe zuerst ab und sammeln sie in einem Farbeimer; dafür gibt es halbmondförmige Spachtel. Dann waschen Sie sie in warmem Seifenwasser aus, bis das Wasser klar bleibt.

Pinsel mit Farbe auf Wasserbasis kann man in einfachem Seifenwasser sauber bekommen. Nehmen Sie eine Pinselbürste, um zwischen die Haare zu gelangen. Schalen und Eimer lassen sich ebenfalls gut mit Seifenwasser reinigen.

Um Farbe auf Ölbasis von Anstreichutensilien zu entfernen, wischen Sie erst überschüssige Farbe ab – bei Rollen mit dem halbmondförmigen Spachtel und einem Pinsel- und Rollenreiniger, der in Baumärkten erhältlich ist. Das kostet Sie weniger Verdünner und funktioniert immer.

Gießen Sie den auf der Farbdose empfohlenen Reiniger, z. B. Verdünner in eine alte, saubere Farbdose, eine Kaffeedose oder Ähnliches. Lassen Sie die Pinsel bzw. Rollen eine Weile einweichen und reiben und kratzen Sie dann die Farbe ab. Wenn das Mittel nicht schnell verdunstet, ist es wieder verwendbar. Die Farbe setzt sich nach einer Zeit am Boden ab und man kann die restliche Flüssigkeit für späteren Gebrauch abgießen. Spülen Sie Pinsel und Rollen noch einmal ab, wickeln Sie sie in Aluminiumfolie und verschließen Sie die Seiten gut.

Machen Sie Eimer und Schalen, in denen noch Farbe auf Ölbasis ist, mit dem Pinsel- und Rollenreiniger sauber. Oder entfernen Sie einfach die überschüssige Farbe und lassen Sie den Rest trocknen. Halten Sie die Schalen sauber, indem Sie Aluminiumfolie hineinlegen, die Sie nach dem Anstreichen wegwerfen.

Für Eilige:
Schütteln Sie den Pinsel aus, indem Sie ihn mit dem Kopf nach unten in einen leeren Eimer oder eine leere Dose halten. Für Rollen gibt es eine spezielle Rollenschleuder.

Zur Not geht's auch so:
Wenn Sie einen Pinsel, den Sie mit Ölfarbe benutzt haben, wieder verwenden möchten, sparen Sie sich die Mühe einer kompletten Reinigung und tauchen ihn einfach mit den Haaren in Pinsel- und Rollenreiniger. Dann bedecken Sie ihn mit Plastikfolie. Durch Kapillartätigkeit wird das Lösemittel steigen und den Pinsel 1-2 Tage feucht halten. Dasselbe kann man mit einer Rolle machen; man taucht sie in das Lösemittel und umwickelt sie fest mit Aluminiumfolie.

Achtung: Wenn Sie Malerzubehör mit Lösemitteln wie etwa Pinsel- und Rollenreiniger auswaschen, sollten Sie eine Schutzbrille tragen. Lösemittel auf Petroleumbasis sind leicht endzündlich und gefährlich, wenn man sie einatmet. Sorgen Sie für ausreichende Belüftung. Halten Sie das Lösemittel von offenen Flammen (wie Zündflammen von Gasheizungen etc.) und Funken fern. Lesen Sie immer genau die Gebrauchs- und Sicherheitshinweise auf den Produkten, die Sie verwenden.

Markisen

Die meisten Markisen für Wohnhäuser sind aus Webstoffen wie Segeltuch oder Synthetikfaser hergestellt. Eine regelmäßige Reinigung lässt sie gepflegt aussehen. Alle 5-7 Monate sollte man Staub, Schmutz und andere Verunreinigungen entfernen. Der Besitzer einer Markisenreinigungsfirma warnt: „Nach einem Jahr hat die Sonne den Schmutz festgebrannt."

So wird's gemacht:
Meistens können Sie die Reinigung selber durchführen. Für schwierige Verschmutzungen in schwer erreichbaren Winkel sollten Sie

einen Fachmann hinzuziehen, der Schmutz und Dreck mit einem Druckwasserstrahler wegspült.

Es gibt spezielle Besen für LKWs, die lange Stiele und flexible Borstenköpfe haben. 50 g Spülmittel auf 2 l Wasser sind zum Schrubben am geeignetsten. Auch Vogeldreck lässt sich damit entfernen; eventuell müssen Sie dafür einen stärkeren Borstenkopf nehmen. Zum Schluss spritzt man die Markise einfach mit dem Gartenschlauch ab.

Mit ein bisschen Aceton auf einem Schwamm-Mopp lösen Sie auch Harz- und andere Flecken von Bäumen ab.

Zur Beachtung: Aceton testet man am besten vorher an einer unauffälligen Stelle. Warten Sie, bis die Stelle trocken ist, und prüfen Sie, ob die Farbe sich verändert hat. Möglicherweise müssen Sie auf professionelle Unterstützung zurückgreifen.

So wird's gemacht:

Manche Markisen lassen sich leicht aus ihren Rahmen herausnehmen. So lassen sie sich besser reinigen – mit der gleichen Methode. Einige Markisenreinigungsfirmen erledigen das Herausnehmen und Wiedereinsetzen für Sie, lassen Sie die Reinigung aber selbst durchführen.

Zur Not geht's auch so:

Falls Sie keinen Spezialbesen für LKWs auftreiben können, tut es auch ein normaler Besen mit langem Stiel und weichen Borsten.

Achtung: Die Reinigung hängt natürlich von der jeweiligen Art der Befestigung an Ihrem Haus ab. Seien Sie vorsichtig, wenn Sie mit einer Leiter arbeiten, und lehnen Sie die Leiter bloß nicht an den Markisenrahmen. Scharfe Mittel sollten Sie nicht anwenden, da sie die Leuchtkraft der Farben beeinträchtigen können. Auf jeden Fall die Gebrauchshinweise lesen.

Marmor

Marmor ist wunderschön, aber ungemein schwierig zu pflegen. Er ist ein poröser und zerbrechlicher Stein; er muss vorsichtig gepflegt werden, damit dabei seine schöne Oberfläche nicht beschädigt wird.

So wird's gemacht:

Mit einem Staubtuch oder -mopp entfernt man Staubpartikel, die die Oberfläche verkratzen können. Der Mopp darf nicht nass sein, sonst hinterlässt er auf dem porösen Untergrund Flecken.

Marmor lässt sich gut mit einem leicht feuchten Tuch oder Schwamm und einem Neutralreiniger in warmem Wasser sauber machen.

Flecken müssen quasi aus dem Stein herausgesaugt werden. Das geht z. B. mit einer Breipackung. Fettflecken behandeln Sie mit 1/2 Tasse Weißmehl, einem Spritzer Spülmittel und warmem Wasser. Verrühren Sie alles zu einer Paste, die etwa die Konsistenz von Erdnussbutter hat. Verteilen Sie sie über die Stelle, bedecken Sie das Ganze mit Plastikfolie und kleben Sie die Seiten ab. Lassen Sie die Paste über Nacht einwirken. Nehmen Sie dann die Folie ab, lassen Sie die Packung trocknen und kratzen Sie sie ab. Bei Lebensmittelflecken – von Kaffee, Tee, Säften usw. – nehmen Sie Wasserstoffperoxid statt Spülmittel. Tinte, Kreide oder Nagellack reibt man mit einem Baumwollbausch ab, der in Nagellackentferner auf Acetonbasis getränkt ist. Mischen Sie den Nagellackentferner nicht in die Reste einer Breipackung.

Gewohnheiten, die Sie vergessen sollten

Haltet den Essig!

Essig kann man zu Salat geben. Wenn Sie ihn jedoch auf einen Marmorboden verschütten, frisst er den Stein zum Mittagessen. Ein Gesteinsexperte entlarvt einen verbreiteten Mythos über Marmor.

„Einer alten Geschichte zufolge sind Wasser und Essig das Beste für Marmor. Das stimmt nicht. Benutzen Sie niemals im Leben Wasser und Essig auf Marmor.

Das hat mit Keramikfliesenlegern angefangen, die zu Marmorfliesen gewechselt haben und ihre Techniken einfach übernommen haben. Essig und Wasser ist für Keramik ausgezeichnet, aber nicht für Marmor. Essig ist sauer und frisst sich in die Oberfläche von Marmor. Bei meinen Vorträgen höre ich immer wieder die Frage: „Können wir nicht einfach Essig und Wasser benutzen?“ Sie haben es eben so gelernt.“

Für Eilige:

Die Reinigung wird einfacher, wenn der Marmor versiegelt ist. Versiegelungen für Stein sind im Baumarkt erhältlich und beeinträchtigen das Aussehen in keiner Weise. Es hat einen ähnlichen Effekt, wie wenn man einen Holzboden wasserdicht versiegelt.

Achtung: Zitrone oder andere saure Substanzen verätzen die polierte Marmoroberfläche. Seien Sie vorsichtig mit Badreinigern, da sie oft Säure enthalten. Lesen Sie genau das Etikett. Verwenden Sie weder scharfe Mittel noch kratzende Reinigungskörper, da das Marmor dadurch verkratzt oder matt werden könnte.

Matratzen

Stellen Sie sich vor, Sie schlafen direkt neben Ihrem größten Feind. Ihr Bett sammelt Schmutz, Schuppen und mikroskopisch kleine Staubmilben – alle Verursacher von Allergien. Durch gute Pflege hält die Matratze nicht nur länger, sondern dient auch Ihrer Gesundheit – immerhin verbringen Sie etwa ein Drittel Ihres Lebens im Schlafzimmer.

So wird's gemacht:

Wenigstens 2-mal im Jahr sollten Matratzen staubgesaugt werden. Nehmen Sie dazu einen entsprechenden Aufsatz, und legen Sie vorher einen frischen Beutel ein. Dann können Sie genau sehen, wie viel Fusseln und Staub auf der Matratze waren.

Wenn Sie einen Plastikschutz auf Ihrer Matratze haben, waschen Sie ihn in der Waschmaschine oder wischen Sie ihn mit einem Schwamm und etwas Spülwasser ab. Wenn jemand im Haus krank ist, sollten Sie den Schutz auch desinfizieren, damit die Bakterien sich nicht im ganzen Haus ausbreiten.

Die Matratze sollte 2-mal im Jahr gewendet und gedreht werden, um die Belastung zu verteilen.

Wenn die Matratze vom Bettnässen gereinigt werden muss, nehmen Sie so viel wie möglich von dem Urin mit einem sauberen, weißen Handtuch auf und saugen Sie den Rest mit einem Nass-

Teppichreiniger mit Polsterdüse heraus. Haben Sie keine solche Maschine zur Verfügung, arbeiten Sie mit nassen Handtüchern etwas Essig hinein, um den Geruch zu neutralisieren. Tupfen Sie die Stelle wieder mit nassen Handtüchern ab und lassen Sie die Matratze in der Sonne trocknen. Die Sonnenstrahlen töten ebenfalls Bakterien ab.

FÜR EILIGE:

Um das Reinigen bei einem chronischen Bettnässer zu erleichtern, empfiehlt sich ein Plastikschutz für die Matratze. Dann brauchen Sie de Urin nur mit einem Schwamm oder Tuch aufzuwischen und anschließend mit einem Desinfektionsmittel darüber zu gehen.

MEHLTAUPILZ

Mehltaupilze sind wie kleine Monster in einem Horrorfilm: Sie kommen scheinbar aus dem Nichts. In Wirklichkeit ist Mehltau ein lebender Organismus, das Nebenprodukt eines zerstörend wirkenden Pilzes, der von Baumwolle, Holz, Papier, Leder und anderen organischen Materialien lebt. Mehltau existiert in der Luft in einem passiven Zustand. Er vermehrt sich bei Feuchtigkeit, Dunkelheit und Wärme, oft in weniger als 72 Stunden. Wenn man nichts gegen sie unternimmt, verbreiten Mehltaupilze einen moderigen Geruch – der von ihrer Verdauungstätigkeit kommt – und beschädigen Fasern. Bekämpfen lassen sie sich durch vorbeugende Pflege und effektive Reinigung des befallenen Gegenstandes. Da Sie nun diesen Artikel hier lesen, haben Sie offensichtlich schon ein Mehltauproblem, also fangen wir mit dem zweiten Schritt, der Reinigung, an.

SO WIRD'S GEMACHT:

Die Schimmelpilze sollten umgehend behandelt werden, damit kein schwerwiegender Schaden entsteht. Pilz ist keine oberflächliche Verunreinigung; lässt man ihn wachsen, frisst er sich in organische Fasern wie Baumwolle und Wolle, macht auch vor Dingen wie Büchern nicht Halt und verursacht bleibenden Schaden. Wenn Sie

Pilze entdecken, bürsten Sie erst die Oberfläche draußen ab, damit sich die Keime nicht in der Wohnung ausbreiten. Dann lassen Sie die jeweiligen Sachen in der Sonne trocknen. Waschen Sie sie entsprechend den Pflegevorschriften bzw. bringen Sie sie zur Reinigung. Um Flecken von Golftaschen, Markisen und anderen nicht waschbaren Dingen zu entfernen, wischen Sie sie mit einem weißen Baumwolltuch und heißem Spülwasser ab. Wenn möglich, geben Sie etwas flüssiges Haushaltsbleichmittel in das Spülwasser. Bleichmittel hellt nicht nur weiße Pilzrückstände auf, sondern tötet auch verbleibende Keime ab.

Mehltaupilz ist normalerweise ein Symptom von unzureichender Belüftung. Zur Vorbeuge sollten Sie Ihr Haus sauber und trocken halten. Verwenden Sie Ventilatoren auch im Keller. An sehr feuchten Tagen sollten Sie jedoch vermeiden, Außenluft ins Haus zu lassen; das kann die Feuchtigkeit im Inneren noch erhöhen. Eine der Ursachen von zu hoher Feuchtigkeit liegt oft auch in mangelhafter Bauweise – etwa ein schlecht kalkulierter Abhang, durch den Regenwasser in den Keller dringt.

Andere Empfehlungen: Bevor Sie Kleidung in den Schrank räumen, müssen Fett oder Dreck entfernt werden, da beides den Pilzen als Nahrung dient. Sogar synthetische Fasern, die pilzresistent sind, können Pilze anziehen, wenn sie nass und verschmutzt sind. Lassen Sie keine feuchte oder nasse Kleidung herumliegen, besonders an dunklen Orten wie einem Wäschekorb. Waschen Sie sie entweder sofort oder hängen Sie sie zum Trocknen auf. In Kleiderschränken sollten die Kleidungsstücke locker hängen, so dass die Luft zirkulieren kann: stopfen Sie Sachen nicht in Kleidertaschen. Schuhe und Ledersachen kommen am besten auf ein Regal statt auf den Boden. Bei heißem, feuchten Wetter sollten Sie regelmäßig prüfen, ob sich in den Kleiderschränken Pilz gebildet hat.

Zur Beachtung: Probieren Sie eine Reinigungslösung erst an einer unauffälligen Stelle aus, bevor Sie sie richtig anwenden.

Achtung: Spülen Sie immer erst eine Lösung aus, bevor Sie eine andere anwenden. Manche Chemikalien, besonders Ammoniak und Chlorbleiche, können schädliche Dämpfe erzeugen, wenn sie in Verbindung geraten. Lesen Sie immer genau die Gebrauchs- und Sicherheitshinweise auf den Produkten, die Sie verwenden.

MESSER

In der Regel wollen Sie Essensreste von Ihren Messern entfernen. Da Bakterien sich auf Stahl aber nicht lange halten, ist das keine langwierige Sache. Dieses schneidige Thema ist schnell erledigt

SO WIRD'S GEMACHT:

Spülen Sie hochwertige Messer mit der Hand, in einfachem Spülwasser mit einer Nylon- oder Naturhaarbürste. Stahlwolle kann die glatten Oberflächen beschädigen. Tauchen Sie die Messer, insbesondere solche mit einem Holzgriff, nicht ins Wasser. Bakterien halten sich zwar nicht lange auf Stahl, aber in die Ritze zwischen Griff und Schneidefläche kann Wasser dringen und Bakterien nähren. Das eindringende Wasser führt auch zur Lockerung des Griffs und zu viel Wasser kann das Holz verziehen. Die Messer sollten so bald wie möglich abgetrocknet werden.

Wie sieht es mit Messern in der Spülmaschine aus? „Jeder, der seinen Lebensunterhalt damit verdient, gute Messer herzustellen, wird Ihnen raten, sie niemals in der Spülmaschine zu waschen“, schärfte uns der Vizepräsident eines großen Besteckherstellers ein. „Sie werden hin- und hergeschleudert und können andere Dinge verkratzen, besonders Plastikbesteck.“ Messer können sich auch gegenseitig beschädigen.

Achtung: Um zu vermeiden, dass Sie sich beim Spülen von Messern schneiden, waschen Sie sie von der Rückseite der Schneidefläche diagonal zur Spitze hin.

Messing

Messing, eine glänzende Legierung aus Kupfer und Zink, wird für alles von Lampen über Kerzenhalter bis zu Knöpfen gebraucht. Die Reinigung ist relativ einfach. Messing zum Glänzen zu bringen ist eine andere Sache; das hängt auch davon ab, ob das Metall lackiert ist.

So wird's gemacht:

Gegenstände aus Messing sollten regelmäßig mit einem weichen Tuch abgestaubt werden. Am Besten geeignet ist ein altes T-Shirt. Gelegentlich sammeln sich Fett oder andere Verunreinigungen aus der Luft auf Gegenständen aus Messing. Reiben Sie sie dann mit einem feuchten, weichen Tuch ab. Zur Vermeidung von Wasserflecken muss das Abtrocknen sofort erfolgen.

Meistens wird Messing lackiert, damit es nicht oxidiert, d. h. durch Kontakt mit Sauerstoff trüb wird. Bevor der Lack sich abnutzt, braucht Messing nicht poliert zu werden. Bei geringer Abnutzung kann der Lack 10 Jahre halten.

Wenn das lackierte Messing trotzdem mit der Zeit matt wird, muss der Lack vor dem Polieren oder Neulackieren vollständig entfernt werden. Jeder handelsübliche Lackverdünner ist dafür geeignet; so etwas ist in Baumärkten erhältlich. Befolgen Sie genau die Gebrauchsanweisung. Haben sich Verschmutzungen schon richtig fest gefressen, muss eventuell ein „Profi" 'ran; das gilt auch für das Neulackieren. Antiquitätenhändler, Lampengeschäfte oder Metallbetriebe, die Sie in den Gelben Seiten finden, sollten Ihnen dabei weiterhelfen können.

Unlackiertes Messing (oder Messing, von dem Sie den Lack entfernt haben), muss regelmäßig poliert werden, damit es seinen Glanz behält. Türklinken und andere häufig berührte Objekte sollte man einmal monatlich polieren, andere Gegenstände alle 2-3 Monate. Es gibt einige Produkte auf dem Markt, zwischen denen Sie sich entscheiden können. Mit normalen Methoden ist es allerdings kaum machbar, den ursprünglichen Glanz wiederherzustellen. Wenn Sie sehr pingelig sind, kann ein Handwerker mit einer Schwabbelscheibe und Polierrot das Meiste aus dem Material herausholen.

FÜR EILIGE:

Um Wachs von einem Kerzenhalter aus Messing zu entfernen, befeuchten Sie einen Lappen mit warmem Wasser; beim Einreiben löst sich das Wachs.

ZUR NOT GEHT'S AUCH SO:

Sie können aus 1 TL Salz und 1 TL Mehl Ihre eigene Messingpolitur herstellen. Rühren Sie 1 TL klaren Essig unter, reiben Sie die Lösung leicht mit einem weichen, feuchten Lappen ein, spülen Sie mit Wasser nach und trocknen Sie Ihren Gegenstand mit einem weichen, trockenen Lappen ab.

Achtung: Verwenden Sie keine scharfen Reiniger oder rauen Reinigungskörper, da das Metall dadurch verkratzt werden kann. Mit Messing sollte so wenig wie möglich herumhantiert werden. Fett von Ihren Fingern kann dauernde Flecken auf unlackierten Oberflächen hinterlassen und die Abnutzung des Lacks unterstützen. Wenn Sie Messing mit schwitzenden Händen anfassen, haben Sie am nächsten Tag deutliche Fingerabdrücke. Wertvolle Stücke sollten Sie vor dem Polieren von einem Konservator begutachten lassen. Die Patina – ein natürlicher, dünner Film, der sich auf antikem Messing und anderen Materialen bildet – wird in der Regel nicht als Verschmutzung angesehen.

MIKROWELLENHERDE

Wenn man sie regelmäßig reinigt, sind Mikrowellenherde ruck, zuck sauber.

SO WIRD'S GEMACHT:

Spritzer und Flecken sollten immer sofort entfernt werden, besonders wenn sie um die Türverriegelung herum auftreten. Angetrocknete Essensreste kann man entfernen, indem man eine Schüssel halb mit Wasser füllt und 2-3 Minuten auf höchster Stufe im

Mikrowellenherd erhitzt. Der Dampf löst die Verschmutzungen; hinterher brauchen Sie sie nur noch abzuwischen.
Um Gerüche loszuwerden, wischen Sie das Innere mit einer Lösung aus 1 TL Natron in 1 Tasse warmem Wasser; anschließend nachwischen und abtrocknen. Verwenden Sie weder scharfe Mittel noch kratzende Reinigungskörper in einem Mikrowellenherd.

Milben

Milben – der unsichtbare Feind! Es gibt viele Arten von Milben – von denen, die Ihre Zimmerpflanzen befallen, bis zu den mikroskopisch kleinen Staubmilben, die von abgefallener menschlicher Haut leben und eine der Hauptursachen von Allergien sind.

So wird's gemacht:

Sprühen Sie von Milben befallene Pflanzen mit einer Lösung aus Insektenvernichtungsseife ab. Diese relativ ungiftige Substanz enthält Kalium- und Natriumsalze oder bestimmte Fettsäuren. Diese Seife ist eine der ungiftigsten Behandlungsmöglichkeiten. Gewöhnlich mischt man sie mit Wasser und wendet sie mit einer Sprühflasche oder einem Pumpsprayer an. Sie funktioniert aber nur mit weichem Wasser. Um die Lösung zu testen, mischen Sie eine kleine Menge und warten Sie 15 Minuten. Wenn sich auf der Oberfläche Seifenschaum bildet, verwenden Sie Wasserenthärter und stellen noch eine Mischung her.
Behandeln Sie auch die Unterseiten der Blätter, wo ebenfalls Milben leben. Führen Sie die Behandlung nur durch, wenn tatsächlich Pilzbefall vorliegt, nicht als Vorbeugungsmaßnahme.
Staubmilben, die man nicht sehen kann, gedeihen in feuchten, warmen Bedingungen und leben in Staub, oft in Matratzen, Teppichen und gepolsterten Möbeln. Man kann sie loswerden, wenn man zu hohe Feuchtigkeit vermeidet und Staub auf ein Minimum reduziert. Staubsaugen Sie Teppiche und Polster oft und leeren Sie den Staubsaugerbeutel nach jedem Mal.

Zur Not geht's auch so:

Anstatt Zimmerpflanzen mit einer Insektenvernichtungsseife einzusprühen, kann man sie auch einfach mit Seifenwasser und einer weichen Bürste oder einem weichen Tuch abwaschen. Nehmen Sie dazu 2 TL mildes Spülmittel auf 8 l Wasser. Oder sprühen Sie sie mit einem Druckwasserstrahl ab, um die Milben abzuspülen.

Achtung: Wenn Sie Insektenvernichtungsseife benutzen, prüfen Sie, ob die Pflanzen eine Abwehrreaktion zeigen. Entsprechende Symptome sind gelbe oder braune Pünktchen, „verbrannte" Spitzen und gelbe oder braune versengte Stellen an den Blatträndern. Ist dies der Fall, nehmen Sie keine Seife mehr. Lesen Sie immer genau die Gebrauchs- und Sicherheitshinweise auf den Produkten, die Sie verwenden.

Möbel

Stühle, Esstische, Bücherregale und andere Möbelstücke sind große Investitionen, deshalb sollen Sie lange halten. Also muss man sie gut pflegen – schon wenn Sie sie sauber halten, können Sie ihre Lebensdauer erheblich verlängern.

Es gibt natürlich viele Arten von Möbeln und demzufolge viele Materialien, aus denen sie gemacht sind – Aluminium, Chrom, Glas, Marmor, Korb oder Holz. Alle diese Materialien werden auf den folgenden Seiten besprochen. Wenn Sie es noch genauer wissen wollen, sehen Sie unter dem Stichwort für das entsprechende Material in diesem Buch nach.

Die Hauptarbeit, das Abstauben, gehört nicht zu den anspruchsvollsten. Achten Sie darauf, dass Sie dazu immer ein Tuch aus 100 % Baumwolle – statt eines Staubtuches reicht auch ein altes T-Shirt aus – benutzen. Synthetische Fasern hinterlassen winzige Kratzer, die in gutem Licht sichtbar sind und mit der Zeit größer werden. Papiertücher sind ebenfalls tabu.

Aluminium

Stauben Sie Aluminiummöbel mit einem feuchten Tuch ab. Wenn nötig, geben Sie etwas Spülmittel ins Wasser. Verwenden Sie keine alkalischen Reiniger wie Ammoniak, Trinatriumphosphat oder sogar Natron; sie verfärben Aluminium.

Wenn die Aluminiumoberfläche sich verfärbt hat, wischen Sie sie mit einer Lösung aus Essig und Wasser aus (erst an einer unauffälligen Stelle testen). Die in Essig enthaltene Säure wird den Glanz des Aluminiums wiederherstellen.

Achtung: Verwenden Sie keine kratzenden Reinigungsmittel und -körper so wie Scheuerpulver oder Stahlwolle, da sie die Oberfläche verkratzen. Lesen Sie immer genau die Gebrauchs- und Sicherheitshinweise auf den Produkten, bevor Sie sie verwenden.

Chrom

Chrom ist das glänzende Metall, mit dem man Armaturen, Möbel und andere Haushaltsgegenstände beschichtet. Es ist einfach zu reinigen, aber anfällig für Kratzer.

Stauben Sie Chrom regelmäßig mit einem feuchten Tuch ab; bei härteren Verschmutzungen wischen Sie mit einem Schwamm oder Tuch mit Allzweckreiniger.

Achtung: Scheuern Sie Chrom niemals mit Stahlwolle oder anderen kratzenden Materialien.

Glas

Glasplatten auf Esstischen und Bücherregaltüren bekommt man mit Zeitungspapier und Glasreiniger sauber, oder mit einer Lösung aus 1/4 Tasse Essig auf 1 l Wasser in einer Sprühflasche. Anders als Papiertücher und viele Stoffe hinterlässt Zeitungspapier keine Streifen oder Fusseln. (Passen Sie jedoch auf, dass Sie keine Druckerschwärze an Ihre Hände bekommen – damit können Sie woanders im Haus Flecken machen.)

Vergessen Sie die Unterseite der Glasplatten nicht, die auch schmutzig werden. Wenn die Glasplatte eine Holzeinfassung hat, sprühen Sie den Reiniger direkt auf das Zeitungspapier, nicht auf das Glas, sonst können Sie das Holz beschädigen.

Achtung: Schaben Sie Wachs, Farbe und andere angetrocknete Substanzen vorsichtig mit einer Rasierklinge ab. Nehmen Sie kein Spachtelmesser, da Sie damit das Glas verkratzen können.

METALL

Griffe und andere Armaturen auf Möbeln sind oft aus Messing. Heutzutage ist das meiste Metall auf neuen Möbeln mit Lackfirnis oder Ähnlichem beschichtet. Alles, was man mit diesen Dingen tun muss, ist sie regelmäßig abzustauben.

Unbehandeltes Messing wird jedoch irgendwann anlaufen. Polieren Sie es ab und zu mit einer Messingpolitur – alle 1-2 Jahre reicht völlig aus. Aber machen Sie es richtig: Nehmen Sie die Metallteile vor dem Polieren ab, so dass Sie die Oberfläche des Möbelstücks nicht beschädigen. Legen Sie die Teile auf den Fußboden oder eine andere geeignete Oberfläche, am besten in der Reihenfolge, in der Sie sie abgenommen haben; so ist es leichter, sie wieder anzumontieren.

LACKFIRNIS

Lackfirnis, z.B. Schellack, ist eine Hartholzversiegelung. Aber es kann auch für einen Möbelstil aus Asien stehen; man meint dann damit Holzmöbel mit einer schwarzen oder roten Hochglanzbeschichtung.

Diese Art von Möbeln hat eine extrem langlebige Polyesteroberfläche, die man nicht polieren muss. Es genüg,t sie mit einem feuchten Tuch abzuwischen.

MARMOR

Marmor hat eine hoch empfindliche Oberfläche. Also muss man Marmormöbel oft mit einem angefeuchteten Tuch abstauben, damit die kleinen Staubpartikel seine Oberfläche nicht verkratzen. Nehmen Sie niemals Möbelpolitur oder Öl für Marmor. Marmor ist wie ein Schwamm; er saugt diese Substanzen auf, und es entstehen Flecken.

Stärkere Verschmutzungen entfernen Sie mit einem Schwamm oder einem weichen Tuch mit etwas Neutralreiniger oder Spülmittel in Wasser.

Flecken auf Marmor kann man mit einer Breipackung herausziehen. Ölflecken kann man mit einer Lösung aus 1/2 Tasse Weißmehl, einem Spritzer mildem Spülmittel und so viel Wasser, dass eine erdnussbutterartige Paste entsteht, entfernen. Verteilen Sie sie über die verschmutzte Stelle, bedecken sie mit einer Plastikhülle und kleben Sie die Hülle an den Seiten zu. Lassen Sie sie über Nacht einwirken. Nehmen Sie dann die Plastikhülle ab, lassen die Breipackung trocknen und kratzen die Reste ab. Bei Lebensmittelflecken (z.B. von Kaffee, Tee oder Saft) nehmen Sie Wasserstoffperoxid statt des Spülmittels. Reiben Sie Tinte, Kreide oder Nagellackspuren mit einem Bausch aus Baumwolle ab, den Sie vorher in einen Nagellackentferner auf Acetonbasis getaucht haben. (Lassen Sie den Nagellackentferner nicht in Kontakt mit der Breipackung oder Resten davon kommen.)

Achtung: Zitrone, Essig und andere saure Substanzen fressen sich in die polierte Oberfläche des Marmors. Denken Sie daran, dass viele Badreinigungsmittel säurehaltig sind – vergewissern Sie sich auf dem Etikett. Und nehmen Sie keine scharfen Reiniger oder kratzenden Reinigungskörper, da sogar feinste Körnchen Marmoroberflächen trüben können.

Rattan und Korb

Meistens ist Rattan oder Korb genau so beschichtet wie Holzmöbel. Wenn das der Fall ist, staubsaugen Sie ihn einfach (mit einem Bürstenaufsatz) oder wischen ihn mit einem leicht angefeuchteten Tuch. Alle 6 Wochen können Sie ihn mit einer Möbelpolitur einsprühen. Sprühen Sie auf einen sauberen Lappen und wischen Sie damit die Oberfläche. So vermeiden Sie, dass die Politur in schwer erreichbare Ecken dringt.

Wenn Ihr Korbmöbelstück angestrichen ist, sollten Sie es regelmäßig staubsaugen und mit einem leicht angefeuchteten Tuch abwischen. Verwenden Sie keine Möbelpolitur.

Polster

Man kann bei der Möbelreinigung gut mit den Polstern anfangen – viele Möbel haben Polster. Staubsaugen Sie sie regelmäßig mit einer entsprechenden Staubsaugerdüse.

In viel Bereichen des Hauses tragen Polster die höchsten Belastungen und werden doch beim Putzen oft übersehen. Man vergisst leicht, dass ebenso viel Staub auf den Polstern ist wie auf Holzmöbeln, Böden und anderen, auffälligeren Stellen.

Weil Staub mikroskopisch kleine Reibkörper enthält, z. B. Silikat, kann er Polster beschädigen – schließlich wird er durch Sitzen, Liegen usw. immer noch tiefer hineingedrückt. Und das Gewebe von Polstern nutzt sich schneller ab als das von Möbeloberflächen. Durch regelmäßiges Staubsaugen halten Sie die Gefahr unter Kontrolle.

Holz

Bevor Sie Ihre Holzmöbel putzen, sollten Sie sich vergewissern, was für ein Oberflächenmaterial sie haben. Die meisten Möbelstücke aus Holz sind „hart“ behandelt – ob mit Lack, Lackfirnis, Schellack oder Polyurethan. Einige jedoch haben eine „weiche“, d. h. geölte Oberfläche.

Um herauszufinden, um welche Oberfläche es sich handelt, reiben Sie sie mit ein paar Tropfen Leinöl ein (im Baumarkt erhältlich). Wenn es einzieht, ist das Holz geölt. Wenn es perlt, ist das Holz hart beschichtet.

Um weich behandelte Möbel zu reinigen, wischen Sie sie ab und zu mit einem leicht angefeuchteten Tuch ab. 1- oder 2-mal im Jahr, oder wenn das Holz austrocknet, tragen Sie Leinöl auf. Mit einem sauberen Tuch reiben Sie das Öl in Richtung der Maserung ein, bis das Holz nichts mehr aufnimmt. Mit einem anderen Tuch nehmen Sie Rückstände von der Oberfläche ab.

Wenn eine gründlichere Reinigung erforderlich ist, nehmen Sie Benzin oder Mineralspiritus und behandeln das Holz genauso damit wie mit dem Öl; das Öl tragen Sie dann anschließend auf.

Hart behandeltes Holz sollte wenigstens einmal in der Woche mit einem nicht wachshaltigen Spray entstaubt werden. Nehmen Sie kein Staubtuch dazu. Trockenes Staubwischen wirbelt den Staub eher auf als ihn aufzunehmen, und durch die winzigen Staubpartikel, die über die Oberfläche gewischt werden, kann sie verkratzt werden.

Alle 4-6 Wochen sollte man eine Sprühwachs-Politur auftragen; öfter ist nicht nötig und macht nur mehr Arbeit.

Lesen Sie die Hinweise auf den Produkten und wählen Sie das Mittel, das Ihrem Möbeltyp entspricht. Für glänzende Oberflächen nehmen Sie Hochglanzwachs, für mattere eben mattes Wachs.

Über Wachsrückstände brauchen Sie sich keine Sorgen zu machen. Solche Sprühpolituren enthalten milde Lösungsmittel, so dass mit dem Auftragen einer neuen Schicht die alte entfernt wird. Fein gearbeitete Möbel oder welche mit vielen Metallteilen sollten nicht direkt eingesprüht werden, damit das Wachs nicht in Ritzen und Spalten gelangt; sprühen Sie es auf das Tuch.

Ausgetrocknetes oder durch Sonne beschädigtes Holz sollte 1- oder 2-mal im Jahr geölt werden; das frischt seine Struktur auf. Übersättigen Sie dabei das Holz nicht mit Öl.

Auch wenn es bequem ist, sollte der Esstisch nicht mit dem Geschirrhandtuch abgewischt werden. Die Spülmittelrückstände darin könnten das Holz beschädigen. Nehmen Sie ein feuchtes Tuch und anschließend eine Möbelpolitur.

Um Wasserflecken (z. B. Ringe von Gläsern), zu entfernen, reiben Sie die Stelle leicht mit einem Baumwolltuch und etwas Möbelöl ein, wenn nötig mehrmals. Das Öl darf jedoch keine Pfützen bilden; zu oft sollten Sie es auch nicht auftragen, sonst werden die weißen Stellen schwarz.

Wenn kein geeignetes Öl zur Hand ist, versuchen Sie es mit Majonäse. Gehen Sie mit einem Lappen mit etwas Majonäse über die Stelle und wischen Sie sie dann ab.

Ist weiß beschichtetes Holz mit der Zeit etwas vergilbt, etwa durch Zigarettenrauch oder Sonnenlicht, nehmen Sie Zahnweiß für Raucher. Es enthält leicht abreibende Substanzen, deshalb darf man es nicht einreiben. Tragen Sie es einfach tupfend auf und wischen Sie es wieder ab. Anschließend behandeln Sie das Holz mit einer Möbelpolitur.

Wenn Ihre Möbel modrig oder verraucht riechen, wischen Sie sie mit einer Mischung aus 2 Teilen Wasser und einem Teil Vanille ab. Nehmen Sie ein nur leicht angefeuchtetes Tuch, und tragen Sie anschließend eine Möbelpolitur auf.

Polieren Sie Kratzer heraus. Auf Autos werden Kratzer mit Wachs unsichtbar gemacht. So können Sie es auch mit Möbeln machen. Mit einem Baumwolllappen reiben Sie kräftig Möbelpolitur oder Öl ein – aber nicht zu kräftig, sonst hinterlassen Sie Spuren.

Wenn Sie mit regelmäßigem Polieren die kleinen Beschädigungen nicht wieder hinbekommen, versuchen Sie es mit Möbelwachspaste.

Tiefere Kratzer und Dellen geht man mit einem Wachsstift an. Reiben Sie die Stelle damit ein und wischen Sie mit einem sauberen Lappen nach. Drücken Sie dabei nicht zu fest mit dem Stift auf die Oberfläche. Solche Stifte lassen sich wie Kreide verwenden, und genau so gut kann man sie auch wieder abwischen. Es gibt viele Sorten; achten Sie auf die passende Farbe. Erkundigen Sie sich gegebenenfalls beim Hersteller Ihres Möbelstücks. Die meisten haben passende Stifte auf Lager.

Zur Not geht's auch so:

Wenn Sie gerade keinen Wachsstift in die Hände bekommen können, versuchen Sie es mit Schuhcreme – in der richtigen Farbe natürlich. Tragen Sie sie mit einem Bausch aus Baumwolle oder einem Zahnstocher auf und tupfen Sie sie mit einem sauberen Lappen ab.

Achtung: Wenn Sie mit Leinöl oder Kerosin arbeiten, sorgen Sie für ausreichende Belüftung und tragen Sie Gummihandschuhe.

Mörtel

Anders als die glatten Stahlarmaturen und Kacheln in Ihrem Haus ist Mörtel rau und porös, ein guter Haftgrund für Seifenschaum und Schmutz. Entfernen Sie diese Schmutzschicht, bevor sie für immer bleibt.

So wird's gemacht:

Reinigen Sie Mörtel regelmäßig mit einem Gel oder einem schäumenden Badreiniger und einem Besen mit langen Naturborsten. Nehmen Sie keine ätzenden oder kratzenden Reiniger bzw. Schrubber. Sogar Nylon- oder Kurzhaarschrubber können den Mörtel mit der Zeit abreiben. Sprühen Sie das Mittel auf und lassen Sie es für ein paar Sekunden einwirken, bevor Sie es abschrubben. Schwer erreichbare Ecken und Spalten bekommt man mit einer weichen Zahnbürste sauber. Mit einem sauberen, nassen Schwamm oder Tuch wird schließlich alles abgewaschen.

„Lassen Sie das Putzmittel die Arbeit machen", raten uns Experten. „Wenn Sie zu viel mit den Händen machen müssen, haben Sie das falsche Produkt. Es entfernt den Schmutz nicht von alleine. Durch zu starkes Scheuern wird der Schmutz noch tiefer in die Poren gedrückt." Anstatt noch kräftiger zu schrubben, sollten Sie den Vorgang wiederholen.

Für Eilige:

Mörtelfugen sollten sofort gereinigt werden, nach dem sie nass geworden sind.

Achtung: Seien Sie vorsichtig mit Ammoniak-Produkten oder solchen auf Ammoniakbasis, da viele Badreinigungsmittel Chlor enthalten. Verbinden sich die beiden miteinander, entstehen tödliche Gase. Lesen Sie immer genau die Gebrauchs- und Sicherheitshinweise auf den Produkten, die Sie verwenden.

MOTORRÄDER

Wie Autos sind auch Motorräder eine große Investition. Und wie ihre vierrädrigen Gegenstücke sammelt sich auch auf ihnen Schmutz, Fett und Dreck von der Straße und der Auffahrt. Deshalb ist die Reinigung von Motorrädern so wichtig – nicht nur, weil sie dann besser aussehen, sondern auch weil das Gehäuse, der Rahmen und der Motor dann besser in Schuss bleiben.

SO WIRD'S GEMACHT:

Wie oft sollten Motorräder geputzt werden? Das hängt natürlich davon ab, wie oft sie gefahren werden. Und wo parken Sie Ihr Motorrad: draußen oder in der Garage? In der Regel sollte man es wöchentlich putzen, wenn man viel fährt oder es harten Wetterbedingungen ausgesetzt ist. Wenn man nur an Wochenenden fährt und in der Garage parkt, reicht eine monatliche Wäsche aus.

Eine richtige Reinigung besteht aus mehreren Schritten. Fangen Sie damit an, das Motorrad mit dem Gartenschlauch abzuspritzen. Sprühen Sie nicht direkt auf die Maschine – besprenkeln Sie es. Lassen Sie niemals Wasser in den Auspuff oder in den Vergaser kommen; das könnte einen Motorschaden zur Folge haben.

SO MACHE ICH ES

DAS BRAUNE EHRENABZEICHEN

Ein Händler für Harley-Davidsons hat ein jährlich stattfindenes Motorradfestival für wohltätige Zwecke begründet. Er sagt über das Putzen von Motorrädern: „Viele sehen in Ihren Motorrädern so etwas wie Kunstwerke. Sie zeigen sie gerne Freunden und sind stolz auf ihre Maschinen. Manche verbringen sogar mehr Zeit mit dem Putzen als mit dem Fahren. Ich fahre gerne Langstrecken, und dabei wird das Motorrad natürlich ziemlich dreckig.

Einmal bin ich bis nach Alaska gefahren. Es hat mir gefallen, wie das Motorrad aussah – der Schmutz war so etwas wie ein Ausweis meiner Erfahrung. Man konnte sehen, dass ich es nicht im Wohnwagen mitgenommen habe. Aber natürlich musste ich es putzen.

Dazu habe ich einen Hochdruckreiniger genommen – so einen, wie man ihn an der Tankstelle bekommt. Mit solchen Dingern muss man vorsichtig sein. Der Druck kann zu stark sein und die Farbe bzw. den Lack beschädigen. Aber nach der Alaska-Tour hatte ich das Gerät bitter nötig."

Sprühen Sie die Reifen und Felgen, den Motor und andere Bereiche ein, wo sich fettige Verschmutzungen angesammelt haben. Nehmen Sie ein speziell für Motorräder geeignetes Fettlösemittel. Damit kommen Sie in die Ritzen und entfernen überschüssiges Fett und Bremsstaub. Lassen Sie das Mittel 5-10 Minuten einwirken, während es das Fett löst, und wischen Sie es dann mit einem nassen Tuch ab.

Als Nächstes wischen Sie die Maschine mit einem weichen Tuch oder einem Schwamm und einem Eimer warmem Spülwasser ab. Nehmen Sie keine scharfen Reiniger, da sie den Lack oder das Chrom beschädigen können. Trocknen Sie das Motorrad mit sauberen, trockenen Handtüchern ab. Steht Wasser auf der Oberfläche, können Metallteile anrosten.

Sobald das Motorrad trocken ist, polieren Sie das Chrom mit einem speziellen Metallreinigungsmittel. Wachsen Sie den Tank, die Schutzbleche und andere lackierte Teile mit Autowachs.

FÜR EILIGE:

Nach der Reinigung kann man das Motorrad auch in der Werkstatt mit einem Luftschlauch trocken blasen – dann kann kein Rost entstehen.

ZUR NOT GEHT'S AUCH SO:

Machen Sie einfach die ersten paar Schritte: nass machen, Fettlöser aufsprühen, mit Seifenwasser putzen und alle paar Male polieren.

Achtung: Lesen Sie immer genau die Gebrauchs- und Sicherheitshinweise auf den Produkten, bevor Sie sie verwenden.

MÜLLPRESSEN

Wenn die erlaubte Müllmenge begrenzt ist, kann eine Müllpresse Ihren Müll um 80 % reduzieren. Recycling kann den Müll um 40-50 % verringern

SO WIRD'S GEMACHT:

Ziehen Sie den Eimer oder die Schublade heraus und wischen Sie die Innenseite der Presse mit einem Desinfektionsmittel ab. Gummihandschuhe sind sinnvoll, da sich im Müll Glasscherben und scharfe Gegenstände befinden können. Spritzen Sie die Presse außen mit den Gartenschlauch ab und schrubben Sie sie mit Desinfektionsmittel. Wenn nötig, sollten Sie den Filter bei der Gelegenheit wechseln, da Sie das Gerät nun einmal auseinander gebaut haben. Wie man den eigentlichen Pressmechanismus reinigt, entnehmen Sie der Bedienungsanleitung. Das Äußere können Sie mit Allzweckreiniger wischen.

Putzaktionen für's Guinessbuch der Rekorde

Hausmüll für Gewichtheber
Die Menge an Hausmüll, die eine dreiköpfige Familie im Durchschnitt pro Woche produziert: 20 Kilo.

Für Eilige:

Um die Müllpresse sauber und geruchsfrei zu halten, werfen Sie keine feuchten Sachen oder Kompost hinein.

Zur Not geht's auch so:

Wenn Sie alles mit der Müllpresse zerkleinern müssen, packen Sie am besten Lebensmittelreste usw. vorher in Plastiktüten.

Achtung: Vor dem Reinigen muss der Presse ausgeschaltet sein. Sehen Sie in der Gebrauchsanweisung nach weiteren Reinigungshinweisen.

Mülltonnen

Es gibt kaum eine größere Zumutung als der Gestank einer vollen Mülltonne an einem heißen Tag. Die beste Zeit sie zu putzen ist direkt dann, wenn die Müllabfuhr da war.

So wird's gemacht:

Mülltonnen aus Plastik und Metall können innen mit den Gartenschlauch abgespritzt werden – besser noch mit einem Druckwasserstrahler. Lassen Sie dann das Wasser heraus und sprühen Sie das Innere mit Desinfektionsspray ein. Warten Sie ein paar Minuten, bis das Mittel die Milliarden Bakterien getötet hat, die sich dort eingenistet haben, und schrubben Sie die Mülltonne mit einer festen Bürste. Spülen Sie sie dann aus und stellen Sie sie zum Trocknen auf den Kopf. Verbleibendes Wasser ist eine Brutstätte für neue Keime und Gerüche.

Für Eilige:

Sprühen Sie Borax, ein natürliches Mineral, das Natrium, Bor und Sauerstoff enthält, auf den Boden der Tonne, um Gerüchen vorzubeugen. Borax absorbiert Feuchtigkeit und verhindert damit die Geruchsbildung.

Zur Not geht's auch so:

Das Innere der Mülltonne können Sie auch mit Borax und warmem Wasser reinigen. Borax tötet allerdings keine Keime.

Münzen

Fällt Ihnen auf dem Dachboden oder im Keller plötzlich eine alte Münze in die Hand, sind Sie sicherlich versucht, sie einmal sauber zu machen, bevor Sie sich an einen Experten wenden. Tun Sie es nicht! Sie können den Wert der Münze erheblich verringern. Schmutz und Oxidationsspuren zu entfernen kann eine wirklich wertvolle Münze beeinträchtigen.

So wird's gemacht:

Wenn Sie sich vergewissert haben, dass Ihre Münze nicht zu den wertvollsten gehört, reinigen Sie sie mit einem Acetonreiniger wie etwa Nagellackentferner; dazu nehmen Sie ein Tuch oder einen Scheuerlappen aus Baumwolle. Oder lassen Sie die Münze eine Weile in einem Acetonbad, bis sie sauber ist.

Für Eilige:

Reinigungsalkohol ist einfacher zu gebrauchen als Aceton. Er ist zwar nicht ganz so wirksam, wird in den meisten Fällen aber ausreichen.

Achtung: Keine scharfen oder sauren Mittel verwenden, da sie die Oberfläche der Münze beschädigen können! Dazu gehören Lackentferner, Natron und Zahnpasta. Keine kratzenden Schwämme etc. benutzen. Bleiben Sie immer bei Baumwolle.

MUSCHELN

Wenn Sie eine Muschel am Strand aufheben, säubern Sie sie so bald wie möglich. Entfernen Sie Fleischreste, da sie – außer dass sie schlecht riechen – auch noch die Muschel verfärben und ruinieren können. Viele schöne Muscheln wurden schon weggeworfen, da der Sammler bzw. die Sammlerin nicht wußte, dass man das Fleisch herausholen muss.

SO WIRD'S GEMACHT:

Durch Einfrieren kann man Muscheln am einfachsten reinigen. Man muss jedoch geduldig sein, da das Einfrieren und Auftauen bis zu 4 Tagen brauchen kann, um die Muschel effektiv zu reinigen und vor dem Zerbrechen zu schützen.

Stecken Sie die Weichtiere in eine fest verschlossene Plastiktüte und legen Sie sie für ein paar Stunden in eines der unteren Fächer des Kühlschranks. Dann holen Sie sie heraus und legen sie für 2-3 Tage in den Gefrierschrank. Zum Auftauen müssen die Muscheln noch etwa 12 Stunden unten im Kühlschrank liegen und anschließend in Wasser einweichen. Wenn sie vollständig aufgetaut sind, also normalerweise nach 24 Stunden, kann das Fleisch der meisten einschaligen Muscheln wie ein Korken mit einer Gabel oder einer zurechtgebogenen Sicherheitsnadel herausgedreht werden.

Sobald das Fleisch herausgenommen wurde, kann man das Äußere mit warmem Seifenwasser abwaschen; es ist auch möglich, die Muschel über Nacht in reiner Bleiche einzuweichen. Damit die Muschel eine leuchtendere Farbe bekommt, kann man sie mit ein wenig Babyöl polieren.

FÜR EILIGE:

Frische Muscheln kann man noch schneller reinigen, indem man sie in Frischwasser oder Salzwasser kocht. Fangen Sie mit warmem, nicht heißem Wasser an, da der plötzliche Temperaturwechsel Ris-

se in der Schale verursachen kann. Zweischalige (also auch essbare) Muscheln werden 1-2 Minuten gekocht, einschalige 6-10 Minuten. Lassen Sie für eine Stunde im Topf, damit die Temperatur langsam sinkt. Um den Abkühlungsprozess zu beschleunigen, geben Sie etwas kaltes Wasser hinzu. Sobald das Wasser kühl genug ist, um die Muscheln herauszunehmen, entfernen Sie das Fleisch nach der oben beschriebenen Methode.
Muschelhändler legen lebende, übel riechende Muscheln in eine 50%ige Lösung aus Chlorbleiche und Wasser ein, um das Fleisch aufzulösen.

Zur Not geht's auch so:

Wenn Sie auf einer einsamen Insel die Muschel Ihres Lebens entdecken, aber keinen Kühlschrank oder Herd zur Verfügung haben, vergraben Sie das Exemplar einfach in einem Eimer mit trockenem Sand mit der offenen Seite der Schale nach unten. Das zerfallende Fleisch läuft dann aus, ohne die Schale zu beschädigen.

Achtung: Weichen Sie Muscheln nicht in klarem Wasser ein, um sie sauber zu bekommen. Das zerfallende, organische Material im Wasser trübt die natürliche Farbe der Schale ein.
Salzsäure wird ebenfalls nicht empfohlen. Sogar eine milde, 10%ige Lösung ist ätzend genug, um die Schale zu beschädigen.

Musikinstrumente

Sauberes Instrument, sauberer Klang. Die Sauberkeit ist für die Reinheit eines Klangkörpers von größter Bedeutung. Ein klebriges Horn oder eine Klarinette mit speichelgetränkten Klappen klingen anders als saubere Instrumente. Und Sauberkeit verlängert das Leben dieser kostspieligen Gegenstände. Natürlich – darin sind sich die Profis einig – sollte man ein Instrument auch nicht „überreinigen".
Mit den folgenden Techniken halten Sie Ihr Instrument immer in guter Kondition.

SAITENINSTRUMENTE

Saiteninstrumente – von Geigen und Cellos bis zu Gitarren und Zithern – wischt man einfach mit einem weichen, trockenen Tuch ab, am besten Fensterleder. Wischen Sie Schweiß weg und tupfen Sie Fingerabdrücke ab – viel mehr braucht man nicht zu tun. (Reinigungslösungen, besonders alkoholhaltige, können die dünne Lackbeschichtung der meisten Saiteninstrumente ruinieren.) Nach dem Spielen stauben Sie das Harz, das unter den Saiten nahe am Hals haftet, ab und wischen dort den Schweiß ab. Wenigstens einmal im Jahr sollte man wertvolle Instrumente von einem Fachmann reinigen lassen.

BLECHBLASINSTRUMENTE

Bei Blechblasinstrumenten wie Trompeten, Hörnern und Tuben ist die Reinigung des Inneren wichtiger als die des Äußeren. In dem Rohr und in den Ventilen sammeln sich Schmutzschichten – Fusseln, Speichel und Staub – wie in einem Abfluss. Durch den Schmutz ändern sich die inneren Maße und der Durchmesser des Mundrohrs, und das wiederum schlägt sich in verändertem Klangverhalten nieder. Nach jedem Gebrauch lassen Sie alle Flüssigkeit, besonders Speichel, auslaufen, bevor Sie es wieder in den Kasten

SO MACH ICH ES

DAS DANACH – JE LEICHTER, DESTO BESSER

Als erster Cellist eines berühmten Orchesters weiß man einiges über die Pflege seines Instrumentes. Der Musiker, den wir konsultierten, spielt ein Cello von dem bekannten Instrumentenbauer Giovanni Battista Guadagnini von 1754. Und so hält er es in Schuss.

„Bei so wertvollen Stücken ist beim Saubermachen weniger mehr. Manche machen es wie bei einem Möbelstück und nehmen Zitronenpolitur, so dass beim Konzert alles nach Zitrone riecht. Ich staube das Cello einfach immer nach dem Spielen ab und wische den Schweiß ab, damit das Salz sich nicht in den Lack frisst.

Ich bringe das Stück 1- bis 2-mal im Jahrzu einem Spezialisten und lasse es reinigen. Er benutzt Xylol, das Alkohol ziemlich ähnlich ist – der jedoch würde den alten italienischen Lack von der Oberfläche entfernen. Xylol kann, wenn es sachkundig eingesetzt wird, dem Instrument nichts anhaben. Er feuchtet ein Tuch damit an, geht damit rasch über das Cello und poliert es unmittelbar danach wieder ab."

EINE SAUBERE GESCHICHTE

Wolfgang Amadeus Mauszart
Ein erfahrener Klavierbauer hat schon so manche seltsamen Dinge in seinem Beruf erlebt. Zum Beispiel die folgende Geschichte.
„Mäuse lieben Klaviere. Ein Klavier ist ein idealer Platz für sie. Dort ist es dunkel und niemand geht dort hinein; es gibt eine Menge Holz und wenn das Klavier wenig gespielt wird, umso besser. Einmal habe ich ein altes Spinett begutachtet – ein sehr kurzes Klavier, das wie ein Cembalo klingt – und fand, nachdem ich die Tastatur abgenommen hatte, ein paar tote Mäuse. Seitdem frage ich mich immer, wenn ich ein Klavier öffne, ob gleich eine Maus herausgesprungen kommt. Mein Ratschlag, wie man Mäuse vom Klavier fern hält, ist derselbe wie für alle andere Dinge auch. Halten Sie das Haus sauber und legen Sie Fallen aus, wenn Sie irgendwelche Spuren von Nagetieren sehen."

legen. Andernfalls verschlechtert sich der innere Zustand des Intruments. Alle dreivier Monate sollte man das Instrument mit Wasser durchspülen, indem man den Trichter füllt und das Wasser aus dem Mundstück herauslaufen lässt. Dann wird das Rohr entfernt und mit einer sehr langen, speziellen Bürste gereinigt. Dann wird wieder mit Wasser gespült. Nehmen Sie die Ventile und Stimmzüge ab und gehen Sie mit der Bürste durch die Züge und die restlichen Rohrstücke. Um die fettigen Ablagerungen auf den Ventilen zu entfernen, lösen Sie eine Prise mildes Scheuerpulver in Wasser auf und reiben die Ventile damit und mit einem angefeuchteten Baumwoll- oder Papiertuch ab. Am Ende wird das Instrument gründlich mit einem Baumwollhandtuch abgetrocknet, um Wasserflecken zu vermeiden.

Das Äußere ist mehr eine Sache des persönlichen Geschmacks. Ein Tubaspieler meint: „Meine Hörner werden grün durch Patina, und ich lasse sie einfach. Das Polieren einer Tuba dauert 6-8 Stunden, und in 2 Wochen sieht sie so aus, als ob man niemals einen Handschlag daran getan hätte." Denen, die ein funkelndes Instrument lieber mögen, empfiehlt er Messingpolitur. Mit der Zeit dünnen solche abreibenden Mittel das Metall jedoch aus, was ebenfalls den Klang ändern kann. Als Alternative kann man es bei einem professionellen Instrumentenbauer in eine nicht abreibende Reinigungslösung tauchen.

FÜR EILIGE:

Spritzen Sie größere Blechblasinstrumente wie Tuben oder Hörner mit einem Gartenschlauch oder in der Dusche ab. (Man singt in der Dusche, also warum soll man dort nicht für eine saubere Begleitung sorgen)? Trocknen Sie sie jedoch unbedingt gründlich ab, um Wasserflecken zu vermeiden.

HOLZBLASINSTRUMENTE

Wenn man extreme Temperaturen und schwankende Luftfeuchtigkeit in der Nähe von Holzblasinstrumenten vermeidet, verhindert man, dass sich in ihnen Risse bilden. Beim Reinigen steht die Entfernung von Feuchtigkeit, die sich im Innern gebildet hat, im Vordergrund. Oboen und Klarinetten sind am empfindlichsten, wenn es um Risse durch Temperatur- und Luftfeuchtigkeitsschwankungen geht. Die Klappenringe, die aus allen möglichen Materialien sind (Leder, Kork, Goretex, Fischhaut usw.), passen so genau auf die Klappenöffnungen, dass sogar die winzigste Ausdehnung oder Verzerrung durch Wasserabsorption die Versiegelung brechen und damit den Klang beeinträchtigen kann. Nehmen Sie deshalb die Feuchtigkeit aus dem Inneren eines Holzblasinstrumentes nach jedem Gebrauch mit einem Tuch auf.

Für Flöten gibt es extra Reinigungsstäbe, auf die Sie ein Taschentuch stecken und die dann durch die Flöte gezogen werden. Verkratzen Sie die Mundöffnung nicht. Bei Saxophonen, Klarinetten, Oboen und Fagotten muss erst das Mundstück entfernt und mit einem trockenen Tuch abgewischt werden. Dann wird mit einem speziellen Tuch (es hat ein beschwertes Ende) von dem dickeren Ende zum dünneren hin das Innere gereinigt. Die Klappen werden sauber, wenn man ein Stück nicht klebendes Filterpapier für Zigaretten in die Öffnung legt und die Klappe ein paar Mal öffnet und wieder schließt. Das Mundstück lässt sich mit lauwarmem Spülwasser waschen – auf keinen Fall heißes Wasser benutzen.

Das Äußere putzt man am besten mit einem Fensterleder. Ein Silberpoliertuch funktioniert bei Flöten gut. Von Silberpolitur raten wir Ihnen allerdings ab, da die Gefahr besteht, dass es in die Klappen gerät.

Achtung: Denken Sie daran, dass Wasser die Klappen aller Holzblasinstrumente beschädigen kann – ganz egal, aus welchem Material das Instrument ist.

TASTENINSTRUMENTE

Stauben Sie das Äußere ab, so wie Sie wertvolle Holzmöbel abstauben würden, und zwar mit einem weichen Tuch und einem Möbelpoliturspray. Sprühen Sie es auf das Tuch, nicht direkt auf das Instrument, damit es nicht auf die Stimmnägel kommt. Wenn Sie das Klavier nicht benutzen, halten Sie alle Öffnungen des Instruments geschlossen, damit sich innen kein Staub ansammelt. Einmal im Monat sollten Sie mit der Fugendüse die Tastatur staubsaugen. Dann reinigen Sie die Tasten mit einem Glasreiniger – sprühen Sie auch damit nur auf das Tuch.

Alle paar Jahr ist eine gründliche Reinigung Ihres Klaviers erforderlich. Ein Klavier ist einfacher zu reinigen als ein Flügel. Wenn Ihnen beides zu kompliziert erscheint, lassen Sie sich jemandem von Ihrem Klavierhändler empfehlen. Bei einem Klavier können Sie den Bereich hinter den Pedalen putzen, indem Sie die untere Klappe abnehmen. Unter der Tastatur müsste die Klappe mit einem Schieber befestigt sein; seien Sie jedoch vorsichtig, die Klappe ist enorm schwer. Den unteren Bereich können Sie dann mit entsprechenden Aufsätzen staubsaugen.

An den Klaviaturboden heran zu kommen ist nicht ganz einfach; rufen Sie am besten einen Fachmann zu Hilfe. Auch der Resonanzboden ist schwierig zu reinigen – schwierig, aber nicht unmöglich. Er ist horizontal und zieht Staub an, den man mindestens einmal im Jahr abwischen sollte. Biegen Sie sich einen Drahtkleiderbügel so zurecht, dass eine Schlinge in der Größe einer Handfläche entsteht, ziehen Sie ein weiches Baumwolltuch über die Schlinge und knoten Sie es fest. Sprühen Sie das Tuch leicht mit Möbelpolitur ein. Mit der Schlinge als Verlängerung gehen Sie hinter die Basssaiten und wischen so viel Staub wie möglich ab, wobei Sie aufpassen müssen, dass der Resonanzboden nicht durch frei liegendes Metall verkratzt wird.

Sowohl bei Klavieren als auch bei Flügeln müssen einmal jährlich die Hämmer abgestaubt werden. Gehen Sie mit dem Bürstenaufsatz des Staubsaugers vorsichtig von vorne nach hinten, nicht seitlich, da der Hammer sonst abbrechen könnte. Bei einem Klavier muss dafür die obere Klappe geöffnet und das Vorderverdeck abgenommen werden. Gehen Sie nicht alleine daran; das Verdeck ist ziemlich schwer. Nehmen Sie sich jemanden zu Hilfe, am besten einen Fachmann.

TROMMELN

Stauben Sie Trommeln mit einem sauberen, trockenen Tuch ab. Wenn sie nicht oft gespielt werden, sollten sie mit einem Laken bedeckt werden. Einmal im Jahr ist eine gründliche Reinigung angesagt. Wechseln Sie die Felle aus, wenn die Spannung nachlässt oder sie nicht mehr gut klingen. Zuerst nehmen Sie die Felle und Schrauben von der Trommel ab. Mit einem sauberen, weichen Lappen, der leicht mit Wasser angefeuchtet ist, wischen Sie vorsichtig Fett und Verschmutzungen ab. Hartnäckige Flecken reiben Sie leicht mit einer 50%igen Lösung aus Wasser und Glasreiniger ab. Rückstände müssen mit einem sauberen, feuchten Lappen entfernt werden. Trocknen Sie die Trommeln gründlich mit einem sauberen, trockenen Tuch ab. Seien Sie vorsichtig bei der Reinigung; sind die Trommeln alt oder extrem verschmutzt, ist es besser, einen Fachmann zu Rate zu ziehen.

Becken sollte man nach Bedarf mit einem sauberen, trockenen Lappen abstauben. Neue Becken sind im Allgemeinen durch eine Lackschicht vor dem Verbleichen geschützt. Da viele Putzmittel die Lackschicht auflösen, vermeiden Sie aggressive Reinigungsmethoden. In einem solchen Fall ist es immer besser, einen Fachmann zu fragen.

Nähmaschinen

Eine saubere Nähmaschine leistet bessere Arbeit und hält länger. Also halten Sie die Teile frei von Fusseln und anderem Unrat.

So wird's gemacht:

Nach der Benutzung holen Sie die Fusseln mit einer kleinen, mittelharten Nylonbürste aus dem Schiffchen. Nehmen Sie dazu (falls möglich) den Haken, den Überwurfring und die Spule ab. Lässt sich die Schiebeplatte entfernen, nehmen Sie auch die ab und machen darunter sauber.

Falls Ihre Maschine nicht selbstölend ist, geben Sie 1-2 Tropfen Öl auf die beweglichen Teile, bevor Sie sie wieder einsetzen. (Für das richtige Ölen Ihres Fabrikats sehen Sie in der Bedienungsanleitung nach.) Das Öl sollte auf Silikonbasis sein. Sprühen Sie es nicht direkt auf die Maschine, da Sie den Motor oder elektronische Teile beschädigen könnten. Stattdessen sprühen Sie ein wenig auf ein Tuch und wischen damit die entsprechenden Teile ab. Oft sind die Stellen, an denen Sie das Öl an den richtigen Ort in der Maschine bringen können, farbig markiert.

Das Gehäuse sollte mit einem fusselfreien Tuch entstaubt werden. Obwohl Nähmaschinen früher aus Metall hergestellt wurden, sind die meisten heute aus Plastik. Benzol und andere scharfe Chemikalien sind ein absolutes Tabu. Fingerabdrücke und andere Verunreinigungen lassen sich problemlos mit normalem Allzweckreiniger entfernen. Auch den sollten Sie allerdings zuerst auf den Lappen sprühen und dann damit die Maschine wischen.

Für Eilige:

Wenn die Maschine länger nicht gereinigt wurde und sich allerlei angetrockneter Schmutz auf ihr und auch im Inneren befindet, nehmen Sie einen Fön (auf niedrigster Stufe) oder einen Schlauchaufsatz für die Abluftöffnung Ihres Staubsaugers und blasen den Staub einfach ab.

NÄHSACHEN

Nähsachen sollen beim Reinigen natürlich nicht beschädigt werden. Das bedeutet, sie werden abgestaubt und für alles Weitere zu Fachleuten gebracht.

SO WIRD'S GEMACHT:

Beim normalen Hausputz werden Nadelkissen und andere Nähsachen einfach staubgesaugt, am besten mit dem Bürstenaufsatz. Putzen Sie Nähsachen nicht mit Wasser. Falls mal etwas verschüttet wird, nehmen Sie so viel wie möglich mit einem sauberen, weißen Handtuch auf. Dann bringen Sie das Stück zur Reinigung.

ZUR NOT GEHT'S AUCH SO:

Nehmen Sie Nadelkissen nach draußen und klopfen Sie sie vorsichtig aus.

NYLON

Die Welt erwartet viel von Nylon – beim Tragen und auch beim Waschen. Es soll sich ohne Einlaufen, Dehnen oder Ausfärben waschen lassen. Wenn Sie es richtig Reinigen, werden Sie auch lange Freude daran haben.

SO WIRD'S GEMACHT:

Nylonsachen werden in einer fest verschlossenen Netztasche in einem vorsichtigen Waschgang mit normalem Waschmittel gewaschen. Wenn man sie nicht in eine Tasche steckt, verknäueln sie sich durch den Dampf in der Maschine. Flecken sollten vorbehandelt werden, besonders von Make-up, indem man sie mit etwas milder Seife einreibt.

Holen Sie anschließend die Nylonsachen aus der Tasche und trocknen Sie sie bei niedriger Temperatur im Trockner. Sie erhalten die besten Ergebnisse, wenn Sie sie nach 15 Minuten aus dem Trockner holen und sie danach zum Trocknen aufhängen.

Für Eilige:
Um die statische Aufladung zu reduzieren und das Nylon griffiger zu machen, kann man ein spezielles Trockner-Tuch mit in den Trockner geben.

Ölflecken

Im Notfall

Beseitigen Sie das nicht in die entsprechende Fläche eingedrungene Öl mit einem Papiertuch – seien Sie dabei vorsichtig, damit Sie es nicht noch mehr verteilen. Dann tupfen Sie die Stelle mit einem Papiertuch ab, das mit einem Nagellackentferner auf Acetonbasis getränkt ist. Nehmen Sie diesen jedoch nicht bei Azetat, da das Aceton das Gewebe auflöst.

Öl bildet hartnäckige Flecken; obendrein ist es ein Magnet für Schmutz. Beseitigen Sie Ölflecken so bald wie möglich.

So wird's gemacht:
Die beste Substanz zum Entfernen öliger oder fettiger Verschmutzungen ist ein Trockenlösemittel. Lassen Sie den Gegenstand chemisch reinigen oder tupfen Sie ihn mit einem sauberen, weißen Handtuch und einem Fleckentferner ab. Legen Sie die verschmutzten Seite auf ein weiches, saugfähiges Tuch. Geben Sie den Fleckentferner auf einen Lappen und tupfen Sie den Fleck von innen nach außen heraus. Es ist wichtig, dem Öl ein saugfähiges Tuch als Ausweichmöglichkeit zu geben, nur so kann der Fleck vollständig entfernt werden.
Bei Teppichen wenden Sie den Fleckentferner niemals auf dem Teppich selbst an, sondern auf einem Tuch – sonst dringt es in die Teppichunterseite und zieht noch mehr Schmutz an. Tragen Sie Gummihandschuhe und sorgen Sie für ausreichende Belüftung.

ZUR NOT GEHT'S AUCH SO:

Wenn Sie keinen Fleckentferner im Haus haben, nehmen Sie Nagellackentferner auf Acetonbasis. Benutzen Sie ihn jedoch nicht auf einem Azetatgewebe; es kann sich dabei auflösen.
Achtung: Spülen Sie immer erst die eine Lösung aus, bevor Sie eine andere anwenden. Lesen Sie immer genau die Gebrauchs- und Sicherheitshinweise auf den Produkten, die Sie benutzen.

PARFÜM

Was der Nase gefällt, kann dem Auge widerstreben. Parfüme enthalten Öle, die oxidieren und sehr schwer zu beseitigen sein können. Außerdem enthalten sie Alkohol, und der kann die Farbe beschädigen. Je früher Sie einen Parfümfleck behandeln, desto besser.

SO WIRD'S GEMACHT:

Vor dem Waschen sollte der Fleck vorbehandelt werden. Man gibt 1/4 TL Spülmittel in 1/2 Tasse warmes Wasser, trägt die Mischung auf den Fleck auf, legt den Stoff auf eine harte Fläche und treibt das Mittel durch Klopfen mit der Rückseite eines Löffels zwischen die Fasern. Reiben Sie den Stoff nicht aneinander, da dadurch die Fasern verschleißen. Danach gehen Sie je nach Waschvorschrift vor; nehmen Sie die höchstmögliche Temperatur.
Wenn der Fleck nicht völlig verschwunden ist, wiederholen Sie den Vorgang, diesmal jedoch mit Alkohol. Seien Sie jedoch vorsichtig, da Alkohol die Farbe lösen kann. Legen Sie den Fleck auf ein saugfähiges, weißes Tuch. Tragen Sie den Alkohol auf ein anderes Tuch oder einen Baumwollbausch auf und tupfen Sie den Fleck von innen nach außen heraus. Wenn die Farben auszubluten beginnen oder der Stoff aus Azetat besteht, verdünnen Sie den Alkohol mit 2 Teilen Wasser.
Bei Teppichen ist zu beachten, dass die Reinigungslösung niemals direkt auf den Teppich gegeben werden darf, sondern nur auf das

Tuch. Sonst kann sie in die Teppichunterseite dringen und dort noch mehr Schmutz anziehen. Waschen Sie immer die Stelle mit einem sauberen, weißen, nassen Tuch aus.

Zur Beachtung: Probieren Sie ein Mittel immer erst an einer unauffälligen Stelle aus, bevor Sie es richtig anwenden.

Achtung: Spülen Sie immer erst eine Lösung aus, bevor Sie eine andere anwenden. Manche Chemikalien, besonders Ammoniak und Chlorbleiche, können schädliche Dämpfe erzeugen, wenn sie in Verbindung geraten. Lesen Sie immer genau die Gebrauchs- und Sicherheitshinweise auf den Produkten, die Sie verwenden.

Parkett

Die Reinigung von Parkett hängt von der Oberflächenbehandlung ab – z. B. Farbe, Lack oder Polyurethan – und nicht von der Art des Holzes.

So wird's gemacht:

Parkett sollte, je nach Beanspruchung, wöchentlich oder monatlich staubgesaugt werden. Meistens ist es versiegelt und kann feucht geputzt werden. Anschließend muss es jedoch abgetrocknet werden. Schwarze Streifen von Schuhsohlen können mit Mineralspiritus entfernt werden.

Für Eilige:

Vor dem Putzen von Parkettdielen wischen Sie sie kurz entlang der Fußleiste ab, damit Fusseln, Schmutz und Insekten nicht ins Putzwasser kommen.

Zur Not geht's auch so:

Fett- und Rauchflecken können mit Trinatriumphosphat entfernt und müssen anschließend mit klarem Wasser abgewischt werden.

Achtung: Putzen Sie den Boden nicht zusammen mit den Wänden, sonst überträgt sich der Schmutz von den Fußleisten auf die Wände.

PELZ

Pelz ist buchstäblich ein Staubmagnet, hauptsächlich durch die statische Aufladung. Besonders bei niedriger Luftfeuchtigkeit zieht er den Staub an, der den Glanz trübt und die Fasern abreibt, bis die feinen Haare schließlich brechen. Durch regelmäßige Reinigung halten Sie die Partikel fern und lassen den Pelz wieder wie neu glänzen.

SO WIRD'S GEMACHT:

Wenigstens alle 2 Jahre sollten Sie Ihre Pelze professionell reinigen lassen, besser noch jedes Jahr. Pelz muss gepflegt werden, um weich und frisch zu bleiben. Gehen Sie damit zum Pelzhändler, nicht zur chemischen Reinigung, es sei denn, Ihre Reinigung arbeitet mit einem Pelzfachbetrieb zusammen. Um Schmutz und Fett zu entfernen, wird Pelz normalerweise in einer Trommel mit sägespäneähnlichem Material geschleudert, das mit einer speziellen chemischen Lösung getränkt ist. Dann behandelt man den Pelz mit Silikon und kämmt den Pelz, um seinen Glanz wieder hervorzuzaubern und ihn wieder weich und flauschig zu machen.

Spritzer versuchen Sie einfach mit einem sauberen, weißen Tuch zu entfernen. Dabei nicht reiben! Dann bringen Sie den Pelz umgehend zum Pelzreiniger. Durch Zeit- und Wärmeeinfluss können die Flecken tief in die Haut des Pelzes eindringen. Stellen Sie sich einmal vor: Eine Frau trägt einen Nerz für 30.000 Mark und verschüttet aus Versehen eine Tasse Kaffee darauf. Wenn der Kaffee durch das Leder dringt, wird es durch die Hitze der Flüssigkeit schrumpfen. Jede Haut hat einen natürlichen Feuchtigkeitsgehalt, aber im Gegensatz zu lebenden Organismen, deren Haut sich selber heilen kann, trocknet ein Pelz einfach aus.

Wenn Pelz nass wird, muss er ausgeschüttelt und auf einem breiten Kleiderbügel, ohne Sonnenlicht oder andere Wärmequellen, aufgehängt werden.

Pflanzen

Pflanzen sauber zu machen ist nicht wie Kacheln im Badezimmer zu scheuern. Die Pflanzen sollen staubfrei und frisch aussehen – werden sie jedoch zu grob behandelt, ist ihr Überleben gefährdet.

So wird's gemacht:

Zimmerpflanzen kann man bequem in der Badewanne sauber machen. Als erstes stellt man jede Pflanze in eine Plastiktüte und bindet sie um den Stamm locker zu. So kann das Wasser keine Erde aus dem Topf in die Wanne spritzen lassen. Dann kommen die Pflanzen in die Badewanne und werden ein paar Minuten abgeduscht.

Das hat dieselbe Wirkung wie Regen.

Wenn das Wetter schön ist, stellen Sie die Pflanzen nach draußen und spritzen Sie sie mit dem Gartenschlauch ab. Lassen Sie sie nicht unbedingt draußen stehen; manche Zimmerpflanzen reagieren empfindlich auf den Wechsel.

Zur Not geht's auch so:

Stauben Sie die Pflanzen dort ab, wo sie stehen; Sie können dazut einem Druckluftbehälter oder einen Fön auf der niedrigsten, kühlsten Stufe benutzen. Setzen Sie Pflanzen nicht einem Schwall heißer Luft aus.

Pinsel

Wenn Sie Ihre Farbpinsel in gutem Zustand halten wollen, beginnt die Reinigung schon beim Anstreichen. Warten Sie zu lange, wird der Pinsel hart – wahrscheinlich für immer.

So wird's gemacht:

Es gibt verschiedene Reinigungsmethoden, je nachdem, ob Sie Farbe auf Ölbasis oder Latexfarbe (auf Wasserbasis) verwenden. In jedem Fall bleibt der Bürstenkamm aber unverzichtbar. Bürstenkämme haben lange Metallzähne, die leicht in die Zwischenräume zwischen den Borsten eindringen, und sind in Läden für Malereizubehör erhältlich. Eine preiswertere Alternative sind einfache Drahtbürsten. Bei der Arbeit lässt es sich nicht vermeiden, dass Farbe bis an den Rand des Pinselschaftes dringt, wo sie schon während des Anstreichens antrocknet. Wenn der Pinsel zu verkleben beginnt, sollten Sie sofort mit dem Bürstenkamm durchgehen – eben so, als würden Sie jemandem die Haare kämmen.

LATEXFARBE

Erwartungsgemäß ist Latex einfacher von Pinseln zu entfernen als Farbe auf Ölbasis. Für Latexfarben ist ein Kunsthaarpinsel erforderlich. Naturhaarpinsel haben eine höhere Saugkraft und werden von Farbe auf Wasserbasis weich und breiig. Eine Nylon-Polyester-Mischung ist die beste Wahl, da sie die weiche Auflage von Nylon mit der niedrigen Saugkraft von Polyester verbindet.

Nach dem Anstreichen halten Sie den Pinsel unter fließendes Wasser und reinigen den Pinsel mit den Fingern. Sie können den Pinsel auch durch einen Eimer Wasser ziehen. Sollte die Reinigung nicht den gewünschten Erfolg haben, geben Sie einfach 1/4 Tasse Waschpulver in den Eimer.

Ist der Pinsel sauber, schleudert man am besten das Wasser aus ihm heraus – entweder mit einer Pinselschleuder, die Sie in einem Malereifachgeschäft erhalten, oder mit der Hand. Während die Haare nach unten zeigen, halten Sie ihn zwischen Ihren Handflächen. Dann reiben Sie Ihre Hände hin und her, als wollten Sie sie aufwärmen. Eine solche Kreisbewegung ist besser für den Pinsel, als ihn einfach zu schütteln. Achten Sie darauf, dass Sie keine Farbe in die Umgebung verspritzen – machen Sie es am besten in einem Waschbecken oder Eimer.

PUTZAKTIONEN FÜR'S GUINESSBUCH

Das Desaster von Alaska
Die Ölmenge, die aus dem Exxon-Tanker Valdez in der Prinz-William-Meerenge am 24. März 1989 ausgelaufen ist: etwa 40 Millionen Liter.

Zur weiteren Aufbewahrung hängen Sie den Pinsel kopfüber auf. Papier oder Pappe um die Haare schützt die Form des Pinsels. Sollte die Verpackung verlorengegangen sein, wickeln Sie den Pinsel in festes Papier ein – eine einfache Gemüsetüte ist völlig ausreichend.

Farbe auf Ölbasis

Für Farbe, Lack oder Firnis auf Ölbasis sind Naturhaarpinsel geeignet, etwa aus Schweine- oder Ochsenborsten. Auch Pferdehaarpinsel sind erhältlich, aber Ochsen- und Schweineborsten sind vorzuziehen, da sie von Natur aus eine spitz zulaufende Form besitzen. Nach dem Anstreichen schwenken Sie den Pinsel in einer Schale oder einem Eimer mit Lösungsmittel oder Verdünner (auf gute Qualität achten – z. B. mit Methyl-Ethyl-Keton), bis er sauber ist, dann mit Wasser und ein bisschen Seifenpulver nachspülen. Das Trocknen und Aufhängen wird wie bei Latexfarbe gemacht.

Zur Not geht's auch so:

Ist ein hochwertiger Pinsel richtig hart geworden, muss das nicht sein Ende sein. Sie können Folgendes versuchen: tauchen Sie den Pinsel 20 Sekunden lang in flüssigen Farbentferner (für alte Wandfarbe) und gehen Sie dann wie oben beschrieben vor. Es gibt keine Garantie dafür, aber es ist Ihre letzte Chance den Pinsel zu retten. Wenn Sie beim Anstreichen eine Pause machen, wickeln Sie einfach den Pinsel in Plastik- oder Aluminiumfolie und legen ihn in den Kühlschrank, um ihn vor dem Austrocknen zu schützen. Verpacken Sie ihn sorgfältig, ohne Löcher, und beißen Sie nicht aus Versehen hinein, wenn Sie nachts hungrig in den Kühlschrank greifen.

Achtung: Manche flüssigen Farbentferner sind scharf und können die Haut reizen. Gummihandschuhe sind also angezeigt, ebenso wie die sorgfältige Beachtung der Gebrauchsanweisung. Stellen Sie den Pinsel nie mit den Borsten nach unten ab.

Den Verdünner bitte nicht sofort nach Gebrauch entsorgen – er ist für 8-10 Pinsel gut. Gießen Sie ihn einfach zurück in den Originalbehälter oder eine andere Dose bzw. ein anderes Glas, das sich fest verschließen lässt. Ist er wirklich verbraucht, ist der richtige Ort für ihn weder der Ausguss noch die Mülltonne. Erkundigen Sie sich bei einem Recyclinghof in Ihrer Nähe nach einem geeigneten Platz zur Entsorgung.

Plagen (Wanzen, Flöhe, Nagetiere, Spinnen)

Die Strategie Nr. 1 gegen Haushaltsplagen ist eine Vorbeugetaktik – generelle Sauberkeit im Haus. Manchmal gelingt es den lästigen Wesen trotz größter Bemühungen Ihrerseits einen Weg ins Haus zu finden. Das Ergebnis ist ein hautnaher Kampf.

So wird's gemacht:

Verringern Sie die Zahl möglicher Aufenthaltsorte und Nahrungsquellen für die quälenden Gäste, indem Sie den Müll immer aufsammeln, Nahrungsmittelpartikel nicht im Haus herumfliegen las-

Gewohnheiten, die Sie vergessen sollten

Plagen lassen sich von Schall nicht beunruhigen

Wahrscheinlich kennen Sie sie aus der Werbung – die kleinen Stecker, die man in die Steckdose steckt und die Töne in für das menschliche Ohr zu hohen Frequenzen abgeben. Sie werden als Wundermittel gegen Nagetiere und Küchenschaben angepriesen. Sie sie klein, ungiftig und beinahe unsichtbar. Es gibt nur ein Problem. Sie funktionieren nicht.

„Küchenschaben haben nicht die neurologischen Voraussetzungen, um viel von dem Geräusch zu hören", erklärt ein Entemologe. „Und was sie hören, wird bald zur Gewohnheit. Sie hören einfach nicht mehr hin."

Der Wissenschaftler hat im Rahmen seiner Forschungen so ein Gerät in eine Schachtel mit einem Ausgang und einer ganzen Schar Küchenschaben gelegt. Die Anzahl der Schaben, die die Schachtel bei eingeschaltetem Geräusch verließen, war nicht höher als die Anzahl derjenigen, die sie bei ausgeschaltetem Geräusch verließen. „Wir haben beobachtet, dass die Tiere das Gerät sogar mochten, da es mit der Zeit warm wurde."

Auch Geräte mit Mikroschwingungen und magnetischen Feldern hat er getestet. Bei keinen von Ihnen war ein Erfog zu sehen.

Das erste Anzeichen für ein Problem, meint er, sei schon eine Packungsaufschrift wie „Bekämpft Ratten, aber keine Mäuse, die Ihre Haustiere sind". „Manche Unternehmer sind verdammt clever. Eine Firme bietet eine Garantie für die ersten 30 Tage an, sagt aber, dass das Gerät 60 Tage braucht, bis es wirkt."

sen, Holzstapel vom Haus entfernen, Pflanzen gut beschneiden, den Garten frei von Unrat halten und die Feuchtigkeit im Haus niedrig halten. Viele dieser Tiere leben und vermehren sich gerne in dunklen, ungestörten Winkeln. Putzen Sie auch unter den Möbeln, um die Fußleisten herum und in Heizungsrohren, Kleiderschränken, Speiseschränken und Haustierunterschlüpfen. Beseitigen Sie Schimmelpilze; Bücherläuse und andere Insekten ernähren sich davon.

Stopfen Sie mögliche Ein- und Durchfahrtsstraßen für die Tiere in Ihr Haus zu, d.h. versiegeln Sie Risse, verwenden Sie fest schließende Fenster, halten Sie die Türen verschlossen. Sie werden überrascht sein, wie schnell Wanzen eine offene Schwelle zu nutzen wissen. Um weniger Insekten in die Umgebung Ihres Hauses zu locken, nehmen Sie für die Terrasse und die Haustür gelbe Glühbirnen.

Flöhe

Vorsorge gegen Flöhe kann Ihnen ganz schön Beine machen. Das ist mit einem Mal nicht getan und bedeutet mehr, als einfach ein von Flöhen befallenes Haustier zu waschen. Flöhe können im ganzen Haus leben und sich vermehren und sich dabei in Teppichen und dunklen Winkeln verstecken. Sie sind zähe und anpassungsfähige Tiere. Sie existieren seit Millionen von Jahren und würden vermutlich sogar eine Atomkatastrophe überstehen.

Behandeln Sie Haustiere und die entsprechenden Bereiche des Hauses gleichzeitig. Um zu wissen, wann Sie mit der Flohvorbeuge anfangen sollen, müssen Sie Ihre Haustiere das ganze Jahr hindurch mit einem speziellen Flohkamm auf Flöhe kontrollieren. Konzentrieren Sie sich beim Kämmen auf den Hals und den Ansatz des Schwanzes, wo sich die meisten Flöhe versteckt halten. Halten Sie einen Eimer Seifenwasser in der Nähe, um gefangene Flöhe zu ertränken. Wenn die Zahl der Flöhe deutlich ansteigt, muss das Vorbeugeprogramm beginnen. Wählen Sie waschbare Sachen für den Schlafplatz Ihrer Haustiere und waschen Sie sie wöchentlich. Staubsaugen Sie Teppiche, Polster und Fußböden

ebenfalls wöchentlich (oder öfter, wenn die Population groß ist). Obwohl der Staubsauger effektiv ausgewachsene Flöhe und Floheier beseitigt, kann er weniger gründlich Flohlarven aus Fußbodenbelägen ziehen. Eventuell müssen sie deshalb mit borsaurem Flohmittel behandelt werden (erhältlich in Zoohandlungen). Sprühen Sie das Mittel jeden Abend über den Teppich, bürsten Sie es ein und staubsaugen Sie darüber. Diese Produkte sind nicht giftig für Säugetiere aber sehr effektiv gegen Flöhe.
Zur Beachtung: Tragen Sie eine Staubschutzmaske und Schutzbrille, wenn Sie ein Anti-Floh-Mittel benutzen. Lesen Sie immer genau die Gebrauchs- und Sicherheitshinweise auf den Produkten, die Sie verwenden.

Waschen Sie Ihre Haustiere mit einem Shampoo, das Pyrethrium oder eine andere, Flöhe vernichtende Substanz enthält – vergewissern Sie sich, dass Sie Ihren Haustieren damit nicht schaden können. Verlassen Sie sich nicht zu sehr auf Flohhalsbänder; ihre Wirkung ist begrenzt. Neue verschreibungspflichtige Mittel gegen Flöhe, die man monatlich anwenden muss, sind viel effektiver sowohl für das Haustier als auch für die Umgebung. Fragen Sie Ihren Tierarzt, welches in Ihrer Situation das beste Mittel ist.
Kommen Sie bloß nicht auf den Gedanken, Insektenschutzmittel in Ihrem Haus oder auf dem Hof herum zu sprühen. Behandeln Sie nur die Stellen, an denen Sie größere Ansammlungen von Flöhen finden.
Eine sichere Alternative zu Pestiziden ist Insektenvernichtungsseife, die man im Gartenhandel bekommt. Sie enthält Kalium- und Natriumsalze oder bestimme Fettsäuren, die Insekten und ihre Larven beim Kontakt töten. Gewöhnlich mischt man sie mit Wasser und wendet sie mit einer Sprühflasche oder einem Pumpsprayer an. Sie funktioniert aber nur mit weichem Wasser. Um die Lösung zu testen, mischen Sie eine kleine Menge und warten Sie 15 Minuten. Wenn sich auf der Oberfläche Seifenschaum bildet, verwenden Sie Wasserenthärter und stellen noch eine Mischung her. Führen Sie die Behandlung nur durch, wenn tatsächlich Flohbefall vor-

liegt, nicht als Vorbeugemaßnahme. Und da die Seife viele Arten von Insekten – darunter auch nützliche – töten kann, sprühen Sie nicht den ganzen Hof damit ein, sondern nur die Stellen, wo Flöhe hausen, oder andere möglicherweise befallene Bereiche.

FÜR EILIGE:

Vergewissern Sie sich, ob an gefährdeten Stellen tatsächlich Flöhe sind, indem Sie in weißen Kniestrümpfen durch das Haus und den Hof gehen. Die Bewegung und die Wärme Ihres Körpers zieht die Flöhe an. Wenn Sie auf Ihre Füße und Knöchel springen, sieht man ihre dunklen Körper auf den weißen Socken.

Bedecken Sie die Schlafstelle Ihres Haustieres mit einer waschbaren Decke. Wenn Sie Floheier beseitigen wollen, heben Sie einfach die Decke an und werfen sie in die Waschmaschine.

Achtung: Wenn Sie Katzen oder Kleinkinder im Haus haben, seien sie besonders vorsichtig bei der Auswahl eines Flohbekämpfungsmittels. Fragen Sie Ihren Tierarzt, was gesundheitsschädlich ist. Tierärzte wissen im Allgemeinen über die Sicherheit von Produkten, die Haustierhalter benutzen, und ihre Wirksamkeit Bescheid. Manchmal nehmen Leute irgend etwas von der Gartenhandlung mit, ohne zu begreifen, wie gefährlich es sein kann. Lesen Sie immer genau die Gebrauchs- und Sicherheitshinweise auf den Produkten, die Sie verwenden.

AMEISEN

Es gibt viele Arten von Ameisen und viele verschiedene Verhaltensmuster bei ihnen, also gibt es keine Universallösung gegen Ameisen. Wenn Sie ein Ameisenproblem haben, holen Sie einen Experten herbei, um die Spezies zu identifizieren. Dann kann man Ihnen auch weiterhelfen, wenn es um die Wahl eines Bekämpfungsmittels geht.

Holzameisen bauen ihre Nester in Holz, während Asphaltameisen in der Erde unter Bürgersteigen, Auffahrten oder unter dem Betonsockel Ihres Hauses bauen. Manche reagieren auf Köder, andere nicht. Die Nahrungsquellen können ganz verschieden sein. Verschiedene Ameisen können zu ganz unterschiedlichen Phasen im Jahr aktiv sein.

SPINNEN

Spinnen sind nützlich, da Sie Ihrem Hab und Gut keinen Schaden zufügen, sondern sich von schädlichen Insekten ernähren. Und trotzdem kann ein schwarzes, achtbeiniges Geschöpf, das hinter dem Küchenregal hervorkrabbelt, ein ziemlich beunruhigender Anblick sein. Und einige Arten von Spinnen – die schwarze Witwe, der braune Einsiedler und die Wandererspinne – beißen und verspritzen ein Gift, das stark genug ist, um beim Menschen Krankheiten auszulösen.

Wenn Ihnen eine Spinne begegnet, bedecken Sie sie mit einem Glas oder Becher und schieben ein Blatt Papier darunter. Heben Sie das Papier mit dem Glas an und tragen Sie die Spinne nach draußen. Wenn Sie sie töten müssen, weil Sie z. B. Angst haben, sie könnte giftig sein, machen Sie es lieber mit der Hand als mit einem giftigen Insektenvernichtungsmitel. Treten Sie darauf (mit Schuhen natürlich), schlagen Sie mit einem Besen oder einer zusammengerollten Zeitung zu oder saugen Sie sie mit dem Staubsauger auf und werfen anschließend den Staubsaugerbeutel weg.

Spinnennetze beseitigen Sie (oder beugen gegen Sie vor), indem Sie diejenigen Stellen, wo Wand und Decke aufeinander treffen, besonders in den Ecken, gut putzen. Zerdrücken Sie Eier, damit nicht plötzlich eine ganze Horde Spinnen ausschlüpft. Versiegeln Sie Risse im Haus. Schaffen Sie Unrat und Holzstapel vom Haus weg.

KÜCHENSCHABEN

Wie alle Mittel gegen Plagen erfordert auch der Kampf gegen Küchenschaben mehrere Schritte. Schaben brauchen Nahrung, einen sicheren Unterschlupf und Wasser; wenn man eines dieser Elemente verringern kann, hat man weniger Küchenschaben.

Dichten Sie zuerst Risse in Wänden ab; reinigen und füllen Sie sie vorher gründlich. Wischen Sie Oberflächen ab. Saugen Sie Krümel auf. Sorgen Sie dafür, dass alle Sachen nachts sauber sind. Wenn

Sie z. B. abends das Geschirr nicht mehr abspülen können, legen Sie es in Spülwasser, so dass Küchenschaben nicht herankönnen. Als Nächstes schnüffeln Sie ein wenig im Haus herum und legen klebrige Fallen aus, um den Aufenthaltsort der Schaben auszumachen. Reinigen Sie die Hauptwege und Löcher, die die Schaben benutzen, mit Borsäurepulver. Es ist, wenn man es richtig benutzt, ungefährlich im Haushalt. Behandeln Sie damit Risse und Spalten und den Bereich um den Kühlschrankmotor. Sie halten sich gerne in Maschinen auf, wo es warm ist. Die Schaben laufen über das Borsäurepulver und nehmen es dabei auf.
Mit Ködern kommen Sie in schwer erreichbare Ecken. Man bekommt sie in Küchen- und Haushaltswarengeschäften. Schaben, die auf Futtersuche unterwegs sind, nehmen den tödlichen Köder auf und geben ihn dann an andere Schaben weiter.

Für Eilige:

Wenden Sie das Pulver mit einem Staubapplikator für den Garten an; es handelt es sich dabei um einen Kanister mit einer Pumpe, den man in Gartenhandlungen erhält.

Achtung: Wenn Sie Borsäure- oder anderes Pulver gegen Küchenschaben anwenden, tragen Sie eine Staubschutzmaske und Schutzbrille. Verschlucken Sie es nicht und vermeiden Sie Augenkontakt. Drücken Sie überschüssiges Pulver in die Ritzen. Waschen Sie danach Ihre Hände. Verbreiten Sie es nicht in Bereichen, wo sich kleine Kinder oder Haustiere aufhalten. Vermeiden Sie Kontakt des Pulvers mit Lebensmitteln oder Wasser. Lesen Sie genau die Gebrauchs- und Sicherheitshinweise auf dem Produkt.

Nagetiere

Nagetiere sind wie Diebe. Wenn sie sehen, dass es nichts für sie gibt – Krümel oder wertvollere Sachen – oder es schwierig ist, ins Haus hereinzukommen, suchen sie sich eine leichtere Beute. Die beiden wichtigsten Schritte gegen Ratten und Mäuse sind Hygiene und Abdichtung. Die Hinweise für die Bekämpfung von Spinnen, Schaben und andere Plagen – Risse abdichten, Unrat aufsammeln,

GEFÄHRLICHE MÄUSEKÖTTEL

Das nächste Mal, wenn sie beim Hausputz ein Mäuseloch entdecken, bewohnt oder unbewohnt, überlegen Sie es sich 2-mal ob Sie die Kügelchen aufwischen. Mäuse, wie man heute weiß, gehören zu den häufigsten Überträgern einer seltenen Krankheit namens Hantavirus-Lungensyndrom Die Krankheit wird durch Einatmen übertragen. Das passiert z. B., wenn frisches Nagetier-Urin, Fäkalien oder Nestmaterial bewegt und in die Luft gewirbelt werden.

Zu den Symptomen der schnell schlimmer werdenden Krankheit zählen Fieber, Schwindel, Kopfschmerzen, starke Muskelschmerzen, Müdigkeit, Erbrechen und Magenbeschwerden. Bei der Hälfte der Infizierten ist die Krankheit tödlich.

Aber keine Panik. Die Chancen, das Virus zu bekommen, sind sehr gering. Trotzdem haben Sie hier einige Tipps, wie Sie mit „Mäusekötteln" umgehen können.

- Mäuseexkremente dürfen weder weggefegt noch aufgesaugt werden. Feuchten Sie den Bereich mit einem Desinfektionsmittel an. Vor dem Trocknen wischen Sie den Dreck auf.
- Berühren Sie niemals eine tote Maus oder ihre Exkremente mit bloßen Händen. Tragen Sie Gummihandschuhe, wenn Sie sie entsorgen. Sprühen sie die Maus und die Mäusefalle mit Desinfektionsmittel ein. Stecken Sie die Maus in eine Plastiktüte und verschließen Sie sie gut, bevor Sie sie in den Mülleimer werfen.
- Desinfizieren Sie die Handschuhe mit Desinfektionsmittel oder Seifenwasser, bevor Sie sie ausziehen. Anschließend waschen Sie gründlich Ihre Hände.

Holz vom Haus wegschaffen und die Küche sauber und krümelfrei halten – gelten auch hier.

Wenn Sie die kleinen unerwünschten Gäste loswerden wollen, ist die altbewährte Mäusefalle immer noch eine der wirksamsten Methoden ohne Zuhilfenahme von Gift. Locken Sie sie mit Erdnussbutter an, die sich schwer wegnehmen lässt ohne in die Falle zu gehen, und platzieren Sie sie außer Sicht- und Reichweite von Kindern und Haustieren. Klebefallen lassen die Mäuse einen langsamen Tod erleiden, und wenn Sie sie erwischen, bevor sie tot sind, müssen Sie sich um einen sehr, sehr unglücklichen Gast kümmern.

PLANSCHBECKEN

Ob sie nun aus weichem, aufblasbaren oder aus festem, geformten Plastik sind – Planschbecken sind einfach zu putzen, wenn sie leer sind. Aber das Wasser für ein paar Stunden darin sauber zu halten, kann eine Herausforderung sein. In Minutenschnelle haben die kleinen Füße das glitzernde Nass in einen schlammigen Brei voller Grasstückchen, toten Insekten und Schmutz verwandelt.

SO WIRD'S GEMACHT:

Nach Gebrauch lassen Sie das Wasser ablaufen und spritzen das Becken mit dem Gartenschlauch ab. Lassen Sie das Wasser nicht auf den Rasen laufen, sondern schöpfen Sie es mit einem Eimer heraus und begießen Sie damit die Pflanzen.

Hat das Planschbecken lange draußen gestanden, bildet sich leicht eine hartnäckige Schmutzschicht, die man mit einem Nylonschrubber und Wasser mit etwas Haushaltsbleichmittel beseitigen kann. Wenn Sie das Becken draußen aufbewahren müssen, stellen Sie es auf den Kopf oder auf die Seite, so dass sich kein Regenwasser und Schmutz darin sammeln können.

FÜR EILIGE:

Lassen Sie Schmutz und Insekten möglichst nicht ins Wasser, während es aufwärmt. Am besten bedecken Sie das Becken mit einer Plane.

ZUR NOT GEHT'S AUCH SO:

Mit einem Kescher können Sie grobe Verunreinigungen herausfischen. Sie können auch selber einen bauen: Biegen Sie einen Drahtkleiderbügel in eine runde Form und ziehen Sie eine alte Strumpfhose ohne Beine darüber (unten muss sie zugeknotet werden.

PLASTIKBEHÄLTER

Freuen Sie sich nicht zu früh, wenn Sie eine leckere Portion Spaghetti Bolognese hinter sich haben. Lebensmittel, die viel Karotenoide enthalten (Karotten, Tomaten oder Süßkartoffeln) mögen dem Körper nützen – für Flecken sind sie leider auch sehr gut geeignet.

SO WIRD'S GEMACHT:

Plastikbehälter für Lebensmittel sollte man zunächst ganz normal spülen. Rückstände von Aufklebern können Sie mit pflanzlichem Öl oder Erdnussbutter lösen. Flecken kann man entfernen, indem man den Behälter in eine Lösung aus 1 TL flüssiger Chlorbleiche auf 1 Tasse Wasser legt. Mischen Sie Bleiche nicht mit Spülmittel. Flecken kann man hingegen schon vorher vermeiden, wenn man den Behälter nach jedem Gebrauch mit kaltem Wasser abspült und anschließend mit warmem Seifenwasser. Wenn Sie eine Zitronenscheibe in den Behälter legen, ihn bedecken und für 6-12 Stunden in den Kühlschrank legen, können Sie hartnäckige Gerüche entfernen. Anschließend müssen Sie jedoch den Behälter in Seifenwasser abspülen. Bewahren Sie Behälter unverschlossen auf, damit die Luft darin zirkulieren kann.

PLASTIKLAMINAT

Plastiklaminat wurde eigens für leichte Handhabe und Reinigung entworfen. Es gibt also Leute, die sich um Ihr Wohl bei der Hausarbeit sorgen!

SO WIRD'S GEMACHT:

Wischen Sie Spritzer mit einem feuchten Schwamm auf. Nehmen Sie nichts Kratzendes, nur einen schaumigen Schwamm oder einen Allzweckreiniger ohne Körnchen. Auf Küchenoberflächen ist ein keimtötendes Mittel am besten, da das einer der Lieblingsorte von Keimen ist. Nehmen Sie genau die Hinweise auf Küchenreinigern zur Kenntnis und wählen Sie eines, auf dem speziell die keimtötende Eigenschaft vermerkt ist.

Um Flecken wie etwa von Senf, Pampelmusensaft oder Kaffee zu beseitigen, tröpfeln Sie etwas Natron auf die Fläche und reiben es leicht ein. Hartnäckige Verschmutzungen werden angefeuchtet und

dann mit einem Putzmittel besprüht, das Bleiche enthält. Lassen Sie es 10 Minuten einwirken und spülen Sie es dann mit kaltem Wasser ab. Wenn es länger stehen gelassen wird, kann die Farbe der Plastikfläche ausbleichen.
Vermeiden Sie Schnitte im Plastiklaminat. Schmutz dringt in die Ritzen, verursacht Flecken und bildet Bakterien.

Polster

Verunreinigungen auf Polstermöbeln bemerkt man zumeist erst, wenn sie richtig schmutzig sind. Reinigen Sie sie deshalb regelmäßig, egal wie sie aussehen. Wenn Sie den Schmutz schon sehen, reicht der Staubsauger wahrscheinlich nicht mehr aus.
Die Reinigung von Polstermöbeln erfordert Geduld und Know-how. Man kann ziemlich viel falsch machen – der Stoff kann ausfärben, einlaufen, vergilben, braun werden, Wasserflecken bekommen – es ist keine schlechte Idee, einen professionellen Reinigungsservice damit zu beauftragen.
Viele Sachen sind nicht eindeutig zu entscheiden. Man kann z. B. nicht sehen, was unter dem Bezug ist. Füllmaterial kann Farbe enthalten, die an die Oberfläche dringen kann, wenn Sie zu viel Wasser anwenden. In dem Fall kann das Material braun werden oder einlaufen.
Manchmal werden Kissen sogar bei der Herstellung mit einem Stift markiert, so dass beim Reinigen ein Schriftzug „Nr. 1“ oder Ähnliches an die Oberfläche treten kann.
Polsterstoffe sind oft Mischungen verschiedener Fasern, die unterschiedlich auf die Reinigung reagieren. Probieren Sie ein Mittel immer erst an einer unauffälligen Stelle aus, bevor Sie es richtig anwenden. Künstliche Fasern so wie Nylon oder Polyester halten fast jede Reinigungslösung aus. Natürliche jedoch – Baumwolle, Seide, Leinen oder Wolle – können leicht einlaufen, Flecken bekommen oder ausfärben.

Wie Profis ihr schmutziges Gerede sauber halten

Reinigungsfachleute müssen bestimmte Worte vermeiden, um Kunden nicht zu verschrecken. Hier haben Sie ein paar Übersetzungen, damit Sie sehen, worum es sich jeweils handelt.
Auf den Möbeln einer Kundin oder eines Kunden gibt es niemals Schmutz, nur Verunreinigungen. Auf Farbechtheit wird ein Stoff niemals mit einer sauren, sondern nur mit einer säurehaltigen Lösung getestet.
Es gibt kein Scheuern, Waschen oder Bleichen; stattdessen wird gereinigt, erneuert oder aufgehellt.
Vor dem Reinigen findet eine Voruntersuchung statt; dabei werden Sie auf Problemstellen aufmerksam gemacht und Ihnen somit die Verantwortung übertragen. Solche Dinge stehen dabei im Mittelpunkt:

- Ausfärbungen von vorherigen Reinigungen oder Spritzern
- Farbverlust
- Verschlechterung des Schaumgummis in Kissen oder Stellen, die bei der Reinigung von innen nach außen färben werden
- Lose Gimpen (dekorative Schnuren für Kleiderbesätze)
- Risse oder Ausfransungen in Gewebe, besonders an den Säumen und Einfassungen
- Geruch
- Kerben im Holz
- Flecken von Haarfett, Schweiß oder Schuhcreme
- Strukturschwächen im Gewebe oder schwache Gelenkstellen

Wenn Sie sich dazu entschlossen haben, Ihre Polster selber zu reinigen, stehen Ihnen 2 Methoden zur Verfügung: Heißwasser-Extraktion und nasses Einschamponieren.

Heisswasser-Extraktion

Bei dieser Methode, die man auch Dampfreinigung nennt, entzieht eine Maschine dem Gewebe Schmutz und Rückstände, indem sie das Polster mit einer Lösung aus Reinigungsmittel und heißem Wasser bearbeitet. Die Methode ist effektiv, besonders zur Entfernung von Rückständen von früheren Reinigungen. Testen Sie zuerst das Gewebe auf Farbechtheit, indem Sie eine kleine Ecke mit Wasser betröpfeln und mit einem weißen Tuch abtupfen. Wenn es nicht ausfärbt, wiederholen Sie den Vorgang, diesmal mit Reinigungslösung. Wenn das Polster dabei abfärbt, sollten Sie eine Polsterreinigung zu Rate ziehen.

Gewohnheiten, die Sie vergessen sollten

Schaumreiniger: keine so helle Idee?
Manche Schaumreiniger enthalten fluoreszierende Aufheller, durch die der Stoff zuerst heller zu sein scheint, mit der Zeit aber vergilbt.
Aufheller machen den Stoff tatsächlich heller für unsere Augen. Und was für uns heller aussieht, das halten wir für sauberer.
Zwar entfernen solche Mittel einen Teil der Verschmutzung, hinterlassen aber Rückstände, die die gelbliche Färbung hervorrufen. Wenn das der Fall ist, ziehen Sie einen Reinigungsfachmann zu Rate.

Wenn das Gewebe den Farbtest besteht, können Sie mit der Wasserbehandlung anfangen. Wenden Sie keinesfalls zu viel Wasser an, sonst kann sich der Stoff verfärben, da durch die hohe Feuchtigkeit das Untermaterial ebenfalls nass wird und nach oben abfärbt. Außerdem begünstigt Wasser das Wachstum von Schimmelpilzen. Wenn die Polster sauber sind, öffnen Sie sie Fenster und schalten Ventilatoren an, um das Trocknen zu beschleunigen. Polster sollten innerhalb von 24 Stunden trocken sein.

Nasses Einschamponieren

Sie können dazu ein handelsübliches Polsterreinigungsmittel nehmen oder Ihr eigenes herstellen; geben Sie dazu 1/2 TL Spülmittel in 1 l warmes Wasser und erzeugen Sie durch mehrmaliges Auspressen eines Schwamms Schaum. Prüfen Sie, ob der Stoff farbecht ist und reiben Sie vorsichtig den Schaum mit einem Schwamm oder einer weichen Bürste ein. Spülen Sie immer kleine Abschnitte sofort mit einem Schwamm und klarem Wasser aus. Tränken Sie den Stoff nicht mit Wasser, aber lassen Sie keine Schaumrückstände. Rückstände ziehen Schmutz an.

Kostspielige und zeitaufwendige Reinigungsaktionen kann man vermeiden, wenn man die Polster regelmäßig staubsaugt – häufig gebrauchte Möbel einmal wöchentlich, andere einmal im Monat. Staub ist auf Polstern nicht so gut sichtbar wie auf Möbeln, aber wenn er einmal da ist, begleiten ihn normalerweise Scharen von kleinen Kreaturen.

Beim Staubsaugen werden Fette auf der Oberfläche entfernt, bevor sie die Fasern beschädigen können. Außerdem ist häufigeres Staubsaugen gesünder. Im Staub leben Milben, und ihre Ausscheidungen rufen Allergien hervor.
Nehmen Sie einen großen Staubsauger mit einer Polsterdüse und wechseln Sie den Beutel, wenn er 1/2 bis 2/3 voll ist. Staubsaugen Sie das Stück von allen Seiten.

Zur Not geht's auch so:

Wenn Sie keinen geeigneten Staubsauger haben, können Sie den Staub auch abbürsten.
Behandeln Sie Flecken so bald wie möglich. Auf nass zu reinigenden Stoffen reiben Sie vorsichtig mit einem schaumigen Schwamm von der Außenseite des Flecks nach innen. Bei trocken zu reinigenden Stoffen muss man ein Mittel auf Lösungsmittelbasis nehmen. Tupfen Sie häufig, machen Sie das Gewebe aber nicht zu nass, sonst bleiben Flecken zurück.
Achtung: Auch wenn Reißverschlüsse daran sind, sollte man den Bezug von Kissen zum Reinigen nicht abnehmen. Er könnte einlaufen, so dass man ihn nicht wieder aufziehen kann.
Fleckentferner sind ausschließlich zum Beseitigen von Flecken gedacht. Versuchen Sie nie, ein ganzes Polster damit zu reinigen, da eine gefährliche Menge an schädlichen Dämpfen entstehen kann. Lesen Sie immer genau die Gebrauchs- und Sicherheitshinweise auf den Produkten, die Sie verwenden.

Polyester

Polyester lässt sich relativ einfach reinigen, da seine Fasern keine wasserlöslichen Flecken absorbieren. Anders sieht es mit Fettflecken aus. Flecken, die Öl, Fett oder sogar Körperfett enthalten, sind schwer zu entfernen, da das Polyester sie absorbiert.

So wird's gemacht:

Lesen Sie immer zuerst die Gebrauchshinweise. Die meisten Polyesterteile könne in der Maschine gewaschen werden. Andere, wie überzogene Polyesterstoffe, sollten nur chemisch gereinigt werden.

Waschmaschinenbeständiges Polyester sollte bei kühlem oder warmem Wasser mit normalem Waschmittel gewaschen werden. Bei zu hoher Temperatur kann Polyester übermäßig knittern.

Geben Sie es bei niedriger Temperatur in den Trockner und holen Sie die Sachen sofort nach Ende des Durchlaufs wieder heraus. Ist Bügeln erforderlich, stellen Sie eine möglichst niedrige Temperatur ein. Vielleicht hat Ihr Bügeleisen auch eine spezielle Einstellung für Polyester.

Die meisten Flecken, auch solche auf Ölbasis, sollten mit einem Fleckentferner zum Aufsprühen vorbehandelt werden. Oder geben Sie ein Flüssigwaschmittel (bzw. eine Paste aus Waschperlen und Wasser) direkt auf die verschmutzte Stelle. Legen Sie das Teil auf eine harte Oberfläche und klopfen Sie von hinten mit der Rückseite eines Löffels auf den Fleck. Reiben Sie den Stoff nicht gegeneinander, da die Fasern dadurch verschleißen können. Dann waschen Sie das Teil wie vorgeschrieben, jedoch bei der höchstmöglichen Temperatur, die für das Material geeignet ist.

Hartnäckige Verschmutzungen, auch fettige oder ölige, sollten in der Reinigung behandelt werden.

Porzellan (allgemein)

Da Porzellan empfindlich ist, erfordert das Putzen große Vorsicht.

So wird's gemacht:

Seifenschaum, leichte Rostflecken und Schimmelpilze auf Porzellanoberflächen – Abflüsse, Badewannen, Toiletten und einige Armaturen – können mit einem universalen Haushaltsreiniger, einem nicht kratzenden Badreinigungsmittel oder warmem Wasser mit Natron beseitigt werden. Scheuern Sie die betroffenen Stellen mit einem Schwamm oder Lappen, wischen Sie nach und trocknen Sie sie ab. Verwenden Sie weder scharfe Mittel noch kratzende Reinigungskörper, da die Oberfläche dadurch getrübt werden könnte. Nehmen Sie keine Stahlwolle auf Porzellan.

Wertvolle Vasen, Tassen und andere Gegenstände, die sich oft nicht in Wasser einweichen lassen, werden mit warmem Spülwasser und einem Baumwolltuch oder -bausch geputzt. In schwer erreichbare Ecken gelangen Sie mit einer alten Zahnbürste – machen Sie es genauso, wie Ihnen der Zahnarzt das Zähneputzen vorschreibt: langsam und vorsichtig, nicht hin und her wie mit einer Baumsäge. Metall ist ungeeignet, da es das Porzellan verkratzen kann. Bambusstöckchen und Zahnstocher aus Holz sind gut für Ritzen und versteckte Winkel.

Manche Verschmutzungen scheinen unmöglich zu beseitigen, besonders die, die in Ritzen und an den rauen Stellen haften, wo der Glanz verblichen ist. Versuchen Sie es mit Wasserstoffperoxid, aber nur als letzten Ausweg. Und passen Sie gut auf. Wasserstoffperoxid beseitigt die Verschmutzung nicht, sondern bleicht sie aus, also vergewissern Sie sich, dass Farbe und Vergoldungen richtig fest gebrannt sind. Legen Sie einen Baumwollumschlag, der mit einer 5%igen Wasserstoffperoxidlösung getränkt ist, über den betreffenden Bereich und bedecken Sie ihn mit Zellophanfolie. Prüfen Sie nach 10 Minuten, ob die Porzellanfläche keinen Schaden nimmt. Wiederholen Sie den Vorgang, bis die Verschmutzung vollständig ausgebleicht ist. Danach tränken Sie die Stelle mit Wasser oder wischen sie mit einem feuchten Baumwolllappen sauber.

Wenn es sich um ein wertvolles Erbstück handelt, das sauber gemacht werden muss, wenden Sie sich an einen Spezialisten. In Geschäften, die sich auf Porzellan spezialisiert haben, wird man Ihnen weiterhelfen können.

FÜR EILIGE:

Auch Speichel funktioniert gut. In Speichel befindet sich ein Enzym namens Amylase, das den Reinigungsvorgang unterstützt. Spucken Sie einfach auf einen Baumwolllappen oder feuchten Sie ein Stück Stoff im Mund an und gehen Sie damit über Flecken.

Porzellangeschirr

Porzellangeschirr wäscht man am besten mit der Hand, obwohl neueres sich auch in der Spülmaschine waschen lässt.

So wird's gemacht:

Um das Porzellan nicht anzuschlagen, sollten Sie einen Gummischutz am Wasserhahn anbringen und eine Gummimatte in die Spüle legen. Bei einem geteilten Spülbecken legen Sie eine Gummimatte über die Mitte. Spülen Sie das Geschirr in warmem Spülwasser und mit einem nicht kratzenden Lappen oder Schwamm. Auch Figuren und Skulpturen können Sie so waschen, sollten sie aber leicht mit einem weichen Tuch trocken tupfen.

Hat eine Figur einen Holzfuß, müssen Sie mit Wasser vorsichtig sein. Wischen Sie sie dann einfach mit einem Staubtuch ab.

Für Eilige:

Bis zu 25 Jahre altes Porzellan kann man in der Spülmaschine waschen. Trotzdem sind gewisse Vorsichtsmaßnahmen geboten. Füllen Sie das Geschirr vorsichtig ein, so dass es sicher steht. Verwenden Sie mildes Spülmittel. Pulver sind Flüssigreinigern vorzuziehen, da Sie meistens milder sind. Benutzen Sie keine Mittel, die Zitrone enthalten, da diese manchmal Flecken verursachen. Vergewissern Sie sich, ob die Plastikschicht von den Spülmaschinenfächern noch keine Löcher hat, also kein Metall frei liegt. Metall kann Ecken vom Porzellan abschlagen und Rostflecken verursachen. Wählen Sie einen normalen Spülgang. Vor dem Ausräumen sollten Sie Porzellan auf Zimmertemperatur abkühlen.

Zur Not geht's auch so:

Die Teller können Sie mit Papierhandtüchern schützen, wenn Sie keine speziellen Polster haben.

Achtung: Stellen Sie Porzellan in der Spülmaschine nicht neben Metallgegenstände, um Beschädigungen zu vermeiden. Porzellan, das älter als 25 Jahre ist, sollte mit der Hand gespült werden. Vermeiden Sie dabei scharfe Reiniger.

In Ihren Regalen sollten Sie das Geschirr mit Tellerschonern vor Kratzern schützen.

Puppen

Es gibt viele Arten von Puppen, von antiken Porzellanpuppen bis zu täuschend echten Plastikbabys. Einige haben Haare; die meisten haben irgendwelche Kleidung an. Reinigen bedeutet Dreck und Flecken zu entfernen ohne das Gewebe anzugreifen, die Bemalung zu verkratzen oder die Puppe sonstwie zu beschädigen.

So wird's gemacht:

Das verbreitetste Material für Puppen – und das am einfachsten zu reinigende – ist gummiartiges Vinyl; seit den 60er Jahren erzeugt man damit den hautähnlichen Eindruck. Vor dem Reinigen des Vinyl ziehen Sie der Puppe die Kleidung aus.

Wischen Sie das Material mit einem nicht ätzendem Reinigungsmittel ohne Bleiche. Sie können z. B. aus Natron und Wasser eine geeignete Paste herstellen. Mit einem sauberen, weißen Lappen reiben Sie die Mischung auf dem Vinyl ein, bis es sauber ist. Wischen Sie mit einem sauberen, feuchten Tuch nach. Bemalte Stellen wie Augen, Wimpern und Münder sollten Sie nicht zu stark einreiben, da Sie die Farbe abreiben könnten.

Einige Puppen haben Vinylarme, -beine und -köpfe, während ihre Körper aus Stoff und mit Füllmaterial ausgestopft sind. Wenn Sie einzelne Stellen auf dem Stoff einreiben, können Sie ihn beschädigen. Wasser hinterlässt Ringe und Flecken. Bringen Sie die Puppe zu einem Spielwarenladen und fragen Sie, wo Sie sie reinigen lassen können.

So mache ich es

Eine Puppe ist auch nur ein Mensch – besonders beim Frisieren

Die Besitzerin eines Unternehmens für Puppenreinigung und –restauration beschreibt, wie sie das Waschen einer Puppe abschließt:

„Das Puppenhaar wird wie menschliches Haar behandelt. Wenn die Puppe vor dem Waschen Locken hatte, bekommt sie Lockenwickler.

In den späten 40er Jahren kam eine Puppe namens Toni auf den Markt, die zusammen mit einer kompletten Haarpflegeausrüstung inklusive Lockenwicklern verkauft wurde. Die kleinen Mädchen konnten die Puppe dann ausführlich frisieren. Die Puppe war ein großer Erfolg. Heute ist sie ein Sammlerstück."

Zusammengesetzte Puppen sind typisch für das frühe 20. Jahrhundert und schwierig sauber zu machen. Sie sind gewöhnlich aus Sägemehl, Holzspänen und Kleber hergestellt und werden mit der Zeit schlechter; die bemalten Oberflächen springen auf, wenn sie nass werden.

Da Wasser für diese Puppen tödlich ist, reiben Sie sie vorsichtig mit einem Vinylradierer ein, den Sie in Malerei- und Bürofachgeschäften bekommen. Nehmen Sie kein Radiergummi, da es zu stark reibt. Und passen Sie auf, dass Sie die Bemalung nicht mit abreiben.

Einige der ältesten Antikpuppen sind aus Biskuitporzellan. Da das Material gebrannt ist, kann man es mit Wasser behandeln – aber vorsichtig. Wischen Sie es leicht einem Tuch mit nicht ätzendem, bleichmittelfreien Reinigungsmittel ein. Nehmen Sie wenig Wasser, und halten Sie die Stoffteile trocken. Obwohl auch die bemalten Partien in der Regel gebrannt sind, gehen Sie sie mit besonderer Vorsicht an.

Die meiste Puppenkleidung – wenn sie nicht alt oder in schlechtem Zustand ist – ist einfach zu waschen. Es ist eben normale Kleidung – nur kleiner. Deshalb kann man sie auch genau so behandeln, nur vielleicht etwas vorsichtiger.

Wenn der Stoff waschbar ist, testen Sie mit etwas Wasser an einer unauffälligen Stelle zuerst, ob er farbecht ist. Pressen Sie die Stelle in einem weißen Handtuch aus. Wenn der Stoff abfärbt, nehmen Sie kaltes Wasser, sonst können Sie lauwarmes nehmen. Weichen Sie die Kleidung etwa eine Stunde lang in 4 l Wasser mit 2 TL Waschmittel ein.

Spülen Sie sie aus, indem Sie sie in lauwarmem Wasser schwenken; wiederholen Sie den Vorgang so oft mit frischem Wasser, bis keine Waschmittelreste mehr im Wasser sind. Zum Trocknen rollen Sie die Kleidung in ein Handtuch und legen sie anschließend flach zum Lufttrocknen auf das Handtuch. Sie können sie, falls nötig, auch bügeln – eventuell mit Stärke, aber bei geringer Hitze.

Achtung: Bei Kleidung von älteren Puppen ist flüssiges Haushaltsbleichmittel ein absolutes Tabu, sogar bei weißen Sachen. Alte Stoffe sind normalerweise empfindlich und die Bleiche kann sie zu sehr strapazieren.
Kleidung aus Samt, Taft, Seide oder anderem nicht waschbaren Material müssen Sie zur Reinigung bringen. Dort wird man zwar möglicherweise über den Auftrag schmunzeln, ihn aber ordnungsgemäß ausführen können. Andernfalls erkundigen Sie sich bei Ihrem Spielwarenhändler nach einem Fachmann für die Reinigung von Puppen.
Das meiste Puppenhaar ist – wie die Kleidung – waschbar. Benutzen Sie einfach normales Shampoo und waschen Sie es genau so, wie Sie die Haare eines kleinen Kindes waschen würden. Stellen Sie sich neben ein Waschbecken und machen Sie nur die Haare nass – achten Sie darauf, dass kein Wasser an den Körper kommt. Hairconditioner ist nicht geeignet, da er Rückstände hinterlässt, Schmutz anzieht und künstliches Haar beschädigen kann. Wenn Sie fertig sind, kämmen Sie das Haar und bringen es, wenn nötig mit kleinen Lockenwicklern, wieder in Form. Lufttrocknen ist möglich, aber wenn Sie es eilig haben, tut es auch ein Fön.

RADIATOREN

Das Haus mit Radiatoren zu heizen ist, als ob man im Auto ständig eine große Ladung Ziegelsteine transportiert. Es ist Energieverschwendung. Die Staubschicht, die sich auf Radiatoren bildet, wirkt wie eine Isolierung. Sie hält die Wärmestrahlung zurück. Durch regelmäßige Reinigung können Sie deshalb so manche Mark sparen.

SO WIRD'S GEMACHT:

Staubsaugen Sie Radiatoren und Heißwasserfußleisten, wann immer Sie das Haus putzen. Für die Oberseite nehmen Sie den Bürstenaufsatz und für die Räume zwischen den Rohren eine lange Düse. Die Röhren an den Fußleisten strahlen zwar Wärme ab, funktionieren aber ansonsten mit Konvektion. Die Luft zirkuliert unter ihnen, wird erwärmt und strömt nach oben, deshalb muss man sie sauber halten. Auch ist es wichtig, die Umgebung des Radiators von Kleinkram und Unordnung frei zuhalten, so dass die Wärme gut verteilt wird.

Entlüften Sie Heißwasserradiatoren (gegenüber solchen, die mit Dampfzirkulation arbeiten) ein paar mal in jeder Heizsaison. Dabei wird Luft herausgelassen und der Radiator ist wieder mit Wasser statt mit Luftblasen gefüllt. Mit einem entsprechenden Schlüssel öffnet man das kleine Ventil nahe an der Oberseite. Halten Sie ein hitzebeständiges Gefäß unter das Ventil. Wenn alle Luftblasen entwichen sind, tröpfelt Wasser heraus. Dann verschließen Sie das Ventil wieder.

Wenn sich an einem Radiator Rost gebildet hat, setzen Sie eine Schutzbrille auf und kratzen den Rost mit einer Drahtbürste und Sandpapier ab. Je rauer die verrostete Oberfläche, desto gröber muss das Sandpapier sein. Wenn Sie kein Anzeichen eines Lecks finden, folgen Sie einfach den folgenden Hinweisen zum Anstreichen. Um gegen Rostbildung vorzubeugen, vergewissern Sie sich, dass es keine Rostrückstände gibt. Sind welche zu sehen, kann das Metall nach dem Anstreichen weiter rosten. Dann streichen Sie das Metall mit rostbeständiger Vorstreichfarbe oder richtiger Farbe. Nehmen Sie eine Sprühdose für schwer erreichbare Ecken. Das können Sie in der heizfreien Periode machen.

Zur Not geht's auch so:

Das Staubsaugen von Radiatoren ist das ganze Jahr über angezeigt, aber ganz besonders in den Wintermonaten, wenn sie in Gebrauch sind.

Achtung: Seien Sie beim Entlüften vorsichtig; das auslaufende Wasser kann sehr heiß sein.

RASENMÄHER

Bei Rasenmähern ist das Wichtigste, das Gras unter dem Deckel zu entfernen. Ein paar andere Dinge müssen jedoch auch beachtet werden.

SO WIRD'S GEMACHT:

Fest geklebtes Gras sollte nach jedem Gebrauch abgekratzt werden. Feuchtes Gras lässt sich in 1-2 Minuten entfernen. Nehmen Sie dazu einen Holzkeil oder einen Plastikschaber, keinen aus Metall. Mit einem angespitzten Holzstock kommen Sie in kleine Ritzen. Bei benzinbetriebenen Geräten kann man den Bereich unter dem Deckel erreichen, indem man das Gerät ausschaltet, das Zündkabel (und, bei Motoren mit Elektrikstart, den Zündschlüssel) herauszieht und den Rasenmäher auf Zeitungspapier rollt. Neigen Sie das Gerät 30 % und legen Sie einen Ziegelstein oder Ähnliches darunter. Legen Sie es nicht auf die Seite, da auslaufender Kraftstoff den Motor beschädigen kann. Noch sicherer ist es, erst so viel Benzin wie möglich zu verbrauchen.

Die Modelle, die man schieben muss, sind oft solche, die für die Mulchgewinnung oder für Recycling gedacht sind. Sie schneiden das Gras in feine Stücke – leider bleibt das Gras auf diese Weise noch besser am Gerät kleben. Bei Rasenmähern, auf denen man sitzt, oder Kleintraktoren ist es deshalb weder notwendig noch ratsam, nach jedem Gebrauch unter dem Deckel sauber zu machen. Ein paar Mal in jeder Jahreszeit reicht vollkommen aus – umso mehr, wenn es viel regnet oder im Frühling und Herbst, wenn das Gras feuchter ist. Das Gehäuse muss dazu abgenommen werden – gehen Sie genau nach den Hinweisen in der Bedienungsanleitung vor. Ebenso oft sollten auch die Schneideblätter geschärft werden, besonders wenn Sie über viel sandige Erde mähen, die die Blätter schnell abstumpfen kann. Das Schärfen der Blätter und die Reinigung der Maschine sollten bei derselben Gelegenheit durchgeführt werden. Wenn es ein Gerät ist, das Mulch erzeugt, muss es jedoch nach jedem Gebrauch kontrolliert werden.

Ein paar Mal im Jahr sollte der Rasenmäher richtig gereinigt werden – aber mit relativ wenig Wasser. Wasser kann manche Teile des Motors und – bei Geräten, die man fährt – auch Armaturen, Licht und andere elektrische Teile beschädigen. Stellen Sie die Düse des Gartenschlauchs auf feinen Sprühnebel, keinen direkten Strahl. Ein Druckwasserstrahler ist auf keinen Fall geeignet. Fest gewordene Verschmutzungen und Gras auf der Außenseite können mit einem weichen Tuch und einem Eimer Seifenwasser entfernt werden. Nach dem Reinigen lässt man das Gerät am besten ein paar Minuten laufen, damit das Wasser von allen Teilen abläuft.

Auch der Luftfilter muss ab und zu sauber gemacht werden; die meisten benötigen eine Reinigung nach etwa 25 Stunden Gebrauch – oder öfter, wenn die Luft staubig ist. Wenn Ihr Gerät einen Schaumgummifilter hat, nehmen Sie ihn ab, waschen Sie ihn in einem Eimer Seifenwasser und lassen ihn vollständig trocknen.

Meistens muss man 1 TL Öl in den Filter geben – lesen Sie dazu die Gebrauchsanweisung.

Motoröl wird auch schmutzig; in der Bedienungsanleitung erfahren Sie, wie und wie oft man es wechseln muss.

Für Eilige:

Die meisten Leute wollen nach dem Rasenmähen erstmal zum Eisschrank und sich eine Erfrischung gönnen. Die Reinigung des Rasenmähers ist jedoch viel einfacher, wenn das Gras frisch ist; wenn man 2 Wochen wartet, wird es hart wie Stein.

Zur Not geht's auch so:

Um Grasstückchen von der Unterseite eines benzinbetriebenen Gerätes zu entfernen, stellt man es in die Nähe eines Gartenschlauchs und entfernt den Fangkorb. Dann wird der Motor angeschaltet. Halten Sie jetzt einen laufenden Gartenschlauch auf Hüfthöhe und spritzen Sie das Wasser direkt vor das rechte Hinterrad (auf jeden Fall auf der Seite gegenüber der Ausleerungsklappe). Die Drehscheibe zieht das Wasser an und wäscht damit die Grasreste heraus. Man darf dabei jedoch nicht zu viel Wasser verwenden.

Lassen Sie den Motor für ein paar Minuten laufen, damit er trocknet.
Diese Methode gilt nicht für Elektrogeräte. Sie sind leicht umzudrehen und mit einem Holz- oder Plastikschaber zu reinigen (wie oben beschrieben).

RAUCH

IM NOTFALL

Wenn es zu Hause brennt, oder sich Rauch entwickelt, dessen Ursache Sie nicht kennen, schicken Sie alle hinaus und rufen Sie die Feuerwehr. Gibt es keine offenen Flammen, öffnen Sie sofort die Fenster und Türen, um den Rauch herauszulassen. Das schafft frische Luft und reduziert die Rückstände und damit auch die Reinigungsarbeit.

Wenn das Feuer gelöscht ist und die Luft wieder rein ist, hat sich vermutlich im ganzen Haus (besonders um das Feuer) Ruß und Asche verbreitet. Kleidung, Vorhänge, Teppiche und Polster müssen normalerweise gewaschen werden, um den Geruch zu beseitigen. Je nach Feuerquelle können die Rückstände aus trockenen Partikeln, schmierigen Flocken oder sogar klebrigen Flüssigkeiten bestehen. Proteinfeuer, wie vergessenes Schmorfleisch im Ofen, hinterlassen einen klaren Rückstand mit einer gelblichen Färbung und haben einen typischen, unangenehmen Geruch.
Rauch und Ruß werden oft fälschlich zusammen als ein Problem behandelt. Rauch ist aber viel schwieriger zu entfernen, da er durch Hitze vorgetrieben wird. Er durchdringt Fasern und gelangt in geschlossene Bereiche. Wenn Sie nicht selber ein wenig sauber machen wollen, lassen Sie sich bei der Entfernung von Rauchrückständen besser von Spezialisten helfen. Sogar der

PUTZAKTIONEN FÜR'S GUINESSBUCH

Dabei geht also die ganze Zeit drauf!
Die Zeit, die ein berufstätiges Ehepaar jede Woche im Durchschnitt mit Putzen verbringt: 23 Stunden.

Rauch von einem geschlossenem Rauchfang kann genug Schaden anrichten, um professionelle Unterstützung notwendig zu machen.

Wäsche

Schütteln Sie lose Partikel von den Sachen ab. Weichen Sie befleckte Kleidungsstücke ein oder besprühen Sie sie mit einem Mittel zur Vorbehandlung. Waschen Sie sie mit der höchsten Temperatur, die der Stoff aushält. Geben Sie 1/2 EL Bleichsoda zum Waschmittel, um ölige Rückstände zu entfernen.

Für Eilige:

Mit Kreppband können Sie oberflächliche Verschmutzungen und Rückstände vom Gewebe entfernen.

Achtung: Durch Rauch verschmutzte Sachen kommen nicht in die Reinigung an der nächsten Ecke. Eventuell können dort durch unsachgemäße Reinigung Flecken und Gerüche für immer fixiert werden. Suchen Sie sich eine vertrauenswürdige Reinigung und probieren Sie sie erst an 1-2 Kleidungsstücken aus.

Polster und Teppiche

Teppiche und Polster können mit Shampoo oder einem Pulverreiniger sauber gemacht werden. Nicht alle Rückstände und nicht der ganze Geruch können immer beseitigt werden. Auslüften hilft oft, aber meistens muss eine professionelle Reinigung anrücken.

Achtung: Benutzen Sie durch Rauch verschmutzte Polstermöbel vor der Reinigung nicht; dadurch werden die Verschmutzungen noch tiefer ins Polster gedrückt. Die Rückstände sind außerdem giftig für Kinder und Haustiere.

Wände und Decken

Wegen der vielen verschiedenen Arten von Rauchrückständen haben Experten uns empfohlen, Decken, Wände und andere saugfähige Oberflächen von einer professionellen Reinigung behandeln lassen, so dass immer genau das spezielle Mittel verwendet werden kann, das die Gerüche neutralisiert. Die Reinigung rauchgeschädigter Wände ist eine mühselige und langwierige Arbeit. Wenn man nur an bestimmten Stellen Schäden hat, kann man sie mit der folgenden Technik reinigen.

SO WIRD'S GEMACHT:

Beseitigen Sie den Rauch mit trockenen Schwämmen (es gibt extra für diesen Zweck geeignete). Anschließend waschen Sie die Stelle mit einem Fettlösemittel und Wasser und trocknen Sie mit einem Tuch ab.

ZUR NOT GEHT'S AUCH SO:

Wenn ein Rauchfilm oder Gerüche verbleiben, muss eventuell neu gestrichen oder lackiert werden.

REGEN- UND SONNENSCHIRME

Beide Arten von Schirmen schützen Sie vor den Elementen. Die Reinigung sieht aber bei beiden unterschiedlich aus.

REGENSCHIRME

SO WIRD'S GEMACHT:

Wenn Ihr Regenschirm Dreckspritzer abbekommt, spannen Sie ihn zu Hause auf und spritzen ihn mit dem Schlauch ab. Hartnäckige Verschmutzungen können mit normalem Putz- oder Spülmittel (ohne Bleiche) abgewischt werden.

FÜR EILIGE:

Lassen Sie den Schirm in der aufgespannten Position trocknen, damit sich an den inneren Metallteilen kein Rost bildet. Kürzen Sie das Trocknen ab, indem Sie den Schirm ausschütteln, d. h. ein paar Mal öffnen und schließen.

Achtung: Nehmen Sie keine Fleckentferner auf Regenschirmen, da er den wasserabstoßenden Silikonfilm auflösen kann.

SONNENSCHIRME

SO WIRD'S GEMACHT:

Einmal im Jahr, wenn der Sommer zu Ende ist, sollten Sie den Sonnenschirm reinigen. Bis zum Herbst bildet sich leicht ein grauer Film durch Schmutz von Bäumen, vom Regen und aus der Luft. Grobes Gewebe und Vinyl kann man mit Spülwasser und einem Schwamm oder einer Bürste sauber machen. Lassen Sie den Reiniger ein paar Minuten einwirken und spritzen Sie den Schirm mit dem Schlauch ab. Stellen Sie ihn dann offen hin und lassen Sie ihn lufttrocknen.

Für Eilige:

Wenn es geregnet hat, sollten Sie den Sonnenschirm aufspannen und trocknen lassen, damit sich in den Falten kein Schmutz ansammelt.

Zur Not geht's auch so:

Mit einem Auto-Vinylreiniger bekommen Sie Stellen auf Vinylschirmen sauber, die mit Spülmittel nicht sauber geworden sind. Anschließend tragen Sie ein Vinylschutzmittel für Polster oder Autos auf. Wenn Sie Platz genug haben, ist das die einfachste Methode.

Achtung: Schließen Sie Ihren Sonenschirm immer, wenn ein Sturm oder ein starker Wind kommt, damit er nicht beschädigt wird.

Rollos

Für Rollos reicht leichtes Staubwischen aus. Machen Sie es regelmäßig, dann rückt die Notwendigkeit einer großen Putzaktion in weite Ferne.

So wird's gemacht:

Mit einem Staubwedel oder einem Staubsauger mit einem entsprechenden Aufsatz (etwa eine weiche Bürste) lassen Rollos sich am besten abstauben. Wenn die Umgebung nicht ungewöhnlich staubig ist, reicht einmal die Woche aus.

Vinylrollos sollten 1- bis 2-mal im Jahr mit einem Schwamm und Allzweckreiniger oder einer Lösung aus 1/4 Tasse Essig und 1 l warmem Wasser gewischt werden.

Es gibt viele Arten von Stoffrollos. Manche lassen sich waschen und bügeln. Andere müssen chemisch gereinigt werden. Lesen Sie die Pflegehinweise oder erkundigen Sie sich dafür beim Hersteller. Seien Sie vorsichtig, wenn Sie Flecken entfernen. Probieren Sie ein

Mittel immer erst in einer unauffälligen Ecke aus, bevor Sie es richtig anwenden.

Rost

Rost ist fast wie ein lebendiges Wesen. Wenn irgendwo Rost zurückbleibt, wird er sich mit der Zeit ausbreiten. Rost – also oxidiertes Metall – „wächst" sogar, wenn man ihn mit Farbe überzieht. Deshalb muss er bis zur reinen Metallschicht, wo kein Rost mehr ist, beseitigt werden; der zweite Schritt ist die Vorbeugung gegen neue Rostbildung.

So wird's gemacht:

Die Beseitigung von Rost hängt davon ab, was und wie stark es verrostet ist. Leichter Rost lässt sich mit feinem Sandpapier entfernen. Je stärker die Korrosion, desto mehr Papier braucht man. Fangen Sie mit feinem an und steigern Sie die Grobkörnung. Schleifpapier hat eine stabile Gewebeunterseite und ist deshalb auch für Metall gut geeignet.

Für leichten Rost eignet sich auch handelsüblicher Rostlöser.

Starker, verkrusteter Rost lässt sich mit einer Drahtbürste oder einem Bohrer mit Schleifaufsatz entfernen. Letzterer arbeitet natürlich besser als Ihr Bizeps. Er entfernt sogar einen Teil der obersten Metallschicht, so dass Sie sicher gehen können, den ganzen Rost gelöst zu haben.

Anschließend schmirgeln Sie das Metall wieder glänzend. Runden Sie die Kanten ab, dann sieht die behandelte Fläche am Ende geschmeidiger aus.

Tiefe Rostlöcher in starken Metalloberflächen kann man mit Fiberglas füllen; erkundigen Sie sich in Autozubehörgeschäften danach. Säubern und schmirgeln Sie die Fläche ab; wenn möglich bohren Sie ein paar kleine Löcher in die betreffende Stelle, um die Fiberglasfüllung besser zu verankern. Mit einem Spachtelmesser schmieren Sie das Fiberglas dann in das Rostloch. Wenn es trocken ist,

schmirgeln Sie die Oberfläche vor der Schutzbehandlung noch einmal glatt.
Wenn der Rost beseitigt ist, tragen Sie ein Rostschutzmittel auf und streichen Sie die Fläche anschließend. Wenn Sie keinen Rostschutz nehmen, kann neuer Rost die Farbschicht aufplatzen lassen. Manche Farben für Metall enthalten bereits Rostschutz. Lesen Sie immer genau die Gebrauchs- und Sicherheitshinweise auf den Produkten, die Sie verwenden. Tragen Sie Schutzhandschuhe und Augenschutz und sorgen Sie für ausreichende Belüftung, wenn Sie mit der Farbe umgehen.
Achtung: Wenn Sie Rost mit einem Drahtbürste oder einem Schleifbohrer beseitigen, tragen Sie eine Schutzbrille, damit keine Rost- oder Metallpartikel Ihre Augen verletzen können. Auch stabile Arbeitshandschuhe sind unbedingt erforderlich, sonst können die Teilchen auf Ihre Hand springen und kleine Kerben hineinschneiden.

Rostflecken

Die häufigsten Rostflecken treten um die Abflussrohre an Porzellanbecken und an Kleidung auf, und zwar wegen der Eisenpartikel im Wasser.

So wird's gemacht:

Um die braunen Ringe um Wasserhähne herum sowie andere leichte Rostflecken zu entfernen, reiben Sie sie mit einem Schwamm und Zitronensaft oder klarem Essig ein. Spülen Sie mit Wasser nach. Wenn das nicht hilft, nehmen Sie einen Lappen mit ein wenig Kerosin. Wischen Sie gut mit Seife und Wasser nach.
Hartnäckige Verschmutzungen (auf Kleidung, Vinylfußboden und Betonauffahrten) versuchen Sie mit einer 5%igen Oxalsäurelösung zu beseitigen. Dazu mischen Sie 200 g Oxalsäurepulver in 4 l Wasser. Wenden Sie sie mit einem Tuch auf den Fleck an, lassen Sie sie 5 Minuten einwirken und spülen Sie mit Wasser nach. Falls erforderlich, kann der Vorgang wiederholt werden.

Achtung: Oxalsäure kann Haut und Augen reizen, sowohl in kristallisierter als auch in gelöster Form. Tragen Sie lange Ärmel, Gummihandschuhe und Augenschutz. Lesen Sie genau die Gebrauchs- und Sicherheitshinweise auf dem Produkt.
Mit Chlorbleiche kann man keine Rostflecken beseitigen – sie macht sie nur dunkler. Chlor ist eine Oxidationsmittel, also lässt sie den Rost noch weiter oxidieren. Auf rostbefleckten Textilien zerfrisst sie das Gewebe.

Russ

IM NOTFALL

Befolgen Sie umgehend diese Schritte:

- *Wechseln Sie den Filter Ihres Heizkessels. (Bewahren Sie den alten auf, um ihn dem Installateur zu zeigen.)*
- *Saugen Sie Rußpartikel von Polstern, Vorhängen, Teppichen und Fußböden. Nehmen Sie dazu den Bürstenaufsatz mit langen, weichen Borsten. Der Aufsatz muss während des Saugens wahrscheinlich ein paar Mal gereinigt werden. Das Metall des Staubsaugerkopfes darf den Boden nicht berühren, da es den Ruß verschmieren kann.*
- *Kleben Sie eine doppelte Lage Mullbinden über die Luftausgänge, damit nicht noch mehr Ruß entweicht.*
- *Bedecken Sie die Polster mit sauberen Laken.*

Ruß ist eine Kombination aus Öl und Kohlenstoff und tritt gewöhnlich in der Form eines feinen, einheitlichen Staubes auf, der von unverbranntem Brennstoff in einem schlecht funktionierenden Heizkessel herrührt. Rauch und Ruß werden oft als 2 Seiten einer Medaille angesehen. Rauch wird jedoch durch Hitze aufgetrieben und bahnt sich seinen Weg sogar in verschlossene Orte wie Schubladen, während Ruß sich mit dem Luftstrom bewegt und auf Oberflächen bleibt. Was sie unter anderem unterscheidet, ist die Geruchlosigkeit von Ruß.

Aus diesem Grunde also, nämlich dass Ruß nicht so unangenehm riecht, kann er sich auch so unbemerkt ansammeln. Ruß verteilt sich auch gleichmäßig, während Rauchschäden in der Nähe des Feuers am stärksten sind.

So wird's gemacht:

Wenn die Ursache für die Rußentwicklung eine Funktionstörung des Heizkessels ist, fällt die Reinigung eventuell unter die Hausratversicherung, und am besten holen Sie sich sowieso einen Reinigungsfachmann zu Hilfe. Man kann mit Ruß nicht viel falsch machen; ölig verschmierte Substanz wird jedoch leicht zu einem bleibenden Fleck.

Entfernen Sie so viel Ruß wie möglich von allen Oberflächen auf trockene Weise, also z. B. durch Staubsaugen. In Bereichen, wo Sie mit dem Staubsauger nicht hingelangen, versuchen Sie, den Ruß mit Druckluft herauszublasen.

Nach dem Staubsaugen wischen Sie harte Oberflächen wie Holzmöbel, Arbeitsflächen, Spülbecken, Armaturen, Böden und Fenster mit einem Tuch, das mit Fettlöser und warmem Wasser getränkt ist. Versuchen Sie dabei, den Ruß abzuheben und nicht durch kreisende Bewegungen zu verschmieren.

Wände und Decken überlassen Sie besser einem Fachmann. Das ist eine langwierige und mühselige Angelegenheit; die meisten haben nicht die Geduld und das Know-how dazu. Am Anfang mag es gehen, aber dann versucht man sich die Arbeit irgendwie abzukürzen. Wenn Sie es unbedingt selber machen wollen, benutzen Sie trockene Schwämme.

Textilien sind schwierig zu reinigen. Alles sollte vorher staubgesaugt oder ausgeschüttelt werden. Wenn es sich um waschbare Stoffe handelt, behandeln Sie die Flecken vorher und waschen Sie sie so heiß, wie es der Stoff erlaubt. Geben Sie 1/2 Tasse Bleichsoda hinzu – das ist stark alkalisch und verstärkt die Reinigungswirkung des Wassers. Teppiche sollten zuerst staubgesaugt und dann mit einem Pulverreiniger sauber gemacht werden.

FÜR EILIGE:

Wenn der Bürstenaufsatz Ihres Staubsaugers nur etwa 7 cm lange Borsten hat, kann die Arbeit sich ins Endlose ziehen. Ein Staubwedel hebt auch ganz gut den Ruß von der Oberfläche ab und fegt ihn auf den Boden, wo er schnell zu beseitigen ist.

ZUR NOT GEHT'S AUCH SO:

Wenn Sie keine Mullbinden haben, reicht auch irgend ein anderer leichter, luftdurchlässiger Stoff – etwa Taschentücher. Es darf nur kein weiterer Ruß mehr ins Innere des Hauses gelangen, bevor die Rohre gereinigt sind.

Achtung: Die folgenden Elemente sollten Sie nicht selber reinigen, sondern Fachleuten überlassen.

- elektronische Teile (Computer, Fernseher, Stereoanlagen – all diese müssen auch innen gereinigt werden)
- Wände und Decken
- Rohrleitungssysteme
- Kunstwerke
- Klaviere und Orgeln

SAFTFLECKEN

Flecken, die von pflanzlichen Substanzen – also auch von Saft – herrühren, nennt man Tanninflecken. Dazu gehören Pampelmusen-, Pflaumen-, Tomaten-, Zitrus- und andere Säfte. Von manchen Geweben lassen sich Tanninflecken besser entfernen als von anderen. Auf Polyester beispielsweise sieht ein Saftspritzer katastrophal aus, aber er wird wahrscheinlich leicht wieder herausgehen. Mit Baumwolle kann es schwieriger sein. Einige Sorten, wie Pampelmuse, machen stärkere Flecken als andere – die Reinigungmethode ist jedoch bei allen gleich.

SO WIRD'S GEMACHT:

Waschbare Stoffe tupft man zuerst mit einem sauberen, weißen Handtuch und warmem Wasser ab – so lange, bis kein Saft mehr am Handtuch bleibt.

Saftflecken

Vor dem Waschen sollte ein Saftfleck vorbehandelt werden. Man gibt 1/4 TL Spülmittel in 1/2 Tasse warmes Wasser, trägt die Mischung auf den Fleck auf, legt den Stoff auf eine harte Fläche und treibt die Lösung durch Klopfen mit der Rückseite eines Löffels zwischen die Fasern. Reiben Sie den Stoff nicht aneinander, da dadurch die Fasern verschleißen. Danach gehen Sie je nach Waschvorschrift vor; nehmen Sie die höchstmögliche Temperatur.

Wenn der Fleck nicht völlig verschwunden ist, wiederholen Sie den Vorgang, diesmal jedoch mit einer Lösung auf 1 TL Essig und 1/2 Tasse warmem Wasser; danach wird der Stoff wieder gewaschen.

Nicht waschbare Gewebe gibt man entweder in die Reinigung oder tupft sie mit einem sauberen, weißen Handtuch und einem Fleckentferner ab. Reiben Sie von innen nach außen, um den Fleck herauszutreiben. Fleckensprays sollten nur in gut belüfteten Räumen benutzt werden; außerdem sollten Sie dabei Gummihandschuhe tragen. Lesen Sie immer genau die Gebrauchs- und Sicherheitshinweise auf den Produkten, die Sie verwenden.

Saftflecken auf Teppichen werden zuerst mit einem sauberen, weißen Handtuch und Wasser abgetupft. Dann nimmt ein weißes Handtuch, das man vorher in Spülwasser getaucht hat. Hilft das nichts, versuchen Sie es mit der Essiglösung. Nehmen Sie kein Waschmittel, da es oft optische Aufheller enthält, die den Teppich ausbleichen können.

Die allerletze Möglichkeit ist Wasserstoffperoxid. Seien Sie jedoch vorsichtig: Es kann Farben ausbleichen oder sogar ausbluten lassen.

Achtung: Spülen Sie immer erst eine Lösung aus, bevor Sie eine andere anwenden. Manche Chemikalien, besonders Ammoniak und Chlorbleiche, können schädliche Dämpfe erzeugen, wenn Sie in Verbindung geraten. Lesen Sie immer genau die Gebrauchs- und Sicherheitshinweise auf den Produkten, die Sie verwenden. Probieren Sie ein Mittel immer erst an einer unauffälligen Stelle aus, bevor Sie es richtig anwenden.

SANDKÄSTEN

Ein Sandkasten ist eines der wenigen Dinge, die man als sauber bezeichnen kann, und die trotzdem eine Menge Schmutz enthalten – genauer gesagt, Sand. Diesen sauber zu machen bedeutet deshalb nicht mehr als Unrat herauszuholen und die Seiten des Kastens abzuwischen.

SO WIRD'S GEMACHT:

Einen Plastiksandkasten reinigt man in leerem Zustand mit einer 10%igen Bleichlösung; geben Sie noch etwas Spülmittel oder Waschmittel hinein. Scheuern Sie die Oberfläche mit einer Nylonbürste. Kreide- und Tintenflecken bekommen Sie mit Reinigungsalkohol weg.

Holen Sie Stöckchen und gröbere Verunreinigungen heraus. Kleineren Schmutz sieben Sie mit einer alten Küchenseihe aus.

Vorbeugetipp: Halten Sie den Sandkasten so viel wie möglich zugedeckt, um Katzen und andere Tiere davon abzuhalten, ihn als Riesentoilette zu benutzen.

SCHALLPLATTEN

Erinnern Sie sich an Schallplatten – diese Dinger aus schwarzem Vinyl mit den Rillen? Sie haben heute schon historischen Wert; viele Leute hängen jedoch noch an ihnen, und wenn man sie staubfrei hält, lassen sie sich auch noch lange spielen.

SO WIRD'S GEMACHT:

Damit Sie nicht Schweiß oder Fett auf der Oberfläche verschmieren, fassen Sie Schallplatten immer an der Seite an. Vor dem Abspielen legen Sie sie auf den Plattenteller und wischen sie mit einer speziellen Schallplattenbürste ab; es gibt sogar extra Reinigungsflüssigkeit. Diese sollte jedoch kein Silikon enthalten, da dann der Staub noch besser haftet. Oder feuchten Sie ein fusselfreies Tuch in Spülwasser an, wringen es aus und gehen damit in Kreisbewegungen über die Schallplatte. Wenn Sie eine Platte abgespielt haben, stecken Sie sie zurück in die Schutzfolie und schieben Sie diese dann so in die Plattenhülle, dass die offene Seite nach oben zeigt, dann kann die Platte nicht aus Versehen herauspurzeln.

Schaumgummi

Auf Schaumgummikissen, -polstern und Matratzen sammeln sich Staub, Körperfett und Schweiß. Dort leben gerne Mikroorganismen, wie etwa Staubmilben, die Allergien verursachen können. Nehmen Sie ihnen ihre Mahlzeiten weg und sie sind verschwunden.

So wird's gemacht:

Es gibt verschiedene Arten Schaumgummi; einige sind waschbar, andere nicht. Lesen Sie immer die Hinweise auf dem Etikett, bevor Sie solche Sachen waschen.

Handelt es sich um ein einziges Teil, entfernen Sie Staub und Milbenkot mit dem Staubsauger und einem entsprechenden Aufsatz. Einteiliger Schaumstoff wird im Allgemeinen vor dem Waschen in kühlem Wasser eingeweicht. Wenn Ölflecken und Schweiß im Schaumstoff sind, behandeln Sie ihn mit einem Flüssigwaschmittel oder Ähnlichem (z. B. einer Paste aus Waschperlen und Wasser); das Mittel sollte jedoch Enzyme enthalten.

Als Nächstes füllen Sie ein Becken oder eine Badewanne mit warmem, schaumigem Spülwasser. Schwenken Sie den Schaumstoff aus dem Wasser und wieder zurück. Genau so spülen Sie ihn auch aus. Wiederholen Sie diesen Vorgang mit klarem Wasser, bis keine Spülmittelrückstände mehr im Wasser sind.

Zum Trocknen pressen Sie das Wasser heraus, tupfen den Schaumstoff mit Handtüchern ab und lassen ihn an der Sonne oder bei Zimmertemperatur trocknen. Das Innere braucht eine gewisse Zeit zum Trocknen, aber durch das effektive Kapillarsystem des Materials verdunstet das Wasser relativ schnell.

Wenn Sie Kissen haben, die mit vielen kleinen Schaumstoffstückchen gefüllt sind, nehmen Sie sie niemals aus dem Bezugsstoff. Sie sind unhandlich und werden schnell unbrauchbar. Die meisten Kissen dieser Art kann man in der Waschmaschine waschen. Kaltes Wasser ist sicherer bei einer synthetische Füllung. Trocknen Sie sie in der Sonne oder nehmen Sie einen niedrigen Schleudergang im Trockner.

FÜR EILIGE:

Mit einem Ventilator können Sie den Trocknungsprozess beschleunigen.

Achtung: Benutzen Sie keine Lösungsmittel auf Schaumstoff, und trocknen Sie ihn nie bei großer Hitze. Beides kann ihm schaden.

SCHEREN

Saubere Scheren schneiden besser und genauer. Die meisten heutigen Scheren sind aus Edelstahl gemacht, und ruck, zuck – bzw. schnipp, schnapp haben Sie sie sauber gemacht.

SO WIRD'S GEMACHT:

Wischen Sie Edelstahlscheren einfach mit einem feuchten Lappen oder Schwamm ab. Wenn sie klebrig, fettig oder besonders verschmutzt sind, wischen Sie sie mit einem schaumigen Schwamm ab.

Scheren, die nicht aus Edelstahl sind, müssen direkt nach dem Abwischen gründlich abgetrocknet werden. Sonst können sie rosten und dadurch an Präzision beim Schneiden verlieren. Sprühen Sie sie mit ölhaltigem Rostschutzmittel ein. Öffnen und schließen Sie sie ein paar Mal, damit die Schmiere in das Gelenk dringt.

Wenn eine Schere tatsächlich einmal rostig wird, reiben Sie den Rost vorsichtig mit ungeseifter Stahlwolle ab. Je feiner die Stahlwolle, desto besser. Reiben Sie nicht über die Schneide – sie könnte dabei abstumpfen. Anschließend sprühen Sie die Schere ein.

Versuchen Sie nicht Scheren selber zu schleifen. Gehen Sie zu einem Scherenschleifer (z. B. in einem Metallwarengeschäft).

Achtung: Scheren gehören nicht in die Spülmaschine. Die Hitze kann den Plastikgriffen schaden oder den Härtegrad beeinträchtigen.

Schiebetüren

Staub- und Schmutzansammlung kann die Schiene einer Schiebetür ganz schön aufhalten. Und das ist nicht alles: Schmutz zieht auch Wasser und Feuchtigkeit an, die die Schiene auch noch beschädigen können. Damit die Tür sich gut schieben lässt, müssen die oberen und unteren Führungsschienen gereinigt werden.

So wird's gemacht:

Loser Schmutz lässt sich am besten mit dem Staubsauger entfernen; anschließend sprüht man die Führungsschienen mit Allzweckreiniger ein. Lassen Sie ihn ein paar Minuten lang einwirken und wischen Sie dann mit einem Lappen durch. Wenn Ihre Finger zu dick sind, um damit in die Rille zu kommen, wickeln Sie ein Stück Stoff um einen hölzernen Löffelgriff und ziehen Sie ihn hin und her durch die Rille. Eventuell muss der Vorgang einige Male wiederholt werden, bis alles glänzt. Sobald die Schienen sauber sind, schieben Sie die Tür ein paar Mal auf und zu, um zusätzlichen Schmutz von den Rollen zu lösen, und wischen noch einmal nach.

Für Eilige:

Gehen Sie regelmäßig mit der Fugendüse des Staubsaugers an der Schiene entlang.

Achtung: Schmieren Sie die Schienen anschließend mit einem Silikonspray, das keine Schmutz anziehende Wirkung hat. Es ist nur eine hauchdünne Schicht erforderlich.

Schiefer

Schiefer ist ein hartes, dichtes Gestein, das meist aus zusammengepresstem Ton besteht. Es ist normalerweise mittelgrau und hat eine

Tendenz, sich in lange, dünne Platten aufzuspalten, die dann für Dächer oder Fußböden oder auch Billiardtische zurechtgeschnitten werden. Das Material ist extrem dauerhaft und einfach zu reinigen; es sieht am besten aus, wenn es eine glänzende Patina entwickelt, ohne mit Wachs oder Glanzversiegelung behandelt zu werden.

SO WIRD'S GEMACHT:

Schiefer sollte vor Flecken mit einem Imprägniermittel für Stein geschützt werden, das die Poren des Gesteins auf chemische Weise verschließt und die Oberfläche härtet. Wie sich ein Schwamm mit Wasser vollsaugt, füllen sich die porösen Zellen des Gesteins mit dem Imprägniermittel, so dass Flecken nicht mehr eindringen können. Tragen Sie das Mittel in 2 Schichten mit einer Bürste mit langen Borsten auf, als ob sie den Schiefer damit anstreichen würden. Warten Sie vor der zweiten Schicht 5-10 Minuten. Überschüssiges Mittel nehmen Sie mit einem sauberen Frotteetuch auf.

Die regelmäßige Reinigung sollte aus häufigem Staubwischen oder -saugen bestehen, um die Staubpartikel, die die Oberfläche verkratzen, zu beseitigen; außerdem sollte der Schiefer ab und zu feucht mit einem neutralen, nicht abzuspülenden Gesteinsreiniger geputzt werden. Dadurch wird der Stein gepflegt und seine natürliche Schönheit erhalten. Handelsübliche Reinigungsmittel haben einen pH-Wert von 8-9 und sind eigentlich für glasierte Ziegel und Vinylfußböden gedacht. Sie sind für Schiefer zu scharf und verfärben und trüben mit der Zeit seinen natürlichen Glanz.

GEWOHNHEITEN, DIE SIE VERGESSEN SOLLTEN

Bei Schiefer ist weniger mehr

Oft überzieht man Schiefer mit Wachs oder glänzenden Beschichtungen. Aber auf lange Sicht verschlechtert sich dadurch das Aussehen von Schiefer.

Wachs und andere Oberflächenbehandlungen bleiben nicht am Schiefer haften und reiben sich schnell ab. Und wo das Wachs abgerieben ist, zeigen sich schon bald die ersten Kratzer.

Wenn Ihr Schieferfußboden mehr glänzen soll, wischen Sie ihn mit einem neutralen Steinreinigungsmittel, bei dem man nicht nachwischen muss, und polieren Sie ihn ab und zu, dann entsteht ein natürlicher Glanz, der gegen Kratzer resistent ist.

Für Eilige:

Eine Fußmatte am Eingang ist eine unumgängliche Bedingung für jeden Steinfußboden. Ohne sie ist das beste Pflegesystem wirkungslos. Die Matte nimmt den Schmutz von den Schuhen auf und verhindert so das Verkratzen des Fußbodens. Je weniger Schmutz auf dem Boden, desto weniger müssen Sie ihn putzen.

Zur Not geht's auch so:

Mit klarem Wasser und einem Mopp können Sie Ihren Fußboden ab und zu wischen. Es trübt die Oberfläche nicht ein, obwohl das Chlor, die Mineralien und Salze im Leitungswasser mit der Zeit Spuren auf einem Steinfußboden hinterlassen können.

Achtung: Eine alte Geheimregel sagt: Benutzen Sie niemals Essig auf einem Schieferfußboden. Er wird seinen Glanz dabei vollständig verlieren.

Schlafsäcke

Schlafsäcke sind entweder mit Gänsedaunen oder einem synthetischen Daunenimitat gefüllt. Daunenschlafsäcke müssen öfter gewaschen werden, um die Füllung flauschig und auch ihre Isoliereigenschaft zu erhalten.

So wird's gemacht:

Waschen Sie sie nur, wenn es nötig ist. Obwohl sie für raue Bedingungen an der frischen Luft gedacht sind, sind sie nicht für die Strapazen in einer Waschmaschine gemacht. Gehen Sie mit ihnen zu einem Waschsalon und waschen Sie sie bei niedrigen Einstellungen in einer Frontlademaschine für Übermengen. Daunenschlafsäcke sollte man mit einem milden Waschmittel waschen. Machen Sie einen zweiten Spülgang ohne Waschmittel und trocknen sie sie bei warmer Temperatur. Haben Sie Geduld; Daunenschlafsäcke brauchen lange zum Trocknen. Wenn sie nicht ordentlich trocknen, flachen sie ab und schimmeln.

FÜR EILIGE:
Um die Reinigung auf ein Minimum zu beschränken, stecken Sie beim Schlafen ein Laken in den Schlafsack und legen ihn nicht direkt auf den Boden. Beim Campen sollten Sie ihn jeden Tag ausschütteln und aufhängen. Bewahren Sie ihn, wann immer möglich, nicht in der muffigen Hülle auf, damit die Füllung nicht zu sehr zusammengedrückt wird. Reinigen Sie Flecken, bevor Sie den Schlafsack in die Waschmaschine stecken.

ZUR NOT GEHT'S AUCH SO:
Ein Schlafsack kann auch in der Badewanne gewaschen werden. Seien Sie vorsichtig, wenn er nass ist, damit er nirgendwo aufreißt. Spülen Sie ihn gut aus.

Achtung: Schlafsäcke kommen nicht in die chemische Reinigung. Die Lösemittel entfernen das natürliche Öl von den Federn und sind giftig. Wenn auf einem Schild ausdrücklich trockene Reinigung vorgeschrieben ist, lassen Sie den Schlafsack nach der Reinigung mindestens eine Woche lüften, bevor Sie wieder in ihm schlafen.

Um Risse zu vermeiden, transportieren Sie nasse Schlafsäcke vorsichtig, zu einem Ball gerollt, zum Trockner.

SCHLÄGER AUS ALUMINIUM ODER HOLZ

Auch wenn Sie den Ball mit einem glänzenden Schläger nicht weiter schlagen als mit einem schmutzigen – einen Rest Hoffnung sollten Sie sich nicht rauben lassen.

SO WIRD'S GEMACHT:
Ein Holzschläger lässt sich mit Wasser abwaschen, muss aber sofort abgetrocknet werden, damit kein Wasser ins Holz dringt. Das gilt besonders dann, wenn das Holz nicht lackiert ist. Mit Fußbodenwachs – farblos oder in einem dem Schläger entsprechenden Farbton – können Sie den Schläger auf Hochglanz bringen. Einen Aluminiumschläger bekommt man mit Seifenwasser sauber. Flüssi-

ge Autopolitur oder Wachspaste lässt den Schläger so richtig funkeln. Gummigriffe können mit einer nassen Bürste geputzt werden, während man bei Ledergriffen vorsichtig sein muss. Ein feuchtes Tuch ist für sie besser.
Achtung: Ätzende Mittel oder Reinigungskörper können die Oberfläche von Aluminium- oder Holzschlägern beeinträchtigen.

SCHLAMM

Schlamm ist nur nasser Dreck. Wenn man Schlamm von Stoff abwaschen will, sollte man ihn dabei nicht verschmieren.

SO WIRD'S GEMACHT:

Meistens behandelt man einen Schlammfleck geradewegs mit Wasser, in der Hoffnung, ihn damit zu entfernen – das macht jedoch den Schmutz nur noch schlammiger. Statt dessen sollte man so viel wie möglich von dem Schlamm mit einer weichen Bürste oder einer stumpfen Klinge wegbürsten.

Dann beginnt man (falls der Stoff waschbar ist) den Fleck vorzubehandeln. Man gibt etwas Spülwasser auf den Stoff, legt ihn auf eine harte Fläche und klopft leicht mit der Rückseite eines Löffels auf den Fleck. Dadurch kommt die Lösung zwischen die Fasern, wo der Schmutz sich verbirgt. Reiben Sie das Gewebe nicht aneinander, da die Fasern dadurch verschleißen. Dann waschen Sie das Teil je nach Pflegevorschrift und so heiß wie möglich.
Ist noch etwas von dem Fleck zu sehen, wiederholen Sie den Vorgang, diesmal aber mit einer Paste aus Waschperlen und Wasser. Geben Sie sie auf den Fleck, warten Sie ein paar Minuten und waschen Sie das Stück. Bei rotem Lehm oder stärkeren Verschmutzungen nehmen Sie kein Wasser, sondern nehmen die Paste mit dem Waschmittel und Ammoniak – anschließend waschen.
Nicht waschbare Teile sollten in die Reinigung gegeben oder mit einem weißen, sauberen Tuch und einem Fleckentferner abgetupft werden. Drücken Sie den Fleck von innen heraus. Tragen Sie dabei Gummihandschuhe und sorgen Sie für ausreichende Belüftung.
Von Teppichen ist normaler Schmutz einfacher zu entfernen als Schlamm.

Lassen Sie den Schlamm trocknen und entfernen Sie so viel wie möglich mit einem stumpfen Messer oder dem Griff eines Löffels. Den Rest versuchen Sie mit dem Staubsauger herauszuholen. Bleiben noch Rückstände, tupfen Sie die Stelle mit einem sauberen, weißen Handtuch und etwas Spülmittel ab und spülen mit Wasser und einem sauberen Handtuch nach. Nehmen Sie kein Waschmittel, da es optische Aufheller enthält, die Teppiche ausbleichen können.

Zur Beachtung: Probieren Sie ein Mittel immer erst an einer unauffälligen Stelle aus, bevor Sie es richtig anwenden.

Achtung: Spülen Sie immer erst eine Lösung aus, bevor Sie eine andere anwenden. Manche Chemikalien, besonders Ammoniak und Chlorbleiche, können schädliche Dämpfe erzeugen, wenn Sie in Verbindung geraten. Lesen Sie immer genau die Gebrauchs- und Sicherheitshinweise auf den Produkten, die Sie verwenden.

SCHMIEDEEISEN

Schmiedeeisen ist eine handelsübliche Form dieses Metalls, die sowohl hart als auch formbar ist. Es hat jedoch eine Achillesferse: Rost.

SO WIRD'S GEMACHT:

Wenn es nur darum geht, Erde oder Vogeldreck zu entfernen, wischen Sie das Eisen mit einem feuchten Tuch oder scheuern es mit einer Nylonbürste und wischen es dann trocken.

Um Rost zu entfernen, nimmt man eine Drahtbürste und mittelfeines Sandpapier. Dann reibt man die entsprechenden Stellen mit feiner Stahlwolle ein; sie entfernt eine hauchdünne Eisenschicht und lässt die Oberfläche wie neu aussehen.

Als Vorbeuge vor neuem Rost empfiehlt es sich ein Rostschutzmittel aufzutragen.

ZUR NOT GEHT'S AUCH SO:

Leichter Rost lässt sich mit Silberpolitur entfernen.

SCHNEIDEBRETTER

Schneidebretter sind ein ideales Zuhause für Mikroorganismen. Ob Sie welche aus Holz oder aus Plastik verwenden – das Reinigen von Schneideflächen ist aus gesundheitlichen Gründen besonders wichtig.

SO WIRD'S GEMACHT:

Nach jedem Gebrauch scheuern Sie das Brett kräftig mit einer starken Bürste und Seifenwasser. Durch die Reibung werden die Zellen der Mikroorganismen aufgerieben und das Spülmittel hilft die Verunreinigungen zu entfernen und aufzunehmen, die Krankheitserreger enthalten können. Danach sollten Sie das Brett abspülen und lufttrocknen lassen oder abtrocknen. Wenn Sie Hähnchen, Fisch, Rindfleisch oder andere Fleischprodukte auf dem Brett vorbereitet haben, desinfizieren Sie es, indem Sie es eine Minute mit einer Lösung aus 1 TL Chlorbleiche auf 1 l Wasser abspülen. Danach gründlich nachspülen. Diese Schritte sind besonders wichtig, wenn Sie das Brett wieder für andere Lebensmittel verwenden wollen, die

SCHNEIDEBRETTER: DIE PLASTIK-GEGEN-HOLZ-DEBATTE

Bei all den z. T. widersprüchlichen Berichten über das Wachstum von Bakterien ist es schwer zu wissen, welches der beiden Materialien denn sicherer ist. Lange Zeit herrscht die Ansicht vor, dass das nicht poröse Plastik weniger gastfreundlich zu gefährlichen Verunreinigern wie Salmonellen ist als Holz. Eine Studie aus dem Jahre 1993 hat jedoch ergeben, dass 99,9 % der Bakterien, die man auf Holz ablegte, innerhalb von 3 Minuten verschwunden waren, während diejenigen auf Plastik an ihrem Ort blieben.

Das Problem ist also gelöst – oder? Falsch. Später fand man heraus, dass Bakterien zwar auf Holz absterben können, die Mikroorganismen jedoch in den tiefen Einschnitten in Schneidenbrettern hängen bleiben können und nur schwer wieder herauszuspülen sind. Auf der anderen Seite sind solche schädlichen Erreger problemlos von Plastik abzuspülen.

Der springende Punkt ist, dass es unabhängig von der Wahl des Materials auf die gründliche Reinigung ankommt, besonders nach der Zubereitung rohen Fleisches nicht gekocht werden sollen. Das Bleichmittel tötet gefährliche Krankheitserreger ab – Salmonellen, Listerien, Staphylokokken und andere. Bewahren Sie die Bleichlösung nicht für späteren Gebrauch auf, da das Chlor entweicht; mischen Sie gerade genug für ein Mal Reinigen. Da desinfizierende Substanzen auch in Spülmaschinenpulver enthalten sind, ist das Waschen in der Spülmaschine eine sichere Alternative für Plastibretter. Holzbretter verziehen sich jedoch in der Spülmaschine.

SCHNELLKOCHTÖPFE

Schnellkochtöpfe sind spezielle Töpfe mit einem fest versiegelbaren Deckel und einem Dampfventil. Sie werden im Großen und Ganzen wie normale Töpfe gereinigt, außer dass zusätzlich noch das Ventil und der Gummiring, der den Deckel abdichtet, gespült werden muss.

SO WIRD'S GEMACHT:

Spülen Sie den Dampfdrucktopf zunächst wie alle anderen Töpfe auch – in der Spülmaschine oder in normalem Spülwasser. Vergessen Sie Fettablagerungen am Topfboden nicht. Bei verkrusteten Essensresten bringen Sie etwas Spülwasser in dem Topf zum Kochen und lassen es so lange bei offenem Deckel köcheln, bis die Verschmutzungen sich lösen.

Nehmen Sie das Ventil ab und spülen Sie dessen einzelne Teile mit einer Bürste. (Wenn es nicht eindeutig ist, wie man das Ventil entfernt, sehen Sie in der Bedienungsanleitung nach.)

Das Spülen des Ventils stellt kein Problem dar – schließlich kommt nur Dampf hindurch. Trotzdem sollte es gründlich gespült und abgetrocknet werden, bevor der Topf weggeräumt wird.

Auch der Dichtungsring muss abgenommen und gespült werden; ebenso die Unterseite des Deckels – auch da, wo der Gummiring war. Beides muss vor dem Wegräumen trocken sein.

SCHOKOLADENFLECKEN

Verirrt sich geschmolzene Schokolade mal auf Ihrer Kleidung statt in den Mund, können Sie am meisten retten, wenn Sie schnell reagieren.

SO WIRD'S GEMACHT:

Milchschokolade hinterlässt andere Flecken als Zartbitterschokolade. Milchschokoladeflecken behandeln Sie zunächst mit kaltem Wasser. Mildes Spülmittel ist der nächste Schritt; spülen Sie die Stelle anschließend mit Wasser nach. Hilft das immer noch nicht, reiben Sie sie mit Spülwasser ein, in das Sie ein paar Tropfen Ammoniak gegeben haben, und spülen gut mit Wasser nach. Als letzte Möglichkeit können Sie ein Mittel auf Enzymbasis anwenden.

Die ersten 2 Schritte gelten auch für dunkle Schokolade. Gründlich mit Wasser auswaschen. Ist der Fleck noch nicht verschwunden, geben Sie etwas klaren Essig in das Spülwasser und waschen Sie nach dem Reinigen die Stelle gut mit Wasser nach. Die letzte Möglichkeit ist hier Wasserstoffperoxid.

Zur Beachtung: Damit keine Mittel vermischt werden, die sich nicht vertragen, ist es von großer Wichtigkeit zwischendurch immer die Stelle mit Wasser auszuwaschen.

SO WIRD'S GEMACHT:

Wenn Ihre Zeit oder Geduld knapp ist, ist eine chemische Reinigung die beste Lösung. Das empfiehlt sich generell bei starken und hartnäckigen Flecken, so wie bei empfindlichen oder wertvollen Kleidungsstücken.

ZUR NOT GEHT'S AUCH SO:

Stehen Ihnen gerade keine Reinigungsmittel zur Verfügung, behandeln Sie den Fleck sofort mit kaltem Wasser.

Achtung: Testen Sie immer eine Methode vorher an einer unauffälligen Stelle, damit der Stoff nicht überraschend um den Fleck ausfärbt oder das Gewebe sich auflöst. Geben Sie sich mit einem verbleibenden Rest nicht zufrieden. Ein unvollständig ausgewaschener Fleck kann Insekten anziehen. Gehen Sie in einem solchen Fall lieber zur Reinigung.

SCHORNSTEINE

Schornsteine werden schmutzig, wenn sich Kreosot im Rauchfang bildet – ähnlich dem Cholesterin in einem Blutgefäß. Kreosot entsteht, wenn Holz brennt; es steigt im Rauch auf und kondensiert, wenn es die relativ kühlen Wände des Rauchfangs passiert. Wenn Sie für eine ausreichende Luftversorgung des Feuers sorgen, können Sie den Prozess verlangsamen; lassen Sie deshalb die Luftklappe und die Glastüren ganz geöffnet. Mit der Zeit lässt sich die Bildung von Kreosot nicht verhindern; wenn man nichts dagegen tut, kann es die Leistungsfähigkeit des Schornsteins beeinträchtigen oder sogar zu einem Schornsteinbrand führen.

BLEIBEN SIE KÜHL BEI EINEM SCHORNSTEINBRAND

Schornsteinbrände passieren, wenn sich die Kreosotablagerungen entzünden. Wenn Sie Ihren Schornstein immer gut reinigen, verhindern Sie Schornsteinbrände. Wenn tatsächlich einmal einer vorkommt, muss man überlegt handeln.

Wenn ein Feuer um Rauchfang entsteht, sollten alle das Haus verlassen; dann rufen Sie die Feuerwehr – sogar wenn das Feuer nicht groß aussieht. Manchmal kann das Feuer auf andere Teile des Hauses übergreifen. Bis die Feuerwehr eintrifft, können Sie Eiswürfel ins Feuer werden; so entsteht Dampf, der das Feuer ein wenig eindämmen kann. Wenn das Feuer in einem Holzofen ist, schließen Sie die Zugkontrolleinstellung, damit keine Luft mehr eindringen kann.

Auf ein offenes Feuer wirft man am besten eine nasse Decke, allerdings nur, wenn Sie die Decke sicher in Position halten können. Der Zug bei Schornsteinfeuern ist oft so stark, dass die Decke ins Feuer gezogen werden kann. Spritzen Sie kein Wasser in den Schornstein; kaltes Wasser kann in Verbindung mit der Hitze des Feuers Schäden im Rauchfang erzeugen.

Sobald das Feuer aus ist, lassen Sie den Schornstein unbedingt von einem Schornsteinfeger kontrollieren. Auch wenn keine Schäden sichtbar sind, können Risse im Rauchfang sein.

So wird's gemacht:

Die Reinigung ist aufwendig und riskant. Man braucht dazu Spezialbürsten, die genau der Größe Ihres Rauchfangs angepasst sind, und viele Tücher, die Verschmutzungen in Ihrer Wohnung verhindern sollen. Je nach Konstruktion Ihres Schornsteins müssen Sie von innen wischen; sonst steht ein Ausflug aufs Dach an. Wenn Sie nicht besonders erfahren in der Schornsteinreinigung sind, sollten Sie sie sowieso von einem Schornsteinfeger durchführen lassen.

Einmal im Jahr sollte Ihr Schornstein überprüft und eventuell gesäubert werden.

Auch wenn Sie die Reinigung einem Schornsteinfeger überlassen, können Sie einiges tun, um Ihren Schornstein sauber zu halten; das fängt mit dem Holz an. Dabei ist die Holzart weniger wichtig als der Zustand der Scheite. Schweres Holz, wie etwa Walnuss, lässt mehr Kreosot frei als leichteres, z. B. Kiefer. Von Letzterem brauchen Sie allerdings mehr Scheite, um das Feuer in Gang zu halten – es kommt also auf dasselbe heraus.

Am wichtigsten ist, dass das Holz absolut trocken ist; feuchtes Holz verbrennt weit weniger effektiv als trockenes. Je feuchter das Holz, desto kühler das Feuer, und je kühler das Feuer, desto langsamer steigt der Rauch nach oben, und desto mehr Zeit haben also Substanzen wie Kreosot, sich im Rauchfang abzulagern. Frisch

Finden Sie den richtigen Schornsteinfeger

Eine schlampige Reinigung kann dem Schornstein und anderen Teile Ihres Hauses schaden – und die Sicherheit des jeweiligen Unternehmers gefährden. Die folgenden Tipps sollen Ihnen bei der Suche nach kompetenter Hilfe behilflich sein.

Der Schornsteinfeger soll sich als Meister ausweisen.
Fragen Sie, ob er einer Innung angehört.

Fragen Sie nach der Versicherungslage.
Klären Sie die Verantwortlichkeit im Schadensfall, damit der Unternehmer Sie nicht für eventuelle Unfälle zur Rechenschaft ziehen kann.

Erkundigen Sie sich nach der Berufserfahrung.
Eine Tätigkeit von fünf Jahren sollte ausreichen, um auch mit schwierigen Situationen klarzukommen.

Fragen Sie nach Referenzen.
Ein seriöser Unternehmer sollte Empfehlungen vorweisen können.

gesägte Scheite sollten mindestens 6 Monate lagern. Bei falscher Lagerung können sogar alte Scheite feucht werden. Werden sie draußen gelagert, sollten sie auf Strohsäcken liegen, damit die Luft auch unterhalb zirkulieren kann. Auf den Stapel legen Sie eine wasserdichte (wenn möglich geteerte oder geölte) Plane; am besten liegen die Scheite in der Sonne. Vor dem Verbrennen sollten die Scheite eine Woche im Haus liegen. Wenn Sie den Schornstein ständig benutzen, richten Sie ein Zwischenlager für das Holz ein. In Baumärkten erhalten Sie ein Regal, in dem Sie problemlos Vorrat für eine Woche vor der Gartentür lagern können – auch das muss allerdings mit Segeltuch oder Ähnlichen bedeckt werden.

An milden Tagen im Frühling und Herbst ist es günstiger, den Schornstein nicht so oft zu benutzen, da die Kreosotbildung höher ist. Am effektivsten zieht der Schornstein, wenn die Außenluft deutlich kälter als die Innenluft ist. Ist der Temperaturunterschied gering, steigt der Rauch schwerfälliger auf, so dass sich mehr Ablagerungen bilden können.

Zieht der Rauch nur langsam ab oder brennt das Feuer nur schwach, und zwar unabhängig von Holz und Jahreszeit, stimmt etwas in Ihrem Schornstein nicht – oder er ist stark verschmutzt. Lassen Sie ihn unbedingt kontrollieren.

Zur Not geht's auch so:

Trotz aller Bedenken gegen das wachsartige Bindematerial, das sie enthalten, gibt es gegen die künstlichen Scheite, die man als Ersatz zu Holz kaufen kann, nichts einzuwenden. Sie brennen anständig und kommen einem wirklichen Kaminfeuer sehr nah. Die Flammen sind gleichmäßig, zuverlässig und einfach zu handhaben.

Achtung: Reinigen Sie Ihren Schornstein nur selbst, wenn Sie genügend Erfahrung besitzen. Verbrennen Sie kein frisch gesägtes Holz (auch „grünes“ Holz genannt).

Schreibmaschinen

Die Korrektur von ein paar Druckfehlern auf einer schmutzigen Schreibmaschine kann ganz schön frustrierend sein. Verstaubte Walzen rutschen ab und verschieben die Zeilen, so dass die Korrekturen auf den ersten Blick hervorstechen. Klebende Tasten, langsam anlaufende Motoren und eine schwerfällige Wagenrücklauftaste sind Anzeichen dafür, dass die Maschine von Staub gereinigt werden muss. Mit ein paar Haushaltsutensilien und einer Dose Druckluft jedoch läuft Ihre Schreibmaschine wieder wie neu.

So wird's gemacht:

Holen Sie Farb- und Korrekturbänder und das Typenrad heraus und entstauben Sie die Maschine. Nehmen Sie den Deckel ab und blasen Sie den Staub mit Druckluft aus dem Inneren. Gehen Sie dabei durch alle Zwischenräume in der Tastatur, von innen nach außen.

Die Walze hält das Papier stabil. Unter der großen sind jedoch noch 4 kleine Walzen. Reinigen Sie sie mit Isopropylalkohol auf einem Lappen. Wischen Sie hin und her auf der Walze, während Sie sie immer weiter drehen.

Die Tastatur kann man mit Allzweckreiniger abwischen. Verwenden Sie weder scharfe Mittel noch kratzende Reinigungskörper, da die Tasten dadurch verkratzt oder beschädigt werden könnten. Und sprühen Sie nicht direkt auf die Tastatur, nur auf das Tuch.

Durch Tinte verschmutzte Typenhebel machen sich durch schlechte Schriftqualität bemerkbar, also müssen auch sie gereinigt werden, und zwar mit einer kleinen Drahtbürste und etwas Alkohol. Trocknen Sie sie mit einem fusselfreien Tuch ab. Manchmal muss man mit einer Sicherheitsnadel Tinte aus den einzelnen Buchstaben herauskratzen.

Ein Typenrad aus Plastik sollte herausgenommen und auf eine saugfähige Unterlage gelegt werden. Sprühen Sie es mit einem Allzweckreiniger ein und tupfen Sie es mit einem Tuch trocken.

FÜR EILIGE:
Halten Sie möglichst Staub von der Maschine fern, am besten mit einer Schutzhülle, oder stellen Sie sie in den Schrank.

ZUR NOT GEHT'S AUCH SO:
Wenn Sie keine Druckluftdose zur Verfügung haben, nehmen Sie einen Fön. Und als Ersatz für eine Drahtbürste funktioniert auch eine alte Zahnbürste.

Achtung: Ziehen Sie auf jeden Fall vor der Reinigung den Stecker. Wenn Sie sie regelmäßig sauber machen, kommen Sie erst gar nicht auf den Gedanken, die Maschine auseinander zu bauen. Der Staubsauger ist für Schreibmaschinen nicht geeignet, da kleine Teile des Mechanismuses mit eingesaugt werden können.

SCHUBLADEN

Schubladen sollten immer wieder zugeschoben werden. Manchmal funktioniert das Zurückrollen auf der Führungsleiste ärgerlicherweise nicht – schließlich haben die meisten heutigen Schubladen solche Führungen – und das Putzen bleibt dann oft auf der Strecke.

SO WIRD'S GEMACHT:
Die einfachste Methode ist einen Staubsauger mit Bürstenaufsatz zu verwenden. Räumen Sie die Schublade aus und gehen Sie mit dem Staubsauger hinein. Für die meisten Schubladen reicht das aus.

Wenn eine gründlichere Reinigung erforderlich ist, jemand also z. B. etwas verschüttet hat, dann wischen Sie die Schublade mit einem schaumigen Schwamm aus. Wischen Sie mit klarem Wasser nach und trocknen Sie die Schublade gut ab, bevor Sie die Sachen zurückräumen.

SCHUHE

Schuhe müssen während der 8000 Schritte, die ein Mensch durchschnittlich am Tag macht, einiges aushalten. Aber ob es nun Ihre feinsten Sonntagsschuhe aus Leder oder ein Paar Turnschuhe aus Segeltuch für 20 Mark sind – Fachleute empfehlen, Schuhe mit wasser- und fleckenabstoßendem Pflegemittel zu behandeln, wenn sie neu sind. Dadurch wird eine Schutzschicht zwischen den Schmutz und den Schuh geschoben.

Turnschuhe

So wird's gemacht:

Nehmen Sie Schnürsenkel und Einlagen heraus und spülen Sie die Schuhe mit Wasser ab. Mit einem speziellen Shampoo oder gewöhnlichem Neutralreiniger (etwa Spülmittel) und einer weichen Bürste können Sie den Schmutz entfernen. Spülen Sie sie wieder ab und lassen Sie sie lufttrocknen; legen Sie dazu saugfähige Papierhandtücher hinein. Mit einem Schuhspanner bringen Sie die Schuhe wieder in Form.

Wenn die Schuhe schon sehr abgenutzt sind, kann man entsprechendes Schuhweißmittel auftragen, um die Farbe wiederherzustellen. Durch Abstauben mit Babypuder schützen Sie die Schuhe vor Abreibungen.

Spartricks

5 Schritte, mit denen Schuhe länger halten

Gönnen Sie ihnen einen freien Tag.

Tragen Sie niemals dieselben Schuhe 2 Tage hintereinander. Geben Sie ihnen Zeit, den Schweiß zu verdunsten. Dann kommen sie auch leichter wieder in die richtige Form.

Schuhspanner aus Holz sind eine gute Investition.

Schuhspanner können die Lebenssdauer Ihrer Schuhe verdoppeln, da sie ihre Form behalten. Holzschuhspanner haben einen Vorteil gegenüber Plastik. Sie nehmen den Schweiß, die Säuren und Salze aus den Schuhen. Sie müssen jedoch nach einem Tag wieder herausgenommen werden, damit die Luft wieder zirkulieren kann.

Polieren Sie neue Schuhe vor dem ersten Tragen.

Brandneue Schuhe sind besonders anfällig für Kratzer und Abstoßungen, also schützen Sie sie mit Politur.

Pflegen Sie sie täglich. Bürsten oder wischen Sie alle Schuhe nach dem Ausziehen ab.

Erneuern Sie die Absätze beim ersten Anzeichen von Abnutzung.

Abgenutzte Absätze können nicht nur Schuhe ruinieren, sondern auch Ihre Haltung beeinträchtigen.

Das größte Problem bei Turnschuhen ist die Geruchseindämmung. Jeder Fuß hat 125 000 Schweißdrüsen, die jeden Tag etwa 1/2 Tasse Schweiß in den Schuh absondern. Die Schaumkonstruktion der Brandsohlen von Turnschuhen bietet ideale Bedingungen für geruchsbildende Bakterien. Es gibt in Schuh- oder Sportgeschäften entsprechende Mittel dagegen. Lesen Sie jedoch genau die Angaben auf dem Produkt, um sicher zu gehen, dass es nicht einfach den Geruch übertönt, sondern Wirkstoffe gegen die Bakterien enthält.

ZUR NOT GEHT'S AUCH SO:

Um abgestoßene Stellen auf weißem Leder zu behandeln, reiben Sie sie mit einer nicht gelierten Zahnpasta ein, wischen nach und lassen sie trocknen.

Achtung: Schuhhersteller warnen davor, Turnschuhe in die Waschmaschine zu stecken. Durch die heftige Bewegung zerbrechen die Verklebungen und das Leder wird beschädigt. Verwenden Sie beim Schuheputzen keine Lösemittel, scharfen Reiniger oder Bleiche.

SEGELTUCHSCHUHE

SO WIRD'S GEMACHT:

Alte Segeltuchschuhe können ruhig in die Waschmaschine, auch wenn Fachleute das nicht für die beste Reinigungsmethode halten. Es beeinträchtigt allerdings ihre Form und beseitigt den Schmutz oft nicht sehr gründlich. Wenn die Schuhe vor dem ersten Gebrauch gut versiegelt werden, kann der Schmutz gut mit einem Schwamm entfernt werden. Polsterreiniger funktioniert ebenfalls gut; sprühen Sie ihn auf und wischen Sie ihn mit dem Schwamm ab. Weiße Gummisohlen werden mit Weißwandreifenreiniger sauber. Lassen Sie Schuhe immer lufttrocknen; durch die Hitze im Trockner können sie einlaufen.

FÜR EILIGE:

Mit spachtelartigem Tapetenreiniger können Sie den Schmutz von Segeltuchschuhen entfernen.

Zur Not geht's auch so:

Sprühen Sie Stärke oder herkömmliches Gewebeschutzmittel auf den Schuh, um ihn gegen Verschmutzungen zu imprägnieren.

Lederschuhe

So wird's gemacht:

Ein gutes Paar Herrenschuhe aus Leder kann etwa 7-mal neue Sohlen bekommen, wenn Sie das Oberleder gut in Schuss halten. Ein Institut für Schuhpflege hat uns die folgenden 4 Schritte zur Pflege von Schuhen empfohlen.

1. Putzen. Entfernen Sie losen Schmutz mit einer weichen Bürste und tragen Sie eine Lederreinigungscreme auf.
2. Pflegen. Sobald das Leder sauber ist, tragen Sie ein Pflegemittel auf, das vor Rissen schützt und die Schuhe wieder fettet, damit sie länger halten.
3. Polieren. Polituren erneuern die Pigmente und bedecken angestoßene Stellen, lassen den Schuh wieder glänzen, schützen und pflegen das Leder. Sie sind in 3 Formen erhältlich: flüssig, als Paste und als Creme. Flüssigkeit ist am einfachsten zu handhaben, hat aber die kürzeste Lebensdauer. Paste schützt am besten und lässt die Schuhe am meisten glänzen, ist aber nicht in vielen Farben zu bekommen. Cremes liegen etwa zwischen den beiden. Arbeiten Sie die Politur in kreisförmigen Bewegungen mit einem Lappen ein. Tragen Sie eine zweite Schicht auf und polieren Sie wieder mit einem sauberen Lappen. Für funkelnden Glanz können Sie noch eine zusätzliche Schicht Wachs mit einem feuchten Tuch auftragen. Lassen Sie die Schuhe trocknen und polieren Sie sie noch mal.
4. Imprägnieren. Sowohl Nerzöl als auch Bienenwachs und Silikon sind geeignet, um den Schuh wetterfest zu machen. Zwar versiegelt die Politur den Schuh schon bis zu einem gewissen Grad; doch sollten Sie, wenn Sie in einer nassen, schlammigen oder öligen Umgebung arbeiten, die Schuhe noch zusätzlich imprägnieren.

ZUR NOT GEHT'S AUCH SO:

Wenn die Schuhe vom Regen durchnässt sind, stecken Sie am besten Schuhspanner hinein und lassen sie bei Zimmertemperatur lufttrocknen. Stellen Sie sie niemals in die Nähe einer Wärmequelle, da sie sonst Risse bekommen können.

Achtung: Polieren Sie Lederschuhe nie, bevor Sie sie geputzt haben. Sonst fixiert die Politur den Schmutz in der Struktur des Leders.

SCHWEISSFLECKEN

Jedes Familienmitglied soll im Schweißes seines Angesichtes mithelfen, das Haus sauber zu halten. Aus der Kleidung sollte der Schweiß jedoch schleunigst wieder verschwinden.

Schweiß enthält Chlorsalze, die sowohl Farbe als auch Fasern beschädigen können. Zuerst ist er sauer, später alkalisch, und alkalische Substanzen können Seide und anderes Gewebe beschädigen. Schweiß zieht auch Motten an. Schweißflecken sollten also so schnell wie möglich entfernt werden.

SO WIRD'S GEMACHT:

Hartnäckige Schweißflecken auf waschbaren Sachen weichen Sie ein paar Stunden lang in einer einer Lösung aus warmem Wasser und einem Enzymprodukt zur Vorbehandlung von Wäsche ein. Beim Einweichen muss das Wasser warm gehalten werden. Anschließend waschen Sie das Teil wie vorgeschrieben, jedoch so heiß wie möglich.

Sachen, die chemisch gereinigt werden müssen, sollten Sie so schnell wie möglich zur Reinigung bringen.

Zur Beachtung: Probieren Sie ein Mittel immer erst an einer unauffälligen Stelle aus, bevor Sie es richtig anwenden.

SEIDE

Seide ist schon seit ihrer Entdeckung vor 4000 Jahren ein Symbol für Eleganz und Schönheit. Sie ist die stabilste aller Naturfasern. Eine Seidenfaser ist stärker als eine Stahlfaser. Es mutet also seltsam an, dass man aus diesen Fasern ein Gewebe herstellt, das für seine Empfindlichkeit bekannt ist – ein Gewebe, das (zumindest in manchen Formen) schon beim ersten Tropfen Wasser knittert und sich kräuselt. Viele denken, Seide müsse immer chemisch gereinigt werden, und schrecken deshalb vor dem Kauf zurück (schließlich ist Seide, neben Leder und Wildleder, das teuerste Material in der Reinigung).

Das ist aber nicht immer der Fall. Den Bedürfnissen der Käufer entsprechend stellen viele Textilproduzenten jetzt Kleidungsstücke aus Seide her, die man zu Hause waschen kann. Bringen Sie vor dem Kauf in Erfahrung, um welche Art von Seide es sich handelt. Gesponnene Seide ist die häufigste Art bei Miederwaren und Crêpe de Chine und hat eine weiche, fließende Struktur; sie ist natürlich und kann mit der Hand gewaschen werden. Chemisch behandelte Seidenarten hingegen wie etwa Taft oder behandeltes Crêpe de Chine können durch Wasser beschädigt und sollten chemisch gereinigt werden.

SPARTRICKS

Seide: Dauerhaftigkeit durch gute Lagerung

Sie ist schön und sie ist teuer – also ist Seide eine Investition, von der Sie lange etwas haben wollen.

Seide ist ein ungeheuer langlebiges Material. Die schönen Seidengewebe, die aus früheren Zeiten übrig geblieben sind, bezeugen eine fast schon unheimliche Resistenz gegen Alterung.

Folgen Sie diesen Ratschlägen, damit Ihre Seide lange hält:

- Hängen Sie sie immer auf gepolsterten Kleiderbügeln auf und bedecken Sie sie mit Plastik. Die durchgehenden Seidenfasern können durch Falten beschädigt werden.
- Nehmen Sie keine Mottenkugeln. Seide nimmt deren Geruch an, der sich nicht mehr herauswaschen lässt.
- Bewahren Sie Seide nicht im Licht auf, da es den Fasern schaden kann und die Farben ausbleicht.

Oft steht auf dem Etikett der Hinweis „Nicht waschen“, obwohl es manchen Teilen das nicht schaden würde. Wenn Sie sich nicht sicher sind, ob Sie die 150-DM-Bluse ins Waschbecken werfen können oder nicht, testen Sie, ob das Gewebe farbecht ist. Wie findet man das heraus? Reiben Sie ein bisschen mit einem feuchten Baumwolltuch auf der Innenseite eines Saums. Dann drücken Sie die Stelle mit einem warmen Bügeleisen auf ein weißes Tuch oder Papiertuch. Wenn die Seide nicht ausfärbt, können Sie sie waschen.

SO WIRD'S GEMACHT:

Die folgende Methode zur Handwäsche von Seide wird von der Internationalen Seidengesellschaft empfohlen. Stellen Sie aus milden Seifenflocken dicken Schaum in lauwarmem Wasser her. Pressen Sie den Schaum durch die Seide. Reiben Sie dabei nicht; die Seidenfasern verschleißen leicht. Spülen Sie sie 2- bis 3-imal in lauwarmem Wasser aus, bis kein Schaum mehr herauskommt. Wickeln Sie das Kleidungsstück in ein Badehandtuch, um so viel Wasser wie möglich herauszusaugen, und hängen Sie es dann drinnen zum Trocknen auf; bis es nur noch feucht ist, sollte keine Sonne oder Wärme an den Stoff kommen.

Natürliche Seide sollten Sie nur 3-5 Minuten im Wasser lassen, und „waschbare“ Seide nicht länger als 2 Minuten. Alkalische Mittel so wie Seife, Shampoo, Waschmittel oder sogar Zahnpasta können Verfärbungen oder Materialverlust verursachen.

Bügeln Sie Seide, wenn sie noch feucht ist, auf der niedrigsten Stufe. Bügeln Sie immer die Innenseite. Kragen und Säume sollten Sie mit einem aufgelegten Tuch beim Bügeln schützen.

Flecken und Spritzer überlassen Sie am besten einer Reinigung.

FÜR EILIGE:

Waschbare Seide kann meistens in der Waschmaschine bei niedrigen Einstellungen gewaschen werden; nehmen Sie ein nicht alkalisches Waschmittel oder milde Seife. Hängen Sie sie danach direkt auf, damit sie wieder ihre Form erhält und nicht knittert.

Zur Not geht's auch so:

Durch Fleckenreinigung verfärbte Stellen kann man oft wieder hinkriegen, wenn man die Stellen mit Dampf behandelt. Halten Sie die entsprechende Stelle für 3-5 Sekunden über Dampf von einem Teekessel. Passen Sie auf, dass der Stoff dabei nicht nass wird. Die Farbe sollte nach 30 Sekunden wieder sichtbar sein.

Achtung: Sehr feine Stoffe (wie Abendkleider, bunte Stücke, verzierte Seide oder solche mit einem hervorgehobenen Muster) sollten – egal, um welche Seidenart es sich handelt – immer trocken gereinigt werden. Es gibt noch ein paar weitere Dinge, die man bei Seide beachten muss:

- Alkohol kann die Farben in der Seide ausbluten lassen. Vor dem Anziehen sollten Sie Parfüm, Haarspray und andere alkoholhaltige Kosmetika trocknen lassen. Spritzer von alkoholischen Getränken sollten so bald wie möglich von einer Reinigung entfernt werden.
- Salz, das in Schweiß enthalten ist, kann Seide schwächen und Flecken hinterlassen. Wenn Sie stark schwitzen, tragen Sie Armblätter. Verschwitzte Seide sollte so bald wie möglich gereinigt werden.
- Verwenden Sie niemals Chlorbleiche auf Seide. Das Gewebe wird dadurch dauerhaft beschädigt.
- Prüfen Sie bei Crêpe de Chine z. B. am Ärmelaufschlag, ob es farbecht ist. Unbehandeltes Crêpe de Chine kann man ohne Bedenken waschen, während sich auf chemisch behandeltem im Wasser Streifen bilden. Meistens ist aus dem Schild nicht zu ersehen, ob es sich um behandeltes oder unbehandeltes Gewebe handelt.

Seifenschaum

Befinden sich unlösbare Ablagerungen in Ihrer Dusche? Nein, Sie brauchen keinen Reinigungsservice kommen zu lassen. Die Ablagerungen bilden sich, wenn sich Seifenschaum mit den Mineralsalzen aus hartem Wasser verbindet, also hauptsächlich Kalzium und Magnesium. Man nennt es normalerweise einfach verkrusteten Seifenschaum und für die meisten von uns bedeutet es Schrubben, Kratzen und Lösen, was das Zeug hält.

SO WIRD'S GEMACHT:

Es gibt nicht nur zahlreiche Spezialmittel für dieses Problem, sondern auch einschlägige Hausrezepte. Die Kacheln in der Dusche und auf dem Boden kann man mit zitronenölhaltiger Möbelpolitur und einem sauberen, weichen Lappen reinigen. Lassen Sie sie mindestens 5 Minuten einwirken. Dann wischen Sie mit einem trockenen Handtuch oder einem Papiertuch nach. Bei hartnäckigen Ablagerungen ist eventuell ein Plastikschrubber vonnöten. Zitronenöl verzögert auch die Neubildung von Seifenschaum. Den Duschvorhang reiben Sie mit einem Schwamm ein, den sie mit klarem Essig getränkt haben. Dadurch werden auch Schimmelpilze abgetötet.

In der Wäsche machen Seifenschaum-Rückstände den Stoff steif und sind als weiße Streifen oder Flecken sichtbar. Um sie zu beseitigen, geben Sie 1 Tasse klaren Essig in 4 l warmes Wasser in einen Plastikbehälter. Weichen Sie das Kleidungsstück ein und spülen Sie es aus. Um gegen weitere Rückstände vorzubeugen, benutzen Sie Flüssigwaschmittel oder nehmen Wasserenthärter in Ihrer Waschmaschine. Vor dem Trocknen müssen die Textilien unbedingt gründlich gespült sein.

FÜR EILIGE:

Die zeitsparendeste Methode ist die, Seifenablagerungen gar nicht erst entstehen zu lassen. Probieren Sie verschiedene Seifen aus. Manche hinterlassen keinen so starken Film

Einen Duschvorhang mit verkrustetem Seifenschaum kann man in der Waschmaschine waschen. Das Waschmittel teilen Sie auf in 50 % Waschpulver und 50% Natron. Geben Sie 2 große Frotteehandtücher mit zu dem Vorhang in die Maschine; sie helfen, die Ablagerungen während des Waschvorgangs von dem Vorhang abzureiben. Zum Spülgang geben Sie 1 Tasse Essig hinzu. Vor dem Schleudern nehmen Sie den Duschvorhang heraus und hängen ihn zum Trocknen auf.

Zur Not geht's auch so:

Es gibt diverse Substanzen im Haushalt, die verkrusteten Seifenschaum auflösen. Seife ist alkalisch, und saure Flüssigkeiten wie Essig oder Zitronensaft helfen dagegen.

Achtung: Beachten Sie unbedingt die Warnungen auf den gebräuchlichen Mitteln gegen Seifenablagerungen. Sie können die Haut, die Augen oder die Nase reizen.

Senf

Im Notfall

Waschen Sie Senf mit kaltem Wasser ab.

Lassen Sie sich nicht von der hellen Farbe von Senf täuschen. Die Flecken, die er verursacht, gehören zu den kniffligsten. Er enthält Dispersionsfarbe – die Art, die man zum Färben von Polyester verwendet. Diese Farben färben auf das Gewebe ab.

So wird's gemacht:

Kratzen Sie so viel Senf wie möglich ab. Waschbare Sachen weichen Sie erst in kaltem Wasser ein, damit so viel von dem Fleck wie möglich gelöst wird. Dann gibt man 1/4 TL Spülmittel in 1/2 Tasse warmes Wasser, trägt die Mischung auf den Fleck auf, legt den Stoff auf eine harte Fläche und treibt das Mittel durch Klopfen mit der Rückseite eines Löffels zwischen die Fasern. Reiben Sie den Stoff nicht aneinander, da dadurch die Fasern verschleißen. Danach gehen Sie je nach Waschvorschrift vor; nehmen Sie die höchstmögliche Temperatur.

Wenn der Fleck nicht völlig verschwunden ist, wiederholen Sie den Vorgang, diesmal jedoch mit einer Lösung auf 1 TL Essig und 1/2 Tasse warmem Wasser. Verwenden Sie keinen Ammoniak oder andere alkalische Substanzen, da der Senffleck dadurch dunkler

werden kann. Es kann sein, dass sich nicht alles entfernen lässt; das hängt davon ab, wie groß und wie alt der Fleck ist.
Nicht waschbare Gewebe gibt man entweder in die Reinigung oder tupft sie mit einem sauberen, weißen Handtuch und einem Fleckentferner ab. Reiben Sie von innen nach außen, um den Fleck herauszutreiben. Fleckentferner sollten nur in gut belüfteten Räumen benutzt werden; außerdem sollten Sie dabei Gummihandschuhe tragen. Lesen Sie immer genau die Gebrauchs- und Sicherheitshinweise auf den Produkten, die Sie verwenden.
Senfflecken auf Teppichen werden zuerst mit einem sauberen, weißen Handtuch und etwa Spülwasser abgetupft. Dann nimmt man ein weißes Handtuch, das man vorher in Spülwasser getaucht hat. Hilft das nichts, versuchen Sie es mit der Essiglösung. Nehmen Sie kein Waschmittel, da es oft optische Aufheller enthält, die den Teppich ausbleichen können.

Zur Beachtung: Probieren Sie ein Mittel immer erst an einer unauffälligen Stelle aus, bevor Sie es richtig anwenden.

Achtung: Spülen Sie immer erst eine Lösung aus, bevor Sie eine andere anwenden. Manche Chemikalien, besonders Ammoniak und Chlorbleiche, können schädliche Dämpfe erzeugen, wenn Sie in Verbindung geraten. Lesen Sie immer genau die Gebrauchs- und Sicherheitshinweise auf den Produkten, die Sie verwenden.

SETS

Sets, also Tischauflagen, die man beim Essen statt einer Tischdecke an jeden Platz legt, sind normalerweise einfach zu reinigen. Schließlich sind sie dafür gemacht, mit Essen bekleckst zu werden.

SO WIRD'S GEMACHT:

Die meisten lassen sich bei normaler Temperatur in der Waschmaschine waschen. Trocknen Sie sie im Trockner, holen Sie sie anschließend sofort heraus, um Knitterfalten zu vermeiden, und bügeln Sie sie.

Manche Sets sind aus Seide, aber in der Regel aus waschbarer. Befolgen Sie die Pflegehinweise; normalerweise lassen sich auch diese bei niedriger Temperatur in der Maschine waschen und ebenso im Trockner trocknen.
Wenn Ihre Sets aus Plastik oder Vinyl sind, wischen Sie sie einfach nach Gebrauch mit einem schaumigen Schwamm ab. Wischen Sie mit einem sauberen, feuchten Lappen nach.
Dann und wann sollten mit Plastik überzogene Sets desinfiziert werden. Spritzer machen sie anfällig für das Wachstum von Bakterien. Nehmen Sie einen Küchenreiniger, der Desinfektionsmittel enthält, oder wischen Sie sie mit einer Bleichlösung ab (1 TL Chlorbleiche auf 1 l Wasser). Lassen Sie die Lösung ein paar Minuten einwirken, bevor Sie sie abwischen.

SILBER

Der Schurke heißt hier: Silbersulfid. Wenn das für Sie zu kompliziert klingt, nehmen Sie die herkömmliche Bezeichnung: das Silber läuft an. Damit meint man den schwärzlichen Film, der sich beim Kontakt mit Schwefel in der Luft bildet, oder mit Kohlenstoff in Gummi oder sogar mit den Säuren und Salzen in manchen Lebensmitteln.

GEWOHNHEITEN, DIE SIE VERGESSEN SOLLTEN

Lieber anlaufen als abtauchen

Sie haben es sicher schon mal in einer Fernsehwerbung gesehen: Eine kohlschwarze Silberkanne wird in ein Sofortreinigungsmittel getaucht und – voilà! – kommt glitzernd wieder heraus. Für feines Silber, warnen Experten, sind solche Mittel jedoch nicht geeignet.
Bei solchen Tauchbädern wird die oberste Schicht des Silbers weggefressen. Durch wiederholten Gebrauch wird die Beschichtung erodiert.
Und vergessen Sie elektrolytische Reinigung – den Prozess, bei dem eine Aluminiumplatte oder -folie und eine Mischung aus kochendem Wasser, Natron und Salz verwendet wird, um damit die angelaufene Schicht vom Silber abzutragen. Der Vorgang trübt die Oberfläche oft ein und entfernt die antik aussehende Schattierung

SO WIRD'S GEMACHT:

Regelmäßige Benutzung hilft durchaus gegen Anlaufen. Der beste Weg Silber zu reinigen ist der altbekannte – mit einer hochwertigen Silberpolitur und einem weichen Tuch. Silber reflektiert am stärksten von allen Metallen, und das Polieren mit Silberpolitur erzeugt einen funkelnden Glanz, der die Schönheit des Stückes erhöht und das Anlaufen verzögert.

Tragen Sie die Politur mit einem feuchten Tuch oder Schwamm auf. Auf angelaufenem Silber muss kräftig gerieben werden. Sie werden sehen, das Tuch färbt sich schwarz. Polieren Sie gründlich und spülen Sie direkt mit Spülwasser nach. Trocknen Sie die Teile mit einem weichen Tuch, um Wasserflecken zu vermeiden.

Wenn Sie Silber für längere Zeit lagern, halten Sie Luft und Feuchtigkeit fern, schützen Sie es vor Stößen und Kratzern und prüfen Sie mindestens einmal im Jahr, ob etwas angelaufen ist. Bewahren Sie es in Flanellbeuteln gegen Anlaufen auf, die man in Juweliergeschäften bekommen kann, um das Silber vor Oxidation zu schützen. Dann stecken Sie sie in gut verschlossene Plastiktüten. Das ist der wichtigste Schritt bei der Aufbewahrung von Silber, da Umwelteinflüsse so keine Chance mehr haben, das Metall anlaufen oder korrodieren zu lassen.

FÜR EILIGE:

Wenn Sie das Silber häufig benutzen und nicht immer an selben Ort aufbewahren, reicht es aus, es 1- oder 2-mal im Jahr zu polieren. Weniger Polieren schützt auch die dünne Versilberungsschicht vor dem Abreiben. Mit Polierrot imprägnierte Putztücher sind gut zum Retuschieren, aber nicht, wenn das Teil stark angelaufen ist.

ZUR NOT GEHT'S AUCH SO:

Wenn Gäste vor der Tür stehen und auf dem silbernen Servierlöffel eine angelaufene Stelle ist, können Sie die Trübung normalerweise mit Zahnpasta entfernen. Nehmen Sie dazu ein feuchtes Tuch und reiben Sie die Stelle ein. Das reicht für eine Notsituation vollkommen aus; ansonsten ist es nicht sehr effektiv.

Wenn Sie keine Flanellbeutel gegen das Anlaufen haben, können Sie auch einfach das Silber in Plastiktüten stecken. Sorgen Sie auf jeden Fall dafür, dass das Silber nicht angestoßen oder verkratzt werden kann. Nehmen Sie keine haftende Plastikfolie, da sie am Silber kleben bleiben und schwer wieder zu entfernen sein kann. Bei schwarzen Flecken, die sich schon eingefressen haben, gehen Sie am besten zu einem Juwelier.
Achtung: Die meisten chemischen Lösungen für Silber enthalten eine krebserregende Substanz. Sie ist farb- und geruchlos und kann von der Haut aufgenommen werden. Tragen Sie Schutzhandschuhe, wenn Sie solche Produkte nehmen. Und spülen Sie das Silber, die Arbeitsfläche und die Spüle gut ab, um alle Spuren von der Lösung zu beseitigen. Außer, dass sie Ihnen schadet, kann sie auch die Oberfläche des Silbers beschädigen. Halten Sie sich deshalb an die folgenden Hinweise.

- Spülen Sie Silber, das in Kontakt mit Senf, Salz oder Ketchup gekommen ist, sofort, damit es nicht anläuft.
- Silber sollte weder in Zeitungspapier eingewickelt noch mit Gummibändern zusammengehalten werden. Beide enthalten Kohlenstoff, der mit dem Silber reagiert, es schwärzt und sich in die Oberfläche – falls sie noch erhalten ist – frisst.

Skier

Es gibt Situationen, in denen es flott bergab geht. Halten Sie Ihre Skier sauber, und Sie werden eine gute Figur auf der Piste machen.

So wird's gemacht:

Wischen Sie den oberflächlichen Schmutz mit einem feuchten Lappen ab. Wenn der Schnee dürftig war und die Skier dreckig sind, spritzen Sie sie mit dem Gartenschlauch ab. Hartnäckige Verschmutzungen und altes Wachs kann man mit einem Basisreinigungsmittel, erhältlich in Skigeschäften, entfernen. Sprühen Sie das Mittel in gut durchlüfteter Umgebung auf die Skier und

wischen Sie mit einem sauberen Lappen ab. Lassen Sie sie für ein paar Minuten lufttrocknen.
Die Bindungen heutiger Skier sind versiegelt und brauchen nicht mehr gereinigt oder geölt zu werden. Lassen Sie sie in Ruhe; nehmen Sie auf keinen Fall Silikonspray, da es das Öl auflösen kann. Die weitere Reinigung sollten Sie Fachleuten überlassen

ZUR NOT GEHT'S AUCH SO:

Um sich gewisse Alpträume des Putzens – wie z.B. Rost – zu ersparen, wischen Sie die Skier nach der Reinigung vollständig trocken.

SPERRHOLZ UND SPANPLATTEN

Wie bei allen Holzgegenständen hängt die Methode der Reinigung von der Oberflächenbehandlung des Holzes ab. So oder so – Sperrholz bzw. Spanplatten dürften beim Putzen kein großes Problem darstellen.

SO WIRD'S GEMACHT:

Das meiste im Haushalt gebräuchliche Sperrholz ist furniert – entweder mit Vinyl oder Plastiklaminat. Putzen Sie diese wasserbeständigen Oberflächen mit einem feuchten Lappen und warmem, schaumigen Wasser oder Allzweckreiniger.
Raue Holzflächen sollten nicht mit Wasser geputzt werden. Es reicht, sie ab und zu mit einem trockenen Lappen abzustauben. Wenn noch Schmutz oder Rückstände zu sehen sind, wischen Sie schnell mit einem lediglich mit Wasser angefeuchteten Tuch darüber und trocknen Sie das Holz schnell ab – mit einem trockenen Tuch oder durch gute Belüftung. Sonst kann die Feuchtigkeit in das poröse Holz dringen und es verziehen oder an manchen Stellen anschwellen oder gar aufplatzen lassen.

SPIEGEL

Sie wollen, dass das Gesicht, das Sie da aus dem Spiegel heraus anschaut, so gut wie möglich aussieht, stimmt's? Streifen oder Fusseln, die Ihr Angesicht verunzieren, können Sie nicht gebrauchen. Zum Glück ist das Putzen von Spiegeln, ebenso wie das von Glas, flugs gemacht. Lesen Sie hier die besten und schnellsten Methoden nach.

So wird's gemacht:

Spritzen Sie etwas Spülmittel oder Essig in einen Eimer warmes Wasser. Glasreiniger auf Ammoniakbasis neigen dazu, Streifen zu hinterlassen – und die sieht man bekanntlich am besten bei hellem Sonnenlicht. Und um Fusseln zu vermeiden, wischen Sie die Flüssigkeit mit Zeitungspapier oder einem Gummischrubber ab.

Bei vertikalen Flächen putzen Sie von oben nach unten. Nehmen Sie einen Schwamm, ein feuchtes Tuch oder eine Sprühflasche und scheuern Sie anschließend angetrocknete Verschmutzungen mit einer Naturhaarbürste mit langen Borsten ab.

Schälen Sie Farbe oder andere fest geklebte Substanzen mit einer Rasierklinge ab. Nehmen Sie kein Spachtelmesser, da es eine stumpfere Schneide hat und das Glas beschädigen kann.

Spielzeug

Die meisten Spielzeuge enthalten keine Pflegehinweise. Und wenn, dann sind sie längst irgendwann beim Spielen verloren gegangen. Sie müssen sich also auf Ihre Putzerfahrung verlassen. Regel Nr. 1: Wenn etwas nicht waschbar ist, gehört es auch nicht in Kinderhände.

So wird's gemacht:

Spielsachen für Kleinkinder müssen oft einen Geschmackstest über sich ergehen lassen und sollten regelmäßig gewaschen werden, um die Keime unter Kontrolle zu halten. Viele sind aus Plastik und können in Spülwasser gewaschen werden. Spülen Sie sie gut ab und lassen Sie im Geschirrkorb trocknen. Scharfe Mittel und kräftiges Scheuern können angemalte Gesichtszüge und Aufkleber ablösen. Mit einem feuchten Lappen können Sie nicht spülbare Spielzeuge abwischen, also solche aus Holz, batteriebetriebene Spielzeuge und

elektronische Spiele. Eine mit Alkohol getränkter Baumwollbausch ist für elektronische Sachen gut geeignet.
Plastikhaut auf Puppen kann man durch leichtes Einreiben mit Lappen, der in kalte Sahne getaucht wurde, reinigen. Brettspiele halten ein feuchtes Tuch aus. Plastiksachen sollten nach Gebrauch desinfiziert werden, damit sich die Keime nicht auf andere übertragen.

FÜR EILIGE:

Viele Spielzeuge für kleine Kinder und Babys sind spülmaschinenfest. Es spart nicht nur Zeit, sondern es ist auch sicherer, da die Kleinen die Spielzeuge in den Mund nehmen.

ZUR NOT GEHT'S AUCH SO:

Es gibt natürlich nicht nur das Problem des Saubermachens, sondern auch das Aufräumen von Spielzeugen. Nehmen Sie einfach eine Plastikharke – es geht schneller und ist nicht so anstrengend.

SPIKES

Verdreckte Spikes an Sportschuhen macht man am besten unmittelbar nach dem Sport sauber. Je länger Sie damit warten, desto schwieriger wird es, den Schmutz zu entfernen.

SO WIRD'S GEMACHT:

Richtig verdreckte Schuhnägel spritzt man erst einmal mit dem Gartenschlauch ab. Spritzen Sie den oberen Teil des Schuhs gleich mit ab; dreckig ist der Schuh sowieso, und ein bisschen mehr Wasser schadet ihm auch nicht. Danach (oder zuallererst, bei leichten Verschmutzungen) entfernen Sie alles Übrige mit einer kräftigen Nylonbürste.
An manchen Schuhen kann man die Spikes abnehmen. Damit alle gleichmäßig sitzen, müssen Sie eventuell einige auswechseln. Ungleichmäßige Spikes können den Schuh verziehen.

FÜR EILIGE:

Halten Sie am Spielfeldrand ein Spachtelmesser bereit, um fest sitzende Verschmutzungen während des Spiels zu entfernen. Ziehen

Eine Schlammgeschichte

Viele Sportarten, die auf Rasen ausgeführt werden, verlangen von den Spielern saubere Spikes für ein sauberes, d. h. ein ordentliches Spiel, gerade wenn das Wetter nicht mitspielt.
„Trockene Spiele und richtig nasses Wetter sind normalerweise kein Problem", berichtet ein Trainer. „Wenn es stark regnet, rutscht der Schlamm einfach ab. Es sind die Tage dazwischen, die es so schwierig machen. Nach dem Regen ist der Boden 1-2 Tage feucht genu, um schlammig zu sein, aber trocken genug, um zwischen den Spikes hängen zu bleiben.
Die meisten Spieler haben Spikes an den Schuhen, die entweder 1,5 cm oder 1,8 sm lang sind. Sie sind nach wenigen Minuten schon verklebt, also stehen wir das ganze Spiel an der Seitenlinie bereit. Mit einem Spachtelmesser oder einer Drahtbürste geht es normalerweise.
In Auszeiten laufen wir mit „Spikebrettern" aufs Feld – das sind speziell geformte Platten mit Plastik- oder Gumminägeln. Die Spieler wischen sich einfach die Schuhe daran ab, wie auf einer Fußmatte.
Natürlich bedeuten saubere Spikes nicht gleich den Sieg, aber man kann einfach besser mitspielen. Sogar solche Kleinigkeiten wie saubere Spikes können einen Unterschied in einem Spiel machen."

Sie den Spachtel an der Unterseite des Schuhs entlang, damit sich fest gewordener Dreck löst.
Achtung: Verwenden Sie keine Reinigungsmittel, die das Oberleder oder das synthetische Obermaterial beschädigen könnten. Nasse Schuhe sollten Sie ganz trocknen lassen, bevor Sie sie wieder anziehen. Versuchen Sie nicht, den Trocknungsprozess durch eine Heizung oder eine andere Wärmequelle zu beschleunigen, da sich dadurch die Schuhe verziehen können – insbesondere Lederschuhe.

Spinnweben

Eine Spinne braucht durchschnittlich 30-60 Minuten, um ein vollständiges Netz zu spinnen. Wenn Sie also Spinnen zu Hause haben, kann es passieren, dass Sie Ihr ganzes Haus von Spinnweben befreien, nur um es in weniger als einer Stunde wieder voll von Spinnennetzen zu finden.

SO WIRD'S GEMACHT:

Das beste mechanische Mittel zum Beseitigen von Spinnweben ist der Staubsauger, aber ein Staubwedel oder ein Besen tun es auch. Drücken Sie nicht zu fest, da der Schmutz oder tote Insekten, die sich im Netz verfangen haben, sonst zu Flecken werden. Heben Sie die Spinnweben von der Wand und schütteln Sie sie dann von dem Besen.

FÜR EILIGE:

Weniger Spinnen bedeuten weniger Spinnweben. Allgemeine Hygiene drinnen und draußen ist extrem wichtig gegen Spinnen. Halten Sie Holzstapel, Steine, Kompost, alte Bretter und Unrat in Ordnung. Orte, an denen sie sich verkriechen können – Keller, Veranden usw. – sollten so trocken wie möglich sein.

Achtung: Wenn Sie mit lebenden Spinnen umgehen, tragen Sie Handschuhe, damit Sie nicht gebissen werden können.

SPITZEN

Spitzen zu waschen ist kein Kinderspiel. Spitze ist, dank ihrer Struktur, zerbrechlich, und Sie wollen sie ja nicht beschädigen oder ihre Form verziehen. Viele Spitzenleisten, wie die glänzenden auf Hochzeitskleidern, sind aus Kunstseide. Kunstseide kann bei Nässe bis zu 70 % seiner Stärke verlieren.

SO WIRD'S GEMACHT:

Lesen Sie zuerst die Pflegehinweise. Möglicherweise müssen Sie das Stück zur Reinigung bringen; oft kann Spitze durch Wasser einlaufen.

Ist der Stoff waschbar, lassen Sie ihn zuerst in warmem Spülwasser wie Palmolive oder Ähnlichem einweichen. Wasser ist ein gutes Lösungsmittel; viele Verschmutzungen werden auf diese Weise gelöst. Vermeiden Sie Scheuern oder andere aggressive Methoden. Maschinenwaschbare Stoffe, so wie Tischdecken, binden Sie an den Enden zusammen und waschen sie vorsichtig in einem Netz oder Kopfkissenbezug in der Maschine. Die Hülle schützt die Spitzen vor Abstumpfung.

Trocknen Sie Spitzen, indem Sie sie im Schatten aufhängen oder auf ein weißes, sauberes Handtuch auf einer ebenen Fläche legen. Je flacher die Unterlage, desto einfacher wird das Bügeln. Im Trockner werden Spitzen ganz bestimmt zerknittern.

Wenn Sie große Spitzensachen bügeln, machen Sie es auf einem Tisch mit einem Handtuch als Unterlage. Mit einem Bügelbrett entstehen ständig neue kleine Wellen, dann bekommen Sie das Stück niemals völlig geplättet. Die Bügeltemperatur richtet sich nach dem Stoff. Um Dehnen und Verzerren zu vermeiden, bewegen Sie das Bügeleisen vorsichtig in leichten Kreisen, nicht hin und her.

Für Eilige:

Große Stücke lassen sich manchmal besser chemisch reinigen. Die großen Pressen, die dort benutzt werden, kommen näher an das Gewebe. Das spart Zeit und Ärger, und das Ergebnis wird vermutlich besser.

Achtung: Versuchen Sie nicht, antike Spitzen selbst zu reinigen. Suchen Sie sich eine spezielle Reinigung für feine Stoffe, z. B. eine, die sich auf Hochzeitskleider spezialisiert hat.

Springbrunnen

Ein plätschernder Brunnen ist eine originelle Verschönerung eines jeden Hinterhofes, bis eine weiße oder grüne Verfärbung Ihnen schließlich den schönen Anblick verdirbt. Verkrustungen, Kalkablagerungen und Algen sind die großen Probleme von Springbrunnen. Wenn Sie sich an eine überschaubare, routinemäßige Reinigung gewöhnen, kann sich nichts von alledem bilden.

So wird's gemacht:

Sowohl schuppige Verkrustungen wie Algen bilden sich mit der Zeit. Je mehr Sie dagegen vorbeugen, desto einfacher wird die Reinigung des Brunnens.

Um gegen Algen vorzubeugen, eignet sich normales Algenmittel. Normalerweise gibt man ein paar Tropfen im Monat hinein; damit kann man ohne Chlor oder andere scharfe Chemikalien das Wachstum von Algen verhindern.
Ähnliche Mittel gibt es gegen die schuppigen Verkrustungen; sie funktionieren genauso. Auf 40 l Wasser kommen etwa 100 g der Reinigungssubstanz.
Wenn Sie solche Produkte nicht in das Wasser mischen wollen, müssen Sie den Brunnen nach Bedarf reinigen, gewöhnlich einmal die Woche. Essig ist ein hervorragend geeignetes Reinigungsmittel. Leeren Sie den Brunnen und schrubben Sie die Oberflächen mit einer Bürste und einer 50%igen Lösung aus Essig und Wasser. Der Essig neutralisiert die alkalischen Mineralrückstände und hat gute Reinigungseigenschaften. Spritzen Sie zum Schluß den Brunnen mit einem Gartenschlauch ab.
Reinigen Sie die Pumpe und den Filter ebenfalls wöchentlich. Den Filter nehmen Sie ab und spritzen ihn mit einem Gartenschlauch ab. Andernfalls können Algen ihn verstopfen. Das Äußere der Pumpe wischen Sie mit einem nassen Lappen. Sind Mineralrückstände sichtbar, wischen Sie die Oberfläche mit der Essiglösung ab; hier muss ebenfalls gut nachgepült werden. Wenn Sie Algen oder andere Verunreinigungen vom Ventil abkratzen müssen, nehmen Sie die Flaschenbürste, die mit dem Filter mitgeliefert wird, oder nehmen Sie ein Stöckchen. Metall kann die Oberfläche verkratzen.
Achtung: Um das Risiko eines Elektroschocks zu vermeiden, ziehen Sie unbedingt den Stecker vor der Reinigung.

SPRITZER

Das Beseitigen von Spritzern ist die Intensivstation des Putzens. Dabei geht es um die Verhinderung von Schäden, nicht um Glanz oder Hygiene wie beim regelmäßigen Hausputz. Wenn Sie sofort die richtigen Schritte unternehmen, können Sie etwa 90 % aller Flecken, die von flüssigen Spritzern herrühren, verhindern.

Aus Spritzer mach' Glitzer

Verschüttete Getränke lassen Sie oft lange nicht mehr in Ruhe.
Zuckerhaltige Getränke sind oft die Schuldigen, wenn Wochen oder Monate nach dem Verschütten eine bräunliche Verfärbung entsteht. Warum? Weil eine Flüssigkeit, die farblosen Zucker enthält, in den Fasern bleibt, wenn der Spritzer schon aufgewischt wurde. Unter Einfluss von Luft erzeugt der Zucker nicht lösliche braune Flecken.
Um das zu verhindern, ist schnelles Reagieren geboten. Legen Sie eine 1 cm dicke Schicht weißes, saugfähiges Tuch auf den Spritzer; ganz oben legen Sie ein Gewicht auf. Wenn der Fleck aufgenommen ist, legen Sie neuen Stoff darauf. Wenn Sie so viel wie möglich aufgesaugt haben, tupfen Sie die Stelle mit kleinen Mengen der folgenden Lösungen ab, bis der Fleck verschwunden ist. Legen Sie ein paar weiße, saugfähige Handtücher bereit. Die angegebene Reihenfolge ist wichtig; zwischen jeder neuen Lösung muss die alte mit Wasser ausgespült werden.

- Fleckentferner oder Alkohol
- 1 TL mildes (nicht alkalisches und nicht bleichmittelhaltiges) Spülmittel in 1 Tasse lauwarmem Wasser
- 1 EL Haushaltsammoniak in 3/4 Tasse Wasser
- 1/3 Tasse klaren Essig (um das Ammoniak zu neutralisieren) und 2/3 Tassen Wasser
- 1eine Paste aus Enzymreinigungspulver und Wasser

So wird's gemacht:

Jeder Spritzer ist unterschiedlich – von Kerzenwachs auf der Tischdecke oder Erbrochenem auf dem Teppich bis zu einer geplatzten Tonerpatrone im Arbeitszimmer oder einem Teller Spaghetti auf dem Schoß. Sie sollten deshalb einige Grundtechniken beherrschen, die dabei helfen, Spritzer nicht zu Flecken werden zu lassen. Die Zeit des Reinigens ist unmittelbar nach dem Unglück. Versuchen Sie so viel wie möglich von der Flüssigkeit aufzunehmen, bevor Sie dem Spritzer mit Fleckentfernern und dergleichen zu Leibe rücken.

- Wenn die Substanz trocken ist, halten Sie sie trocken. Werden trockene Sachen verschüttet, wie Mehl, Zucker oder Pulver, sollten Sie sie zunächst so gründlich wie möglich mit trockenen Methoden wie einem Staubsauger, Besen oder Handfeger und Schippe angehen. Wenn Sie gleich Wasser benutzen, wird sich alles verflüssigen und umso schwerer zu reinigen sein und dringt außerdem leichter in die Fasern ein – dann ist der Fleck da.

- Saugen Sie es auf. Flüssige Spritzer sollten mit sauberem, weißem, saugfähigem Material wie Papiertüchern, Servietten oder Baumwolltüchern abgetupft werden. Je mehr von der verschütteten Substanz sofort absorbiert wird, desto weniger Rückstände verbleiben auf dem Untergrund und desto geringer ist die Chance, dass ein Fleck zurückbleibt.
- Nachdem Sie so viel wie möglich aufgenommen haben, behandeln Sie wasserhaltige Spritzer wie Kaffee, Tee, Fruchtsaft, Soda, Milch, Blut oder Ei mit einem Schwamm und klarem Wasser. Wenn sich dadurch der Spritzer nicht vollständig entfernen lässt, ist ein spezielles Mittel gegen den Fleck notwendig.
- Spritzer von Farbe, Ölfarbe oder Fett sollten mit Fleckentferner statt Wasser abgetupft werden.
- Auf Teppichen und Polstern sollte nur wenig Wasser verwendet, die entsprechenden Stellen aber oft abgetupft werden, um Verfärbungen durch zu viel Flüssigkeit im Füllmaterial zu vermeiden. Tupfen Sie von außen nach innen, damit Sie den Spritzer nicht noch breit drücken.
- Fangen Sie mit dem Gröberen an und nehmen Sie sich dann erst die Flecken vor. Wenn Sie eine Kombination von Festem und Flüssigem – z.B. einen Teller Suppe – verschütten, sollten Sie die erst die festen Bestandteile mit einem Löffel entfernen und dann die flüssigen mit saugfähigen Tüchern aufsaugen.

FÜR EILIGE:

Ein sowohl nass wie auch trocken verwendbarer Staubsauger ist gut für kombinierte Spritzer aus festen und flüssigen Bestandteilen. Sie sind besonders hilfreich, wenn es um das Entfernen von Flüssigkeiten auf Teppichen und Polstern geht. 4-l-Wasser-Staubsauger sind immer für kleinere Fälle gut. Nach Gebrauch reinigen und trocknen Sie das Gerät.

Zur Not geht's auch so:

Wenn Sie gerade keine Utensilien zum Putzen zur Hand haben, holen Sie Ihre Brieftasche hervor. Eine Kreditkarte beseitigt oft die größten Kleckse auf allen möglichen Oberflächen.

Spülbecken

Wenn Sie an Keime im Haushalt denken, gilt Ihr erster Gedanke wahrscheinlich der Toilette. Es hat sich jedoch herausgestellt, dass Spülbecken – besonders in der Küche, weniger im Badezimmer – zu den am meisten von Keimen heimgesuchten Bereichen im Haus gehören. Eine Studie hat ergeben, dass Bakterien sich hauptsächlich in der Spüle, dem Ausguss und dem Schwamm bzw. Geschirrhandtuch ansammeln. Keime, die man am Toilettenrand erwartet, also fäkale Kolibakterien, wurden tatsächlich kaum dort gefunden. Aber in der Küche waren sie überall. Die glatte Oberfläche einer Spüle ist aus der Sicht einer Mikrobe eine Landschaft voller Winkel und Ecken. Der Trick ist, sie von dort wegzuholen und sie von der Vermehrung abzuhalten.

So wird's gemacht:

Essenspartikel und Mikroben lassen sich durch Scheuern mit normalem Desinfektionsmittel beseitigen. Die Seiten und der Boden des Spülbeckens werden mit einem neuen oder sterilisierten Schwamm gescheuert. (Hinweis: Der Schwamm lässt sich sterilisieren, wenn man ihn in die Spülmaschine steckt ode 5 Minuten in einer Lösung aus einer 3/4 Tasse Bleiche und knapp 4 l Wasser einweicht.) Wischen Sie noch einmal mit einer Sterilisationslösung nach, und zwar aus verdünnter Haushaltsbleiche, die sogar die hartnäckigsten Kletten unter den Keimen entfernt. Lassen Sie die Lösung 5 Minuten in der Spüle. Bei Flecken auf Porzellan oder Edelstahl sind Mittel mit leichter Abreibung geeignet, z. B. Flüssigreinigungsmittel oder Natron.

Für Eilige:

Wenn's schnell gehen muss, sprühen Sie die ganze Spüle mit Desinfektionsmittel ein und wischen es mit einem Papiertuch ab.

Zur Not geht's auch so:

Spülen Sie das Becken mit klarem Wasser und trocknen Sie es mit Papiertüchern ab. Wann immer Bakterien einen Ort finden, an dem Feuchtigkeit herrscht und wo Lebensmittelreste sind, lassen sie sich dort nieder und vermehren sich. Auf einer trockenen Oberfläche können Bakterien nur ein paar Stunden existieren.

Um in einem Porzellanbecken Flecken zu entfernen, füllen Sie es mit warmem Wasser und geben ein paar Esslöffel Chlorbleiche hinein. Lassen Sie die Lösung für eine Stunde stehen und spülen Sie sie aus. Wenn der Fleck noch nicht weg ist, legen Sie die Spüle mit Papiertüchern aus, tränken sie mit Chlorbleiche und lassen sie für eine halbe Stunde einweichen. Tragen Sie Gummihandschuhe und sorgen Sie für ausreichende Belüftung.

Achtung: Verwenden Sie weder scharfe Mittel noch kratzende Reinigungskörper auf Marmor, Fiberglas oder Plastik, da die Oberfläche dadurch verkratzen, porös oder anfällig für Flecken und Keime werden könnte. Lesen Sie immer genau die Gebrauchs- und Sicherheitshinweise auf den Produkten, die Sie verwenden.

Spülmaschinen

Spülmaschinen haben keine leichte Arbeit zu leisten, während sie Ihr Geschirr spülen, deshalb ist es nur recht und billig, sie gut in Form zu halten.

So wird's gemacht:

Das Äußere wischen Sie mit einem sauberen, feuchten Schwamm ab – er darf nicht kratzen. Wenn nötig, geben Sie etwas Spülmittel auf den Schwamm; wischen Sie aber danach noch einmal mit klarem Wasser darüber. Mit einem Glasreinigungsspray können Sie stärkere Verschmutzungen entfernen, aber sprühen Sie nicht direkt auf die Maschine, sondern auf den Schwamm. Sonst könnte Flüs-

Putzaktionen für's Guinessbuch

Ein Dreck(s)stück
Die Zahl der Geschirrteile, die täglich in einem Top-Restaurant mit 1,5 Millionen Kunden im Jahr – gespült werden: 18000 bis 20000.

sigkeit zwischen die Ritzen gelangen und die Elektronik beschädigen. Oder sie gelangt in die Schlitze an den Knöpfen und zieht dort Schmutz an. Das Innere der Maschine ist quasi selbstreinigend. Sehen Sie von Zeit zu Zeit nach, ob sich an der Stelle, wo die untere Kante der Tür in die Maschine fällt, etwas verfärbt hat – ein Zeichen für hartes Wasser oder für zu viel Spülmaschinenpulver. (Füllen Sie nicht gleich das Pulverfach ganz voll, sondern probieren Sie aus, ob das Geschirr auch mit weniger Pulver sauber wird.) Ist das der Fall, reinigen Sie die Stelle mit einem feuchten Schwamm und etwas Spülmaschinenpulver.

Für Eilige:

Es kommt vor, dass Mineralienrückstände im Wasser das Innere der Maschine leicht verfärben. Lassen Sie in dem Fall eine Spülmaschine ohne Geschirr laufen, aber mit speziellem Zitrusreiniger für Spülmaschinen. Finden Sie keinen entsprechenden, stellen Sie einfach eine saubere Schale mit 1/4 Tasse klarem Essig in das obere Fach der leeren Spülmaschine und lassen Sie sie einmal ohne Pulver laufen. Die im Essig enthaltene Säure sollte das Problem beseitigen. Ist die Methode erfolglos, versuchen Sie es mit mehr Essig.
Achtung: Nehmen Sie nur Spülmaschinenpulver – kein normales Spülmittel, sonst entsteht eine Masse Schaum, die sich über die halbe Küche ausbreiten kann.
Putzen Sie Ihre Spülmaschine nicht mit scharfen Reinigern oder kratzenden Reinigungskörpern, ob innen oder außen. Und denken Sie daran, dass Glasreiniger, falls er überhaupt nötig ist, nicht direkt auf das Gerät, sondern nur auf den Schwamm gesprüht werden soll.

STAHL

Da Stahl rostanfällig ist, wird er normalerweise mit einer Schutzschicht überzogen. Diese bestimmt dann die Methode des Putzens. Bei Haushaltsgeräten besteht die Schicht oft aus Emaille; Vinylüberzug findet man z. B. in Spülmaschinenfächern. Im Allgemeinen muss man die Schicht vor Löchern und Kratzern schützen, damit der Stahl nicht in Berührung mit Feuchtigkeit kommt und rostet. Rost kann sich in gerade einmal 4 Stunden bilden.

SO WIRD'S GEMACHT:

Wischen Sie Oberflächen mit einem nicht kratzenden Allzweckreiniger und einem Schwamm oder einem weichen Lappen. Geräte oder Küchenschränke mit einer Emailleschicht können Sie auch mit einem cremigen, leicht flüssigen Küchenwachs reinigen. Geben Sie das Wachs auf einen feuchten Lappen und reiben Sie es auf die Fläche. Putzen Sie immer nur einen kleinen Bereich auf einmal, damit Sie jede Stelle trocken tupfen können, während das Wachs noch feucht ist. Haushaltsgeräte sollten nur 3- bis 4-mal im Jahr gereinigt werden, damit sich nicht zu viel Wachs ansammelt.

FÜR EILIGE:

Verkrustete Flecken auf dem Herd müssen eventuell 15 Minuten mit einer Reinigungslösung getränkt werden, damit man sie entfernen kann, ohne die Herdoberfläche zu beschädigen. Sparen Sie Zeit, indem Sie Spritzer immer gleich aufwischen.

ZUR NOT GEHT'S AUCH SO:

Wenn sich unter einem Kratzer auf einer beschichteten Oberfläche einmal Rost bildet, kann der Schaden behoben werden. Entfernen Sie den Rost mit Sandpapier oder Rostlöser; wenn der Stahl noch gut in Schuss ist, versiegeln Sie die Stelle mit einem Tupfer Emaillefarbe.

Achtung: Verwenden Sie weder scharfe Mittel noch kratzende Reinigungskörper, da die Oberfläche dadurch verkratzt werden und der Stahl dann rosten könnte. Ein Topfreiniger reicht dafür aus.

Staub

Stellen Sie sich jedes Staubkorn, das Sie abwischen, als eine Schmutzpartikel vor, die es *nicht* bis in Ihre Lunge geschafft hat. Staubwischen bedeutet nicht einfach, die unansehnliche Schicht loszuwerden, die sich auf den Oberflächen niedergelassen hat. Sie verbessern dabei die Luftqualität in Ihrem Haus, was umso wichtiger ist, wenn man bedenkt, dass Asthmasymptome häufig von Staub und anderen in der Luft herum fliegenden Allergie-Erregern ausgelöst werden.

So wird's gemacht:

Wischen Sie immer von oben nach unten und mit einem leicht angefeuchteten, weichen Tuch. (Für Vorhänge und Polster nehmen Sie einen Staubwedel oder einen Staubsauger mit Bürstenaufsatz.) Gehen Sie über harte Oberflächen – Bücherregale, Tische, Stühle – und andere Dinge wie Bilderrahmen, Bücher, die Stereoanlage oder Schmuckgegenstände, bis alles von der Decke bis zum Fußboden staubfrei ist.

Woher kommt der ganze Staub?

Alles und jedes macht Staub. Unter anderem winzige Schmutzpartikel, Gewebefasern, tote Haut, Tierhaare, Insektenglieder, Rauch und Asche, Pollen und Sporen, Schimmel, Bakterien, Staubmilben – da haben Sie es. Manche Partikel entstehen drinnen, andere dringen durch Fenster, Türen und Luftschlitze ein und werden schnell mehr, wenn in der Umgebung gebaut wird.

Klingt schrecklich, oder? Das kann es auch sein, besonders wenn Sie an Asthma oder einer anderen Allergie leiden, oder wenn in bestimmten Teilen des Hauses viele Bakterien oder andere kleine Kreaturen hausen. Nehmen Sie Mehltaupilze. Sie entstehen als Schimmel, der ein natürlicher Bestandteil von Staub ist. Wenn dieser Schimmel einen geeigneten Platz findet, wo er sich ansiedeln kann (etwa einen feuchten Keller), lässt er sich rasch nieder und fängt an Baumwolle, Leder und andere organische Materialien zu mampfen.

Andere mikrobiologische Wesen wie Staubmilben leben von toter Haut und Haarpartikeln. Sie siedeln sich in gepolsterten Kissen und Bettzeug an und laufen Amok unter denjenigen, die allergisch gegen sie sind.

> **SO MACHE ICH ES**
>
> **DIE MASKIERTE RÄCHERIN**
>
> **Eine erfahrene Reinigungsspezialistin, die schon in vielen Häusern die Luft getestet hat, erzählt ,wie sie zu Hause schädliche biologische Erreger bekämpft:**
> **„Ich wische regelmäßig Staub. Im Bad, wo ich einen Teppich habe, lasse ich die Ventilation laufen, um die Feuchtigkeit zu verringern. Ich will keine Brutstätte für sie einrichten. Ich bin auch Allergikerin, also lege ich beim Hausputz eine Staubmaske an, da sie viele der Allergieerreger aus der Atemluft filtert."**

Als nächstes staubsaugen Sie die Fußböden. Nehmen Sie keinen Besen oder einen Staubmopp; sie verteilen den Staub nur in der Gegend und schleudern die Staubpartikel in Ritzen und Spalten. Wenn Sie Teppiche oder Brücken auf dem Fußboden haben, saugen Sie sie ebenfalls – stark beanspruchte Bereiche täglich, andere mindestens einmal die Woche. Wöchentlich gesaugte Teppiche sollten Sie einmal im Monat ausschlagen und die Unterseiten staubsaugen. In häufig frequentierten Bereichen sollten die Unterseiten von Brücken einmal wöchentlich gesaugt werden. Verwenden Sie einen hochwertigen Staubsauger mit einem guten Filtersystem und einem Drehflügel, um die Partikel aufzuwirbeln.

Die heutigen Staubsauger haben mehrstufige und bessere Filtersysteme; hochfeine Endfilter fangen die winzigen Staubpartikel auf, die nicht in den Staubsaugerbeutel gelangen und normalerweise wieder in die Außenluft geblasen werden. Aber die Filter müssen regelmäßig ausgewechselt werden – wie beim Trockner, der auch nicht mehr gut arbeitet, wenn der Filter von Fusseln verstopft ist. Warten Sie nicht, bis der Filter ganz voll ist – mit vollem Filter saugt das Gerät weniger effektiv. Nach jeder dritten Leerung drehen Sie die nicht auswechselbaren Außenhüllen von innen nach außen und holen Fusseln und Schmutz heraus. So kann sich der Motor nicht überarbeiten und saugt besser den Staub ein.

Ihre Klimaanlage und Heizung tun mehr, als bloß die Räume aufzuwärmen oder abzukühlen. Sie filtern auch die Luft und tragen zu ihrer Zirkulation bei. Zur Reduzierung des Staubs in Ihrem Haus ist es wichtig, alle Filter sauber zu halten. Die alten Fiberglasfilter

in Heizungen und Klimaanlagen sind allenfalls bessere Fliegenfänger. Die kleineren Partikel gelangen durch sie hindurch und lassen Allergene und Krankheitserreger aller Art frei.
Eine bessere Wahl sind elektrostatische oder Falt-Filterplatten, die man heute kaufen kann. Egal, welche Filter Sie haben – sie müssen regelmäßig gereinigt werden, in der Regel einmal monatlich. Wechseln Sie sie aus, wenn Sie sich abzunutzen beginnen. Diese einfachen Schritte werden auch Ihre Heizung und Klimaanlage effektiver machen, Energiekosten sparen und die Lebensdauer der Anlagen erhöhen.
Vergessen Sie nicht die Abtropfschale der Klimaanlage. Sie ist feucht, dunkel und durch die Spiralen auch noch warm – ein Paradies für Mikroorganismen. Nehmen Sie sie regelmäßig heraus, lassen Sie das überschüssige Wasser ablaufen und wischen Sie sie mit einem Schwamm oder Tuch mit Spülwasser ab.

Für Eilige:

Um die statische Aufladung zu vermindern, die den Staub besser an Gegenständen haften lässt, feuchten Sie ein nicht haftendes Blatt Löschpapier an und wischen Sie damit über Plastikoberflächen.

Stein

Stein wird in immer mehr Haushalten für Fußböden, Arbeitsflächen und Wände benutzt. Er ist erschwinglicher geworden, da sich die Technologie in den Stein verarbeitenden Industrien verbessert hat. Granit, Marmor, Kalkstein, Schiefer und Sandstein sind pflegeleichte, dauerhafte Materialien, die, wenn man sie gut pflegt, ein Leben lang halten.

So wird's gemacht:

Der erste Schritt bei der Pflege einer Steinoberfläche ist das Imprägnieren zum Schutz vor Verschmutzungen. Wie ein Schwamm Wasser aufsaugt, so füllen sich die Poren des Steins, so dass Flecken nicht mehr eindringen können.

Neue Oberflächen sollten mit Steinseife abgewaschen werden; dann sollte man sie gründlich trocknen lassen und versiegeln. Auf älteren Flächen muss man vor dem Versiegeln prüfen, ob alle Flecken beseitigt sind. Nach dem Versiegeln ist es zu spät, einen alten Fleck zu entfernen.
Es gibt Versiegelungen zum Auftragen oder zum Aufsprühen. Am besten trägt man sie mit einem Applikator aus Lammwolle auf, dann entstehen keine Streifen.
Je nach Gebrauch kann der Stein alle 6 Monate-5 Jahre wieder versiegelt werden.

Steine brauchen Tiefenreinigung

Um einen Fleck von Stein zu entfernen, braucht es mehr als eine Scheuerbürste. Wenn Sie ihn abschrubben, taucht er oft ein paar Tage später wieder auf.
Verschmutzungen dringen in die Poren des Steins. Man muss etwas darauf legen, was den Schmutz herauszieht.
Sie müssen also eine Breipackung herstellen, eine Paste, die direkt auf den Stein angewendet wird, dort trocknet und abgekratzt wird.
Das Trocknen ist dabei sehr wichtig. Wenn man sie nicht trocknen lässt, zieht es die Verschmutzung nicht aus dem Stein.
Breipackungen
Bei Tinte, Tee, Kaffee, Obst und den meisten Lebensmittelflecken (außer Öl):
Mischen Sie weißes Mehl mit Wasserstoffperoxid, bis eine Paste entsteht, die etwa die Konsistenz von Joghurt hat.
Bei Öl und Kupferflecken:
Mischen Sie weißes Mehl und Ammoniak zu einer Paste.
Bei Schimmelpilzen und Algen:
Stellen Sie eine Paste aus Bleichmittel für den Haushalt und Mehl her. Das wirkt auch gut auf Mörtel.
Anleitungen
Legen Sie die Paste leicht überlappend auf die verschmutzte Stelle, bedecken Sie sie mit Plastikfolie und lassen Sie sie 12-24 Stunden einwirken. Nehmen Sie das Plastik ab und sehen Sie nach, ob alles getrocknet ist. Wenn nicht, lassen Sie es unbedeckt trocknen. Anschließend kratzen Sie die Packung mit einem Holzlöffel oder einem ähnlichen, stumpfen Gegenstand ab und kontrollieren die Fläche.
Geben Sie nach einem Versuch nicht auf. Wenn Sie sehen, dass sich etwas verbessert hat, versuchen Sie es noch mal. Manchmal braucht es bis zu 5 Anwendungen, bis ein Fleck verschwunden ist.

Sind Sie nicht sicher, machen Sie einen Wasserabsorptionstest. Geben Sie ein paar Tropfen Wasser auf die Steinfläche. Wenn der Stein in weniger als einer Minute das Wasser absorbiert und etwas dunkler wird, ist es Zeit für eine Neuversiegelung.
Die Pflege von Steinflächen sollte aus täglichem Abstauben oder Wischen (um kratzenden Schmutz zu beseitigen) und wöchentlichem Schrubben bestehen. Arbeitsflächen sollten nach Gebrauch mit nicht kratzendem Reinigungsmittel abgewischt werden.

Für Eilige:

Wenn Sie beim Staubsaugen des Hauses auch Steinwände und -böden mit hinzunehmen, können Sie einige Schritte sparen. Je öfter Sie staubsaugen, desto weniger müssen Sie feucht wischen. Häufige Vorbeuge ist also am wichtigsten. Legen Sie draußen Fußmatten vor die Tür und sorgen Sie dafür, dass alle am Eingang die Schuhe ausziehen.

Zur Not geht's auch so:

Wenn Sie keine Steinseife zur Verfügung haben, geht es auch mit milder Pflanzenseife.
Wenn es in Ihrer Gegend im Winter friert, wird empfohlen, Steinflächen draußen nicht zu versiegeln. Wenn beim Versiegeln Wassertröpfchen mit hineingekommen sind, wird der Stein durch den Frost zerstört. Setzen Sie Stein ruhig Wind und Wetter aus und lassen Sie ihn seine eigene Patina entwickeln.

Steppdecken

Hier fahren Sie am besten mit Waschmaschine und Trockner – falls Ihre Decke dort hinein passt.

So wird's gemacht:

Wenn möglich, folgen Sie den Anweisungen auf dem Etikett. In der Regel sind Decken mit einem Obermaterial aus bedruckter Baumwolle waschmaschinenfest. Jedoch sollten sie separat gewaschen werden. Stopfen Sie sie nicht hinein – ist Ihre Waschmaschine zu klein, gehen Sie zu einem Waschsalon und nehmen Sie eine Maschine für Übermengen.

ZUR NOT GEHT'S AUCH SO:

Wenn das Etikett nicht mehr dran ist, wenden Sie sich an den Hersteller oder den Verkäufer. Wissen Sie nicht, wo das Stück gekauft wurde, wenden Sie sich an eine Reinigung. Schweres Polstermaterial sollte in die chemische Reinigung, aber die Farben anderer Steppdecken könnten dadurch beeinträchtigt werden.

Generell sollte man bedruckte Stoffe nicht in die chemische Reinigung geben.

Achtung: Niemals eine Steppdecke in eine zu kleine Waschmaschine stopfen. Sie kann dann nur ungleichmäßig gewaschen werden. Im Trockner riskieren Sie in solch einem Fall, dass einzelne Kammern gegen die Trommel geschleudert werden, während die nach innen gedrückten nass bleiben.

STEREOANLAGEN

Ihr Gehör wird Ihnen sagen, wann es Zeit zum Reinigen der Anlage ist. Schmutz, Staub und Oxyde sammeln sich auf den empfindlichen Teilen an und beeinträchtigen den Klang. Sichere Zeichen sind z. B. ein Knacken, wenn man den Lautstärkeregler verstellt, dumpfer oder verzerrter Klang, schwache oder ausfallende Signale von einem der beiden Lautsprecher oder Überspringen eines Stückes vom CD-Spieler. Wenn Sie ein paar Mark und einige Minuten investieren, klingt Ihre Anlage wieder wie neu.

SO WIRD'S GEMACHT:

Stauben Sie die Anlage dann und wann mit einer nichtmetallischen Bürste und einem Staubsauger ab. Schieben Sie sie dazu nicht herum, sonst ziehen Sie noch Kabel heraus oder beschädigen etwas. Staub ist hauptsächlich an einer Stelle gefährlich: am Laser des CD-Spielers.

Gewohnheiten, die Sie vergessen sollten

Verkleben Sie die Geräte nicht

Audiotechniker schütteln in solchen Fällen meistens mit dem Kopf – der Kunde hat Schmiermittel in die Stereoanlage gesprüht. „Manchmal läuft ein Gerät zu langsam und wirkt klebrig", erzählt ein Techniker. „Jemand hat einfach einen Silikonreiniger oder Schmiermittel in das Gerät gesprüht, damit es besser läuft." „Dadurch wird der Motor ruiniert und das Gummi imprägniert; dann rutscht es und schwillt an." Sprayflaschen sind für Stereoanlagen ungeeignet. Ziehen Sie den Stecker heraus und nehmen Sie das Gehäuse ab. Saugen Sie den Staub heraus. Lässt er sich so nicht entfernen, versuchen Sie es mit Druckluft. Wischen Sie das Gummi und andere Teile mit einem Baumwollbausch ab, den Sie mit etwas denaturiertem Alkohol angefeuchtet haben.

Die Linse darf allerdings nicht mit der Hand gereinigt werden; sie ist hochempfindlich. Es gibt spezielle Reinigungs-CDs, die auf der Spielfläche eine Bürste haben.

Vergessen Sie die Kabel nicht. Einmal im Jahr sollten sie abgenommen und mit denaturiertem Alkohol abgewischt werden.

Wenn beim Einstellen der Lautstärke Knacklaute zu hören sind, befinden sich in der Kohlespur der Knopfhalterung wahrscheinlich Staub und Schmutz. Schalten Sie das Gerät aus und ziehen Sie den Stecker. Schrauben Sie das Gehäuse ab und entfernen Sie eine etwaige Verkleidung um den Regler, bis Sie sehen können, wo er mit der Schalttafel verbunden ist. Dort sollte ein Loch sichtbar sein. Sprühen Sie ein wenig leichten Silikonreiniger in das Loch; er entfernt den Staub und verhindert weitere Ansammlungen. Schieben Sie den Regler ein paar Mal vor und zurück und schalten Sie das Gerät bei minimaler Lautstärke an, um zu sehen, ob das Knacken verschwunden ist. Wenn nicht, wiederholen Sie den Vorgang. Wenn kein Silikonreiniger zur Hand ist, kann man auch mit denaturiertem Alkohol den Schmutz entfernen – dann hat man aber keine Schutzschicht, und neuer Staub kann sich ungehindert wieder ansammeln. Mit dieser Methode lassen sich alle Funktionsregler reinigen – Balance (balance), Bässe (bass), Höhen (treble), Kassettendeck (tape monitor) und andere. Wenn ein Knopf ver-

schmutzt ist, sind es wahrscheinlich andere auch, wenn auch vielleicht in geringerem Maße.
Wenn die Buchsen schon angerostet sind, reiben Sie sie mit feinem Sandpapier ab.
Auch wenn Sie Schallplatten nicht mehr so häufig hören wie früher, lassen Sie den Plattenspieler nicht einfach vor sich hingammeln. Nach 30 Stunden Gebrauch sollte die Nadel gewechselt werden. Eine stumpfe Nadel kann Schallplatten beschädigen, besonders wenn sie mit der Zeit etwas mürbe werden. Am besten kaufen Sie gleich mehrere Ersatznadeln – vielleicht gibt es sie in ein paar Jahren nicht mehr. Stellen Sie Ihre Schallplatten aufrecht (ohne sie dabei schräg anzulehnen), weg vom Sonnenlicht. Mit einer Samtbürste reinigt man sie.

FÜR EILIGE:

Halten Sie die Stereoanlage immer geschützt und benutzen Sie alle Hüllen oder Türen, die Sie haben, um die Geräte und Tonträger abzudecken. Schmutz und Staub auf Kassetten, CDs und Schallplatten gelangen auch in die Geräte. Bewahren Sie sie in ihren Hüllen auf, um sie sauber und staubfrei zu halten.

Achtung: Vergewissern Sie sich, dass die Stereoanlage bei der Reinigung ausgeschaltet ist und alle Stecker gezogen sind, besonders wenn Sie an den Buchsen arbeiten. Sie wollen ja nicht, dass plötzlich ein Riesenknall durch Ihre Lautsprecher geht, wenn Sie die Kabel wieder anschließen.
Fragen Sie beim Hersteller, ob das Öffnen der Geräte die Garantie ungültig macht.

STIEFEL AUS LEDER UND GUMMI

Gute Stiefel halten jahrelang Schlammwanderungen aus, wenn Sie sie nach der Rückkehr immer nett behandeln.

SO WIRD'S GEMACHT:

Gummistiefel sind relativ einfach zu pflegen. Spritzen Sie Dreck einfach mit dem Wasserschlauch ab; auch verkrusteter Schmutz sollte sich nach einigen Minuten lösen. Was noch übrigbleibt, lässt sich mit einem weichen Handtuch oder Lappen entfernen.

Gummistiefel aus billigem oder imitierten Material verschleißen irgendwann und werden rissig. Alle Gummistiefel leben jedoch länger, wenn Sie sie möglichst wenig direkter Sonne aussetzen. Mögen Sie glänzende Stiefel, behandeln Sie sie 1- oder 2-mal jährlich mit Reifengummi und Vinylschutzmittel.

Bei Lederstiefeln ist das größte Problem nicht das Nassmachen, sondern das richtige Trocknen. Wenn Sie nicht gerade mit ihnen baden gehen, halten die meisten Lederstiefel eine ordentliche Spritze aus, wenn sie richtig verdreckt sind. Wichtig ist, dass sie bei Raumtemperatur und in einiger Entfernung von Wärmequellen trocknen. Radiatoren, Öfen und Föne helfen sicherlich, die Stiefel schneller zu trocknen, aber das Leder kann sich verziehen oder Risse bekommen.

Sattelseife ist in vielen Schuhgeschäften in Dosen erhältlich und leistet beim Entfernen gewöhnlicher Verschmutzungen gute Dienste. Beachten Sie die Gebrauchshinweise auf der Dose. Aber eine gewisse Feuchtigkeit braucht der Stiefel, und Sattelseife hat die Eigenschaft, auch diese zu entfernen. Man darf nicht vergessen, dass Leder eine Haut ist und, wie Ihre eigene Haut, geschmeidig gehalten werden muss. Fühlt der Stiefel sich nach der Reinigung trocken an, tragen Sie Ihr gewohntes Lederpflegemittel auf.

Wildleder- und Nubukstiefel müssen abgebürstet werden. Wildleder ist aufgesplittertes und von innen nach außen gekehrtes Leder, deshalb ist es so weich. Nubuk ist normales Leder, das einfach ein wenig aufgerieben wurde, wodurch das wildlederartige Aussehen entsteht. Für Wildleder gibt es extra Metallbürsten. Nubuk hat kürzeres Haar, das von einer Metallbürste beschädigt werden könnte, deshalb sollte man eine Pferdehaar- oder eine weiche Nylonbürste benutzen. Bürsten Sie gegen den Strich, um Schmutzpartikel herauszudrücken; anschließend bürsten Sie aber wieder in die richtige Richtung. Für leichte Flecken auf Nubuk gibt es in Schuhgeschäf-

ten einen Reibblock. Ein Pflegespray sollte Fluorpolymere enthalten, kein Silikon.
Zur Beachtung: Handelsübliche Imprägniermittel schützen Ihre Stiefel vor Regen und Dreck. Befolgen Sie genau die Gebrauchshinweise auf dem Behälter. Vor dem Imprägnieren sollten Ihre Stiefel auf jeden Fall sauber sein. Außerdem ist es besser, sie vor dem ersten Imprägnieren erst ein paar Mal zu tragen. Manche Schuhhändler polieren Ihre Schuhe, damit sie auf den Regalen schön glänzen. Die Politur sollte nicht mehr sichtbar sein, bevor Sie das erste Mal imprägnieren.

ZUR NOT GEHT'S AUCH SO:
Normale Straßenstiefel werden wahrscheinlich nicht so dreckig, dass man sie so ausgiebig reinigen muss wie Arbeitsstiefel, aber starke Verschmutzungen können Sie mit einem Lappen und Leitungswasser entfernen.
Achtung: Bei Stiefeln aus exotischer Tierhaut oder anderen Materialien sollten Sie genau die Anweisungen des Herstellers beachten.

STOFFE (ALT)

Sie haben auf Omas Dachboden ein paar Kleiderschätze aufgestöbert? Halten Sie jetzt die Augen auf. Wenn Sie sie reinigen, ist getrocknete Fäulnis Ihr größter Feind; es beginnt als Wasserschaden und ruiniert schließlich das Gewebe von innen nach außen. Der Stoff mag noch einwandfrei aussehen – in dem Moment jedoch, in dem Sie ihn Belastungen aussetzen, beginnt er zu zerfallen.

SO WIRD'S GEMACHT:
Die Regel Nr. 1 bei der Reinigung alter Kleider, Teppiche oder anderer Stoffe ist einfach: Seien Sie vorsichtig. Wenn es jemals eine Gelegenheit gab, ein Expertenmeinung zu hören, die nicht aus der chemischen Reinigung kommt: Hier ist sie. Ein Erbstück, wie ein altes Hochzeitskleid oder eine altertümliche Steppdecke, kann beim Waschen kaputt gehen, wenn es von getrockneter Fäulnis befallen ist. Ein Fachmann ist jedoch in der Lage, den Stoff zuerst

wieder in Stand zu setzen und dann zu waschen. Einen frischen Fleck auf altem Stoff versuchen Sie einfach mit einem sauberen, weißen Lappen zu entfernen; wenn das nichts hilft, wenden Sie sich an einen Textilfachmann.

Stofftiere

Jedes Jahr wird der Markt mit Millionen von Stofftieren überschwemmt. Wenn Eltern später einen Blick auf einen Urwald voller verstaubter, schlaffer, fleckiger Kreaturen werfen, fragen Sie sich oft: Wasche ich sie oder werfe ich sie weg? Wenn Sie sich für das Waschen entscheiden, haben Sie 3 Möglichkeiten. Welche für Sie geeignet ist, hängt vom Alter, von der Art und vom Füllmaterial ab.

So wird's gemacht:

Sehen Sie auf dem Schild nach, ob das Tier maschinenwaschbar ist. Manche lassen sich bei niedrigster Temperatur in der Waschmaschine waschen. Um das „Fell" und die Waschmaschine (sollte sich das Tier auflösen) zu schützen, stecken Sie es vor dem Waschen in einen alten, fest verschlossenen Kissenbezug. Nehmen Sie mildes Waschmittel. Nach dem Waschen „lüften" Sie das Stofftier 5-10 Minuten im Trockner und lassen es anschließend lufttrocknen.

Zusammengehörige Stofftiere, dessen Füllmaterial Sie nicht kennen oder die keine Pflegehinweise besitzen,sollten nur an der Oberfläche gereinigt werden. Wenn Sie sie mit Wasser oder Reinigungsmitteln vollsaugen, können Komplikationen entstehen – von aufgelösten Nähten bis zu abgetrennten Gliedern. Staubsaugen Sie das Äußere. Benutzen Sie Polsterreiniger oder stellen Sie Ihren eigenen im Mixer her, und zwar mit 2 Tassen warmem Wasser und 1 Spritzer Spülmittel. Mixen Sie, bis alles schaumig ist. In kreisenden Bewegungen tragen Sie den Schaum mit einer trockenen Bürste auf das Stofftier auf. Mit einer Sprühflasche spülen Sie den Schaum ab. Nehmen Sie abwechselnd die Strahl- und die Zerstäuberdüse und tupfen Sie das Tier mit einem Tuch ab. Fahren Sie so lange fort, bis der Schaum sauber ausgespült ist. Wischen Sie die Oberfläche mit einem Frotteehandtuch ab, lassen Sie das Stofftier lufttrocknen und bürsten Sie das Fell mit einer Haarbürste wieder flauschig.

FÜR EILIGE:

Um das Shampoo auf Ihren knuddeligen Freunden zu trocknen, reiben Sie Stärkemehl ins Fell und saugen Sie es wieder ab.

ZUR NOT GEHT'S AUCH SO:

Stecken Sie das Stofftier für ein paar Minuten zum „Lüften" in den Trockner.

Achtung: Nehmen Sie keine scharfen Polsterreiniger auf Stofftieren, die kleine Kinder in die Hände bekommen, da sie sie in den Mund stecken können.

STOFFWINDELN

Wenn Sie sich für Stoffwindeln statt Wegwerfprodukte entschieden haben – herzlichen Glückwunsch. Nun zu dem kleinen Problem des Waschens.

SO WIRD'S GEMACHT:

Feste Rückstände sind schwierig von weißen Windeln zu entfernen. Die meisten Mütter machen den Fehler, flüssiges Haushaltsbleichmittel zu verwenden, das die empfindliche Babyhaut reizen kann, wenn es nicht ordentlich ausgespült wird. Und außerdem trägt es zur Abnutzung der Windel bei. Mit Bleichmittel haben Sie nicht 6 Jahre etwas von Ihrer Windel, sondern eher 6 Monate.

Zuerst schaben Sie so viel wie möglich von den Rückständen in die Toilette. Dann, beim Waschen, unterbrechen Sie den Waschgang und weichen die Windeln in heißem Wasser und einem ba-byfreundlichen Waschmittel ein; dieses Waschmittel sollte

PUTZAKTIONEN FÜR'S GUINESSBUCH

Die Pampers-Generation
Die durchschnittliche Zahl von Wegwerf-Windeln, die ein einziges Baby bis zum Trockenwerden braucht: 4500.

das Enzym Protease enthalten, da es feste Rückstände dieser Art löst. Lassen Sie die Waschmaschine zu Ende laufen und wiederholen Sie den Waschgang mit demselben Waschmittel, diesmal ohne Unterbrechung.

FÜR EILIGE:

Trennen Sie die Windeln mit festen Verschmutzungen von denen, in denen lediglich Urinrückstände sind. Mit demselben Waschmittel entfernen Sie Urin in einem einzigen Waschgang.

SWIMMINGPOOLS

Algen haben keinen freien Tag – deshalb haben Sie auch keinen. Um das Wasser im Pool rein und klar zu halten und Ihre Investition zu schützen, ist die Reinigung eine tägliche Aufgabe.

SO WIRD'S GEMACHT:

Mit einem Kescher holen Sie täglich Schmutzpartikel und Unrat von der Wasseroberfläche. Vernachlässigter Schmutz sinkt zum Boden und wird schwieriger zu entfernen sein. Das Netz des Keschers muss ebenfalls täglich gereinigt werden. Auch die chemischen Verhältnisse sollten jeden Tag überprüft werden.

WIE FUNKTIONIERT DAS?

Sehen Sie bei Chlor wirklich rot?

Der beißende Geruch und die brennenden Augen, die die meisten Leute mit Chlor verbinden, wird in Wirklichkeit durch einen niedrigen Chlorspiegel im Pool bewirkt.

Durch 3 Dinge bewahrt Chlor die Qualität des Wassers: Es desinfiziert, es oxidiert das Wasser und verbrennt organische Substanzen und es bleibt als Schutz im Wasser. Die Dauerhaftigkeit von Chlor ist ein großer Vorteil. Wenn also zu wenig Chlor im Wasser ist, gibt es zu viel organisches Material – Hautfette, Haare, Schweiß – im Pool. Der Stickstoff in den organischen Substanzen verbindet sich mit Chlor und bildet ein Gas namens Chloramin. Der unverwechselbare beißende Geruch wird durch dieses Gas hervorgerufen, nicht durch Chlor. Wenn der Chlorstand ausreichend ist, ist kein Geruch zu spüren.

Am günstigsten ist eine Chlormenge von 2-3 Millionstel; dann bildet sich kein Chloramin.

Wie die Zähne, so sollten Sie auch den Pool jeden Tag mit der Bürste putzen. Mit der Bürste gehen Sie über die gesamte Oberfläche, die unter dem Wasserspiegel liegt und bürsten Verschmutzungen zum Abfluss. Das hat einen zweifachen Nutzen. Der Oberflächenschmutz wird in Bewegung gebracht und kann so leichter aufgenommen werden und nach unten gesunkener Schmutz wird gelöst und kann in den Abfluss fließen. In sehr warmem Klima, wo das Wachstum von Algen ein großes Problem ist, kann tägliches Ausbürsten (eine Sache von weniger als 5 Minuten) das Algenwachstum eindämmen, indem das Chlor eine Chance bekommt, zusätzlichen organischen Abfall zu oxidieren.
Einmal die Woche sollte auch der Boden des Pools staubgesaugt werden. Das sollte übrigens auch unmittelbar nach schlechtem Wetter gemacht werden. Mit einem Poolreiniger wischen Sie die Schmutzschicht auf. Säubern Sie auch den Filter, um gute Wasserqualität zu sichern und das Zubehör des Swimmingpools zu schützen.

FÜR EILIGE:

Ein Automatikstaubsauger ist erschwinglich und kann Ihnen jeden Monat stundenlange Arbeit sparen. Lassen Sie ihn laufen, wann immer der Pool nicht in Gebrauch ist.
Wenn Sie Ihren Pool nicht benutzen, legen Sie eine Thermodecke darüber. Sie verringert die Ansammlung von Schmutz im Pool, hält die Chemikalien frisch und spart auf lange Sicht Energie und Zeit.

ZUR NOT GEHT'S AUCH SO:

Wenn Sie kein Chlor mehr haben und auch einmal keins mehr bekommen können, nehmen Sie normales Haushaltsbleichmittel. Verteilen Sie etwa 4 l gleichmäßig im Pool, bis Sie den gewöhnliche Stand des Chlors erreicht haben. Sie sollten immer 10-15 l Bleichmittel zu Hause haben.

Zur Beachtung: Diese Methode sollte nur als allerletzter Ausweg benutzt werden. Haushaltsbleiche ist für regelmäßigen

Gebrauch im Swimmingpool nicht geeignet.

Achtung: Chemikalien gehören nicht an den selben Ort wie andere Haushaltsartikel. Chemikalien für den Swimmingpool, so wie Kalziumhypochlorid, sind extrem leicht entzündlich und reagieren schon stark mit geringen Mengen Fremdmaterial, wie z. B. Dünger. Im Allgemeinen gilt: Garten- und Garagenzubehör usw. sollte woanders gelagert werden als Swimmingpoolzubehör. Schmutz und Öl vom Rasenmäher und von Werkzeugen können sich auf die Sachen für den Pool übertragen und im Wasser landen. Markieren Sie den Aufbewahrungsort für das Poolzubehör und spülen Sie die Behälter gut aus, bevor Sie sie entsorgen.

Tapeten

Obwohl sie Schmutz besser verstecken als bloße, gestrichene Wände, können Tapeten 10 Jahre oder länger halten, also müssen sie früher oder später gereinigt werden. Mehr als 75 % der heutigen Tapeten sind vinylbeschichtet, d. h. man kann sie waschen und oft

Fleckenhilfe auf Tapeten

So beseitigen Sie oft vorkommende Flecken auf Tapeten.

Fett

- Tupfen Sie die Stelle mit Papiertüchern ab und streuen Sie Stärkemehl darüber. Wenn das Fett von dem Mehl aufgesaugt ist, entfernen Sie es vorsichtig und gehen Sie mit dem Staubsauger darüber.
- Reiben Sie den Fleck mit einer Scheibe Weißbrot ein.

Kreide

- Tragen Sie Fleckentferner auf und wischen Sie ihn mit einem weichen Tuch wieder ab. Wenn immer noch Kreide zu sehen ist, reiben Sie die Stelle leicht mit einem Schwamm und Spülwasser ein; wischen Sie mit klarem Wasser nach. Das geht nur bei abwaschbarere Tapete. Wenn Sie nicht sicher sind, probieren Sie die Methode erst an einer unauffälligen Stelle aus.

Filzstift

- Sprühen Sie den Fleck mit nicht ölhaltigem Haarspray ein und wischen Sie ihn ab.
- Tupfen Sie ihn mit Reinigungsalkohol ab.

auch schrubben. Trotzdem: Wenn man zu lange Schmutz auf Vinyltapeten ungestört lässt, wird er von dem Material absorbiert.

SO WIRD'S GEMACHT:

Saugen sie ab und zu losen Staub und Schmutz mit dem Staubsauger und einem Bürstenaufsatz ab, besonders auf Textiltapeten, die sich nicht einfach waschen lasssen. Saugen Sie von unten nach oben, um Spinnweben zu entfernen; andersherum entstehen leicht Streifen.

Waschbare Tapeten kann man mit einem Schwamm abwischen, der mit Allzweckreiniger oder 1/2 Tasse Ammoniak in 4 l Wasser getränkt ist. Wenn die Tapete es erlaubt, wenden Sie dieselbe Lösung mit einer weichen Bürste an. Übernässen Sie die Tapetenränder nicht, sonst müssen Sie sie später neu ankleistern.

Für nicht waschbare Tapeten, z. B. solche aus unbeschichtetem Papier, Gewebe oder mit Wollpulver versetzte Tapeten, gibt es ein teigartiges Produkt, mit dem man die Oberfläche einreibt. Probieren Sie es erst hinter einem Möbelstück aus, um zu sehen, ob es Streifen hinterlässt. Nach dem Abwaschen bürsten oder saugen Sie Reste von dem Mittel von der Wand.

FÜR EILIGE:

Wenn Sie einen Wischmopp mit Schwamm nehmen, den Sie nur für Wände reservieren, können Sie die Tapeten in der halben Zeit waschen.

ZUR NOT GEHT'S AUCH SO:

Wenn Sie keinen Staubsauger haben, nehmen Sie ein sauberes Tuch, das Sie an einem Besen befestigt haben, um die Wände abzustauben. Wechseln Sie das Tuch, wenn es schmutzig ist, damit keine Streifen zurückbleiben.

TASCHENRECHNER

Computertastaturen sind berüchtigte Staubfänger – und was ist schließlich ein Taschenrechner anderes als eine Mini-Tastatur? Der

Begriff Staubfänger trifft also auch auf sie zu. Sie sauber zu halten geht schnell und einfach

So wird's gemacht:

Es gibt Reinigungsflüssigkeit für Computer, die Sie mit einem statikfreien Tuch, auch für Taschenrechner verwenden können. Allerdings dürfen Sie sie nicht direkt auf den Taschenrechner auftragen, sondern nur auf das Tuch. Einige Elektronikgeschäfte bieten auch kleine Reinigungsbäusche an, die schon Reinigungssubstanz enthalten.

Zur Not geht's auch so:

Reinigungsalkohol ist ebenfalls geeignet für Tastatur und Gehäuse Ihres Taschenrechners. Das Display sollte jedoch mit dem speziellen Mittel gereinigt werden, da es extra für empfindliche Teile gedacht ist.

Achtung: Haushaltsreiniger wie Ammoniak, Pulver oder Scheuermittel können den Rechner beschädigen.

Teer

Im Notfall

Kühlen Sie den Teer mit Eiswürfeln, bis er brüchig wird, und kratzen Sie ihn dann vorsichtig mit einem Plastikspachtel ab. Wenn kein Eis zur Hand ist, ziehen Sie so viel Teer von der verschmutzten Fläche ab, wie Sie können.

Denken Sie daran, dass Teer nur seinen Zweck erfüllt, wenn er zäh ist. Wenn Sie versuchen einen Teerfleck zu entfernen, haben Sie es mit einem Material zu tun, dessen Wert in seiner Unempfindlichkeit gegen Wasser und in seiner Fähigkeit, überall zu haften, besteht.

So wird's gemacht:

Wenn Sie so viel Teer wie möglich abgekratzt haben, behandeln Sie den verbleibenden Fleck am besten sofort. Es gibt verschiedene Methoden. Zuerst testen Sie an einer kleinen Ecke, ob das Gewebe farbecht ist. Einen frischen Fleck legen Sie dann auf Papier-

handtücher und tränken ihn mit Kerosin. Wechseln Sie die Papierhandtücher häufig, um so viel Teer wie möglich aufnehmen zu können und um zu vermeiden, dass Sie den Fleck auf andere Stellen übertragen. Behandeln Sie ihn dann mit Fleckentferner und waschen Sie das Teil mit normalem Waschmittel bei der heißesten Temperatur, die der Stoff aushält.
Feste, angetrocknete Flecken weichen Sie mit Petroleumgelee auf und wischen sie dann mit Reinigungslösung ab.

FÜR EILIGE:

Teer bekommt man am besten heraus, wenn man schnell reagiert. Alte Flecken sind fast unmöglich zu beseitigen.

ZUR NOT GEHT'S AUCH SO:

Versuchen Sie den Fleck mit nicht butanhaltiger Feuerzeugflüssigkeit zu lösen und zu entfernen. Arbeiten Sie an einem gut durchlüfteten Ort und in ausreichender Entfernung von Hitze oder Flammen.

Wenn der Fleck nach einigen Versuchen mit Kerosin oder Feuerzeugflüssigkeit noch immer nicht beseitigt ist, tragen Sie so lange Waschmittel zur Vorbehandlung auf, dass der Fleck 20 Minuten lang nass ist. Spülen Sie es gründlich in warmem Wasser aus.
Achtung: Gehen Sie erst mit Wasser an den Fleck, bis Sie so viel wie möglich mit Lösemitteln entfernt haben. Wasser kann Teer fixieren und den Fleck noch verschlimmern. Waschen Sie das Gewebe erst, wenn der Fleck vollständig verschwunden ist. Lesen Sie immer genau die Gebrauchs- und Sicherheitshinweise auf den Produkten, die Sie verwenden. Teer gehört zu den Substanzen, die am schwierigsten zu entfernen sind, ohne den Stoff zu beschädigen.

TELEFONE

Tagtäglich kommen wir dem Telefon sehr nah und lassen dort auch Hautfett, Haare, Schmutz und Keime. Also sollten wir regelmäßig auch mal den Putzlappen am Telefon zu Wort kommen lassen.

So wird's gemacht:

Ein mit Reinigungsalkohol getränkter Lappen beseitigt Verschmutzungen von der Plastikoberfläche und desinfiziert das Telefon auch. Zwischen die Tasten kommen Sie mit einem Baumwollbausch, der ebenfalls mit Alkohol getränkt ist. Nachher muss der Alkohol abgewischt werden.

Die Ladeknöpfe für die Batterie an schnurlosen Telefonen sollten nicht befeuchtet werden; man kann sie mit einem Radiergummi traktieren, das löst auch Verschmutzungen.

Für Eilige:

Vergessen Sie das Kabel nicht – es wird besonders schmutzig, da es immer über den Boden gezogen wird. Zum Putzen wird es herausgezogen; dann ziehen Sie es durch einen Putzlappen, der großzügig mit Allzweckreiniger besprüht wurde.

Zur Not geht's auch so:

Wenn Sie keinen Reinigungsalkohol zur Hand haben, klappt es auch mit normalem Sprühreiniger.

Achtung: Sprühen Sie nie Reinigungsmittel direkt in den Hörer oder auf die Tasten. Verwenden Sie weder scharfe Mittel noch kratzende Reinigungskörper, da die Oberfläche dadurch verkratzt oder getrübt werden könnte. Nehmen Sie einen weichen Lappen

Tennisschläger

Spielen Sie nicht mit schmutzigen Tricks! Die Wahl des Tennisplatzes hat großen Einfluss auf die Reinigung des Schlägers. Im Allgemeinen spielt man Tennis nicht im Regen oder in Bedingungen, in denen der Schläger dreckig werden kann. Ein Ausnahme ist das Spiel auf Ascheplätzen.

So wird's gemacht:

Wischen Sie Staub und Asche von den Schlägern mit einem leicht angefeuchteten Tuch ab. Asche sammelt sich am ehesten in den Ritzen um den Rahmen herum – besonders wenn Sie nach den Bällen „graben". Mit einem spitzen Gegenstand wie einer Nagel-

feile oder einen Brieföffner können Sie die Verschmutzungen lösen. (Tipp: Mit demselben spitzen Gegenstand können Sie auch den Staub im Profil Ihrer Sohle herauskratzen.)
Wischen Sie den Griff mit einem trockenen Lappen ab, um Staub und Schmutz zu entfernen. Feuchtigkeit kann die Zähigkeit des Leders (oder des entsprechenden künstlichen Materials) ändern. Wenn Sie einen Überzug benutzen, wechseln Sie ihn gelegentlich aus.

FÜR EILIGE:

Wenn Sie auf Ascheplätzen spielen, kleben Sie den Rahmen ab, damit die Asche nicht in die Rillen und Löcher im Rahmen gelangt. Das spart auf lange Sicht Zeit.
Achtung: Lassen Sie die Saiten nie nass werden. Feuchtigkeit kann sie ruinieren, besonders wenn sie aus echtem Tierdarm sind.

TEPPICHE

Unsichtbarer Schmutz kann einem Teppich noch mehr schaden als sichtbarer. Erde und anderer Unrat nistet sich gerne im Flor Ihres Teppichs ein und ruiniert von dort aus langsam aber sicher Ihr kostbares Gut. Setzen Sie auf eine gute Zusammenarbeit mit Ihrem Staubsauger, das wird dem Teppich zugute kommen. Moderne Teppiche reflektieren zwar mehr Licht und sind widerstandsfähiger gegen Verschmutzungen, so dass diese kaum noch zu sehen sind, doch müssen Sie deshalb umso öfter saugen – eben weil man den Schmutz nicht sieht.

SO WIRD'S GEMACHT:

Im Eingangsbereich sammelt sich am meisten Schmutz, deshalb ist tägliches Saugen nicht übertrieben. Damit verhindern Sie auch, dass der Schmutz in die Wohnung getragen wird. Wenn Ihnen die Zeit dazu fehlt, gehen Sie wenigstens ein paar Mal die Woche kurz darüber. Je häufiger man staubsaugt, desto weniger kann der Schmutz nach unten dringen, wo er weitaus schwieriger zu entfernen ist. Durch den Druck, dem Teppiche ausgesetzt sind, schnei-

Lüften Sie den neuen Teppich

Neue Teppiche geben oft Gase ab, die man als ätherische Zusammensetzungen kennt. Sie können z. B. von Chemikalien kommen, mit denen der Teppich auf die Unterlage geklebt ist. Zwar entstehen dadurch keine Gesundheitsrisiken, doch können die Ausdünstungen Reizingen von Augen, Haut, Nase und im Atmungstrakt hervorrufen, sowie Kopfschmerzen und Müdigkeit.

Wenn Sie einen neuen Teppich in Ihre Wohnung legen, beachten Sie folgende Empfehlungen:

- **Staubsaugen Sie den alten Teppich, bevor er wegkommt (damit der darin eingelagerte Staub und Schmutz nicht in der Luft herumgewirbelt wird).**
- **Bitten Sie den Teppichhändler, den neuen Teppich vorher mindestens 24 Stunden an einem gut belüfteten Ort ausgerollt liegen zu lassen.**
- **Erkundigen Sie sich nach neueren Teppichen mit weniger Ausdünstungen.**
- **Durchlüften Sie das Zimmer gut, indem Sie ein paar Tage die Ventilation einschalten oder das Fenster öffnen.**
- **Vielleicht ist es möglich, den neuen Teppich hinzulegen, wenn die Familie gerade weg ist.**

den scharfe Teilchen in das Gewebe und beeinträchtigen so nicht nur die Qualität, sondern auch das Aussehen des Teppichs.

Staubsaugen dient nicht nur dem Teppich – es reduziert auch die Luftverschmutzung. Teilchen, die auf Ihren Teppich gelangen, können leicht auch in die Luft getrieben und dort eingeatmet werden. Auch Stauballergiker haben ihren Nutzen von häufigem Staubsaugen; nicht, weil Milben aufgesaugt würden – sie hängen fest am Gewebe. Aber der Milbenkot und Hautpartikel, die dabei entfernt werden, sind noch wichtiger als die lebenden Organismen: Sie sind für Allergien verantwortlich, wie uns Allergologen versicherten.

Das Staubsaugen sollte langsam erfolgen, in kleinen Bahnen, gegen den Flor und mit vielen Wiederholungen. Die letzten Züge über die einzelnen Stellen sollten in der gleichen Richtung ausgeführt werden, um ein einheitliches Aussehen zu erzeugen. Kreisende Bürsten entfernen Dreck am besten. Pflegen Sie Ihren Staubsauger gut, damit er lange gründlich arbeitet.

Richtig reinigen lassen sollten Sie Ihren Teppich auf jeden Fall alle 18 Monate oder öfter, wenn in Ihrer Wohngegend eine hohe Luftverschmutzung herrscht. Vor der Reinigung müssen Sie den Teppich gründlich saugen. Sie können ihn auch selber reinigen; manche Methoden erfordern Spezialgerät, dass man jedoch leihen kann. Man kann aber auch einfach einen trockenes Reinigungspulver einbürsten und anschließend wieder heraussaugen; ein Teppichschaum ist ebenfalls geeignet. Diese Methode liegt zwischen einer professionellen Reinigung und normalem Staubsaugen und kann nach Bedarf angewendet werden.

Ein Dampfreiniger, den man ausleihen kann, ist für eine gründliche Reinigung zu empfehlen. Er ist leicht zu gebrauchen; beachten Sie jedoch genau die Vorschriften, damit Sie den Teppich nicht zu stark Wasser aussetzen oder zu viel Reinigungsmittel anwenden.

Mindestens alle 2-3 Jahre empfiehlt es sich, eine Reinigungsfirma an Ihren Teppich zu lassen – oder öfter, wenn Sie selber nicht oft genug zur Reinigung gekommen sind. Eine Firma arbeitet mit Heißwasser-Extraktion oder Dampfreinigung. Manche Maschinen fegen den Schmutz dermaßen intensiv aus dem Gewebe, dass sie nur von Fachleuten benutzt werden sollten. Bei einer Methode wird das Mittel in kreisenden Bewegungen eingebürstet, bei einer anderen wird der Schmutz in einen Bausch aufgenommen. Ihre Reinigungsfirma wird Ihnen zu der einen oder anderen Methode raten; beachten Sie die Garantiebestimmungen.

FÜR EILIGE:

Fußabtreter vor allen Haustüren fangen einen Großteil des Schmutzes ab. Sie müssen jedoch so oft wie möglich kräftig ausgeschlagen werden, sonst füllen sie sich mit Erde wie ein Schwamm mit Wasser und geben den Schmutz wieder ab, so dass er wieder auf Ihre Teppiche getragen wird.

Raus mit den Teppichflecken

Kein Teppich, auch der allerneueste, ist vollkommen fleckensicher. Ihre größte Chance ist, Flecken so schnell wie möglich zu entfernen.
Tupfen Sie flüssige Spritzer mit trockenen, weißen, saugfähigen Tüchern oder Papiertüchern ab. Halb feste Verschmutzungen können mit einem Löffel abgenommen werden. Für die weitere Behandlung stehen Ihnen folgende Methoden zur Verfügung (wenn Sie nicht weiter kommen, lassen Sie unbedingt eine Teppichreinigung kommen).
Alkoholische Getränke:
Geben Sie 1/2 TL Spülmittel in 1 Tasse lauwarmes Wasser. Tupfen Sie die verschmutzte Stelle mit der Lösung ab und spülen Sie sie mit warmem Wasser aus – falls nötig mehrmals. Wenn immer noch etwas zu sehen ist, tupfen Sie den Fleck mit einer Mischung aus 2 EL Haushaltsammoniak pro Tasse Wasser ab. Spülen Sie gut nach. Dann tupfen Sie die Stelle mit einer Lösung aus 1 Tasse klarem Essig auf 2 Tassen Wasser ab und spülen Sie gut mit warmem Wasser nach.
Bananen:
Zuerst tupfen Sie den Fleck mit Fleckentferner ab; er darf jedoch nur auf den Lappen, nicht direkt auf den Teppich gegeben werden. Wischen Sie ihn wieder heraus. Wenn der Fleck dadurch nicht verschwindet, versuchen Sie es mit oben beschrieben Spülmittellösung und spülen sie gut mit warmem Wasser aus.
Cola:
Die Methode ist dieselbe wie bei alkoholischen Getränken. Wenn die entsprechenden Schritte nicht helfen, versuchen Sie es mit spezieller Fleckentferner-Ausrüstung für Teppiche, die Sie beim Teppichhändler bekommen. Sie besteht normalerweise aus 2 verschiedenen Lösungen. Wenn die fleckenbeständige Lösung aufgetragen wird, bevor der Fleck vollständig getrocknet ist, bleibt er eventuell für immer.
Ei:
Wie bei alkoholischen Getränken.
Obst, Fruchtsaft, Marmelade:
Wie bei Cola.
Eiskrem oder Milch:
Tupfen Sie den Spritzer zuerst mit Fleckentferner ab und spülen Sie diesen dann

Zur Not geht's auch so:

Legen Sie Untersätze unter Ihre Möbel, damit keine dauernden Druckstellen auf dem Teppich verbleiben. Verändern Sie auch deren Position ab und zu. Sind manche Stellen schon tief eingedrückt, pressen Sie sie mit einer Münze wieder in die richtige Richtung. Dann halten Sie ein Dampfbügeleisen 5-10 cm darüber und wieder mit Wasser heraus. Dann versuchen Sie es mit Spülmittellösung, die oben (bei alkoholischen Getränken) beschrieben wurde und spülen wieder gut nach. Wenn der Fleck noch da ist, tupfen Sie ihn mit einer Mischung aus 2 EL Haushaltsammoniak pro Tasse Wasser ab und spülen wieder mit Wasser nach. Anschließend wird die Stelle mit einer Lösung aus 1 Tasse klarem Essig auf 2 Tassen Wasser abgetupft und wieder mit warmem Wasser ausgespült.

Jod:
Wie bei Eiskrem oder Milch.

Ketchup:
Wie bei Cola.

Lippenstift:
Zuerst wird der Fleck mit Nagellackentferner abgetupft (wieder gut ausspülen); als nächstes kommt Fleckentferner (mit Wasser ausspülen). Anschließend behandeln Sie die Stelle mit der Spülmittellösung, die oben (bei alkoholischen Getränken) beschrieben wurde und spülen wieder gut nach. Wenn der Fleck noch da ist, tupfen Sie ihn mit einer Mischung aus 2 EL Haushaltsammoniak pro Tasse Wasser ab und spülen wieder mit Wasser nach. Hilft das nichts, wird die Stelle mit einer Lösung aus 1 Tasse klarem Essig auf 2 Tassen Wasser abgetupft und wieder mit warmem Wasser ausgespült. Bevor Sie dann wirklich eine Teppichreinigung anrufen müssen, können Sie es mit dem Fleckentferner-Spezialset für Teppiche probieren, die oben (bei Cola) näher beschrieben ist. Vergessen Sie nicht herauszufinden, wer Ihren Teppich geküsst hat.

Erdnussbutter:
Tupfen Sie den Spritzer zuerst mit Fleckentferner ab und spülen Sie diesen dann wieder mit Wasser heraus. Dann versuchen Sie es mit Spülmittellösung, die oben (bei alkoholischen Getränken) beschrieben wurde und spülen wieder gut nach.

ACHTUNG: Probieren Sie eine Lösung immer erst in einer unauffälligen Ecke aus, um zu sehen, ob der Teppich sie aushält. Benutzen Sie niemals Waschmittel auf Teppichen; die darin enthaltenen optischen Aufheller können die Farben ausbleichen. Auch Spülmaschinenpulver darf nicht verwendet werden, da es Bleichmittel enthält. Nach jedem Schritt muss die verwendete Lösung gründlich mit Wasser ausgespült werden, da sich nicht alle Reinigungslösungen miteinander vertragen. Lesen Sie immer genau die Gebrauchs- und Sicherheitsvorschriften auf den Packungen.

lassen den Dampf ein paar Minuten lang in den Teppich. Das Bügeleisen darf nicht den Teppich berühren.

Achtung: Wenn Sie eine große Reinigung selber durchführen, halten Sie sich genau an die Vorschriften, auch was die Konzentration der Reinigungslösung angeht. Stellen Sie die Möbel während der Reinigung in einen anderen Raum, bis der Teppich trocken ist, um Feuchtigkeitsflecken oder Rost zu vermeiden, der von einem

Möbelstück auf den Teppich abfärben kann. Sind die Möbel zu schwer, verkleiden Sie die Beine, auch unten, mit Plastikfolie.
Reinigungsmittel, die nicht vollständig vom Teppich entfernt worden sind, können Schmutz anziehen. Belüftung, Ventilatoren, Heizung und Klimaanlage helfen den Teppich gut zu trocknen. Bleibt nach einem Tag noch Feuchtigkeit übrig, kann sich Schimmel und Moder bilden.
Beim Staubsaugen Ihres Teppichs fliegt immer Staub auf. Sind Sie allergisch oder allergieanfällig, tragen Sie eine Staubmaske.

THERMOSFLASCHE

Das Spülen von gerade gebrauchten Thermosflaschen ist kein Problem. Aber solche, die erst 3 Wochen im Kofferraum herumrollen, bevor Sie in Ihrem Spülbecken landen, sind manchmal schon eine Herausforderung.

SO WIRD'S GEMACHT:

Heißes Spülwasser hilft bei allen 3 Materialien – Glas, Edelstahl und Plastik. Spülen Sie die Flasche gut aus und stellen Sie sie zum Trocknen auf den Kopf. Um Geruchsbildung und Bakterienwachstum zu verhindern, bewahren Sie sie geöffnet auf.
Um angetrocknete Reste zu beseitigen, füllen Sie die Flasche mit heißem Wasser und ein paar Esslöffeln Natron und lassen Sie sie ein paar Stunden stehen. Wenn Gerüche Ihr Hauptproblem sind,

eine saubere Geschichte

VOM LABOR ZUM LUNCHPAKET

Die Vakuumflasche wurde zwar erst 1903 in Deutschland patentiert, die Erfindung lag jedoch schon 10 Jahre zurück. Gedacht war die Flasche damals noch nicht für Ausflugsmahlzeiten, sondern als Behälter zum Aufbewahren für Impfstoffe. Den Namenswettbewerb gewann „Thermos", das griechische Wort für „Wärme". Obwohl das orginale Design aus Glas und Metall die 100 Jahre überlebt hat, sind auch 2 andere Arten populär geworden – Edelstahl, das robuster und teurer als Glas ist, und Plastik, das nur dazu geeignet ist, Sachen kalt zu halten.

nehmen Sie statt Natron Zitronensaft oder Essig. Für Materialien wie Edelstahl oder Plastik kann eine Bürste benutzt werden.

Wasserrückstände und Kaffeeflecken kann man mit Kaffeemaschinenreiniger entfernen, oder indem man die Flasche mit Wasser füllt und ein paar Gebißreinigungstabletten hineinwirft. Lassen Sie sie 8 Stunden einwirken und spülen Sie sie dann gründlich aus.

FÜR EILIGE:

Leichte Verschmutzungen in Edelstahlflaschen verschwinden, wenn man kochendes Wasser einfüllt, 5 Minuten wartet und dann die Flasche ausspült.

ZUR NOT GEHT'S AUCH SO:

Werfen Sie eine zerbrochene Thermosflasche aus Glas nicht weg. Glaszylinder gibt es zum Nachkaufen.

Wenn Sie ein Problem mit Schimmelpilzen haben, weichen Sie die Tasse und den Deckel in einer milden Bleichlösung oder Spülmittel ein.

Achtung: Nehmen Sie für Edelstahl kein Bleichmittel. Es bricht die Schweißnähte auf, so dass die Flasche die Hitze nicht mehr halten kann.

Glasflaschen sind zerbrechlich. Reinigen Sie sie nicht mit einer Bürste oder anderen derartigen Utensilien. Und nehmen Sie den Boden der Kanne nicht heraus.

Thermosflaschen kommen nicht in die Spülmaschine. Und tauchen Sie nicht die ganze Flasche unter, da Wasser zwischen die Außenhülle und die Isolierschicht gelangen könnte.

TINTE

IM NOTFALL

Tupfen Sie die verschmutzte Stelle mit Reinigungsalkohol ein. Wenn das Material ausfärben könnte, verdünnen Sie den Alkohol mit 2 Teilen Wasser. Reiben Sie mit einem Baumwolltuch etwas Alkohol auf die Innenseite eines Saums, um zu sehen, ob der Stoff farbecht ist.

Tintenflecken gehören zu den großen Herausforderungen. In manchen Fällen, besonders bei Filzstiften, kann man allenfalls hoffen, den Fleck etwas abzuschwächen.

SO WIRD'S GEMACHT:

Tinte von einem Kugelschreiber betupft man mit einem in Reinigungsalkohol getränkten Baumwolllappen. Wenn die Farben ausbluten oder das Gewebe ein Azetatstoff ist, muss der Alkohol mit 2 Teilen Wasser verdünnt werden. Wenn das Kleidungsstück waschbar ist, wird der Alkohol mit kaltem Wasser ausgespült und der Stoff so heiß wie möglich gewaschen. Wenn es sich um einen Teppich handelt, tupfen Sie ihn mit einem weißen Handtuch und Wasser sauber.

Wenn das nichts hilft, tupfen Sie den Fleck mit einer Lösung aus 1/2 Tasse warmem Wasser, 1/4 TL Spülmittel und ein paar Tropfen Ammoniak ab. Wenn das Ammoniak vollständig ausgespült ist, versuchen Sie eine Lösung aus Wasser und Chlorbleiche im Verhältnis 10:1, jedoch nur bei weißen oder farbechten Stoffen. (Denken Sie daran: Wenn Ammoniak und Chlor in Verbindung geraten und reagieren, entstehen gesundheitsschädliche Dämpfe, deshalb muss das Ammoniak vollständig ausgespült sein.) Wenn immer noch etwas zu sehen ist, erhöhen Sie die Konzentration auf 4:1. An irgendeinem Punkt müssen Sie sich entscheiden, was schlimmer ist, ein bleibender Fleck oder eine ausgeblichene Stelle.

Filzstiftflecken müssen mit Allzweckreiniger abgetupft und mit kaltem Wasser ausgespült bzw., wenn es sich um einen Teppich handelt, mit einem nassen Handtuch abgetupft werden. Wiederholen Sie den Vorgang, bis der Fleck sich nicht mehr verändert.

Zur Beachtung: Spülen Sie immer erst eine Lösung aus, bevor Sie eine andere anwenden. Manche Chemikalien, besonders Ammoniak und Chlorbleiche, können schädliche Dämpfe erzeugen, wenn sie in Verbindung geraten.

TISCHDECKEN

Es ist unvermeidlich. Sogar die vorsichtigsten Gourmets verspritzen mal Bratensaft, stoßen eine Kerze um oder verteilen Rotwein auf dem weißen Tischtuch. Aber keine Panik – Sie müssen Ihren Gästen die Tischdecke nicht unter den Tellern wegzaubern. Ein Fleck braucht etwa 3 Wochen, bis er richtig eingedrungen ist.

SO WIRD'S GEMACHT:

Flecken auf der Tischdecke müssen vor der Wäsche vorbehandelt werden. (Für verschiedene Arten von Flecken sehen Sie unter dem Stichwort „Flecken" auf S. 174 nach.) Dann waschen Sie die Tischdecke (bzw. Servietten oder Platzdecken) je nach Vorschrift mit der Hand oder in der Waschmaschine.

Bei neuen Artikeln sehen Sie auf dem Schild nach. Sind Sie nicht sicher, gehen Sie nach der folgenden Methode vor. Alte, weiße Baumwoll- oder Leinenstoffe ohne Spitzen können heiß in der Maschine gewaschen werden, mit normalem Waschmittel ohne Bleiche und andere Zusätze. Empfindliche oder brüchige Teile mit Verzierungen sollten mit der Hand und mit einem entsprechenden Waschmittel gewaschen werden. Legen Sie die Sachen in eine Netztasche oder einen gut verschlossenen weißen Kopfkissenbezug.

Bei hartnäckigen Verschmutzungen sollte die Decke erst in kaltem, dann in heißem Wasser eingeweicht werden, damit sich Flecken und Schmutz lösen.

Ob Sie nun mit der Hand oder mit der Maschine waschen – in beiden Fällen muss genügend Platz sein, damit das Wasser sich gut um die Decke bewegen kann. Eine Badewanne ist beispielsweise gut geeignet. Spülen Sie die Decke anschließend 3 mal mit heißem oder kaltem Wasser aus, bis kein Schaum mehr zu sehen ist. Sonst können Rückstände verbleiben, die beim Bügeln ansengen oder mit der Zeit gelb werden.

Robuste Leinentücher können bei niedriger Temperatur im Trockner getrocknet werden. Lufttrocknen ist trotzdem besser, da dabei die Form des Leinens besser bewahrt wird. Das Bügeln geht leichter, wenn Sie das Tuch vor dem Aufhängen schütteln. Wenn ein Tischtuch aus Leinen für einige Monate gelagert werden soll, legen Sie es ohne Stärke und ungebügelt weg. Rollen Sie es in saubere, weiße Sachen oder säurefreies Gewebe ein, bis es bereit zum Bügeln ist.

FÜR EILIGE:

Das Bügeln geht schneller, wenn Sie vorher die Tischdecke mit etwas heißem Wasser besprühen, einrollen und für ein paar Stunden weglegen. Dadurch wird die Leinenfaser geschmeidiger. Legen Sie das Tischtuch auf eine saubere Unterlage oder einen Tisch. Sprühen Sie gleichmäßig Wasser darauf und rollen Sie es für etwa eine Stunde in weißem, sauberen Stoff ein. Wenn Sie das Tuch ein paar Stunden lang in den Kühlschrank legen, wird das Bügeln noch einfacher. Bügeln Sie noch am gleichen Tag, damit sich kein Schimmel bilden kann.

ZUR NOT GEHT'S AUCH SO:

Wenn Sie keine Sprühdose haben, können Sie es auch mit den Fingern oder einem Kleiderbesen machen. Tauchen Sie ihn in heißes Wasser und schütteln Sie feine Tropfen auf den Stoff.

Achtung: Gehen Sie vorsichtig mit nassem Leinen um. Wenn Sie die Tischdecke auf der Wäscheleine trocknen, hängen Sie sie nie an den Ecken auf, da sie sich durch das Gewicht des Wassers verziehen oder ausdehnen kann. Legen Sie sie in der Mitte über die Leine und befestigen sie mit Wäscheklammern. Wenn man Leinen auf Holzregalen lagert, kann es mit der Zeit vergilben.

TISCHGRILLS

Die meisten Tischgrills haben eine selbstreinigende Beschichtung; daher müssen nur Fingerabdrücke, Fettflecken und Spritzer abgewischt werden.

SO WIRD'S GEMACHT:

Leeren Sie das Blech regelmäßig, um das Risiko eines Brandes zu verringern. Wischen Sie Spritzer mit einem feuchten Tuch ab. Ver-

krustete Reste können mit einem Nylonschrubber beseitigt werden. Blech und Gitter putzt man am besten mit einem Nylonschrubber und Seifenschaum, ebenso die Glastür. Für letztere sind Glasreinigungssprays ungeeignet. Chrom und Plastik sollten mit einem feuchten Lappen abgewischt werden. Hartnäckige Flecken kann man mit Natron entfernen; vermeiden Sie jedoch scharfe Reiniger, da die Oberfläche dadurch verkratzt werden könnte.
Vor dem nächsten Gebrauch müssen unbedingt alle Teile gut abgetrocknet werden.

FÜR EILIGE:

Auf lange Sicht spart es Zeit, wenn man Spritzer usw. sofort abwischt. Manche Lebensmittel wie geschmolzener Käse können wie Sekunden-Kleber an der Oberfläche haften bleiben, wenn sie einmal verkrustet sind.
Sparen Sie Zeit und Mühe, indem Sie die Glastür, das Gitter und das Abtropfblech in der Spüle waschen.

Achtung: Ziehen Sie unbedingt den Stecker, bevor Sie den Ofen reinigen. Verspritzen Sie kein Putzmittel oder Wasser im Inneren und stochern Sie nicht mit irgendwelchen Gegenständen darin herum, da Sie dabei den Temperatursensor oder andere Teile beschädigen könnten.

TOASTER

Seit die alten Ägypter mit dem Brotbacken anfingen, isst der Mensch geröstetes Brot. Der erste Toaster, vor mehr als 4000 Jahren, war und blieb lange Zeit ein Spieß, mit dem man ein Stück Brot über das Feuer hielt. Mit dem Aufkommen der Elektrizität ging es dann bequemer. Der erste moderne Toaster, der „Toastmaster“, wurde 1926 eingeführt – und mit ihm das Problem des Saubermachens.

SO WIRD'S GEMACHT:

Ziehen Sie den Stecker und lassen Sie den Toaster abkühlen. Halten Sie den Toaster über die Spüle oder den Mülleimer und lassen

Sie die Krümel herausfallen. Mit einer dünnen Bürste kratzen Sie festgebrannte Stückchen ab. Die Krümelschale wischen Sie mit einem feuchten Schwamm und trocknen sie gut ab – wie häufig das gemacht werden sollte, hängt vom Gebrauch ab. Bei täglichem Gebrauch sollte die Schale einmal wöchentlich gewischt werden.
Das Äußere wird am besten mit einem feuchten Schwamm und etwas Natron oder Glasreiniger abgewischt. Hartnäckige Verschmutzungen können mit trockener, superfeiner Stahlwolle entfernt werden. Für Plastikflächen ist Wasser mit Spülmittel oder Natron geeignet. Verwenden Sie weder scharfe Mittel noch kratzende Reinigungskörper, da die Oberfläche dadurch verkratzt oder getrübt werden könnte.

Für Eilige:

Wenn der Toaster immer auf der Arbeitsfläche in der Küche steht, wischen Sie ihn am besten immer gleich mit ab, wenn Sie die Küche putzen.

Verkrustete Krümel kann man, wenn gerade keine Bürste zur Hand ist, auch mit einem Pfeifenreiniger abkratzen.
Achtung: Ziehen Sie immer den Stecker vor dem Saubermachen – auch wenn Sie nur ein eingeklemmtes Toast herausholen. Sie können den Toaster dazu umdrehen und den Hebel ein paar Mal hoch und runter schieben, bis das Toast herauskommt. Passen Sie auf, dass nichts außer Toast in den Toaster kommt, da die Drähte leicht beschädigt werden können. Sprühen Sie Reinigungsmittel nie direkt auf den Toaster

Toiletten

Eine Toilette ist zwar kein Wurzelkanal, ist aber trotzdem weithin berüchtigt, wenn es ums Putzen geht. Viele rümpfen die Nase und wollen es schnell hinter sich bringen.
Deshalb hat die Werbung schon immer versucht, uns das Toilettenreinigen zu versüßen. In einem Werbespot aus den 70er Jahren entdeckt eine Hausfrau beim Putzen plötzlich ein Schiffchen in der

HALTEN SIE DEN DECKEL ÜBER DEN KEIMEN ZU

Wenn Sie verhindern wollen, dass Ihr Bad von einer Schicht Bakterien und Viren überzogen wird, schließen Sie den Deckel, wenn Sie die Toilettenspülung betätigen.
Beim Spülen wird ein feiner Neben versprüht und so das, was in der Schüssel ist, an die Raumluft abgegeben.
Das versprühte Wasser enthält unzählige Keime, die überallhin dringen. Wenn Sie dann die von Keimen bedeckten Oberflächen berühren oder den unsichtbaren Nebel einatmen, können Sie Durchfall oder Hepatitis A bekommen – zu den betroffenen Oberflächen gehört z. B. auch Ihre Zahnbürste.
Das Schließen des Deckels ist eine Methode zur Vorbeugung. Noch besser ist, den Toilettendeckel bis zur nächsten Benutzung geschlossen zu halten. Der Sprühnebel verbleibt noch einige Zeit in der Schüssel. Wenn der Deckel zu schnell wieder geöffnet wird, werden die Partikel nach außen gezogen – gewöhnlich direkt in Ihr Gesicht.
Wenn Sie nicht gerade ein Schild in Ihrem Badezimmer aufhängen wollen wie „Bitte den Deckel beim Spülen schließen", helfen automatische Toilettenschüssel-Reiniger dabei, die Bakterien zu verringern.

Toilettenschüssel. In einem anderen fließt blaues Meerwasser aus der Spülung. Immer wird dabei suggeriert, dass das Putzmittel die Toilette quasi automatisch reinigt. In der Tat gibt es Tabletten, die fest in der Toilette installiert werden, und die helfen die Schüssel keimfrei zu halten, Flecken vorbeugen und das nächste Putzen verzögern. Aber ganz ersetzen lässt sich das regelmäßige Scheuern nicht.
Toiletten sind aber, das muss zu ihrer Ehrenrettung gesagt werden, nicht so schmutzig, wie man denkt. Wahrscheinlich befinden sich dort weniger Bakterien als in der Küche.

SO WIRD'S GEMACHT:

Um Flecken von hartem Wasser und längerer Vernachlässigung zu beseitigen, muss das Wasser aus der Schüssel entfernt werden – entweder mit einem Ausgussreiniger oder durch Laufenlassen der Spülung bei zugedrehtem Ventil. Die Bakterien haften an der Seite; das Porzellan muss bis in die Poren gereinigt werden. Zum Abtöten der Keime schütten Sie kochendes Wasser in die Toilette und lassen es ablaufen. Das Wasser öffnet die Poren des Porzellans, dann kommt

6 schmutzige Geheimnisse über Toiletten

1 Der schmutzigste Bereich ist die Unterseite des Toilettensitzes. Danach kommt der Fußboden um die Toilette herum.
2 Eine Person benutzt im Durchschnitt 6-mal am Tag die Toilette.
3 Ältere Toiletten müssen häufiger als neue geputzt werden. Je älter eine Toilette, desto poröser wird sie, und desto häufiger muss man Flecken entfernen.
4 In öffentlichen Toiletten ist die erste Kabine normalerweise die mit den wenigsten Bakterien und die mittleren die mit den meisten, da mehr Leute sie benutzen.
5 Damentoiletten sind schmutziger als Herrentoiletten. Der Fußboden und der Heißwasserhahn haben sich als die schmutzigsten Bereiche erwiesen, während die obere Seite des Toilettensitzes, die fast die Hälfte aller Frauen vor dem Gebrauch abwischen oder bedecken, in Bakterien-Messungen ganz hinten lag.
6 Die saubersten öffentlichen Toiletten wurden in Restaurantketten gefunden; die schmutzigsten auf Tankstellen.

man beim Putzen besser hinein. Mit einer kleinen Bürste und einem bleichmittelhaltigen Flüssigreiniger schrubben Sie dann die Toilettenschüssel und den Bereich unter dem Rand, wo sich Rost und Mineralrückstände am ehesten ansammeln. Anschließend drehen Sie das Ventil wieder auf und betätigen die Spülung.

Beim Putzen der Toilette sollten Sie Gummihandschuhe tragen; die besten Ergebnisse zeigen sich, wenn man es 2-mal in der Woche macht.

Die meisten Keime, mit denen wir in Berührung kommen, sind auf der Toilette, also sprühen Sie das gesamte Äußere mit Desinfektionsmittel ein. Warten Sie ein paar Minuten, bis die Keime abgetötet sind, und wischen Sie mit einem sauberen Lappen oder einem Papiertuch nach. Schwämme sind nicht zu empfehlen, da die darin enthaltenen Keime sich gleich wieder auf die Toilette übertragen.

Für Eilige:

Vor einem Wochenendausflug schütten Sie am besten eine Tasse Haushaltsbleichmittel in die Toilette, schließen den Deckel und betätigen nach der Rückkehr die Spülung. So verschwinden alte Flecken.

ZUR NOT GEHT'S AUCH SO:

Auch ohne Toilettenreiniger lassen sich Keime töten. Es reicht, die Bakterien, die sich an den Seiten aufhalten, abzuschrubben und zwischendurch ein paar Mal zu spülen.

Wenn Ihr Wasser besonders hart ist, entsteht ein Ring aus Mineralrückständen. Wenn er sich mit saurem Toilettenreiniger oder durch Scheuern nicht beseitigen lässt, versuchen Sie es am besten mit einem Bimsstein. Machen Sie ihn nass und reiben Sie damit den Ring entlang. Dabei muss der Bimsstein immer nass bleiben. Er darf allerdings nur auf weißen, glasartigen Porzellantoiletten benutzt werden. Auf farbigen, Emaille- oder Plastikanlagen hinterlässt er Kratzer. Er sollte auch nur als letzter Ausweg benutzt werden. Regelmäßige Reinigung ist der bessere Weg.

Achtung: Sprühen Sie keine Reinigungsmittel auf den Sitz oder den Rand, wenn Sie gleichzeitig die Schüssel mit einem sauren Toilettenreiniger putzen. Letzterer enthält nämlich meistens Salzsäure, die eine gefährliche chemische Reaktion hervorrufen kann, wenn sie mit anderen Mitteln in Kontakt kommt. Ein Reinigungsmittel muss also immer sorgfältig abgewaschen werden, bevor Sie ein anderes anwenden. Wenn Sie 2-mal in der Woche die Toilette reinigen, erübrigt sich der Gebrauch von scharfen, sauren Mitteln ohnehin.

Die automatischen Reinigungstabletten töten zuverlässig Keime, wenn sie Bleiche enthalten – sie sind aber nicht das Beste für den Toilettenmechanismus, insbesondere Teile aus Gummi.

TONWAREN

Die Reinigung von gebranntem Ton ist ziemlich leicht. Nicht gebrannter Ton erfordert eine andere Technik und ein sachtes Händchen.

SO WIRD'S GEMACHT:

Wenn der Ton gut glasiert ist, reinigen Sie ihn einfach mit einem Schwamm und Spülwasser, so wie Porzellan. Je weniger intensiv

Töpferwaren gebrannt sind, desto zerbrechlicher sind sie und desto weniger Wasser sollte man beim Umgang mit ihnen verwenden. Sie können sonst auseinanderbrechen. Wenn sie angeschlagen sind, können Stücke der Glasur abfallen.
Zerbrechliche Töpferwaren sollten Sie vorsichtig behandeln. Tauchen Sie ein Baumwolltuch oder -bausch in warmes Spülwasser und gehen Sie damit leicht über die Oberfläche. Wenn manche Stellen überhaupt nicht gebrannt sind, rollen Sie das Tuch eher darüber, als es hin- und herzureiben. Oder machen Sie solche Stellen trocken sauber, indem Sie sie leicht mit einem Vinylradierer behandeln. Normales Radiergummi eignet sich nicht, da es einen starken Abrieb hat und Rückstände hinterlassen kann.

Für Eilige:

Speichel ist ein gutes Putzmittel, da es das Enzym Amylase enthält. Spucken Sie einfach auf einen Baumwolllappen oder feuchten Sie ein Stück Stoff im Mund an und gehen Sie damit über Flecken.

Töpfe und Pfannen

Vergessen Sie einmal Ihre Töpfe und Pfannen – und Sie können sicher sein, dass sie sich rächen werden. Essensreste in Töpfen nehmen einen seifenartigen Geschmack an, der sich auf das Nächste, was darin zubereitet wird, überträgt. Außerdem bildet sich ein guter Nährboden für Bakterien. Töpfe und Pfannen müssen also gründlich gereinigt werden, um das Fett von der äußeren Oberfläche zu entfernen. Andernfalls können Rückstände während des Erhitzens zu ekligen, schwer zu beseitigenden Kohlenstoffansammlungen führen.

So wird's gemacht:

Im Allgemeinen sollten Töpfe und Pfannen mit der Hand gespült werden. Vergessen Sie nicht, den fettigen Boden immer gut sauber zu machen. Angebranntes Essen beseitigen Sie, indem Sie Spülwasser in der schmutzigen Pfanne zum Kochen bringen. Lassen Sie es so lange kochen, bis die Rückstände sich lösen.

Aluminium
Spülmaschinenpulver und im Wasser enthaltene Mineralien können Aluminiumbeschichtungen verfärben. Durch Spülen mit der Hand bleibt der Glanz des Materials erhalten. Verfärbungen in Töpfen werden entfernt, indem man eine Lösung aus 1-2 EL Weinsteincreme oder Zitronensaft und 1 l Wasser 10 Minuten lang darin kocht. Kalkablagerungen in Teekesseln lassen sich durch Aufkochen einer 1:1-Lösung aus Wasser und Essig beseitigen. Lassen Sie die Lösung dann ein paar Stunden im Kessel und reiben Sie anschließend die verkalkten Stellen mit Stahlwolle ab. Lassen Sie Wasser oder feuchte Lebensmittel nicht für längere Zeit in Aluminiumbehältern, da die Feuchtigkeit das Metall anfressen kann.

Messing und Kupfer
Um verblichenes Messing oder Kupfer wieder aufzufrischen, geben Sie etwas Salz und ein wenig Essig oder Zitronensaft darauf, reiben es ein, wischen nach und lassen es trocknen. Oder Sie reiben die Fläche leicht mit einer Paste aus Mehl, Salz und Essig bzw. Zitronensäure ein. Die darin enthaltene Säure verleiht dem Metall einen hellen Glanz. Nehmen Sie keine Scheuermittel.

Emaille
Hinter Emaille verbirgt sich in der Regel porzellanbeschichtetes Metall. Angebranntes Essen lösen Sie, indem Sie das Teil in warmem Spülwasser einweichen lassen. Scheuern Sie es dann mit einem nicht kratzenden Reinigungskörper wie etwa einem Nylonschwamm. Scheuerpulver oder Stahlwolle sind ungeeignet. Wenn Sie ein mildes Pulver haben wollen, probieren Sie es mit Natron.

Eisen
Eines der größten Probleme mit gußeisernem Kochgeschirr – z. B. Bratpfannen – ist das Vermeiden von Rost. Bewahren Sie Töpfe und Pfannen aus Eisen an einem trockenen Ort auf. Nehmen Sie die Deckel ab, da Kondensation Rost verursachen kann. Eisernes Kochgeschirr muss ab und zu speziell zur Rostvorbeuge gepflegt werden. Dazu spülen Sie es in heißem Spülwasser, trocknen es ab und überziehen es mit einer leichten Schicht aus pflanzlichem Öl

Problemlösung bei Töpfen und Pfannen

Topftyp	Problem	Reinigungssubstanz	Vorgehensweise
Aluminium	Verfärbung	1-2 EL Weinsteinkreme oder Zitronensaft auf 1 l Wasser	10 Minuten kochen
	Kalkstein in Kesseln	(Tee-Essig und Wasser im Verhältnis 1:1	ein paar Stunden stehen lassen und mit Stahlwolle scheuern
Messing/Kupfer	Anlaufen	Eine Paste aus Mehl, Salz und Essig oder Zitronensäure	Vorsichtig einreiben
Emailliertes Koch-Geschirr	Hartnäckige Flecken	Natron	Leicht scheuern
Eisen	Verkrustete Essensreste	2 TL Natron auf 1 l Wasser	Ein paar Minuten kochen
Antihaftbe-schichtung	Bleibender Geschmack (von Zwiebeln oder Knoblauch)	1 EL Essig oder Zitronensäure auf eine Pfanne	Einweichen lassen und mit schaumigem, nassen Schwamm spülen
	Hartnäckige Flecken oder verkrustete Essensreste	3 EL Sauerstoffbleiche auf 1 Tasse Wasser	15-20 Minuten „köcheln"
Pyrex	Angebrannte Essensreste, besonders Zucker und Stärke	Einen Spritzer Spülmittel, 1 EL Natron, Wasser	Einweichen lassen und mit nicht kratzendem Schwamm spülen

oder Backfett. Dann stellen Sie es für 30 Minuten bei 90-150°C in den Ofen. Lassen Sie das Teil abkühlen und wischen Sie überschüssiges Fett mit einem Papiertuch ab. Nach Gebrauch spülen Sie es vorsichtig in heißem Spülwasser (ohne starkes Scheuern), spülen und trocknen es ab. (Tipp: Um Eisenpfannen richtig sauber zu bekommen, erhitzen Sie sie kurz über einem Ofenbrenner.) Zum Schluß wischen Sie wieder eine dünne Schicht Öl darüber, bevor Sie das Teil wegräumen. Scheuern Sie Eisen niemals mit scharfem Pulver oder Stahlwolle. Um angebranntes Essen zu lösen, kochen Sie in dem Topf eine Lösung aus 2 TL Natron auf 1 l Wasser. Wenn der Topf rostet, scheuern Sie ihn mit Stahlwolle, spülen ihn in heißem Spülwasser und behandeln ihn wie oben beschrieben.

ANTIHAFTBESCHICHTUNGEN

Sobald eine solche Schicht aufgekratzt ist, verliert sie ihre Antihafteigenschaft. Vermeiden Sie kratzende Reinigungskörper und -mittel wie Stahlwolle oder Scheuerpulver. Spülen Sie das beschichtete Kochgeschirr stattdessen heiß mit einem Schwamm, spülen und trocknen Sie es ab. Hartnäckige Verschmutzungen oder verkrustete Essensreste löst man, indem man eine Lösung aus 3 EL Sauerstoffbleichmittel und 1 Tasse Wasser 15-20 Minuten langdarin kocht. Spülen Sie das Teil sorgfältig aus, spülen Sie es ab und trocknen Sie es. Bleibender Knoblauch-, Zwiebel- oder anderer Geschmack lässt sich entfernen, wenn man 1 EL Essig oder Zitronensaft in einer mit Wasser gefüllten Pfanne mischt. Lassen Sie es einweichen, spülen Sie es mit einem eingeseiften Schwamm aus und spülen und trocknen Sie es ab.

PYREX

Dieses strapazierfähige Glasmaterial kann man in der Spülmaschine oder mit der Hand heiß spülen. Verkrustete Essensreste in Kasserolen und anderen Glas- oder Keramikbehältern für den Backofen beseitigt man, indem man sie in Spülwasser einweicht. Fest gebrannten Zucker oder stärkehaltige Lebensmittel kann man lösen, wenn man in das Einweichwasser noch ein wenig Natron gibt. Auch das anschließende Scheuern sollte mit einer milden Substanz wie Natron gemacht werden. Stahlwolle oder Ähnliches ist ungeeignet. Mit Ammoniak oder ammoniakhaltigem Putzmittel kann man Fettflecken entfernen. Kaffee- und Teeflecken lösen sich beim Einweichen in eine Lösung aus 2 EL Spülmaschinenpulver auf 1 l warmes Wasser.

Treppen und Stufen

Da sie umständlich zu putzen sind, werden Treppen und Stufen oft vernachlässigt. Die Reinigung hängt davon ab, ob sie drinnen oder draußen sind oder ob Treppenläufer auf ihnen liegen.

Treppenläufer

Ein stark verschmutzter Läufer kann bis zu einem Pfund Schmutz pro Quadratmeter aufnehmen. Auf Stufen mit Teppichbelag konzentriert sich der Schmutz vorne in der Mitte. Ein Staubsauger ist hier das wichtigste Werkzeug, besonders einer mit Klopfbügel. Wenigstens einmal die Woche sollten Sie die Stufen saugen.

Ein kleiner Handstaubsauger mit Klopfbügel sorgt für die entsprechende Bewegung, die den Staub aus den Tiefen des Teppichs heraussaugt. Auf Treppenläufern ist es egal, ob Sie oben oder unten anfangen. Sie sollten sich jedoch an eine routinemäßige Form gewöhnen, dann wird es leichter auch wirklich einmal die Woche zu saugen.

Gehen Sie in viel benutzten Bereichen 6- bis 8-mal gegen den Strich und 3- bis 4-mal an den Rändern, wo sich Staub, Haare von Haustieren und Fusseln ansammeln.

Außentreppen, auf denen Läufer liegen, sollten staubgesaugt oder gefegt werden, um Blätter und sonstigen Unrat zu beseitigen. Fest getretener Schmutz verschwindet beim Abspritzen mit dem Gartenschlauch, und zwar von oben nach unten und von Seite zu Seite. Der Schmutz muss dabei vom Haus wegtransportiert werden.

Für Eilige:

Wenn Sie unter Zeitdruck sind, saugen Sie lieber gründlich die stark beanspruchten Bereiche, als kurz und oberflächlich über alle Stufen zu gehen. Ziehen Sie Ihre Schuhe am Eingang aus. Fegen Sie die Auffahrt und den Bürgersteig, damit Sie keinen Schmutz von dort hereintragen.

ZUR NOT GEHT'S AUCH SO:

Wenn Sie keinen Handstaubsauger besitzen, nehmen Sie am besten das Rohr vom Staubsauger ab, damit Sie nicht den ganzen Apparat die Treppe hoch- oder runter schleppen müssen.
Die flache Polsterdüse, die man in der Hand halten kann, ist auch eine gute Alternative.

TREPPEN UND STUFEN OHNE LÄUFER

Auf einer harten Treppenunterlage sammelt sich der Schmutz eher an den Ecken und Rändern, während es in der Mittel relativ sauber bleibt. Mit einem großen Staubsauger bekommen Sie den Schmutz aber auch aus den Ecken. Nehmen Sie die normale Fußbodenbürste oder die Fugendüse.
Außentreppen fegen Sie von oben nach unten mit einem Besen und spritzen sie dann mit einem Gartenschlauch ab, um die feineren Partikel zu lösen. Denken Sie daran, den Schmutz vom Haus weg zu transportieren.

FÜR EILIGE:

Die abgenutzten Bereiche von Außentreppen können besser Schmutz und Flecken absorbieren. Sparen Sie Zeit und Mühe, indem Sie sie mit Emaillebeschichtung oder einer klaren Versiegelung behandeln.

ZUR NOT GEHT'S AUCH SO:

Wenn Sie keinen großen Staubsauger haben, leistet auch ein Handfeger gute Dienste, da die feinen, weichen Borsten mehr Schmutz lösen als ein Besen. Arbeiten Sie von oben nach unten und fegen Sie direkt in eine Schippe.
Achtung: Um Unfälle zu vermeiden, spritzen Sie die Stufen nicht ab, wenn Frostgefahr besteht.

Türen aus Aluminium und Holz

Der Eingang ist wie ein Luftschacht, der in Ihr Haus führt. Nicht nur eine Menge Leute laufen darin hin und her, sondern er gehört auch zum „Belüftungssystem" Ihres Hauses. Alles das trägt zur Ansammlung von Schmutz, Fettpartikeln und verschmierten Stellen im Eingangsbereich bei.

So wird's gemacht:

Holz ist eines der verbreitetsten Materialien für Türen und ist relativ pflegeleicht, besonders wenn es gestrichen oder mit einer Schicht Polyurethan oder Lack versiegelt ist.

Stauben Sie Türen regelmäßig ab, damit keine Partikel an der Oberfläche haften bleiben. Sie können sie auch mit einem Tuch und Spülwasser abwischen. Wischen Sie von oben nach unten und wischen mit Sie immer klarem Wasser nach.

Wenn Ihre Türen aus Holz sind, das zwar mit tief eindringendem Schutz behandelt, aber nicht mit Farbe, Lack oder Ähnlichem überzogen ist, wischen Sie sie einfach mit einem feuchten Tuch ab und tragen Sie gekochtes Leinsamenöl auf, Sie erhalten es im Baumarkt. Bearbeiten Sie immer nur einen kleinen Bereich auf einmal. Mit einem sauberen Lappen reiben Sie das Öl in Richtung der Maserung ein, bis das Holz nichts mehr aufnimmt. Trocknen Sie die Oberfläche mit einem anderen Lappen.

Aluminiumtüren können Sie genau so wie gestrichene oder lackierte Türen reinigen; ein Allzweck-Haushaltsreiniger reicht normalerweise völlig aus – schließlich geht es nur um Staub, der sich wegen des Öls oder Schmutzes an die Tür geheftet hat. Mit dem Universalreiniger entfernen Sie auch fettige Ablagerungen.

Wenn Ihre Aluminiumtür eine Scheibe hat, nehmen Sie sie gelegentlich heraus und spritzen sie mit dem Gartenschlauch sauber. Mit einer Nylon- oder Naturhaarbürste reiben Sie stärkere Verschmutzungen ab.

Achtung: Wenn Sie Leinsamenöl auftragen, tragen Sie Gummihandschuhe und sorgen Sie für ausreichende Belüftung. Lesen Sie immer genau die Gebrauchs- und Sicherheitshinweise auf der Verpackung.

UHREN

Vertun Sie nicht Ihre Zeit, indem Sie Ihrer Uhr unter den Deckel schauen. Moderne vollautomatische Uhrwerke brauchen ohnehin nicht gereinigt zu werden. Mechanische Uhren dagegen, die unbedingt gereinigt werden müssen, sollten Sie zum Uhrmacher bringen. Beschränken Sie sich darauf, das Äußere zu pflegen.

SO WIRD'S GEMACHT:

Ein weiches, sauberes Tuch ist das beste Werkzeug. Wischen Sie damit alle äußeren Teile ab, ohne die Oberfläche zu verkratzen. Auf Glasflächen können Sie Glasreinigungsspray verwenden, jedoch darf man ihn nur auf das Tuch, nicht direkt auf die Uhr sprühen.

Für den Rest reicht ein einfaches Tuch; Holzteile können Sie mit einem entsprechenden Spray und Politur behandeln – auch hier gilt, dass das Mittel nur auf das Tuch, nicht direkt auf die Oberfläche aufgetragen werden darf. Messing an Uhren ist meistens lackiert, so dass auch dafür ein einfaches Tuch ausreichend ist.

Bei einer batteriebetriebenen Uhr ist das Einzige, was Sie innen tun können, die Batterie auszuwechseln, wenn sie leer ist. Staub bildet sich im Innern einer Uhr kaum. Sollte tatsächlich einmal etwas zu sehen sein, sprühen Sie ein Tuch mit Staubentferner ein und wischen Sie damit vorsichtig die Oberfläche des Uhrwerks. Wertvolle Erbstücke sollten Sie alle 2-3 Jahre von einem Uhrmacher überprüfen lassen.

Achtung: Acryl- oder Plastikabdeckungen dürfen nicht mit Glasreiniger behandelt werden, da die Oberfläche dabei beschädigt werden kann. Sprühen Sie Reinigungssprays nie direkt auf die Uhr; es kann immer durch Ritzen nach innen dringen.

Vasen und Flaschen

Schmutz am Boden einer Flasche oder einer Vase scheint unerreichbar zu sein. Bevor Sie sie ins Altglas werfen, versuchen Sie es mit diesen einfachen Mitteln.

So wird's gemacht:

Auch wenn Sie mit den Fingern nicht in die Flasche kommen, können Sie sie mit getrockneten Bohnen, ungekochtem Reis oder Sand scheuern. Füllen Sie die Flasche zur Hälfte mit heißem Seifenwasser, geben Sie eine Handvoll von einem der genannten Scheuermaterialien hinzu und schütteln Sie die Flasche kräftig – so wird der Schmutz abgerieben. Hartnäckige Verschmutzungen können beseitigt werden, wenn Sie über Nacht Wasser mit Ammoniak oder mit Spülmaschinenpulver in der Flasche lassen. Pro Tasse Wasser nehmen Sie 1 EL Pulver.

Für Flecken lassen Sie eine Mischung aus 1 Tasse starkem, kaltem, schwarzen Tee und 3 EL Essig über Nacht in der Flasche bzw. Vase.

So mache ich es

Vasenratschlag

Eine erfahrene Blumenexpertin, sagt Ihnen, wie man frisch geschnittene Blumen sauber und frisch hält.

„Wenn Sie eine schmutzige Schüssel mit Wasser füllen, wachsen Algen darin, die die Stengel verstopfen und die Blumen früher austrocknen lässt. Um Schalen und Vasen wirklich sauber zu halten, nehmen Sie 1-2 Gebissreinigungstabletten und lösen sie in einer halb mit Wasser gefüllten Vase auf. Scheuern Sie die Innenseite der Vase mit der Lösung und sie wird blitzblank.

Ich gebe auch 3-4 Tropfen Bleichmittel für den Haushalt in das Wasser, damit keine Bakterien darin wachsen. Ich habe immer Bleichmittel in einem Nasentropfen-Fläschchen auf der Fensterbank neben den Blumen stehen, das ist bequemer, als dafür immer extra in die Küche zu laufen.

Wenn Sie die Blumen geschnitten haben und Ihre Hände grün und braun sind, waschen Sie sie in der Gebissreinigungslösung. Das macht sie sauber und sie fühlen sich wieder geschmeidig an."

Wenn das Glas trüb ist, hat sich wahrscheinlich ein Mineralfilm an der Seite gebildet. Er kann gelöst werden, wenn Sie die Vase mit Wasser füllen, 1-2 EL Spülmaschinenpulver hinzugeben und die Mischung über Nacht stehen lassen. Oder Sie geben ein paar Teelöffel Ammoniak ins Wasser – oder auch eine Tablette für die Gebißreinigung – und schütteln die Vase. Wenn das alles nichts hilft, kann man es noch mit einem normalen Mineral- und Kalklösemittel probieren, das Phosphorsäure enthält.

FÜR EILIGE:

Wenn Sie keinen Tag Zeit zum Einweichen haben, hilft auch eine Flaschenbürste. Sie sind in vielen Formen und Größen erhältlich, flexibel und biegsam.

ZUR NOT GEHT'S AUCH SO:

Manchmal bildet sich in alten Flaschen ein milchigweißer Schleier, der einfach nicht verschwinden will. Wenn Sie ihn vertuschen wollen, probieren Sie einen alten Trick von Flaschensammlern. Reinigen Sie die Flasche, so gut es geht, und trocknen Sie sie gründlich ab. Geben Sie ein paar Tropfen Pflanzenöl in die Flasche und rollen Sie sie ein wenig herum, dann ist der Schleier (der von Magnesium und Kalzium kommt) kaum noch zu sehen.

VENTILATOREN

Es liegt in der Natur eines Ventilators, Schmutz anzuziehen. Während die Luft durch ihn hindurch zieht, heften sich Partikel an die Drehblätter und andere Teile. Entfernen Sie sie, dann sieht Ihre Anlage nicht nur besser aus, sie arbeitet auch effektiver.

SO WIRD'S GEMACHT:

Stauben Sie Ihre Ventilatoren regelmäßig ab. Gehen Sie mit dem Staubsauger mit Bürstenaufsatz von beiden Seiten über das Gitter, um lose Schmutzpartikel zu entfernen. Für die Blätter und die Innenteile nehmen Sie Druckluft oder einen Fön. Je sauberer die Blätter, desto runder läuft der Ventilator.

2- bis 3-mal im Jahr sollten Sie (wenn möglich) das Gitter abnehmen und mit einem Gartenschlauch und einer Nylon- oder Naturhaarbürste reinigen. Wischen Sie die Blätter und andere Plastikteile mit einem Tuch und einem Allzweckreiniger ab. Den Schaft der Blätter können Sie mit ein bisschen Schmierspray einsprühen.
Ebenso sollten Sie auch Entlüfter regelmäßig abstauben – mit einem Staubsauger oder einem feuchten Tuch. Wenn möglich, nehmen Sie das Gehäuse 2-mal im Jahr ab und wischen die Blätter und andere nichtelektrische Teile mit einem Tuch und ein wenig Allzweckreiniger.
An Dunstabzugshauben über dem Herd sammelt sich Fett und macht eine gründlichere Reinigung nötig. Wischen Sie sie wöchentlich mit einem schaumigen Schwamm ab. Alle paar Monate weichen Sie die abnehmbaren, nichtelektrischen Teile in Spülwasser ein. Reiben Sie vorsichtig mit einem Schwamm oder einem Topfreiniger Verschmutzungen ab. Wischen Sie die fest installierten Teile mit einem feuchten, schaumigen Schwamm. Benutzen Sie keine Stahlwolle; sie kann Edelstahl, Emaille und Plastik verkratzen.
Wenn die Haube keine Rohre hat, wechseln Sie den Filter alle 3-4 Monate aus, oder reinigen Sie ihn nach der Vorschrift des Herstellers.
Deckenventilatoren ziehen fast ebenso viel Schmutz an wie andere Ventilatoren, manchmal sogar noch mehr, wenn stark geraucht wird, sie sich in der Küche befinden oder ein Kamin im Zimmer ist. Leider sind sie schwierig zu reinigen. Sie hängen bedrohlich von der Decke und können dem Putzlustigen leicht Angst einjagen. Es gibt Bürsten mit langen Stielen, die extra für die beidseitige Reinigung der Ventilatorblätter konstruiert sind. Der Bürstenkopf ist wie ein schmales U geformt, so dass die Blätter in den Zwischenraum passen. Sie erhalten sie meistens dort, wo man auch Ventilatoren bekommen kann.

Stauben Sie Ihren Deckenventilator einmal monatlich ab. Dann, 2- bis 4-mal im Jahr, putzen Sie ihn gründlicher. Wischen Sie die Blätter und das Lager mit einem feuchten Tuch und Universalreiniger oder Spülwasser ab. Trocknen Sie sie gut ab, sonst ziehen sie umso stärker wieder Staub an.
Achtung: Ziehen Sie vor jeder Reinigung immer den Stecker heraus. Passen Sie auf, dass kein Spülmittel oder Ähnliches in den Motor eines Ventilators gelangt.

VERANDEN

Wenn Sie Schmutz, Schimmelpilze oder Gerbsäureflecken von Ihrer Veranda entfernen, hält das Holz länger und sieht länger neu aus. Es dauert nicht lange, dann können Sie bald wieder auf Ihr Sofa zurück.

SO WIRD'S GEMACHT:

Blätter und anderen Unrat fegen oder spritzen Sie gelegentlich ab. Je länger die verfallenden Blätter und Zweige auf der Holzoberfläche bleiben, desto eher können sie Flecken hinterlassen.

SO MACHE ICH ES

SCHNELLE VERANDAPFLEGE

Der Moderator einer Do-it-Yourself-Sendung im Radio und selbst passionierter Verandabesitzer macht Ihnen hier einen Vorschlag zum Putzen einer Veranda.
„Wenn Sie den Unrat aus den Fugen und Ritzen Ihrer Veranda nicht herausholen, bekommen Sie Problem mit dem Holz. Es ist wie Zahnverfall. Die Sonne muss in alle Zwischenräume kommen, damit das Holz so trocken wie möglich ist. Sonst kann es, wenn es druckbehandelt ist, dunkler werden und Schimmelpilze hervorbringen. Wenn nicht, wird es einfach morsch.
Am schnellsten geht es mit einem Hochdruck-Wasserstrahler. Aber wenn Sie nicht vorsichtig sind, können Sie dabei die Beschichtung des Holzes entfernen. Ich nehme Druckluft mit einer Düse; das ist sicherer.
Meine Mutter hat einen Hochdruck-Wasserstrahler gekauft. Als sie ihn zum ersten Mal benutzt hat, war er so stark, dass er buchstäblich Rillen ins Holz geschnitten hat."

2-mal in Jahr sollten Sie Ihre Veranda leicht mit Seifenwasser schrubben. Nehmen Sie einen Schrubber mit festen Borsten und einem langen Stiel, dann müssen Sie nicht in die Knie gehen.
Alle paar Jahre ist eine gründliche Reinigung angesagt. Sie haben verschiedene Möglichkeiten: 2-mal schrubben oder mit Druck abspritzen.
Das Schrubben ist nicht so teuer, da Sie keinen Wasserstrahler ausleihen oder einen Handwerker kommen lassen müssen. Druckwasserstrahl kann eine Holzoberfläche sogar beschädigen. Beim Schrubben jedoch brauchen Sie Chemikalien – Trinatriumphosphat, flüssiges Bleichmittel und Oxalsäure. Bei sachgemäßer Anwendung schadet keines von ihnen Ihrem Rasen oder umstehenden Gewächsen.
Zuerst das Schrubben. Geben Sie 1 Tasse Trinatriumphosphat und 1 Tasse flüssiges Haushaltsbleichmittel in 4 l Wasser. Rühren Sie gut um, schrubben Sie damit die Veranda und spritzen Sie anschließend mit einem Gartenschlauch darüber.

Zur Beachtung: Eine phosphatfreie Alternative zu Trinatriumphosphat ist ein Produkt, das Natriummetasilikat enthält.

Die Bleiche macht den Schimmelpilzen den Garaus. Das Trinatriumphosphat entfernt Oberflächenverschmutzungen und klebrige Substanzen. Trotzdem bleiben nach dem Reinigen immer noch dunkle und verfärbte Stellen, die durch Witterungseinflüsse und Gerbsäure entstehen, zurück.
Diese Stellen bekommen Sie mit Oxalsäure oder einem anderen speziellen Reinigungsmittel wieder sauber. Erkundigen Sie sie dafür in einem Baumarkt.
Wenn Sie Oxalsäure nehmen, lösen Sie 1/4 Tasse der Kristalle in 4 l heißem Wasser auf – der Behälter (am besten ein Plastikeimer) darf nicht aus Metall sein. Mit einem Mopp oder Schwamm wenden Sie die Lösung auf der Oberfläche an – allerdings dürfen Sie nicht scheuern. Bedecken Sie einfach das Holz, warten Sie 20-30 Minuten und spritzen Sie es mit einem Gartenschlauch ab. Die

ablaufende Flüssigkeit schadet den in der Nähe stehenden Pflanzen nicht.

Wenn Sie einen Druckwasserstrahler verwenden, lassen Sie die Reinigung entweder von einem Fachmann ausführen oder leihen Sie sich ein Gerät. Denken Sie daran, dass ein Wasserstrahler Holzoberflächen beschädigen kann – bis hin zu massiver Erosion.

So können Sie einigen Risiken aus dem Weg gehen:

- Wenden Sie nicht zu viel Druck an. Nehmen Sie den niedrigsten Druck, der für eine Veranda ausreicht – erkundigen Sie sich bei dem Händler, bei dem Sie sich das Gerät ausleihen.
- Nehmen Sie ein 45° Düse, keine Nadeldüse.
- Richten Sie die Düse aus 30-40 cm Entfernung schräg auf die Oberfläche.
- Halten Sie die Düse nicht für mehr als einen Bruchteil einer Sekunde auf einen Bereich gerichtet.

Achtung: Wenn Sie mit Bleichmittel, Trinatriumphsophat oder Oxalsäure arbeiten, tragen Sie eine Schutzbrille, Gummihandschuhe und andere Schutzkleidung.

Wenn Sie Oxalsäure verwenden, entfernen Sie alle Blumentöpfe und bedecken Sie alle Pflanzen, die etwas von der Lösung abbekommen könnten – das Blätterwerk kann sonst verbrannt werden. (Wenn Sie zum Schluß mit dem Gartenschlauch über die Veranda gehen, ist die Lösung verdünnt genug, um den Pflanzen keinen Schaden mehr zufügen zu können.)

Bei Gebrauch eines Druckwasserstrahlers sollten Sie einen Augenschutz tragen.

Lesen Sie immer die Hinweise zum Gebrauch und zur Sicherheit.

VERFILZEN

Ihr Lieblingspullover hat plötzlich einen Ausschlag aus tausend winzigen Klettborsten. Verursacht wird dieses Phänomen durch kurze Fasern, die aus dem Gewebe hervorstehen. Die Fasern fransen aus und formen häßliche kleine Kügelchen. Die kleinen Flaum-

Verfilzen: Lernen Sie Ihren Feind kennen

Wenn man die kleinen, ärgerlichen Kügelchen besser begreift, sind die Chancen, sie zu besiegen, größer.
Bei der Anfertigung des Garns – egal, ob Polyester, Kunstseide oder Wolle - werden die Fasern zusammengesponnen. Dabei stehen einige Faserenden hervor. Der Ärmel Ihrer Jacke scheuert an die Seite, die hervorstehenden Fasern werden abgerieben und formen sich zu kleinen Bällchen zusammen.
Die Bällchen werden immer größer, da sie auch die anderen Fasern in Mitleidenschaft ziehen.
Je kürzer die Fasern, desto größer ist die Chance des Verfilzens. Seide besteht aus einem einzigen, langen Faden und kann nicht verfilzen. Wolle hingegen ist berüchtigt für das Verfilzen; ihre Fasern sind nur 1/2 -10 cm lang. Ein Kammwollanzug aus langen Fasern, der gut gekämmt und fest gestrickt ist, verfilzt nicht so leicht wie ein Pullover aus Shetlandwolle, der aus kurzen, fusseligen Fasern gemacht wird.
Verfilzte Stoffe müssen Sie wohl von den Kügelchen befreien – oder vorbeugen, aber das ist nicht so einfach. Wählen Sie Kleider, die – wie Seide, Kammwolle oder Baumwolle – aus langen, fester gewebten Fasern bestehen. Oder achten Sie darauf die Kleidung weniger Abreibung auszusetzen. Wenn Sie sehen, dass ein Kleidungsstück zum Verfilzen neigt, tragen Sie es nicht so oft. Und tragen Sie keine leicht verfilzenden Sachen, wenn Sie strapaziöse Aktivitäten vor sich haben.

bällchen stecken tief im Gewebe. Ist Ihr Hund einmal mit lauter kleinen Knötchen im Fell nach Hause gekommen? Das ist so ähnlich.

So wird's gemacht:

Die Knötchen lassen sich am besten mit der Hand entfernen, entweder mit den Fingern oder mit einem entsprechenden Gerät. Um die kleinen Kügelchen auf Baumwollstoffen loszuwerden, waschen Sie die Sachen in enzymhaltigem Waschmittel. Die Enyzme lösen die Zellulose der hervorstehenden Fasern auf, so dass das Teil wieder wie neu aussieht.

Es gibt eine Gerät , das wie eine Kleiderbürste aussieht aber auf der Vorderseite aus grobem Sandpapier besteht. Wenn Sie damit über den Stoff gehen, werden die Knötchen weggebürstet. Ein anderes Gerät läuft mit Batterien, sieht wie ein Rasierapparat aus und funktioniert auch so ähnlich. Ein Drehblatt schneidet die Kügelchen ab und zieht sie in einen Auffangbehälter. Wenn er voll ist, wird er einfach geleert. Das Gerät ist in Textilhandlungen erhältlich. Gehen Sie sachte vor, sonst entfernen Sie nicht nur die Stoffknötchen, sondern auch noch Fasern, so dass das Gewebe ausdünnt.

ZUR NOT GEHT'S AUCH SO:

Wenn Sie eine große Fläche in kurzer Zeit bearbeiten wollen, entfernen Sie einfach hier ein paar, dort ein paar – dann fallen die Knötchen insgesamt nicht so sehr auf.

VIDEOREKORDER

Ein Videorekorder kann ohne Qualitätseinbuße 2500 Stunden spielen, das heißt 4 Filme die Woche, und das sieben Jahre lang. Machen Sie sich also keine Sorgen, was die Reinigung angeht. Wenn Sie ein Gerät für 400 Mark kaufen, macht das etwa 15 Pfennig am Tag. Andererseits kann regelmäßige Reinigung die Lebensdauer des Videoekorders noch verlängern, die Kassetten erhalten und auch die Schärfe des Bildes bewahren. Heutzutage, wo die Alterung technischer Geräte nicht auf Jahre, sondern nur auf Monate kalkuliert wird, scheinen 7 Jahre reibungslose

SPARTRICKS

Bandtaktik

Folgende Tipps helfen Ihnen, die Bänder Ihrer Videokassetten gut zu pflegen.

1 Immer wieder überspielte und durchgelaufende Bänder beginnen irgendwann, die Ton- und Bildköpfe zu verkleben, und die Oxydschicht löst sich langsam ab. Nach 200-maligem Überspielen sollten Sie sie wegwerfen.

2 Bewahren Sie die Kassetten in der Hülle auf, damit sich kein Staub und Schmutz ansammeln. Ein schmutziges Band kann Partikel an die Ton- und Bildköpfe abgeben, sie beschädigen und die Bildqualität beeinträchtigen.

3 Halten Sie Kassetten fern von starken magnetischen Feldern wie Fernsehern, Lautsprecher oder Elektromotoren.

4 Lassen Sie Ihre Kassetten mindestens einmal im Jahr durchlaufen, damit sich die magnetischen Partikel nicht an das Metall haften. Wenn Sie keine Zeit haben, sich die Kassette anzusehen, spulen Sie sie einmal vor und wieder zurück. Kassetten halten länger, wenn Sie sie aufrecht hinstellen mit der vollen Bandrolle nach unten.

Laufzeit ein guter Handel für putzfreie Zeit zu sein. Diejenigen, die sich mit einem solchen Zeitraum nicht zufrieden geben, bekommen nun ein paar Strategien an die Hand.

SO WIRD'S GEMACHT:

Ein Videorekorder hat mehr bewegliche mechanische Teile als alle anderen elektronischen Hausgeräte. Die meisten Staub- und Schmutzpartikel sind magnetisch, deshalb sammeln sie sich besonders an den Tonköpfen. Wenn Sie sie nicht reinigen, beeinträchtigt der Schmutz mit der Zeit die Bildqualität und erzeugt Streifen, schwarze Linien und Schnee. Die Reinigung der Tonköpfe löst meistens schon alle Probleme.

Sie sollten immer nach jeweils 20 Stunden Laufzeit mit einem guten Tonkopfreiniger sauber gemacht werden – oder öfter, wenn Sie viele Filme ausleihen. Es gibt 3 Arten von Tonkopfreinigern: trocken, nass und magnetisch. Alle funktionieren wie normale Kassetten, d. h. sie werden eingelegt, man drückt auf „Start“ und wartet ab.

Die sicherste Methode ist die magnetische. Während das Band läuft, werden Sie durch Signale informiert, wenn die Tonköpfe sauber sind. Bei nass reinigenden Kassetten wird das Band mit einer Reinigungsflüssigkeit angefeuchtet. Wenn man sie einlegt, wischt sie den Schmutz weg. Nehmen Sie nicht zu viel Reinigungslösung. Trockene Systeme, die durch Reiben den Schmutz beseitigen und die Tonköpfe abnutzen können, sind nicht empfehlenswert.

Obwohl die nasse und magnetische Methode gute Ergebnisse zeigen, beseitigen sie nicht den Schmutz, der sich entlang der Bandspur sammelt. Wenn nach der Reinigung immer noch Streifen und Schnee zu sehen sind, müssen Sie den Videorekorder eventuell von einem Fachmann reinigen lassen.

Vergessen Sie das Äußere Ihres Videorekorders nicht. Stauben Sie es häufig ab und wischen Sie es, wenn nötig, mit einem feuchten Tuch.

FÜR EILIGE:
Wenn Sie auf gute Bandqualität achten, müssen Sie Ihren Videorekorder nicht so häufig reinigen. Minderwertiges Bandmaterial kann Partikel absondern, die die Tonköpfe und die Bandspur verstopfen. Es gibt keine Standardbezeichnungen für die Bandqualität – ungeachtet der jeweiligen Aufschrift. Die Qualität ist also von Hersteller zu Hersteller unterschiedlich. Ein „hochwertiges" Band von einem Discount-Markt kann durchaus schlechter sein als eine Standardkassette eines guten, renommierten Herstellers.

ZUR NOT GEHT'S AUCH SO:
Wenn Sie nicht mehr genau erkennen können, ob es gerade Derrick oder Harry ist, der den Mörder stellt, aber keine Reinigungskassette zur Hand haben, sind Sie mit einem Baumwolllappen und Reinigungsalkohol schnell wieder im Bilde. Mit Wattestäbchen gelangt man besser ins Innere. Tauchen Sie den Bausch in Alkohol und reiben Sie die Ton- und Bildköpfe ein, um den Schmutz zu lösen.

Achtung: Schütten Sie Alkohol oder Reinigungslösung nie direkt auf oder in das Gerät.

VINYL

Vinyl wird seit den 20er Jahren für Tischdecken, Stofftaschen und Duschvorhänge benutzt. Es gibt kaum pflegeleichtere Materialien, deshalb findet man es heute fast überall – von Fußböden bis zu Polstern. 20 % der neu gebauten Häuser haben Vinylwände. Obwohl es so leicht zu pflegen ist, wird es aber mit der Zeit hart und spröde, wenn man sich nicht darum kümmert.

SO WIRD'S GEMACHT:
Mit Spülwasser und einer weichen Bürste lässt sich Vinyl problemlos reinigen. Dann muss es unbedingt abgespült und getrocknet werden. Spezielle Vinylreiniger sind gut geeignet, um hartnäckige Verschmutzungen zu entfernen, und die in diesen Mitteln enthaltenen Pflegesubstanzen halten das Vinyl geschmeidig.

FÜR EILIGE:
Vinyl verträgt kein Öl. Sogar Hautfett bewirkt eine allmähliche Verhärtung des Materials. Statt den gesamten Bezug zu scheuern, beschränken Sie sich auf die Kopf- und Armlehnen, wo sich Fett am meisten ansammelt.

ZUR NOT GEHT'S AUCH SO:
Um matten Flächen wieder Glanz zu verleihen, kann man die Oberflächen mit einer dünnen Schicht Möbelwachs besprühen. Lassen Sie es 30 Sekunden einwirken und polieren Sie dann die Fläche.

Achtung: Manche Haushaltsreinigungsmittel entfernen die Weichmacher in Vinyl und führen deshalb zu einer Verhärtung und eventuell zu Brüchen. Vermeiden Sie den Gebrauch von Aceton, Lackverdünner und Trockenreinigungsflüssigkeit zur Fleckentfernung.

VINYLFLIESEN

Auf Fußböden gibt es entweder massives Vinyl – dann fühlt es sich weich und elastisch an – oder zusammengesetztes mit Mineralfüllung und einer dünnen Schicht Vinyl. Die Pflege ist bei beiden gleich, aber die „furnierte" Variante kann – sollte sie vor Mitte der 80er Jahre hergestellt worden sein – Asbest enthalten und erfordert deshalb besondere Vorsicht.

SO WIRD'S GEMACHT:
Um den Glanz zu erhalten, muss man so vorsichtig wie möglich putzen. Staubsaugen und wischen Sie den Boden häufig, damit

URSACHEN UND BEHEBUNG VON VERGILBEN

Wenn Ihre weißen oder hellen Vinylfliesen vergilben, ist wahrscheinlich einer der folgenden Gründe schuld:

- Zu viel Sonnenlicht. Hängen Sie Gardinen, Jalousien etc. vor Ihre Fenster.
- Asphaltspuren von der Auffahrt oder der Straße, die an Schuhen ins Haus transportiert werden, reagieren mit Vinyl und rufen eine gelbliche Färbung hervor. Legen Sie eine Fußmatte an den Eingang, damit der Asphalt darauf abgetreten werden kann.

Schmutz erst gar nicht die Chance bekommt, den Glanz zu trüben. Wenn lauwarmes, klares Wasser nicht ausreicht, sollten Sie sich ein spezielles Putzmittel für Vinyl besorgen. Die Dosierung entnehmen Sie den Angaben auf der Packung. Lassen Sie das Wasser nicht auf den Fliesen stehen, da sich sonst die Verklebungen lösen können. Spülen Sie auf jeden Fall – auch wenn auf dem Produkt das Gegenteil steht – mit klarem Wasser nach.

FÜR EILIGE:

Wenn Sie mit klarem Wasser wischen, kommt der Glanz normalerweise immer zurück, und Sie müssen nicht noch mal mit Wasser nachwischen.

Achtung: Wenn Sie nicht 100%ig sicher sind, müssen Sie annehmen, dass Ihre beschichteten Fliesen Asbest enthalten. Wenn der Boden gut in Schuss ist, lassen Sie ihn am besten, wie er ist. Wachsen Sie ihn einfach und benutzen Sie keine scharfen Reiniger, da sich sonst die Schutzschicht auflösen kann. Wenn der Boden ausgewechselt werden muss, holen Sie einen Fachmann.

VOGELBADEWANNEN

Für die Bakterien, die sich in solchen Behältern sammeln können, sind Vögel anfällig, deshalb sollten Sie sie regelmäßig sauber machen.

SO WIRD'S GEMACHT:

Schrubben Sie sie einmal wöchentlich mit einer Scheuerbürste oder einem Schwamm. Alle paar Tage muss das Wasser gewechselt werden – im Sommer sogar möglichst täglich.

Achtung: Verwenden Sie keine Putzmittel oder andere Chemikalien. Brauchen Sie unbedingt Seife, nehmen Sie so wenig wie möglich und spülen Sie sorgfältig nach, da Vögel äußerst empfindlich gegen Chemikalien sind.

Vogelhäuschen

Natürlich müssen auch Vogelhäuschen sauber gehalten werden, aber achten Sie darauf, keine Seifenreste darin zu lassen, um Ihren gefiederten Freunden nicht zu schaden.

So wird's gemacht:

Wenigstens alle 3 Monate sollten Sie Ihr Vogelhäuschen reinigen. Plastikhäuschen spülen Sie mit Wasser aus, hölzerne nehmen sie nach Möglichkeit auseinander und reinigen Sie sie mit einer Drahtbürste. Sie können die Oberflächen auch ab und zu mit Sandpapier abreiben. Seife darf nicht verwendet werden, da man nicht alle Reste aus dem Holz bekommt. Häuschen für Singvögel sollte man alle paar Tage mit heißem Wasser ausspülen, da sie leicht modrig werden, wogegen Singvögel besonders empfindlich sind. Dazu nehmen Sie das Häuschen herunter, gießen das Zuckerwasser heraus und spülen Sie es in der Spüle unter heißem Wasser ab.

Wachsrückstände auf Fussböden

Wachsrückstände fallen dort besonders auf, wo sie nicht durch starke Beanspruchung abgenutzt sind. Ein Vinyl- oder Backsteinfußboden kann mit der Zeit eine gelbliche Färbung annehmen, während ein Holzfußboden, der zu stark gewachst wurde, eher abgestoßen oder weiß aussieht. Entfernen Sie altes Wachs und polieren Sie den Boden nicht öfter als einmal im Jahr – oder nachdem 6-8 Schichten aufgetragen wurden.

So wird's gemacht:

Wenn Sie keine Poliermaschine haben, ist es ziemlich mühsam und zeitaufwändig, altes Wachs vom Fußboden zu entfernen. Es gibt auch Mittel für Wachsrückstände, aber die typische Mischung für das Entfernen von Wachs auf Nicht-Holzfußböden lautet: 1/4 Tasse nicht chlorhaltiger Fußbodenreiniger und 1 Tasse Ammoniak auf 2 l heißes Wasser. Wischen Sie zunächst den Boden, um lose Verschmutzungen zu entfernen. Wenden Sie die Lösung immer nur auf einen kleinen Bereich an und lassen Sie sie 5 Minuten einwirken.

Der Boden wird zuerst etwas eintrüben, als ob das Wachs aufweicht. Schrubben Sie die Stelle mit einer starken Bürste oder sehr feiner Stahlwolle, um das Wachs aufzunehmen. Die gelösten Reste können Sie mit einem Gummischrubber und Schippe entfernen und in den Mülleimer kippen; das geht schneller als Aufwischen. Ein Nass-Staubsauger funktioniert noch besser. Anschließend waschen Sie die Stelle mit klarem Wasser ab. Lassen Sie sie lufttrocknen und gehen Sie zum nächsten Bereich über. Am Ende überziehen Sie den gesamten Fußboden mit 2 oder 3 dünnen Schichten Firnis statt einer dicken Schicht.

Wenn Sie danach immer noch dunkle Stellen sehen oder immer noch Wachs mit einer Münze abkratzen können, muss der Vorgang wohl wiederholt werden.

Holz, das keine Oberflächenbeschichtung hat, sollte mit Wachs auf Lösungsmittelbasis – etwa Wachspaste – behandelt werden. Wasser oder gebräuchliche Wachslöser sind für solche Böden nicht geeignet. Stattdessen nehmen Sie eine lösungsmittelartige Substanz wie Mineralspritus oder Farbverdünner und feine Stahlwolle. Reiben Sie immer mit der Maserung, nicht dagegen.

FÜR EILIGE:

Wenn Sie schon 2 Schichten Wachs auf den Boden aufgetragen haben, brauchen Sie nur noch stark beanspruchte Bereiche mit noch mehr Wachs zu behandeln. So verhindern Sie, dass sich wieder Wachsrückstände ansammeln.

Den Glanz auf Holzböden können Sie eventuell auch mit Fußbodenpolitur statt Wachs wiederherstellen. Wachsen Sie nur, wenn Polieren nicht mehr hilft. Mit einem für nassen und trockenen Schmutz geeigneten Staubsauger können Sie die abgekratzten Wachsreste aufnehmen.

ZUR NOT GEHT'S AUCH SO:

Wenn Sie keinen Gummischrubber haben, nehmen Sie das aufgeweichte Wachs mit einem Spachtel auf.

Achtung: Tragen Sie Gummihandschuhe und sorgen Sie für ausreichende Belüftung, wenn Sie Wachs ablösen, da starke Dämpfe dabei aufsteigen.

Auf unversiegelten Fußböden sollte keine Wachspolitur verwendet werden. Die meisten dieser Produkte enthalten Wasser (das für Holz ungeeignet ist) und Kunststoff. Die glänzende Plastikschicht verfärbt das Holz und kann nur mit scharfen Chemikalien wieder entfernt wrden.

WACHSTROPFEN

Dafür gibt es 2 Methoden – Abkratzen oder Schmelzen. Kratzen ist besser bei harten Oberflächen, z.B. Fußböden oder Holzmöbeln. Schmelzen wiederum ist besser für Textilien wie Tischdecken oder Polster geeignet. Bei farbigen Kerzen wird es komplizierter, da hier die Gefahr einer bleibenden Verfärbung besteht. Die in Kerzen enthaltenen Farben können durch die Fasern dringen und einen Fleck hinterlassen.

SO WIRD'S GEMACHT:

Kratzen Sie so viel Wachs wie möglich mit einem Spachtel oder Ähnlichem ab. Dann dürften nur noch Spuren zurückbleiben. Um die zu entfernen, reiben Sie sie mit einem Lappen ein, der mit Mineralspiritus angefeuchtet ist.

Stoff kann durch Kratzen, Schälen oder Ziehen an Wachsflecken beschädigt werden. Stattdessen können Sie bei weißem Wachs ein paar saubere Papiertücher aufeinander über den Wachsfleck legen (und darunter, wenn es sich z. B. um eine Tischdecke handelt) und die Stelle bei niedriger Temperatur bügeln. Bügeln Sie so lange (wechseln Sie die Tücher, wenn sie Wachs aufgenommen haben), bis das Wachs verschwunden ist. Etwaige Rückstände und Farbe tupfen Sie mit einem Schwamm und etwas Fleckentferner ab;

trocknen Sie die Stelle anschließend. Waschbare Stoffe sollten so schnell wie möglich gewaschen werden; geben Sie zum Waschmittel ein wenig Bleichmittel, das dem Gewebe nicht schadet. Nehmen Sie die höchste Temperatur, die der Stoff erlaubt.
Bei farbigem Wachs funktioniert diese Methode nicht. Sie müssen wohl Bleichmittel benutzen. Testen Sie den Stoff an einer unauffälligen Stelle und bleichen Sie das ganze Teil in einem unbedenklichen Bleichmittel.

ZUR NOT GEHT'S AUCH SO:

Statt Papiertüchern kann auch Löschpapier genommen werden.
Vor dem Waschen reiben Sie Farbflecken mit einem Schwamm und Reinigungsalkohol ein, damit die Farbe sich besser löst.
Achtung: Am schwierigsten zu entfernen ist rotes Kerzenwachs; am besten wenden Sie sich damit an eine Reinigung. Lesen Sie immer genau die Gebrauchs- und Sicherheitshinweise auf den Produkten, die Sie verwenden.

WAFFELEISEN

Vielleicht vergeht Ihnen schon die Lust auf ein gemütliches Kaffeetrinken mit Waffeln, wenn Sie daran denken, Teigreste aus unzähligen kleinen Winkeln herauszukratzen. Nun, schlagen Sie sich diese Gedanken aus dem Kopf. Alles, was ein Waffeleisen braucht, ist eine gute Pflege. Gut gepflegte Waffeleisen entwickeln eine Oberfläche, an der nichts haften bleibt, so dass das Saubermachen eine Sache von Sekunden ist.

SO WIRD'S GEMACHT:

Nach dem Waffelbacken bürsten Sie die Krümel einfach heraus, während das Waffeleisen noch warm ist. Machen Sie es ohne Wasser, sonst muss die Pflegebehandlung wiederholt werden. Lassen Sie das Gerät abkühlen und wischen Sie dann Spritzer oder Flecken an der Außenseite mit einem feuchten Schwamm und Spülwasser ab.

Bürsten Sie ungesalzenes Fett oder Öl auf die Innenflächen und heizen Sie das Waffeleisen an, bis es zu dampfen beginnt. Backen Sie eine Waffel, um überschüssiges Fett aufzunehmen. (Normalerweise ist die Waffel fertig, wenn es aufhört zu dampfen.) Werfen Sie die Waffel weg. Jetzt ist das Waffeleisen in perfektem Zustand.
Nach dem Abwaschen mit Spülwasser sollten die Innenflächen wieder neu behandelt werden.

Für Eilige:

Das Wichtigste ist die vorbeugende Pflege vor dem ersten Gebrauch und immer dann, wenn die Waffeln zu kleben beginnen.

Zur Not geht's auch so:

Wenn Sie keine weiche Bürste haben, wischen Sie die warmen Flächen mit einem Papiertuch oder einem Geschirrtuch ab, um die Krümel zu entfernen.

Achtung: Ziehen Sie immer vor der Reinigung den Stecker heraus, damit Sie keinen Schlag bekommen.

Waffen

Ein „sauberer" Schuss hat nicht von ungefähr diese Bezeichnung. In die Kaliber von Gewehren und von den meisten Handpistolen ist eine gewindeartige Mikrorille eingeschnitten. Wenn sich dort Blei- oder Kupferrückstände ablagern, ist die Rundung nicht mehr präzise. Bei der Reinigung müssen also Schießpulver und Metallablagerungen im Innern des Laufs und des Kalibers entfernt und Rost verursachende Feuchtigkeit ausgewischt werden. Diese Schritte garantieren Zuverlässigkeit, Genauigkeit und Sicherheit und erhalten außerdem den Wiederverkaufswert.

So wird's gemacht:

Nach jedem Gebrauch wird die Waffe in folgenden Schritten gereinigt. Vergewissern Sie sich, dass sie nicht geladen ist. Reinigen Sie, wenn möglich, vom hinteren Ende des Rohrs aus. Bei Schrotflinten lässt sich das Rohr normalerweise öffnen oder abnehmen; bei Gewehren muss der Verschluss geöffnet oder der Bolzen abgenommen werden; bei Handfeuerwaffen lässt sich der Zylinder öffnen, und bei halbautomatischen Waffen muss der Schieber auseinander genommen und das Rohr abgenommen werden (sehen Sie dazu genau in Ihrer Bedienungsanleitung nach). Wenn Sie von der Mündung aus putzen müssen, lassen Sie keinen Schmutz in die Führung gelangen. Mit einer Nylonbürste etwa in der Größe einer Zahnbürste und einem geeigneten Spezialreinigungsmittel säubern und schmieren Sie den Lauf. Dasselbe machen Sie mit dem Kaliber; nehmen Sie einen Reinigungsstab in der richtigen Länge mit einem Baumwollstück am Ende. Auf den Stoff geben Sie die Reinigungsflüssigkeit und bewegen den Stab hin und her, etwa 5- bis 10 mal. Wiederholen Sie den Vorgang mit einer Kaliberbürste, um hartnäckige Verschmutzungen zu entfernen. Alle Reinigungskörper müssen unbedingt exakt die passende Größe haben.

Schließlich wischen Sie das Äußere und die Metallteile mit einem silikonimprägnierten Tuch, das Sie in Waffengeschäften erhalten, oder mit einem Tuch und einer Ölflüssigkeit.

Wenn Sie häufig schießen, scheuern Sie wenigstens einmal im Monat vor der Reinigung das Kaliber, den Lauf und die Kammer, um Plastik, Blei, Kupfer und Pulverrückstände zu entfernen. Nehmen Sie dazu eine Bronzebürste und ein starkes Lösemittel. Nach dem Scheuern warten Sie 30-60 Minuten. Es gibt Lösemittel, die speziell für hartnäckige Pulverrückstände, Blei und Kupfer geeignet sind. Wenn Sie von der Mündung aus putzen müssen, schützen Sie sie vor Abnutzung durch einen Mündungsschutz.

ZUR NOT GEHT'S AUCH SO:

Wenn Sie nach dem Schießen mal keine Gelegenheit zum gründlichen Saubermachen haben, wischen Sie wenigstens das Äußere mit einem Silikontuch und einem ölhaltigen Mittel. Damit entfernen Sie Fingerabdrücke, die Säure enthalten und Rost verursachen können. Den Lauf putzen Sie später – wenn Sie Zeit haben.

Achtung: Achten Sie immer darauf, dass Ihre Waffe nicht geladen ist. Beim nächsten Gebrauch ist es immer gut, vor dem Laden nachzusehen, ob keine Hindernisse in den Lauf gelangt sind.

WÄNDE

Die Regel Nr. 1 beim Putzen von Wänden ist, von unten nach oben zu wischen. Andernfalls tropft das schmutzige Wasser über die verschmutzten Wände und hinterlässt Streifen, die kaum noch zu entfernen sind. Die Streifen, die schmutziges Wasser auf schmutzigen Wänden hinterlässt, sind schwerer zu beseitigen als schmutziges Wasser auf sauberen Wänden. In jedem Fall muss das Heruntertropfen kontrolliert werden, also empfiehlt es sich, immer nur kleine Bereiche nacheinander zu putzen.

SO WIRD'S GEMACHT:

Vor dem Putzen stauben oder saugen Sie am besten die Wände ab, um lose Verschmutzungen zu entfernen. Die meisten gestrichenen Oberflächen können mit Spülwasser abgewischt und mit klarem Wasser nachgewischt werden.

Man braucht 2 Eimer (einen für das Putzwasser und den anderen für das klare Wasser zum Nachspülen), 2 Zelluloseschwämme und am besten ein Paar Gummihandschuhe.

Wischen Sie die Wand mit einem Schwamm und dem Spülwasser ab, aber immer nur kleine, sich überschneidende Bereiche, die in Reichweite Ihrer Arme liegen. Halbseidene und glänzende Anstriche sind widerstandsfähiger beim Abwischen als Latexfarbe. Mit dem anderen Schwamm und klarem Wasser wischen Sie dann nach. Machen Sie einen Bereich nach dem anderen – nebeneinander liegende sollten sich unbedingt überschneiden. In regelmäßigen Abständen wischen Sie überschüssiges Wasser mit einem weichen, saugfähigen Tuch ab.

BEVOR SIE DIE FARBDOSE ÖFFNEN

Bereiten Sie Ihre Wände für eine neue Farbschicht vor?

Anstreicher benutzen Trinatriumphosphat, ein pulverförmiges Reinigungsmittel, um die Wände zu reinigen und aufzurauhen. Der alkalische Reiniger desinfiziert nicht; er glättet nur die Wände. Wenn Sie ihn benutzen, tragen Sie Augenschutz, Gummihandschuhe und langärmlige Kleidung; vergessen Sie nicht, mit klarem Wasser nachzuwischen.

Wenn die Wände stark verschmutzt sind, lösen Sie die Verschmutzungen mit einer stärkeren, alkalischen Lösung. Auf 4 l warmes Wasser kommen dabei 2 EL Ammoniak, 1 TL Trinatriumphosphat oder 2 EL Waschpulver. Noch stärkere Lösungen können eventuell Farbe entfernen. Bei fettigen Wänden lösen Sie 1/4 Tasse Bleichsoda in 8 l Wasser auf.

FÜR EILIGE:

Ins selten benutzten Räumen oder Schlafzimmern reicht es meistens aus, die Wände abzustauben und gegebenenfalls Flecken zu entfernen. Nehmen Sie einen Allzweck- Sprühreiniger und wischen Sie schmutzige Bereiche wie Lichtschalter oder Türrahmen damit ab. Testen Sie den Sprühreiniger erst in einer unauffälligen Ecke, bevor Sie alles einsprühen. Wenn sich die Stelle danach klebrig anfühlt, nehmen Sie ein anderes Mittel.

Mit einem Schwamm an einer Stange könne Sie auch größere Bereiche auf einmal abwischen. Es sollte aber nicht derselbe sein, den Sie auch für den Fußboden benutzen, sonst sehen die Wände am Ende schmutziger aus als vorher.

ZUR NOT GEHT'S AUCH SO:

Zwischen den Tagen, an denen Sie die Wände putzen, sollten Sie verschmutzte Stellen mit einem Radiergummi abreiben.

Wenn Sie raue Tapeten haben, an denen der Schwamm sich auflöst, putzen Sie sie mit einer zu einem Ballen zusammengeknoteten Nylonstrumpfhose.

Um Klebestreifen von Wänden zu lösen, gehen Sie mit einem warmen Bügeleisen auf einer schützenden Stoffunterlage darüber. Drücken Sie ein wenig gegen die Wand und schälen Sie den Kleber langsam ab.

Achtung: Testen Sie ein Reinigungsmittel immer erst an einer unauffälligen Stelle, damit sie sehen, ob die Oberfläche dadurch nicht beschädigt wird.

Wenn Sie Trinatriumphosphat benutzen, sollte Sie Schutzbrille, Gummihandschuhe und langärmelige Kleidung tragen. Lesen Sie immer genau die Gebrauchs- und Sicherheitshinweise auf den Produkten, die Sie verwenden.

WANDTEPPICHE

Mit der Zeit verschmutzen und verfärben Verunreinigungen aus der Luft Wandteppiche und andere Wandbehänge aus Stoff. Textilfachleute empfehlen extreme Vorsicht beim Reinigen von Wandteppichen aus Wolle, besonders bei wertvollen Stücken. Man kann viel falsch machen; sobald das Teil nass ist, kann es sich verziehen oder einreißen, wenn es nicht gleichmäßig an allen Seiten gestützt wird. Eine Faustregel ist, dass man Stücke, die größer als die Badewanne sind, nicht zu Hause waschen sollte. Lassen Sie sich von einem Textilfachmann oder einer guten Reinigung helfen.

SO WIRD'S GEMACHT:

Um Verziehen und Einreißen zu vermeiden, muss der Wandteppich beim Waschen flach liegen. Legen Sie ihn dazu auf einen festen Rahmen mit einer Fiberglas- oder Nylonscheibe, der in die Badewanne gelegt werden kann (erkundigen Sie sich danach im Baumarkt). Saugen Sie zunächst lose Schmutzpartikel mit einem Handstaubsauger ab. Ziehen Sie die Bürste nicht wild herum, sonst nutzen Sie das Gewebe schnell ab. Wenn es sich um ein sehr empfindliches Stück handelt, ziehen Sie einen Nylonstrumpf oder eine Fiberglasscheibe über den Staubsaugerkopf. Tropfen Sie vorsichtig lauwarmes, destilliertes Wasser auf alle Farben, besonders Rottöne. Tupfen Sie sie mit Löschpapier oder sauberem, weißen Stoff ab, um zu sehen, ob der Stoff ausfärbt. Wiederholen Sie die Prozedur

eine saubere Geschichte

In ein neues Gewerbe gestolpert
Einer Legende zufolge stieß im späten 19. Jahrhundert ein betrunkener Mann in einer Pariser Bar eine Lampe um, die gegen einen Wandteppich fiel. Als das verschüttete Kerosin über den Stoff lief, wurde er sofort heller und leuchtender. Und das war der Anfang der chemischen Reinigung. Natürlich eignet sich dieses Experiment nicht für Zuhause.

mit einer Lösung aus 1 EL Waschseife auf 4 l Wasser. Da viele solcher Seifen Zusätze wie optische Aufheller enthalten, die Schmutz anziehende Rückstände hinterlassen können, nehmen Sie am besten ein oberflächenaktives, anionisches Mittel mit ausgeglichenem pH-Wert. Wenn etwas abfärbt, bringen Sie den Wandteppich in die Reinigung.

Legen Sie den Teppich flach auf eine Scheibe und tauchen ihn 10 Minuten in Quellwasser oder destilliertes Wasser, um lockere Verschmutzungen zu lösen. Waschen Sie ihn, indem Sie einen sehr weichen Schwamm in die Reinigungslösung tauchen und damit über die Oberfläche des Stoffs gehen. Wenn Sie einen abnehmbaren Duschkopf haben, spritzen Sie damit etwas lauwarmes Wasser darauf und lassen dann das Wasser aus der Badewanne ablaufen. Wiederholen Sie das Ausspülen so oft, bis keine Seifenblasen mehr im Wasser zu sehen sind. Um die Rückseite zu reinigen, rollen Sie den Wandteppich auf ein starkes, mit Plastik bedecktes Rohr, das einen Durchmesser von wenigstens 10 cm hat (auch im Baumarkt erhältlich). Waschen Sie sie genauso wie die Vorderseite. Wenn Sie zum letzten Mal spülen, sollten Sie destilliertes Wasser nehmen, da es keine Mineralien und Verunreinigungen enthält, die die Fasern schädigen könnten.

Legen Sie den Wandteppich zum Trocknen auf eine saubere, flache Fläche. Um den Trocknungsvorgang zu beschleunigen, rollen Sie ihn in eine doppelte Lage sauberer, weißer Tücher. Dann rollen Sie es wieder aus und legen es wieder auf die Scheibe zum Trocknen. Ein Ventilator darf benutzt werden, aber niemals dürfen Sie einen Wandteppich in den Trockner geben.

FÜR EILIGE:

Die ganze Prozedur ist ziemlich mühselig, und das Auslassen eines Schrittes, um Zeit zu sparen, kann Ihren wertvollen Wandteppich ruinieren. Wenn Sie ihn jedoch 2-mal im Monat reinigen, können Sie Staubansammlungen verhindern. Oft wird die Wirkung des Staubsaugens unterschätzt. Nach dem Staubsaugen können Sie einen Sauberkeitstest mit Wasser machen. Tropfen Sie ein wenig

destilliertes Wasser auf den Stoff und tupfen Sie die Stellen mit einem sauberen, weißen Tuch ab, dann sehen Sie, ob er schmutzig ist.
Achtung: Wenn sich die Fasern während des Reinigens mit Wasser vollgesaugt haben, können sie sehr leicht reißen. Falten Sie den Wandteppich nicht und halten Sie ihn nicht an den Rändern, da Sie ihn dabei verziehen oder einreißen können.

WANDVERTÄFELUNGEN

Um Wandtäfelungen gut zu putzen, müssen Sie erst feststellen, um welches Material es sich handelt. Es gibt zahllose Holzarten und -beschichtungen, die mehr oder weniger empfindlich gegen bestimmte Reinigungsmittel oder -techniken sind.

SO WIRD'S GEMACHT:

Alle Vertäfelungen sollten regelmäßig staubgewischt werden.
Holzimitate aus Kunststoff können mit einem Schwamm und Spülwasser abgewischt werden. Anschließend werden sie mit klarem Waser nachgewischt.
Bei besonders schmutzigen Wänden kann ein stärkerer Neutralreiniger angewendet werden. Sie sollten ihn jedoch zuerst in einer unauffälligen Ecke testen. Wischen Sie die Wand mit einem feuchten Lappen ab, aber benutzen Sie keine Lösemittel, da die Beschichtung dabei abgelöst werden könnte.
Echtes Holz sollte am besten bloß staubgewischt werden. Vermeiden Sie nach Möglichkeit Wasser.
Ist eine gründlichere Reinigung erforderlich, kann ein Sprühreiniger verwendet werden. Nicht emulgierte Politur ist klar und entfernt Fett und Wachs. Emulgierte ist milchigweiß und löst sowohl wasserlöslichen Schmutz als auch Fett. Auf altem, brüchigem Holz ist eine nicht emulgierte Politur zu empfehlen, oder Sie nehmen ein leicht angefeuchtetes Tuch und einen Neutralreiniger (etwa pflanzliche Seife). Das Mischungsverhältnis entnehmen Sie den

Angaben auf dem Produkt. Auch diese Methode sollte zuerst in einer unauffälligen Ecke getestet werden.

FÜR EILIGE:

Um Wandvertäfelungen abzustauben, besonders solche mit Schnitzverzierungen, nehmen Sie am besten den Staubsauger mit Bürstenaufsatz.

WÄSCHE

Wäsche waschen ist eine so allgemeine Tätigkeit, dass man sie für selbstverständlich hält. Es gehört jedoch mehr dazu, als einfach die Wäsche in die Maschine zu stopfen, ein Programm einzustellen und den Startknopf zu drücken. Bei guter Vorbereitung halten die Sachen länger und werden sauberer.

WASCHEN IN DER WASCHMASCHINE

Lesen Sie immer die Pflegevorschriften auf den Etiketten und überladen Sie die Maschine nicht, da die Wäsche sich sonst ineinander verschlingt und sich nicht mehr frei bewegen kann.

Mit ein paar Tricks können Sie Zeit und Geld sparen. Zuerst ist es wichtig, ähnliche Sachen immer zusammen zu waschen. Sortieren Sie die Wäsche nach Farbe, Grad der Verschmutzung, Empfindlichkeit und Größe, und waschen Sie Sachen, die viele Fusseln hinterlassen, ebenfalls separat. Gleichen Sie die Waschladungen aus, indem Sie große und kleine Sachen auf die einzelnen Maschinen verteilen.

Neue Sachen oder solche, in denen ausdrücklich separates Waschen vorgeschrieben ist, waschen Sie entweder allein oder mit anderen in einer ähnlichen Farbe.

Sobald die Wäsche sortiert ist, prüfen Sie,

PUTZAKTIONEN FÜR'S GUINESSBUCH

Konditionstraining für Waschmaschinen
Die Menge schmutziger Kleidung, die der Einwohner eines Industrielandes im Jahr durchschnittlich produziert: mehr als eine Vierteltonne

PROBLEMBEHEBUNG BEI DER WÄSCHE

Hier haben Sie ein paar typische Probleme bei der Wäsche und wie man Sie lösen kann.

Grauschleier oder Vergilben:
Erhöhen Sie die Waschmittelmenge und die Temperatur und nehmen Sie Bleichmittel, wenn möglich.

Blaue Flecken:
Sie entstehen, wenn die in Waschmitteln und Weichspülern enthaltene blaue Farbe sich nicht auflöst. Wenn das Waschmittel die Ursache ist, geben Sie 1 Tasse klaren Essig auf 1 l Wasser in einen Plastikbehälter, weichen Sie das Teil darin eine Stunde ein und spülen Sie es aus. Wenn der Weichspüler die Ursache ist, reiben Sie die Flecken mit Seife ein und waschen das Teil nochmals.

Rostflecken:
Hier hilft ein für Textilien geeigneter Rostlöser. Lesen Sie genau die Gebrauchs- und Sicherheitsvorschriften auf der Packung. Tragen Sie Gummihandschuhe, lassen Sie das Mittel nicht an Ihre Haut oder Augen kommen und sorgen Sie für ausreichende Durchlüftung. Vermeiden Sie Chlorbleiche, die die Verfärbung noch verschlimmern kann. Um gegen das Problem vorzubeugen, geben Sie Wasserenthärter zu den Wasch- und Spülgängen. Sie hindern das Eisen daran, an der Kleidung haften zu bleiben. Im Wasser enthaltener Rost (der zumeist von rostigen Leitungen oder Wasserkesseln kommt) kann ganze Waschladungen verderben. Lassen Sie vor dem Waschen ein paar Minuten heißes Wasser laufen. Leeren Sie den Wasserkessel ab und zu aus.

Achtung:
Lesen Sie immer genau die Gebrauchs- und Sicherheitsvorschriften auf den Packungen.

Waschmittelrückstände oder Steifheit:
Geben Sie 1 Tasse klaren Essig auf 4 l Wasser in einen Plastikbehälter; lassen Sie das betroffene Kleidungsstück darin einweichen und spülen Sie es aus. In Zukunft sollten Sie immer zuerst das Waschmittel in Wasser auflösen und dann erst die Kleidung hinzugeben. Oder nehmen Sie Flüssigwaschmittel.

ob alle Taschen leer sind. Ein Kugelschreiber oder ein Papiertaschentuch kann eine ganze Wäscheladung ruinieren. Ziehen Sie Reißverschlüsse zu, damit die Zähne nicht abstumpfen. Binden Sie Schnüre usw. zu, damit sie sich nicht verknoten. Vergessen Sie nicht, nicht waschbare Sachen wie Gürtel usw. abzunehmen, und behandeln Sie Flecken vorher.

FLECKENTFERNUNG

Für Flecken müssen Sie sich einige Regeln merken. Es ist z. B. überaus wichtig, sie direkt nach ihrer Entstehung zu behandeln; je länger man wartet, desto tiefer und unauslöschlicher kann ein Fleck ins Gewebe dringen. Stellen Sie fest, woraus er besteht, und schlagen Sie dann unter dem entsprechenden Stichwort in diesem Buch nach. Reiben Sie Flecken nicht ein, sonst können Fasern beschädigt werden. Tupfen Sie stattdessen geduldig die Stelle mit einem sauberen, weißen Handtuch ab. Wenn Sie einen Fleckentferner verwenden, prüfen Sie den Fleck, bevor das Teil in den Trockner kommt. Durch Hitze kann man einen Fleck auch fixieren. Ist der Fleck noch da, versuchen Sie ihn nochmals zu entfernen. Hilft das nichts, lassen Sie das Kleidungsstück lufttrocknen, waschen es nochmals oder geben es zur Reinigung – auch wenn Sie es normalerweise nicht chemisch reinigen lassen würden. Informieren Sie die Reinigung über alle Methoden der Fleckentfernung, die Sie schon angewendet haben.

WASCHMITTEL

Bei der Dosierung des Waschmittels spielen verschiedene Faktoren eine Rolle: die Wäschemenge, der Grad der Verschmutzung, das

IST IHR WASSER HART ODER WEICH?

Weiches Wasser macht die Wäsche einfacher. Hartes Wasser enthält jedoch Mineralien (hauptsächlich Kalzium und Magnesium), die mit Seife reagieren und eine Art Gerinnsel hinterlassen. Dadurch bleibt ein weißer Film auf Kleidungsstücken; die Sachen werden steifer, und die Rückstände sammeln sich im Innern der Waschmaschine. Deshalb nimmt man Waschmittel statt Seife für die Wäsche, da es nicht so stark mit hartem Wasser reagiert. Aber obwohl Waschmittel keine Rückstände hinterlässt, ist es nicht so effektiv mit hartem wie mit weichem Wasser.
Woran erkennt man hartes Wasser? Beispielsweise daran, dass Seifen und Shampoos nicht gut schäumen, oder dass sich ein Ring um die Badewanne bildet; manchmal fühlen sich Stoffe steif an oder weißliche Ablagerungen bilden sich um die Wasserhähne und Rohre. Das örtliche Wasserwerk sollte Ihnen Auskunft darüber geben können, welchen Härtegrad Ihr Wasser hat. Ist er hoch, müssen Sie Wasserenthärter mit in die Waschmaschine geben. Folgen Sie dabei den Vorschriften auf den Waschmittel- bzw. Wasserenthärterpackungen.

Die Phosphat-Debatte

Noch vor relativ kurzer Zeit enthielten alle Waschmittel ein Bestandteil namens Phosphat; es sollte die schmutzlösende Wirkung des Waschmittels, besonders bei hartem Wasser, erhöhen. Ungiftige Phosphate unterstützen auch das Wachstum von Pflanzen. Aber genau da lag das Problem. Wenn Abwasser mit Waschmittel in Seen, Teiche und Bäche gelangt, verursacht es Eutrophierung, d. h. übermäßiges Pflanzenwachstum; infolgedessen bekommen die Fische nicht mehr genug Sauerstoff. Umweltschützer sind der Auffassung, dass Phosphate in Waschmitteln verboten werden sollen. In manchen Ländern wurden bereits dementsprechende Verordnungen erlassen. Sie sollten immer die Angaben der Inhaltsstoffe auf den Verpackungen daraufhin überprüfen. Damit die Wäsche auch ohne Phosphat weißer, weicher und leuchtender aus der Maschine kommt, folgen Sie diesen Hinweisen.

- **Nehmen Sie Flüssigwaschmittel für starke Verschmutzungen. Sie enthalten kein Karbonat, ein Ersatzstoff für Phosphat, der Rückstände hinterlassen kann und Farbverlust und Steifheit verursacht; außerdem fühlt sich die Wäsche danach schmuddelig an.**
- **Stellen Sie die heißeste Temperatur ein, die der Stoff verträgt.**
- **Lösen Sie Waschperlen in heißem Wasser auf, bevor Sie sie in die Waschmaschine füllen.**
- **Geben Sie 1/3 – 1/2 Tasse Wasserenthärter, z. B. Calgon, hinzu.**
- **Behandeln Sie Flecken vor der Wäsche oder weichen Sie die Wäsche ein oder beides.**
- **Nehmen Sie, wann immer möglich, Bleichmittel.**
- **Verwenden Sie weiches Wasser.**

Wasservolumen der Maschine und die Wasserhärte. Die Angaben auf den Verpackungen richten sich im Allgemeinen nach den folgenden Bedingungen: etwa 3 Kilo Wäsche, mäßige Verschmutzung, 50 l Wasser in einem Toplader bzw. 30 l in einem Frontlader, mittlere Wasserhärte. Manchmal benötigt man mehr als die angegebene Menge, da die Wäschemenge größer, die Verschmutzungen stärker, das Wasser härter oder die Wasserkapazität höher ist. Bei weicherem Wasser, kleineren Mengen, leichter Verschmutzung oder Maschinen mit geringem Wasservolumen kann man etwas weniger benutzen. Zu wenig Waschmittel kann allerdings zu mangelnder Schmutzentfernung führen oder zu neuerlicher Ablagerung des gelösten Schmutzes auf der Kleidung.

Wenn Sie Weichspüler benutzen, entstehen weniger Fusseln und die Wäsche wird weicher. Solche Mittel reduzieren die Statik, deshalb haften die Fusseln nicht am Stoff. Sie funktionieren ähnlich wie Hairconditioner – diese vermindern die statische Aufladung der Haare.

WIE FUNKTIONIERT DAS?

Sie verschlingen Pillen

Haben Sie sich schon mal über die vollmundigen Versprechungen auf Waschmittelpackungen gewundert? Etwa: „Ihre Kleidung sieht danach wie neu aus!" Die meisten Leute halten das für bloße Werbeparolen. Aber eine Wissenschaftlerin hat uns aufgeklärt, dass doch eine tiefere Wahrheit dahinter steckt. Die meisten maschinenwaschbaren Sachen sind aus Baumwolle, einer zellulosehaltigen Naturfaser. „Manche Waschmittel enthalten Enzyme, die die Zellulose auflösen und die Filzkügelchen aus der Baumwolle holen. Dadurch sehen die Sachen wie neu aus. Es ist erstaunlich. Und da sie langsam wirken, greifen Sie den Rest des Gewebes nicht an."

Waschmittel und andere Zusatzmittel kommen zuerst in die Waschmaschine. Dann wird sie mit Wäsche gefüllt – so locker wie möglich, damit sie ordentlich bewegt werden kann. Stellen Sie das entsprechende Programm ein. Weiße, farbechte und stark verschmutzte Wäsche wird heiß gewaschen; nicht farbechte, Nylon, Acryl und andere künstliche Materialien sowie mäßig verschmutzte Teile in warmem Wasser (ebenso Seide und waschbare Wolle); und besonders empfindliche und leicht verschmutzte Wäsche bei niedriger Temperatur. Lassen Sie die Maschine kalt spülen.

TROCKNEN IM WÄSCHETROCKNER

Gut getrocknete Wäsche sieht besser aus und ist leichter faltenfrei zu bekommen. Zuerst muss geprüft werden, ob der Filter des Trockners sauber ist. Verstopfte Filter erhöhen die Laufzeit und damit die Energiekosten; außerdem sammeln sich so mehr Fusseln auf den Kleidungsstücken. Ein Weichspüler in der Waschmaschine verringert die Fusselbildung, da die statische Aufladung der Wäsche reduziert wird.

Bevor ein Kleidungsstück in den Trockner kommt, schüttelt man die gröbsten Zerknitterungen heraus. Wenn der Trockner überladen wird, dauert das Trocknen länger und die Wäsche knittert leichter. Ähnliche Teile sollten zusammen getrocknet werden – Handtücher, Weißwäsche usw., ebenso empfindliche Teile. Viele synthetische Materialien vertragen keine hohen Temperaturen; richten Sie sich nach den Pflegevorschriften. Um Falten zu vermeiden, sollte die Wäsche sofort nach dem Ende des Durchgangs aus dem Trockner geholt und aufgehängt bzw. gefaltet werden. Glätten Sie Falten und geknitterte Stellen, dann wird das Bügeln leichter.

Bügeln

Halten Sie Ihr Bügeleisen und -brett sauber, damit die Wäsche keinen Schmutz abbekommt. Sortieren Sie die Wäsche nach der Hitze, die sie jeweils braucht. Seide und synthetische Materialien müssen bei niedrigen Temperaturen, Baumwolle und Leinen bei höheren gebügelt werden. Kleinere Bereiche so wie Kragen, Ärmelaufschläge usw. sollten zuerst gebügelt werden, damit hinterher nicht so viele neue Falten entstehen. Bügeln Sie nicht über Flecken; durch Hitze werden sie nur im Gewebe fixiert. Damit der Stoff nach dem Bügeln nicht glänzt, kann man beim Bügeln auf das Kleidungsstück ein altes Laken legen.

Waschen mit der Hand und Waschen empfindlicher Stoffe

Befolgen Sie die genau die Hinweise auf dem Etikett. Waschen Sie den Vorschriften entsprechend in warmem oder kaltem Wasser, und spülen Sie anschließend kalt. Verwenden Sie ein mildes Waschmittel oder Spülmittel. Die Menge entnehmen Sie den Angaben auf der Packung. Testen Sie Ihre Waschlösung an einer unauffälligen Stelle, um sicher zu gehen, dass der Stoff farbecht ist. Wenn er ausfärbt, muss das Teil auf jeden Fall separat gewaschen werden. Bevor Sie ein Teil ins Wasser legen, muss sich das Waschpulver vollständig aufgelöst haben. Wringen Sie anschließend gründlich überschüssiges Wasser auf und wickeln Sie jeweils ein Kleidungsstück in ein trockenes Handtuch. Dann wird es wieder ausgerollt und flach zum Trocknen hingelegt – nicht ins Sonnenlicht. Um Beschädigungen zu vermeiden, sollte man beim Waschen nicht reiben und beim Trocknen nicht auswringen.

FÜR EILIGE:

Flecken sollten vorher eingeweicht oder vorbehandelt werden, dann gehen sie in der Wäsche eher heraus. Wenn Sie trocknen, geben Sie keine nassen Teile in eine teilweise schon trockene Ladung. Bei manchen Trocknern kann man die verbleibende Hitze ausnutzen, wenn man den Trockner sofort nach Ende des Durchlaufs wieder füllt. (Viele haben jedoch eine Abkühlautomatik.)

WASSER

Hartes Wasser enthält Mineralien (Kalzium und Magnesium) und hinterlässt deshalb Rückstände in Spülbecken und an Armaturen. Wenn Sie nicht gerade Ihre eigenen Stalagmiten züchten wollen, beugen Sie vor. Je länger sie warten, desto schwieriger sind die harten Rückstände zu entfernen.

SO WIRD'S GEMACHT:

Auf Metall, Porzellan oder Emaille lassen sich Wasserrückstände mit einer Lösung aus 1 Tasse klarem Essig auf 1 l Wasser entfernen. Reiben Sie die Flüssigkeit mit einem Schwamm oder einem weichen Lappen ein und spülen Sie gründlich mit Wasser nach. Oder verwenden Sie eine Fertiglösung, die man z. B. in der Drogerie kaufen kann. Lesen Sie das Etikett genau; manche Mittel sind nicht für alle Arten von Metall geeignet. Beachten Sie genau die Gebrauchs- und Sicherheitshinweise auf dem Produkt.

FÜR EILIGE:

Reparieren Sie immer sofort undichte Hähne und reinigen Sie regelmäßig Spül- und Waschbecken und Badewanne, damit sich die Rückstände gar nicht erst ansammeln. Ein bisschen Vorsorge spart auf lange Sicht Zeit und Geld.

WASSERBETTEN

In normalen Betten graben sich die Fettpartikel und die Hautzellen zwischen die Fasern der Matratze. Auf einem Wasserbett hingegen lagern sie sich auf der Vinyloberfläche der Matratze ab.

SO WIRD'S GEMACHT:

> *EINE SAUBERE GESCHICHTE*
>
> **Bakterien können Wellen im Schlafzimmer machen**
>
> Bakterien schaden dem Vinyl der Matratze Ihres Wasserbettes nicht, können aber den Geruch von faulen Eiern erzeugen. Und zwar so stark, dass Sie sich nicht mehr ins Schlafzimmer trauen.
>
> Wenn Sie das Bett füllen, nehmen Sie ein Pflegemittel, besonders wenn Sie Quellwasser benutzen. Pflegemittel gibt es flüssig, als Pulver oder in Tablettenform. Die Pulver ist am einfachsten zu handhaben. Sie müssen es einfach von der Flasche ins Ventil füllen.

Etwa einmal im Monat sollten die Oberseite und die Seitenflächen der Matratze mit einem Spülschwamm und Seifenwasser abgewischt werden. Einen Putzeimer benötigen Sie für Putzwasser, den zweiten für kaltes Wasser zum Abwischen. Es dürfen keine Seifenreste zurückbleiben. Vinylreinigungs- und Pflegemittel sind nicht notwendig; letztere sollen den Weichmacher auf der Vinyloberfläche auffrischen.

Das Problem ist, dass Vinyl sich von innen abnutzt. Die ätherischen Chemikalien entweichen und nach und nach verhärtet sich die Oberfläche.

Versetzen Sie nach Möglichkeit das Wasser im Innern der Matratze mit einem bakterientötenden Mittel. Wenn Sie das Mittel vor dem Wasser einfüllen, verteilt es sich gleichmäßiger in der Matratze.

FÜR EILIGE:

Mit einem Matratzen-Reinigungspad verlängern Sie das Leben der Matratze und halten sie sauberer.

WASSERFLECKEN

Einfaches H_2O kann Möbel, Wände, Teppiche, Polster und manche Gewebe stark beschädigen. Wie bei anderen Flecken auch, kann der Schaden durch schnelles Reagieren in Schach gehalten werden.

HOLZMÖBEL

Wasserringe oder –flecken auf Möbeln entstehen z.B., wenn Feuchtigkeit unter die Oberflächenbeschichtung gelangt; das Ergebnis sind milchige Schlieren. Sogar die Kondensation einer eiskalten Pizzapackung kann Verfärbungen hervorrufen. Wasserringe weisen normalerweise darauf hin, dass die Beschichtung Lack enthält; auf gefirnissten Oberflächen bilden sich keine Ringe.

SO WIRD'S GEMACHT:

Einige Spuren verschwinden von selbst; deshalb ist es besser, wenn Sie mit der Behandlung eines Flecks erst ein paar Tage warten, damit die absorbierte Feuchtigkeit verdunsten kann. Wenn dann immer noch etwas zu sehen ist, kann eine weiße Stelle gewöhnlich mit einem milden Scheuermittel gemischt mit Schmiere entfernt werden. Nehmen Sie eine der folgenden Mischungen und reiben Sie in Richtung der Maserung.

- Wachspaste oder Mineralspiritus und sehr feine Stahlwolle.
- Ein kleines Stück Mullbinde, das in heißes Wasser mit ein paar Tropfen Haushaltsammoniak getaucht wurde; wringen Sie den Stoff gut aus und reiben Sie den Fleck leicht damit ein.

Wenn Sie den Fleck erfolgreich beseitigt haben, tragen Sie eine Wachsschicht auf das Möbelstück auf.

ZUR NOT GEHT'S AUCH SO:

Stellen Sie aus den folgenden Zutaten aus dem Haushalt Ihr eigenes Reinigungsmittel her. Reiben Sie die Stelle mit einer Mischung aus nicht gelierter Zahnpasta und Wasser ein und tupfen Sie sie ab. Oder reiben Sie mit etwas Majonäse oder Salatöl mit abgekühlter

Zigaretten- oder Zigarrenasche. Lassen Sie die Mischung eine Weile einwirken und wischen Sie sie dann ab.

Achtung: Lassen Sie sich nicht dazu verlocken, Wasserringe mit scharfen Mitteln anzugehen. Die Oberfläche kann dadurch verkratzt oder gar die Beschichtung abgerieben werden.

Teppiche und Polster

Wenn Teppich- und Polsterfasern zu viel Wasser abbekommen und dann nur langsam trocknen, löst sich farbähnliches Material von der Rückseite bzw. der Füllung und dringt an die Oberfläche. Spritzer, eingesickerter Regen oder Schnee oder Übernässung durch Teppich- und Polsterreinigungsmittel können bräunliche Verfärbungen erzeugen, die normalerweise bis zur nächsten Reinigung nicht bemerkt werden.

So wird's gemacht:

Wahrscheinlich müssen Sie sich an eine Teppich- bzw. Polsterreinigung wenden. Die bräunliche Verfärbung kann, wenn es sich um synthetische Fasern handelt, nur durch spezielle Behandlungsmethoden wieder entfernt werden. Auf manchen Naturfasern wie Baumwolle und Wolle sind die Flecken eventuell überhaupt nicht mehr zu beseitigen.

Für Eilige:

Wenn einmal zu viel Wasser auf Ihren Teppich oder Ihr Polster gerät, tun Sie Ihr Möglichstes, um den Wasserschaden gering zu halten – handeln Sie vor allem schnell.

Tupfen Sie umgehend so viel Wasser wie möglich von der betroffenen Stelle mit weißen Papiertüchern ab, da mit das Wasser nicht bis zur Rückseite bzw. in die Füllung dringt. Um eine Verfärbung zu vermeiden, trocken Sie den Bereich möglichst schnell ab. Nehmen Sie Polsterkissen weg und stellen Sie sie senkrecht hin. Im Sommer drehen Sie die Klimaanlage auf. Um das Trocknen im Winter zu beschleunigen, öffnen Sie abwechselnd die Fenster und heizen Sie.

Decken und Wände

Wasser, das durch Wände oder Decken dringt, hinterlässt braune Ringe.

So wird's gemacht:

Wenn ein Rohr undicht ist und es von der Decke tropft, stechen Sie ein kleines Loch hinein und stellen Sie eine Schale darunter, um das Wasser aufzufangen.

Wenn der Rohrschaden behoben und die Stelle getrocknet ist, versuchen Sie sie zu bleichen, indem Sie sie mit einer Lösung aus 1 Teil Chlorbleiche und 5 Teilen Wasser oder gleich mit Wasserstoffperoxid einsprühen.

Wenn das nicht funktioniert, streichen Sie die Stelle neu. Tragen Sie erst eine Schicht Versiegelung auf und anschließend Farbe. Wenn Sie es nicht zuerst versiegeln, taucht der Fleck nach einiger Zeit wieder auf.

Für Eilige:

Flecken auf weißen Decken kann man mit weißer Schuhcreme betupfen.

Stoff

Wasserflecken treten auf Stoffen mit Appreturen auf, die einen Glanz oder eine festere Struktur erzeugen. Manche fühlen sich sogar wächsern oder plastikartig an. Wasserlösliche Appreturen auf Stärkebasis sind am anfälligsten für Wasserflecken. Wenn ein Tropfen Wasser auf den Stoff kommt, verlagert sich die Appretur und hinterlässt dort, wo sie sich absetzt, einen Ring oder eine Wellenlinie. Oft geschieht das bei Taft, Seide, Kunstseide und Moiré.

So wird's gemacht:

Waschen oder wässern Sie waschbare Stoffe und trocknen Sie sie wie immer. Trocken zu waschendes Gewebe kann mit Dampf (z.B. von einem Teekessel) befeuchtet werden. Pressen Sie den Stoff, während er noch feucht ist. Wenn das nichts hilft, muss das Teil in die Reinigung.

Wasserkocher

Die schweren, meist gußeisernen Kessel waren früher so verbreitet wie Schweineschmalz. Heute hat Olivenöl das tierische Fett verdrängt und man benutzt Wasserkocher statt der sperrigen Kessel. Das Ziel beim Putzen ist, den Kessel so zu pflegen, dass kein Rost entsteht.

So wird's gemacht:

Wenn möglich, wischen Sie die Oberfläche mit einem trockenen Papiertuch sauber. Wenn das Fett sich dabei nicht löst, nehmen Sie kochendes Wasser und eine Bürste. Wenn der Kessel gescheuert werden muss, versuchen Sie es zuerst mit einem Plastik-Scheuerkissen. Und auch wenn man oft das Gegenteil hört: Gußeisen kann man durchaus mit Seifenwasser oder sogar Stahlwolle scheuern, um angetrocknete Lebensmittelreste oder Rost zu entfernen. Nur muss die Oberfläche anschließend wieder gehärtet werden. Nach dem Waschen wird der Kessel getrocknet, mit einem nicht kleben-

Wasserkessel sauber machen auf altmodische Art

Eine ältere Dame erinnert sich, wie ihre Großeltern ihren großen Wasserkessel geputzt und gepflegt haben. „Sie nahmen nur reines Schweineschmalz dafür. Gusseisen rostet, wenn es in Kontakt mit Wasser kommt. Seit sie mit dem Kessel ihre Wäsche gewaschen haben, haben sie auch die Außenseite mit Schweineschmalz überzogen.

Dann haben sie den Kessel über einem Feuer im Hof erhitzt. Da er nur 3 kurze Füße hatte, stellten sie ihn auf flache Steine über dem Feuer. Die Poren des Eisens öffneten sich und nahmen das Fett auf. Dann, sobald das Feuer erloschen war, haben sie das Fett mit einem alten Lappen von den Seiten abgewischt. Durch das Schweineschmalz ist der Kessel ein wenig schwarz geworden, was aber nicht schlecht aussah.

Später konnte man dann beginnen, die Wäsche zu waschen. Sie kam in den Kessel, in dem kochendes Wasser mit einer altmodischen Laugenseife war. Die Sachen wurden nicht fettig, da auf dem Kessel nur eine ganz dünne Schicht Schweineschmalz war. Außerdem wurde das restliche Fett von der Seife gelöst.

Nach dem Waschen hat meine Mutter dann den Kessel mit einem fettigen Lappen abgewischt, abgetrocknet und auf den nächsten Waschtag gewartet.“

den Spray eingesprüht und mit einem sauberen Papiertuch abgewischt, um restliches Fett aufzunehmen. Lassen Sie nie den Deckel auf dem Kessel, wenn Sie ihn nicht benutzen.

Um einen kleinen Kessel – d.h. einen, der in Ihren Ofen passt – wieder zu härten, spülen Sie ihn zuerst mit heißem Seifenwasser, waschen die Schaumreste ab und trocknen sie. Schmelzen Sie einen Klumpen festes Backfett in einer Pfanne. Nehmen Sie die Pfanne vom Herd und geben Sie ein kleines Tuch, etwa so groß wie ein Waschlappen, in das geschmolzene Fett. Tragen Sie das Fett mit dem Tuch sowohl auf die Innen- wie auf die Außenseite des Kessels und des Deckels auf.

Als Nächstes legen Sie ein Blatt Backpapier mit Aluminiumfolie auf ein Blech und schieben es auf die unterste Schiene, damit das Fett aufgefangen wird. Heizen Sie den Ofen auf 220°C vor und legen Sie den Kessel für eine Stunde umgekehrt auf ein Gitter über dem Blech. Dann schalten Sie den Ofen aus und lassen den Kessel abkühlen.

Gußeisen funktioniert wie ein Vakuum. Wenn die Poren erhitzt werden und sich öffnen, saugen sie eine minimale Menge Fett auf, nicht mehr. Nach dem Braten von Bohnen oder sauren Lebensmitteln oder nach dem Scheuern mit Stahlwolle muss man es wieder härten.

Sie können diesauch auf einem Gas- oder Kohlegrill tu. Heizen sie den Grill auf, legen Sie den Kessel hinein und lassen ihn brutzeln. Es wird rauchen und stinken, aber kommt von außen und macht nichts.

Der Kessel muss auf alle Fälle auf dem Kopf stehen, so dass das Fett verkohlt. Ein Kohlegrill muss genug Kohle haben, um für eine Stunde oder länger zu heizen. Das Ergebnis ist ein wunderbar gestählter Kessel, der auch die schwärzliche Farbe hat, die ein Kessel haben muss. Lassen Sie ihn auf dem Grill, bis die Kohle herunter gebrannt und der Kessel abgekühlt ist.

Für Eilige:
Ein gußeiserner Kessel sollte gereinigt werden, während er noch warm ist, dann lösen sich angetrocknete Lebensmittel besser.
Zur Not geht's auch so:
Wenn der gesamte Kessel keine Behandlung nötig hat, schmieren Sie einfach etwas Fett auf die Innenseite und legen Sie ihn eine halbe Stunde umgekehrt bei 220°C in den Ofen.
Achtung: Um offenes Feuer zu vermeiden, sorgen Sie dafür, dass das abtropfende Fett von einem in Aluminiumfolie eingeschlagenem Blatt Backpapier aufgefangen wird. Für Gußeisen ist normales Spülmittel nicht geeignet.

Weinflecken

Im Notfall

Streuen Sie sofort viel Salz auf Rotweinflecken. Warten Sie, bis das Salz den Wein aufgesaugt hat und spülen Sie die Stelle dann mit kaltem Wasser aus. Weißweinflecken sollten zuerst abgetupft und dann mit einem nassen Schwamm ausgewaschen werden.

Um Weinflecken zu vermeiden, treffen Sie folgende Vorkehrungen. Lernen Sie, wie ein Kellner Wein einzuschenken, indem Sie die Flasche, wenn das Glas voll ist, leicht drehen, damit die Tropfen in der Flasche bleiben. Legen Sie den Korken nicht auf den Tisch, sondern in einen Aschenbecher oder ein Tablett.
So wird's gemacht:
Wenn Sie ein mit Weißwein bespritztes Kleidungsstück waschen, bevor der Fleck getrocknet ist, haben Sie gute Chancen, ihn zu entfernen. Spülen Sie ihn zuerst aus und wenden etwas Neutralreiniger und klaren Essig an. Waschbare Sachen werden dann in warmem Wasser gewaschen. Bleibt noch etwas zurück, hilft nur die chemische Reinigung.
Je nach Stoff und Alter des Flecks können Rotweinflecken eventuell nicht mehr zu entfernen sein. Nach der oben angegebenen Not-

fallbehandlung wenden Sie Flüssigwaschmittel an und spülen das Stück in kaltem Wasser aus. Hilft das nichts, versuchen Sie es mit einer Paste aus bleichmittel- und enzymhaltiger Waschseife, lassen es 30 Minuten in Bleichmittel einweichen und waschen es dann.

WIE FUNKTIONIERT DAS?

Woher kommt das Rot in Rotwein?
Die Farbe des Weines wird nicht von der Farbe der Traube bestimmt, sondern von der Dauer, während der die Schale der Früchte im Saft bleiben. Ein Weißwein kann aus roten, schwarzen oder weißen Trauben gemacht werden, wenn die Häute früh herausgeholt werden. Für Roséweine nimmt man rote oder schwarze Trauben, und die Häute werden nach 1-3 Tagen entfernt. Bei Rotwein bleiben sie länger im Saft.

Getrocknete Flecken auf strapazierfähigem Gewebe wie einer Tischdecke halten Sie über eine Schüssel und bedecken sie mit Salz. Gießen Sie kochendes Wasser darüber, bis der Fleck verschwindet. Flecken auf anderen Stoffen tränken Sie mit ein paar Tropfen klarem Essig und tupfen sie mit einer Lösung aus Wasserstoffperoxid und ein paar Tropfen Ammoniak ab. Zuerst muss allerdings geprüft werden, ob der Stoff farbecht ist.

Weinflecken auf Teppichen müssen sofort mit viel Salz bedeckt werden. Lassen Sie es trocknen und saugen Sie es ab.

ZUR NOT GEHT'S AUCH SO:

Auf getrocknete Flecken auf waschbaren Stoffen schütten Sie einfach Soda und waschen das Teil dann wie oben beschrieben.

Achtung: Essig darf nicht auf Baumwolle, Leinen, Kunstseide und Azetat.

WHIRLPOOLS

Oft werden Whirlpools kaum benutzt, da die Leute vor der Reinigung der vielen Düsen zurückschrecken. Whirlpools gehören vermutlich zu den teuersten Methoden sich zu waschen. Aber wenn man eins hat, kann man es schließlich auch richtig nutzen.

So wird's gemacht:

Acryl-, Fiberglas- und gußeiserne Whirlpools sollten mit nicht kratzendem, bleichmittelhaltigen Haushaltsreiniger geputzt und anschließend trocken gewischt werden.

Wenigstens 2-mal im Monat sollten Sie Ihren Whirlpool durchspülen. Stellen Sie die Düsen so ein, dass keine Luft hineingezogen wird. Dann füllen Sie das Becken mit heißem Wasser, bis es etwa 10 cm über der höchsten Düse steht, und geben Sie 2 TL wenig schäumendes Waschmaschinenpulver und 100 g flüssiges Haushaltsbleichmittel hinein. Schalten Sie den Whirlpool für 10-15 Minuten ein und lassen Sie dann das Wasser ablaufen. Dann füllen Sie es nochmal mit der gleichen Menge kaltem Wasser an und lassen den Whirlpool 5-10 Minuten laufen. Nach dem Ablaufen wischen Sie den Pool trocken.

Für Eilige:

Nach jedem Gebrauch sollten Sie den Whirlpool wischen, damit sich keine verkrusteten Seifenreste bilden. Oder baden Sie gleich ohne Seife, und wischen Sie den Pool danach einfach mit einem trockenen Tuch ab.

Zur Not geht's auch so:

Wenn die Oberfläche matt wird, kann man sie mit einem Reinigungsmittel für Autos und anschließender Behandlung mit Wachspaste wieder zum Glänzen bringen.

Achtung: Verwenden Sie keine scharfen Reinigungsmittel bei Fiberglas- oder Acrylwhirlpools, da sie die Oberfläche verkratzen und trüben können. Lesen Sie immer genau die Gebrauchs- und Sicherheitshinweise auf den Produkten, die Sie verwenden.

Wildleder

Wildleder kann man durch ein paar einfache, aber regelmäßig durchzuführende Schritte so pflegen, dass seine typische Struktur erhalten bleibt.

SO WIRD'S GEMACHT:

Schuhe und Kleidungsstücke aus Wildleder sollten nach jedem Gebrauch mit einer Plastik- oder Gummibürste speziell für dieses Material abgebürstet werden. Wenn es schmutzig wird, beginnt Wildleder oft zu glänzen, und durch das Bürsten werden die Härchen wieder flauschig, Schmutz wird gelöst und die raue Oberfläche wiederhergestellt.

Entfernen Sie Flecken, besonders ölige, immer sofort, bevor sie eine Chance haben, in das Leder einzudringen. Dazu sind spezielle Reiniger auf Lösemittelbasis geeignet. Auch Öl aufsaugende Blöcke, die man beim Schuster bekommt, sind gut, da sie das Leder aufrauen und Flecken entfernen.

FÜR EILIGE:

Vorbeuge ist das Wichtigste. Vor dem ersten Tragen sollte Wildleder immer imprägniert werden, und zwar mit einem Imprägniermittel, dass speziell für Wildleder konzipiert wurde. Dadurch sind Flecken viel leichter zu beseitigen. Sobald Sie sehen, dass Wasser nicht mehr abperlt, muss das Leder wieder neu imprägniert werden.

ZUR NOT GEHT'S AUCH SO:

Mit einem Frotteehandtuch oder einer Wildlederbürste können Sie Wildleder immer aufrauen. Mit Sandpapier oder einem Radiergummi kann man auch Flecken entfernen.

Um die Farbe von ausgeblichenem Wildleder wiederherzustellen, dämpfen Sie es kurz über kochendem Wasser – aber nicht so lange, dass sich Kondenswasser bildet.

Achtung: Wildleder und Wasser vertragen sich schlecht. Wenn das Leder nass wird, lassen Sie es in einiger Entfernung von Wärmequellen trocknen und bürsten die Wasserflecken ab. Bleiben welche zurück, lassen Sie das Teil von Spezialisten reinigen.

Lederreiniger sind für Glattleder gedacht. Benutzen Sie sie nicht auf Wildleder, sonst verfilzen die Haare.

WOHNMOBILE

Gute Reinigung schützt Ihre teure Investition und erhöht im Urlaub die Lebensqualität.

SO WIRD'S GEMACHT:

Zuerst das Äußere. Um den Straßenschmutz zu entfernen, waschen Sie das Wohnmobil wie ein Auto – mit einem Gartenschlauch, einer weichen Bürste oder einem alten Baumwolllappen, einem Eimer Wasser und einem Spritzer Spülmittel. Machen Sie es einmal im Monat – seltener, wenn das Wohnmobil lange Zeit nicht gefahren wird. Schwer erreichbare Ecken können Sie mit einer Leiter oder einem Schrubber erreichen – z.B. so einen, wie man ihn zum Putzen hoher Fenster nimmt.

Wenn möglich, waschen Sie das Wohnmobil gleich auf dem Campingplatz. Am besten haben Sie dazu immer eine Aluminiumleiter bei sich.

Schrubben Sie allen Unrat vom Kühlergrill und von der Windschutzscheibe mit einer weichen Geschirrspülbürste. Nehmen Sie niemals Stahlwolle, da dadurch die Oberfläche verkratzt werden kann. Schließlich darf man das Dach nicht vergessen. Normaler-

SO MACHE ICH ES

DIE TECHNIK ÄNDERT SICH MIT DER LANDSCHAFT

Hier die Erfahrungen von 2 Haudegen, die jahrelang mit dem Wohnmobil durch die Gegend gefahren sind und auch ein Handbuch verfasst haben, wie man an welchen Orten das Wohnmobil reinigt.

„Normalerweise sollte das Äußere des Wohnmobils einmal im Monat geputzt werden; es kommt aber darauf an, wo man gerade ist. Barb und ich waren oft im Winter in Gegenden, in denen salzige Meeresluft dominiert. Da musste ich das Wohnmobil jeden zweiten Tag abspritzen. Ein anderer Faktor ist, ob Sie den Ort ständig wechseln oder an einem Ort bleiben. Wenn Sie viel fahren, würde ich es alle 3-4 Monate putzen."

Die Probleme sind je nach Ort unterschiedlich. Es gibt zu bestimmten Jahreszeiten an verschiedenen Orten bestimmte Insekten, die die Windschutzscheibe verschmieren. Sie können sogar mit ihrer Säure den Lack angreifen. So etwas darf man natürlich nicht mit Stahlwolle entfernen. Ein Scheuerschwamm mit Spülmittel ist vollkommen ausreichend.

weise gibt es hinten eine fest installierte Leiter. Achten Sie auf sicheren Stand und suchen Sie sich einen windstillen Tag aus.
Wenn die Reinigung des Äußeren eines Wohnmobils wie Autowaschen ist, ähnelt die Reinigung des Inneren einem Hausputz – außer dass das Wohnmobil vermutlich viel vollgestopfter ist. Man braucht dafür nicht 5 verschiedene Putzmittel; wenn Sie einen guten Allzweckreiniger dabei haben, reicht das vollkommen. Für den Fußbodenbelag und die Polster bietet sich ein Handstaubsauger an. Je mehr Sie auf schmutzigen Campingplätzen stehen, desto öfter müssen Sie ihn benutzen.

FÜR EILIGE:

Das Wohnmobil sollte 1- bis 2-mal im Jahr gewachst werden. Das macht die Reinigung leichter.

ZUR NOT GEHT'S AUCH SO:

Wenn Sie unterwegs sind, können Sie ab und zu mobile Reinigungsfachleute engagieren. Sie annoncieren auf Campingplätzen und sind nicht teuer.

WOLLE

Wolle hält länger sauber als andere Stoffe. Ihre Struktur lässt den Schmutz nicht so leicht durch die Oberfläche. Flecken und Spritzer perlen dort ab und Schmutz kann leicht abgebürstet werden. Ironischerweise sind es genau die Eigenschaften, die den Schmutz

THERAPIE FÜR EINEN EINGELAUFENEN PULLOVER

Die folgende Einweich-Methode weicht die Fasern eines eingelaufenen Wollpullovers auf und macht sie locker, so dass sie sich wieder in die Länge ziehen lassen. Vorher müssen Sie allerdings prüfen, ob der Pullover zum verfilzen neigt. Halten Sie ihn ans Ohr und dehnen Sie ihn. Wenn Sie einen knackenden Laut hören, bedeutet das, dass das Einlaufen sich nicht mehr rückgängig machen lässt, auch nicht mit diese Methode.
Wenn der Pullover den Test besteht, verfahren Sie wie folgt: Geben Sie 1/2 Tasse Hair-conditioner in 4 l lauwarmes Wasser. Tauchen Sie den Pullover darin ein, bis er ganz nass ist. Pressen Sie dann die Lösung aus den Fasern; spülen Sie nicht. Bringen Sie ihn auf einer flachen Fläche wieder in Form und lassen Sie ihn trocknen.

FÜNF GRUNDLEGENDE DINGE ZUR ERFOLGREICHEN PFLEGE VON WOLLE

1. Geben Sie Wolle so selten wie möglich in die Reinigung. Einmal pro Saison reicht normalerweise aus. Wolle kann, wie Haare, durch zu viel Kontakt mit Chemikalien verbrennen. Die Wolle bekommt dadurch einen Glanz.
2. Lüften Sie sie draußen, um Gerüche und Falten zu verringern.
3. Leeren Sie die Taschen, damit sie nicht ausbeulen.
4. Lassen Sie sie vor dem nächsten Tragen 24 Stunden in Ruhe, damit das Gewebe sich wieder in seine ursprüngliche Form legt.
5. Bewahren Sie Wolle mit Zedernholzstücken oder in einem mit Zedernholz beschichteten Schrank auf; das hält Motten fern. Waschen Sie sie vor längerem Lagern; die Motten werden von den Körperfetten angezogen.

so leicht abstoßen, die auch das Hauptproblem beim Waschen verursachen: Einlaufen.

SO WIRD'S GEMACHT:

Wolle sollte immer mit der Hand gewaschen werden. Lassen Sie sie nach dem Waschen 3 Minuten einweichen und spülen Sie sie gut aus, indem Sie mehrmals das (kalte) Wasser wechseln. Drücken Sie vorsichtig überschüssiges Wasser heraus – nicht auswringen! Legen Sie sie zum Trocknen in der richtigen Form auf ein flach hingelegtes Handtuch.

FÜR EILIGE:

Nach jedem Tragen sollte Wolle mit einer Kleiderbürste abgebürstet werden. Flecken lassen sich von Wolle gut mit kaltem Wasser oder Mineralwasser entfernen. Tupfen Sie anschließend die Stelle trocken (mit einem weißen, sauberen Tuch – kein Papiertuch!).

ZUR NOT GEHT'S AUCH SO:

Knitterfalten gehen weg, wenn Sie das Teil in einem verdampften Badezimmer aufhängen.

Achtung: Hängen Sie Wolle zum Trocknen nicht auf. Legen Sie sie auch nicht – mit Ausnahme von Wolldecken –in die Nähe einer Wärmequelle, um das Trocknen zu unterstützen, da sie dabei ein-

WIE MAN EINE WOLLDECKE WÄSCHT

Messen Sie die Decke vor dem Waschen aus, so dass Sie sie danach wieder auf die richtigen Maße bringen können. Füllen Sie die leere Waschmaschine mit warmem oder kaltem Wasser – je schmutziger die Decke, desto wärmer das Wasser. Geben Sie Waschmittel oder Seife hinzu und bewegen Sie das Wasser ein wenig, damit das Waschmittel sich auflöst. Unterbrechen Sie den Waschgang und legen Sie die Decke hinein. Sorgen Sie dafür, dass sie gleichmäßig auf den Behälter verteilt ist und lassen Sie sie 10-15 Minuten einweichen. Schalten Sie das Gerät wieder ein und lassen Sie es pumpen, schleudern und spülen.
Stellen Sie den Trockner auf hohe Temperatur und heizen Sie 3 oder 4 große Handtücher vor, die später die Feuchtigkeit von der Decke aufnehmen sollen. Dann kommt die Decke für etwa 10 Minuten bei derselben Temperatur zu den Handtüchern in den Trockner. Nehmen Sie sie heraus, wenn sie noch etwas feucht ist, damit sie nicht einläuft. Ziehen Sie sie wieder in ihre ursprüngliche Form und lassen Sie sie auf einer flachen Oberfläche zu Ende trocknen.

läuft. Manche Sachen – sehen Sie auf dem Etikett nach – müssen unbedingt chemisch gereinigt werden.

ZELTE

Ob aus Nylon oder Segeltuch – Zelte sind dazu gemacht, Schmutz von draußen abzuhalten. Wenn Sie es aber nicht ordentlich reinigen, nutzen sich die Nylonfasern bald ab.
Da, wo Schmutz ist, verschleißt das Zelt am ehesten. In Schmutz wachsen auch Schimmelpilze, was die Fasern schwächt und Geruch sowie Flecken erzeugt. In günstigen Bedingungen – Wärme, Feuchtigkeit und Dunkelheit – können Schimmelpilze innerhalb von 72 Stunden entstehen. Um ihr Wachstum zu verhindern, reinigen Sie das Zelt nach jedem Gebrauch.

SO WIRD'S GEMACHT:

Wenn Sie nach Hause kommen, stellen Sie das Zelt noch einmal auf. Wischen Sie es mit schaumigem Seifenwasser ab und anschließend mit klarem Wasser. Überschüssige Feuchtigkeit nehmen Sie mit alten Handtüchern auf. Bevor Sie es wieder wegräumen, darf *eine saubere Geschichte*

Der widerspenstigen Schokoriegel Zähmung

Die Nylonzelte, die Canyon für seine Expeditionen benutzt, werden pro Saison im Durchschnitt 100 mal im Grand Canyon auf- und wieder abgebaut. Sand ist das Hauptproblem bei der Reinigung. Er reibt das Gewebe ab und bleibt in den Reißverschlüssen hängen; meistens kann er jedoch ausgeschüttelt werden. Vergessliche Camper verursachen dem Ausrüstungsverwalter die klebrigsten Reinigungen.
„2- bis 3-mal im Jahr haben wie ein Zelt dabei, das völlig verschmuddelt ist", erzählt der Expeditionsleiter. Das Problem: geschmolzene Schokoriegel, die in der Sonnenhitze im Zelt liegen gelassen wurden.
Zuerst muss so viel wie möglich weggekratzt werden. Hitze und Dauer fixieren den Fleck. Entfernen Sie dann die Rückstände mit einem Eimer Wasser und einem schaumigen Schwamm. Flüssige Mittel sind am besten für Schokoladenflecken geeignet. Spülen Sie es jedoch gründlich mit Wasser aus und lassen Sie es vollständig trocknen, bevor Sie das Zelt wegräumen.

kein Tropfen Wasser mehr darin sein, sonst können wieder Schimmelpilze wachsen. Achten Sie besonders auf den Zeltboden; er bleibt am längsten feucht. Natürlich muss das Zelt auch an einem kühlen und völlig trockenen Ort aufbewahrt werden. Rollen Sie es ein und stecken Sie es in eine „atmende" Hülle, z. B. ein Kissenbezug.

Einmal im Jahr, am Ende der Campsaison, sollten Sie alle Nähte imprägnieren. Prüfen Sie die Reißverschlüsse und besprühen Sie verklebte mit Silikon.

Für Eilige:

Mit einem Fön können Sie die Trocknungszeit verkürzen. Oder hängen Sie das Zelt über 2 Wäscheleinen.

Zur Not geht's auch so:

Wenn Sie keine Zeit haben, das Zelt gründlich abzuwaschen, hängen Sie es wenigstens zum Trocknen auf, bevor Sie es wegräumen.
Achtung: Benutzen Sie keine scharfen Reiniger oder Lösemittel. Sie können die wasserabstoßende Eigenschaft des Gewebes beeinträchtigen. Waschen Sie ein Zelt nicht in der Waschmaschine. Die Nähte können darin in Stücke reißen.

ZIEGELSTEIN

Die raue, unebene Oberfläche von Ziegelstein verleitet dazu, beim Reinigen Druck anzuwenden. Aber Vorsicht – er ist empfindlicher, als man denkt. Die Schwierigkeit liegt darin, so viel Druck wie möglich anzuwenden ohne dabei den Stein oder Mörtel zu beschädigen.

SO WIRD'S GEMACHT:

Bei normaler Verschmutzung könnte es mit einem Gartenschlauch mit Sprühaufsatz klappen. Bei härteren Fällen mischen Sie 1/2 Tasse Trinatriumphosphat (erhältlich in Baumärkten) mit 1/2 Tasse Waschpulver in etwa 4 l Wasser. Wenn Sie Trinatriumphosphat verwenden, tragen Sie bitte eine Schutzbrille, Gummihandschuhe und ein langärmeliges Hemd und beachten die Sicherheitshinweise auf der Verpackung. Bringen Sie die Reinigungsmischung mit einer Naturfaser- oder Nylonbürste durch leichtes Reiben auf. Drahtbürsten können sandbeschichteten, handgeformten oder historischen Ziegelstein beschädigen und kleine Metallablagerungen verursachen, die Rostflecken hinterlassen können. Ölfarben müssen sofort mit Verdünner behandelt und anschließend sorgfältig mit Wasser abgespült werden, sonst sind sie kaum noch zu entfernen.

Feuchtigkeit oder Algen schaden Ziegelstein nicht, aber aus Schönheitsgründen möchten Sie sie vielleicht von dadurch eingefärbten Ziegelsteinoberflächen entfernen. Dazu eignet sich organischer Unkrautvernichter, wenn man die Hinweise auf der Verpackung beachtet, oder Sie gießen eine Mischung aus halb Chlorbleiche, halb Wasser über die Algen oder die feuchten Stellen. Sorgfältig mit Wasser nachspülen. Dann trocknen lassen, Algen und feuchte Stellen abbürsten und den Vorgang wiederholen. Als Vorbeuge gegen die Wiederkehr von beidem empfiehlt es sich, alte Rohre zu erneuern oder den Schatten zu verringern.

Manchmal zeigen sich weiße, kalkartige Flecken auf Ziegelstein. Sie rühren von in Wasser eingelagertem Salz her, das an die Oberfläche getreten und dort getrocknet ist. Normalerweise verschwinden diese Flecken mit der Zeit. Dauernde Verunreinigungen dieser Art weisen auf undichte Stellen in den Wasserleitungen hin, die Sie ausbessern sollten.

FÜR EILIGE:

Sie können zur Reinigung einen Hochdruckreiniger leihen, aber er sollte sich bei 350 Kilo auf 2,5 cm^2 oder weniger einstellen lassen, um Beschädigungen am Ziegelstein oder Putz zu verhindern. Sandbeschichteter Ziegelstein erfordert besondere Vorsicht, da zu starke Wasserstrahlung „kahle Stellen" auf der Oberfläche hinterlassen kann.

Achtung: Möglicherweise haben Sie gehört, dass Salzsäure sich zur Reinigung von Ziegelstein eignet; Maurer benutzen es, um frischen Putz wieder zu entfernen. Aber Experten warnen: „Unsachgemäße Verwendung kann Verunreinigungen verursachen, Pflanzen vernichten und Glas verätzen. Verwenden Sie es niemals im normalen Hausgebrauch."

ZIGARETTENASCHE

Flecken von brennenden Zigaretten kann man entfernen, solange die Fläche nicht zu stark angesengt ist.

SO WIRD'S GEMACHT:

Von Kleidung lässt sich Asche normalerweise mit Wasser entfernen – vorausgesetzt, es hat sich kein tiefes Loch eingebrannt. Mildes Waschmittel kann bei härteren Fällen hilfreich sein, muss aber gründlich mit Wasser wieder ausgespült werden. Als letzte Möglichkeit kann man die Kleidung mit ein wenig Wasserstoffperoxid bleichen.

Für Zigarettenflecken auf Teppichen geben Sie 1/4 TL flüssiges Spülmittel in 1 Tasse lauwarmes Wasser und tragen die Mischung mit einem saugkräftigen Lappen oder weißen Papiertüchern auf den Fleck auf. Wässern Sie die Stelle anschließend und trocknen Sie sie mit Handtüchern ab. Bleibt diese Methode erfolglos, ist der letzte Ausweg eine Teppichreinigung.

FÜR EILIGE:

Je schneller Sie einen Fleck behandeln, desto größer sind Ihre Chancen, ihn zu entfernen.

Achtung: Probieren Sie immer erst Ihre Reinigungsmethode an einer unauffälligen Ecke aus, um zu prüfen, wie widerstandsfähig das Material ist. Das Mischungsverhältnis von 1/4 TL flüssigem Waschmittel auf 1 Tasse Wasser sollten Sie bei Teppichen niemals erhöhen. Reste des Spülmittels bewirken eventuell eine schnellere Wiederverschmutzung des Teppichs. Je stärker die Konzentration, desto wahrscheinlicher bleiben Reste zurück. Verwenden Sie niemals Waschmittel auf Teppichen. Die darin enthaltenen optischen Aufheller können das Gewebe einfärben. Und tragen Sie die Mischung bloß auf – reiben Sie sie nicht ein. Der Teppichflor kann dadurch seine Form verlieren.

ZIMMERDECKEN

Man läuft zwar selten auf ihnen und berührt sie kaum, doch werden sie mit der Zeit schmutzig. Kleine Staub- und Schmutzpartikel bleiben an der Decke hängen und lassen sie trüb oder schmutzig aussehen. Normalerweise reinigt man Decken trocken, aber bei stärkeren Verschmutzungen ist eventuell ein Putzmittel vonnöten.

SO WIRD'S GEMACHT:

Staubwischen reicht meistens aus, und zwar mit einem Staubtuch aus Lammwolle. Sie entfernen den Staub und lösen Verschmutzungen. Dazu gibt es auch passende Verlängerungsstangen zu kaufen.

Rußige oder stärkere Verschmutzungen müssen gegebenenfalls mit der Hand geputzt werden, also mit einer Leiter. Nehmen Sie dazu einen Tapetenreinigungsspachtel oder einen trockenen Schaumgummischwamm, der speziell für Wände und Decken geeignet ist.

Legen Sie etwas unter die Leiter, damit kein Wasser auf den Boden tropft.
Sie können auch normales Putzmittel und einen Haushaltsschwamm nehmen; hier ist eine Unterlage zum Aufnehmen der Tropfen noch wichtiger. Trocknen Sie die Stellen, die Sie geputzt haben, umgehend ab, um Flecken zu vermeiden.
Mit Stofftapete beklebte Decken sind etwas kniffliger, da man auf ihnen nicht einfach reiben kann. Und für Wasser sind sie zu saugfähig. Stauben Sie sie vorsichtig ab, eventuell mit einem Staubsauger mit Bürstenaufsatz. Sie können schmutzige Stellen auch mit einer Mischung von Wasserstoffperoxid und Wasser einsprühen, den Mengenangaben auf dem Produkt entsprechend. Sie müssen anschließend nicht nachwischen. Bei ernsthaften Verschmutzungen kann es das Beste sein, sie mit Farbspray zu übersprühen.

Zur Not geht's auch so:

Wenn Sie keine Gelegenheit haben, sich die speziellen Reinigungsutensilien zu besorgen, können Sie die Decke mit einem Stück hartem, krümeligem Brot einreiben, das Schmutz entfernt, ohne Beschädigungen zu hinterlassen. Oder tupfen Sie einfach die entsprechenden Stellen mit Klebeband ab.
Achtung: Vergessen Sie nicht, einen Lappen oder Ähnliches unter die Leiter zu legen. Tragen Sie eine Brille, um Ihre Augen zu schützen. Obwohl „Profis" manchmal scharfe Reiniger anwenden, sollten weniger erfahrene Leute darauf verzichten.

Zinn (allgemein)

Obwohl Zinn nicht so sehr ausbleicht wie Silber, entwickelt es doch eine Korrosionsschicht, die sich beseitigen lässt.

So wird's gemacht:

Polieren Sie es mit einem Flanelltuch. „Im Großen und Ganzen habe ich keine Sorgen mit Zinn", erzählt uns eine erfahrene Fachfrau, „ich bin der Überzeugung, dass diesem Material von Natur

aus ein eher mäßiger Glanz steht." Auf älteren Stücken ist eine Patina sogar erwünscht und kann den Wert noch erhöhen.
Wenn ein Zinngegenstand jedoch lange herumgestanden hat und von einer hartnäckigen, matten Schicht bedeckt ist, kann man eine milde Silberpolitur, verdünnt mit Wasser gegen Abreibung, anwenden. „Meistens fühlt man, wenn die Reibkraft zu stark ist", meint die Expertin, „wenn Sie die Körnung nicht spüren, ist es mild genug."

ZINNGESCHIRR

Zinn, ein weiches, kristallenes Metall mit einem silbrigweißen Glanz, wird für dünne Schutzschichten auf Pfannen und anderen Küchenutensilien sowie für dekorative Gegenstände verwendet. Es wird mit der Zeit dunkler – eine gute Eigenschaft für Ofengeschirr, da die dunkle Farbe die Hitze besser aufnimmt.

SO WIRD'S GEMACHT:

Spülen Sie Zinngeschirr in warmem Spülwasser und trocknen Sie es gut ab. Verwenden Sie keine kratzenden Reinigungskörper, da die Zinnschicht dadurch verkratzt und das rostanfällige Untermaterial freigelegt werden kann. Rost entfernt man am besten mit superfeiner Stahlwolle, die mit pflanzlichem Öl getränkt ist.

FÜR EILIGE:

Überziehen Sie dekorative Gegenstände aus Zinn mit einer dünnen Schicht Wachs, das Lack enthält, um die Oberfläche vor Rost zu schützen. Gewachstes Zinn ist auch einfacher abzustauben.

Teil 3
Geräte und Materialien

Das A und O der Putzutensilien und Chemikalien

Wenn Sie schnell und gut putzen wollen, sollten Sie unbedingt über die richtigen Geräte und Materialien Bescheid wissen. Für die meisten Aufgaben reicht eine Standardausrüstung mit Allzweckreiniger, Scheuerschwamm oder Desinfektionsmittel. Manchmal sind jedoch ausgefallenere Sachen erforderlich, z.B. Fleckentferner, Klauenfett oder Wasserstoffperoxid.
Das Aufpolieren Ihres Putzinventars spart auf lange Sicht Geld und garantiert, dass Sie Ihre Arbeit schnell und sicher erledigen können. Und das heißt schließlich, dass Sie mehr Zeit für Familie, Arbeit und Freizeitbeschäftigungen haben.

Suchen Sie sich die richtigen Werkzeuge

Für das Putzen gilt: Nur das richtige Werkzeug führt zum durchschlagenden Erfolg. Der Nutzen ist beträchtlich.
Zeit sparen.
Gesetzt den Fall, Sie müssen Kleber oder Farbe von einem Fenster entfernen. Wenn Sie drauf herumscheuern, Reinigungsmittel anwenden oder es mit einem Messer abkratzen, haben Sie einen langen Tag vor sich. Aber mit dem richtigen Werkzeug – einer Rasierklinge in einer Sicherheitshülle – ist die Sache in Minuten erledigt.
Geld sparen.
Mit dem richtigen Reinigungsmittel können Sie oft einen Batzen sparen. Wenn Sie z. B. Schimmelpilze von den Kacheln im Badezimmer beseitigen wollen, können Sie ein gewöhnliches Pilzvernichtungsmittel kaufen. Das ist aber nicht billig. Wenn Sie dagegen Ihren eigenen Schimmel-Killer herstellen, kommen Sie mit einem

Pfennigbetrag davon. (Lösen Sie einfach 3 EL Chlorbleiche in 1 l Wasser auf und füllen es in eine Sprühflasche.)

Schäden verhindern.

Halten Sie sich an eine Faustregel: Fangen Sie mit den vorsichtigsten Methoden an und greifen Sie erst zu den aggressiveren Mitteln, wenn die milden nicht geholfen haben. Und probieren Sie die schärferen immer erst an einer unauffälligen Stelle aus, sonst können Sie beim Reinigen unangenehme Überraschungen erleben. Stahlwolle kann z. B. ein verschmutztes Porzellan-Spülbecken verkratzen. Und ein verkratztes Spülbecken auszuwechseln ist sicher um einiges teurer, als ein Nylonpad zum Putzen zu nehmen.

Die fünf wichtigsten Arten von Reinigungschemikalien

Die Haushaltswarenabteilung eines Supermarkts ist bis zur Decke mit Putzmitteln gefüllt. Dahinter steckt jedoch ein kleines Geheimnis. Es gibt nämlich nur 5 Grundtypen von Putzmitteln. Lernen Sie sie kennen, und Sie sind imstande, das richtige auszuwählen und dabei noch Geld zu sparen. Hier ist eine Übersicht.

Oberflächenaktive Mittel:

Das Geheimnis aller oberflächenaktiven Putzmitteln ist die Befeuchtung; man nennt sie deshalb auch Netzmittel. Solche Mittel verringern die Oberflächenspannung des Wassers, damit es leichter über Flächen und in Ritzen und Poren fließt. Sobald die Flüssigkeit eingedrungen ist, können andere in dem Mittel enthaltene Chemikalien auch in die Oberfläche eindringen und dort Schmutzpartikel auflösen. Dann lässt sich der Schmutz mit der Flüssigkeit abwischen.

Alkalische Mittel:

Die meisten Mittel sind alkalisch (auch: basisch), nicht sauer. Um das zu verstehen, muss man wissen, was der pH-Wert ist. Die Skala geht von 0-14 und misst den Alkali- (oder Laugensalz-) bzw. Säuregehalt einer wässrigen Lösung. Der Wert 7 ist neutral. Mittel unter 7 sind sauer, solche mit einem Wert zwischen 7 und 14 sind

REINIGUNGSCHEMIKALIEN: WAS VERBIRGT SICH DAHINTER?

Hier haben Sie eine Liste verbreiteter Reinigungsmittel, ihrer Inhaltsstoffe und ihrer Anwendung.

ALLZWECKREINIGER

Scheuerpulver
Inhaltsstoffe: Feine Partikel von Mineralien wie Calcit, Quartz und Silicium. Enthält auch oberflächenaktive Stoffe und Bleichmittel.
Anwendung: Entfernt relativ viel Schmutz von robusten Oberflächen.

Scheuermilch
Inhaltsstoffe: Lösung abreibender Partikel in angedickter Flüssigkeit, sowie mehr oberflächenaktive Stoffe als in Scheuerpulver.
Anwendung: Reinigt harte Oberflächen wie Spülbecken, Badewannen und Arbeitsflächen, die gegen stärker abreibende Mittel empfindlich sind.

Nicht abreibende Pulver und Flüssigkeiten
Inhaltsstoffe: Oberflächenaktive Stoffe, Wasserenthärter und alkalische Puffersalze. Manchmal auch Desinfektionsmittel, Ammoniak, Kiefernöl und organische Lösungsmittel. In der Regel mit Wasser verdünnt.
Anwendung: Reinigen große, abwaschbare Oberflächen wie Böden, Wände, Arbeitsflächen und Holzflächen.

Nicht abreibende Sprays
Inhaltsstoffe: Oberflächenaktive Stoffe, Wasserenthärter und organische Lösungsmittel. Müssen nicht verdünnt werden.
Anwendung: Entfernen fettige Verschmutzungen in kleinen Bereichen wie Wände um fest installierte Geräte, Kochtöpfe oder Schalttafeln.

ANDERE HILFSMITTEL

Ammoniak
Inhaltsstoffe: Ammoniumhydroxid (ammoniakhaltige Reiniger sind normalerweise mit Putzmittel gemischt).
Anwendung: Da es keine Streifen macht, ist gut für Glas, glänzende Oberflächen und für das Entfernen von Wachsrückständen auf Fußböden. Gleichzeitig ein wirksamer Fleckentferner. Nicht auf klaren Plastikfenstern benutzen.

Natron
Inhaltsstoffe: Natron.
Anwendung: Mildes Scheuermittel für weichere Oberflächen wie Fiberglas. Desodoriert auch Kühl- und Gefrierschränke und Katzentoiletten.

Borax
Inhaltsstoffe: borsaures Natriumsalz.
Anwendung: Mild alkalisches, wasserlösliches Salz, das leicht abreibend wirkt. Zur Wäsche geben, um die Reinigungswirkung zu verstärken.

KÜCHEN-, BAD-, GLAS- UND METALLREINIGER

Bleichmittel
Inhaltsstoffe: Natriumhypochlorit (flüssiges Bleichmittel für den Haushalt).
Anwendung: Beseitigt Flecken auf Stoffen und harten Oberflächen. Tötet Bakterien, Viren und Schimmelpilze ab.

Desinfektionsmittel und desinfizierende Reinigungsmittel
Inhaltsstoffe: Anti-Mikroben-Wirkstoffe wie Fichtenöl, Natriumhypochlorit, vierbindige Ammoniakzusammensetzungen oder Phenol.

Desinfizierende Reinigungsmittel enthalten oberflächenaktive Stoffe und Wasserenthärter.
Anwendung: Reinigen und desinfizieren harte Oberflächen wie Fußböden, Spülbecken, Duschen oder Badewannen.

Rohrreinigungsmittel
Inhaltsstoffe: Einige dieser Mittel verringern die Ablagerungen in den Rohren durch Enzyme, die die organischen Materialien zersetzen. Konventionelle Rohrreinigungsmittel (flüssig oder fest) enthalten starke Laugen oder Säuren aus Ätznatron oder Natriumhypochlorit, um die Verstopfung zu lösen.
Anwendung: Beugt gegen Rohrverstopfung vor und löst bestehende auf.

Glas- und Vielzweck-Oberflächenreiniger
Inhaltsstoffe: Oberflächenaktive Stoffe, mildes Lösungsmittel, Alkohol (um den Reinigungsprozess zu beschleunigen) und manchmal Ammoniak (damit keine Streifen zurückbleiben).
Anwendung: Reinigen Glas und reinigen polieren Chrom, Edelstahl und andere glänzende Flächen.

Wasserenthärter
Inhaltsstoffe: Mittel in Spray- oder Pulverform enthalten Zitronen-, Oxal- oder Sulfaminsäure oder Oxyaldehyd. Manchmal auch oberflächenaktive Stoffe und organische Lösungsmittel.
Anwendung: Löst Mineralien, Kalk und Rost von verdunsntetem, hartem Wasser.

Metallreiniger und -polituren
Inhaltsstoffe: Milde Scheuermittel wie Kaopolit oder wasserhaltige Kieselerde und (Oxal-, Zitronen- oder Schwefel-)Säure. Manche Produkte enthalten auch Antioxidationsmittel, um gegen schnelles Neuanlaufen zu schützen, und oberflächenaktive Stoffe.
Anwendung: Erneuert den Glanz auf angelaufenem Metall und reinigt es.

Backofenreiniger
Inhaltsstoffe: Oberflächenaktive Stoffe und ein starkes alkalisches Mittel wie Ätznatron (Lauge) oder weniger alkalische Salze (die in Verbindung mit Ofenhitze wirken).
Anwendung: Reinigt das Ofeninnere und die Bleche und Gitter.

Toilettenreiniger
Inhaltsstoffe: Oberflächenaktive Stoffe sowie Antioxidationsmittel oder Säuren; desinfizierende Formeln enthalten auch Anti-Mikroben-Wirkstoffe wie vierbindige Ammoniaksalze.
Anwendung: Beseitigt Ablagerungen, reinigt und desinfiziert auch meistens.

Badreiniger
Inhaltsstoffe: Oberflächenaktive Stoffe und Lösungsmittel. Manche Produkte enthalten auch Antioxidationsmittel wie Natriumhypochlorit und Anti-Mikroben-Wirkstoffe, um Schimmelpilze abzutöten. Einige enthalten alkalische Bestandteile wie Natriumkarbonat, Natriumsilikat und Natriumhydroxid.
Anwendung: Beseitigen Rückstände von hartem Wasser, Seifenschaum, Rostflecken und durch Schimmel hervorgerufene Verfärbungen.

FUSSBODEN- UND MÖBELREINIGER

Teppichreiniger
Inhaltsstoffe: Oberflächenaktive Stoffe und ein Polymer, das das Produkt zu einer brüchigen Substanz trocknen lässt, die man mit dem Staubsauger aufsaugen kann.
Anwendung: Nimmt ölige und fettige Verschmutzungen von Teppichen auf.

Staubentferner
Inhaltsstoffe: Kohlenwasserstofföl, das Schmutz anzieht, und manchmal organische Lösungsmittel und Wasser zur Fleckentfernung.
Anwendung: Nehmen Staub auf ein Tuch auf.
Fußbodenpflegemittel
Inhaltsstoffe: Oberflächenaktive Stoffe und Wasserenthärter. Mittel, die gleichzeitig wachsen, enthalten auch Polyäthylenpartikel oder Poyacrylat. Mittel, die den Fußboden auch abziehen, enthalten Ammoniak.
Anwendung: Entfernen Schmutz und Politur und schützen die Oberfläche.
Möbelreiniger und -polituren
Inhaltsstoffe: Silikonflüssigkeiten, Wachs, Zitronenöl und Kohlenwasserstofflösung, um ölige Flecken und Wachsrückstände zu beseitigen.
Anwendung: Entfernen Staub und Flecken, erzeugen Glanz und schützen gegen Wasserflecken.

alkalisch. Substanzen mit extremen Werten wie Schwefelsäure oder Ätznatron sind besonders aggressiv und ätzend. Saurer Dreck (alle Fette und Öle bestehen aus Fettsäuren und Glycerin) wird aufgebrochen, wenn er in Kontakt mit alkalischen Mitteln kommt, und umgekehrt. Da die meisten Verschmutzungen – von Hamburgern bis zu schlammigem Dreck – sauer sind, sind die meisten Putzmittel alkalisch.

SÄUREN:
Nur wenige Verschmutzungen sind alkalisch, deshalb gibt es auch weniger saure Reinigungsmittel. Alkalisch sind z. B. Kalkstein, Seifenrückstände, Rost, Tannin (in Tee- und Kaffeeflecken), alkoholische Getränke oder Senf. Sie werden mit diversen sauren Mitteln behandelt – milderen wie Essig in Wasser oder schärferen wie Schwefelsäure.

LÖSUNGSMITTEL:
Die chemischen Eigenschaften von Lösungsmitteln sind anders als bei sauren oder alkalischen Mitteln. Sie neutralisieren Schmutz nicht, sondern lösen ihn auf. Fast alle Lösungsmittel sind pflanzlichen Ursprungs oder aus Petroleum hergestellt und werden meistens für ölige oder fettige Flecken benutzt – von Grasflecken bis

zu Lack auf Ölbasis. Dazu gehören Farb- und Lackverdünner, Aceton, Glycerin und manche Fleckentferner. Sie sind zwar wirksam, aber hoch entzündlich, giftig und umweltschädigend. Sie werden deshalb nicht mehr so häufig hergestellt wie noch vor 10 Jahren.

DESINFEKTIONSMITTEL:

Chemische Desinfektionsmittel töten Keime ab – meistens solche, die üblen Geruch verbreiten, Krankheiten verursachen, Flecken hinterlassen oder Lebensmittel verderben. Es gibt 3 Haupttypen von Desinfektionsmitteln. Ammoniakhaltige Zusammensetzungen lassen sich gut mit anderen, leicht alkalischen Mitteln verbinden und sind deshalb häufig in Küchen- oder Badreinigern enthalten. Stellen Sie Desinfektionsmittel nicht selber her. Chemikalien herzustellen ist nicht einfach, und Sie laufen Gefahr, die bakterientötenden Eigenschaften zu zerstören. Oder es kommen ätherische oder giftige Mischungen heraus. Andere verbreitete Desinfektionsmittel sind flüssiges Haushaltsbleichmittel und einige Kiefernnadelöl.

VERTREIBEN SIE DEN SCHMUTZ – ALSO SETZEN SIE SICH IN BEWEGUNG!

Die richtigen Putzutensilien zusammenzustellen ist nicht schwer. Alles sollte sich in einer ordentlichen Kiste befinden oder besser noch einem Plastikwagen, den man schnell an den Tatort der Verschmutzung mitnehmen kann. 3 Strategien sind hilfreich für ein sinnvoll aufgebautes Reinigungspaket.

Schützen Sie sich.

Scheuern und die Verwendung scharfer Chemikalien kann Hände und Augen reizen. In dem Paket sollten sich also Gummihandschuhe und Augenschutz befinden.

Packen Sie die wichtigsten Mittel ein.

Dazu gehören: ein Allzweckreiniger (z. B. Spülmittel), ein Glasreinigungsspray und ein Desinfektionsmittel. Für das Bad fügen Sie eine Sprühflasche mit einer frisch hergestellten Lösung aus 1 l Wasser und 3 EL Chlorbleiche und einen guten Toilettenreiniger hinzu (der sauer ist und nur für die Toilette benutzt werden sollte). Mischen Sie nicht verschiedene Mittel.

Zum Schluss: die richtigen Reinigungskörper.

Unbedingt dabei sein sollten: ein Schwamm mit einer rauen Rückseite und eine gute Nylon-Scheuerbürste.

Clevere Lösungen

Es wird Zeit, das Putzen zu systematisieren. Die folgenden Tricks sparen Zeit, Geld und Mühe beim Hausputz.

Ihre fünf neuen Freunde

Seit Generationen greift man in Notsituationen zu naheliegenden Hausmitteln – Essig, Bleichsoda, Cola oder Reinigungsalkohol. Oft helfen sie. Manchmal sind Sie mit einem normalen Putzmittel besser beraten. Folgende Dinge sollten Sie beachten, wenn Sie die traditionellen Hausmittel benutzen.

Alkohol:

Isopropylalkohol ist ein Lösungsmittel, das viele Flecken von Stoff entfernt. Seien Sie jedoch vorsichtig damit – der Stoff kann auch ausfärben. Probieren Sie es erst an einer unauffälligen Stelle aus, besonders bei Seide und Azetatgeweben.

Cola:

Zur Not kann man mit Cola manche alkalischen Verschmutzungen wie Flecken in der Toilettenschüssel entfernen, da in Cola Phosphorsäure enthalten ist. Aber passen Sie auf: Die Farbe von Zucker und Karamel kann Flecken hinterlassen, wenn man sie auf der Oberfläche trocknen lässt.

Haarspray:

Haarspray löst aufgrund seines Gehalts an Alkohol, Lösungsmitteln und Harzen Tinte auf. Um Tinte von Vinyl zu entfernen, eignet sich wohl unparfümiertes Herrenhaarspray am besten. Zur Vorbehandlung von Tintenflecken auf Kleidungsstücken funktioniert es gut. Waschen Sie die so behandelte Kleidung aber anschließend unbedingt, da das Gewebe an der Stelle auf Dauer steif bleiben kann.

FLEISCHZARTMACHER:

Die Enzyme „verdauen" Lebensmittelflecken von Fleisch, Eiern, Blut und Milch, die hauptsächlich aus Eiweiß bestehen. Die als Putzmittel verkauften Enzyme funktionieren genauso gut (oder besser) und besitzen keine die Würzmittel und Farbstoffe, die Fleischzartmacher enthalten.

NAGELLACKENTFERNER:

Darin ist das Lösungsmittel Amylazetat und manchmal auch Aceton enthalten. Ebenso wie es den Lack von Ihren Nägeln entfernt, löst es ihn auch auf Stoff auf. Auch starken Kleber kann man damit ablösen. Aber seien Sie vorsichtig: Einige Produkte enthalten Öl, das einen neuen Fleck hinterlassen kann. Und die Lösungsmittel zerstören Azetatgewebe.

SUCHEN SIE DIE VERSTECKTEN WINKEL AUF.

Das gute an den schwer erreichbaren Ecken ist, dass auch Schmutz nicht so leicht hineingelangt. Trotzdem finden Staub- und Schmutzpartikel, die in der Luft unterwegs sind, ihren Weg zu Decken, hohen Fenstern, Balken, Simsen, Rissen und Fugen. Es gibt 2 Methoden, dorthin zu gelangen.

Verlängerte Arme.

Verlängerungsstäbe bzw. –rohre gibt es für Staubsauger, Schrubber und Bürsten – damit kommen Sie an alle Spinnweben.

Klettertouren.

3 sichere Methoden sind dazu geeignet. Mit einem standfesten Hocker oder einer Kiste erreichen Sie Dinge, die nur ein wenig zu hoch für Sie liegen. Mit einer Leiter kommen Sie noch höher; am besten ist eine 1,50 m hohe Aluminiumleiter. Sie ist stabil, leicht und gerade hoch genug für 2,40 m hohe Decken – dabei jedoch klein genug, um beim Herumtransportieren nicht überall anzustoßen. Wenn Sie länger an erhöhten Stellen arbeiten müssen, stellen Sie sich ein provisorisches Gerüst auf, indem Sie ein festes,

dickes Brett auf der Höhe zwischen Hocker und Leiter installieren. Dann können Sie eine ganze Wand entlang gehen, ohne immer eine Leiter hoch- und runterklettern zu müssen.

Überlegen Sie sich gut, wie Sie Geräte organisieren

Bevor wir zu der Liste der einzelnen Reinigungsgeräte und -chemikalien von A-Z kommen, hier noch ein paar Tipps, wie Sie die Frage der Beschaffung handhaben.

Leihen Sie sie aus, wenn Sie sie wenig brauchen.

Manche Arbeiten – etwa Teppichreinigung, Dampfreinigung oder Rohrreinigung – erfordern spezielles Gerät und manchmal besondere Kenntnisse. In dem Falle ist es sinnvoller, sich die entsprechenden Maschinen auszuleihen; so sparen Sie Geld und Ärger – ganz zu schweigen von Platz. Wenn Sie eine Maschine nicht ständig brauchen, leihen Sie sie besser aus.

Hier haben Sie eine Faustregel. Wenn Sie das Gerät weniger als 6 Mal im Jahr brauchen, leihen Sie es sich aus.

Auch Putzutensilien müssen geputzt werden.

Schließlich bekommen Sie den meisten Schmutz ab. Manche sollten sogar immer nach Gebrauch gereinigt werden. Spülen Sie also Eimer, Lappen und Schwämme aus, wenn Sie fertig sind. Waschen Sie Putzlappen und am besten auch Ihre Lieblings-Putzkleidung separat. Und halten Sie den Fusselfilter des Trockners sauber, damit die Luft im Innern ungehindert fließen kann.

Auch andere Werkzeuge, die Sie zum Putzen benötigen, müssen gepflegt werden. Denken Sie z. B. an den Staubsauger. Der Beutel muss regelmäßig gereinigt werden, und ab und zu sollte auch die Bürste von Haaren und Fäden befreit werden. Sorgen Sie dafür, dass das Gerät immer gut in Schuss ist.

GERÄTE UND MATERIALIEN VON A-Z

Hier ist eine Übersicht von A-Z von allen Dingen, die man über den Gebrauch und den Kauf von Reinigungsutensilien wissen muss. Der Gebrauch wird hier nur allgemein geschildert; besondere Anwendungstechniken finden Sie in der großen Liste aller zu reinigenden Dinge im 2. Teil des Buches.

ABSORBIERENDE MITTEL

ANWENDUNGSBEREICHE:

Sie sind gewöhnlich aus pulverigen oder körnigen Materialien und funktionieren wie langsame Staubsauger. Wenn man sie auf einen Fleck oder auf poröses Material gibt, saugen sie die Verschmutzung auf, so dass man sie wegwischen, -saugen oder –bürsten kann. Streuen Sie sie auf frische Flecken (besonders Fett und Öl), wenn sie noch feucht sind. Meistens sollte man sie abtupfen und ein trockenes Handtuch darauf legen. Obenauf legt man ein Gewicht wie z. B. ein Buch und lässt das Mittel die Verschmutzung ein paar Stunden absorbieren, am besten über Nacht. Solche Mittel sind ein guter Anfang, bevor man zu härteren Methoden greift. Sie funktionieren bei den grässlichsten Verschmutzungen wie Motoröl auf einer Auffahrt oder Erbrochenem auf einem Teppich. Katzenstreu oder Sägemehl sind gut für solche Gelegenheiten. In noch heikleren Fällen, z. B. Bratensaft auf einem trocken zu waschendem Wollpullover, hilft Talkumpuder oder Stärkemehl. Salz funktioniert bei farbstoffhaltigen Getränken auf Teppichen und Kleidung.

WORAUF MAN BEIM KAUF ACHTEN SOLLTE:

Es gibt zwar kommerzielle Produkte, doch meistens reichen Substanzen, die man sowieso im Haushalt hat – wie Talkumpuder,

Stärkemehl oder Salz – völlig aus. Katzenstreu ist für größere Flecken geeignet.

Achtung: Wenn Sie ein absorbierendes Mittel draußen verwenden, beseitigen Sie es, bevor es nach innen oder in die Blumenbeete oder gar in Nachbars Hof dringt. Mit Talkumpuder und Stärkemehl auf Stoff muss man vorsichtig sein. Sie sind manchmal schwer wieder zu entfernen.

Alkalische Putzmittel

Da die meisten Verschmutzungen säurehaltig sind, sind die meisten Putzmittel alkalisch (auch: basisch). Alkali (auch: Laugensalz) neutralisiert Säure, und wenn die Säure in einem Fleck neutralisiert ist, kann er leichter weggewischt werden.

Die Vielfalt alkalischer Putzmittel ist schwindelerregend. Fast alles, von Spülmittel über Glasreiniger bis zu ätzenden Laugen zur Beseitigung von Verstopfungen in Abwasserrohren und Wachslösern, zählt als alkalisches Putzmittel. Die Grundlage dieser Mittel sind diverse Chemikalien, so z. B. Natriumhydroxid (Ätznatron) und Natriummetasilikat (stark alkalische Mittel), Natron oder Ammoniak, das besonders gut Wachs auf Fußböden entfernt. Hier ist eine Übersicht über alkalische Reinigungsmittel.

pH-Wert 12-14

Anwendungsbereiche:

Die stärksten alkalischen Mittel sind für starke Verschmutzungen und Flecken geeignet.

Produkte:

Diese Chemikalien werden in Backofenreinigern, Laugen zur Beseitigung von Rohrverstopfungen, Spülmaschinenpulvern, Wachs- und Fettlösern und starken Reinigern verwendet.

Achtung: Seien Sie mit solchen Mitteln extrem vorsichtig. Die stark alkalischen Eigenschaften können die Haut und Schleimhäute verletzen, also tragen Sie Gummihandschuhe und Augenschutz.

Sie können auch Farbe, Aluminium, Kupfer, Seiden- und Wollgewebe beschädigen. Die entstehenden Dämpfe können ätzend sein, also sorgen Sie für ausreichende Durchlüftung.

pH-Wert 9-12

Anwendungsbereiche:

Diese milderen Produkte sind für die generelle Reinigung geeignet und beschädigen Oberflächen und Stoffe nicht.

Produkte:

Waschmittel, Allzweckreiniger, Glas- und andere Oberflächenreiniger gehören zu den Mitteln mit mäßig alkalischen Eigenschaften.
Achtung: Solche Produkte können empfindlichen Geweben schaden. Andererseits haben sie nicht die Reinigungskraft, die für stärkere Verschmutzungen erforderlich ist.

pH-Wert 7-9

Anwendungsbereiche:

Diese neutralen bis leicht alkalischen Mittel sind für fast alle Materialien sicher. Besonders für leichtes Putzen wie das Wischen von Fußboden und Wänden sind sie geeignet.

Produkte:

Flüssige Spülmittel, Neutralreiniger und milde Waschmittel enthalten solche Substanzen.
Achtung: Diese Produkte haben keine besonders starke Wirkung.

Alkohol

Anwendungsbereiche:

Alkohol, ein ziemlich reines Lösungsmittel, wirkt antiseptisch (deshalb riecht es in Krankenhäusern immer danach) und ist auch ein gutes Reinigungsmittel.
Alkohol zersetzt Fett und entfernt hervorragend Fingerabdrücke auf Fenstern (geben Sie 1 Teil Alkohol in 4 Teile Wasser, wischen Sie die Fenster mit der Lösung und einem Lappen und gehen Sie

SPARTRICKS

Machen Sie mit neutralen Konzentraten sauber
Sie sind nichts Besonderes, aber konzentrierte Neutralreiniger sind perfekt für alle alltäglichen Putzarbeiten – vom Fußboden bis zu den Wänden. Sie haben einen neutralen pH-Wert (7), sind für die meisten Oberflächen und Stoffe sicher und hinterlassen keine Streifen. Und wenn Sie sie unverdünnt, also konzentriert, kaufen, sparen Sie Geld und Platz. Verdünnen Sie sie je nach Gebrauchsvorschrift.

anschließend mit einem Gummischrubber darüber). Er ist in vielen Glasreinigern enthalten, da er schnell trocknet und keine Streifen hinterlässt. Alkohol löst auch Körperfette und Make-up von glänzendem Schmuck ab, beschädigt jedoch lackierten Metallschmuck. Er ist ein guter Fleckentferner und beseitigt Gras-, Kugelschreiber-, Tinten- und Farbflecke. Probieren Sie ihn jedoch immer erst an einer unauffälligen Stelle aus, um sicher zu gehen, dass der Untergrund nicht beschädigt wird. Auch für Kleberreste auf Fensterscheiben oder harten Oberflächen ist Alkohol geeignet.

Worauf man beim Kauf achten sollte:

Kaufen Sie denaturierten oder Isopropylalkohol. Vermeiden Sie Reinigungsalkohol, da er Farbstoffe, Parfüm und sehr viel Wasser enthält.

Achtung: Isopropylalkohol ist giftig und sehr leicht entzündlich. Wenn man ihn benutzt, muss man auf eine gute Durchlüftung achten und aufpassen, dass sich kein offenes Feuer (also auch keine Zündflamme) in der Nähe befindet. Er löst Kunst- und Klebstoffe auf und beschädigt manche Gewebe. Nehmen Sie ihn nicht für Wolle. Bei Seide und Azetat muss er mit der Hälfte Wasser verdünnt werden. Lesen Sie immer genau die Gebrauchs- und Sicherheitsvorschriften auf der Flasche.

Allzweckreiniger

Allzweckreiniger sind der Grundstock einer jeden Putzausrüstung. Zu ihnen sollte man immer zuerst greifen, da sie kaum irgendwelchen Materialien schaden können. Die meisten von ihnen sind mäßig alkalisch und sind für spezielle Fälle wie Fenster, Öfen oder Schimmelpilze nicht geeignet. Dafür sie ungemein vielseitig. Ein kleiner Überblick erleichtert Ihnen die Orientierung.

KONZENTRATE

ANWENDUNGSBEREICHE:

Alle routinemäßig zu putzenden Bereiche des Hauses, allerdings keine fest angetrockneten oder verkrusteten Verschmutzungen. Konzentrate müssen mit Wasser verdünnt werden; dafür sind sie

WAS SIE MIT PUTZMITTELN TUN UND WAS SIE LASSEN SOLLTEN

Putzmittel werden getestet, eingestuft, untersucht und oft offiziell genehmigt, aber trotzdem können sie gefährlich sein – besonders, wenn man versucht sie zu mischen. Wenn Sie die folgenden Hinweise beachten, kann Ihnen beim Putzen nichts passieren.

Was Sie tun sollen:

- Lesen Sie immer genau die Gebrauchs- und Sicherheitsvorschriften auf der Packung.
- Bewahren Sie Putzmittel in ausreichender Entfernung zu Lebensmitteln und außer Reichweite von Kindern auf.
- Bewahren Sie sie in den originalen Verpackungen auf. Dann können Sie sicher sein, dass die Gebrauchs- und Sicherheitsvorschriften auf der Packung auch zu dem richtigen Produkt gehören.
- Räumen Sie sie umgehend nach Gebrauch wieder weg, dann können keine unvorhergesehenen Unfälle passieren, z. B. wenn Kinder an die Putzmittel gelangen.
- Verschließen Sie die Behälter gut, besonders die mit kindersicheren Verschlüssen.

Was Sie nicht tun sollen:

- Mischen Sie keine Putzmittel. Wenn Sie bei den wichtigsten Mitteln bleiben, besteht kein Anlass für abenteuerliche Formeln. Insbesondere säure- oder ammoniakhaltige Mittel dürfen keinesfalls mit bleichmittel-(natriumhypochlorit-)haltigen Produkten gemischt werden, da dabei gefährliche Dämpfe entstehen.
- Verwenden Sie aufgebrauchte Behälter nicht für andere Mittel. Dann kann zu Verwechslungen führen

preiswerter, leichter und brauchen weniger Verpackung. Spülmittel und Neutralreiniger gehören dazu. Viele enthalten Kiefernnadelöl, das in höherer Konzentration eine desinfizierende Wirkung hat. Es riecht auch angenehm. Auch Produkte mit höherer Ammoniakkonzentration fallen unter diese Kategorie; sie sind jedoch meistens alkalisch genug, um zu den starken Reinigungsmitteln gezählt werden zu müssen.

Worauf man beim Kauf achten sollte:

Die Auswahl ist riesig. Sie brauchen kein teures Mittel zu nehmen, da die meisten dieselben Inhaltsstoffe haben: oberflächenaktive Substanzen, alkalische Pufferlösungen und manchmal desinfizierendes Kierfernöl.

Achtung: Verlassen Sie sich nicht auf alle Allzweckreiniger, was die keimtötenden Eigenschaften angeht. Die meisten enthalten nicht genug desinfizierende Stoffe, um mehr zu tun als ein paar Millionen bösartiger Mikroben abzuwischen – und das ist nur die Spitze des Eisbergs.

Sprühreiniger

Anwendungsbereiche:

Sie sind für kleinere Bereiche wie Armaturen, Tablette, Kochplattendeckel usw. geeignet. Sprühen Sie sie auf und wischen Sie sie gleich wieder ab. Manche Mittel enthalten alkalische Chemikalien, die sie zu starken Putzmitteln machen. Probieren Sie sie immer erst an einer unauffälligen Stelle aus, um sicher zu gehen, dass der Untergrund nicht beschädigt wird – besonders bei bemalten oder gestrichenen Oberflächen.

Worauf man beim Kauf achten sollte:

Sie können auch Ihren eigenen Sprühreiniger mit konzentriertem Reinigungsmittel in einer Sprühflasche mischen.

Achtung: Stärkere Sprühreiniger können die Beschichtung von Möbelstücken lösen und Farbe aufweichen oder verändern, besonders, wenn man sie länger als eine Minute einwirken lässt. Wenn Sie Ihr eigenes Mittel anmischen, achten Sie auf die richtige Dosierung. Zu starke Lösungen sind schärfer und lassen sich nicht mehr so leicht abwischen.

Ammoniak

Anwendungsbereiche:

Ammoniak ist eine der wichtigsten Reinigungssubstanzen, die in vielen Putzmitteln enthalten ist und für viele verschiedene Aufgaben geeignet ist. In 3 Bereichen ist Ammoniak besonders gebräuchlich.

Generelles Putzen

Ammoniak tritt normalerweise in Verbindung mit einem Reinigungsmittel auf, damit es schaumig ist und seine starken Ausdünstungen (Ammoniumhydroxid) übertüncht werden. Ammoniak unterstützt die alkalischen Eigenschaften eines Putzmittels und ist deshalb für fettige Verschmutzungen gut geeignet. Das übliche Mischungsverhältnis ist etwa 1/2 Tasse Ammoniak auf 4 l Wasser. Übrigens haben die starken Dämpfe von Ammoniak auch ihren Nutzen: Eine Pfanne mit Ammoniak, die man über Nacht im Ofen lässt, erleichtert die Ofenreinigung. Der Ofen darf dabei nicht eingeschaltet sein, und beim Öffnen der Tür muss man erst die starken Dämpfe entweichen lassen.

Die göttlichen Anfänge von Ammoniak

Die Geschichte von Ammoniak ist so spannend wie ein Krimi von Agatha Christie.

Der Name stammt von dem ägyptischen Gott Ammon. Der Haupttempel von Ammon war in der Wüste, etwa 350 km westlich vom heutigen Kairo. In der Gegend befanden sich natürliche Salzfelder; dort fand man erstaunliche, durchsichtige Kristalle, in denen man kostbare Juwelen sah. Das Salz, das bald in die ganze westliche Welt exportiert wurde, nannte man „sal ammoniac", was „Salz des Ammon" bedeutet. Heutige Chemiker würden Salmiak dazu sagen.

Ammoniak war das Gas, das schließlich beim Erhitzen von Salmiak entdeckt wurde; man begann es in größeren Mengen zu produzieren. In der Mitte des 18. Jahrhunderts schlugen drei französische Chemiker vor, es ammoniaque zu nennen – eine Bezeichnung, die bald in viele Sprachen übersetzt wurde. Das Ammoniak war geboren.

Fensterputzen

Da Ammoniak ein ätherisches Laugensalz ist, hinterlässt es keine festen Rückstände nach dem Trocknen. Deshalb ist für Glasreiniger unverzichtbar. Es ist für das „frei“ in „streifenfrei“ verantwortlich. Sie können auch Ihren eigenen Glasreiniger herstellen, indem Sie 30 g klares Ammoniak in 1 l Wasser auflösen und mit einem Zerstäuber anwenden. Oder tragen Sie es einfach auf und wischen Sie es mit einem Gummischrubber ab.

Fleckentfernung

Ammoniak wirkt leicht bleichend, deshalb kann man es gut als Fleckentferner für viele Verschmutzungen, Untergrundmaterialien und Gewebe verwenden. Eine solche Lösung lässt sich mit 1 EL Ammoniak für den Haushaltsgebrauch und 1/2 Tasse Wasser herstellen. Es beseitigt unter anderem Flecken von alkoholischen Getränken, Tinte, Senf und Tomatensoße.

Worauf man beim Kauf achten sollte:

Prüfen Sie in der Liste der Inhaltsstoffe, ob der jeweilige Glasreiniger etc. Ammoniak enthält.

Achtung: Seien Sie vorsichtig, wenn Sie mit Ammoniak umgehen. Es ist giftig, wenn man es verschluckt, und die Dämpfe können die Schleimhäute in Nase, Augen, Hals und Lunge verletzen. Sorgen Sie also für ausreichende Durchlüftung und tragen Sie Gummihandschuhe und Augenschutz, um Hautreizungen zu vermeiden. Mischen Sie Ammoniak niemals mit anderen Bleichmitteln – die Kombination erzeugt giftige Dämpfe.

Ammoniak löst Wachs von Fußböden, also verwenden Sie es nicht auf gewachsten Böden, es sei denn, Sie wollen das Wachs entfernen. Verdünnen Sie es je nach Gebrauchsvorschrift und tragen Sie Gummihandschuhe. Sorgen Sie für ausreichende Durchlüftung. Ammoniak kann auch lackierte Oberflächen, Marmor, weichen Kunststoff und Leder beschädigen. Es macht Aluminiumpfannen dunkel, also weichen Sie sie nicht in Ammoniak ein. Auch verändert es manche Farben, also probieren Sie es erst in einer unauffälligen Ecke aus. Ammoniak lässt manche Polsterstoffe und Naturfaserteppiche braun werden. Lesen Sie immer genau die Gebrauchs- und Sicherheitsvorschriften auf der Verpackung.

Besen

Anwendungsbereiche:

So primitiv er auch scheinen mag – es gibt kaum etwas Praktischeres als einen Besen zum Fegen des Fußbodens, einer Auffahrt oder eines Hinterhofs.

Mit einem Nylonbesen können Sie vor dem Staubsaugen über Teppiche gehen; bei kleinen Flächen reicht der Besen zum Reinigen oft aus.

Für draußen sind Besen mit harten Borsten aus Plastik oder Nylon geeignet.

So mache ich es

So beseitigen Sie die wirklich riesigen Verschmutzungen

Vielleicht haben Sie eine alte Rigipswand umgestoßen. Oder Sie machen nach einer Überschwemmung Ordnung. Oder Sie haben die „Notdurft-Seite" eines Elefanten vor sich. Mit einem starken Besen können Sie zwar schweren Unrat beseitigen, aber bei den wirklichen Herausforderungen ist es empfehlenswert zuerst zu schaufeln und dann erst zu fegen. Und das sagt jemand, der es wissen muss – ein langjähriger Zirkusmitarbeiter, zu dessen Pflichten (und den Pflichten seines 20 Mann starken Teams) es gehört, hinter den Elefanten herzuwischen.

„Eine gesunde Portion machen etwa 25 Pfund", erklärt er. „Wenn Sie 25 Pfund Mist mit dem Besen wegfegen wollen, wird er Ihnen zerbrechen."

Worauf man beim Kauf achten sollte:

In der Wohnung sollten Sie die traditionellen Besen mit den strohartigen Borsten vermeiden, da die Borsten sich lösen. Besser sind die gekrümmten Besen mit Nylonborsten. Sie sind ziemlich preiswert, also sollten Sie ein paar davon zu Hause haben. Hängen Sie einen Besen auf, so dass er nicht auf den Borsten steht.

Achtung: Wechseln Sie beim Fegen den Arm, damit die Belastung nicht so einseitig ist. Für die Luftqualität im Haus ist ein Staubsauger besser; er entfernt auch gründlicher Staub.

Ein genialer Streich

Wenn Sie so viel Heu, Sägespäne und Pferdemist weggefegt haben wie die Mitarbeiter in einem Zirkus, dann wissen Sie schon einiges über Tricks, wie man sich das Fegen vereinfachen kann. Eine der besten Methoden, meinten die Arbeiter, ist die, die sie für große Flächen anwenden.

Es ist ganz einfach. Fangen Sie nicht an einer Seite an und fegen dann in ganzen Bahnen. Stattdessen:

1. **Fangen Sie in einer Ecke an und machen Sie einen Zug in Armlänge.**
2. **Treten Sie zur Seite, um einen anderen Zug zu machen. Bewegen Sie sich immer zur Seite, wenn Sie einmal gefegt haben.**
3. **Wenn Sie an der anderen Seite angekommen sind, gehen Sie genauso zur anderen Seite zurück.**

Bimsstein

Anwendungsbereiche:

Bimsstein wird aus gehärteter Lava gewonnen und wird zum Abreiben von Flecken auf Ziegelstein, gußeisernem Kochgeschirr, Beton oder Toilettenschüsseln benutzt.

Wo man ihn bekommt:

Bimsstein ist in gewöhnlichen Haushaltswarengeschäften erhältlich.

Achtung: Damit die jeweilige Fläche nicht beschädigt wird, sollten Bimssteine immer nass gemacht werden. Verwenden Sie sie nicht auf Laminat, Marmor, emaillierten Metallen, Kunststoff oder Fiberglas. Wenn Sie sie in Verbindung mit Säure benutzen (z. B. beim Toilettenputzen), tragen Sie Gummihandschuhe.

BLEICHMITTEL

ANWENDUNGSBEREICHE:

Unter Bleichmittel versteht man gemeinhin Chlorbleiche. Es gibt aber noch andere, darunter Wasserstoffperoxid und Sauerstoffbleiche. Auch Ammoniak, Zitronensaft und klarer Essig entfernen bestimmte Flecken. Chlorbleiche ist jedoch das effektivste Bleichmittel.

Chlorbleiche ist, wenn man sie den Gebrauchsvorschriften entsprechend verwendet, ein hervorragendes Bleichmittel für Wäsche. Auch hat sie eine desinfizierende Wirkung. Man darf sie jedoch nur auf weißer und farbechter Wäsche verwenden. (Wenn Sie nicht sicher sind, ob ein Kleidungsstück farbecht ist, testen Sie es mit 1 EL Chlorbleiche in 1/4 Tasse Wasser. Geben Sie einen Tropfen auf die Innenseite eines Saums und tupfen Sie die Stelle nach einer Minute trocken. Wenn der Stoff nicht abfärbt, können Sie ihn in Flüssigbleiche waschen. Testen Sie unbedingt alle Farben des Kleidungsstückes.) Zusätzlich enthalten Bleichmittel oft noch Enzyme (zur Fleckentfernung) und Aufheller. Deshalb lässt sich Chlorbleiche auch gut für die Beseitigung von Flecken benutzen. Man kann das ganze betroffene Kleidungsstück etwa 5 Minuten in einer Lösung aus 1/4 Tasse Bleichmittel und 4 l kühlem Wasser einweichen.

Chlorbleiche entfernt gründlich Schimmelpilze im Badezimmer. Gießen Sie sie gut verdünnt (eine 3/4 Tasse auf 4 l Wasser) in eine Sprühflasche, spritzen Sie die Kacheln ab und warten Sie 5 Minuten, bevor Sie sie scheuern. Sorgen Sie für ausreichende Durchlüftung und spülen Sie die Lösung gut ab. Bleiche ist nicht öfter als ein Mal verwendbar; entsorgen Sie den Rest und mischen Sie beim nächsten Mal eine neue Lösung an.

WORAUF MAN BEIM KAUF ACHTEN SOLLTE:

Nehmen Sie ein preiswertes Produkt, da es kaum qualitative Unterschiede gibt. Achten Sie auf den Hinweis „desinfizierend“, wenn Sie die Bleiche gerade dazu brauchen.

Achtung: Mischen Sie Bleichmittel nicht mit anderen Mitteln (besonders Ammoniak), da giftige Dämpfe entstehen können. Lesen Sie immer genau die Gebrauchs- und Sicherheitsvorschriften auf der Packung.
Chlorbleiche ist zum Aufhellen der Wäsche und zur Beseitigung von Flecken gedacht. Nehmen Sie sie nicht für Wolle, Seide, Mohär, Leder, nicht farbechte Gewebe oder Teppiche. Verwenden Sie sie nicht unverdünnt; folgen Sie den Hinweisen auf der Packung.

Borax

Anwendungsbereiche:

Borax ist ein leicht alkalisches, wasserlösliches Salz. Diesen weißen, kristallartigen Stoff findet man als Bestandteil in Waschmitteln und Handwaschmitteln für starke Verschmutzungen. Gemischt mit Wasser ergibt Borax einen guten Haushaltsreiniger. Meistens dient er jedoch als Unterstützung der Wirkung von Waschmittel. Man kann auch Spülmaschinenpulver mit einem Teelöffel Borax ergänzen, um dessen alkalische Eigenschaften zu verstärken.

Worauf man beim Kauf achten sollte:

Die weißen Kristalle sind in kleinen Mengen in manchen Waschmitteln enthalten; prüfen Sie die Liste der Inhaltsstoffe. Auch pur kann man es als Waschmittelzusatz kaufen.
Achtung: Als Haushaltsreiniger ist Borax nicht besonders effektiv. Manchmal, in Handwaschmitteln, kann es die Haut reizen. Lesen Sie immer genau die Gebrauchs- und Sicherheitsvorschriften auf der Packung.

Breipackungen

Anwendungsbereiche:

Eine Breipackung ist eine Paste, die einen Fleck aus einer hartem Oberfläche ziehen soll. Man stellt sie aus verschiedenen Kombinationen von pulver- oder körnchenförmigen, absorbierenden Substanzen und flüssigen Lösungsmitteln oder Säuren her. Typische Mischungen sind etwa Natron mit Zitronensaft (für Laminat), Katzenstreu mit Farbverdünner (für Beton) etc. Die Paste wird auf die Verschmutzung aufgetragen, manchmal auch mehrmals, und trocknet. Dann wird sie weggewischt, -gefegt oder -gesaugt.

WORAUF MAN BEIM KAUF ACHTEN SOLLTE:

Die meisten Bestandteile solcher Umschläge sind problemlos in Haushaltswarengeschäften oder Supermärkten erhältlich. Man kann auch fertige Mischungen bekommen.

Achtung: Probieren Sie eine Breipackung immer erst an einer unauffälligen Stelle aus. Wenn darin ein ätherisches Lösungsmittel enthalten ist, sorgen Sie unbedingt für gute Durchlüftung. Lösemittelhaltige Umschläge sollten mit einem feuchten Tuch oder Plastikfolie bedeckt werden, damit sie nicht zu schnell trocknen. Lesen Sie immer genau die Gebrauchs- und Sicherheitsvorschriften auf den Packungen.

BÜRSTEN

ANWENDUNGSBEREICHE:

Wenn die Fläche, die Sie reinigen wollen, weder glatt noch eben ist, ist eine kräftige Bürste genau das Richtige. Mit einer Scheuerbürste, die synthetische Borsten hat, kommen Sie in alle Ritzen und Fugen. Drahtbürsten sollten für harte, robuste Oberflächen reserviert bleiben. Man kann auch vor dem Entfernen von Farbe zuerst mit der Drahtbürste über die Fläche gehen.

WORAUF MAN BEIM KAUF ACHTEN SOLLTE:

Scheuerbürsten sollten Synthetik- oder Naturborsten, eine einteilige Plastikrückseite und einen praktischen Griff haben. Achten Sie bei Drahtbürsten auf robuste Holz- oder Plastikgriffe.

Achtung: Passen Sie die Bürste der jeweiligen Fläche an. Zu harte Bürsten können empfindliche Oberflächen beschädigen, und umgekehrt können manche Oberflächen zu rau für eine weiche

Bürste sein. Spülen Sie eine Bürste nach Gebrauch immer aus, damit der Schmutz nicht zwischen den Borsten trocknet und das Bürsten erschwert.

Chemische Reinigung

Anwendungsbereiche:

Eine der wirksamsten Methoden, verschmutzte Stoffe zu reinigen, ist, sie zur Reinigung zu bringen. Dort stehen nicht nur die geeigneten Instrumente und Chemikalien zur Verfügung, sondern auch Erfahrung und Know-how.

In der Reinigung werden ätherische Lösungsmittel statt Wasser benutzt. Wenn auf einem Schild „Nicht Waschen" steht, gehen Sie damit zur Reinigung. Informieren Sie die Reinigung über Besonderheiten des jeweiligen Stoffes.

Worauf man beim Kauf achten sollte:

Chemisches Reinigen ist im Vergleich zum gewöhnlichen Waschen teuer, also denken Sie daran, dass man nicht jedes Kleidungsstück nach jedem Gebrauch reinigen lassen muss.

Suchen Sie sich eine zuverlässige Reinigung aus, indem Sie unter Ihren Bekannten herumfragen, wer gute Erfahrungen mit einer Reinigung gemacht hat. Bringen Sie dann 1-2 Teile zur Probe dorthin.

Achtung: Die Chemikalien, die dort verwendet werden, sind oft krebserregend. Lassen Sie deshalb Sachen, die aus der Reinigung kommen, erst mindestens einen Tag ohne Plastikhülle auslüften. Wenn man noch etwas riecht, können Sie das Teil ruhig zurückbringen – oder warten Sie eine Woche, bevor Sie das entsprechende Kleidungsstück wieder tragen.

COLA

ANWENDUNGSBEREICHE:
Die in Cola, Pepsi usw. enthaltene Phosphorsäure entfernt relativ gut alkalische Verschmutzungen, z. B. in Toilettenschüsseln oder an Weißwandreifen.

WORAUF MAN BEIM KAUF ACHTEN SOLLTE:
Echte Cola ist am preiswertesten und hat am meisten Säure
Achtung: Karamel und Zucker in Cola können Flecken hinterlassen. Richtige Reinigungsmittel mit Phosphorsäure sind Cola vorzuziehen, wenn es sich nicht gerade um einen Notfall handelt.

DAMPFREINIGER

ANWENDUNGSBEREICHE:
Dampfreinigen ist eine der effektivsten Methoden der Teppichreinigung. Eine Maschine sprüht erhitztes Reinigungsmittel in den Teppich, das den Schmutz löst und dann mit einem starken Sauger wieder abgesaugt wird („Heißwasser-Extraktion"). So lässt sich Schmutz aus dem Teppich entfernen, der sich über Jahre angesammelt hat.

WORAUF MAN BEIM KAUF ACHTEN SOLLTE:
Man kann solche Geräte ausleihen; erkundigen Sie sich dazu bei Ihrem Haushaltswarenhändler. Die Maschinen, die man ausleihen kann, sind jedoch bei weitem nicht so effektiv wie die, die ein professioneller Teppichreinigungsservice benutzt; außerdem gelangt durch sie oft zu viel Wasser in den Teppich.

DESINFEKTIONSMITTEL

ANWENDUNGSBEREICHE:
Der Zweck solcher Mittel ist einfach: Sie sollen Keime töten. Keime jedoch – schädliche, unerwünschte Mikroorganismen – sind vielgestaltig und ziemlich clever. Das macht die Sache so kompli-

ziert. Sie vermehren sich, verursachen Krankheiten, stinken, verderben Lebensmittel, machen Flecken und zerstören Gewebe. Deshalb sind so viele Produkte auf dem Markt, die das Problem in den Griff zu kriegen versuchen.

ANTIBAKTERIELLE REINIGER:
Sie sind die verbreitetsten Desinfektionsmittel. Die meisten von Ihnen enthalten eine bestimmte Ammoniumverbindung, die gut mit Schmutz und Fett bekämpfenden Chemikalien zusammenwirkt und zudem ein Breitspektrum-Keimvernichter ist. Sie sind für die Reinigung und Desinfektion größerer Oberflächen wie Böden oder Arbeitsflächen geeignet, werden aber auch in der Toilette und im Bad benutzt.

SCHIMMELVERNICHTER:
Schimmel besteht aus Mehltaupilzen. Schimmelvernichter können diese Biester ausrotten, bevor sie Schaden anrichten. Einer der wirksamsten Schimmelvernichter ist die gute alte Chlorbleiche. Verdünnt (3 EL Bleiche auf 1 l Wasser) in einer Sprühflasche tötet sie die Pilze und bleicht den Fleck, den sie verursacht haben. Desinfizierende Reiniger, die Ammonium enthalten, sind eine andere Waffe gegen Mehltaupilze und Schimmel. Sie töten den Pilz, bevor sich Schimmel bildet. Der beste Schimmelvernichter jedoch ist ausreichendes Licht und trockene Luft, da Schimmel am besten an dunklen, feuchten Orten gedeiht.

KEIMVERNICHTER:
Das ist bloß eine anderes Wort für „Desinfektionsmittel". Keimvernichtende Mittel sind meistens für alle Oberflächen im Haushalt gedacht, müssen jedoch auch offiziell Desinfektionsmittel sein, sonst sind sie keine Keimvernichter.

WORAUF MAN BEIM KAUF ACHTEN SOLLTE:
Achten Sie auf die ausdrückliche Bezeichnung „Desinfektionsmittel". In Verbindung mit organischen Substanzen wie Lebensmittel, Milch, Haaren, Exkrementen, Urin oder Schuppen sinkt die Effektivität der meisten Desinfektionsmittel rapide; Desinfektionsmittel sind also dafür gedacht, Flächen keimfrei zu machen, die vorher

geputzt worden sind. Prüfen sie auch auf der Liste der Inhaltsstoffe, welche aktive Desinfektionssubstanz verwendet wurde – gewöhnlich vierbindiges Ammonium oder Kiefernnadelöl.
Achtung: Stellen Sie nicht Ihr eigenes Desinfektionsmittel her. Verbindungen von Chemikalien können kompliziert sein; Sie riskieren die keimtötenden Eigenschaften zu zerstören. Und es besteht die Gefahr, dass dabei giftige oder ätherische Mischungen herauskommen. Lesen Sie immer genau die Gebrauchs- und Sicherheitsvorschriften auf den Packungen.
Manche Desinfektionsmittel können Haut- oder Augenreizungen hervorrufen. Wie bei allen Reinigungsmitteln ist das Tragen von Gummihandschuhen angeraten, besonders wenn Sie empfindliche Haut haben. Denken Sie auch daran, dass effektive Keimvernichtung keine Sache von 1-2 Minuten ist. Lassen Sie das Desinfektionsmittel 10 Minuten einwirken und spülen Sie es anschließend mit viel Wasser ab.

EIMER

ANWENDUNGSBEREICHE:

Zum Putzen und zum Abspülen sollte man immer separate Eimer benutzen. In Verbindung mit einem Wischmopp ist ein Eimer unverzichtbar.

WORAUF MAN BEIM KAUF ACHTEN SOLLTE:

Am besten sind Plastikeimer mit einem stabilen Griff. Metalleimer können korrodieren und Dellen bekommen. Viereckige sind noch stabiler und für einen Schrubber außerdem leichter zu handhaben.
Achtung: Nach Gebrauch muss ein Eimer unbedingt gut ausgespült werden. Darin verbleibende Feuchtigkeit und Schmutzreste lassen Bakterien und Schimmelpilze wachsen.

Enzymreinigungsmittel

Anwendungsbereiche:

Solche Reiniger „verdauen“ buchstäblich Spritzer und Flecken. Vor allem sind sie für organische Substanzen wie Urin, Erbrochenes, Blut u.a. auf porösen Flächen und Stoffen geeignet. Man kann auch Wäsche vor dem Waschen darin einweichen oder es als Fleckentferner benutzen (dann allerdings in Form einer Paste). Enyzm-Rohrreinigungsmittel haben zwar eine längere Wirkzeit als andere, greifen aber das Rohrsystem und die Umwelt nicht so an. Die darin enthaltenen nützlichen Bakterien nehmen Rückstände auf und lösen organische Verstopfungen auf.

Worauf man beim Kauf achten sollte:

Für Eiweißflecken (z. B. von Fleisch, Ei, Blut oder Milch) gibt es Mittel, die spezielle, eiweißabbauende („proteolytische“) Enzyme enthalten; ebenso werden Enzyme, die Stärke in Zucker umwandeln („amylolytische“ Enzyme), für Flecken von Stärke und Kohlenhydraten verwendet.

Achtung: Enzymreiniger sollten nicht für Wolle oder Seide genommen werden, da sie nicht nur die Verschmutzung, sondern auch das Gewebe auflösen. Rohrreinigungsmittel mit Enzymen sind nicht so wirksam wie chemische.

Essig

Anwendungsbereiche:

Essig (oder: Essigsäure) ist ein preiswertes und nützliches Putzmittel und ein guter Fleckentferner. Als Putzmittel ist er am effektivsten gegen alkalische Verschmutzungen (nehmen Sie 1/2 Tasse klaren Essig auf 4 l Wasser). Beim Geschirrspülen können Sie einfach 30ml Essig ins Spülwasser geben. Dadurch werden Spülwasserrückstände neutralisiert und Glas wird nicht fleckig. Sie sollten allerdings Gummihandschuhe tragen, wenn Sie mit Essig umgehen, sonst können Haut und Fingernägel durch die darin enthaltene

Säure austrocknen. Essig wirkt auch als Entkalker für Kaffeemaschinen, Kaffee- und Teekannen. Auch als Fleckentferner und mildes Bleichmittel kann man ihn verwenden. Flecken von Bier, Senf und vielen anderen Lebensmitteln lassen sich mit Essig beseitigen.

WORAUF MAN BEIM KAUF ACHTEN SOLLTE:

Kaufen Sie destillierten, klaren Essig; Weißweinessig, Apfelessig oder andere Sorten, die pflanzliche Pigmente enthalten, können ihrerseits Flecken hinterlassen.

Achtung: Wenn Sie gerade nichts anderes zur Hand haben, können Sie mit Essig auch Fenster und andere Dinge im Haushalt putzen. Er ist jedoch nicht so effektiv wie normales Putzmittel, da die meisten Verschmutzungen säurehaltig sind und durch Essig also nicht neutralisiert werden können. Als Fleckentferner sollte Essig nicht auf Baumwolle, Leinen oder Azetat verwendet werden. Er kann das Gewebe angreifen. Probieren Sie ihn immer erst an einer unauffälligen Stelle aus.

FENSTERLEDER

ANWENDUNGSBEREICHE:

Diese saugfähigen, bräunlichen Schafhautlappen sind ideal für das streifenfreie Putzen von allem, von Autos bis zu Fenstern. Vor dem Gebrauch muss man es anfeuchten.

WO MAN SIE BEKOMMT:

Geschäfte für Autozubehör, Baumärkte oder Drogerien haben so etwas vorrätig.

Achtung: Nach Gebrauch muss ein Fensterleder in warmem, mildem Seifenwasser ausgespült werden. Reinigungsmittel entfernen die entscheidenden Öle. Wringen Sie es leicht aus und legen Sie es zum Trocknen auf eine flache Oberfläche.

FLECKENTFERNER

ANWENDUNGSBEREICHE:

Es gibt 2 Arten von Fleckentfernern: „nass" und „trocken". Nasse für Spritzer von Flüssigkeiten wie Cola, Fruchtsaft, Kaffee und ähnlichen. Die darin enthaltenen Reinigungsstoffe sind verwendet man in Wasser gelöst. Trockene Fleckentferner sind aus Lösungsmitteln und helfen gegen Fett, Öl, Teer und andere Verschmutzungen, die sich in Lösungsmitteln lösen lassen.

WORAUF MAN BEIM KAUF ACHTEN SOLLTE:

Fleckentferner sind in allen Haushaltswarengeschäften und in fast allen Drogerien erhältlich.

Achtung: Fleckentferner auf Lösungsmittelbasis sind leicht entzündlich und erfordern ausreichende Belüftung. Auf Polstern und Teppichen sind sie äußerst sparsam zu gebrauchen, da sie Schaum, Latex-Bindemittel und Teppichkleber angreifen. Lesen Sie immer genau die Gebrauchs- und Sicherheitsvorschriften auf der Packung.

GUMMIHANDSCHUHE

ANWENDUNGSBEREICHE:

Gummihandschuhe sollten zur Standardausrüstung beim Putzen gehören, besonders, wenn Sie es mit stärkeren Mitteln als Spülmittel oder Neutralreinigern zu tun haben. Meist sind Gummihandschuhe aus synthetischen Materialien wie Latex, Neopren oder PVC (Polyvinylchlorid). Außer dass sie Ihre Hände vor Chemikalien schützen, hält man auch heißes Wasser besser in ihnen aus.

WORAUF MAN BEIM KAUF ACHTEN SOLLTE:

Die Gummihandschuhe sollten etwas größer als Ihre Hände sein, damit sie sich leichter an- und ausziehen lassen. Bei ganz besonderen Chemikalien muss man auf der Packung nachsehen, ob sie dafür geeignet sind. Am besten kaufen Sie gleich 2 Paar.

Achtung: Gummihandschuhe mit Löchern – sogar mit kleinen – sind ungeeignet. Flüssigkeit dringt ins Innere und kann nicht mehr entweichen.

GUMMISCHRUBBER

ANWENDUNGSBEREICHE:

Ein Gummischrubber ist der schnellste und effektivste Weg, ein Fenster oder einen Spiegel zu putzen. Sie können auch einen immer im Bad parat haben, um schnell die Dusche nach dem Gebrauch abzuwischen – das hilft gegen die Bildung von Schimmelpilzen und verkrusteten Seifenschaum.

WIE FUNKTIONIERT DAS?

Der Gummischrubber: Rasieren Sie einmal Ihre Fenster

Glasreinigungslösung löst Schmutz und schwemmt ihn von der Fensteroberfläche. Mit dem Gummischrubber trocknet man dann das Glas, indem man das schmutzige Wasser von der Oberfläche „rasiert". Aber je mehr Lösung Sie verwenden, desto mehr haben Sie abzurasieren, also nehmen Sie einen feuchten, keinen nassen Lappen.

Wenn Sie ein Fenster mit Papiertüchern, zusammengeknülltem Zeitungspapier oder einem Tuch abtrocknen, wird der Schmutz über das ganze Fenster gewischt und immer nur ein bisschen auf einmal aufgenommen, anstatt dass der Gummischrubber in zwei, drei Zügen das ganze Fenster abtrocknet.

WORAUF MAN BEIM KAUF ACHTEN SOLLTE:

Für den Hausgebrauch sind Gummischrubber mit einer Wischfläche von etwa 30 cm am besten geeignet. Wenn Sie ihn viel benutzen, kaufen Sie keinen mit Schwammaufsatz. Wenn der Schwamm verbraucht ist, müssen Sie gleich einen neuen Gummischrubber kaufen.

Achtung: Wischen Sie die Gummileiste nicht mit einem trockenen Tuch ab, während Sie den Gummischrubber benutzen; er gleitet dann nicht mehr so gut. Machen Sie es stattdessen mit einem feuchten Lappen. Ist das Gummi abgenutzt, muss es ersetzt werden (was bei den besseren Gummischrubbern möglich ist). Oder sie besorgen Sie sich einen neuen Gummischrubber.

Haarspray

Anwendungsbereiche:
Abgesehen von dem kosmetischen Nutzen ist Haarspray auch ein sehr wirksamer Fleckentferner für Tinte. Die Wirkstoffe sind Alkohol sowie ätherische Lösungsmittel und Kunstharze.
Worauf man beim Kauf achten sollte:
Am praktischsten ist unparfümiertes Herrenhaarspray. Teure Haarsprays enthalten oft Flecken verursachende Bestandteile.
Achtung: Testen Sie Haarspray immer erst an einer unauffälligen Stelle. Besondere Vorsicht erfordern Wolle, Azetat und Seide. Nach der Anwendung von Haarspray muss das jeweilige Stück gewaschen werden, damit die behandelte Stelle nicht steif wird.

Handfeger und Schippe

Anwendungsbereiche:
Mit Handfeger und Schippe lassen sich bequem Dreck und Staub aufnehmen.

Worauf man beim Kauf achten sollte:
Für draußen eignen sich größere Modelle; im Haus sind die mit Gummileiste am besten, da sie Staub besser aufnehmen. Wenn Sie sich nicht die ganze Zeit bücken wollen, nehmen Sie Handfeger und Schippe mit einer Stange.
Achtung: Die Schippe muss größer sein als der Handfeger, sonst fegen Sie den Staub an der Schippe vorbei.

Putzaktionen für's Guinessbuch

Champagner – und eine Menge Korken
Die Müllmenge, die die New Yorker Stadtwerke nach den Neujahrsfeiern auf dem Times Square aufsammeln: 45,5 Tonnen.

KONZENTRATE

ANWENDUNGSBEREICHE:

Wie ihre verdünnten Gegenstücke sind sie für Glas, starke Verschmutzungen, zur Desinfektion und überall dort geeignet, wo man einen Neutralreiniger benötigt. Verdünnen Sie das Konzentrat mit Wasser und sprühen Sie es auf.

WORAUF MAN BEIM KAUF ACHTEN SOLLTE:

Konzentrierte Putzmittel sind immer billiger als normale.

Achtung: Achten Sie auf die Dosierung. Zu starke Chemikalien hinterlassen Rückstände. Schütten Sie zuerst Wasser und dann erst das Konzentrat in die Sprühflasche, damit kein Schaum entsteht und nichts verspritzt wird. Lesen Sie immer genau die Gebrauchs- und Sicherheitsvorschriften auf der Packung.

KUPFERPOLITUREN UND -REINIGER

ANWENDUNGSBEREICHE:

Wie Messing, Bronze und Silber wird auch Kupfer matt. Mit einem guten Kupferreiniger oder einer Kupferpolitur erneuern Sie den Glanz.

WORAUF MAN BEIM KAUF ACHTEN SOLLTE:

Es gibt 2 Typen: Reiniger und Polituren. Polituren sind meist in Form einer Paste erhältlich und gut, wenn es um Hochglanzflächen geht. Kochgeschirr und fein verzierte Gegenstände dagegen reinigen Sie am besten mit einem Mittel, das sich wieder abspülen lässt.

Achtung: Besonders wichtig ist es, die grünlichen Ablagerungen im Inneren von Kupfergefäßen (den Grünspan) zu entfernen. Sie sind giftig. Tragen Sie Gummihandschuhe.

LAPPEN

ANWENDUNGSBEREICHE:

Für normales Putzen wie Abstauben, Wischen oder Polieren sind weiche Lappen am geeignetsten. Falten Sie es so lange, bis Sie alle Teile des Lappens ausgenutzt haben.

WORAUF MAN BEIM KAUF ACHTEN SOLLTE:

Baumwolle ist am besten, da es die stärkste Saugkraft hat. Synthetische Stoffe wie Nylon, Polyester oder Kunstseide sind nicht zum Aufsaugen gemacht. Auch Flanelllappen oder alte T-Shirts funktionieren gut. Weiße Frotteetücher sind sehr zu empfehlen, da die Gefahr des Abfärbens nicht besteht.

Achtung: nach Gebrauch müssen die Lappen gewaschen werden, sonst werden sie klebrig und schmutzig. Stecken Sie sie einfach mit etwas Bleichmittel in die Waschmaschine.

LÖSUNGSMITTEL

ANWENDUNGSBEREICHE:

Chemische Lösungsmittel, die aus pflanzlichen oder Petroleum-Stoffen gewonnen werden, zersetzen Flecken und Dreck. Auch als Farbverdünner und Lack kann man sie verwenden. Hier haben Sie eine Übersicht.

ACETON:

Es ist eines der stärksten Lösungsmittel und wird aus Alkohol hergestellt. Man kann es mit Wasser verdünnen und damit Nagellack, Sekundenkleber, Gummilösung und Fett ablösen.

ALKOHOL:

Nehmen Sie denaturierten oder Isopropylalkohol, um Fett und Schmutz von Metalloberflächen und Glas zu entfernen, und als Fleckentferner für Grasflecken, Tinte und Farbe.

AMYLAZETAT:
Amylazetat ist schwer aufzutreiben, aber es kann alles, was Aceton kann. Und es ist problemlos auf Azetat- und anderen Geweben zu verwenden, die durch Aceton beschädigt werden können.

MINERALSPIRITUS:
Dieses Petroleumdestillat beseitigt wirksam Öl und Fett von Maschinenteilen, Metall, Beton und harten Kunststoffoberflächen. Es löst Farbkleckse von Ölfarbe und ist in speziellen Lösemitteln für die Entfernung von Kleber enthalten.

TERPENTIN:
Es wird aus dem Saft von Kiefern gewonnen und ist ein ausgezeichneter Verdünner von Ölfarben; zum Reinigen ist es nicht zu empfehlen, da es klebrige Rückstände hinterlässt.

WORAUF MAN BEIM KAUF ACHTEN SOLLTE:
Die genannten Lösungsmittel sind zumeist in Baumärkten erhältlich. D-Limonen ist ein organischer Ersatz für Lösungsmittel auf Petroleumbasis.

Achtung: Lösungsmittel sind zwar effektiv, aber oft leicht entzündlich und umweltschädlich. Sie können durch die Haut aufgenommen und eingeatmet werden. Manche Lösungsmittel sind für Seide, Azetat, Wolle und Nylon nicht geeignet, da sie das Gewebe auflösen. Wenn Sie mit Lösungsmittel umgehen, tragen Sie Gummihandschuhe und sorgen Sie für ausreichende Durchlüftung. Lesen Sie immer genau die Gebrauchs- und Sicherheitsvorschriften auf den Packungen.

NATRON

ANWENDUNGSBEREICHE:
Man kennt es als Backtriebmittel, aber das ist nur ein kleiner Teil der vielseitigen Verwendbarkeit von Natron. Es ist auch ein guter Ersatz für viele Putzmittel.

Natron ist leicht alkalisch, scheuert ein wenig und ist für die meisten Oberflächen und Stoffe gefahrlos. 3 Dinge lassen sich beim

Gebrauch unterscheiden: Es unterstützt die Reinigung und das Bleichen bei der Wäsche, es wirkt als Scheuermittel und Fleckentferner auf harten Oberflächen, und es hat desodorisierende Eigenschaften.

Die Intensität von Natron als Putzmittel lässt sich allerdings nicht mit der eines Standardreinigungsmittels vergleichen; probieren Sie von Fall zu Fall aus, ob es der jeweiligen Aufgabe gewachsen ist. Es bringt auch viele Oberflächen zum Glänzen, jedoch nicht Aluminium.

ALS WASCHMITTELZUSATZ:

Um das Waschen und den Wohlgeruch der Wäsche zu verstärken, geben Sie 1/2 Tasse Natron zu flüssigem Waschmittel, dann werden weiße Socken und andere leichte, strapazierfähige Stoffe heller. Sie können es auch als Ersatz für Chlorbleiche verwenden. Statt eine ganze Tasse Bleichmittel zu nehmen, teilen Sie sie in 1/2 Tasse Natron und 1/2 Tasse Bleichmittel auf.

REINIGUNG HARTER OBERFLÄCHEN:

Für leichtes Putzen von Küche und Bad lösen Sie 4 EL Natron in 1 l warmem Wasser auf. Nach dem Wischen müssen Sie mit klarem Wasser nachwischen. Für härtere Fälle mischen Sie eine Paste aus 50 % warmem Wasser und 50 % Natron. Man kann auch eine Breipackung aus Natron und Wasser herstellen, der nach etwa einer Stunde Einwirkzeit Flecken von Porzellan, Arbeitsflächen und anderen harten Oberflächen aufnimmt.

DESODORISIERENDE WIRKUNG:

Natron absorbiert Gerüche im Kühlschrank, im Teppich und in Bereichen, wo sich Haustiere aufhalten. Stellen Sie einfach eine offene Packung Natron in den Kühlschrank, Kleiderschrank etc. und wechseln Sie sie alle 3 Monate aus. Bei Teppichen streuen Sie es direkt auf, lassen es 15 Minuten einwirken und saugen es auf. Auch im Mülleimer hilft es Gestank zu vermeiden.

WORAUF MAN BEIM KAUF ACHTEN SOLLTE:

Sogar Natron von guten Marken ist recht preiswert, aber unbekanntere Produkte sind meist genauso rein.

Öle

Anwendungsbereiche:
Tierische und pflanzliche Öle gehören zu den ältesten Putzmitteln. Nehmen Sie das richtige Öl für die richtige Arbeit.

Kiefernnadelöl:
Dies ist ein natürliches Harz aus Kiefern, was in vielen Allzweckreinigern enthalten ist. Solche Mittel reinigen, desodorieren und desinfizieren auch bis zu einem bestimmten Grad. Nur Mittel mit mindestens 20 % Kiefernnadelöl sind jedoch effektive Keimvernichter; sonst haben sie allenfalls den Effekt, den Keimen einen angenehmen Geruch zu verleihen.

Klauenfett:
Dieses bernsteinfarbene Öl wird aus Rinderfüßen gewonnen und hauptsächlich als Lederpflegemittel verwendet. Für Sachen, die glänzen sollen, ist es jedoch nicht geeignet.

Leinöl:
Leinöl wird hauptsächlich für unbehandeltes Holz genommen; es wird aus Leinen- oder Flachssamen gewonnen. Es macht Holz wetterfest und ist, auch wenn es nicht im Produktnamen auftaucht, in vielen Farben, Lacken und Flecken enthalten.

Zitronenöl:
Dieses Öl riecht gut; es verschönert und konserviert trockenes oder unbehandeltes Holz und gibt lackiertem oder versiegeltem Holz seinen Glanz zurück. Man kann damit Laminat polieren, Keramikfliesen vor Seifenablagerungen schützen und eloxiertes Aluminium wieder auf Hochglanz bringen.

Papiertücher

Anwendungsbereiche:

Die Anwendungsmöglichkeiten für Papiertücher sind endlos. Deshalb gebraucht man normalerweise immer viel zu viel von ihnen. Bewahren Sie sie lieber für Notfälle auf.

Worauf man beim Kauf achten sollte:

Wenn Sie Spritzer usw. aufsaugen wollen, nehmen Sie 2-lagige und unbedruckte. Für kleinere Spritzer genügen vermutlich billige; für schwierige Sachen wie das Aufnehmen von Motoröl sollten Sie Wert auf Qualität legen.

Polierlappen

Anwendungsbereiche:

Polierlappen haben einen doppelten Zweck: Polituren auftragen und eine behandelte Oberfläche zu polieren. Man kann 2 verschiedene Tücher dazu nehmen oder eines ein paar Mal falten.

Worauf man beim Kauf achten sollte:

Baumwolle oder Flanell eignet sich für die meisten Materialien. Spezielle Polierlappen sind normalerweise aus baumwoll- oder filzartigem Stoff und sind nur in besonderen Fällen nötig, z. B. beim Polieren von Instrumenten. Lappen, die schon vorher mit Metallpolitur imprägniert sind, kann man käuflich erwerben.

Achtung: Synthetische Gewebe wie Polyester, Nylon oder Kunstseide geben keine guten Polierlappen ab. Sie sind nicht saugfähig genug. Nehmen Sie keine gefärbten oder bedruckten Stoffe; die in manchen Polituren enthaltenen Lösemittel können die Farbe ausbluten lassen. Auch Stoffe mit Reißverschlüssen, Knöpfen oder Ähnlichem sind zum Polieren unbrauchbar.

Poliermaschinen

Anwendungsbereiche:

Diese Maschinen können zum einen Schmutz und Beschichtungen von Fußböden entfernen. Außerdem können sie, wenn man andere Chemikalien und einen anderen Aufsatz nimmt, auch eine neue Oberflächenbeschichtung auftragen. Früher nahm man meist Wachs für Fußböden. Heutzutage werden Böden mehr und mehr mit synthetischem Polymer auf Wasserbasis behandelt.

Worauf man beim Kauf achten sollte:

Der Kauf einer Poliermaschine lohnt sich, doch braucht man sie vermutlich nur einmal im Jahr. Es ist also wahrscheinlich sinnvoller, sich eine auszuleihen. Wenn Sie sich zum Kauf einer solchen Maschine entscheiden sollten, versuchen Sie eine gebrauchte zu bekommen.

Achtung: Diese Maschinen sind schwere elektrische Geräte. Folgen Sie auf jeden Fall den Gebrauchsvorschriften. Ziehen Sie vor dem Wechseln des Aufsatzes unbedingt den Stecker heraus. Tragen Sie robuste Schuhe, wenn Sie mit der Maschine umgehen.

Polituren und Wachs

Anwendungsbereiche:

Heutzutage sind die meisten Oberflächen so pflegeleicht, dass Polieren und Wachsen etwas aus der Mode gekommen sind. Wenn Sie jedoch wirklich einmal Möbel, Autos oder Fußböden zum Glänzen bringen wollen, müssen Sie die Politur oder das Wachs hervorholen und Ihre Oberarme bemühen.

Möbel

Abstauben mit Abstaubspray lässt das Holz wieder gut aussehen und schützt es vor dem Mattwerden oder vor Kratzern – keinesfalls jedoch so effektiv wie Polieren oder Wachsen.

Zu viel Politur zieht Staub an. Benutzen Sie ein Reinigungsmittel, das Politur enthält.
Ältere oder antike Möbel profitieren am meisten von Wachs, da es in kleine Ritzen und Kratzer dringt. Es braucht allerdings lange zum Trocknen und muss nach dem Auftragen poliert werden.

Fussböden

Neuere Vinyl- oder Laminatfußböden brauchen nicht gewachst zu werden, machen sich aber besser, wenn man sie ab und zu mit einem politurhaltigen Fußbodenreiniger abwischt. Linoleum- und Korkböden jedoch müssen dann und wann abgezogen und neu beschichtet werden. Viele der „Wachse", die man heute benutzt, sind gar keine richtigen Wachse, sondern klare Polymerbeschichtungen, die man zwar auf nicht wachsgeeigneten Böden wie Vinyl, aber nicht auf Holz oder Kork verwenden kann. Sie hinterlassen nach dem Trocknen eine glänzende, harte Oberfläche. Unbehandeltes, d. h. nicht versiegeltes Holz wird mit speziellem Wachs behandelt. Das Wachs sollte kein Wasser enthalten, da dadurch das Holz beschädigt werden kann. Auf Holz- oder Laminatböden können Sie es mit einem gut ausgewrungenen Mopp auftragen. Zu viel Feuchtigkeit schadet dem Boden.

Autos

Autolacke sind viel härter als noch vor 10 Jahren, also ist das Wachsen heute nicht mehr so wichtig. Es bringt das Auto jedoch zum Glänzen und bei älteren Autos kann man oxidierte Farbschichten mit Wachs entfernen. Das Wachs besteht aus einer komplexen Mischung aus Wachs, Silikon und Polymeren.

Worauf man beim Kauf achten sollte:

Laminatböden sollten nicht beschichtet werden. Wenn Sie wachsen wollen, können Sie flüssiges Wachs nehmen, das leichter aufzutragen ist, allerdings nicht so gründlich schützt. Autowachs kaufen Sie am besten nicht, wie die anderen Sorten, im Baumarkt, sondern in einem Geschäft für Autozubehör.

Achtung: Bleiben Sie bei einer Marke, da verschiedene Produkte dem Holz schaden können. Lesen Sie immer genau die Gebrauchs- und Sicherheitsvorschriften auf der Packung.

RASIERKLINGEN

ANWENDUNGSBEREICHE:
Mit Rasierklingen kann man ausgezeichnet leichte Verschmutzungen abkratzen, besonders angetrocknete Farbe, Kerzenwachs oder Reste von Aufklebern.

WORAUF MAN BEIM KAUF ACHTEN SOLLTE:
Zum Reinigen sind nur „klassische" Klingen geeignet, die man in eine Halterung schiebt und dann befestigt, nicht die modernen in Plastikrähmchen.

Achtung: Natürlich sind Rasierklingen wegen ihrer Schärfe gefährlich. Machen Sie die betreffende Fläche nass und schützen Sie Ihre Finger. Wechseln Sie die Klingen oft; stumpfe können Oberflächen zerkratzen. Bei extrem kalten Temperaturen können sie brüchig werden. Niemals sollte man Rasierklingen auf weicheren Flächen wie Plexiglas, Holz, Vinyl oder Plastik verwenden.

SANDPAPIER

ANWENDUNGSBEREICHE:
Sandpapier ist zum Glätten rauer Flächen geeignet; man entfernt damit Korrosion und Verunreinigungen vor der Oberflächenbehandlung. Nehmen Sie es nur als letzten Ausweg beim Putzen, da man leicht Flächen damit verkratzt und anfällig für Schmutz macht.

WORAUF MAN BEIM KAUF ACHTEN SOLLTE:
Es gibt in Baumärkten eine große Auswahl an Sandpapier.

Es gibt verschiedene System der Nummerierung. Im Allgemeinen gilt: Je höher die Zahl, desto feiner die Körnung.

Es gibt 3 Arten von Sandpapier:

Feuerstein:
Die billigste und am wenigsten dauerhafte Variante. Es ist cremefarben oder braun.
Schmirgelpapier:
Dabei handelt es sich um feinkörnigen Korund; es ist schwarz.
Aluminumoxid:
Dieses rötliche Sandpapier ist am gebräuchlichsten und hält am längsten.
Achtung: Sandpapier kann fast alle Materialien verkratzen oder beschädigen. Gehen Sie vorsichtig vor.

Saure Putzmittel

Die meisten Putzmittel enthalten milde, alkalische Chemikalien, da die meisten Verschmutzungen säurehaltig sind und durch Alkali (auch: Laugensalz) neutralisiert werden können. Es gibt aber auch alkalische Verschmutzungen und Flecken, die man mit Säure neutralisieren kann. Saure Reinigungsmittel reichen von milden, gutmütigen Flüssigkeiten wie Essig bis zu ätzenden, gefährlichen Substanzen wie Schwefelsäure. Lesen Sie immer genau die Gebrauchs- und Sicherheitsvorschriften auf der Packung eines Reinigungsproduktes. Hier ist eine Liste der häufigsten säurehaltigen Reinigungsmittel.

Essig

Anwendungsbereiche:
Unverdünnt entfernt er Kalkrückstände in Tassen, Kannen usw. Er spült und neutralisiert auch Reste von alkalischen Reinigungsmitteln.
Worauf man beim Kauf achten sollte:
Klarer, gebrannter Essig ist am besten geeignet. Wein- oder Apfelessig können Flecken hinterlassen.
Achtung: Essig kann Baumwolle, Leinen und Azetatgewebe schwächen.

ZITRONENSAFT

ANWENDUNGSBEREICHE:

Wenn man ihn zum Fleckentfernen benutzt, funktioniert er wie ein mildes Bleichmittel. Er kann auch Flecken von Tassen und Kannen entfernen, was aber nicht so schnell geht.

WORAUF MAN BEIM KAUF ACHTEN SOLLTE:

Pressen Sie einfach frische Zitronen aus. Wenn Sie sie bei Zimmertemperatur auspressen, kommt etwa doppelt so viel Saft heraus. Er ist auch in Flaschen erhältlich.

Achtung: Durch Zitronensaft kann Metall trüb werden.

OXALSÄURE

ANWENDUNGSBEREICHE:

Oxalsäure ist eine milde Säure gegen Rostflecken und hat einen bleichenden Effekt.

WORAUF MAN BEIM KAUF ACHTEN SOLLTE:

Prüfen Sie die Liste der Inhaltsstoffe.

Achtung: Sie ist giftig, wenn sie in den Körper gelangt. Lesen Sie genau die Gebrauchs- und Sicherheitsvorschriften auf der Packung.

PHOSPHORSÄURE

ANWENDUNGSBEREICHE:

Sie ist in Toilettenreinigern und Mitteln für Kacheln im Bad, in Entkalkern, Metallpolituren und Gebissreinigungsmitteln enthalten. Auch findet man sie als Zutat in manchen Getränken.

WORAUF MAN BEIM KAUF ACHTEN SOLLTE:

Prüfen Sie die Liste der Inhaltsstoffe.

Achtung: Phosphorsäure kann Oberflächen beschädigen, wenn sie nicht sofort nach der Anwendung abgewaschen wird. Sie ruft auch Reizungen an der Haut und an Schleimhäuten hervor. Atmen Sie die Dämpfe nicht ein. Tragen Sie Gummihandschuhe.

Salzsäure

Anwendungsbereiche:

Sie ist in einigen Toiletten- und Abflussreinigern enthalten, wird aber auch für Fußböden gebraucht, d. h. für die Entfernung von Mineralrückständen von Fußbodenkacheln und für das Ätzen von Betonböden vor der Neuversiegelung.

Worauf man beim Kauf achten sollte:

Prüfen Sie die Liste der Inhaltsstoffe.

Achtung: Salzsäure ist stark ätzend und in größeren Dosen giftig. Sie verletzt die Haut und die Schleimhäute. Atmen Sie die Dämpfe nicht ein und tragen Sie Gummihandschuhe. Sie bleicht Nylon aus und löst Baumwolle und Kunstseide auf; seien Sie also besonders bei Teppichen vorsichtig. Auch kann sie die Bindemittel in Zement schwächen. Es ist ein ekliges Zeug. Verwenden Sie es nach Möglichkeit gar nicht.

Schwefelsäure

Anwendungsbereiche:

Sie ist in einigen Toiletten- und Abflussreinigern enthalten. Diese starke Säure greift die meisten organischen Substanzen, Nylon und Vinyl an und zerfrisst sie.

Worauf man beim Kauf achten sollte:

Prüfen Sie die Liste der Inhaltsstoffe auf Ablussreinigern.

Achtung: Schwefelsäure ist extrem ätzend. Sie verletzt die Haut und die Schleimhäute bei Berührung und frisst Haut in Sekunden weg. Die Dämpfe, die bei der Reaktion von Schwefelsäure mit organischen Substanzen (in Abflussrohren) entstehen, können schädliche Gase enthalten; sorgen Sie also für ausreichende Durchlüftung. Die Hitze, die dabei in Abflussrohren entsteht, reicht manchmal schon aus, um Risse zu erzeugen oder ein Rohr zu schmelzen. Verwenden Sie sie möglichst überhaupt nicht.

Flusssäure

Anwendungsbereiche:

Sie wird in Mitteln zur Entfernung von Rost und Kalkstein benutzt.

Worauf man beim Kauf achten sollte:

Prüfen Sie die Liste der Inhaltsstoffe.

Achtung: Flusssäure verätzt Porzellan und Glas. Sie verbrennt in Kürze die Haut, also tragen Sie Gummihandschuhe, Augenschutz und seien Sie extrem vorsichtig. Lesen Sie immer genau die Gebrauchs- und Sicherheitsvorschriften auf der Packung. Auch dies ist ein gefährliches Zeug, das man am besten überhaupt nicht verwenden sollte.

Scheuermilch

Anwendungsbereiche:

Mit Scheuermilch kann man Oberflächen abreiben und Kratzer und oxidierte Stellen entfernen, z. B. auf Plexiglas, Marmor oder Fiberglas. Mit Polierrot geht es sogar noch besser.

Worauf man beim Kauf achten sollte:

Polierrot ist eventuell beim Juwelier erhältlich; Scheuermilch kann man in vielen Haushaltswarengeschäften oder Baumärkten bekommen.

Achtung: Auf dünn beschichteten oder angestrichenen Flächen muss man vorsichtig sein. Probieren Sie das Mittel erst an einer unauffälligen Stelle aus. Reiben Sie nicht zu sehr und unterstützen Sie die Reinigung, indem Sie öfter zwischendurch abspülen.

Scheuermittel (allgemein) und Scheuerschwämme

Anwendungsbereiche:

Scheuermittel helfen den Schmutz mit sandigen Partikeln zu entfernen. Während diese Partikel „mahlen“, wird die Reinigung in den meisten Mitteln (vom Scheuerpulver bis zur Zahnpasta) von

Chemikalien unterstützt. Manche Topfreinigungsschwämme wie der Scotch Brit sind mit Scheuersand versetzt.
Verwenden Sie sie auf widerstandsfähigeren Materialien, die nicht verkratzen. Spülbecken, Duschkacheln, Badewannen und Toiletten kann man mit fast allen Scheuermitteln putzen. Trotzdem können solche Mittel winzige Kratzer erzeugen und die Fläche trüben. Versuchen Sie es immer zuerst mit milderen Mitteln und dann mit einem milden Scheuermittel. Auch ist es ratsam, Scheuermittel immer erst an einer unauffälligen Ecke auszuprobieren.
Zum Scheuern gehört immer das gründliche Abspülen. Verwenden Sie also nicht zu viel und spülen Sie gut nach.

Worauf man beim Kauf achten sollte:

Bei stärkeren Verschmutzungen sind flüssige Scheuermittel zu empfehlen, die Bleichmittel enthalten. Die Unterschiede zwischen den Marken sind minimal, also nehmen Sie das Preiswerteste. Flüssige Mittel lassen sich auch einfacher in Ecken wie unter dem Toilettenrand spritzen.

Wie sieht Ihr Bestand an Putzutensilien aus?

Die folgenden Dinge sollten sich in jedem Haushalt befinden.

- Allzweckreiniger
- Desinfektionsmittel
- Glasreiniger
- Neutralreiniger
- Schwämme
- Lammwollstaubtuch
- Handfeger und Schippe
- Gummihandschuhe
- Toilettenbürste
- Fleckentferner für Teppiche (ohne optische Aufheller)
- Sprühflaschen
- Staubsauger
- Gummischrubber
- Topfreinigungsschwamm
- Frotteehandtücher (weiß)

Achtung: Es liegt in der Natur von Scheuermitteln, dass sie sogar harte Oberflächen wie Porzellan oder Emaille verkratzen können. Spiegelglasbeschichteter Edelstahl kann dadurch ebenso beschädigt werden wie Fiberglas, furnierte Oberflächen und Marmor. Fangen Sie vorsichtig an. Achten Sie darauf, bleichmittelhaltige Produkte nicht mit ammoniakhaltigen zu mischen, da sonst giftige Dämpfe entstehen.

Scheuerpulver

Anwendungsbereiche:

Früher enthielten Scheuerpulver Silikat (also Sand) und griffen Toilettenschüsseln und Badewannen stark an. Heute nimmt man mildere Bestandteile, die sich sicher auf allen Materialien verwenden lassen. Man kann sogar eine Breipackung aus Scheuerpulver und Wasser machen, der Flecken aus manchen harten Oberflächen zieht.

Worauf man beim Kauf achten sollte:

Es gibt kaum Unterschiede zwischen den einzelnen Marken. Einige Produkte enthalten Bleichmittel.

Achtung: Sie können viele Oberflächen mit Sandpapier verkratzen. Mischen Sie bleichmittelhaltiges Scheuerpulver nicht mit anderen Chemikalien, insbesondere solchen, die Ammoniak enthalten. Gefährliche Dämpfe können dabei entstehen. Lesen Sie immer genau die Gebrauchs- und Sicherheitsvorschriften auf der Packung.

Schwämme

Anwendungsbereiche:

Zum Putzen und Wischen sind Schwämme ideal. Sie tropfen weniger und können mehr Flüssigkeit und Schmutz aufnehmen als Putzlappen oder Papiertücher. Wo Bakteriengefahr im Spiel ist, sollte man keine Schwämme benutzen.

Das schmutzige kleine Geheimnis von Schwämmen

Sie halten Schwämme für einen Gegenstand zum Putzen, stimmt's? Aber sie werden leicht zu Keimquellen und verteilen eklige Mikroben über alle Küchenflächen, Lebensmittelregale, Kühlschrankgriffe und andere Bereiche. Kontinuierlich feuchte Zelluloseschwämme bieten Mikroben ideale Bedingungen, eine Kolonie darin zu bilden – eine haftende Oberfläche, Feuchtigkeit und ständige Nahrungszufuhr. Dasselbe gilt auch für Geschirrtücher aus Baumwolle.

„Sollte es einmal neues Leben auf diesem Planeten geben, wird es aus dem Schwamm entstehen. Milliarden und Abermilliarden von Mikroben leben darin", sagt ein Professor für Mikrobiologie. In seinen Untersuchungen fand er in Küchenschwämmen und Geschirrhandtüchern eine große Anzahl virulenter Bakterien wie Escherichia coli und auch einige Salmonellen, Pseudomonas und Staphylokokken.

Die gute Nachricht ist, dass Sie Ihren Schwamm auf einfache Weise sterilisieren können: legen sie ihn mit dem Geschirr in die Spülmaschine.

Sie bekommen einen Schwamm auch mit Bleichmittel für den Haushalt keimfrei. Lösen Sie eine 1/2 Tasse Bleiche in knapp 4 l Wasser auf und lassen Sie Ihre Schwämme fünf Minuten in der Lösung einweichen. Ausspülen ist nicht notwendig

Worauf man beim Kauf achten sollte:

Zelluloseschwämme bekommt man in Supermärkten oder Drogerien; natürliche sind nicht so einfach zu finden. Achten Sie darauf, dass die stark reibende Rückseite für manche Flächen zu rau sein kann.

Achtung: Nach Gebrauch sollte ein Schwamm in Spülwasser gewaschen werden; lassen Sie ihn anschließend trocknen, so dass sich die Bakterien nicht vermehren können. Wechseln Sie Ihre Schwämme einmal monatlich aus.

Seife

Anwendungsbereiche:

Echte Seife – in der Fette und Öle in Verbindung mit alkalischen Substanzen gebracht werden – wird unter anderem für Waschmittel verwendet. Seife wirkt dadurch, dass sie die Oberflächenspan-

SEIFENVERKAUF: ALLTAGSGESCHICHTEN SIND MANCHMAL GROSSE GESCHÄFTE

Seifenopern werden nicht umsonst so genannt. Die erste Seifenoper stammt von der Reinigungsmittelfirma Procter & Gamble und ist aus dem Jahre 1952.
Der Hersteller investieren insgesamt mehr als eine Milliarde Dollar im Jahr für Werbespots zwischen den Seifenopern, um damit Kunden – insbesondere Frauen – zu gewinnen. Der durchschnittliche Preis für einen 30-Sekunden-Spot in den USA ist 22.000 Dollar. Das sind schon fast 1000 Dollar in der Zeit, die man braucht um „Meister Proper" zu sagen.
Die steigende Popularität von Videorekordern macht den Firmen jedoch Sorgen. 12 % der Zuschauer von Seifenopern nehmen ihre Seifenopern bereits auf Video auf und sehen sie sich später an – und spulen in den Werbepausen natürlich vor.

nung des Wassers verringert (wie oberflächenaktive Stoffe in Reinigungsmitteln) und die Öle und Fette emulgiert, so dass sie weggespült werden können.
Wo man sie bekommen kann: Seife ist in jedem Supermarkt erhältlich.
Achtung: Anders als Reinigungsmittel verbindet sich Seife mit den Mineralien in hartem Wasser und kann Ringe hinterlassen.

SPRÜHFLASCHEN

ANWENDUNGSBEREICHE:

Mit Sprühflaschen lässt sich schnell und einfach Reinigungslösung auftragen und in schwer erreichbare Ecken spritzen. Sie können auch Ihre eigenen Lösungen herstellen und mit Sprühflaschen anwenden. Mit Rücksicht auf die Luftqualität im Haus sollten Sie allerdings mit Lappen arbeiten, wo es nur geht.

WORAUF MAN BEIM KAUF ACHTEN SOLLTE:

Nehmen Sie nicht jedes Produkt aus dem Supermarkt. Kaufen Sie sie in Baumärkten, da bekommt man im Allgemeinen hochwertige Sprühflaschen.

Achtung: Wenn Sie Ihre eigenen Putzmittel herstellen, markieren Sie die Flaschen so, dass Irrtümer ausgeschlossen werden können.

Spülmaschinen

Anwendungsbereiche:

Spülmaschinen sind nicht nur bequem, sondern machen Geschirr auch gründlicher keimfrei, als es mit der Hand möglich ist. Und der Wasserverbrauch ist auch meistens niedriger als beim Spülen mit der Hand.

Manche Sachen, die man nicht in der Waschmaschine waschen kann, z. B. Sportmützen, lassen sich problemlos in der Spülmaschine waschen. Man muss sie separat in einem kurzen Waschgang bei kühlem Wasser spülen.

Vier Schritte zum Erfolg mit Spülmaschinen

Spülmaschinen können ein fantastisches Reinigungsgerät sein, aber man muss sie richtig beladen. Die folgenden Hinweise helfen Ihnen zu sauberem Geschirr.

Vorspülen ist nicht notwendig.

Abgesehen von groben Essensresten wird alles von der Spülmaschine entfernt. Angebrannte Sachen muss man allerdings immer noch mit Muskelkraft beseitigen.

Nicht berühren.

Damit das Wasser zirkulieren kann und alles gründlich sauber macht, sollten alle Teile in dieselbe Richtung zeigen und sich nicht berühren.

Blockieren Sie den Strahl nicht.

Teller und Kochgeschirr dürfen nicht über die Seite der Fächer hängen oder das obere Fach ganz bedecken (etwa durch ein Backblech). Sonst kann das Wasser nicht zirkulieren und der Strahl nicht überallhin dringen.

Lassen Sie nichts schmelzen.

Einige Plastik- und Gummigegenstände können durch die Hitze verzogen oder beschädigt werden. Prüfen Sie nach dem Kauf immer die Angaben auf der Verpackung.

WORAUF MAN BEIM KAUF ACHTEN SOLLTE:

Den normale Spülgang führen fast alle neuen Maschinen zufriedenstellend durch. Achten Sie auf eine starke Beschichtung der Drahtgestelle und gute Lärmdämpfung. Zusätzliche Sprüharme sorgen für eine gründlichere Wäsche.

Achtung: Seien Sie mit feinem Kristallglas und Porzellangeschirr vorsichtig, besonders bei solchem mit Goldrand. Die scharfen Mittel können den Rand beschädigen und das Geschirr verätzen. Um Verätzungen bei Glas zu vermeiden, nehmen Sie nicht zu viel Spülmittel, besonders wenn Ihr Wasser weich ist. In der Regel nimmt man 1 TL Spülmittel auf 20 mg Mineralien (gewöhnlich Kalzium und Magnesium) pro Liter Wasser. Die Wasserhärte erfahren Sie beim Wasserwerk. Weiches Wasser hat 0-60 mg pro Liter, mäßig hartes 61-120 mg, hartes 121-180 mg und sehr hartes mehr als 180 mg.

Spülen Sie Edelstahlmesser oder –besteck nie zusammen mit Silber oder versilberten Messern bzw. Besteck. Die 2 Metalle können miteinander reagieren, so dass das Silber fleckig oder dunkel wird. Halten Sie kleine Kinder von laufenden Maschinen fern. Beim Trocknen kann heißer Dampf entweichen.

STAHLWOLLE

ANWENDUNGSBEREICHE:

Stahlwolle ist eine der rauesten Reinigungsutensilien und entfernt hartnäckige Verschmutzungen. Man sollte sie für Fälle reservieren, in denen andere Methoden versagt haben, und selbst dann sollte man sie nur auf Flächen benutzen, die sehr hart sind oder ruhig verkratzt werden können. Man kann sehr gut angebranntes Fett aus Pfannen damit beseitigen. Die feinste Sorte Stahlwolle kann für heikle Sachen wie das Entfernen von Rost auf polierten Metallen oder Holz vor der Neubehandlung verwendet werden. Auch lassen sich Oberflächen gut damit zwischen dem Auftragen einzelner Farb- oder Lackschichten abschmirgeln.

Worauf man beim Kauf achten sollte:
Stahlwolle ist zwar in Supermärkten oder Drogerien erhältlich, aber verschiedene Grade der Reibkraft findet man eventuell nur in Baumärkten. In Haushaltswarengeschäften gibt es auch seifenhaltige Stahlwolle.
Achtung: Stahlwolle verkratzt andere Metalle (auch Gold, Kupfer und Silber) sowie Holz, Plastik, Farbe, Fiberglas und Laminat.

Staubsauger

Anwendungsbereiche:
Die Rolle eines Staubsaugers definiert gewissermaßen die Grunderfordernisse des Putzens: Schmutz wird aufgenommen, gelagert und entsorgt. Für bestimmte Situationen wurden verschiedene Staubsaugertypen entwickelt.

Trommelstaubsauger:
Solche aufrecht stehenden Geräte sind für Teppiche am besten geeignet. Mit ihren Klopfbügeln und ihrer starken Saugkraft lösen sie zuerst den Staub und Schmutz und saugen ihn anschließend ab. Die aufrechten Staubsauger haben mittlerweile auch, wie normale Staubsauger, Wechseldüsen und -rohre, mit denen man das Gerät vielseitiger benutzen kann.

Kesselstaubsauger:
Sie sind besser für Treppen, Polster und schwer erreichbare Ecken geeignet, sind aber auch für „nackte“ Fußböden ideal. Wie der aufrechte Trommelstaubsauger einige Funktionen vom Kesselstaubsauger, den man hinter sich herzieht, übernommen hat, so gibt es für Letzteren seit einiger Zeit auch Hochleistungs-Teppichdüsen.

Nass-Trocken-Staubsauger:
Diese Geräte können trockenen und feuchten Schmutz aufsaugen. Sie sind z. B. bei Kellerüberflutungen praktisch, oder für das Aufräumen nach dem Renovieren.

Worauf man beim Kauf achten sollte:

Der Kauf eines Staubsaugers ist kein leichtes Unterfangen. Erkundigen Sie sich nach Testergebnissen, holen Sie die Meinung der Verbraucherberatung ein und machen Sie einen zuverlässigen Händler ausfindig. Die Bedienung sollte möglichst einfach sein; wichtig ist die Höhenverstellbarkeit. Auch der Beutel sollte problemlos auszuwechseln sein. Prüfen Sie die Lautstärke und das Gewicht.

Wenn Sie einen Staubsauger ausprobieren, nehmen Sie ein wenig typischen Hausschmutz mit. Testen Sie das Gerät sowohl auf harten Böden als auch auf Teppichen. Ist die Fläche, die Sie mit einem Zug absaugen, groß genug, so dass Sie für einen Quadratmeter nicht zehnmal hin- und hergehen müssen? Wenn Sie allerdings zu groß ist, lässt die Saugkraft nach. 30 cm sollte die maximale Breite der Bürste sein. Vergleichen Sie die Leistungswerte der verschiedenen Modelle.

Für härtere Fälle gibt es spezielle Hochleistungsgeräte.

Achtung: Je mehr sich der Beutel füllt, desto niedriger wird die Saugkraft. Wechseln Sie den Beutel häufig, damit auch feinste Staubpartikel noch aufgesaugt werden. Wenn ein Gegenstand in der Bürste oder im Rohr stecken bleibt, kann der Motor sich überhitzen.

Staubtücher

Anwendungsbereiche:

Staubtücher sollen Staub nicht aufwirbeln, sondern ihn aufnehmen und fest halten. Außerdem soll man damit in Ecken und Fugen gelangen.

Eines der besten Werkzeuge zum Staubwischen ist ein weißes Baumwolltuch (mit Flanell geht es besonders gut), mit etwas Staubentferner angefeuchtet.

Lammwolltücher sind für Ritzen am besten geeignet; oder nehmen Sie ein elektrostatisches Tuch, das mit seiner statischen Ladung die Partikel anzieht.

Worauf man beim Kauf achten sollte:

Staubentfernungs-Sprays bekommt man oft in Supermärkten. Lammwolltücher halten den Staub besser fest als Staubwedel. Letztere sollte man möglichst nicht benutzen, da sie den Staub im Zimmer herumwirbeln.

Achtung: Schon mit Staubentferner behandelte Staubtücher sollten in einer Plastiktüte aufbewahrt werden, damit sie auf den Flächen, mit denen sie in Berührung kommen, keine Ölflecken hinterlassen.

Teppichkehrer

Anwendungsbereiche:

Ein Teppichkehrer nimmt kleinere Verschmutzungen durch die Drehung auf, die beim Umherschieben entsteht, und ist in Situationen gut, wenn sie gerade nicht wischen oder den Staubsauger hervorholen wollen. Er ist z. B. im Keller praktisch und in Räumen, wo Kinder oft krümeln.

Wo man sie bekommt:

Teppichkehrer sind in Haushaltswarengeschäften erhältlich.

Achtung: Diese Geräte sind nicht zur ausschließlichen Reinigung von Teppichen gedacht. Tiefere Verschmutzungen werden davon nicht aufgenommen. Leeren Sie den Auffangbehälter und reinigen Sie die Bürste immer nach Gebrauch, sonst lässt die Wirkung nach.

Trockner

Anwendungsbereiche:

Ein Trockner trocknet sogar stark saugfähige Stoffe wie Handtücher und Flanell; außerdem kann man damit auch Kissen, Steppdecken usw. „durchlüften“ und Vorhänge und Tagesdecken auffrischen.

SCHLEUDERKONTROLLE: 4 TAKTIKEN FÜR DEN TROCKNER

So bekommen Sie die besten Ergebnisse mit Ihrem Trockner.

Berechnen Sie die Füllmenge richtig. Meistens entspricht die maximale Füllmenge der Waschmaschine auch der des Trockners. Überladen erhöht die Trocknungszeit und verschwendet Energie.

Denken Sie daran: Je kürzer und niedriger, desto besser. Trocknen Sie nicht zu viel. Damit die Knitterfalten nicht zu stark werden, holen Sie die Wäsche aus dem Trockner, sobald sie trocken ist. Es gibt auch Einstellungen, in denen zwischendurch eine Abkühlphase dafür sorgt, die Falten zu verringern.

Bleiben Sie dran. Wenn möglich, füllen Sie gleich nach dem Ausräumen die nächste Ladung ein, dann können Sie die Restwärme vom vorherigen Durchlauf noch nutzen.

Sortieren Sie die Klamotten. Es ist nicht sinnvoll, schwierig zu trocknende mit schnell trocknenden Sachen zusammen in den Trockner zu werfen. Am Ende ist die schnell trocknende Wäsche übertrocknet oder die schwierigen Sachen sind noch feucht

WORAUF MAN BEIM KAUF ACHTEN SOLLTE:

Prüfen Sie, ob das Äußere des Trockners rostbeständig ist. Auch sollte der Fusselfilter leicht erreichbar sein. Teurere Modelle haben Zusatzfunktionen und ein größeres Fassungsvermögen. Feuchtigkeitssensoren und ein Thermostat sind hilfreich. Elektrotrockner sind zwar günstiger als gasbetriebene Geräte, haben aber höhere Betriebskosten. Die Wahl hängt unter anderem davon ab, ob Sie Gasleitungen im Haus haben.

Achtung: Um Feuer zu verhindern und das Trocknen effizienter zu machen, säubern Sie vor jeder Füllung den Fusselfilter. Manche Stoffe wie Vinyl, gummibeschichtete Sachen, Kunststoffe und einige Wollgewebe sollten überhaupt nicht mit Hitze getrocknet werden. Die meisten Trockner haben jedoch auch kühle Einstellungen.

Versiegelungen

Anwendungsbereiche:

Versiegelungen schützen viele saugfähige oder durchlässige Materialien wie Teppiche, Polster oder Beton vor dem Eindringen von Schmutz. Statt weiter ins Innere vorzudringen, wird der Schmutz absorbiert. Versiegelte Textilien und Flächen sind auch einfacher zu reinigen.

Worauf man beim Kauf achten sollte:

Für Textilien sind schmutzabweisende Mittel mit Fluorkohlenstoff erforderlich. Spraydosen liefern (im Gegensatz zu Pumpsprayern) die dichtesten Schichten. Versiegelungen gibt es auch für Holz und Mauerwerk.

Achtung: Silikonversiegelungen für Textilien und Teppiche schützen nur gegen Flecken auf Wasserbasis (nicht gegen Fettflecken) und können mit der Zeit durch Sonnenlicht vergilben. Mittel auf Teflon- oder Fluorkohlenstoffbasis sind Silikonpräparaten vorzuziehen. Lesen Sie immer genau die Gebrauchs- und Sicherheitsvorschriften auf der Packung.

Wäscheklammern

Anwendungsbereiche:

Außer auf der Wäscheleine lassen sich mit Wäscheklammern auch Teppiche, Matten und Duschvorhänge festklemmen, wenn man sie draußen mit einem Teppichklopfer, einem Gartenschlauch oder einer Bürste reinigt.

Worauf man beim Kauf achten sollte:

Die 2-teiligen Holzklammern mit Stahlfedern sind am stärksten und halten am längsten.

Achtung: Vergessen Sie sie nicht auf der Wäscheleine und bewahren Sie sie im Haus auf. Durch Regen können die Stahlfedern rosten und das Holz faulen; das wiederum kann dunkle Flecken auf den Kleidungsstücken hinterlassen. Zum Saubermachen weichen Sie sie 10 Minuten in warmem Spülwasser ein und waschen Sie dann ab. Statt Spülmittel können Sie auch 1 EL Bleichmittel in 4 l Wasser auflösen.

WÄSCHELEINEN

ANWENDUNGSBEREICHE:
Auf der Leine getrocknete Kleidung duftet einfach frischer als die, die aus dem Trockner kommt. Und es spart auch Energie. Man kann Wäscheleinen auch für Matten, Vorleger und Läufer verwenden.

WORAUF MAN BEIM KAUF ACHTEN SOLLTE:
Plastikbeschichtete Leinen können nicht auf Stoff abfärben und haben die perfekte Dicke für Wäscheklammern. Bringen Sie eine Spannschraube an einer Seite an, dann können Sie die Spannung immer verändern.

WÄSCHEVORBEHANDLUNGSMITTEL

ANWENDUNGSBEREICHE:
Manchmal reichen sogar moderne Waschmittel und –maschinen für starke Verschmutzungen nicht aus. Dann muss man die Wäsche mit speziellen Stiften, Sprays oder Flüssigkeiten vorbehandeln. Die flüssigen Produkte sind am effektivsten; jedoch sollte man sie nur unmittelbar, d. h. 3-5 Minuten vor dem Waschen anwenden. Der Fleck kann sich im Gewebe fest setzen, wenn das Teil erst 3 Tage im Wäschekorb liegt.
In dieser Hinsicht haben die Stifte den Vorteil, dass man den Fleck behandeln und das Kleidungsstück danach wieder in den Wäschekorb werfen kann. In jedem Falle ist es allerdings besser, Kleidung so bald wie möglich nach der Verschmutzung zu waschen.

Worauf man beim Kauf achten sollte:

Alle diese Mittel funktionieren normalerweise gut. Probieren Sie ein paar Produkte aus und finden Sie selbst heraus, welches für welche Art von Flecken am besten geeignet ist.

Achtung: Atmen Sie die Dämpfe (bzw. gegebenenfalls das Spray) nicht ein. Lesen Sie immer genau die Gebrauchs- und Sicherheitsvorschriften auf der Packung. Verwenden Sie Mittel zur Vorbehandlung von Wäsche nicht auf Polstern oder Teppichen, da man sie anschließend nicht waschen kann.

Waschmaschinen

Anwendungsbereiche:

Die heutigen Waschmaschinen sind sehr effektiv und erfüllen 4 Funktionen: den Wasserbehälter füllen, waschen, spülen und schleudern. Und die Programmwähltasten erlauben Ihnen, diese Schritte nach Bedarf zu variieren. Auch können Sie sperrige Sachen, die Sie mit der Hand gewaschen haben, in der Maschine schleudern, beispielsweise Kissen mit Synthetikfüllung.

Worauf man beim Kauf achten sollte:

Zwar erfüllen die meisten Geräte ihren Zweck ordentlich. Doch gibt es eine schwindelerregende Auswahl. Erkundigen Sie sich bei der Verbraucherberatung, besorgen Sie sich Testergebnisse und machen Sie einen vertrauenswürdigen Händler ausfindig. Preiswerte Maschinen haben oft eine geringere Füllmenge, weniger Funktionstasten und keine eigenen Fächer für Bleichmittel, Wasserenthärter oder Weichspüler. Frontlader haben oft eine geringere Kapazität als Toplader, und man muss sich beim Einfüllen und Herausholen der Wäsche bücken. Auf der anderen Seite ver-

PUTZAKTIONEN FÜR'S GUINESSBUCH

Was für ein emsiger Zimmerservice!
Die Menge an Bettwäsche, die jedes Jahr in einem großen Hotel - mit 5500 Zimmern – gewaschen werden: mehr als 15 Millionen Kilo.

brauchen Frontlader weniger heißes Wasser, sind also günstiger im Verbrauch.

Achtung: Überladen Sie die Maschine nicht, sonst kann die Wäsche nicht mehr richtig bewegt werden und wird nicht anständig sauber. Wenn Sie große Sachen wie Steppdecken oder Schlafsäcke waschen, geben Sie ein paar andere Sachen mit hinein, um die Ladung auszugleichen. Ist kein eigenes Fach für flüssiges Bleichmittel vorhanden, warten Sie etwa 5 Minuten, bevor Sie Chlorbleiche hinzugeben. Die meisten Maschinen unterbrechen den Betrieb, wenn Sie sie öffnen. Trotzdem sollten Sie nicht hineinfassen, bevor die Trommel nicht vollständig zum Stillstand gekommen ist.

Wasch- und Spülmittel

Anwendungsbereiche:

Sie wurden für dieselben Aufgaben entwickelt, die man bisher mit Seife erledigt hatte, sollten aber keine Rückstände hinterlassen. Drei Zwecke lassen sich unterscheiden: Spülen mit der Hand, Spülen in der Spülmaschine und Wäsche waschen.

Spülmaschinenpulver:

Dieses Mittel ist ein starker, sogar scharfer, alkalischer Reiniger (pH-Wert 12-14). Es macht Geschirr in der Spülmaschine absolut keimfrei und kann sogar für manche starken Verschmutzungen benutzt werden.

Flüssigspülmittel:

Das ist das mildeste dieser Art von Reinigungsmitteln. Er ist fast pH-neutral, entfernt Fett und Schmutz und soll sich leicht abspülen lassen.

Waschmittel:

Waschmittel ist in vielen Formen auf dem Markt – mit Bleichmittel, mit Enzymen, mit oder ohne Phosphat, flüssig oder als Pulver. Die Unterschiede sind allerdings minimal; die Werbung spielt hier die größte Rolle. Pulver sind effektiver gegen Flecken durch Mineralien wie Eisen.

Worauf man beim Kauf achten sollte:

Denken Sie nicht: Je teurer, desto besser. Durch Versuch und Irrtum werden Sie schon herausfinden, mit welchem Produkt Sie am besten klar kommen.

Achtung: Von flüssigem Spülmittel darf man nicht zu viel nehmen, da sonst zu viel Schaum entsteht. Wenn Sie Spülmaschinenpulver bei starken Verschmutzungen anwenden, tragen Sie Gummihandschuhe.

Wasserstoffperoxid

Anwendungsbereiche:

Wasserstoffperoxid ist eine Art Bleichmittel und lässt sich gut als Fleckentferner auf Stoffen benutzen, besonders bei Blut und Brandflecken. Außerdem kann man es auch als Antiseptikum verwenden.

Worauf man beim Kauf achten sollte:

Kaufen Sie eine 3%ige Lösung in der Drogerie. Kaufen Sie nur so viel, wie Sie gerade brauchen, da die Wirksamkeit schnell nachlässt.

Achtung: Wasserstoffperoxid ist für die meisten Gewebe unbedenklich, sogar für Seide, Azetat und Wolle, die chlorempfindlich sind. Probieren Sie es jedoch immer erst an einer unauffälligen Stelle aus.

Werkzeugkisten

Anwendungsbereiche:

Eine Werkzeugkiste ist wie die Ambulanz beim Putzen: Sie befördert alles, was vonnöten ist, zum Ort der Verschmutzung. Bewahren Sie die Grundausrüstung für das Putzen in einer solchen Kiste auf (siehe „Vertreiben Sie den Schmutz – also setzen Sie sich in

Bewegung!“ auf S. 513) und stellen Sie sie an einem gut erreichbaren Ort auf.

Worauf man beim Kauf achten sollte:

Am besten ist es, wenn man mehr als eine Kiste hat, so dass das richtige Werkzeug zum Saubermachen nie weit weg ist, wenn mal etwas verschüttet wird.

Wischmopps

Anwendungsbereiche:

Mopps sind perfekt zum Wischen von Fußböden. Bei härteren Verschmutzungen brauchen Sie wahrscheinlich etwas Wirkungsvolleres, etwa einen Schrubber. Mopps sind für 2 Sachen zu gebrauchen: um den losen Schmutz vom Boden aufzunehmen und um angetrocknete Verschmutzungen von Oberflächen zu entfernen. Nehmen Sie dazu ein leichtes Putzmittel, etwa einen Spritzer Spülmittel in einem Eimer Wasser. Mit einem Schwamm-Mopp können Sie auch Böden wachsen; das ist aber keine ideale Lösung. Ein Lammwollaufsatz lässt weniger Blasen im Wachs.

Wie die Profis zum Sieg gewischt werden

Wahrscheinlich ist Ihr Fußboden nicht so groß wie ein Basketballfeld. Trotzdem können Sie dieselbe Wischtechnik anwenden wie Turnhallenwarte.

1. Wischen Sie den Fußboden mit einem guten Staubmopp, um lose Verschmutzungen zu beseitigen.
2. Mit jeweils einem Eimer zum Wischen und zum Nachwischen wischen Sie den Boden mit einem Mopp und einem milden Fußbodenreiniger. Wechseln Sie das Putzwasser, wenn es schmutzig aussieht.
3. Wenn der Boden trocken ist, gehen Sie noch mal mit einem sauberen Staubmopp darüber.

„Wir wenden diese Methode schon seit Jahren an“, sagt der Manager eines großen Sportvereins. „Und sie wirkt Wunder.“

Worauf man beim Kauf achten sollte:
Am praktischsten sind Mopps mit einem Eimer, in dem auch ein Einsatz zum Auswringen des Mopps ist. Achten Sie darauf, dass die Teile stabil sind.
Achtung: Spülen Sie nach Gebrauch den Mopp gut aus und hängen Sie ihn anschließend an der Stange auf, damit der Kopf belüftet wird und nicht schimmelt.

Zahnpasta

Anwendungsbereiche:
Zahnpasta ist als Scheuermittel auch für andere Sachen als für Zähne zu gebrauchen. Verzierte Metallarbeiten und Gravuren lassen sich durch mildes Einreiben mit Zahnpasta gut reinigen; gemischt mit Wasser kann man mit Zahnpasta Wasserringe oder weiße Flecken auf Holzmöbeln entfernen. Auch die schwärzlichen Ablagerungen zwischen den Fugen von Keramikfliesen lassen sich mit Zahnpasta beseitigen.

Worauf man beim Kauf achten sollte:
Nehmen Sie einfache, weiße Zahnpasta. Gefärbte kann ihrerseits wieder Flecken hinterlassen.
Achtung: Wie mit anderen Scheuermitteln auch, kann man mit Zahnpasta manche Oberflächen verkratzen, besonders wenn man auf weichen Flächen zu stark reibt. Am besten probieren Sie sie erst an einer unauffälligen Stelle aus. Verdünnen Sie Zahnpasta mit Wasser. Versuchen Sie es jedoch zuvor mit Natron.

Zitronensaft

Anwendungsbereiche:
Sie dachten, er ist allenfalls dazu geeignet, Ihren Tee etwas spritziger zu machen? Zitronensaft ist als Fleckentferner für Notfälle unschlagbar. Traditionell beseitigt man damit alkalische Flecken wie von Likör, Kaffee, Tee und anderen tanninhaltigen Nahrungs-

mitteln. Generell erleben überlieferte Hausmittel – Zitronensaft, Essig, Natron oder Salz – wieder einen Aufschwung. Mit Salz versetzt kann Zitronensaft hartnäckige Verschmutzungen wie Weinflecken wirksam bekämpfen. Zitronensaft ist im Wesentlichen Zitronensäure und kann Flecken auf Stoff (dazu muss man ihn einreiben) und auch auf härteren Oberflächen wie Laminat (dazu macht man eine Breipackung aus Natron und Zitronensaft) beseitigen.

Worauf man beim Kauf achten sollte:

Frische, ausgepresste Zitronen sind am besten; mit in Flaschen erhältlichem Konzentrat geht es auch.

Achtung: Zitronensaft enthält auch etwas Fruchtzucker, der Rückstände und sogar Flecken hinterlassen kann. Die Stelle muss sorgfältig abgespült werden. Probieren Sie ihn erst an einer unauffälligen Stelle aus, wenn Sie ihn auf Seide, Wolle, Baumwolle, Leinen, Kunstseide oder Azetat benutzen. Metalle können durch Zitronensaft trüb werden.

Zitronensäure

Anwendungsbereiche:

Die Substanz, die Zitrusfrüchten den „Pepp“ gibt, wird auch in einigen Putzmitteln verwendet. Man braucht allerdings auch einfach nur eine Zitrone auszupressen. Der Saft kann alkalische Flecken von Kaffee, Tee oder Likör beseitigen. Für härtere Fälle (etwa Rotwein oder Rost) stellen Sie aus Zitronensaft und Salz eine Paste her und tupfen damit leicht den Fleck ab. Lassen Sie sie etwa 5 Minuten einwirken und spülen Sie sie vorsichtig ab.

Worauf man beim Kauf achten sollte:

Kaufen Sie entweder frische Zitronen oder Zitronensaft aus der Flasche.

Achtung: Probieren Sie Zitronensaft immer erst in einer unauffälligen Ecke aus, um sicher zu gehen, dass das Material farbecht ist. Die Säure kann Metalle trüben.

C

D

E